KB259981

Strategic CSR
전략적 사회책임 경영

**안영도**

한양대학교 국제학부 교수. 서울대학교 물리학과와 경제학과를 졸업하고 미국 펜실베이니아대학의 워튼 경영대학원에서 경영학 석사(MBA, 국제금융 전공) 학위, 미국 클레어몬트대학의 피터 드러커 경영대학원에서 경영학 박사(전략경영 전공) 학위를 받았다. 인천경제자유구역청 투자유치국장, 출판사 (주)이일 대표이사, 주식회사 대우 이사대우를 지냈다. 저서로 《국가경쟁력 향상의 길》(비봉, 1999, 자유경제출판문화상 수상), 《기업경제학》(공저, 방송통신대 출판부, 2008), 《국제경영학》(공저, 방송통신대 출판부, 2005), 《경영의 이해》(공저, 삼영사, 2003), 《월드컵, 그 환희의 뒤끝》(비봉, 2002) 등이 있다.
이메일 yongdahn@hanmail.net
블로그 http://blog.daum.net/yongdahn

**전략적 사회책임 경영**
– 기업의 사회적 책임과 전략적 선택

지은이 | 안영도

1판 1쇄 펴낸날 | 2011년 8월 20일
1판 2쇄 펴낸날 | 2012년 9월 1일

펴낸이 | 이주명
편집 | 문나영
출력 | 문형사
종이 | 화인페이퍼
인쇄 | 한영문화사
제본 | 한영제책사

펴낸곳 | 필맥
출판등록 | 제2003–63호
주소 | 서울시 서대문구 충정로2가 184–4 경기빌딩 606호
홈페이지 | www.philmac.co.kr
전화 | 02–392–4491
팩스 | 02–392–4492

ISBN 978–89–91071–91–9 93320

잘못된 책은 바꾸어 드립니다.
값은 뒤표지에 있습니다.

이 도서의 국립중앙도서관 출판시도서목록(CIP)은 e–CIP홈페이지(http://www.nl.go.kr/cip.php)에서 이용하실 수 있습니다. (CIP제어번호 : CIP2011003147)

# 전략적 사회책임 경영

기 업 의  사 회 적  책 임 과  전 략 적  선 택

안영도 지음

# Strategic Corporate Social Responsibility

인류생활에서 경제가 차지하는 비중은 매우 크다. 경제적 후생이 개개인의 행복에 영향을 미치기 때문이다. 그런 사실은 일상적 대화에서 경제가 단골 주제임을 미루어 보아도 알 수 있다.

우리 모두는 국가경제가 활성화되고 빠른 속도로 성장하기를 바란다. 국가경제를 유지하고 성장시키는 역할을 직접 담당하는 것은 기업이다. 후생은 소비에서 나오지만 상품의 생산만이 소비를 가능하게 한다. 두말할 필요도 없이 생산은 국가경제에서 기업만이 가지는 고유의 역할이다. 그래서 경제학과 경영학은 "기업이 가치를 창출한다"고 표현한다.

곰곰 생각하면 기업이나 경제는 진공상태에 존재하는 것이 아니다. 경제는 여러 인간활동의 일부일 뿐이고, 기업 및 국가는 인류사회라는 큰 테두리 안에 존재한다. 그러므로 테두리, 즉 사회의 형편에 따라서 기업 및 국가의 경제적 성과가 크게 달라지게 마련이다.

그러므로 기업, 국가경제, 사회는 두루 연결되어 있다. 기업의 활동이 없으면 경제적 후생이 사라지고 사회는 혼란에 빠진다. 사회가 불안정하면 기업의 활동이 위축되고 국가경제가 주저앉는다. 아닌 게 아니라 20세기 후반부에 급속하게 진행된 세계화로 말미암아 각국에서 사회적 불안과 환경파괴에 대한 우려가 점점 커졌다. 그에 따라 순탄한 경제발전이 위협을 받게 됐다. 사회의 안정이 경제발전의 전제조건임을 새삼 절감한 탓인지 21세기에 와서 '기업의 사회적 책임(CSR, Corporate Social Responsibility)'이 범세계적으로 화두가 됐다.

사회적 책임 또는 사회책임은 개별 기업의 입장에서 재무성과의 수월성(秀越性)을 달성하는 것만으로는 부족하고 지역사회 및 환경보전에 대한 책임성 측면에서도 탁월해야 함을 뜻하는 말이다. 그런 사실을 두고 어떤 이들은 '세 개의 성적표' 혹은 '삼중 수월성(triple bottom line)'이라고 부른다. 짚어보면 삼중 수월성은 1980년대 중반에 유엔이 주창한 '지속가능 발전(sustainable development)'과 같은 맥락이다. 지속가능 발전은 인류사회의 지속적 발전을 위해서는 경제적, 사회적, 환경적 건전성이 보장돼야 한다는 뜻을 가진 말이다.

개별 기업의 입장에서 생각할 때에 사회적 배려와 환경보호가 재무성과 제고와 상충될 수 있다. 지역사회에 공헌하고 환경보호시설을 확충하자면 추가비용이 투입돼야 하고, 그러면 당연히 당기순이익이 줄어든다. 삼중의 책임 중에서 어디에 우선순위를 두어야 하는지를 둘러싸고 논란이 생길 수밖에 없다. 현실에서 실지로 그러하고, 우선순위에 대한 논쟁에는 정답이 없다. 그에 따라 일선 경영자의 고민이 매우 크다. "나라를 따르자니 사랑이 울고, 사랑을 따르자니 나라가 어려워진다"는 호동 왕자와 낙랑 공주의 형국이 된 것이다.

기업으로서는 재무적 책임, 사회적 책임, 환경적 책임의 셋 중에서 어느 것을 앞세워야 할까? 답하기 어렵지만, 한 가지 분명한 것은 재무적 책임을 완수하지 못하는 기업, 즉 적자기업은 존립할 수 없고 존립해서도 안 된다는 점이다. 적자기업은 가치를 파괴하고 국가자원을 낭비하기 때문이다. 그렇게 본다면 어떤 기업도 재무적 수월성을 무시할 수 없다. 다시 말해, 개별 기업은 '반드시' 이윤을 창출해야만 한다. 그것은 움직일 수 없는 사실이다. 그렇다면 남은 문제는 "어느 정도의 이윤이 적정한가?" 하는 판단뿐이다.

'적정이윤' 이라고 하면 관념적으로는 명답이다. 그러나 그 말은 경영자에 대한 지침으로는 아무런 역할도 하지 못한다. 솔직히 말해서 적정이윤은 경영지침으로는 무의미한 말이다. 그에 비하여 이윤극대화는 명쾌하고 확실한 지침이다. 일상 경영활동과 관련된 의사결정에서 '적정' 에는 기준이 없지만 '극대화' 는 분명한 해답을 제시하기 때문이다. 현실의 기업경영도 마찬가지다. 개개 기업은 적정이윤보다는 최대의 이윤을 추구한다. 이윤이 극대화되어야 주가가 상승하고 경영진의 임기가 보장된다.

따지고 보면 '기업의 사회적 책임' 이란 경영지침으로 등장한 말이다. 그것은 구체적으로 무엇을 말하는가? 앞서 설명한 이유로 개개 기업은 현실적으로 이윤 극대화를 추구하며, 그러는 것을 말릴 방법도 없다. 그런데 20세기 후반에 인류 사회가 절감한 바와 같이 이윤극대화라는 미시적 최선은 사회의 불안정 및 환경 의 파괴라는 거시적 재난을 가져오고 있다.

다행히 많은 사람들이 노력하여 딜레마를 해결할 방법을 찾아내고 있다. 그 해답이 바로 '전략적 사회책임 경영(Strategic CSR)' 이다. 즉 사회책임 면에서 수월한 기업이 재무성과 면에서도 탁월하도록 경영의 방향을 잡는 것이다. 한마디 로 전략적 CSR은 '개별 기업이 경쟁우위를 강화하는 방향으로 사회책임을 수행하는 노력' 을 말한다. 보다 구체적으로 말하면, 사회책임을 완수하기 위해 지출하는 비용이 '장기적 경쟁력 향상을 위한 투자' 가 되도록 하는 것이 바로 전략적 CSR이다.

이 책에서 저자는 기업, 국가경제, 전체 사회의 연관성을 살피고, 나아가 개별 기업이 범세계적 기업시민이 되면서 동시에 재무적 수월성을 확보하는 방안을 생각해 보고자 한다. 그와 같은 여건을 조성하기 위해서는 기업경영자, 시민활동가, 정책입안자의 공동노력이 필요하다. 그들이 문제의 본질을 파악하고 문제해결의 실마리를 찾는 데 이 책이 조금이라도 도움이 된다면 저자는 큰 보람으로 여길 것이다.

경영은 엄정한 이론이 통하는 과학이라기보다는 정해진 답이 없는 기예(技藝)다. 주어진 문제에 대한 해답은 상황을 종합적으로 판단해서 경영자가 스스로 찾을 수밖에 없다. 바른 답을 찾아내는 지혜는 직접 혹은 간접의 경험에서 우러나오는 경우가 많다. 그 점에 착안하여 현실의 사례를 가능한 한 많이 소개하였다.

2011년 7월

안영도

**| 도표 0-1 시장경제의 작동원리**

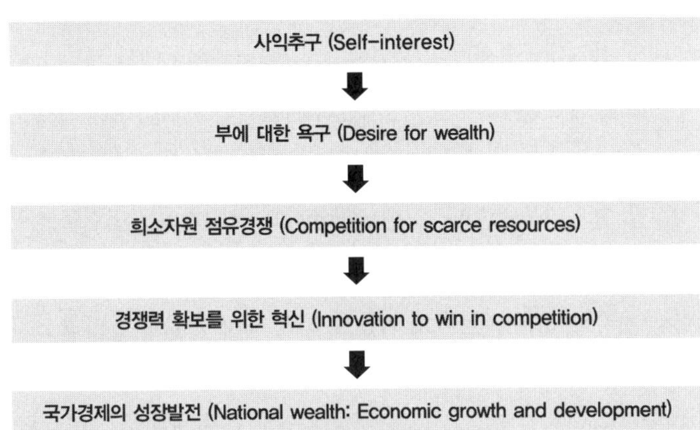


*스미스(A. Smith)의 생각에 슘페터(J. Schumpeter)의 의견을 보태어 정리함.*

대화 노력이 국가부강과 사회복지 증대라는 결과를 낳는다는 것이다. 그리하여 기업의 사익추구 활동이 허용될 뿐만 아니라 적극적으로 권장되기까지 한다. 한국도 조선시대까지는 사농공상의 순서를 좇나 보니 기업활동이 천시되기도 했지만 현대에는 기업활동이 권장된다는 점에서 여느 나라와 다르지 않다.

## 주류가 된 시장경제주의

스미스 이후로 시장경제 사상 혹은 자본주의경제 사상이 서방사회의 사상적 주류를 이루었다. 그 덕분에 기업활동이 점차 더 왕성해지고 국가별로 경제성장이 촉진됐다.

　무슨 일에나 반작용이 있게 마련으로, 19세기에는 마르크스(K. Marx)의 사상을 중심으로 사회주의 사상이 일어났다. 사회주의는 경제활동을 시장에 맡겨 둘 것이 아니라 정부가 계획하고 이끌어야 한다는 생각을 뼈대로 한 사상이다. 자본주의와 사회주의는 19세기 후반 이후로 끝없이 갈등했다. 20세기에 들어서는 사회주의 국가가 잇달아 생겨났고, 미국과 서유럽의 자본주의 국가에서도 시대적 필요에 따라 사회주의적 정책이 채택되기도 했다.

1930년대의 세계대공황부터 1970년대 초반까지는 서구에서 케인즈 경제학이 경제학의 주류를 이루었다. 케인즈 경제학의 기본적인 관점은 불황기에 적정수준에 미달하는 민간수요를 재정지출로 보완해야만 실업이 방지되고 국가경제가 순탄하게 성장할 수 있다는 것이다. 그런 정책철학의 자연스러운 귀결로 정부규모가 커지고 기업활동에 대한 규제가 증가했다. 시간이 흐르면서 정부의 과도한 시장개입에 따른 부작용이 더욱 돋보이게 되었고, 각국 경제는 활력을 잃고 스태그플레이션의 몸살을 앓았다.

그때 새로운 대안으로 떠오른 것이 작은 정부와 탈규제를 기반으로 하는 공급중시 경제사상이다. 이에 따라 자유로운 기업활동과 자유무역이 추세가 됐다. 1980년대 이후에는 미국과 영국을 중심으로 경제활동이 왕성해졌다. 1990년을 전후한 시점에 베를린 장벽이 붕괴하고 동유럽 각국에서 공산주의 정부가 동시에 몰락했다.

그 영향으로 유럽과 미국, 한국 등 많은 나라에서 '신자유주의'로도 불리는 이른바 '공급중시 경제사상'이 정책기조로 자리를 잡았다. 때마침 시작된 세계화 경향은 범세계적인 호황을 가능하게 했다. 1990년대는 가히 공급중시 경제사상의 전성기였다고 할 만하다.

공급중시 경제정책 기조는 2007~9년의 범세계적 금융위기 이후에 약간의 수정이 불가피했다. 그러나 그 근간은 흔들리지 않았고, 그 기조는 앞으로도 크게 달라지지 않을 것이다.

장기적 관점에서 보면 국가경제의 성장과 발전은 생산능력의 증대에 의존할 수밖에 없다는 것이 상식이다. 생산능력의 증대를 위해서는 자유로운 기업환경 실현과 경쟁 촉진이 필수적이라는 것이 변함없이 유효한 사실이기 때문이다. 케인즈도 재정지출 증대에 의한 수요촉진은 불황을 극복하기 위한 단기처방일 뿐이라는 점을 누구보다 잘 알고 있었다.[1] 그는 "나는 케인즈주의자가 아니다"라고 스스로 말하기도 했다.

## 0.2 반기업 정서

호사다마라는 옛말처럼 자유무역과 세계화는 많은 공헌에도 불구하고 여러 가지 부작용을 낳았고, 그로 인해 소외계층의 반발이 뒤따랐다. 자연히 시민단체를 중심으로 반세계화·반기업 정서가 일어나게 됐다.

### 기업은 탐욕의 화신?

세계경제에 관한 여러 연구 결과에 따르면 1980년대 이후에 경제성장이 촉진됐지만 그와 동시에 빈부격차의 확대, 환경파괴 등과 같은 부작용 또한 뚜렷하게 나타났다. 그런 부작용은 경제자유화의 전도사라고 할 IMF나 OECD도 인정한다. 세계화의 부작용이 여론의 도마 위에 오르면 그 첨병으로 인식되는 기업계로 자연스럽게 화살이 쏠린다.

"물이 맑으면 물고기가 모이지 않는다"는 속담이 있다. 너무 정직하게 사업을 하면 성공하기 어렵다는 의미로 해석되기도 하는 이 속담은 진실의 일면을 내포하고 있다. 사업의 성공, 즉 이윤극대화를 추구하다 보면 공급자나 종업원을 소홀히 대접하게 되고 사회공헌과 환경보전에 무관심하게 될 수 있다. 그러면 자연히 사

---

1 거시경제학의 핵심 관계식은 $Y=C+I+G$로 표시되는 국민계정 항등식이다. Y는 국내총생산(GDP)을 나타내고 $C+I+G$는 총수요를 나타낸다. 시장청산의 원칙에 따라 공급과 수요는 언제나 일치한다. 케인즈의 불황 경제학(depression economics)은 단기적으로 수요가 불충분해지는 것이 자주 문제가 된다는 점에 주목하여 GDP가 수요에 의해 결정된다고 생각한다. 공급중시 경제학(supply-side economics)은 장기적으로 GDP를 결정하는 것은 공급능력이므로 거기에 정책의 초점을 맞추어야 한다고 주장한다. 공급중시 경제학이 한국에서 '신자유주의(neo-liberalism)'라고 불리는 것은 유럽식 호칭을 받아들인 것이다.

회의 일부 계층이 기업에 대해 서운함을 느끼게 된다. 더 나아가 상당수 다국적기업이 개발도상국에서 인권침해, 정경유착, 뇌물제공 등의 부적절한 행동을 저지르기도 했다. 세계화가 진행되면서 기업활동이 더욱 더 왕성해지니 기업이 비난 받을 일이 그만큼 더 많아지게 됐다.

여론의 흐름이 결정되는 데는 특별한 계기가 있는 것이 보통이다. 반기업 정서도 몇몇 눈에 띄는 큰 사건을 계기로 더욱 널리 퍼져 나갔다. 나이키(Nike)의 인도네시아 아동노동 이용, 엔론(Enron) 등의 회계장부 조작, 지멘스(Siemens)의 뇌물공여 사건 등이 그것이다. 이런 일들은 기업행위 일반에 대해 사람들이 인식을 새롭게 하는 계기가 됐다.

반기업 정서가 여기저기에서 산발적으로 고조되는 상황에서 범세계적으로 기업에 대한 비난여론을 확대시키는 역할을 한 것은 그린피스(Greenpeace) 등의 시민단체(NGO)였다. NGO의 문제제기는 시간이 지날수록 국제연합(UN) 등의 국제기구와 다수 국가의 정부를 포함한 각계각층에 더 큰 반향을 불러 일으켰다. 그리하여 그런 정서가 세계 각국에서 상당한 정도로 일반화됐다. '기업은 탐욕의 화신'이라는 관점도 호응을 얻었다.

그런 사정은 한국이라고 해서 다르지 않았다. 경제개발이 시작된 뒤로 한국 사람들은 재벌에 대해 이율배반적인 정서를 갖게 됐다. 재벌이 국민을 먹여 살렸다는 공치사가 있는가 하면 법원이 재벌총수를 비롯한 경제인의 범법행위에 대해서는 매우 관대한 판결을 내리기도 한다. 그러나 재벌총수의 부적절한 행동이 잇달아 부각되면서 재벌에 대한 사회적 반감을 키운 것도 사실이다. 한국에도 반기업 정서가 상당히 높은 수준으로 존재한다고 봐야 하며, 이런 사실은 여론조사에서 자주 드러난다.


## 지속가능성

세계 각국의 경쟁적 경제개발에 따른 자원고갈과 환경파괴를 걱정하던 UN은 1980

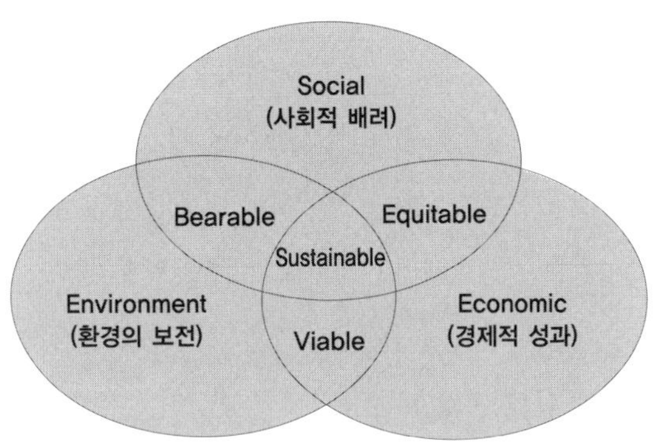


자료: *Wikipedia, 2011*

년대에 특별위원회를 만들어 그런 문제에 대한 해법을 찾기 위한 심층연구를 시행하게 하였다. 그 연구의 결과에 따라 UN은 '지속가능 발전' 이라는 개념을 정립하여 전 세계에 보급해 왔다. 그 개념은 정부의 경제정책이나 기업의 경영정책에서 '경제적 성과' 만이 아니라 '사회적 배려' 와 '환경의 보전' 도 동시에 감안돼야만 지속가능성이 확보된다는 것으로 정리해 볼 수 있다(〈도표 0-2〉).

'지속가능성' 을 기업에 적용하면 '지속가능 경영' 이 된다. 이것은 사회여론이 기업에 요구하는 사회적 책임과 환경적 책임이 반영된 경영의 개념이다. 그런가 하면 국가가 경제성장을 추구하는 것과 마찬가지로 기업이 이윤창출을 추구하는 것도 당연한 일이다. 경제적 성과가 없으면 국가도 기업도 존속하기 어렵다. 따라서 기업에 경제적 책임도 당연히 요구된다. 국가나 기업이나 이 세 가지 책임, 즉 사회적 책임, 환경적 책임, 경제적 책임의 종합적 완수만이 영속성, 즉 지속가능성을 보장해 주는 것은 마찬가지다. 이렇게 지속가능성을 기업에 적용한 개념이 곧 '기업의 사회적 책임(CSR)' 혹은 '사회책임 경영' 이다.

**사회책임에 대한 시대적 요구**

사회책임 경영에 대한 여론의 요구는 처음에는 아마도 시민단체의 영향을 받아 일어났을 것이다. 그러나 21세기에 와서는 그런 요구가 매우 다양한 경로로 제기되고 있다. UN, 세계은행, OECD 등의 각종 국제기구가 앞장서서 사회책임 경영을 강조하고 있고, 유럽을 중심으로 각국 정부도 이를 옹호하고 있다. 사회책임과 관련해 기업의 순위를 매기고 그 내용을 공개하는 대중매체도 다수 있고, 책임성 있는 기업만 골라 투자하는 '사회책임투자 기금(SRI fund)' 도 많다.

그런 움직임은 기업계 자체에서도 뚜렷하게 나타나고 있다. 미국을 중심으로 결성된 '사회책임 기업협의회(BSR)', 유럽에서 결성된 '지속가능발전 세계기업협의회(WBCSD)' 등의 기업계 단체가 회원기업의 수를 늘리면서 영향력을 점차 강화하고 있다. 미국의 GE나 월마트(Walmart) 등의 대형 기업은 납품업체에 사회책임을 요구하고 있다.

이에 따라 어느 기업이든 자사의 이미지를 관리하기 위해서라도 사회와 자연환경을 배려하는 착한 기업이 되어야 하게 됐다. 특히 21세기에 들어서는 사회책임 경영의 필요성에 대한 인식이 널리 퍼져 사회책임이 대다수 기업의 일상적인 관심사가 됐다. 이제 웬만한 기업은 자사 홈페이지의 초기화면에서 '사회책임 완수' 의 의지를 표명하고, '사회공헌' 등의 이름으로 연결고리를 두어 별도의 웹페이지에서 그 상세한 내용을 알 수 있게 해놓는다.


## 0.3 기업의 사회적 책임

현실의 대다수 기업에서 경영의 으뜸 목표는 '돈을 버는 것', 즉 이윤창출일 것이다. 경제학에서 기업은 이윤극대화를 추구하는 조직으로 가정되는데, 이는 현실을 잘 반영한 것이다. 그렇지만 기업도 사회 속에 존재하는 것이고 보면 기업의 존속에 사회의 안녕도 필수적인 것이 또한 사실이다.

## 이윤창출과 사회책임

기업의 목표가 무엇이냐에 대해 여러 가지 논란이 있다. 그러나 한 가지 확실한 것은 이윤을 창출하지 못하는 기업은 존속할 수 없다는 점이다. 경영학이 자리를 잡는 데 큰 역할을 한 드러커(P. Drucker)는 "기업의 이윤은 경영성과를 평가하는 유일한 척도이며 사업확장을 위한 자본이 된다"고 적시한 바 있다(1954). 이윤을 내지 못하는 기업은 존재가치가 없고, 그런 기업의 성장은 아예 불가능하다.

적지 않은 사람들이 "기업 경영자의 가장 큰 잘못은 이윤을 내지 못하는 것"이라고 단정한다. 일본인 경영자로는 드물게 세계적 명사가 된 파나소닉(Panasonic)의 창업자 마쓰시타(K. Matsushita)는 아래와 같이 말한 바 있다.(Pascale, 1981)

기업은 사회에 대한 봉사를 통하여 빠른 시간 내에 자립할 수 있어야 한다. 이익이란 기업의 욕심을 나타내는 것이 아니다. 그것은 해당 기업이 제공하는 것이 가치가 있음을 말하는, 사회가 주는 신임투표이다. 이익을 창출하지 못하면 그 기업은 없어져야 한다. 그것은 자원낭비일 뿐이다. 기업은 실패하고 있는 사업부에 대해서 온정적 태도를 가지거나 보조금을 주어서는 안 된다.

마쓰시타의 말을 뒤집으면, 사회에 대한 기업의 우선적 책임은 이윤창출에 있다는 이야기가 된다. 자원은 희소한 것이므로 최대한 효율적으로 사용하는 것이 모두에게 도움이 되기 때문이다. 이윤은 자원효율성의 증거에 다름 아니다.

"이윤이 늘어났다"는 것은 소비자가 신임해준 결과이므로 우선 "고객가치가 증대되었다"는 것과 같은 말이다. 게다가 이윤이 늘어나면 주주의 재산이 증가하고 종업원에 대한 처우가 나아진다. 이윤을 자본으로 하여 사업규모가 커지면 일자리가 새롭게 창출되고 납품업체의 영업이 활성화된다. 지역사회도 자연히 활기를 띠게 된다. 이처럼 기업이 이윤을 창출하면 모든 이해당사자가 이득을 볼 수 있다.

## 기업의 이해당사자

그럼에도 사람들이 기업에 '탐욕의 화신'이라는 별명까지 붙여가면서 기업의 이윤추구를 나무라는 이유는 무엇일까? 기업이 부정한 방법으로 돈을 버는 것은 애당초 반칙행위이므로 이의의 여지가 없이 배척된다. 그러므로 반기업 정서는 '합법적인 방법으로 이윤을 추구하는 기업을 못마땅하게 생각하는 것'을 의미한다. 합법적인데 무엇이 잘못인가?

합법적이지만 비난의 대상이 되는 것으로는 우선 비윤리적 경영 혹은 비인간적 경영을 생각할 수 있다. 다국적기업이 어떤 후진국에서 그 나라 관료에게 뇌물을 제공했다면 "그 나라의 통과의례를 따른 것이고 사회통념상 허용되는 것"이라고 말할 수도 있지만 "다국적기업이 그래도 되느냐"고 꼬집을 수도 있다. 대기업이 우월적 지위를 활용하여 종업원이나 납품업체를 압박하는 것에 대해 "온당하지 않다"고 비판할 수도 있다. 기업이 상품에 관한 정보를 충분히 제공하지 않아서 소비자가 잘못 판단하게 하는 경우도 문제가 된다.

위와 같은 일들이 제각각 부분적인 사유가 되겠지만, 기업의 이윤추구를 부정적으로 바라보는 시각의 가장 큰 사유는 아마도 미국식 주주자본주의에 대한 반작용일 것이다. 미국 공개기업의 경영자들은 주가에 지나치게 민감하여 시야가 분기별 수익성에 국한되는 것으로 정평이 나 있다. 그러다 보면 주주 이외의 이해당사자를 대접하는 데는 소홀해지기 쉽다. 이윤극대화를 위한 가장 손쉬운 '단기' 처방은 비용절감이기 때문에 모든 지출에 인색해지기도 한다. 종업원의 후생복지 개선, 사회공헌은 물론 대기오염 방지에도 법이 요구하는 최소한의 조치만 취하려고 한다. 분기이윤을 따지다 보면 가장 기본적인 투자인 연구개발비 지출까지 줄이게 된다.

사실 상식에 의거해 판단해도 미국식 단기성과주의는 지속되기 어렵다. 기업은 진공상태에서 존재하는 것이 아니므로 지속적인 성장과 발전을 위하여 각종 이해당사자의 협조가 필요하며, 그들에 대한 적절한 처우가 있을 때에만 그들로부터 순탄한 협조를 받게 되리라고 기대할 수 있다. 그러므로 이해당사자를 배려해야만 경영이 지속성을 가질 수 있다고 말할 수 있다.

미국이나 영국과 달리 유럽대륙의 국가는 이해당사자 자본주의의 성향을 보여 왔고, 일본에서도 전통적으로 종업원의 이익이 존중되어 왔다. 1980년대에는 한때 유럽식 경영 혹은 일본식 경영이 미국식 경영보다 우월한 것으로 생각되기도 했다. 그러나 공급중시 경제사상 덕분에 미국과 영국의 경제가 활성화되자 미국식 경영이 다시 주류로 복귀했다.[2]

21세기에 와서 사회책임이 널리 부각된 것은 미국식 단기성과주의에 대한 자성(自省)의 의미도 갖고 있는 것으로 해석할 수 있다. 이런 추세에는 이해당사자를 두루 보살피는 것이 기업의 지속성을 보장해 준다는 판단이 깔려 있다. 주식회사, 그중에서도 특히 공개기업의 경우에는 매우 다양한 이해당사자가 있다. 핵심적인 이해당사자로는 주주, 고객, 종업원, 지역사회가 있다. 따지고 보면 자연환경도 이해당사자다. 이들 각각이 해당 기업에 대해 좋은 감정을 갖는 것은 그 기업의 장기 발전에 도움이 될 것임은 쉽게 짐작할 수 있다. 기업이 이해당사자의 우호적 태도를 확보하기 위해서는 기업 자신의 올바른 행위가 먼저임은 두말할 필요가 없다.

## 사회적 책임과 환경적 책임

지금까지의 논의를 종합하면, 근자에 와서 기업의 사회적 책임이 강조되기에 이른 것은 세 가지 요인이 작용한 결과라고 볼 수 있다. 이익 일변도 경영에 대한 반발,

---

2 미국식 주주자본주의(shareholder capitalism)는 주주의 이익을 우선하는 경영철학을 말하고, 유럽식 이해당사자 자본주의(stakeholder capitalism)는 각종 이해당사자의 이해를 두루 감안하는 것을 말한다.

단기주의 경영에 대한 자성, 환경보전에 대한 관심의 전반적 제고 등이 그것이다. 이는 UN이 주창하는 지속가능 발전과 궤를 같이 하는 것이다.

사회책임 경영의 내용 및 포괄범위에 대해서는 사람마다 의견이 다르다. 여기서는 '사회책임'이라는 말을 '지역사회에 대한 배려 및 환경보전에 대한 관심을 포함하여 각종 이해당사자의 이해를 두루 고려하는 책임의식' 정도의 의미로 사용하기로 한다. 다시 분명하게 말하지만, '사회책임'은 개별 기업의 '주주에 대한 수익성 책임'에 추가되는 책임이다.


## 0.4 전략적 사회책임 경영

21세기에 들어서는 사회책임 경영이 이런저런 사정으로 시대적 요청이 됐고, 웬만한 규모의 기업으로서는 심각하게 고려해야 할 사안이 됐다. 선악(善惡)과 호오(好惡)를 떠나서 그것은 개별 기업에 강력한 영향력을 행사하는 외부여건의 일부가 된다.


### '착한 기업시민'

사회책임은 이윤극대화에 그치지 말고 '착한 기업시민(good corporate citizen)'이 될 것을 개별 기업에 요구한다. 정치 못지않게 기업경영도 일정 부분 이미지에 의존한다. 여론의 압박만 고려한다 해도 그런 요구를 무시할 수 없다. 잘잘못을 떠나서 시민단체의 시위를 대면하지 않을 수 없는 것이 오늘날 기업의 현실이다.

결국 사회책임 경영 역시 현실이다. 남은 일은 어떤 자세로 그 현실을 수용하느냐다. 한국의 유한킴벌리나 영국의 보디 숍(The Body Shop)처럼 스스로의 의지로 사회책임을 내세워 온 기업도 있다. 그런 기업의 경영진은 사회 혹은 환경에 대한 배려 그 자체에 의미를 두고 경영을 한다. 이윤도 물론 중요하게 여기지만 사회책임도 핵심 가치로 보는 것이다.

그렇지만 이윤창출이 기업의 으뜸 목표임을 부인하기 어렵다는 점에서 경비지출이 따르게 마련인 사회책임의 이행에는 한계가 있을 수밖에 없다. 치열한 경쟁 속에 있는 기업이라면 사회책임 경영으로 인한 추가지출로 말미암아 흑자에서 적자로 돌아설 수도 있다. 그렇다면 '게도 구럭도 놓치는 형국'이 된다. 사회책임의 완수는커녕 기업의 존립조차 불가능해진다. 기업의 존립과 사회책임 완수라는 두 가지 모두를 달성하고자 한다면 '이윤창출에 도움이 되도록 사회책임을 수행하는 것'만이 합당한 논리적 결론이 될 것이다.

## 삼중 수월성

사회책임이 다름 아닌 종업원, 고객, 지역사회 등의 이익을 배려하는 일이라면 그것은 장기적으로 이윤창출에 도움이 될 수도 있다. 환경에 대한 배려는 자원절약, 대체자원 모색 등으로 구체화되는데 그것은 경비절감 방안 혹은 새로운 사업기회 확보 방안일 수도 있다. 기업은 이처럼 세 마리 토끼를 동시에 잡아야 하고 또 그렇게 할 수 있다는 생각이 엘킹틴(J. Elkington)이 처음 만든 '삼중 수월성(triple bottom line)'이라는 말에 담겨 있다.

삼중 수월성은 하나의 기업이 경제, 사회, 자연환경의 세 측면 모두에서 빼어남을 의미한다. 이는 수익성이 높은 동시에 사회적 배려에서 앞장서고 환경보전에도 크게 기여함을 말한다. 개념적으로는 UN의 지속가능 발전과 동일하다(〈도표 0-2〉). 개별 기업의 입장에서 보면 '사회책임을 장기적 수익창출에 도움이 되게 하는 경영', 즉 '전략적 사회책임 경영(Strategic CSR)'만이 모두의 공감을 이끌어내면서 '지속시킬 수 있는' 대안이다. 최근에 실제로 붐을 이루고 있는 사회책임 옹호론의 대부분이 "착한 기업은 수익성이 장기적으로 높아진다"는 말로 귀결되는 것을 보면 사회책임의 진짜 목표는 수익성 제고에 있는 것처럼 여겨지기도 한다.

어찌 생각하면 지금까지 쓸데없이 먼 길을 둘러 온 것 같기도 하다. 기업의 목표로 내세워지는 이윤극대화가 '장기적이고 종합적인 이윤을 극대화하는 것'을 의미하는 것이라고 한다면 '사회책임 경영'이라는 말 자체가 군더더기가 된다. 실제로 영국의 철학자 스턴버그(E. Sternberg)는 기업의 목표를 '장기적 주주가치 극대화'로 설정하고 사회책임이나 기업윤리는 따로 언급할 필요가 없다고 주장한다.

사정이 그러함에도 현실에서 사회책임 경영이 주목받는 이유는 경영에 대한 미국식의 단기적이고 편협한 시각을 예방하여 총체적 사회후생을 증대시키고자 함일 터이다.


## 0.5 논의전개 순서


이 책의 주제는 대다수 기업에 피할 수 없는 현실로 다가온 사회책임의 내용을 확인하고 그것을 이윤극대화라는 본래의 기업목표에 지혜롭게 연결시키는 방안을 논의하는 것이다. 사회책임의 이행이 장기적인 재무성과 제고에 도움이 되게 하는 '전략적 사회책임 경영(Strategic CSR)'이 그 주축이다.

1부에서는 기업과 사회의 관련성을 살핌으로써 '기업의 사회적 책임'이라는 문제를 제기하고 그 범위를 따져본다. 1부는 사회책임에 관한 전반적인 배경설명이므로 시간절약을 위해서라면 생략하고 지나가도 큰 문제는 없다. 1장에서는 지나친 이윤 일변도 경영이 사회적 반발을 불러일으키게 된 역사적 연원을 살핀다. 2장에서는 기업의 사회책임에 대한 각종 이해당사자의 요구가 점차 강해짐에 따라 사회책임이 기업에 더 이상 피할 수 없는 과제가 된 상황을 확인한다. 3장에서는 법률적 측면을 중심으로 기업과 사회의 관계를 살핀다. 특히 '회사기율(會社紀律, corporate governance)'이 논의의 중심이 된다.

2부에서는 사회책임 경영의 기본사항을 점검한다. 4장에서는 사회책임 경영에 접근하는 네 가지 시각을 알아본다. 5장에서는 사회적 책임의 출발점인 기업윤리의 확립에 대한 이론과 실제를 비교하며 살펴본다. 6장에서는 흔히 사회마케팅(societal marketing)이라고 부르는 분야인 '사회공헌을 통한 기업 이미지 제고' 방안을 다룬다. 7장에서는 자연환경에 대한 기업의 영향을 최소화하면서 기업비용을 절감하는 녹색경영이 주제로 다뤄진다. 이로써 사회책임 경영의 세 가지 접근방법에 대한 논의가 종결된다.

이 책의 핵심인 3부에서는 전략적 CSR의 구체적인 실천방안에 대해서 깊이 있게 논의한다. 8장에서는 전략적 CSR을 시행하기 위해서 개별 기업이 준비해야 할 사항을 확인한다. 9장에서는 사회공헌을 통하여 경쟁여건을 개선함으로써 개별 기업의 경쟁력을 강화하는 방안을 살펴본다. 10장에서는 21세기에 와서 새롭게 부각되고 있는 기층민시장에 적극적으로 접근하는 방안을 살펴본다.

11장에서는 기후변화와 관련된 여러 가지 논란과 새로운 에너지 원천을 따진다. 12장에서는 사회적 책임과 환경적 책임을 완수하는 것이 기업혁신을 촉진하는 길임을 확인한다. 그 과정에서 새로운 사업기회를 발견할 가능성도 매우 크다. 13장에서는 개별 기업이 기업시민으로서 지역사회, 더 나아가 범세계적으로 거시적 사회문제의 해결에 참여해야 하는지의 여부를 논의한다.

4부에는 장이 14장 하나뿐이다. 여기서는 개별 기업의 입장에서 사회책임 경영을 적극적으로 포용하는 것이 현명한 길임을 최종 점검한다. 국내에서는 물론이고 진출한 다른 나라에서도 공공기율(public governance)의 확립에 조력하는 것이 기업이 자신의 경쟁력을 강화하는 데 도움이 됨을 확인한다.

맺음말에서는 '기업의 목적이 무엇이냐'에 대한 여러 사상가들의 시각을 점검한다. 이어 어떤 경우에도 개별 기업이 이윤추구를 포기할 수는 없다는 사실을 재확인하는 것으로써 끝맺음한다.

# 1부

# 기업과 사회

산업화 이후로 인류사회의 물질적 복지가 크게 향상됐다. 사회 자체의 발전 여부에 대해서는 논란의 소지가 있지만, 인류가 경제적으로 윤택해진 것은 분명하다. 경제적 후생이 누구에게나 하나의 가치라는 점도 의심의 여지가 없다.

인류가 경제적으로 윤택해지는 데 직접적 동인(動因)으로 작용한 것은 기업활동이다. 인간은 상품소비에서 후생을 얻는데 그 상품을 생산하는 것은 기업이기 때문이다. 그러므로 기업활동이 왕성할수록 인류사회의 후생과 복지가 증가한다. 다만 전체 후생이 증대된다고 모두가 고루 행복해지는 것은 아니다. 세상이 변하는 과정에서 '얻는 사람'만 있는 것이 아니라 '잃는 사람'도 반드시 생긴다. 그래서 불만이 생기고, 그런 상태를 만들어낸 기업이 비난의 대상이 된다.

20세기 후반부에 세계화가 본격적으로 진행됐다. 세계화의 이면에서 기업간 경쟁이 더 없이 치열해졌다. 모두가 이윤, 특히 단기적 수익성을 집중적으로 추구하다 보니 각종 사회문제가 발생하고 자연환경마저 파괴됐다. 기업에 대한 반감이 더욱 높아졌다. 반세계화·반기업 정서가 강화되고 더러는 대규모 군중시위로 표현됐다.

기업활동은 사회 속에서 이루어진다. 사회가 불안정하면 기업의 입지가 좁아진다. 그러므로 개별 기업의 순탄한 성장을 위해서라도 사회의 안정이 긴요하다. 결국 기업은 스스로를 위해서라도 사회를 배려해야 할 필요성이 있다. 그것이 바로 '기업의 사회적 책임'이다.

여기 1부에서는 기업과 사회의 관련성을 점검하고 기업의 사회적 책임이 부각된 경위를 살핀다. 1장에서는 사회책임의 개념과 그것이 보급된 과정을 점검한다. 2장에서는 각종의 압력 때문에 사회책임은 이제 개별 기업에 더 이상 피할 수 없는 과제가 된 사실을 확인한다. 3장에서는 기업과 사회의 관계를 원론적 관점에서 따져본다. 기업과 사회의 관계가 이상적으로 유지되게 해주는 장치인 회사기율(corporate governance)도 소개한다.

## 1장

# 사회책임의 기원

반기업 정서나 기업의 사회적 책임(CSR)이 1990년대에 갑자기 생겨난 개념은 물론 아니다. 1960년대에 이미 기업에 반발하는 시민운동이 일어나기 시작했고, 이윤추구에 대한 일반적 반감은 아마도 자본주의와 역사를 같이했을 것으로 추측된다. 이 장에서는 '기업의 사회적 책임' 이라는 개념이 자리 잡게 된 배경과 과정을 살펴본다.

## 1.1 사익추구에 대한 반감

기업은 사익추구를 출발점으로 하므로 가급적 비용을 줄이려 한다. 사회에 대한 기여나 자연환경 보전은 추가비용 지출을 동반하므로 자칫 이윤을 줄일 수 있다. 그래서 사회책임에 대해 소홀히 생각할 유인(incentive)이 생긴다. 사회에 대한 배려가 불충분하면 기업은 미움을 받게 된다.

## 1. 자본주의의 내재적 갈등

산업혁명, 주식회사 제도, 자본주의는 모두 유럽에서 시작됐지만 미국에서 현재
형태로 정착됐다고 볼 수 있다. 특히 '산업자본'이라는 말이 어울리는 대기업은
19세기 말부터 미국에서 철도, 철강, 석유 등의 기간산업을 중심으로 나타나기 시
작했다. 그와 거의 동시에 기업의 이윤추구에 대한 사회적 비난이 뒤따랐다.

### '악덕기업가'

미국이 말 그대로 기회의 땅인 덕분이었는지는 모르지만, 미국에서 많은 기업가가
창업하여 크게 성공했다. 19세기에는 독점규제도 없었기에 자본가가 그만큼 이윤
을 창출하기가 쉬웠다. 이른바 '폭리'도 얼마든지 향유할 수 있었다. 노동운동이
나 소비자보호와 관련된 관념이 수립되기 전이었기에 더러는 비윤리적, 탈법적 방
법이 동원되기도 했다. 말하자면 벼락부자가 속속 등장한 셈이었고, 그들에 대한
사회의 질시가 일어난 것은 어쩌면 당연한 일이었다.

　그 시대의 대표적인 기업가인 밴더빌트(W. Vanderbilt), 카네기(A. Carnegie), 록
펠러(J. Rockefeller) 등은 모두가 부러워하는 인물이었지만 '악덕기업가(robber
baron)'로 불리며 비난의 표적이 되기도 했다. 그들의 이윤추구 행위가 지나친 경
우도 있었지만 그것은 정도의 차이일 뿐이었고 현재의 관행과 본질적으로 다른 것
이었다고 볼 수는 없다. 시장경제의 전도사인 밀턴 프리드먼(M. Friedman)은 당시
의 신흥 재력가들을 향한 비난여론에 대해 대중매체의 선동적 보도에 기인한 것이
라는 해석을 내놓은 바 있다.

　한 가지 흥미로운 것은 그들의 이름이 붙은 대학교 혹은 사회공헌 재단은 모두
한국인의 귀에도 익숙하다는 사실이다. YMCA, YWCA, 구세군 등의 사회활동 기
구는 모두 기업인이 내놓은 자선기금을 토대로 출발한 것이다. 그들이 그렇게 자
선기금을 내놓은 것은 자신들에게 쏟아지는 곱지 않은 시선을 의식한 결과였는지

도 모르지만, 어쨌든 그 덕분에 생겨난 조직들이 현재까지도 사회발전에 크게 공헌하고 있는 것 또한 숨길 수 없는 사실이다. 자의에서든 타의에서든 그들은 "돈을 벌기는 개같이 했어도 쓰기는 정승처럼 한 것"이다.

대공황의 그림자가 짙게 드리운 1930년대에는 생활여건이 어려워서 그랬을지도 모르지만 기업에 대한 반감이 높았다. 기업의 탐욕과 미숙한 경영이 공황을 초래했다는 시각도 있었다. 그에 대한 대응으로 GM을 비롯한 많은 대기업이 'GM 가족', '새로운 자본주의' 등의 기치를 내걸고 사회적, 인간적인 기업의 면모를 보이려고 애쓴 바 있다. 그들은 종업원에 대한 처우를 개선하고 사회에 대한 배려를 강화했다. 당시에 대기업들이 사회책임에 대한 관심을 표명한 이면에는 악화된 여론이 정부의 규제로 귀결되는 것을 방지하자는 의도가 숨어 있었다. 이는 동일한 절제라도 정부에 의한 강제보다는 자율적인 시행이 기업에 유리하기 때문이었다.


## 소비자 운동

여러 나라에서 1960년대와 1970년대는 저항의 시기였다. 인권운동, 여성운동, 반전운동, 소비자보호운동 등이 봇물 터지듯 일어났다. 많은 경우에 기업의 단견적 이익추구 행위가 도마에 올랐다. 1966년에 네이더(R. Nader)가 GM이 제조해 파는 자동차의 불안전성을 비난하면서 벌이기 시작한 소비자권익 보호 운동은 각국으로 번져 나갔다.

당시에는 베트남전쟁과 남아프리카공화국의 흑백분리 정책이 특별히 큰 쟁점으로 부각됐다. 베트남이나 남아프리카공화국에 진출한 기업과 군수품 제조업체에 대한 사회적 반감이 높았다. 그와 같은 반기업 정서에 대응하여 적지 않은 기업이 '부적절한 사업'에서 철수하기도 했다. 다우 케미컬(Dow Chemical)은 네이팜탄을 제조한 것 때문에 여론의 십자포화를 맞았고, 허니웰(Honeywell)은 무기의 전자장치를 제조하는 사업을 포기해야 했다.

기업의 사회적 책임과 관련해 이 무렵에 부각된 요구는 대체로 '반사회적 행위의 중단'과 '도덕적·윤리적 경영'을 강조하는 것이 많았다. 이런 요구는 어느 정도 사회적 반향을 불러 일으켰고, 그에 따라 사회적 책임을 내세우는 기업도 나타났지만 이런 대응이 큰 흐름으로 자리 잡지는 못했다. 당시 미국의 어려운 사회경제적 여건 때문에 기업은 고유사업 이외의 다른 일에는 주목할 여유를 갖지 못했고, 일반시민도 기업의 사회적 책임에 대한 경각심을 크게 갖지 못했다.

경제사상의 측면에서 보면 1970년대는 케인즈 경제학이 퇴보하기 시작한 시기였다. 그렇게 된 것은 정부의 과도한 시장개입이 스태그플레이션을 초래했다는 인식 때문이었다. 말하자면 그때 진보주의가 쇠퇴하기 시작한 것인데, 이 때문에 진보주의와 맥락을 같이하는 '기업의 사회적 책임'이라는 개념도 힘을 받기가 어려웠다. 당시에 프리드먼은 "기업의 역할은 돈 벌기"라는 요지의 논평으로 기업의 사회적 책임에 관한 논란에 찬물을 끼얹기도 했다.[3]

## 2. 단기성과주의

1970년대 중반 이후에는 '시장에 대한 정부개입을 최소화해야 한다'는 생각이 대세가 됐다. 프리드먼의 보수주의 이론을 바탕으로 영국의 대처(M. Thatcher) 정부와 미국의 레이건(R. Reagan) 정부가 소위 '공급중시 경제정책'을 정책의 기조로 채택했다.[4] 이에 따라 세금감면과 더불어 각종 탈규제 정책이 시행됐다.

그 덕분에 1990년대에는 경제적 역동성이 전 세계에 걸쳐 뚜렷하게 나타났다.

......................

3 여기서 "기업의 역할은 돈 벌기"는 프리드먼이 한 말로 알려진 "The business of business is business"를 옮긴 것이다. 1970년에 프리드먼이 기고해 〈뉴욕 타임스〉에 실린 칼럼의 제목은 "The Social Responsibility of Business is to Increase its Profits"이다(NYT 1970).
4 시장에 맡기라는 유럽의 자유주의(liberalism) 정책철학을 미국에서는 보수주의(conservatism)라고 부른다. 정부개입을 주장하는 케인즈 경제학을 미국에서는 진보주의(liberalism)라 칭한다. 이 책에서는 미국식 관행을 좇아서 보수주의와 진보주의로 구분하기로 한다. 하이에크(F, Hayek)는 "사회주의자의 책략 때문에 유럽의 liberalism이 미국에서는 정반대의 의미로 쓰이게 되었다"고 주장한 바 있다 (1944).

경제 활성화에 정부정책이 여건이 되었다면, 경제 활성화의 직접적 동인은 역시 기업활동이었다. 제일선에서 부를 창출하고 경제성장을 이끌어가는 것은 언제나 기업이기 때문이다. 공급중시 정책이 자유로운 사업여건을 만들어 주었고, 그 안에서 각 기업이 왕성하게 활동하면서 자신의 이윤을 최대화하려고 노력했다. 결과적으로 전반적인 소득수준이 높아지고 사회후생이 강화됐다. 스미스와 프리드먼의 사상이 꽃을 피운 셈이었다.

정보기술의 효력이 본격적으로 나타나면서 사회문화의 측면에서 세계화가 진행됐고, 자연히 기업활동도 범세계적이 됐다. 자유무역과 활발한 자본이동이 이루어졌다. 그 결과로 기업간 경쟁은 더욱 치열해졌다. 1980년대에는 국제적 기업인수가 붐을 이루었고, 1990년대에는 '초경쟁(hyper-competition)'이 유행어가 됐다. 주주권에 대한 관심이 높아졌고, GM과 같은 거대기업의 최고경영자(CEO)가 실적부진으로 해고되는 경우도 잦았다.

기업간 경쟁은 구체적으로 주가경쟁으로 표현되기도 한다. 경영성과는 바로 주가에 반영된다고 믿어지기 때문이다. 특히 미국에서 주가는 단기실적의 영향을 크게 받는다. 미국에서 단기실적이란 '분기별 경영성과'를 말한다. 상장회사는 분기별로 경영성과를 공표할 의무가 있고, 기업별 실적발표에 따라 투자자가 예민하게 반응하면서 주가가 출렁이게 된다. '다음 분기의 실적이 주식시장의 기대에 부응할 것인가?'가 최고경영자의 관심사에서 제1위를 차지한다. 실제로 투자자의 반응은 최고경영자의 '수명'에 큰 영향을 미친다. 어느 최고경영자이건 분기실적에 초연할 수는 없다.

정리해 보면, 1980년대 이후의 치열한 기업간 경쟁은 그렇잖아도 단기성과에 집착하던 미국 경영자들의 시야를 더욱 좁게 만들었다. 주주의 압력 때문에도 '사회적 책임'에 눈을 돌릴 여유가 없었다. 그와 같이 지나친 미국식 단기성과주의는 큰 반작용을 불러왔고, 그것이 바로 1990년대 후반 이후에 미국을 필두로 진행된 반세계화 · 반기업 운동이다.

# 3. "하필왈리"

동양의 고전으로는 사서삼경을 먼저 꼽아야 할 것인데, 그중에서 현실생활과 가장 밀접한 관련이 있는 것은 아마도 《맹자(孟子)》일 터이다. 이 책은 맹자가 어떤 왕에게 "인의(仁義)를 제쳐두고 하필이면 이익을 말하느냐(何必曰利)"라고 말하는 것으로 시작된다. 이런 유교의 전통을 이어받아서인지 역사적으로 동양에서는 요즈음의 기업활동에 해당하는 상(商)이 언제나 최하급의 대접을 받았다.

박정희 정부에 의해 경제개발이 추진되던 시기에 그 중심 역할은 대기업집단, 즉 재벌이 맡았다. 35년간(1962~96년)에 걸친 개발연대에 이루어진 압축성장은 재벌이 없었다면 불가능했으리라는 생각에서 한국인들은 대체로 재벌의 기여를 인정하는 편이다. 대우그룹이 부도처리되기 전에는 젊은이들이 신흥재벌을 우상으로 여기기도 했다. 이제 사농공상(士農工商)의 순서는 일반시민의 감정에 부합하지 않는다. 아마도 사(관료) 다음에 상(기업인)이 자리를 잡은 듯하다.

그렇다고 해서 대기업에 대한 시민감정이 반드시 고운 것은 아니었다. 대기업이 벌인 정경유착과 중소기업에 대한 횡포 등은 원초적 비난거리였다. 게다가 다수의 재벌총수가 불법적 경영권 상속, 뇌물공여, 비자금 조성, 횡령 등의 이유로 형사처벌을 받았다. 21세기에 와서는 적어도 재벌에 관한 한 시민의 일반적 감정은 부정적이라고 봐야 할 것이다. 진보적인 일부 시민은 재벌의 부적절한 행위와 이에 관대한 정부를 싸잡아 '타도되어야 할 저들만의 세상' 이라 여긴다.

21세기에 들어서서 한국에서도 많은 기업이 '사회공헌' 을 내세우게 됐다. 그런 움직임은 한국 안에서 자연스럽게 발생된 것이라기보다는 국제추세에 따른 것으로 평가해야 할 것이다. 그리고 유한킴벌리 등의 일부 사례를 제외하면 2000년대 중반 이후에야 비로소 다수의 대기업이 그러한 움직임에 참여하게 됐다. 2011년 현재까지도 한국 대기업의 사회공헌은 그 내용을 볼 때 방어적 · 수동적인 활동에 그치고 있다.

## 4. 기업과 사회, 그 애증의 관계

기업이 없으면 사회가 부지되기 어렵다. 물질적 풍요는 기업의 생산활동에 근거한다. 시민은 근로자, 자본가, 지주의 형식으로 기업에 고용되거나 기업과 관계를 맺음으로써 소득을 얻고, 그 덕분에 소비생활을 즐길 수 있게 된다. 그들이 소비하는 것은 물론 기업이 공급하는 제품과 서비스다. 인류사회가 추구하는 목표 가운데 하나가 물질적 효용의 증대라면, 그런 점에서 인류사회 전체는 기업의 은덕을 입는다.

그럼에도 기업에 대한 사회의 시각은 곱지 않은 경우가 많다. 개별 기업의 의도가 나쁘거나 지나친 경우도 있고, 개별 기업이 각종 이해당사자에게 미치는 영향이 공평하지 않을 수도 있다. 단순히 가치관의 차이로 인해서 불만이 생길 수도 있다. 시대에 따라서 차이는 있지만 어느 사회이건 기업에 대해서 불편한 감정을 가져왔다. 많은 일을 자기중심으로 파악하는 인간심리의 특성 때문에도 기업에 대한 사회의 불만이 완전히 사라질 가능성은 없다.

기업과 사회는 기본적으로 애증(愛憎)의 관계에 있다고 할 수 있다. 그렇더라도 기업의 노력으로 사회의 나쁜 감정을 상당부분 줄일 수 있음은 분명하다. 이런 점에서 어느 기업이건 사회책임에 대해 깊이 생각할 필요가 있다.


## 1.2 반세계화 · 반기업 운동

멀리 본다면 산업화가 시작된 18세기 이후, 가까이 생각한다면 1990년대 이후의 범세계적 경제활력은 자유경쟁과 자유무역을 기본으로 하여 이루어진 것이다. 특히 자유무역은 세계화와 연관하여 이루어진 것이고, 그래서 왕왕 자유무역과 세계화가 동전의 앞뒷면으로 여겨지기도 한다.

# 1. 세계화의 부작용

세계화의 이점은 전반적 생활수준의 향상에서 시작된다. 리카도의 비교우위 이론은 다음의 두 가지 사실로 정리된다. ① 어느 나라건 상대적으로 생산성이 높은 분야, 즉 비교우위 분야를 반드시 가진다. ② 각국이 비교우위 분야에 전문화한 다음에 국제교역에 나섬으로써 모두의 후생이 높아진다. 이는 자원이 더욱 효율적으로 배분된 결과인데, 이런 효과를 두고 자유무역 옹호론자는 흔히 "밀물은 모든 배를 들어 올린다"[5]라고 표현한다.

자유무역은 여러 가지 동태적 효과도 낳는다. 자유무역이 이루어지면 국내외 기업 사이의 경쟁이 더욱 치열해지고 혁신이 촉진되어 전반적 생산성이 증대된다. 나라 사이의 해외직접투자(FDI)는 신속한 기술확산을 불러온다. 그리하여 각국의 경제성장이 가속된다. 정보와 사람의 자유로운 이동은 문화적 다양성을 전파한다. 그 결과로 일상생활에서 물질적, 문화적 풍요로움이 실현된다.

## 소득격차의 심화

많은 통계자료와 실증적 분석은 자유무역과 세계화가 거시적 경제수준을 높인다는 것을 입증한다. 그렇더라도 미시적으로 관찰하면 매우 다양한 문제가 발생함을 알 수 있다. 그중에서 가장 큰 부작용으로 소득과 빈부의 격차가 더욱 커진다는 점을 꼽을 수 있다.

선진국과 신흥경제대국(emerging economies)을 한 편으로 놓고 아프리카 등지의 개발도상국을 다른 한 편으로 놓은 뒤 양쪽을 비교해보면 경제력 격차는 커지고만 있다. 특히 아프리카, 남미, 그리고 아시아 일부의 최빈국에서 가난과 질병의

---

[5] "A rising tide lifts all boats."

문제가 개선되기는커녕 도리어 악화되어 왔다.

각국 안에서도 소득편중 현상이 일반화되어서 소득 상위계층과 하위계층의 차이가 점점 확대되어 왔다. 미국의 학력별 소득의 경우 "박사와 전문석사 학위(MBA, JD, MD) 소유자의 소득은 증가했지만 일반석사 이하 학위 소유자의 소득은 오히려 감소했다"는 연구보고가 있다. 그런 현상을 두고 "밀물이 호화유람선만 들어 올렸다"고 비아냥대는 사람들도 있다.

세계화가 본격화된 이후에 소득격차가 커졌다는 것은 모두가 인정하는 사실이지만, 그 원인에 대한 진단은 제각각이다. 예컨대 OECD나 IMF 같은 국제기구는 지식사회의 진전과 함께 갈수록 중요해지는 지식격차가 그러한 소득격차의 주된 원인이라고 본다. 반면에 미국 진보주의 경제학의 기수인 크루그먼(P. Krugman)은 조세정책의 잘못이 그 원인이라고 보고 정부를 나무란다.

원인이야 어떻든 결과적으로 격차가 커졌다면 절대적 혹은 상대적으로 소득이 줄어든 계층은 불만을 가지게 된다. "나의 소득이 증가했다고 해도 잘사는 이웃의 소득과 차이가 벌어지면 배가 아픈 것"이 인간의 심리다. 그래서 자연히 세상에 대한 불만이 생기고, 그러면 대상을 찾아내어 그 불만을 터뜨린다.

**직업의 불안정성**

자유무역이 시행되면 비교열위 산업에서는 일자리가 줄어든다. 이론적으로는 비교열위 산업에서 풀려난 사람이 비교우위 산업으로 이동하여 더 나은 일자리를 얻게 된다고 하지만, 현실이 반드시 그런 것은 아니다. 새로운 지식과 기술은 배우는 데 시간이 걸릴 뿐 아니라 나이 때문에 아예 배우지 못하는 사람도 있다. 일시적으로든 영구적으로든 실업이 생기게 마련이다. 일자리를 잃는 사람에게 "자유무역은 전반적 후생수준을 향상시킨다"는 논리를 말해봐야 그것은 남의 이야기일 뿐이다. 결국 적지 않은 사람이 자유무역을 통해서 일자리가 해외로 유출됐다고 불만을 표시하게 된다.

약간 다른 문제로, 직업의 불안정성이 있다. 폐쇄경제에서는 경제환경이 비교적 안정적이지만 세계화 이후에는 모든 면에서 극심한 변화가 일어난다. 미국, 중국, EU, 중동 가운데 어디에서 일어난 경제적 변화와 부침이든 그 영향은 곧 전 세계로 파급된다. 그래서 산업과 업종의 명암이 수시로 바뀌게 되고, 그에 따라 사람들이 일자리를 자주 바꿀 수밖에 없게 된다.

### 국가 정체성의 훼손

세계에는 200여 개의 국가가 있다. GDP 규모가 조 달러를 넘는 국가도 있지만 몇십억 혹은 몇 억 달러에 불과한 경제적 영세국가도 있다. 소국의 GDP에 비교해 보면 유수한 다국적기업의 매출액은 실로 엄청나다. 예를 들면 인구가 3천만 명인 네팔의 GDP는 150억 달러에 불과한 데 비해 다국적기업인 엑손모빌의 매출액은 그 20배가 넘는다(2009년). 소국 정부에 대한 거대기업의 입김이 매우 강력하리라는 것은 쉬이 짐작할 수 있는 일이다. 거대기업이 진출한 나라의 정부에 특혜조치를 요구하기도 하고 법규의 개정을 말하기도 한다. 그에 대한 반발이 따르는 것 또한 지극히 당연한 일이다.

세계화는 사회문화적 변화도 유발한다. 사회문화적 전통이 나라의 구분 없이 동질화한다고 단언하기는 어렵지만, 세계화로 인해 전통이 변질되는 것은 불가피하다. 특히 기성세대는 전통의 단절에 탄식한다. 일부 계층을 중심으로 ‘문화적 식민지화’에 대한 반발이 일어나기도 한다.

### 자연환경의 훼손

국가 사이의 경쟁 혹은 기업 사이의 경쟁이라면 보통 경제적 경쟁을 말한다. 그 결과로 기업의 활동범위와 국가경제의 규모가 경쟁적으로 커진다. 그런데 경제행위에는 거의 언제나 에너지 소모가 따르고, 그 과정에서 많은 경우에 ‘개발’이라는 이름 아래 자연을 변형시키는 활동이 전개된다. 대기, 물, 토양이 오염되어 산성비가 내리고 오존층이 파괴된다. 2000년대 중반 이후에는 지구온난화 문제가 온 세계에서 뜨거운 쟁점이 됐다.

열대우림이 파괴되고, 숲은 공장 혹은 주거용 대지에 밀려난다. 여기저기에 건설되는 댐은 각종 유적뿐만 아니라 생태계까지 물속에 가라앉힌다. 기후가 바뀌고, 생태계가 달라지며, 멸종되는 동식물이 늘어난다.

이와 같이 자연환경이 훼손되는 현상은 '외부효과(externality)'라는 이름으로 널리 알려진 시장실패의 대표적 사례다. 개개의 경제단위가 사익을 추구하다보면 환경위해(危害)라는 외부효과가 어김없이 발생한다. 세계화로 인한 경쟁이 가열될수록, 그리고 기업활동이 왕성해질수록 환경 및 생태계의 변질 또한 빨라진 것이 지금까지의 역사다.


## 그래도 자유무역

자유무역이냐 유치산업 보호냐 하는 것은 세계적으로 매우 치열한 논쟁의 대상이 되는 문제다. 케임브리지대학의 장하준(H. Chang) 교수는 "영국과 미국은 보호무역을 통해 산업혁명을 완수한 다음에 후진국에게는 자유무역을 강요했다"는 이른바 '사다리 걷어차기' 이론을 한국에 소개하기도 했다. 그러나 그것이 사실이라 해도 개발도상국이 보호무역을 택하는 것은 옳지 않다.

보호무역은 해당 국가를 더욱 빈곤하게 만들 뿐이고 오히려 자유무역이 경제성장에 이롭다는 것이 대다수 연구가 내리는 일반적 결론이다. 리카도의 비교우위 이론은 선험적(a priori)인 것이기 때문에 언제나 성립한다.

자유무역을 하는 나라에서 소득격차가 커지는 것은 확인됐지만, 그것 때문에 자유무역을 제한해야 한다는 결론을 내려야 하는 것은 아니다. 상대적으로 소득증가율이 높은 상위계층에서 세금을 거두어 하위계층에 보상을 해주는 방식의 소득 재분배 정책을 통해서 모두를 행복하게 만드는 길이 있기 때문이다(〈도표 1-1〉). 여타 자유무역의 부작용에 대해서도 자유무역 자체의 배척보다는 그 부작용의 치

**| 도표1-1 무역, 소득격차, 보완조치**

| | 무역의 소득변화 효과 | | | 소득재분배 정책 | | |
|---|---|---|---|---|---|---|
| | 무역전 | 무역후 | 신장비율 | 조정금액 | 재분배후 | 신장비율 |
| 하위계층 | 1000 | 2000 | 200% | +400(보조금) | 2400 | 240% |
| 상위계층 | 1500 | 4000 | 267% | −400(세금) | 3600 | 240% |
| 계 | 2500 | 6000 | 240% | 0 | 6000 | 240% |

*각 칸의 숫자는 무역으로 인해 소득격차가 심해지더라도 재분배를 통해서 계층별 소득증가율을 동일하게 만들 수 있음을 보이기 위해 가상으로 설정한 것이다.*

유가 바른 대안이다. 말하자면 "목욕물이 지저분하다고 아기까지 버리는 것은 어리석은 일"[6]이다.

## 2. "세계화에 대한 불만"

세계은행(World Bank)의 경제분석가로 활동한 적이 있는 스티글리츠(J. Stiglitz)는 개발도상국에 대한 세계은행과 IMF의 정책조언이 잘못됐음을 신랄하게 비판한 바 있다(2002). 사실 경제자유화를 지향하는 세계은행과 IMF의 각종 정책요구는 미국이나 유럽의 관점에 따른 것인 경우가 많았다. 금융위기에 빠진 국가에 구제금융을 제공하면서 붙인 부대조건도 상황을 악화시킨 경우가 많았다. 예를 들어 1997년 한국의 경제위기에 대응한 IMF의 정책주문은 심각한 경제불황을 가져왔다(〈사례 1-1〉). GATT에서 WTO로 이어진 통상협상도 지나치게 선진국 위주로 이루어졌다.

---

**6** Don't throw the baby away with the bath water.

## 불균등한 경쟁지평

특히 국제관계에서는 힘의 논리가 앞서는 경우가 많다. 정치에서뿐만 아니라 경제질서에서도 '선진국의 이중잣대'에 관한 주장은 상당부분 진실이다. 우선 '사다리 걷어차기' 주장은 역사적 사실에 부합한다. 현재의 미국과 유럽은 겉으로 자유무역을 내세우지만 국내정치적 이유로 계속해서 농업에 보조금을 지급하고 있고, 철강산업이나 섬유산업 등에 대한 보호조치를 취하는 경우가 많다. 아마도 WTO



경제학의 기초이론 중에 아래와 같은 관계식이 있다.

국내총생산(Y) = 가계소비(C) + 기업투자(I) + 정부지출(G) + 순수출(X − M)
순수출 = 국내총생산 − (가계소비 + 기업투자 + 정부지출)

1997년 한국의 경제위기는 만성적인 경상수지 적자가 큰 원인 중 하나로 작용해 일어난 것이었고, 그때 당장 필요한 외환보유고의 확충을 위해 경상수지 흑자를 시현하는 것이 큰 과제였다. 위 관계식에서는 경상수지가 순수출로 표현되어 있다. 당시 구제금융을 제공한 IMF가 한국정부에 제시한 핵심 목표 중의 하나는 경상수지(순수출)의 흑자전환이었다. 구체적으로는 IMF가 긴축재정과 이자율 인상을 주문했는데, 그 자체는 훌륭한 조언이었다. 그러한 IMF의 주문은 가계소비, 기업투자, 정부지출을 감소시키는 것이기에 '국내총생산이 일정하다면' 경상수지 흑자를 가져올 수밖에 없는 것이었다. 그 결과 1998년에 한국은 무려 400억 달러를 초과하는 경상수지 흑자를 기록해 국내외 관찰자 모두를 놀라게 했다.

문제는 그 후유증이었다. 소비, 투자, 재정이 줄어들면 당장 그 해의 국내총생산이 줄어들게 된다. '국내총생산이 일정하다'는 조건이 충족될 수 없는 것이다. 1998년에 국내총생산이 전년 대비로 무려 8%나 감소하면서 기업파산과 대량실업을 불러와서 시민들이 더할 수 없는 고초를 겪었다. 그리하여 한국에서 'IMF 사태'는 고난의 시기를 가리키는 대명사가 됐다.

IMF와 세계은행은 지나치게 단순한 논리에 입각한 정책을 개도국에 조언하고 그런 방향으로 급진적인 변화를 주문하는 경우가 적지 않았다. 이로 인해 명시적인 목표는 달성할 수 있었는지 몰라도 그와 동시에 심각한 부작용을 초래하기도 했다.

규정을 가장 많이 위반하는 나라는 미국일 것이다.

국제 무역협정 자체도 불공평하기는 마찬가지다. 농업과 섬유산업은 노동집약적이기 때문에 개도국이 비교우위를 가지는 산업이다. 그런데 반세기에 걸쳐 존속한 '관세와 교역에 관한 일반협정(GATT)' 체제에서 선진국이 국내의 농업과 섬유산업에 대해 취한 보호조치는 당연한 것으로 인정됐다. 우루과이라운드의 결과로 탄생한 세계무역기구(WTO) 체제에서도 선진국이 우위를 가지는 전문서비스 산업에 대해서는 무역자유화 조치가 취해졌지만 농업보조금의 철폐나 비숙련노동의 이동에 대한 장벽 완화 등에 대해서는 아무것도 보장되지 않았다.

국제질서가 사실상 이중적이고, 토머스 프리드먼(T. Friedman)의 주장과는 달리 "세계는 결코 평평하지 않다."[7] 이런 사실은 개도국과 신흥 경제대국의 반발을 불러왔고, 선진국의 일부 시민단체도 그들의 반발에 동조하게 됐다. 자유무역의 생래적 부작용에 대한 비판과는 또 다른 차원에서 세계화에 대한 반작용이 생겨난 것이다. WTO가 주관하는 통상자유화 협상인 '도하 개발의제(DDA)' 의 타결이 지연돼 온 것도 선진국의 욕심과 개도국의 박탈감 때문이다.


### 1999년 시애틀

1990년대 중반에는 세계화가 이미 상당히 진척된 상황이었다. 한국에서는 김영삼 정부의 세계화 선언, 세계적으로는 WTO의 출범이 그러한 상황을 상징했다. 세계화의 진전과 더불어 반세계화 정서도 강화됐다. 1999년에 미국의 시애틀에서 WTO의 정례 각료회의가 열렸다. 기다렸다는 듯이 대규모 반세계화 시위가 벌어졌고, 그 바람에 각료회의는 논의를 별로 진전시키지도 못하고 해산하고 말았

---

7 '균등한 경쟁지평(a level playing field)'은 여러 국제기구가 지향하는 목표다. 이것은 국가 사이 혹은 기업 사이에 경쟁조건이 동일하게 되도록 한다는 것, 즉 게임의 규칙을 공평하게 만든다는 것이다. 프리드먼(T. Friedman)은 그런 상황이 이미 도래했다고 주장하는 내용의 책을 출간한 바 있다(2005).

자료: *http://vimeo.com/7948916*

다(〈도표 1-2〉).

시애틀 시위는 반세계화 정서가 행동으로 양성화되는 데 기폭제 역할을 했다. 그 뒤로는 IMF, WTO, G8, G20, WEF 등의 국제기구가 여는 다양한 성격의 국제회의에 언제나 대규모 시위가 뒤따랐다. 시위대는 여러 나라에서 모인 각종 성격의 집단들로 구성된다. 반세계화 정서가 일상적으로 표출되기에 이른 것이다.

## 3. '문제아'로서의 기업

세계화로 인해 어떤 문제가 생겼다면 그에 대한 책임은 종국적으로 기업, 특히 다국적기업(MNC)에 돌아가게 된다. 세계화의 첨병으로 인식되고 있기 때문이다. '사회문화적' 세계화는 정보기술의 발달에 힘입은 바가 크기 때문에 꼭 기업만의 책임이라고 말할 수 없지만, 이에도 기업의 역할이 매우 큰 것이 사실이다. '경제적' 세계화는 그 정의에 비추어 보아도 기업활동에 의해 이루어진 것이다. 세계화에 대한 반감이 생긴다면 비난의 구체적인 대상은 기업이기 마련이다.

1999년에 시애틀에서 맥도널드(McDonald's) 등의 다국적기업이 시위대의 표적이 되어 큰 화를 입은 것은 충분히 예상할 수 있는 일이었다. 맥도널드는 이미 노동을 착취하고 자연환경을 파괴하고 가축을 살상하는 '욕심꾸러기 다국적기업' 의 상징으로 인식되어 있었다.

## 산발적 사건

다국적기업이 비난의 표적이 되는 데는 몇 가지 현시적인 사건이 크게 작용했다.

1984년에 인도 보팔(Bhopal)의 화학공장에서 가스누출 사고가 일어나서 적어도 수천 명이 목숨을 잃었다. 1989년에는 거대기업 엑슨(Exxon)의 유조선인 발데즈(Valdez) 호가 알래스카 연안을 대규모로 오염시키는 사건이 발생했다 (〈사례 1-2〉). 기업의 부주의로 말미암아 엄청난 환경재앙이 초래된 것이었다.

1995년에는 원유시추선을 폐기하는 문제와 관련하여 석유회사 셸(Shell)과 환경단체 그린피스(Greenpeace) 사이에 격렬한 신경전이 벌어졌다(〈사례 2-1〉). 이 신경전은 잘잘못을 떠나서 '종국적으로 기업이 패자가 되는 것' 으로 결론이 났다.

1997년에는 아동노동 이용과 관련하여 나이키(Nike)가 여론의 뭇매를 맞았다(〈사례 2-2〉). 인도네시아 등지의 수출업체들이 저임금에 아동을 고용한 것이 문제였다. 나이키와 유사하게 공급업체 문제로 곤욕을 치른 기업은 리복(Reebok)과 이케아(Ikea)를 비롯해 많이 있다. 논리적으로 따진다면 자회사가 아닌 제삼자에 불과한 수출업체의 잘못은 다국적기업이 책임질 일이 아니라고 말할 수도 있다. 인도네시아, 파키스탄, 방글라데시와 같은 나라에서는 아동이 가족의 유일한 수입원인 경우도 많다. 아동을 일자리에서 내치는 것이 오히려 더 큰 불행을 부를 수도 있다. 그렇지만 여론은 왕왕 이성보다는 감성에 근거하여 다국적기업을 압박한다.

## "막돼먹은 자본주의"

과유불급(過猶不及)은 공자의 시대에나 지금에나 변함없는 진실인 듯하다. 이윤, 특히 분기별 순이익을 두고 치열하게 경쟁하는 미국식 경영에서 지나침(過)이 나



세계 최대의 석유회사 엑손[8]이 소유한 유조선 '엑손 발데즈(Exxon Valdez)'가 1989년 3월에 알래스카 인근에서 산호초 '블라이 리프(Bligh Reef)'와 충돌했다. 이 사고로 30만 배럴의 원유가 유출되어 1만 2천 킬로미터에 달하는 해안을 오염시켰다.

인적이 드물어 희귀종이 번식하던 지역에서 엄청난 규모로 동식물이 폐사했고, 양질의 어장이 망가졌으며, 수천 명의 어민이 생계에 위협을 받았다. 총 3만 명이 제기한 소송으로 엑손은 10억 달러 이상의 배상금을 물어야 했다. 처음에는 징벌적 배상금만 50억 달러였는데 다행히 연방대법원이 이를 5억 달러로 감액해주어 엑손은 손실을 다소 줄일 수 있었다. 오염된 해안을 청소하는 비용만 20억 달러 넘게 들었다. 엑손은 이 사건이 2009년에 법률적으로 종결될 때까지 20년 이상 그 뒤처리에 시달려야 했다.

사고에 대한 조사 과정에서 엑손 발데즈의 레이더 장비가 오래전에 고장 난 사실 등이 밝혀져 관리부실이 도마에 올랐고, 사고 뒤에 엑손이 보인 태평스런 대응태도가 여론의 집중적 비난을 받았다. '엑손 발데즈'라는 말이 환경오염의 상징이 됨에 따라 엑손이 이미지에 타격을 입은 것은 물론이다. 과학자들은 20년이 지난 최근에도 환경에 대한 악영향이 상당한 수준으로 계속되고 있다고 보고 있다. 그 사건을 계기로 유조선의 표준이 이중선체(double-hulled tanker)로 바뀌기도 했다.

8 엑손은 1999년에 모빌과 합병하여 엑손모빌(Exxon Mobil Corporation)이 되었다.

타나게 된 것은 어쩌면 예정된 일이었을 것이다. 21세기의 첫 10년간에는 탐욕으로 인한 기업의 부적절한 행위가 특히 두드러졌다.

2000년대 초에는 엔론(Enron), 월드컴(WorldComm), 타이코(Tyco), 아서 앤더슨(Arthur Anderson)과 같은 미국의 대형 기업들이 분식회계와 장부조작을 통해 급성장한 사실이 밝혀져서 세계를 충격에 빠뜨렸다. 실적을 위해 수단과 방법을 가리지 않은 것이다. 어느 기업에나 비윤리적인 관행이 있고 어느 기업이나 탈법적 행위를 일상적으로 저지른다는 인식이 널리 퍼졌다.

'과도한 단기이윤 추구'가 극점에 이른 것은 아마도 2008년의 세계 대불황(the Great Recession) 때였을 것이다. 금융기관의 과욕이 부동산과 파생상품 거래에서 거품을 만들었고, 그 거품의 붕괴와 함께 온 세계가 큰 어려움을 겪었다. 그럼에도 문제의 원인이 된 금융기관의 간부들은 반성하는 기미가 없었고, 그동안 얻은 천문학적 소득을 반환하는 이는 더더욱 없었다.

드러커(P. Drucker)가 오래전부터 경고한 문제이기도 하지만, 미국기업의 고위 경영진은 경기가 나쁘다는 것을 이유로 직원을 해고하면서도 자신의 급여는 천문학적 액수로 챙겨가는 나쁜 버릇을 가지고 있다. 대불황을 겪으면서도 고쳐지지 않는 그들의 그런 버릇이 대기업에 대한 사회의 인식을 더욱 나쁘게 만들었다.

미국식 경영은 일반적으로 단기실적 지상주의에 바탕을 두어왔다. 상장회사 최고경영자의 운명이 분기별 실적에 의해 결정되는 미국식 자본주의의 특성상 어쩔 수 없는 일이기도 했다. 그처럼 단기실적 추구가 제도화된 형편을 두고 라이시(R. Reich) 교수는 '막돼먹은 자본주의(supercapitalism)'라고 꼬집었다(2007). 그는 현재의 시스템으로는 단기주의를 막을 수 없으므로 기업의 사회책임성을 확보하기 위해서는 관련 법규를 개정하여 시장경제체제 자체를 개혁해야 마땅하다고 주장한다.


## 반기업 정서의 세계화

지금까지 따져본 여러 가지 이유로 1990년대 중반 이후에 반세계화·반기업 정서가 강화되고 확산됐다. 짧은 시간에 그런 정서가 범세계적으로 확산된 것은 역시 생활환경의 세계화 덕분이었다. 정보사회가 도래하여 모두가 실시간으로 정보를 공유하기 때문에 그러한 일이 가능했다.

어쨌거나 21세기에 와서 어느 나라에서나 기업, 특히 대기업은 가시방석에 앉게 됐다. 경영에서 새로운 의식과 전략이 필요하게 된 것이다. '기로에 선 자본주의'(Hart 2007)라는 말도 이래서 나오게 된 것이다. 다소 극단적이긴 하지만 아래와 같은 시각을 가진 사람도 더러 있다.


주식회사란 반사회적 정신질환자가 되도록 용의주도하게 기획되었다. 사익추구에만 일편단심 매진하고 다른 일에는 신경을 쓸 수 없어서 양심도 도덕도 없다. 한마디로 비인간적인 것이다. 주식회사의 목표는 노엄 촘스키가 언급했듯이 "당신과 나를 포함하여 관여되는 모든 사람을 비인간적으로 만드는 데"에 있다. (Bakan, 2004)


## 1.3 자연환경의 훼손

지구상의 생물 중에서 물질문명이건 정신문화건 그것을 지속적으로 발전시키는 것은 인간밖에 없다. 그 과정에서 자연에 대한 영향이 누적된다. 인류생활로 말미암아 자연환경에 거시적, 구조적 변화가 일어나는 것이다. 실제로 그와 같은 영향이 뚜렷하게 나타난 것은 산업혁명 이후의 일이다. 인류가 다양한 제품의 생산과 소비를 실현하는 과정에서 막대한 에너지를 사용하고 자연환경에 악영향을 미친 것이다.

산업화에 따른 환경위해는 생산자와 소비자 모두에게 책임이 있다. 그렇더라도 산업활동의 주역으로서, 그리고 단일 개체의 영향력이라는 측면에서 기업에 먼저 비난이 쏠림은 피할 수 없는 일이다. 환경위해를 방지하자면 기업행위를 핵심에 둘 수밖에 없다. 그런 이유로 환경보전 문제가 대두됨과 동시에 기업은 그 원인의 제공자로서 다시 한 번 도마 위에 오르게 된다.

## 1. 환경위해

자연환경에 나쁜 영향을 미치는 경로는 여러 가지가 있는데, 최근에 핵심 현안이 되고 있는 것은 물론 지구온난화다.

### 환경오염

산업화의 초기에는 런던의 스모그(smog)나 울산의 굴뚝연기와 같은 오염이 문제가 됐다. 제품제조 과정에서 유출되는 유독가스, 화학물질, 중금속 등이 대기, 수질, 토양의 오염을 초래하는 주범이었다.

환경오염은 산성비, 기형적 생물체, 직업병 등 여러 경로와 형태로 폐해를 낳았다. 그것은 매우 가시적이었기 때문에 널리 경각심을 일으켰다. 사회의 관심 덕분에 선진국과 한국에서는 환경오염이 크게 줄어들었고, 대다수 기업이 나름대로 환경오염 방지책을 강구하고 있다. 오존층을 파괴하는 프레온가스(CFC)도 한때 큰 위협요인으로 여겨졌으나 몬트리올 의정서를 통하여 거의 해결됐다.

그렇다고 환경오염 문제가 완전히 해결된 것은 물론 아니다. 중국 등의 신흥경제대국이나 대다수 개도국은 여전히 오염물질을 배출하고 있다(〈사례 1-3〉). 환경규제가 느슨한 나라에 다국적기업이 공장을 설립하는 사례가 많은데, 이런 사례는 '오염물질 배출행위의 수출'로 지목되어 또 하나의 비난거리가 되고 있다.

### 지구온난화

아마도 21세기에 가장 심각하고 보편적인 환경문제는 지구온난화일 것이다. 지구의 여러 곳에서 측정되거나 관찰된 각종 현상을 미루어 지구가 점점 더 따뜻해지고 있음은 확실해 보인다. 지구온난화로 기후, 생태계, 생활환경에 큰 변화가 일어난다. 빙하가 녹아 해수면이 올라가면 많은 나라의 지리와 경제가 바뀐다. 폭우,



최근의 중국은 인류의 근현대사를 통틀어 경제성장 속도가 가장 빠른 나라다. 1979년에 대외 개방조치를 취하고 시장경제 제도를 채택한 뒤로 30년 이상에 걸쳐 연 10%에 가까운 성장률을 지속해 왔다. 경제발전 우등생으로 꼽히는 한국이 개발연대에 실현한 연평균 8.4%의 성장률보다도 나은 성적이다.

빛이 강하면 그늘이 짙은 법이어서, 초고속 성장의 이면에서는 환경오염이 엄청나게 일어났다. 신뢰성이 낮은 중국 정부의 공식발표에 따르더라도 수계로 방출되는 공업폐수, 농업폐수, 생활폐수의 양이 자연의 정화능력에 비해 2배를 초과한다. 강은 물론이고 연안의 바다가 점점 더 심하게 오염될 수밖에 없다. 강물의 40% 이상이 4급수 이하다. 중국에서 세 번째로 큰 호수인 태호(太湖)는 온통 형광녹조로 뒤덮였고 시궁창의 악취가 진동한다. 대기오염도 수질악화에 못지않다. 북경의 하늘은 올림픽 기간 중에는 잠깐 맑았지만 평시에는 매우 탁하여 호흡이 어려울 정도다.

중국 전역에서 5억에 가까운 인구가 위생적인 식수를 얻지 못한다. 1년에 100만 명이 호흡기 질환으로 사망하고, 수인성 질환을 앓는 사람이 2억 명이나 된다. 정확한 집계는 불가능하지만 대기오염, 수질오염, 토양오염이 각각 수백억 달러 규모의 연간 비용을 초래하는 것으로 추정된다. 토지의 사막화로 인해 발생하는 황사는 동북아시아의 이웃나라뿐만 아니라 태평양을 건너서 미국에까지 영향을 미친다.

환경오염과는 별도로 온실가스 배출에서도 중국은 세계 1위다. 향후에도 당분간 중국에서는 고속으로 산업화가 진행될 것이므로 상황은 점점 악화될 것이다.

중국은 1994년부터 양자강 중상류에 '삼협(三峽)댐'을 건설하고 있다. 홍수를 통제하고 세계최대 용량의 발전소를 건설하기 위해서다. 그러나 환경의 측면에서 이 댐은 아마도 인류 최대의 재앙이 될 것이다. 댐 건설 과정에서 광활한 농지, 수많은 역사유적, 그리고 자연경관이 수몰됐다. 처음에는 100만 명으로 예상됐던 이주민의 수가 종국적으로는 400만~500만 명에 이를 것으로 추정된다. 양자강 유역이 침식되고 수시로 산사태가 발생한다. 강을 따라 흐르던 각종 오염물질이 댐에 갇혀서 드넓은 호수가 녹조로 뒤덮인다. 생태계가 파괴되고, 주변의 기후가 크게 달라진다. 댐 하류의 어획고가 대폭 줄어들어 어민들이 어려움을 겪는다. 이주과정에서, 그리고 산사태 등의 자연재해로 인해 수많은 사람이 목숨을 잃는다.

폭설, 태풍, 가뭄, 혹한, 혹서 등의 기상이변도 일어난다. 각종 질병이 만연할 수도 있다. 생태계 전반에 혼란이 일어나 새로운 병충해가 나타날 가능성도 있다.

지구온난화를 초래하는 원인은 여러 가지다. 완전한 합의를 이룬 것은 아니지만 대기 중에 축적되는 온실가스가 주된 원인인 것으로 이해되고 있다. 온실가스로는 이산화탄소($CO_2$), 메탄가스($CH_4$) 등의 6종류가 꼽힌다. 온실가스가 배출되는 경로도 여러 가지다. 절대적 비중을 차지하는 경로는 석유, 석탄, 천연가스 등을 태우는 데서 이산화탄소가 발생하는 것이다. 개인의 가정생활에서도 온실가스가 발생하지만 비난의 주된 표적은 기업의 산업활동이다. 기업의 상품생산은 곧 에너지 소비의 과정이며, 그 과정에서 어김없이 온실가스가 발생한다.

## 생태계 파괴

물질문명의 발달은 곧 경제개발을 의미한다. '개발' 이라는 말은 자연의 변형 내지 파괴를 이내 연상시킨다. 대지나 농지를 만들기 위해서는 넓은 땅에서 초목을 제거해야 한다. 도시를 건설하거나 댐을 건설하면 거대한 지역에서 자연이 훼손된다. 지하자원이나 목재의 채집은 그 자체가 자연을 파괴하는 것이다. 그런 일은 인류역사와 더불어 끊임없이 계속됐다.

인류의 생존을 위해서 자연파괴는 일정부분 불가피한 일이다. 그렇더라도 지나침은 언제나 비난의 대상이 된다. 무분별한 열대우림 벌채는 대표적 자연파괴의 사례에 속한다.

지구의 생태계는 수억 년의 세월을 통하여 균형을 유지해 왔다. 환경오염과 지구온난화는 곧 생태계의 교란을 의미한다. 실제로 개구리의 개체수가 현격히 줄고, 꿀벌이 집단으로 죽어서 농업이 타격을 받을 것이라는 뉴스가 있었다. 남성의 정자 수가 줄었음이 확인되고 있고, 각종 동물의 내분비체계와 면역체계가 엉클어짐도 관찰된다. 이런 현상은 단편적인 사건이 아니라 광범위한 일반적 변화의 징조일 수도 있다.

## 2. 지속가능 발전

지구상의 생물 중에서 자연의 힘을 거스를 수 있고 천적이 없는 것은 인류뿐이다. 천연의 생태계는 먹이사슬을 비롯한 자연의 작용으로 인하여 균형이 유지된다. 인간사회나 인간생활은 완전히 다르다. 인간은 끊임없이 자원을 소비하고 쉼 없이 생태를 파괴할 수 있다. 그래서 지속가능성이 문제가 된다.

### 공유지의 비극

경제학의 기본개념 중에 외부효과가 있다. 어떤 기업의 행위가 주변에 영향을 미치지만 그 기업으로부터 비용을 징구할 수 없는 경우에는 그 영향을 부(負)의 외부효과라고 한다. 부의 외부효과로 환경오염을 들 수 있는데, 이는 주변에 피해를 주는 만큼 비용을 물려야 하나 그럴 수가 없다. 정(正)의 외부효과에 대한 보기로는 기초과학에 대한 투자를 들 수 있다. 누군가가 새로운 과학이론을 찾아내면 누구나 그것을 사용하여 이익을 얻을 수 있지만, 수익자에게 일일이 수수료를 징구할 수는 없다.

환경위해는 외부효과의 문제다. 외부효과의 문제를 없애자면 오염물질의 근원을 일일이 찾아내어 원상회복에 드는 비용을 물려야 한다. '폐기물 기명제', '외부비용의 내부화' 등을 현실적인 대안으로 내세우는 전문가들이 있는데, 그들의 주장이 바로 그런 얘기다. 다만 그와 같은 대안은 기술적으로 실행하기가 쉽지 않기 때문에 실행되지 못하고 있을 뿐이다. 대부분의 경우에 외부효과는 그대로 방치된다. 기업은 계속해서 오염물질을 배출하고, 이로 인해 자연환경이 점점 더 손상되는 것이다.

인간의 행동준칙과 기업경영의 기본원리는 사익의 극대화다. 기업이윤은 매출액에서 비용을 공제한 것이다. 기업의 환경위해에 대하여 기업에 비용을 물리지 못하면 그런 행위가 계속될 수밖에 없다. 환경오염으로 인해 발생하는 피해를 사회가 공유하게 되기 때문이다. 반대로 기업의 오염물질 배출을 막으면 개별 기업이 추가비용을 부담하고 환경개선의 혜택은 사회가 공유한다. 거시적 편익과 미시적 비용이라는 외부효과 특유의 부정합적 특성 때문에 거시적 편익이 희생되는 현상을 '공유지의 비극'이라고 부르기도 한다.

## UN의 지속가능 발전

환경파괴는 지구 전체에 관한 인류사회 공동의 문제다. 내버려두면 사익추구의 원리에 따라 지구환경이라는 '단 하나뿐인 공유지'에 비극이 발생한다. 인류사회 공동의 협력만이 그것을 방지하고 지구를 보전할 수 있다.

인류사회가 활용할 수 있는 물질 중에서 공급이 제한된 것을 특별히 '자원'이라고 부른다. 물질문명은 자원에 바탕을 두고 건설된다. 불행하게도 자원은 유한하다. 무한정 사용할 수 없다. 에너지가 대표적인 자원이다.

환경보전과 에너지 확보에 대해 인류가 본격적으로 관심을 보이기 시작한 것은 1970년대부터라고 할 것인데, 그 시기에 미국에서 처음으로 '지구의 날(Earth Day)'이 지정됐다. 그 뒤로 각국에서 산발적으로 환경보전과 관련된 주의환기 및 실천노력이 있었다. 한국에서도 1980년 후반에 "지구를 살리자"는 여론이 일어난 바 있다.

국제기구 중에서는 국제연합(UN)이 먼저 환경보전을 위해 팔을 걷고 나섰다. UN은 환경계획(UNEP)이라는 전담기구(1972년)와 정부간협의체(IPCC)라는 연구기구(1988년)를 만들고 이를 통해 공식적이고 전문적인 활동을 벌였다. 1987년에는 특별위원회를 구성하여 '지속가능 발전'이라는 개념을 정립하여 공식화했다. 이 위원회가 정의한 '지속가능 발전'은 "후세의 욕구충족 능력을 저해함이 없이 현재의 욕구를 충족하는 것"[9]이다. 현세만을 위해서 한정된 자원을 함부로 사용해서는 안 되며 환경은 최대한 온전하게 보존되어야 한다는 취지인 것이다. UN은 '지속가능'이라는 개념을 가다듬어서 사회적 배려도 거기에 명시적으로 포함시켰다(〈도표 0-2〉 참조).

　1990년대에는 UN이 환경보전을 위한 노력을 한층 강화했다. 1992년 브라질의 리우데자네이루에서 지구환경 정상회의(Earth Summit)를 개최하여 기후변화협약(UN FCCC)을 체결했다. 1997년에는 일본에서 교토의정서(Kyoto Protocol)라는 실천협약을 맺었다. 환경보전을 위한 UN의 노력이 널리 인정받게 되어 2006년에 IPCC는 고어(A. Gore)와 함께 노벨 평화상 수상자로 선정됐다.


## 예방조치

외부에서 지구에 추가로 투입되는 에너지 자원은 태양광뿐이다. 그것을 제외한 다른 에너지 자원은 모두 한정적이기 때문에 계속 사용하다 보면 고갈되기 마련이다. 현세에 남용하면 후대에 부족해진다. 인간사회가 영원히 계속되어야 하는 것이라면 당연히 후대를 위한 배려가 필요하다.

　생태계가 파괴되는 것은 생물학적 문제다. 한번 파괴되면 많은 돈을 써도 복구할 수 없다. 당대에 한정되는 문제나 재무적인 문제라면 적절한 할인율을 적용하여 비용과 편익을 쉽게 비교할 수 있다. 그러나 여러 세대에 걸치는 문제나 생물학적인 문제라면 비용과 편익을 간단히 계산하는 것이 불가능하다.

　UN은 지속가능성을 주창하면서 그것을 위한 노력이 '불가피한 예방조치' 라고 밝힌 바 있다(〈도표 2-1〉 참조). 지구온난화 현상, 그 요인, 그리고 그로 인한 재해 사이의 인과관계는 아직도 과학적으로 명쾌하게 확인되지 않았다. 그렇다고 지구온난화에도 불구하고 마치 아무 일도 없는 것처럼 활동하고 살아갈 수 있는 것은 아니다. 만에 하나라도 온난화가 재앙을 불러온다면 그때에는 돌이킬 수가 없다.

---

**9** "Development that meets the needs of the present without compromising the ability of future generations to meet their own needs." 이것이 '지속가능 발전(sustainable development)'에 대한 'UN 지속가능 발전 특별위원회(Bruntland Commission)' 의 정의다.

요컨대 온난화가 재앙을 초래할 수 있다는 관점에 이의를 제기하는 사람들의 "기후과학은 불확실성 투성이"라는 말도 맞기는 하지만, 그렇다고 해서 아무런 조치도 취할 필요가 없다는 의견의 근거로 그런 말을 하는 것은 잘못된 일이다(Econ 2010a).

결국 환경보전의 문제는 시장경제 원리나 이윤극대화 원칙에만 맡겨 놓을 수가 없는 것이다.


## 1.4 사회책임의 범위

지속가능 발전과 관련된 사회적 요청을 기업에 적용하면 지속가능 경영이 된다. 기업계 내부에서 사회와 환경을 배려하고자 하는 자율적 노력이 없었던 것은 아니지만, 지속가능 경영이 확산된 것은 시민사회와 국제기구의 노력이 크게 작용한 결과다.


### 1. 사회적 책임

지속가능 경영을 위한 기업의 노력을 흔히 '기업의 사회적 책임(CSR)' 혹은 '사회책임 경영'이라는 말로 표현한다. 모든 기업은 이윤극대화라는 경제적 책임을 가지고 있다. 기업에 사회책임이 부여된다면 그것은 이런 경제적 책임에 덧붙여지는 것이다. 개별 기업의 입장에서는 경제, 사회, 환경의 세 측면에서 의무를 지게 되는 셈이다. 기업에 부여되는 책임을 종합적으로 보면 〈도표 0-2〉와 같으며, 결국 그것은 UN이 정의한 지속가능 발전과 동일하다.

이제 기업이 부담해야 하는 '사회적 책임'의 범위를 살펴보자. 이 소절에서는 '사회적 책임(social care)', 다음 소절에서는 '환경적 책임(environmental preservation)'을 다룬다. 각각의 책임에 대한 다양한 시각을 간략하게 소개한다. 개별 기업이 어떤 입장을 취해야 하는가는 이 책의 가장 큰 논의주제이므로 이 책 전체에 걸쳐 살펴보겠다.

기업은 분명 사회의 일원이다. 그러므로 그 구성원으로서의 사회적 책임은 당연히 완수해야 한다. 다만 사회적 책임의 범위가 어디까지인지에 대해서는 이념적 다툼이 있다. 기업은 기업윤리 준수와 같은 소극적 역할만 다하면 된다는 주장도 있고, 기업은 적극적으로 사회공헌에 나서야 한다는 주장도 있다.


## 기업윤리

사회적 책임이라는 개념의 사용이 일반화되기 전에는 그 자리를 기업윤리가 차지하고 있었다. 기업윤리는 사회의 여느 구성원과 마찬가지로 기업이 사회에 대해 이행해야 할 최소한의 의무다.

우선, 법규와 질서를 지킴은 가장 기본적인 일이다. 이는 선택의 여지가 없는 강제사항이다. 탈법과 위규는 국가에 의해 제재를 받게 됨은 두말할 필요가 없다. 시장경제의 기본요소 가운데 하나로 공정경쟁이 있다. 사기, 협박, 위계, 뇌물수수 등은 불법적 행위이며 독점, 매점매석, 우월적 지위의 남용, 시장조건을 벗어난 내부거래 등은 불공정 행위로서 모두 제재의 대상이다.

다음으로 사회통념에 따른 윤리기준을 지키는 일이 있다. 설사 공권력에 의한 벌칙이 없다 해도 윤리기준을 어기면 여론의 비난을 받게 되어 기업의 입지가 좁아지게 된다. 개별 기업으로서는 선택의 여지가 적은 사실상의 강제사항이다. 과대광고나 왜곡된 정보로 소비자를 오도하는 것은 비윤리적 행위이다. 제품의 결함을 숨기거나 책임을 회피하는 것은 비도덕적이다. 법규가 미비함을 역이용하여 환경에 유해한 물질을 배출하는 것은 반사회적이다.

규칙준수는 기업만이 아니라 기업에 소속된 임원에게도 요구된다. 사회는 임직원을 기업의 대표자로 보기 때문이다. 특히 한국에서는 소위 '오너'를 회사와 동일시하는 경향이 있어서 더욱 그러하다. 다시 말해서 임직원의 윤리성은 CSR의 일부가 된다.

## 이해당사자 배려

법률적으로 기업의 주인은 주주다. 그러므로 개별 기업은 전체 주주의 이익을 존중해야 마땅하다. 그래서 경영진으로 하여금 전체 주주의 이익에 부합하게끔 회사를 이끌어 나가게 하는 회사기율(會社紀律)의 확립 여부는 시장경제의 건전성을 가늠하는 지표가 된다. 대기업의 경우는 주주의 수가 매우 많기 때문에 회사기율의 확립은 그 자체로 상당한 사회적 배려의 의미가 있다.

개별 기업에는 주주 밖에도 여러 경제적 이해당사자가 있다. 그들도 두루 배려할 필요가 있다. 우선 종업원과 관련하여 연소자 고용, 각박한 대우, 강제적 초과근무, 성적 핍박, 유해한 근로환경 등이 두루 배척된다. 다음으로 소비자에 대해서는 제품하자에 대한 배상과 같은 법적 책임은 물론이고 불만상품 환수 등으로 권익을 보호해 주어야 한다. 공급업체도 대표적인 이해당사자다.

## 사회공헌

가장 초보적인 사회공헌은 사회적 약자에 대한 보살핌일 것이다. 불우이웃, 독거노인, 장애인, 이재민을 돌보고 생활비를 지원해 주는 것 등이 그것이다. 환경정리를 위해 임직원이 직접 나서는 경우도 흔히 볼 수 있다. 지역사회에 필요한 시설을 만들어 주는 경우도 있다.

보다 본격적으로 기금을 조성해서 사회적 현안을 해결하고자 나설 수도 있다. 교육기관을 설립해서 청소년 교육이나 직업교육을 실시한다. 장학재단을 마련해서 지속적으로 학비를 보조한다. 문화재단을 통해서 문화예술의 창달에 기여한다.

한 가지 유의할 점은 사회공헌에는 비용이 따른다는 사실이다. 위에 열거한 일 가운데 어떤 일이건 경비 혹은 자금이 소요되므로 이윤추구라는 회사 본연의 목표에 어긋날 수 있다. 특히 주주자본주의가 지배하는 미국의 경우에는 주주의 동의 없이 위와 같은 일을 함부로 할 수 없다.

### 거시적 현안의 해결

현대사회에서 기업의 비중은 지대하다. 때에 따라 정부정책도 기업이 좌우한다. 거대 다국적기업은 작은 나라보다 경제규모가 크다. 한국에서 재벌의 입김은 막강해서 정부보다 힘이 더 세다고 느껴질 때가 있다. 경제력과 정치적 영향력으로 미루어 다국적기업이나 한국의 재벌을 완전히 사적인 조직이라고 보기 어려울지도 모른다. 이런 이유로 대기업은 일정부분 공공부문의 역할을 담당해야 한다고 보는 전문가들도 더러 있다.

기업은 빈곤 퇴치, 전염병 박멸, 위생적 식수 공급 등에 적극적으로 나서야 한다. 국제범죄와 테러 예방, 부패 방지, 저개발국 정부에 대한 지도와 지원, 재난 방지와 구호 등에도 참여해야 한다. 물론 단일 기업이 이런 일을 도맡아 해결할 수는 없지만 관련 정부, 시민사회, 다른 기업체와 협조하여 추진할 의무가 있다.

## 2. 환경적 책임

개개인의 일거수일투족도 모두 자연환경에 영향을 미치므로 환경보전에 대한 책임이 기업에만 있다고 할 수는 없다. 그럼에도 기업의 생산활동이 자연환경에 끼치는 영향이 아무래도 가장 크고 책임소재가 뚜렷하다. 현실적으로 환경위해에 관한 모든 화살이 기업을 향하고 있다. 그리고 환경친화적인 기술을 개발할 수 있는 것도 기업뿐이다.

### 온실가스 감축

상품의 제조와 공급이 모두 기업의 역할이므로 그런 활동과 관련된 온실가스 배출

감축의 일차적 책임은 기업에 있다.

### 에너지와 물의 절약

에너지는 그 공급이 유한할 뿐만 아니라 사용과정에서 온실가스를 배출한다. 에너지 자원을 절약하여 지속가능성을 높일 필요가 있다. 2010년대 이후에는 식수나 산업용수의 확보에 대한 각국의 관심도 높아지고 있다. 물은 모든 생명체의 기본인 반면에 그 부족현상은 점차 심각해진다.

### 신에너지 개발

한 걸음 더 나아가 기업은 새로운 에너지 원천을 만들어내야 한다. 현재 인류사회는 80%의 에너지를 화석연료에 의존하고 있는데 화석연료는 온실가스 배출 문제를 안고 있는데다가 머지않아 고갈될 것이다. 그러므로 가급적 온실가스 배출이 적고 무한하게 재생할 수 있는 에너지의 발굴에 우선적으로 관심을 두고 투자해야 할 필요가 있다.

### 생태계 보전

기업의 각종 활동이 토지를 필요로 하고, 업종에 따라서는 광활한 토지를 요구하기도 한다. 공장부지를 조성함에 있어서 생태계를 훼손하는 일을 최소화해야 한다. 보다 적극적으로 녹화사업 등으로 생태계의 보전 내지 복원에 나설 수 있다.

### 상품의 생애관리

하나의 상품은 원료의 조달과 상품의 생산, 유지, 사용, 폐기의 전 과정에서 에너지를 필요로 하고 자연환경에 영향을 미친다. 그런 영향의 정도는 대부분 설계과정에서 이미 결정된다. 그런 까닭에 생산업체가 상품의 설계와 생산에서 폐기까지 모든 과정을 책임지는 것이 추세가 되고 있다.

## 3. 기업계의 변화

1980년대까지는 사회책임에 대한 기업계의 대응이 대체로 방어적, 소극적이었다. 기부금을 출연하는 등의 시혜적 사회공헌이 주류를 이루었다. 이렇게 수동적이었던 기업계의 분위기는 1990년대 초부터 달라지기 시작했다. 아마도 강력해진 시민사회의 요청과 UN의 주의환기에 영향을 받았을 것이다.

### 선도 기업 및 단체

일부 기업은 창립 당시에 사회책임을 경영철학으로 선정했다. 이런 측면에서는 영국의 보디 숍(The Body Shop), 미국의 벤앤제리(Ben & Jerry's)와 팀버랜드(Timberland) 등이 비교적 잘 알려져 있다.

다국적기업 중에서 3M은 환경오염을 최소화하기 위한 '3P 운동' 을 1970년대부터 펼친 바 있다. 뒤퐁(du Pont), BP, M&S 등이 남보다 한 발 앞서서 사회책임을 진지하게 고려하고 실행했다. 나이키(Nike)와 셸(Shell)의 경우는 특별한 사건이 계기가 되어 말하자면 개종(改宗)한 경우에 해당한다. 한국에서는 유한킴벌리가 1984년부터 벌인 '우리 강산 푸르게 푸르게' 라는 환경녹화 캠페인을 꼽을 수 있다.

21세기에 오면 더욱 많은 거대기업이 사회책임 경영에 동참한다. HP, IBM, GE, 월마트 등이 그런 거대기업에 포함된다. 사회책임과 관련하여 포드 자동차의 의장 포드(W. Ford, Jr.)는 이렇게 말했다. "21세기에는 대기업이 사회적, 환경적 걱정거리를 해결하는 데서 주도적 역할을 해야 마땅하고, 또 해낼 수 있다." (Bakan, 2004)

사회적, 환경적 현안문제는 공동으로 해결하는 것이 효과적이다. 그래서 기업계는 협의회 등의 단체를 만들어 사회책임 경영을 전파하고 권장한다. 유럽과 미국에서는 1990년대 초부터 각종 기업협의회가 자발적으로 조직되어 다수의 회원사를 확보하고 있다.

많은 대기업 혹은 기업단체가 사회책임 경영에 동참하게 된 이유는 다양하다.

첫째, 경영진의 가치관 변화에 따른 경우를 들 수 있는데, 이때에는 사회책임 경영을 진지하게 추진하게 된다. 둘째, 사회책임 경영을 통해 경쟁우위를 확보한 사례를 참고한 전략적 선택일 수도 있다. 경영 우월성을 위해 사회책임 경영을 선택하는 것이다. 셋째, 사회의 압력에 의해 어쩔 수 없이 선택하는 경우도 있는데, 이때의 사회책임은 말치레(lip service)로 끝날 수도 있다.

## 자율시행

사회책임 경영은 시대적 요청이며, 특히 대기업은 더 이상 그 요청을 피해 갈 수 없다. 다른 선택의 여지가 없도록 기업을 압박하는 각종의 영향력에 대해서는 2장에서 상세히 들여다볼 것이다. 피할 수 없는 일이라면 대응해야 하는데, 기업계의 대응에는 두 가지 방법이 있다. 하나는 공적 규제를 기다리는 것이고, 다른 한 가지는 자율적으로 실행하는 것이다.

제조를 포함하여 많은 기업행위가 투자를 필요로 한다. 투자가 이루어지고 난 다음에 고치는 것보다는 미리 바로잡아 두는 것이 비용 측면에서 훨씬 낫다. 예컨대 온실가스 배출에 대한 규제가 강화되는 경우에 기존 생산시설을 개체(改替)하자면 막대한 추가예산이 필요하다. 한 번의 설비로 수십 년간 유지되는 시설물의 특성상 이런 규제강화를 예상하여 미리 예산에 반영하는 것이 유리하다.

21세기에 와서 개별적으로건 단체적으로건 사회책임 경영에 대한 기업의 참여가 대폭 증가하게 된 것은 자율시행이 법규에 의한 강요에 따르는 경우보다 기업에 유리하다는 판단에 기인한 바가 크다. 온난화 방지가 인류 차원의 예비조치라면 사회책임 경영은 기업 차원의 예비조치가 되는 셈이다.

그렇다고 모든 기업인이 사회책임 경영에 동의하는 것은 아니다. 생사의 기로에 있는 한계기업은 물론이고 치열한 경쟁에 쫓기는 많은 기업에게 CSR은 사치일 수도 있다. 보수성향의 사상가들은 사회적 책임이란 기본적으로 정부의 역할이라고 주장하기도 한다.

## 4. 용어의 정의

기업의 사회적 책임과 관련된 용어는 쓰는 사람에 따라 약간씩 다르다. 더구나 한글 번역어가 확정되기까지는 다소의 시간이 더 걸릴 것으로 보인다. 이 책에서 사용하는 주요 용어의 개념적 기준은 아래와 같다.


**기업의 사회적 책임**(CSR; Corporate social responsibility)

기업의 사회적 책임에는 사회에 대한 배려뿐 아니라 자연환경에 대한 책임도 포함된다. 이렇게 보면 CSR은 사회에 대한 책임만 말하는 듯하여 엄밀한 표현이 아님에도 이미 굳어져 버린 용어다. 정확한 의미전달을 위해서 ESG(Environmental, social and corporate governance) 등의 용어를 쓰는 사람도 있지만 이 책에서는 일반 관례를 좇아 'CSR', '기업의 사회적 책임', '사회책임 경영' 을 표준 용어로 채택한다. 사회책임(social responsibility)은 다시 '사회적 책임(social care)' 과 '환경적 책임(environmental responsibility)' 으로 나뉜다. 전자는 각종 이해당사자를 배려하는 것이고, 후자는 친환경 경영을 말한다.


**지구온난화**(Global warming)

지구온난화는 대기의 온도가 상승함을 지칭하는 말이다. 보다 포괄적인 용어인 기후변화(climate change)라는 말이 사용되기도 한다. 이 두 용어는 개념이 서로 다르지만 현실에서 혼용되고 있다. '지구온난화' 라는 말로는 2009~10년의 유난히 추웠던 겨울을 설명하기 어려운 측면이 있다.


**회사기율**(Corporate governance)

Corporate governance를 흔히들 '기업 지배구조' 라고 번역하고 있으나, 이는 큰 잘못이다. 경영권의 소유와 그 행사의 과정을 가리키는 Control structure라는 말과 혼동되기 때문이다. 본래 'governance'는 '지배'라는 의미보다는 '규율이 잘 지켜지는 상태 혹은 그런 방향의 노력' 정도의 의미를 가진 낱말이다. 이 책에서는 corporate governance를 '회사기율(會社紀律)'로 옮기고, 같은 맥락에서 'public governance'를 '공공기율'로 옮긴다.

### 정도경영

이는 사회책임 경영의 출발점으로 각종 실정 법규, 사회의 관행, 일반적 윤리기준을 어기지 않고 준수함을 의미한다.

### 녹색경영

온실가스와 오염물질의 배출을 최소화하고 자원 생산성을 높이려는 모든 노력을 포괄해 녹색경영이라고 부른다.

### 상생경영

이 말은 보통 '공급업체와의 상부상조'를 가리키지만 이 책에서는 기업이 지역사회, 종업원(잠재적 종업원도 포함), 소비자, 공급업체 등의 이해당사자를 두루 배려하는 것을 가리키는 용어로 확대해 사용한다.

### 전략적 사회책임 경영(Strategic CSR)

개별 기업에 사회책임이 부여됨을 인정하고 그 이행을 기업경쟁력 강화의 방향과 일치되게 하는 것을 말한다. 분기별 수익성의 근시안적 접근에서 벗어나 장기경쟁력 확보에 경영의 초점을 맞추는 것이다.

## 2장

# 사회책임, 선택이 아닌 필수

개별 기업의 입장에서 본 사회책임 경영은 1990년대 중반까지는 '선택과목'에 해당하는 것이었다. 그 뒤로 '심화과정'을 거쳐 21세기에 와서는 '필수과목'으로 바뀌었다. 이 장에서는 기업에게 사회책임을 강요하는 외부요인들을 짚어본다.

## 2.1 웹 2.0

사회를 바꾸는 기본 동인은 아무래도 시민의 의식이다. 경제적 세계화는 시민의 의식에 큰 변화를 초래했고, 그에 따라 기업에 대한 시민의 시각도 크게 달라졌다. 정보기술의 발달은 인간생활의 각 부분을 투명하게 만들었고, 이 때문에 이제는 기업행위를 외부에 숨기기도 어려운 형편이 됐다.

## 1. 공개된 사회

정보화 사회에서는 실시간의 정보공유가 가능하므로 비밀이 없다. 말하자면 "모든 사람이 모든 일을 다 알고 있다." 기업에 관한 정보라고 해서 예외가 되는 게 아니다. 일상생활에 미치는 기업의 영향, 기업에 대한 사회의 기대 등이 시민의 의식에 반영되어 이제는 기업에 대한 시민의 관심이 대단히 높다. 그런 만큼 기업에 관한 정보는 언제라도 좋은 뉴스거리가 된다.

기업의 모든 정보가 외부에 알려지는 상황을 가정하면 개별 기업으로서는 탈법적이거나 비도덕적인 일을 감행할 수 없다. 사소한 일, 후미진 곳에서의 사달이라 해도 그 내용이 금방 세계로 알려지고 곧바로 기업 이미지에 영향을 미친다. 큰 실수든 작은 실수든 실수가 용납되지 않는다.

### 투명성에서 지속가능성으로

사회책임 분야의 일부 전문가들은 지속가능성(sustainability)을 책임성(accountability)과 동일시하고, 책임성은 투명성(transparency)에서 나온다고 정리한다. 모든 일이 공개되면 책임소재가 분명해지고, 그러면 모두가 책임성 있게 행동하게 마련이다. 투명사회의 기업이라면 사회책임 경영을 하지 않을 수 없게 되는 것이다.

"햇빛이 가장 강력한 방부제"라는 격언이 있다. 공리주의자 벤덤(J. Bentham)은 "인간은 감시당할수록 점잖아진다"고 지적한 바 있다. 아닌 게 아니라 햇빛이 비치듯 투명한 사회에서는 누구도 부도덕하거나 비윤리적이거나 환경파괴적인 일을 감행하기 어렵다. 반면에 사회공헌이나 환경개선 활동과 같은 선행 역시 널리 알려지게 되므로 그런 일을 시행하도록 하는 유인이 생긴다.

투명한 사회에서는 기업 사이의 비교가 용이하다. 상품의 우열, 윤리성의 차이, 사회공헌의 정도 등에 따라서 기업의 순위를 매길 수 있다. 실지로 여러 형태의 기업순위가 발표되고 있기도 하다. 사회책임 순위에 따라서 기업 이미지도 바뀌게 됨은 쉬이 짐작할 수 있다.

종합해 말하면, 정보화 사회가 투명성을 낳고 투명성은 사회책임 경영의 동인으로 작용한다. '투명경영=책임경영'이라는 연결이 성립하는 것이다. 이런 이유로 뒤퐁과 같은 기업은 자신에 대한 채찍질의 방편으로 투명경영을 앞세운다.

## 2. 사용자 창출 정보

이제는 작은 실수에 관한 정보도 순식간에 세계로 퍼질 수 있다는 점이 기업의 입장을 더욱 어렵게 하고 있다. 지금은 개개인이 정보를 창출하여 유포시킬 수 있는 '웹 2.0'의 시대다. 수많은 사람들이 촬영장비나 녹음장비를 가지고 다니므로 어떤 일이건 누군가에 의해 기록으로 남을 가능성이 크다.

일단 창출된 정보는 곧 인터넷을 타고 퍼진다. 사실 여부와 관계없이 소문이 생기고 그것이 확대재생산되어 순식간에 광범위하게 유통되는 일도 심심찮게 일어난다. 근거가 약한 정보라도 이성보다는 감성에 더 영향을 받는 여론의 성격상 그 전파가 해당 기업에 큰 타격이 될 수 있다.

사용자창출정보(UCC)에 관한 한 한국이 세계에서 가장 앞서는지도 모른다. 대통령 후보의 수년 전 언사가 낱낱이 알려지는 것은 물론이고 지하철에서 일어난 온갖 일도 휴대전화로 촬영되어 인터넷에 공개된다. 비밀이 없게 됐다는 말은 기업의 행위에도 적용된다.

'삼중 수월성'이라는 개념을 제시한 엘킹턴은 개별 기업의 일거수일투족이 관찰되는 상황을 '범세계적 금붕어 어항'이라고 부른 바 있다. 그러면서 그는 UCC의 시대가 도래하기 훨씬 전에 맥도널드가 정보유통으로 인해 창피당한 일을 소개한다. 1980년대 말에 맥도널드는 속성음식(fast food)에 대한 사회의 비난에 대응해 영국에서 언론 및 시민단체와 여러 건의 소송을 벌인 일이 있다. 그중 대부분의 소송에서 이겼기에 맥도널드는 안심했다. 문제는 그 뒤에 벌어진 그린피스와의 소송이었다. 이 소송이 진행되는 2년 반 동안 맥도널드에 불리한 온갖 자료가 인터넷에 공개되어 걷잡을 수 없게 됐다. 그것은 14개 나라의 언어로 작성된 반 맥도널드 자료의 홍수였다.

인터넷 사용자가 정보를 창출하는 시대에 접어들자 사용자가 기업에 관한 '인터넷 모임터(site)'를 만드는 일이 흔해졌다. 특정 기업의 행위가 반사회적이라고 생각되면 사람들이 인터넷 모임터를 만들고 거기에 비난의 글을 올린다. 한국에서는 2000년 무렵에 삼성그룹을 배척하는 모임터가 등장한 적이 있고, 미국에서는 마이크로소프트를 배척하는 모임터가 적어도 20개 이상 생겨났다.

개별 기업으로서는 부도덕하거나 무책임하다는 비난을 들을 만한 일에서는 절대적으로 멀어져야 한다. 약간이라도 의심을 받을 소지가 있으면 피하는 것이 좋다. 어떤 이유에서든 비난여론의 표적이 되지 않도록 각별히 유의하는 것이 상책이다.

## 3. 시민의 의식변화

정보화 사회에서 시민은 새로운 정보를 쉴 새 없이 접하고 그 과정에서 의식과 사고의 폭을 넓힌다. 앞서가는 나라의 제도, 선도기업의 사회책임 경영 등을 두루 알게 되고, 시민의 권리와 의무에 대한 의식도 뚜렷해진다. 소비자, 종업원, 투자자, 지역주민의 입장에서 시민이 개별 기업에 거는 기대의 수준이 옛날과 다르다. 양호한 근무여건, 더 좋은 상품, 보다 나은 서비스를 바라는 것은 물론이고 지역사회에 대한 어느 정도의 기여는 당연한 것으로 생각한다.

특히 자연환경과 개인의 건강에 대해서는 시민이 예민하다고 할 정도로 높은 관심을 보인다. 환경에 나쁜 영향을 미치는 기업행위는 용서하지 않는다. 지구온난화 문제가 초미의 관심사가 됐고, 소비자와 투자자가 개별 제품의 '탄소족적'을 공개하라고 요구하기도 한다.

시민사회가 사회적 책임성이 확실한 기업이 되기를 주문하는 것이다. 단견적인 이윤추구를 벗어나서 지역사회를 배려하고 환경보전에 앞장서는 '착한 기업시민' 이 되라는 것이다. 시민의식의 전반적 변화는 시민운동이 더욱 강력해지게 하는 원동력이 된다.


**소송혐오에서 소송만능으로**

소니(Sony)의 창업자인 모리타(A. Morita)는 생전의 저서에서 "미국에는 변호사가 많지만 일본에는 엔지니어가 많다"고 일본의 강점을 자랑한 적이 있다(1986). 미국의 소송만능주의를 비꼰 것이다. 아닌 게 아니라 1980년대까지도 소송에 대한 동양의 시각과 서양의 시각이 매우 달랐다. 동양에서는 웬만한 일은 불평하기만 할 뿐 소송을 제기하지는 않았다. 이런 면에서도 그사이에 시민이 크게 달라졌다.

21세기에 와서는 한국에서도 손해배상을 청구하는 민사소송이 부쩍 늘었고, 더러는 집단으로 움직이기도 한다. 2010년 현대자동차 그룹의 총수가 자신의 비용으로 700여억 원의 배상금을 지급하라는 판결을 받은 것도 소액주주 집단소송의 결과였다. 대한상공회의소가 설문조사한 바에 따르면 응답기업의 23%가 2003~7년에 민사소송을 당한 경험이 있었다(2007a). 그 가운데 대략 33%가 소비자에 의한 것이었고, 그 다음은 경쟁기업, 지역주민, 시민단체의 순이었다. 한국에서도 시민의식이 행동으로 표출될 가능성이 높아진 것이다.


## 2.2 공적·사회적 압력

'착한 기업'에 대한 사회적 기대는 기업의 역사와 동시에 시작됐다. 이런 기대가 표면화되기 시작한 것은 시민단체의 캠페인 때문이었다. 이어 UN이 적극적으로 사회책임을 강조하고 나섰고, 그에 호응하여 선도적 기업 혹은 기업협의회가 행동 규준을 만들어 제도화에 노력하게 됐다. 그와 같은 자율적 노력이 미흡하면 강제력 있는 정부규제가 뒤따르는 것이 보통이다.

## 1. 시민의 집합적 반응

시민은 소비자, 투자자, 지역주민 등의 여러 자격으로 특정 기업의 행동에 반응한다. 개별적 반응은 수습이 용이하지만, 대응이 미흡하면 개별적 반응이 자칫 집체적 행동으로 번질 수도 있다. 시민운동이 가장 확실하게 사회의 주목을 받는 경우는 특정 분야에 전문화된 시민단체가 주도하여 단체행동을 벌일 때다. 1장에서 설명한 반기업 운동의 대부분은 시민단체가 조직적으로 추진한 것이다. 이 장에서 소개할 특정 기업에 대한 반발도 시민단체의 주도로 이루어지는 경우가 많다.

시민단체(NGO)는 그 정의 자체가 다소 모호한 만큼 그 수가 얼마나 되는지를 정확하게 말할 수는 없다. 비공식 집계에 따르면 2000년대 후반 현재 한국에는 2만 5천여 개, 미국에는 85만여 개, 지구상에는 100만여 개의 시민단체가 있다. 사업의 내용과 규모는 천차만별이지만 그들의 영향력은 막강하다.

### 시민단체의 활동

소비자 운동이 일반화된 데에는 네이더(R. Nader)라는 미국인의 역할이 크게 작용했다. 자동차의 안전성에 관심이 많았던 그는 GM의 특정 모델(Chevrolet Corvair)을 표적으로 삼아 "어떤 속도에서도 안전하지 않다"는 취지의 글을 써서 발표하는 것을 통해 자동차의 결함을 고발했다(1965년). 그의 이 글은 미국에서 전국적인 호응을 얻었고, 많은 젊은이들이 그와 함께 소비자보호 운동을 벌였다. 그 자신도 직업적 시민운동가가 됐고, 수많은 시민단체를 조직하거나 후원했다. 그리하여 네이더리즘(Naderism)이라는 말까지 생겨났다. 이 말은 '소비자보호 운동'을 상징하는 용어가 됐다. 그는 1970년대 이후에 환경보전 운동도 활발하게 전개했다.

네덜란드에 본부를 둔 그린피스(Greenpeace)는 1971년부터 활동을 시작했는데, 지금은 국제기구에 버금가는 막강한 영향력을 범세계적으로 행사한다. 반핵운동으로 출발한 그린피스가 이제는 자연환경과 관련된 다양한 현안을 다루고 있고, '지구상 생명체의 다양성을 최대한 보장하는 것'을 목표로 내걸고 있다. 그린피스는 다소 선동적인 문제제기 방식 때문에 구설수에 오르기도 했지만, 환경에 대한 일반시민의 관심을 자극하는 데는 더없이 크게 기여했다. 그린피스의 활동 중 대표적인 사례(〈사례 2-1〉)는 기업의 환경적 책임을 환기시키는 계기가 됐다.

나이키에 대한 아시아 아동노동 착취 시비도 미국의 작은 시민단체가 시작한 것인데 미국은 물론이고 세계적인 관심을 불러일으켰다. 그 과정에서 나이키는 기업 이미지에 큰 손상을 입었고, 경영관행을 바꾸어야 했다(〈사례 2-2〉).

시민운동은 그 자체가 기업과 정부에 대한 압력으로도 작용하지만 시민의식을 변화시키는 데도 크게 기여한다. 소비자권익 보호와 환경 보전의 필요성에 대한 전반적 의식변화가 대표적인 보기라 할 것이다. 높아진 시민의식은 시민단체의 활동에 힘을 실어주게 되므로 둘 사이에서 상승작용이 일어난다.

한국에서 시민운동이 본격화된 것은 1990년대 중반 이후의 일이다. 경제정의실천연합, 참여연대, 환경재단 등의 활동이 본격화됐다. 특히 반재벌 캠페인에서는 참여연대의 활동이 왕성했다. 회사기율(corporate governance) 개념의 불모지였던 한국에 '소액주주의 권리'에 대한 의식이 생긴 것은 1998년의 삼성전자 주주총회에서 고려대학교 장하성 교수의 주도로 전개된 참여연대의 활약에 힘입은 바가 크다.

경제는 논리이지만 정치는 현실이다. 시민단체의 활동은 논리이기 이전에 현실이다. 이성적 판단도 중요하지만 감성이 이성을 이기는 경우가 많다. 네이더와 GM의 다툼에서 네이더가 주장한 내용 중 상당부분이 사실과 달랐다. 〈사례 2-1〉과 〈사례 2-2〉에서도 시민단체 쪽에 오해가 있었다. 대다수 시빗거리의 경우에 관련 기업의 책임 여부가 논리적으로 명확하게 규명되지 않는다. 그럼에도 잘잘못을 떠나서 분란에서의 패자는 언제나 기업이다.

시민단체가 제기한 문제에 대해 관련 기업이 "우리가 옳다"는 식으로 대응하는 것은 금물이다. 최선의 선택은 충분히 주의를 기울여 문제발생을 사전에 예방하는 것이다. 차선의 선택은 불거진 문제를 최대한 성의 있게 수습하는 일이다. 기업의 입장에서는 지적된 사실의 진위 여부를 떠나서 문제제기에 최대한 성실하게 대응하는 것이 상책이다.

## 소비자 불매운동

시민단체는 가끔 특정 기업의 상품을 거부하는 불매운동을 벌이기도 한다. 그것이 촉발제가 되어 특정 기업에 대한 비난이 소비자로부터 광범위한 호응을 얻게 되면

---

**사례 2-1  셸의 석유시추선 분쟁**

석유회사 셸은 '브렌트 스파(Brent Spar)'라고 불리던 수명이 다한 북해(North Sea)의 원유저장 기지를 심해에 가라앉히기로 결정하고 1994년 말에 영국 정부의 내락을 받았다. 이것을 폐기하는 방식은 수년에 걸쳐 이루어진 30여 건의 학술적 조사의 결과를 토대로 환경영향이나 경제성의 측면에서 최선으로 판단되는 것으로 채택됐다.

이런 셸의 계획이 알려지자 그린피스는 그 해상기지 안에 5천 톤 이상의 원유가 남아 있다면서 격렬하게 반대했다. 그린피스는 이듬해 4월 말부터 3주 동안 해상기지를 점거하여 농성하면서 셸의 제품에 대한 불매운동까지 벌였다. 그 과정에서 헬리콥터를 동원하는 등의 연출로 농성현장의 상황이 극적으로 대중매체에 보도되게 했다. 유럽 전체의 여론이 급격히 셸에 불리하게 돌아갔고, 급기야 독일 정부가 나서서 반대의 목소리를 높였다. 셸이 운영하는 주유소 체인이 도처에서 습격을 받아 상당한 재산피해와 매출손실을 입었다. 셸의 이미지도 크게 손상됐다.

셸은 다시 조사기관을 동원하여 그린피스의 주장이 과장된 것임을 밝혔다. 그린피스의 사과까지 받아냈다. 그럼에도 셸은 당초의 계획을 계속 추진할 수 없었다. 문제가 발생한 지 두 달도 채 지나지 않은 시점에 셸은 해상기지를 심해에 가라앉혀 폐기하는 방안을 포기한다고 선언했다. 셸은 그

해당 기업으로서는 이미지 훼손에 끝나지 않고 매출 손실까지 감수해야 할 수도 있다. 네이더의 소비자보호 운동이나 셸의 시추선 사고를 둘러싼 분쟁에서도 소비자 불매운동이 뒤따랐다. 2000년대 중반에는 코카콜라가 미국의 여러 대학에서 배척당한 적이 있는데, 그 이유는 중남미에서의 노조탄압과 인도에서의 환경오염이었다.

한국에서도 특정 재벌에 대한 불매운동이 가끔 벌어진다. 그러나 한국 특유의 온정주의 탓인지 큰 영향력은 없었다.

## 대규모 투자자

때로는 투자자가 기업에 사회책임 경영을 요구하기도 한다. 연금기금과 같은 기관 투자가는 특정 기업의 주식지분을 몇 퍼센트씩 보유하기도 하는데 그런 경우에는

뒤로 3년간에 걸쳐 다른 대안을 모색한 끝에 브렌트 스파를 육상에서 해체하여 페리 터미널로 개축해 사용하기로 결정했다. 해체에는 5년의 시일이 더 걸렸고, 해체비용은 4천만 파운드나 들었다.

돌아보면 셸은 과학적 검토에는 철저했는지 몰라도 여론의 움직임에는 둔감했다. 그런 까닭에 10년 가까운 세월에 걸쳐 엄청난 노력과 비용을 낭비한 셈이 됐다. 당초 계획에 따르면 최대 2천만 파운드의 비용이면 족할 일이 직간접 손실까지 포함해 총 1억 파운드의 비용을 초래했다.

참고로, 미국에서는 브렌트 스파와 유사한 시설을 멕시코 만에 가라앉힌 일이 있지만, 이로 인한 환경오염 문제는 불거지지 않았다.

경영진에 대해 상당한 영향력을 행사한다. 서양에는 한국의 '오너'와 같은 절대적 기업 지배자는 없지만 포드, HP와 같은 기업에서 창업자의 후손이 소유지분과 자신의 상징성을 배경으로 경영진에 대해 사회책임을 요구하기도 한다.

사회책임에 대한 시민사회의 관심이 높은 나라에서는 '주총의 계절(proxy season)'이 오면 여러 계층의 주주들이 연합하여 기업의 사회적 책임성을 높이라는 주주결의안을 제출하기도 한다. 미국과 영국에서는 이런 사례가 해마다 늘어나



나이키가 세계적인 기업이 된 비결로는 두 가지가 꼽힌다. 하나는 디자인과 마케팅을 빼고는 모든 것을 아웃소싱에 의존하는 사업모델이고, 다른 하나는 마이클 조던이나 타이거 우즈와 같은 스포츠 명사를 비싼 값에 광고모델로 채용하는 일이다. 나이키는 저렴한 인건비를 좇아 일본, 한국, 동남아시아, 중국, 베트남 등지로 상품의 생산지를 바꾸었다. 생산 현지의 수출업체는 모두 상품매매 계약으로 맺어진 제삼자 관계였다.

법률적으로 따지면 그런 수출업체의 사회책임성은 나이키와는 별개다. 그러나 불행히도 여론은 나이키의 생각과 달랐다. 1990년대 초부터 해외 공급업체의 열악한 근로조건이 심심찮게 대중매체의 조명을 받았다. 나이키는 줄곧 "우리와는 상관없는 일"이라고 발뺌했다. 그러다가 1996년에 결정적 전기를 맞았다. 그 해 초에는 기포드(Kathy Lee Gifford)라는 인기 방송인의 이름을 붙인 제품을 생산하는 데 아동이 고용됐음이 대중매체의 조명을 받았다. 연말에는 파키스탄에서 12세 아동이 나이키 로고가 선명하게 보이는 축구공을 꿰매는 장면이 대대적으로 보도됐다. 그로부터 대략 1년에 걸쳐서 나이키는 각종 시민단체와 대중매체로부터 집중적인 비난을 받았다. 나이키가 전문가에 의뢰하

고 있다. 한국에서는 아직까지는 '사회책임 결의안'을 제출하자는 움직임이 없지만 머지않아 상황이 크게 달라질 수도 있다.

　대규모 투자자가 기업에 사회책임을 주문하는 것은 예방조치의 의미도 크다. 환경보전과 관련된 공적 규제가 점점더 강화될 것이 확실한 만큼 책임성이 뒤처지는 기업은 장래에 큰 비용을 부담하게 될 것이 불가피하기 때문이다. 미국 제2위 연금기금의 CEO는 이렇게 말한 바 있다. "규제체제가 계속 바뀌고 있음에 비추어

여 자체적으로 조사한 결과를 발표하자 여론은 더욱 악화됐다.

　비난의 요지는 인도네시아, 파키스탄, 베트남 등지에 있는 나이키의 공급업체가 비인도적이라는 것이었다. 어린 아동을 고용하여 2달러 미만의 일당만 주고 10시간 이상씩 일을 시킨다, 작업장에는 독극물이 널려있고 환기시설도 제대로 설치되지 않았다, 근로자에게 휴식시간도 주지 않는다, 신체적 가혹행위나 성적 핍박의 사례도 심심찮게 발생한다, 그렇게 하여 만들어진 나이키 운동화는 한 켤레에 120~150달러의 가격에 판매된다, 마이클 조던을 모델로 쓰면서 수천만 달러나 주었다는 등의 비난이 쏟아졌다.

　상표 이미지가 생명인 나이키로서는 잘잘못을 떠나서 여론이 악화되는 것을 견딜 수 없었다. 창업자이자 최고경영자인 나이트(P. Knight)가 직접 나서서 "모두가 나이키의 잘못"이라고 시인하고 공급업체의 책임성 경영을 보장하겠다고 약속했다. 우선 공급업체마다 행동강령을 만들게 하고, 각 공급업체에 감독관이나 감사관을 주기적으로 파견해 그 실천 여부를 확인하겠다고 했다.

　그 뒤로 나이키는 '착한 기업'이 됐다. 수출업체에 대한 지도와 감독도 점점 더 강화됐다. 나이키는 현지 정부와 제휴하여 미취학 아동을 위한 학교시설도 만들었고, 교육자재도 공급했다. 가정주부에게 소규모 사업자금을 대여하는 미소금융 프로그램도 만들어 운영했다. 이 책에서도 나중에 소개되지만, 나이키는 이제 환경적 책임의 완수에도 각별히 신경을 쓴다. 그리하여 나이키는 명실 공히 사회책임 경영을 선도하는 기업이 됐다.

　시민단체가 나이키의 공급업체를 직접 표적으로 삼기보다 공급업체와는 법률적 제삼자인 나이키를 표적으로 삼은 이유는 간단하다. 나이키 이외의 다른 스포츠용품 업체도 사정이 똑같았는데도 굳이 나이키가 도마 위에 오른 이유도 마찬가지다. 시민단체의 입장에서는 이름이 많이 알려지고 상표 이미지가 좋은 기업을 겨냥해 공격하는 것이 운동의 효과를 최대로 거둘 수 있는 방법이기 때문이다. 인도네시아 업체를 문제 삼으면 얻을 것이 아무 것도 없음을 시민단체는 잘 알고 있는 것이다.

　나이키 사건은 "세계적 기업은 공급사슬 전반에 걸쳐서 사회책임을 져야 한다"는 매우 중요한 교훈을 남겼다.

개별 기업이 온실가스를 얼마나 잘 관리하느냐 하는 것은 중요하다. 현명한 기업이라면 온실가스와 관련된 내외부의 실상을 정확하게 파악하여 전략수립에 반영할 것이다." (FT 2009a) 그의 말은 이산화탄소 관리의 적절성을 투자판단의 기준으로 삼겠다는 의미다.

## 2. 국제협약

기업의 사회적 책임에 관한 국제기구의 노력은 UN이 대표적으로 보여주고 있다. 앞에서 설명한 대로 지속가능성이라는 개념 자체가 유엔에 의해 정립됐다. UN은 그 밖에도 여러 가지 중요한 프로그램을 추진해 왔다.

UN 외에 OECD, IMF, IBRD 등도 부패의 방지와 공공기율의 확립에 깊은 관심을 보이면서 여러 가지 형태로 각국 정부를 압박한다. 국제기구의 이런 활동은 경제와 사회의 개혁을 궁극적인 목표로 삼고 있지만 대부분 기업행위와 밀접한 관련이 있다.

### 온난화 방지 협약

유엔의 노력 중에서 기업행위에 가장 큰 영향을 미치는 것은 단연코 교토의정서일 것이다. 교토의정서는 국가별로 온실가스 감축 의무를 부여하는 내용으로 돼 있고, 2008년부터 2012년까지 선진국에 한해 적용된다. 교토의정서의 종료를 앞두고 UN은 훨씬 더 강력한 후속조치를 마련하기 위해 전력을 다하고 있다. 이에 대해서는 11장에서 상론한다.

UN의 환경관련 정책은 환경계획(UNEP)이라는 기구가 중심이 되어 수립한다. 환경계획은 교토의정서와 같은 국제협약을 주관할 뿐만 아니라 정책지침을 통해 개별 국가에 압력을 넣기도 한다. 또한 각종 제품의 공급과 관련하여 '폐기물 회수의 의무화', '친환경 표지(label)의 법제화' 등을 권장하는 활동도 한다.

## 유엔 범세계적 서약

2000년에 UN의 사무총장인 아난(K. Annan)의 주창에 따라 발족된 'UN 범세계적 서약(UN Global Compact)' 은 폭넓은 호응을 얻어 세계적인 네트워크로 자리 잡았다. 기업을 중심으로 각종 비영리단체와 공적 기구 등이 가입했다. 2010년 현재 130개 나라의 5300개 기업과 1700개의 공적, 사적 단체가 가입돼 있다. 회원 중 한국의 기업이나 단체는 185개에 이른다.

그 서약을 통해 각 회원은 "경영활동이 10개의 사회적 가치기준과 합치되도록 협력하고 노력하겠다"고 약속한다(〈도표 2-1〉). 가입 여부가 선악 판별의 기준이 될 수 있으므로 개별 기업으로서는 가입해야 한다는 압박감을 갖게 되고, 가입은 곧 사회책임 이행에 대한 선서를 의미한다. 개별 기업에는 이래저래 이 서약이 착한 기업을 지향하게 하는 압력으로 작용한다.

---

**| 도표 2-1 UN 범세계적 서약(UN Global Compact)**

**인권 (Human Rights)**
　　원칙 1: 기업은 국제기준에 따라 인권을 보호하고 존중한다.
　　원칙 2: 기업은 인권침해와 관련하여 누구와도 유착하거나 공모하지 않는다.

**근로조건 (Labor)**
　　원칙 3: 기업은 노조결성의 자유와 단체협상의 권리를 지지한다.
　　원칙 4: 기업은 근로자의 의사에 반하는 어떤 노동도 강제하지 않는다.
　　원칙 5: 기업은 아동노동(child labor)이 전무함을 보장한다.
　　원칙 6: 기업은 채용과 업무부여에 있어서 차별을 없앤다.

**자연환경 (Environment)**
　　원칙 7: 기업은 환경보전을 위한 예비적(precautionary) 접근방법을 지지한다.
　　원칙 8: 기업은 한 단계 높은 환경적 책임성을 위한 조치를 취한다.
　　원칙 9: 기업은 친환경적인 산업기술의 개발과 확산을 장려한다.

**반부패 (Anti-Corruption)**
　　원칙 10: 기업은 뇌물의 요구나 제공을 포함한 각종 부패의 퇴치에 노력한다.

---

*자료: www.unglobalcompact.org*

**반부패 협약**

미국은 일찍부터 해외에서의 뇌물공여도 국내에서의 뇌물공여와 동일하게 보고 다스려 왔다. 이는 부패한 개도국에서 다국적기업이 일종의 통과의례로 뇌물을 제공하던 관행을 제거하는 것을 목적으로 한 것이었다. 미국의 반부패 조치를 이어받아 OECD와 UN은 회원국간 반부패 협약을 체결했다.[10] 한국도 OECD와 UN의 회원국이므로 이 두 국제기구의 협약을 준수해야 한다. 따라서 한국의 기업도 해외에서 사업권 확보를 위해 부패행위를 하면 국내에서 부패행위를 했을 때와 동일하게 형벌을 받는다.

뇌물에 사용되는 자금은 보통 회계조작을 통해 조성되고, 스위스나 리히텐슈타인 등지의 은행에 개설된 비자금 계좌에 예치된다. 그런 나라는 비밀보호를 무기로 세계 각국에서 비자금을 유치해 왔다. 물론 자금세탁이나 조세포탈을 목적으로 한 예금도 많다. 그러나 21세기에 와서는 투명성과 반부패를 강조하는 분위기가 범세계적으로 조성되면서 예금에 대한 비밀유지가 점차 어려워지고 있다. 오래지 않아 지하자금이 숨을 곳은 없어질 것이다. 일례로 스위스 정부는 조세포탈 혐의가 있는 4천여 예금주의 명단을 미국 정부에 넘겨주기로 약속한 바 있다 (2010년).

## 3. 정부규제

어떤 현안이 사회의 반향을 부르면 정부가 법규를 만들어 공식화하는 경우가 많다. 시민이 사회의 주인이라는 의식은 아무래도 미국이 가장 앞선다고 볼 수 있다.

....................

10 부패 방지와 관련해 미국은 The US Foreign and Corrupt Practices Act of 1977이라는 법률, OECD는 Convention on Combating Bribery of Foreign Public Officials in International Business Transaction이라는 협약, UN은 United Nations Convention against Corruption (UNCAC)이라는 협약을 각각 갖고 있다.

시민에 대한 기업의 책임을 법제화하는 데서도 미국이 가장 앞선 것이 사실이다.

어떤 일에서든 정부가 공식적인 규제를 가하면 개별 기업으로서는 그 규제를 피해 갈 수 없다. 의무적으로 착한 기업이 되어야만 하는 것이다. 앞서 가는 기업은 정부의 규제를 예상하여 미리 대비한다. 이렇게 보면 정부규제가 예상된다는 사실만으로도 착한 기업의 유인이 생긴다.

## 시민보호 책임 및 기업윤리

자동차의 안전에 대해 네이더가 문제제기를 하자 미국 정부의 조치가 뒤따랐다. 바로 그 이듬해에 '교통 및 자동차 안전에 관한 법률'이 제정되고 고속교통안전청이 만들어졌다. 1970년을 전후해서는 기업의 이해당사자를 기업으로부터 보호하는 이른바 '4대 기구'가 만들어졌다.[11]

미국의 영향으로 한국에도 소비자원이 창설됐다(1987년). 보다 최근에는 한국에서 '사회적 기업'을 육성하기 위한 특별법이 제정됐고(2007년), 유엔 반부패 협약을 비준하는 시기에 맞추어 반부패에 대한 국제적 약속을 실행하기 위한 '부패재산의 몰수 및 회복에 관한 특례법'도 제정됐다(2008년).

회사기율(corporate governance)을 제도적으로 강화하여 소액주주의 권익을 보호하는 것도 범세계적인 추세다. 한국에서는 1997년의 경제위기 당시에 IMF 구제금융의 부대조건으로 요구받은 투명성 제고 및 투자자 보호 관련 조치가 취해진 뒤로 회사기율이 조금씩 강화돼 왔다. 이것은 기업윤리와도 관련되는 중요한 사안이므로 3장에서 자세히 다루기로 한다.

---

11 1969~72년에 설립된 미국의 '4대 기구(Big Four)'는 직업안전건강청(Occupational Safety and Health Adminstration, OSHA), 고용기회균등기구(Equal Employment Opportunity Commission, EEOC), 소비자상품안전청(Consumer Product Safety Commission, CPSC), 환경보호청(Environmental Protection Agency, EPA)으로 모두 기업의 사회책임 이행상태를 감시하는 공공기구다. 미국에 주재해 본 경험이 있는 회사원이라면 알겠지만, 개별 기업에 미치는 이들 기구의 영향력은 대단하다. 기업에는 마치 '모시기 힘든 시어머니'와 같다.

## 환경적 책임

환경보전 관련 법규가 각국에서 활발하게 제정되고 있다. 환경보호 조치는 환경에 대한 영향과 기업이 부담해야 하는 비용의 측면에서 그 이해관계가 매우 예민하다. 그리고 그것이 적용되는 기업의 범위도 매우 넓다. 그래서 전문가들은 환경보전에 관한 한 공적 규제가 불가피하다고 말한다. 환경보전 관련 조치는 시급히 실천에 옮겨야 하는 것일 뿐만 아니라 균등한 경쟁지평과도 밀접한 관계가 있기 때문이다.

환경보호 조치를 기업의 자율에 맡긴다면 폐기물을 함부로 배출하는 기업이 비용 측면에서 우위를 점하는 양상이 나타나게 된다. 착한 기업이 오히려 불리해진다. 미국에서는 기업 사이의 형평성을 확보하고 환경관리 비용에 대한 예측의 가능성을 높이는 방향으로 환경규제의 입법화를 서두르라고 50여 개 기관투자가가 의회에 청원한 바도 있다(2006년). 이는 곧 '경쟁지평의 균등화'가 필요하다는 말이 된다.

오염물질 배출을 규제하는 것은 이미 일반화돼 있다. 다만 아직은 처벌이 미미한 경우가 많기 때문에 처벌을 각오하고 배출을 감행하는 역선택(counter-selection) 행위가 적잖게 저질러진다. 환경에 대한 관심이 점차 높아지면 규제의 범위와 정도가 점차 강화될 것이다.

온실가스 배출 감축이 의무화되는 것은 시기문제일 뿐이다. 영국은 2008년에 이미 이를 위한 법규를 제정했고, 미국에서도 의회가 비슷한 법규를 진지하게 준비하고 있다. 한국의 이명박 정부는 녹색성장을 핵심 국정방향으로 설정했고, 2010년에는 '저탄소 녹색성장 기본법'의 시행에 들어갔다. 환경규제를 강화하기 위한 토대는 이미 마련된 셈이다.

생산에서 폐기까지 상품의 생애를 제조업체가 관리해야 하는 상황도 충분히 예상할 수 있다. 독일에서는 일부 상품에 대해 공급업체가 포장용품을 소비자로부터 회수하도록 이미 의무화돼 있다. EU는 전기전자 폐품에 대한 처리지침(WEEE)을 제정하여 제조회사에 일정 비율 이상을 회수, 재사용, 재활용해야 하는 책임을 부과하고 있다.

## 2.3 기업계의 압력

착한 기업이 되라는 시민사회나 공적기구의 압력은 다소 간접적이다. 그에 비해 기업계의 압력은 보다 직접적이고, 개별 기업에 미치는 효과가 더욱 크다. 사회적 책임성 강화를 목표로 하는 기업 연합체가 우후죽순처럼 생겨나고 있고, 그중 일부는 범세계적인 영향력을 자랑한다. GE나 월마트 등의 공룡기업은 공급업체에 사회책임 경영을 강제하다시피 하고 있다.

### 1. 기업 네트워크

개인이나 기업은 공동의 관심사가 있으면 조직을 만드는 경향이 있다. 사회적 배려나 환경보전은 사회구성원 전체의 동참이 필요한 일이다. 자연히 사회책임 경영 분야에서도 업종별, 지역별 기업협의회와 범세계적인 기업협의회가 속속 만들어졌다. 몇몇 기업이 앞장서기도 하고, 비영리단체나 저명인사가 이끌기도 한다.

역사가 꽤 되는 사회책임 기업협의회로는 유럽의 '지속가능 발전 세계 기업협의회(WBCSD)'와 미국에 본부를 둔 '사회책임 기업협의회(BSR)'가 대표적이다. 자문단체로는 '지속성 연대(SustainAbility)', 복합 네트워크로는 '책임성 연대(AccountAbility)'도 널리 알려져 있다. 이런 단체들은 그 이름이 함축하는 바와 같이 사회적, 환경적 책임의 완수를 세계의 모든 기업에 주문한다(〈사례 2-3〉 참조).

엑손의 원유유출 사고 직후에 기업의 환경적 책임성을 감시하기 위한 조직으로 '시리즈(Ceres)'라는 기관투자가 중심의 협의회가 생겼다. 개별 업종 단위의 협의회는 그야말로 부지기수다. 임업, 광업, 농업과 같은 채취산업은 직접적으로, 그리고 가시적으로 환경에 영향을 미친다. 그래서 삼림감시 협의회(FSC), 채굴산업 투명성 기구(EITI), 페어 트레이드(Fair Trade)와 같은 기업협의체나 시민단체가 특별히 많이 생겼다.

기업 네트워크는 기본적으로 사회책임 경영을 홍보하고 권장한다. 보다 적극적으로 회원사로 하여금 행동강령을 지키도록 요구한다. 규모가 큰 단체는 이미 상당한 영향력을 확보한 까닭에 유엔, IFC 등의 국제기구와 협력하여 공동 캠페인을 벌이기도 한다.

기업의 입장에서는 책임성을 강조하는 단체에 회원으로 가입해야만 책임성을 가진 조직인 것으로 비쳐질 수 있다. 가입자의 수는 단체의 입김이 세질수록 늘어

---

**사례 2-3 지속가능발전 세계 기업협의회 (WBCSD)**

WBCSD는 1992년에 출범했으며, 2011년 현재 200여 개의 세계적 기업 최고경영자가 참여하여 사회책임의 이행을 다짐하고 바람직한 경영관행을 수립하기 위해 정보교환을 하는 단체다. 한국 기업으로는 삼성전자, 포스코 등이 가입되어 있다. 한국을 포함한 각국에 구성된 국가별 협의회(한국은 KBCSD)와 긴밀하게 협조한다. 주요 목표는 아래와 같다.

① 지속가능 발전에 대한 기업계의 선도적 옹호자가 된다.
② 지속가능한 인류사회 진보에 기업이 효과적으로 기여하도록 유도하는 제도적 기본틀(framework)이 창출될 수 있게끔 정부정책 개발 과정에 참여한다.
③ 지속가능 발전이 기업의 재무성과 제고에 도움이 되게 하는 방안을 개발하고 진작한다.
④ 지속가능 발전에 기업이 기여할 수 있게 하는 첨단의 실행방안(leading-edge practices)을 공유하고 실천한다.
⑤ 개발도상국 및 체제전환국(transitions economies)을 도움으로써 지속가능한 미래 창출에 기여한다.

*자료: 지속가능발전 세계 기업협의회(www.wbcsd.org), 지속가능발전 한국 기업협의회(www.kbcsd.or.kr).*

나게 마련이다. 위에 열거한 단체에는 상당수의 한국 기업이 참여하고 있다. 일단 가입하면 행동강령을 지켜야 하고, 규정에 따라 사회책임 경영의 성과를 공개해야 한다.

## 2. 발주처의 요구

1990년대 말까지는 사회책임을 내세우는 기업이 대개 자체적 실천에 치중했다. 그러나 1997년에 나이키가 공급업체 문제로 곤욕을 치른 뒤에는 상황이 바뀌었다 (〈사례 2-2〉). 시민단체의 표적은 언제나 세계적으로 이름이 있는 기업이었다. 결국 다국적기업이 공급사슬 전체의 사회책임성을 관리해야 하는 임무를 지게 됐다. 이에 따라 다국적기업을 비롯한 대기업은 실제로 공급사슬상의 모든 기업에게 사회책임성을 요구하고 있다.

나이키는 사회책임의 선도기업이 되어 모든 공급업체에 사회책임성을 주문한다. 시민단체의 요구에 호응한 것이다. 영국의 M&S는 원래 책임의식이 강한 기업이었는데 공급업체에도 같은 수준의 책임성을 요구한다. IBM, 이케아(Ikea), 델(Dell), GM, 포드(Ford), 홈 디포(Home Depot), 리복(Reebok) 등의 많은 다국적기업이 나이키를 반면교사로 삼아 '사회책임 경영의 강화'라는 자구책을 모색한 것은 당연한 일이었다.

GE는 과거에 허드슨 강에 폐기물을 버린 것으로, 월마트는 저임금과 노조 불인정으로 악명이 높았다. 그런데 이 두 기업도 예전과는 크게 달라졌다. 우연히도 같은 해인 2005년에 두 기업은 각각 사회책임 우량기업으로의 변신을 시도했다. GE는 최고경영자 이멜트(J. Immelt)가 직접 발의한 에코메지네이션(Ecomagination)이라는 개념을 통해 기업경영의 대전환을 이루었다 (〈사례 8-2〉 참조). 월마트는 최고경영자 스코트(L. Scott)가 '21세기의 새로운 리더십'을 기치로 내걸고 사회책임의 완수를 강조한 뒤로 사회책임 경영의 강도를 높이고 있다 (〈사례 8-3〉 참조).

GM은 매립해야 하는 폐기물의 배출을 없애겠다는 야심찬 계획을 세우고 1만여 개의 부품공급 업체에게 매우 엄격한 방식의 포장을 요구하고 있다.

다시 정리하면, 세계적 기업의 사회책임 경영에는 크게 보아 두 가지 가닥이 있다. 하나는 자체 경영의 책임성을 확보하는 것이고, 다른 하나는 공급업체에도 동일한 책임성을 요구하는 것이다. 경영의 모든 과정에서 도덕성과 윤리성을 확보하고, 에너지를 절약하며, 친환경 상품을 친환경 방식으로 생산하여 유통하라는 것이다. 농산물이라면 가축의 자유를 속박하지 않고 환경을 해치지 않는 방식으로 생산돼야 한다. 사회책임 경영의 선도기업인 영국의 M&S는 '범세계적 조달 기준'을 만들었는데 그 끝에서 아래와 같이 밝히고 있다(〈사례 8-4〉).

공급업체는 이 원칙을 언제라도 따라야 하고, 그렇게 하고 있다는 것을 언제라도 증명할 수 있어야 한다. 우리는 공급업체와 협력하면서 그들을 지원하고 필요한 개선책을 강구할 것이다. 만일 공급업체가 시정해야 할 것을 적절히 시정하지 않는다면 계약해지와 거래중단을 포함한 필요조치를 취할 것이다. (2005)

생각해 보면 월마트, GE, GM, M&S 등의 거대업체에 납품을 하기를 희망하는 기업은 그런 거대기업에 의해 공급업체로 선정되는 것이 생존의 열쇠가 될 수 있다. 공급업체에는 지금까지 소개한 각종 압력보다도 그런 거대업체의 요구가 훨씬 더 강력한 압력이 될 수 있다. 그래서 공급업체는 발주처의 요구에 맞추어 사회책임이 강한 납품업체가 되려고 노력하지 않을 수 없다.

## 3. 기업 행동강령

'유엔 범세계적 서약'의 핵심은 10개의 기업 행동원칙이다. 사회책임 관련 비영리단체(NPO)도 회원사에게 일정한 행동원칙을 준수할 것을 주문한다. 앞에서 소개한 여러 협의회도 제각각 행동지침 혹은 행동준칙을 가지고 있다. 국가 단위의 산업별 협회도 행동강령(code of conduct)을 제시한다. 개별 기업은 자의든 타의든 각종 협의회에 가입하므로 그 회원으로서 행동원칙을 지켜야 함은 당연하다. 이런 원칙, 준칙, 강령은 구체적인 행위의 방향을 제시한다는 데 공통점이 있다.

사회책임 의식이 강한 발주처의 경우도 비슷하다. 나이키가 공급업체에 사회책임 경영을 요구하면서 제시한 것은 행동강령이었다. 월마트의 경우는 1992년부터 공급업체에 행동강령을 제시하고 있다. 2009년에는 무려 50페이지에 이르는 매뉴얼을 준비하여 공급업체로부터 법률적, 윤리적, 사회적, 환경적 표준을 준수하겠다는 서약을 받는다. 연간 구매량이 500억 달러에 달하는 HP도 공급자 행동강령을 제정하여 그 준수를 요구하고 있다.

## 외부인에 의한 감독 및 감사

어떤 경로건 개별 기업이 행동강령을 제시받으면 그것으로 끝나는 것이 아니다. 행동강령을 제시한 단체나 기업이 사회책임의 이행 상태를 감독하고 관련 보고서에 대해 별도의 외부감사(audit)를 받게 한다. 실천 여부를 확인하는 것이다.

이케아는 다양한 방법으로 공급업체의 사회책임 경영을 점검한다(〈사례 4-3〉). 이런 점은 월마트라 해서 다르지 않다(〈사례 8-2〉). 사회책임성 인증서를 발급하는 각종 기구는 자신의 권위를 유지하기 위해 인증서를 받은 기업의 사회책임 실행 여부를 정기적으로 감사한다. 사회책임 연차보고서의 발간이 제도화되면 그 다음 단계는 공인회계사와 같은 외부기관의 감사를 의무화하는 일이 될 것이다. 마치 영업 연차보고서(annual report)의 경우에 외부인 감사가 법제화된 것과 같다.

## 내부자고발 보호 제도

각국 정부는 전현직 임직원이 기업의 비윤리적 행위를 내부 경영진 혹은 외부 감독기관에 고발하는 행위, 즉 '호각 불기(whistle-blowing)'를 장려하는 추세를 보이고 있다. 기업의 비윤리적 행위는 국가경제 차원에서는 자원의 낭비, 정부 차원에서는 조세의 손실, 해당 기업 차원에서는 이익의 감소로 연결될 가능성이 크므로 미리 방지해야 하기 때문이다.

내부자 고발은 고자질이기 때문에 공동체의 일원으로서 내키는 일은 아니다. 또한 고발자가 곱지 않은 주위의 시선을 받고 이런저런 불이익을 당하고 종국적으로 불행해지는 사례가 많아서 내부자 고발을 망설이게 만든다. 이런 까닭에 호각 불기를 장려할 때에는 고발자를 보호하는 장치를 마련해 두어야 그 효과를 볼 수 있다. 미국에서는 오래전부터 신변 보호, 보상금 지급, 해고 금지 등의 고발자 보호 장치가 마련되어 있었다. 지금은 이런 장치가 한국의 관련 법에도 상당부분 반영돼 있다.[12]

여러 가지 보호조치가 있어도 호각 불기에는 상당한 용기가 필요하다. 그럼에도 한국을 포함한 각국에서 내부자 고발의 빈도가 점차 증가하는 것이 사실이고, 고발하는 계층도 고위직을 포함하여 다양하다. 미국에서는 1970년대의 워터게이트 사건이 호각 불기에서 시작됐다. 잡지 〈타임(Time)〉은 2002년의 '올해의 인물'로 엔론, 월드컴, FBI의 비리 폭로와 관련된 세 사람의 내부고발자를 선정한 바 있다. 한국에서는 1990년대 초반에 있었던 감사원 이 모 씨 사건, 2000년대 중반에 있었던 삼성전자에 대한 김 모 씨의 고발 등이 호각 불기의 대표적 사례다.

내부자 고발을 개별 기업의 입장에서 보면 감시자가 내부 깊숙이 들어와 있다가 고발하는 형국이다. 기업으로서는 내부자 고발을 미연에 예방하는 것이 좋고, 실제로 고발이 이루어지는 경우에는 경영진에게 먼저 보고되게 하는 것이 낫다. 현실에서도 적지 않은 기업이 임직원에게 내부 비리를 포착할 경우에 반드시 경영진에게 신고하도록 윤리강령에 명시하고 있다.

---

12 한국에서는 '부패방지 및 국민권익위원회의 설치와 운영에 관한 법률'(2008), 미국에서는 '사베인스 옥슬리 법'(2002)을 비롯한 여러 법률에 내부고발자 보호장치가 마련되어 있다.

2003년의 우주왕복선 컬럼비아 호 폭발사고 직후에 미국 항공우주국(NASA)이 실사를 해본 결과, 문제점을 상부에 보고할 수 없는 조직문화가 폭발사고의 근본적 이유였다는 사실이 밝혀졌다. 요컨대 내부의 문제는 숨긴다고 해서 해결되는 게 아니다. 숨길수록 환부만 키울 뿐이다. 이런 점에서 내부자 고발을 오히려 장려해야 할 필요가 있는지도 모른다.

## 2.4 투명성 강화

투명성이 강화되면 개인이건 기업이건 착해지게 마련이다. 그래서 국제기구, 정부, 기업협의회는 각각 나름대로 '투명성(transparency)' 을 핵심 정책지표의 하나로 삼고 있다.

### 1. 정보공개의 의무

사회책임 경영이 강조되면 그런 경영을 실시하는 기업의 수가 늘어나고 그에 대한 일반의 관심이 높아진다. 사회공헌 혹은 환경보전에 관한 활동내역을 공개할 필요성이 생기고, 일부 선도기업이 자진해서 관련 보고서를 발간한다. 자율적 공개가 일반화되면 다른 기업도 동참하지 않을 수 없게 되고, 종국적으로는 그것이 의무화될 가능성이 높다.

**사회책임 보고서**

미국의 뒤퐁이나 몬산토(Monsanto), 노르웨이의 노르스크(Norsk Hydro)와 같이 앞서가는 기업은 1990년대부터 사회책임에 관한 보고서를 주기적으로 발간해 왔다. 사회책임 기업임을 공개적으로 선언한 다음에 관련 성과를 공개하고 스스로를 채찍질하는 자료로 사용해 왔다.

2000년대에 와서는 '사회책임 연차보고서(CSR annual report)'를 발간하는 것이 다국적기업 사이에서는 일종의 불문율이 됐다. 사회책임 활동의 내역을 홈페이지에 상세하게 공개하는 것은 기본 중의 기본이다.

한국에서도 환경부가 2002년에 처음으로 환경보고서 작성지침을 만들어 발표하고 기업이 그에 따라 환경보고서를 작성하도록 권장하기 시작했다. 전경련의 조사에 따르면 한국의 대기업 가운데 대략 20%가 '지속가능보고서' 등의 이름으로 CSR 연차보고서를 발간하고 있다(2009년). 삼성전자, LG전자, 현대자동차, 포스코 등은 CSR 연차보고서를 'GRI 기준'에 맞게 작성했다는 사실도 밝히고 있다(〈도표 2-2〉)와 〈도표 5-2〉). 포스코는 1990년대부터 환경보고서, 2000년대 이후에는 지속가능성 보고서도 추가로 발행한다. LG전자의 경우는 독립성 있는 전문기관의 감사를 받았다는 점도 명시한다.

다국적기업은 CSR과 관련된 여러 기구와 단체에 가입하고 개별 관련 활동에 대한 인증서를 받는 경우도 많다. 이런 경우에는 대체로 관련 보고서의 정기 발행이 의무화된다. 유럽에는 '생태관리 및 감사 체제(EMAS)'가 사업장별 환경관리 보고서를 발간하도록 요구하고 있다. UN의 범세계적 서약은 가입한 기업에게 해마다 '사회책임 진척보고서(COP)'를 발간하여 이해당사자에게 서약이행 상황을 알리도록 하고 있다. 이런 보고서 발간에 소홀한 기업은 서약에서 퇴출된다. SK텔레콤의 지속가능성 연차보고서는 그것이 COP임을 명시하고 있다.

대다수가 시행하는 일이라면 누구든 따르지 않을 수 없다. 그렇지 않으면 무슨 문제가 있는 것으로 의심받기 십상이기 때문이다. 이래저래 사회책임 연차보고서의 발간은 이미 '사실상 필수적'인 것이 됐다. 머지않아 다수의 국가에서 기업의 사회책임 연차보고서 발행을 제도화할 것도 확실해 보인다. 실제로 영국 정부는 이미 회사법에 상장회사의 사회책임 관련 정보공개 의무를 명시적으로 규정했다(2006년). 어차피 해야 할 일이라면 미리 대비하는 것이 효율적이며 이미지 측면에서도 유리하다.

## 탄소족적

애플(Apple)은 혁신기업으로 유명하지만 친환경 경영에는 다소 둔감했다. 아이폰

---

**| 도표2-2 한국 기업의 CSR 보고서**

| LG전자의 지속가능경영 보고서(2008) | 삼성전자의 지속가능성 보고서(2008~2009) |
| --- | --- |
| **■ 보고서 기본정보**<br>이 보고서는 LG전자의 세 번째 지속가능경영 보고서입니다. LG전자는 전기전자 업계의 Global Top을 지향하는 기업으로서 사람, 환경, 그리고 건전한 성장에 대한 세 가지 약속(Promises)을 지키기 위해 노력하고 있습니다. 이를 통해 임직원뿐만 아니라 모든 이해관계자와 인류가 행복해지는 사회, 깨끗하게 보존되어 다음 세대로 전해지는 하나뿐인 지구, 그리고 끊임없이 혁신하면서 세계일류로 발전하는 건강한 기업을 꿈꾸고 있습니다. 이 보고서는 모든 이해관계자에게 2008년도에 LG전자가 이룬 지속가능경영의 성과를 투명하게 공개하고, 이를 바탕으로 의미 있는 의사소통을 이루고자 하는 목적으로 제작되었습니다.<br>**■ 보고서 작성원칙**<br>이 보고서는 GRI(Global Reporting Initiative)의 'G3 가이드라인'을 참고하여 작성되었습니다. 또한 '중요성 평가(Materiality Analysis)'를 통해 LG전자와 이해관계자 모두에게 중요하다고 판단되는 정보를 우선적으로 수록하였습니다.<br>**■ 보고서 검증**<br>보고서의 신뢰성을 높이기 위해 LG전자는 지속가능경영보고서 전문 검증기관인 Two Tomorrows의 검증과정을 거쳤습니다. 검증에 관한 내용은 76~79페이지에 기술하였습니다. | **지속가능경영의 주요 이슈**<br>1. 정도경영 부문<br>　1.1 창조적 조직문화 실현<br>　1.2 글로벌 다양성 존중<br>2. 녹색경영 부문<br>　2.1 기후변화 대응 선도<br>　2.2 그린 컨버전스 구현<br>3. 사회공헌 부문<br>　3.1 더불어 행복한 사회 추구<br>4. 제품 서비스 부문<br>　4.1 제품 경쟁력 강화<br>　4.2 고객감동 서비스 혁신<br>5. 협력사 상생 부문<br>　5.1 Win3 파트너십 강화<br>　5.2 협력회사 · 혁신활동 지원 |

*자료: 해당기업의 보고서에서 부분적으로 인용*

을 선보이는 시점에 한 시민단체(Climate Counts)가 온실가스 관리 측면에서 애플이 꼴찌임을 공개한 바 있다(2007년). 그 사실이 대중매체의 보도를 통해 널리 알려져 애플의 기업 이미지가 크게 망가졌다.

언젠가는 어떤 형태로든 교토의정서 후속조치가 시행될 것이다. 그러면 온실가스의 감축한도가 기업별로 배정된다. 자연히 기업별로 배출량, 배출경로, 감축노력과 성과 등이 공개될 것이고, 어쩌면 상품마다 탄소족적을 표시하게 될 수도 있다(〈사례 4-4〉).

신발회사 팀버랜드는 자율적으로 자사의 상품에 탄소족적을 표시하고 있다. 영국의 대형 매장 테스코(Tesco)는 구매하는 모든 상품에 탄소족적을 표시하게 하겠다고 선언하여 업계를 발칵 뒤집어 놓은 적이 있다. 공급업체의 반발 때문에 테스코가 '점진적인 도입'으로 계획을 바꾸었지만, 방향은 분명하게 설정된 셈이다.

공적으로든 사적으로든 탄소족적을 공개하게 하는 압력이 점차 강해지고 있다. 한 전문가(D. Esty)는 다음과 같은 네 가지 이유를 들어 자율적 공개가 개별 기업에 유리함을 강조하고 있다(2007).

① 정보사회에서 불량한 성적을 외부에 숨길 방법은 없다.
② 현명한 환경관리는 이미지를 개선하고 고객층을 두텁게 한다.
③ 환경관리는 전반적 경영수준을 상징하는 의미가 크다.
④ 환경관리가 불량한 기업은 추후 막대한 투자지출을 해야 할 것으로 예상되기 때문에 투자자의 배척을 받게 된다.

## 2. 인증서 및 순위

〈포춘(Fortune)〉이나 〈포브스(Forbes)〉 등의 잡지는 오래전부터 여러 측면에서 기업의 서열을 매겨 왔다. 사회책임성의 측면이라고 해서 예외가 아니다. 이런 잡지

외에도 사회책임 경영을 지향하는 각종 비영리단체가 기업계에 경각심을 주기 위한 한 가지 방편으로 사회책임 표지나 사회책임 인증서를 발급한다.

실적이 양호한 기업에 포상을 하는 경우도 있다. 한국의 환경부는 '1사 1하천 운동'을 전개하면서 실적이 우수한 회사를 선정하여 포상한다. 2010년의 UNFCCC 회의가 열린 멕시코의 칸쿤에서 처음 시상된 '기가톤 상(Gigaton Awards)'은 온실가스 감축 실적이 탁월한 회사에 수여된다.

## 사회책임 기업 순위

〈포춘〉은 '취업희망 기업 100사', '책임성 기업 100사' 등의 랭킹을 발표하고 있다. 둘 다 사회책임성을 평가의 기초로 삼는다. 캐나다의 한 전문잡지(Corporate Knights)는 '글로벌 100사'라는 순위를 매년 작성해 발표하고, 같은 이름의 웹페이지를 운영한다. 우후죽순처럼 생기는 사회책임 단체 중에서도 더러는 기업의 서열을 매긴다. 환경보전에 관심이 많은 시리즈(CERES)는 IBM, 테스코, 델을 제1, 2, 3위의 환경책임 기업으로 발표했다(2008년). 독일의 복합기업 헨켈(Henkel)은 자국에서 제1위의 사회책임 기업으로 공인됐음을 홍보자료를 통해 적극 알리고 있다.

한걸음 더 나아가 이노베스트(Innovest)라는 이름의 사회책임투자 연구소는 AAA에서 CCC까지 등급으로 공개기업의 사회책임성을 평가하고 있다. 2000년대 중반에는 노키아(Nokia), HP 등이 AAA 등급, 애플(Apple)이 BBB 등급을 받은 바 있다. 기업에 대한 신용 평가가 비공식 시도에서 시작되어 점차 공식화된 것을 참작하면 책임성 평가도 언젠가는 공인될 가능성이 있다.

## 로고와 표지

미국의 환경청(EPA)이 1992년에 시작한 '에너지 스타 프로그램'은 환경에 해롭지 않게 제조된 상품에 친환경 로고를 부착할 수 있게 해준다. 친환경 로고 제도에는 EU와 일본을 비롯한 여러 나라가 동참하고 있다(〈도표 2-3〉). 2010년대에 들어와서는 각국이 경쟁적으로 친환경 로고 제도를 도입하고 있다. 그 결과로 이제는 친환경 로고 혹은 사회책임 로고가 봇물을 이루다시피 하고 있다.

주로 개발도상국에서 생산되는 농산품이나 수공품이 적절하게 조달됐음을 나타내는 로고도 더러 있다. 커피, 코코아, 설탕 등에는 '페어 트레이드(Fair Trade)'라는 표지가 부착되는데 이것은 친환경적으로 재배되고 농부에게 공정가격이 지불됐음을 증빙한다. 스타벅스의 커피나 벤앤제리의 아이스크림 등에 그 로고가 붙는다. 인도, 파키스탄 등지에서 생산된 카펫의 경우에는 '러그마크(Rugmark)'가 책임성 있게 조달됐다는 사실을 보증한다. 적절한 작업환경에서 노동이 이루어지고 응분의 임금이 지급됐다는 뜻이다. 한국에서도 유기농 생산품 인증마크가 상당한 호응을 얻고 있다.

### 인증서

스위스의 국제표준협회(ISO)는 환경보전과 관련해 ISO 14000 시리즈로 표준을 제정하고 ISO 14001, ISO 14064 등의 인증서를 발급한다. 이것과는 별도로 2010년에는 사회적 책임에 대한 ISO 26000 시리즈(ISO SR)를 출범시켰다. 인증서 부여 절차의 하나로 외부감사가 의무화돼 있음은 물론이다. 네덜란드의 화훼조합은 친환경 방식으로 재배된 관상용 식물을 공급하기 위해 관련 업체에 MPS 인증서를 발급해 준다.

미국 녹색빌딩 평의회(USGBC)는 친환경 빌딩에 LEED라는 인증서를 부여한다. 인천 송도에 200만 평 규모로 조성되는 국제업무도시는 그 개발계획을 근거로 시가지 전체에 대해 LEED 인증을 받은 바 있다.

### 3. 사회책임투자 펀드

자본시장의 확대와 더불어 펀드를 통한 간접투자가 대세가 되고 있다. 펀드 중에는 사회책임성이 높은 기업에만 집중적으로 투자하는 사회책임투자(SRI) 펀드가

있다. SRI 펀드는 미국과 유럽을 중심으로 일반 펀드보다 몇 배나 빠른 증가세를 보이고 있다. 미국의 SRI 펀드만 따져도 2007년에 이미 그 규모가 3조 달러에 육박하여 펀드 전체의 10% 정도에 이른다는 통계가 있다. 한국에도 SRI 펀드가 만들어지기 시작했다.

'탄소족적 공개 프로젝트(CDP)' 라는 시민단체는 기업별로 온실가스 배출량과 온실가스 감축전략을 공개하라고 압박하고 있다. 이 시민단체는 세계를 통틀어 64조 달러의 투자자금을 관리하는 534개 기관투자가와 제휴하고 있음을 자랑한다. 그 금액은 세계 GDP를 상회한다. 2008년 현재 2천 개가 넘는 세계적 기업이 CDP의 지침에 따라 환경적 책임에 관한 실적을 공개하고 있다.

세계에서 가장 널리 이용되는 주가지수를 두 개만 꼽으라면 아마도 미국의 다우지수(DJIA)와 영국의 FT지수(FTSE)가 될 것이다. 이 두 지수를 운영하는 기관은 사회책임 지수를 별도로 산정하여 발표한다. 각각 '다우존스 지속가능성 세계지수(DJSI World)' 와 'FT 착한 기업 지수(FT4Good)' 다. 앞의 것에는 2500개의 사회책임 기업이 편입돼 있다. 2009년부터는 40여 개의 한국 기업을 묶은 지수인 DJIA Korea도 발표된다. 한국거래소(KRX)도 70개의 기업을 골라 KRX SRI라는 지수를 운영하고 있다(〈도표 2-4〉).

SRI 펀드와 사회책임 지수에 편입됐는지의 여부는 기업의 책임성을 평가하는 잣대가 된다. 그런 펀드나 지수에 편입된 기업만이 사회책임 경영을 실시하는 것

| 도표2-4 한국거래소 SRI 지수 구성회사(일부)

| 특수지수계열_KRX SRI 주가지수 가중치 | | | | |
|---|---|---|---|---|
| 순위 | 종목코드 | 종목명 | 시가총액(백만 원) | 비율(%) |
| 1 | A005930 | 삼성전자 | 91,362,414 | 21.42 |
| 2 | A005490 | POSCO | 43,872,415 | 10.29 |
| 3 | A105560 | KB금융 | 21,067,758 | 4.94 |
| 4 | A055550 | 신한지주 | 18,778,304 | 4.4 |
| 5 | A005380 | 현대차 | 15,959,031 | 3.74 |
| 6 | A015760 | 한국전력 | 11,692,572 | 2.74 |
| 7 | A051910 | LG화학 | 10,437,698 | 2.45 |
| 8 | A066570 | LG전자 | 10,342,319 | 2.42 |
| 9 | A012330 | 현대모비스 | 10,187,035 | 2.39 |
| 10 | A009540 | 현대중공업 | 10,077,600 | 2.36 |
| 11 | A017670 | SK텔레콤 | 9,665,262 | 2.27 |
| 12 | A034220 | LG디스플레이 | 9,396,240 | 2.2 |
| 13 | A000660 | 하이닉스 | 9,003,810 | 2.11 |
| 14 | A096770 | SK에너지 | 8,252,552 | 1.93 |
| 15 | A030200 | KT | 7,987,410 | 1.87 |

자료: 한국거래소(www.krx.co.kr) 2010년 1월

으로 일반 투자자들이 인식하기 때문이다. 그런 펀드나 지수를 운영하는 기관은 나름대로의 책임성 기준을 만들어 적용하기 때문에 그 기준에 합치하는 기업만이 편입될 자격을 얻는다. 개별 기업으로서는 그런 펀드나 지수에 편입되지 못하면 망신이므로 유의하게 마련이다.

기업이 대규모 사업자금을 조달하는 경로는 주식시장과 장기차입이다. 시티은 행을 비롯한 70여 개의 다국적 금융기관은 '적도원칙(Equator Principles)'이라는 '대형사업 금융(PF)'의 기준을 만들어 적용하고 있다. 이 원칙은 IBRD의 환경책임 기준, IFC의 사회책임 기준 등을 두루 참작하여 만든 것으로 후진국에 대한 개발금 융과 관련하여 점차 세계적 규준이 되고 있다.

이에 따라 기업은 자본조달의 필요성 때문에도 "착한 기업이 되라"는 압력을 받게 되는 셈이다.


## 4. 측정기준의 제정

어떤 일이건 효과적으로 통제하기 위해서는 질적 평가만으로는 부족하다. 관련 행 위의 결과가 양적으로, 즉 수치로 표현돼야만 개인 사이, 기업 사이, 나라 사이에 정확한 비교를 해서 우열을 말할 수 있다. 김대중 정부 시절에 교육당국이 고등학 교에서 수행평가를 실시하려다가 실패한 적이 있는데, 이는 '바람직한 학교생활' 이라는 주관적 가치를 학생별로 정확하게 비교·평가할 방법이 없었기 때문이다.


### 기준 설정의 어려움

재무적 책임과 관련해서는 '일반적으로 통용되는 회계기준(GAAP)'이 그런대로 잘 만들어져 있다. 나라마다 똑같은 것은 아니지만 그 큰 틀은 동일하고, 또 국제 회계기준을 만들려는 노력이 지속적으로 이루어진다. 기업 단위로 영업 연차보고 서가 발간되므로 일반 시민도 손쉽게 기업별로 재무적 성과를 알게 되고, 그 수준을 평가할 수 있다.

반면에 사회적, 환경적 성과에 대해서는 아직 그러한 공통기준이 없다. 사회적 책임을 윤리기준의 준수, 지역사회에 대한 공헌 등으로 생각해야 한다면 그 정도를 수치로 나타내기는 어렵다. 환경적 책임의 경우도 비슷하다. 환경에 대한 모든 영향을 계량할 수 있는 것도 아니고, 온실가스 배출량처럼 비교적 단순한 잣대도 실용화되는 데는 시간이 필요하다.

사회책임에 대한 비교평가가 어려운 또 하나의 이유는 그 개념이 포괄범위가 넓어서 기업 단위의 행위에 적용할 때 일관성이 보장되지 않는다는 점이다. 직원들의 근무환경은 열악하지만 수재의연금을 많이 내는 기업도 있고, 윤리적으로 문제가 많지만 문화재단을 설립해 운영하는 재벌도 있다. 온실가스 배출은 거의 없지만 수질오염 면에서 낙제점인 기업도 있다. 서로 다른 성격의 평가요소들을 종합하여 모든 기업에 하나의 서열을 매길 정도로 엄정하게 평가하기가 어렵다.

각 업종에 대한 선입견도 기업별 책임성의 정도를 비교하기 어렵게 만든다. 흔히들 마치 성업(聖業), 귀업(貴業), 선업(善業), 상업(常業), 천업(賤業), 악업(惡業), 마업(魔業)이 따로 있는 것처럼 생각하는 경향이 있다. SRI 펀드의 편입기준도 펀드 운영자의 선입견에 의해 영향을 받기 때문에 단골로 제외되는 업종을 짐작하기가 어렵지 않다. 담배, 술, 도박, 군수품 등을 다루는 업체는 편입대상에서 제외된다. 그런데 이런 업종이 꼭 사악한 산업으로 분류돼야 하는지, 또 그런 기준의 한계가 어디까지인지는 논란의 소지가 많다.

술은 심리적, 사회적 갈등의 치료에 효과적이라는 측면이 있고, 군수품이 없으면 시민의 안전을 확보할 수단이 없게 된다. 환경에 유해한 화학비료, 농약, 나아가 모든 석유화학 산업을 어떻게 평가해야 할까? 유전자 변형식품은? 환경에 다소의 악영향을 주는 일과 굶주린 사람을 구하는 일이 충돌할 경우에 우선순위를 어디에 두어야 할까?

보수주의의 시각으로 보면 상품의 가치는 시장이 결정하고, 어떤 산업이 존재한다는 사실 자체로 그 산업은 '존재할 가치가 있는 산업', 즉 '선업'이 된다. 재무성과를 제쳐두고 선악만 따로 구분하는 것도 근거가 약하다.

종합하면, 사회책임 경영의 객관적 기준을 수립하는 것은 매우 어렵다. 현실에서도 사회책임 보고서의 취급범위, 형식, 내용이 기업별로 중구난방이다. 그것을 발간하는 기업이 스스로 사회에 공헌했다고 일방적으로 주장하는 홍보성 내용이 대부분이며, 계량화된 자료가 매우 적다. 그런 까닭에 특정 기업의 책임성에 대한 자체적 평가도, 외부의 평가도 자의적이기 쉽다. 실제로 SRI 펀드의 구성내역을 보면 A 펀드가 배척한 기업이 B 펀드에는 버젓이 포함돼 있다. 평가하는 사람에 따라 이처럼 결과가 다른 것은 객관적인 잣대가 없기 때문이다.


## 측정을 위한 국제협력

사회책임 경영이 본격적으로 논의된 것은 1990년대부터다. 따라서 사회책임 경영은 아직 초창기에 있다고 할 수 있어 그 정착에 시간이 더 필요하다. 하지만 머지않아 보편적으로 적용될 만한 사회책임 경영 평가의 기준이 만들어질 것이다.

실제로 많은 공사(公私) 단체가 사회책임 경영에 대한 평가기준을 마련하기 위해 심혈을 기울이고 있다. 네덜란드에 본부를 둔 '범세계 보고기준 협회(GRI)'는 이런 국제적인 노력의 대표적인 사례다. 이 협회는 재무결산 보고에 버금갈 정도로 사회책임 보고가 '일상적으로 신뢰성 있게' 시행되게 하는 것을 목표로 삼고 있다. 2009년 현재 다수의 한국 기업을 포함한 60개 국의 1500여 개 조직이 GRI의 표준적인 보고기준을 적용한 보고서를 발간하고 있다.[13]

ISO, EMAS 등의 기구나 단체도 나름대로 보고기준을 가다듬고 있다. WBCSD

---

13 GRI의 보고기준은 점진적으로 더욱 개선되고 있다. 2010년 현재에는 'G3 Guidelines'라고 불리는 것이 GRI의 보고기준이다. 이 기준은 OECD의 지지를 받음으로써 신뢰성이 강화됐다. GRI를 발족시킨 시리즈 (Ceres)는 GRI 지침이 사실상의 국제표준(de-facto international standard)이라고 자랑한다.(www. globalreporting.org)

는 WRI와 IFC 등의 기구와 연합하여 제품별, 공급사슬별로 탄소족적을 측정하고 보고하는 일과 관련된 규준을 만들었다. 영국 정부는 '웨일즈 공(Prince of Wales) 지속가능성 평가 위원회'를 결성한 바 있다.

## 새로운 행복지수

어느 사회나 공통으로 지향하는 것은 시민의 행복이다. 시민의 행복에 대한 대리변수, 즉 행복지수(happiness index)로는 '일인당 국내총생산(per capita GDP)'이 가장 널리 쓰인다. GDP는 '한 나라의 모든 기업이 일 년 동안 생산해서 공급한 재화와 용역의 가치를 각각의 시장가격으로 환산해 모두 더한 것'이다. GDP의 맹점은 외부효과를 감안하지 못한다는 점과 문화생활과 같은 비금전적 요소가 배제된다는 점에 있다. 오로지 경제적 측면만 감안되기 때문에 쉽게 말해서 "돈이 많으면 행복하다"고 보는 관점이 GDP 개념이다.

경제개발 일변도의 접근방법을 수정하고자 도입한 개념이 바로 '지속가능 발전'이다. 이것은 사회적 배려와 자연환경 보전을 두루 고려하자는 것이다. 지속가능 발전을 효과적으로 실천하려면 보다 합리적인 행복지수를 찾아낼 필요가 있다. 실제로 그런 노력이 여러 갈래로 이루어지고 있다. 유엔개발계획(UNDP)은 1990년부터 인적발전지수(HDI)를 국가별로 산정하여 발표하고 있다. OECD도 사회복지 및 환경보전과 관련된 45개 국가별 지수를 발표한다.

경제활동이 자연환경에 미치는 영향을 감안하여 GDP를 수정한 '녹색 GDP(green GDP)'라는 개념도 관심을 끈다. 이 개념은 미국에서 창안된 것이지만, 한국 정부도 그 채택을 심각하게 고려하고 있다. 중국의 온가보(溫家寶) 총리가 녹색 GDP를 공식 채택하겠다고 선언하여 세상을 놀라게 한 바도 있다(2004년).

미시적 차원에서 외부효과를 모두 내부화하자는 주장도 있다. 이런 방향의 노력은 '녹색 회계' 등의 개념과 관련이 있다. 녹색 회계는 예컨대 온실가스 배출이 환경에 미치는 영향을 비용으로 계산하여 해당 기업에 부담시키는 방법이 된다.

인류의 지혜가 더 발달하면 언젠가는 모든 사회적, 환경적 외부효과를 수치로 계산해낼 수 있을지도 모른다. 그렇게 된다면 그야말로 투명한 사회가 실현되고 기업은 외부효과를 실비로 부담하게 될 것이다. 사회책임에서 성적이 불량한 기업은 재무회계 상의 적자기업과 동일한 운명에 처하게 될 것이다.

## 5. 피할 수 없는 사회책임

이 장에서 지금까지 논의한 각종 요인으로 말미암아 사회책임 완수는 기업이 더 이상 회피하기 어려운 과제다. 투명한 사회에는 숨을 곳이 없다. "사회에 대한 아무리 작은 악영향도 감지되고, 각종 이해당사자의 반응은 매우 예민하다." (Meyer 2010)

어쨌거나 21세기에 와서는 사회책임 경영이 개별 기업에 선택이 아닌 필수가 됐다. 한국, 일본, 중국 등 아시아 국가의 기업에는 2011년 현재에도 사회책임 경영이 아직 절실하지 않은 것으로 비쳐지지만, 여건이 급속하게 바뀌고 있다. 예컨대 어떤 연구소가 각국의 경영자를 대상으로 실시한 설문조사의 결과에 따르면, 사회책임 경영에 높은 우선순위를 부여하고 있다고 응답한 비율이 2005년에는 34%였으나 2008년에는 53%에 달했다(Econ 2008d). MIT가 각국의 경영진 1500명을 대상으로 실시한 조사에서는 92%가 어떤 형태이건 사회책임 경영을 실시하고 있다고 응답했다(2009).

세계화는 경제의 동시화도 초래하지만, 사회통념의 동조화도 초래한다. 미국과 유럽에서 최근 몇 년 사이에 기업에 대한 사회의 기대에 급격한 변화가 일어난 것을 보면, 앞으로는 아시아라고 해서 다르지 않을 것이다.

### 함께 풀어야 할 과제

지금까지의 논의를 종합하면, 사회책임 경영의 필요성은 널리 인지되고 있다고 할 수 있다. 그리하여 각종 조직이 나서서 기업에 사회적 책임의 완수를 강력하게 요구하고 있다. 이런 과정에서 국제기구, 정부기구, 시민단체, 대형 구매업체, 기업 네트워크 등이 각각 나름대로의 역할을 하고 있고, 또한 서로 연계되어 있다.

기업에 사회책임의 완수를 요구하는 것은 궁극적으로 인류사회의 지속성을 확보하기 위한 노력이다. 기업의 사회책임은 국가 전체, 나아가 지구 전체에 영향을 주는 개념이다. 또한 그것은 인류 개개인과 관계가 있는 문제이기도 하다. 자연히 사회책임의 구체적 내용은 매우 다양하고 복합하다. 각계각층의 이해가 두루 관련된다. 그러므로 사회책임 경영은 모든 개인 및 조직이 공동으로 참여하고 합심하여 풀어나가야 할 과제라고 할 수 있다.

## 3장

# 기업과 사회

기업이 사회의 일부분임은 분명하다. 그러나 사회로부터 주어진 기업의 역할에 대해서는 이론이 분분하다. 기업도 전반적 사회복지를 위해 경영되어야 한다는 견해가 있는가 하면, 절차와 방법이 정당하다면 이윤창출에 매진하는 것이 기업의 고유 역할이라는 주장도 있다. 사실 이 논점은 개별 기업의 사회책임 범위를 규정하는 출발점이 된다.

사회책임에 대한 본격적인 논의를 하기에 앞서 이 장에서는 기업과 사회의 관련성을 짚어 보기로 한다. 기업과 사회의 관계를 올바르게 유지하기 위해서는 회사기율의 확립이 시급한 과제가 된다. 회사기율은 사회적 책임과 밀접한 관련이 있다.

## 3.1 기업의 목적

하나의 기업에는 여러 이해당사자가 있다. 그들의 이해관계는 일치하기도 하지만 상치될 때도 적지 않다. "여러 이해당사자 중에서 누구의 이익을 우선해야 하나?"가 기업 경영에서 핵심적인 질문이 된다. 그것이 바로 기업의 목적을 지정하기 때문이다.

기업의 목적은 사회책임과 불가분의 관계에 있다. 목적에 대한 판단에 따라서 개별 기업이 소속 사회에 대해 책임져야 할 역할의 범위가 결정되기 때문이다. '주주자본주의'의 관점에서라면 기업의 사회적 배려는 이윤창출에 도움이 되는 범위 안으로 한정돼야 한다. 주주를 제외한 여타 이해당사자의 범위는 사회책임 경영이 배려해야 할 대상의 범위와 정확히 일치한다. 그러므로 '이해당사자 자본주의'는 곧 "사회적 책임성이 확실하게 기업을 경영하라"는 주문과 진배없다.

현실에는 기업의 목적, 나아가 사회책임의 범위에 대해 매우 다양한 의견이 있다. 이에 대해서는 1~2절에서 간략하게 다루고, 나중에 맺음말에서 종합적으로 정리한다.

## 1. 기업의 정의

경제학은 국가경제의 주체를 셋으로 나눈다. 가계, 기업, 정부가 그것이다. 그중에서 공급을 담당하는 것은 기업이고, 소비하는 주체는 가계와 정부다. 공급이란 상품, 즉 재화와 서비스를 생산해서 소비주체에게 전달하는 행위를 말한다. 기업만이 가치(value), 즉 부가가치를 생산한다. 역으로 말하면, 가치를 생산하는 주체는 모두 기업이다.

포스코, 현대자동차, GE, IBM과 같은 거대기업은 물론이고 영세 소매점이나 소규모 식당도 모두 기업이다. 육교 밑의 노점에서 부추를 파는 할머니도 그 행위에 관한 한 기업이다.

현실에서 '기업'이라고 하면 모두 '돈벌이'를 연상한다. 그 이유는 형태를 가릴 것 없이 기업은 한마디로 말해 상업(commerce)을 고유의 업무로 하기 때

문이다. 상업이란 '상품을 싸게 조달하고 비싸게 되팔아서 이윤을 남기는 일'
이다.

## 기업형태

한국의 상법에 따르면 기업은 크게 다섯 가지로 구분할 수 있다.

첫째, 상인은 자연인이 혼자서 무한으로 책임을 지는 기업이다. 다섯 가지 기업
형태 가운데 숫자상으로 가장 많은 것이 그와 같은 개인기업 혹은 자영업자다. 둘
째, 합명(合名)회사는 두 사람 이상의 사원이 모여 회사(company)라는 법인을 만
든 경우다. 사원 모두가 각각 무한책임을 진다. 셋째, 합자(合資)회사는 무한책임
사원과 유한책임 사원이 섞여 있는 회사를 말한다. 넷째, 유한(有限)회사는 50인
이내의 유한책임 사원이 출자하여 설립한 회사다. 다섯째, 주식회사(corporation)
는 유한책임 사원인 주주의 수에 제한이 없고 주주권을 표시하는 주식을 자유로이
양도할 수 있는 회사다.

## 주식회사

다섯 가지 기업형태 중에서 국가경제의 측면에서 가장 중요한 것은 물론 주식회사
다. 고용, 부가가치 생산, 영향력 등의 측면에서 주식회사는 다른 형태의 기업과 비
교가 되지 않을 정도로 중요하다.

다른 기업형태에 비해 주식회사는 몇 가지 특징이 있다. 첫째, 다수의 주주가 공
동으로 납입한 자본금을 바탕으로 설립되고 출자지분에 따라 주주별 의결권의 크
기가 결정된다. 둘째, 주주는 잉여자산에 대한 재산권을 가지되 최악의 경우 출자
금만 손실을 보면 되는 유한책임을 진다. 셋째, 경제가 성숙된 국가에서는 주식회
사의 경영을 주주가 아닌 전문경영인이 담당하는 이른바 '소유와 경영의 분리' 가
이루어지는 경우가 많다. 마지막으로 넷째, 회사인 기업의 공통점인데, 회사는 주
주 혹은 경영자와는 별도로 독립적 법인격을 가진다.

**공개회사**

규모가 큰 주식회사는 한국거래소와 같은 거래소에 등록하여 주식지분의 매매가 자유롭게 일어나도록 한다. 그와 같이 등록하는 행위, 즉 상장(上場)을 하는 이유는 많은 사람이 투자할 수 있게 하여 대규모 자금을 모집하기 위한 것이며, 개별 주주의 입장에서는 주식을 매도하는 방법으로 손쉽게 투자자금을 회수할 수 있도록 해주기 위한 것이다. 이런 회사를 상장기업(listed company)이라고 부른다.

특별히 규모가 큰 기업의 경우는 주주의 수가 몇 만 명, 심지어는 몇 백만 명이나 된다. 그리고 종업원이 몇 십만 명, 거래업체가 몇 만 개인 경우도 있다. 각종 이해당사자는 각각 사적인 이해관계에 따라 해당 기업과 거래하는 것이 분명하지만, 그렇더라도 '이해당사자의 수가 매우 많다'는 사실만으로도 그 기업은 공적인 성격을 띠게 된다. 그래서 이런 기업은 공개회사 혹은 '공적회사(public corporation)'라고 불리기도 한다.[14]

중소기업이라고 해서 사회책임에 등한할 수는 없지만, 사회책임과 관련해 시민사회의 관심을 끄는 것은 대기업, 그중에서도 소유권이 넓게 분산된 공적회사다. 기업(firm)은 곧 회사(company)이고 회사는 곧 주식회사(corporation)라고 연결시키는 것이 일반적 관념이기도 하다. 이런 까닭에 이 책에서도 '기업의 사회적 책임'에 관한 논의에서는 공적회사를 그 중심에 두기로 한다. 그렇더라도 지배구조, 회사기율 등의 특수한 측면만 제외하면 사회책임에 관한 논의는 기업형태에 관계없이 모든 기업에 동일하게 적용된다고 말할 수 있다.

## 2. 기업의 이해당사자

하나의 기업은 일상 영업활동을 통하여 매우 다양한 자연인, 법인, 단체와 직접 거

---

14 공적회사(public corporation)와 공기업(state-owned enterprise, SOE)은 다르다.

래함과 동시에 간접적 영향도 서로 주고 받는다. 이처럼 기업을 둘러싸고 있으면서 기업과 영향을 주고 받는 각각의 개체를 이해당사자(stakeholder)라고 한다.

## 핵심당사자

기업의 모태에 해당하는 것은 주주이므로 그들이 바로 우선적으로 꼽아야 할 기업의 이해당사자다. 두 사람 이상의 자연인이 모여서 씨앗자금을 출연하여 법인을 설립하고 공공기관에 등기를 하는 것으로 하나의 주식회사가 탄생된다. 그 회사는 법인이 되어 주주와는 독립된 법인격을 가진다. 그런 회사가 상장되어 주권(株券)의 매매거래가 시작되면 주주의 수는 수백 만 명까지 증가할 수 있다.

법적으로 회사는 주주의 사유재산이지만 주주의 재산권은 다른 모든 채무를 우선 변제한 다음의 잉여재산에 국한된다. 이처럼 한정된 재산권과 주요 사안에 대한 의결권이 주주권(株主權)을 구성한다.

기업이 가치를 창출할 수 있는 것은 소비자(consumer) 혹은 고객(customer)이 있기 때문이다. 고객이 상품을 구입해 주어야 매출이 일어나고 영업이익을 얻을 수 있다. 중간재를 생산하는 기업의 고객은 소비자가 아닌 다른 기업체가 된다.

기업이 고객에게 상품을 공급하고 가치를 창출하는 일을 일선에서 담당하는 사람은 흔히 직원(職員)이라고 불리는 종업원이다.

지역사회는 기업을 둘러싸고 있는 직접적 여건으로서 여러 가지 형태로 기업에 영향을 미치고, 또한 기업으로부터 영향을 받는다.

이상의 넷, 즉 주주, 고객, 종업원, 지역사회를 가장 기본적이며 그래서 핵심적인 기업의 이해당사자로 꼽을 수 있다.

한국에만 존재하는 이해당사자로 이른바 '오너(owner)'가 있다. 원래 오너는 주주 전체를 가리키는 용어이지만 한국에서는 창업자 혹은 창업자의 후예를 가리킨다. 한국의 '오너'는 소유지분이나 공식 지위와는 상관없이 기업에 대해 막강한 지배력을 가지고 있다. 재산권과 의결권의 측면에서 핵심 중의 핵심 당사자가 바로 '오너'다.

## 경제적 이해당사자

개별 기업은 원자재, 기자재 등의 물적 자원을 공급해 주는 다수의 공급업체와 거래관계를 맺는다. 금전적 채권채무 관계를 맺는 당사자로는 은행 등의 금융기관이 있다. 정부나 지방자치단체에게는 기업이 각종 조세를 징구할 대상이자 때로는 지원을 해 주어야 할 대상이므로 큰 이해관계의 상대방이다. 정부나 지방자치단체가 사회간접자본(SOC) 건설을 기업과 분담해 하기도 한다. 특정 기업의 입장에서 경쟁기업도 여러 가지 면에서 상호작용하게 되므로 경제적 당사자 중의 하나다.

## 사회적 이해당사자

기업은 국가경제의 일부를 구성하므로 국가(state)도 정부(government)와는 다른 차원에서 기업의 중요한 이해당사자가 된다. 시민단체나 대중매체는 기업행위를 종종 사회적, 환경적 책임의 관점에서 접근한다. 노동조합도 단순한 경제의 영역을 뛰어넘어 인권이나 노동권 등과 연관된 사회적 이해당사자다.

## 자연환경 및 후대

사람이나 인위적 창조물은 아니지만 자연환경도 더없이 긴요한 기업의 이해당사자다. 기업행위는 생태계와 기후에 큰 영향을 준다. 천연자원이나 토지가 훼손되면 기업의 존립이 위태로워진다. 자연환경에 대한 기업의 영향은 후대(後代)의 후생복지 수준을 결정하는 핵심 요소이기도 하다.

## 경영진

중요한 기업행위에 관한 의사결정은 경영진(management)의 몫이다. 임원(任員)이라고 불리는 그들에게는 종업원을 지휘·통제하여 소기의 목적이나 목표를 달성해야 할 책임이 있다.

## 3. 기업의 목적

기업의 이해당사자를 주주, 경영진, 여타 당사자로 삼분(三分)하는 것은 앞으로의 논의를 위해서 매우 유용하다. 경영진의 결정에 따라 각종 이해당사자의 이해가 엇갈리기 때문에 경영진이 기업의 주체가 되고 나머지 이해당사자는 객체가 된다고 볼 수 있다. 주주는 대리인(agent)인 경영진에 대해 기업의 자원에 대한 지배권을 위임하는 주인(principal)의 입장이기 때문에 여타 이해당사자와는 다른 위치에 있다.

'경영진은 각종 이해당사자 중에서 누구의 이익을 앞세워야 하는가?'에 대한 판단이 바로 기업의 목적(purpose)이며, 그것이 곧 한 회사의 존재이유(raison d'être)가 된다. 기업의 목적은 경영의 출발점이며 경영철학, 가치관, 목표, 전략, 운영, 관리의 방향타(方向舵)다. 그리고 이것은 기업의 사회적 책임 이행상태에 대한 판단의 기초가 된다.

### 주주자본주의

영미계(Anglo-American) 국가의 전통에 따르면 회사의 경영진은 주주의 이익을 가장 먼저 생각해야 한다. 이런 관점을 가리켜 주주자본주의(shareholder capitalism)라고 부르기도 한다. 이런 관점은 회사란 법적으로 주주의 사유재산이라는 논리에서 출발한다.

물론 주주이익 우선이라는 말은 단선적으로 주주만을 위하라는 뜻이 아니다. 쉽게 말해서 고객에 봉사하지 않으면 주주이익이란 애초에 존재할 수가 없다. 그러므로 이 말은 총체적, 전반적, 장기적으로 주주이익을 앞세우라는 의미일 뿐이다.

그럼에도 미국에서는 '주주를 위한 이윤추구'에 대한 관점이 마치 그것을 '분기별 순이익의 극대화'와 같은 것처럼 여기는 근시안적인 것으로 변했다. 이런 경향은 1980년대에 특히 심했고, 전반적으로는 지금도 여전히 계속되고 있다. 그런 까닭에 각종의 바람직하지 못한 기업행위가 자행되어 왔고, 그런 기업행위들이 '기업의 사회적 책임(CSR)'의 중요성을 환기시키는 촉발제가 됐다.

## 이해당사자 자본주의

독일을 비롯한 유럽대륙 국가(Continental Europe)는 대체로 이해당사자 자본주의(stakeholder capitalism)의 입장을 취한다. 이해당사자 자본주의는 기업에 대한 여러 이해당사자의 이해관계에 일정한 균형을 도모하는 것이 옳다는 관점이 반영된 개념이다. 기업은 사회의 일원이므로 '마땅히' 사회 전체의 후생에 관심을 가져야

---

**사례 3-1  독일 자본주의의 변신**

1990년대까지도 독일의 자본주의는 미국의 자본주의와 사뭇 달랐다. 경영에 있어서 주주의 이익은 소홀하게 취급되는 경향이 있었다. 독일의 자동차 기업 다임러 벤츠(Daimler-Benz)는 미국식 주주 자본주의로 방향전환을 했다. 그 덕분에 주가가 대폭 상승했고, 크라이슬러를 쉽게 합병할 수 있었다. 아래의 내용은 당시 언론매체가 보도한 것이다.

**"크라이슬러를 합병하기 전에 다임러에 극적 전환이 있었다"**
(…)한때 다임러의 주주는 사실상 도이체방크 하나뿐이었다. 그 행장이었던 헤르하우젠은 구식 사고를 가진 산업지도자였다. 그는 미국식 단기수익주의에 대해 관심을 갖고 있지 않았기 때문에 은행의 의결권 중 28%를 동원하여 다임러의 최고경영자인 로이터를 지지했다. 로이터는 '거대한 기술공화국'이라는 비전을 실현하기 위하여 우주항공, 소프트웨어, 가전제품 등의 분야로 사업을 다각화했다.
　1989년에 테러리스트가 헤르하우젠을 암살했지만, 더 큰 위험요소는 다임러의 재무책임자인 리너였던 것으로 나중에 밝혀졌다. 리너는 회사 주식의 뉴욕증권거래소(NYSE) 상장을 추진하여 1993년에 완결했다. 이로 인해 회사의 수익상태를 미국식 기준에 맞추어 공개하지 않을 수 없게 됐다. 회사는 더 이상 '감춰진 유보금'을 갖고 있는 등의 불분명한 독일식 속임수를 쓸 수 없게 됐고, '로이터-헤르하우젠 전략'의 참담한 결과에 직면하지 않을 수 없게 됐다.

하고, 또 그렇게 하는 것이 기업의 장기적 건전성을 확보하는 데 유리하다고 보는 것이다.

이해당사자 자본주의 전통의 특징은 일반주주들의 주주권에 대한 인식이 낮다는 점이다. 그러다 보니 경영에 대한 책임의 소재가 애매하여 문제가 생기기도 한다. 경영진이 경제적 수월성을 위해 노력하기보다는 정치적 행태를 보이는 경우도 있었다(〈사례 3-1〉).

일본의 경우에는 1990년대 중반까지는 종신고용 제도 등을 통하여 '종업원 우선'이라는 경영방침이 일반적이었다. 따지고 보면 유럽의 전통에 가까웠던 셈이다.

경영 연구자나 실무 종사자 중에는 기업이 고객가치를 최우선으로 생각해야 한

우선, 세상 사람들이 벤츠(사업부)가 황금항아리를 숨기고 있음을 처음으로 발견하고 경탄해 마지않았다. 회계장부를 공개하지 않을 수 없게 된 회사가 25억 달러의 특별이익이 있다고 선언했는데 그것은 벌써 오래전인 레이건 대통령 재임시절에 미국인에게 고가의 벤츠를 팔아서 얻은 것이었다. 아무튼 리너의 표현대로 새로운 규칙에 따라 "(경영)성과를 나타내는 곡선이 영업사정을 더욱 확실하게 반영하게 됐다."

다음, 다임러 본사의 영업현황을 공표하지 않을 수 없었고, 10억 달러에 달하는 막대한 영업손실이 발생했음을 자인해야 했다. 다각화 전략이 대실패였음이 백일하에 드러난 것이었다.

하루아침에 다임러는 끼리끼리 어울리는 독일 산업 상류층의 주목을 받게 됐다. 그들은 그때까지는 자신들이 관할하는 재산에 대해 절실하고 빈틈없는 책임감을 느끼지 못했던 것이다. (그런데 상황이 바뀌자) 다른 주주도 아닌 바로 도이체방크가 (다각화 전략으로 손실을 초래한) 로이터의 축출을 요구했다. (…)

(신임 최고경영자인) 슈렘프는 독일에서는 처음으로 현대식 감량경영에 치중하여 수천 명의 종업원을 해고하고 실패한 사업부문을 헐값에 처분했으며 자동차에 다시 초점을 맞추었다. 사회정서에 맞지 않는 또 하나의 조치는 고위 간부들에게 동기유발을 하기 위하여 독일에서는 최초로 주식매입권(stock option)을 준 것이다. 그는 "매출액에 우선하여 수익성이 고려되어야 한다"고 선언했다. 세상은 다임러를 믿기 시작했고, 주가는 폭등했다. 결국 크라이슬러를 인수할 수단이 생겨났다. 다임러는 '정직한 여인'이 됐고, 독일의 자본주의는 더 이상 옛날 같지 않을 것이다. (…) (WSJ, 1998. 6. 10.; 안영도, 1999)

다고 말하는 사람이 꽤 많다. 그러나 이런 주장은 목표를 위한 수단으로서의 고객 가치를 내세우는 것이어서 그 논의의 각도가 이해당사자 자본주의의 관점과 약간은 다르다.

### '오너 자본주의'

한국이 1997년에 경제위기를 맞은 것은 재벌에 의존하는 국가경제 모델의 허점 때문이라는 진단도 있었다. 한국식 재벌 모델의 핵심은 순환출자에 따른 소유 및 책임구조의 불투명성과 백화점식 확장전략이다. 이런 재벌 모델은 2010년대에도 여전히 건재하다. 순환출자 덕분에 오너가 사실상 아무런 책임도 지지 않으면서 무소불위(無所不爲)의 권한을 행사하고 있다. 회사가 '오너'와 그의 가족을 위해 존재하고 '오너'를 중심으로 경영된다. 말하자면 '오너 자본주의(owner capitalism)'인 셈이다.

물론 위와 같은 자본주의의 구분은 개략적인 것에 지나지 않는다. 예를 들어 미국에도 고객이나 종업원을 우선적으로 배려해야 한다고 주장하는 학자가 많고, 또 실제로 그렇게 하는 기업도 적지 않다. 아울러 저울추가 어느 쪽으로 쏠리느냐는 시대적 상황에 따라 바뀌게 마련이다. 주주자본주의의 여러 가지 폐해가 불거진 1990년대 이후에는 미국식 단기성과주의에 메스를 가해야 한다는 의견이 상당한 호응을 얻었다. 이에 따라 영국이나 미국에서도 이해당사자 자본주의의 요소가 실정법 혹은 판례에 조금씩 반영되기도 한다.

## 3.2 사회에 대한 기업의 역할

이 절에서는 기업이 소속된 사회에 대한 기업의 책임범위에 대한 다양한 시각을 짚어본다. 크게 보아, 이윤극대화면 충분하다는 주장과 사회에 기여할 생래적 책임이 기업에 있다는 의견이 맞선다. 여기서의 결론은 개별 기업에 부여된 가장 중요하고 확실한 책임은 '장기적 수익성의 확보'라는 것이다.

## 1. 경제적 책임으로서의 이윤극대화

'개별 기업은 어느 이해당사자를 우선해야 하는가'에 대한 판단을 위해서는 우선 법률에 정해진 내용을 살펴볼 필요가 있다.

기업의 여러 형태 중에서 주식회사는 주주의 출자행위로 말미암아 그 실체가 갖추어진다. 초기출자로 창출된 것이든 유보이윤에 힘입은 것이든 개별 기업의 재산은 모두 주주의 것이다. 보다 정확하게 말하면, 주식회사가 보유한 총자산 중에서 여타 당사자에 대한 부채를 제외한 순자산은 모두 주주의 몫이다. 그래서 법률적으로 주식회사는 주주의 사유재산이다.

### 주인과 대리인

주식회사에 있어서 주주와 경영진은 책임과 권한에서 다르다. 대기업인 주식회사의 경우는 대체로 소유와 경영이 분리되어 있어서 주주와 경영진도 그 실체가 확연히 구분된다. 주주는 기업이라는 재산의 임자로서 그 가치가 증가하기를 원하며, 그렇게 되어야 한다는 조건을 달아서 기업의 운영과 관리를 경영진에게 위임한다. 법률적 측면에서 보면 주주는 주인이고 경영진은 대리인이다. 경영진에게는 기업을 주인의 이익에 부합되게 경영할 의무, 즉 '선관의 의무(fiduciary duty)'가 생긴다.

법률은 기업의 자산에 대한 청구권자 중에서 주주를 최하위에 둔다. 주주의 청구권은 잉여재산에 한정되므로 주주의 위험부담이 가장 크다. 이런 위험부담에 대한 대가로 주주이익을 우선해야 마땅하다는 시각도 있다.

## 이윤극대화

경영진이 주주이익을 가장 먼저 생각해야 한다고 보면, 경제학 교과서에 나오는 것처럼 이윤극대화가 기업의 목표(goal)가 된다. 주주이익이란 이윤극대화를 통해서 실현되기 때문이다.

실정법과 다르지 않게 기업의 목적은 주주이익이고 기업의 목표는 이윤극대화임을 명쾌하게 주장한 경제학자로 프리드먼(M. Friedman)이 있다. 그는 일찍이 "기업의 사회적 책임은 이익의 증대"라고 결론짓고 평생 그런 입장에서 한발자국도 후퇴하지 않았다. 사회책임의 완수가 개별 기업의 이윤창출에 도움이 된다면 관련 비용의 지출이 정당화되지만, 그때에는 사회책임을 내걸지 말아야 한다고 그는 주장한다. 왜냐하면 이윤창출을 위한 일이라면 경영진이 당연히 해야 하는 것인데 그런 행위에 '기업의 사회적 책임'이라는 딱지를 굳이 붙일 이유가 없다는 것이다.

대다수 국가의 법률체계는 실제로 "주식회사는 주주의 사유재산이므로 경영진은 주주의 이익을 우선해야 한다"고 규정한다. 법률적 측면에서만 보면 프리드먼의 논리가 맞다. 사회공헌은 자칫 '선관의무에 배치'되는 불법행위가 될 수도 있다. 종업원 급여의 필요 이상 인상이나 정당화될 수 없는 고객서비스 강화가 문제가 될 수도 있다. 〈사례 3-2〉에 나오는 포드자동차의 경우처럼 주주로부터 소송을 당할 가능성도 있다.

## 책임소재의 명확화

주주이익이 우선되어야 하는 현실적 이유도 있다. 경영자가 각종 이해당사자의 이해관계를 두루 살펴야 한다면 책임의식은 자연히 희석된다. 그래서 초점이 흐려질 뿐만 아니라 손쉽게 핑계거리를 찾을 수 있게 된다. 예컨대 경영자가 목표이윤을 달성하지 못했을 때 그 이유로 종업원의 후생복지를 들먹일 수도 있는 것이다. 더구나 주주에 대한 책임과 직결되는 당기순이익은 숫자로 표시되지만 여타 당사자의 이해관계에 대한 객관적 잣대는 없다. 측정할 수 없는 것은 관리가 어려우므로 그런 것에 대해서는 자칫 말치레에 그칠 수 있다.

보수주의자들은 사회에 대한 배려는 정부의 고유 임무이며, 환경보전도 정부가 정한 규제를 기업이 따르는 것으로 족하다고 본다. 영국의 대표적 보수잡지인 〈이코노미스트〉는 2005년까지만 해도 사회적 책임을 이행하는 것은 정부의 역할이며, 경영진이 사회적 책임과 관련해 금전을 지출하는 것은 비윤리적인 행위라는 의견을 밝히곤 했다. CSR은 '고장난 회사기율'일 뿐이라는 말이었다(2005b). 지역사회에 대한 공헌이 경영진의 가치관에 부합하는 것이라면 그런 것은 회사의 경영진이 아닌 개인의 입장에서 하면 될 일이라는 것이다. 게이츠(W. Gates)나 버핏(W. Buffett)처럼.

## 2. 사회에 대한 생래적 의무

기업이 진공상태에서 존재하는 것은 아니다. 기업은 사회라는 울타리를 가지고 있다. 기업은 각종 이해당사자의 도움을 받고, 역으로 그들에게 여러 가지 형태의 좋

**사례 3-2  포드 대 다지 (Ford vs. Dodge)**

포드자동차를 설립한 포드(H. Ford)는 파격적인 임금인상으로 생산성을 높이는 동시에 저렴한 가격으로 판매시장을 확대하는 방법으로 자동차를 대중화시켰다. 그렇지만 주주에 대한 배당을 없애고 자동차 가격을 인하한 것이 빌미가 되어 대주주인 다지 형제(Dodge brothers)로부터 소송을 당했고, 법원은 원고의 손을 들어준 바 있다(1916년).

같은 법리라면 사회를 위해 눈에 띄게 큰 금액을 기부하는 것도 소송의 대상이 되니 '해서는 안 될 일'이 된다. 특히 미국은 판례가 곧 법인 나라다. 포대 대 다지 사건에 대한 판결 때문에라도 기업의 사회공헌에는 한계가 있을 수밖에 없다.

거나 나쁜 영향을 미친다. 그러므로 기업은 사회에 대해 일정한 책임을 져야 한다. 이런 책임은 단순한 선의나 전략적 고려의 차원을 넘어 처음부터 기업이 타고난 것이다. 사회적 책임은 그 자체의 가치로서 추구되어야 한다. 이것이 바로 기업의 사회적 책임을 강조하는 사람들의 주장이다.

## 사업권 부여

기업은 사회로부터 '사업에 종사할 권한(license to operate)' 을 얻었다. 그런데 사회는 '기업이 전체 사회의 이익에 봉사해야 의무' 를 사업권 부여의 전제조건으로 달았다. 인류사회가 사용할 수 있는 자원은 유한하다. 개별 기업은 사회로부터 그 유한한 자원을 사용할 특권을 얻었다. 마땅히 사회에 대한 보답을 잊지 말아야 한다. 꽤 널리 알려진 경영 컨설턴트인 데이비스(I. Davis)에 따르면, 기업과 사회 사이에는 '자원 사용의 권한' 과 '사회적 배려의 의무' 를 교환하는 묵시적 계약이 체결돼 있다(2005).

기업이 주식회사인 경우에는 주주에게 '유한책임' 이라는 특별한 혜택이 주어진다. 기업이 잘못되어 채권자, 공급업체, 종업원이 타격을 입어도, 그리고 기업의 피해가 아무리 커도 주주에게는 출자금 이상의 배상을 해야 할 책임이 없다. 그런 만큼 기업은 다른 이해당사자의 이해관계도 존중할 필요가 있다고 볼 수 있다.

## 도덕적 가치

일부 사상가나 경영자는 도덕적 견지에서 기업에 사회적 책임이 있다고 생각한다. 경제행위는 그 자체가 목적이 아니며 인류의 전반적 행복을 달성하기 위한 수단일 뿐이므로 도덕적 바탕 위에서만 정당화된다. 인류는 모두 '인간적으로 생활할 권리' 를 타고났다. 이익일변도의 경영은 사회계약을 훼손하며, 그렇기 때문에 반드시 사회적 반발을 불러온다.

현실적으로 기업활동에는 각종 이해당사자가 연루된다. 그들의 이해관계가 존중돼야 하는 것은 너무도 당연한 일이다. 기업에 사회적 책임이 있다는 것에는 의문이 있을 수 없고, 서로 다른 이해관계를 조화시키는 데 효과적인 방법을 찾는 것만이 과제가 될 뿐이다.

미국의 정보기술 업체인 HP에는 창업 초기부터 'HP 방식(The HP way)'이라는 독특한 가치가 있었다. 그 바탕에는 사회에 대한 책임의식이 자리 잡고 있다. 창업자의 한 사람인 패커드(D. Packard)는 이에 대해 아래와 같이 설명한다.

> HP 방식은 사회의 필요와 이익에 대한 민감함을 강조한다. 그것은 개인, 단체를 불문하고 모든 이해당사자에게 최고 수준의 정직과 진실을 적용함을 말한다. 그것은 자연환경을 보전하고 개선함을 의미한다. 그것은 지역사회가 자랑스러워할 공장과 사무실을 짓는 것이다. 그것은 지역사회의 사업에 재능, 에너지, 시간, 금전을 지원함을 말한다. (Elkington, 1997)

보디 숍은 사회적 책임에 도덕적 가치를 부여하고 있다. 개인기업으로 출발한 이 회사는 성장한 뒤에 공개기업으로 전환했는데, 이에 대해 창업자 로딕(A. Roddick)은 나중에 크게 후회했다. 이윤극대화를 추구하는 일반주주의 압력이 매우 거세어 회사를 통해 자신의 가치를 실현하기가 어려워졌기 때문이었다. 그녀는 주식을 재매수하여 회사를 개인기업으로 환원시킬 계획까지 세웠지만 그러기에는 재력이 부족했다. 창업자가 중시하는 가치와 자본시장이 중시하는 가치가 크게 달랐던 셈이다.

보디 숍처럼 경영자가 자본시장의 원칙에 거부감을 가진 경우가 적지 않다. 이케아(Ikea)도 그런 기업 가운데 하나다. 이케아의 창업자 캄프라드(I. Kamprad)는 주식투자자를 "연연세세의, 그것도 해마다 증가하는 이윤"을 기대하는 단기주의자로 규정했다. 자신의 가치와 자본시장의 기대가 큰 차이를 보이기 때문에 기업공개를 아예 포기할 수밖에 없다는 것이 그의 입장이다.

# 3. 환경에 대한 책임

인류가 살 수 있는 지구는 단 하나뿐이다. 그럼에도 불구하고 지구상의 생명체 중에서 자연환경에 가장 많은 위해를 끼친 것은 인류다. 환경을 해치는 행위를 중단하지 않으면 인류사회의 유일한 터전이 파괴된다. 환경보전은 재론의 여지 없이 인류사회 모든 구성원의 공동책임이다. 이에는 개인, 가계, 기업, 정부, 국제기구, 시민단체가 모두 해당하고 농업, 광공업, 서비스업의 구분이 없다.

개별 기업에 환경적 책임이 있음은 두말할 필요가 없다. 기업은 생태계 파괴, 유해가스와 온실가스 배출이라는 최대의 환경파괴 원천이 될 뿐만 아니라 문제해결의 부담을 감당할 능력이라는 면에서도 가장 비중이 크다. 논란이 있는 사회적 배려와 달리 환경보전은 당연히, 그리고 예외 없이 기업의 사회책임 경영에 한 가지 요소가 된다. 이것은 전략적 선택의 대상이 아니라 생래적인 기업의 의무다.

## 책임성 확보의 경로

인류의 지혜는 책임소재가 분명한 일에 대해서는 손쉽게 해결책을 찾아냈다. 그러나 환경위해에 대해서는 그러지 못했다. 환경위해는 눈에 잘 띄지 않는 외부효과로 나타나고, 원인과 결과가 잘 연결되지 않기 때문이다. 말하자면 '공유지의 비극'이라는 구조적 문제가 있어 그런 것이다.

어쨌거나 환경보전은 반드시 해결해야 할 과제다. 남은 일은 기업이 자율적으로 실천하게 하느냐, 일률적으로 기업에 강제해야 하느냐의 두 가지 중에서 선택하는 것이다. 기업의 자율적 시행이 강화되면 타율적 규제는 그만큼 약해질 것이다. 이 점에 대해서는 14장에서 상론한다.

## 미래효용의 현재가치

경제학에서는 소비와 투자를 엄격하게 구분한다. 소비는 당장의 효용을 누리자는 것이고, 투자는 현재의 효용을 희생하는 대신에 미래에 더 큰 효용을 얻자는 것이다. 사회책임의 두 축 중에서 환경보전을 위한 지출은 특히 투자의 성격이 강하다. 예컨대 온실가스를 배출하면 생산이 증가하여 현재의 소비를 늘릴 수 있지만, 그것을 방지하기 위해서 시행하는 시설개체 투자는 미래에 혜택으로 돌아온다.

환경보전 투자의 실시 여부는 현재의 희생과 미래의 효용을 비교하여 결정하는 것이 합리적이다. 경제학에서는 현재의 효용가치와 미래의 효용가치를 비교할 때 '돈의 시간적 가치(time value of money)'를 감안한다. 예를 들어 현재의 100만 원은 20년 후의 100만 원보다 가치가 훨씬 더 크다. 서로 다른 시점에서 돈이 갖는 가치를 비교하기 위해서는 할인율의 개념이 필요하다. 미래의 일정 금액에 할인율을 적용하여 환산하면 현재의 가치, 즉 현가(現價)가 된다. 보기를 들어 할인율을 10%로 잡는다면 현재의 100만 원은 30년 뒤의 1744만 9천 원과 같다. 거꾸로 30년 뒤의 100만 원은 현가로는 5만 7천 원에 불과하다.

온실가스 감축을 위한 국제적 노력은 감축속도와 감축부담의 배분에 초점을 맞춘다. 그런데 감축속도를 결정하는 데는 할인율의 적용 여부가 관건이 된다. 위의 보기에서 쉽게 짐작할 수 있듯이 한 세대 뒤의 100만 원을 현재가치로 환산하면 무시할 수 있을 정도의 금액이 되고 만다. 미래의 문제는 웬만큼 큰 것이 아니라면 지금의 시점에서 절실하게 걱정할 필요가 없다는 결론이 나온다.

영국 정부의 의뢰에 따라 스턴(N. Stem) 경이 작성한 보고서는 매우 낮은 할인율을 적용했다. 그래서 온실가스 감축이 시급한 것으로 판단됐다. 반면에 많은 경제학자들은 자본시장의 논리에 따른 현가를 적용하여 분석을 해서 온실가스 감축보다 나은 대안이 많이 있다고 주장한다. 이 점에 대해서는 11장에서 자세히 소개한다.

지구는 현세뿐만 아니라 후대의 인류까지 두고두고 살아갈 터전이다. 환경보전과 관련해서 효용 및 자원의 세대간 배분 문제가 생기는데, 이 문제가 과연 단순한 현가계산에 근거해 처리할 수 있는 것인지는 확실하지 않다. 후손이 100만 원의 가치를 향유할 일의 현재가치가 5만 7천 원에 불과하다면 그 일을 소홀하게 취급해도 될 것인가? 현재의 효용을 증가시키기 위해서 5만 7천 원의 가치에 해당하는 온실가스를 배출함으로써 후손이 100만 원의 손실을 보게 할 것인가?

자연생태계는 한번 파괴되면 복원하기가 어렵다. 인류가 생존할 수 있는 것은 다양한 생명체 덕분이다. 자연의 풍성함은 종(species)의 다양성에서 출발한다. 그런데 산업화의 영향으로 1년에 2만~10만 종의 생물이 지구상에서 사라지고 있다. 천연자원의 대부분도 소모성이다. 그래서 생명체와 자원은 한번 사라지면 다시는 돌아오지 않는 '영구손실'이 된다. 종의 소멸로 생태계의 다양성이 줄어들고 진화과정에 혼란이 초래되는 것이 인류사회에 어떤 영향을 미칠지는 짐작하기조차 불가능하다. 현가계산에 의한 손익비교로 접근할 문제가 아닌 것이다. 그래서 환경운동가인 호큰(P. Hawken)은 인류의 경제활동을 "경제적 관점이 아닌 생물학적 관점에서" 접근해야 한다고 역설한다(1993).

사실 자연환경과 관련하여 제기된 위의 질문에 대해 명쾌한 결론을 내릴 수는 없다. 결국 자원배분에 대한 가치관, 사회정의에 대한 판단의 문제가 된다.


## 4. 목표 대비 수단

크게 보면 기업의 경영진은 주주자본주의와 이해당사자 자본주의 중에서 선택을 해야 할 위치에 있다. 개별 기업이 주주자본주의의 입장을 취한다고 해서 말릴 방법은 없다. 현실을 보아도 대다수 기업의 실제 행동이 말치레와는 달리 당기순이익에 매우 민감하다. 어디에서건 이윤극대화가 실제적, 보편적인 기업목표인 듯하다. 그런 바탕 위에서 사회책임에 대한 배려가 나라 사이에, 시대 사이에 조금씩 차이가 있을 뿐이다.


### 전략적 사회책임 경영

기업목표가 이윤극대화라고 전제한다고 해도 목표(end)를 달성하는 수단(means)

은 여전히 경영진의 재량과 책임에 속한다. 경영진이 사업의 내용과 기본방향을 결정하고, 구체적인 행동계획을 수립하고 실행해야 한다. 고객을 만족시켜야 하고, 직원을 채용하고 그들에게 동기를 부여해 주어야 한다. 연구개발과 마케팅을 위해서 적지 않은 비용을 지출해야 한다. 그래야만 상품을 판매하여 매출을 올릴 수 있다.

이윤이란 매출액에서 비용을 공제한 것이다. 단기적으로 생각하면 비용을 줄이는 것이 이윤극대화의 지름길이다. 이런 접근방식이 1980년대의 전형적인 미국식 경영이다. 그런데 기업은 단기간에만 존재하는 것이 아니다. 대부분의 기업이 영속성을 갖기를 원하며, 규모를 키우려고 진력한다. 그러므로 경영진도 당장의 성과에 집착하기보다는 장기적 탁월성을 지향할 필요가 있다.

장기적 관점에서 경쟁업체보다 우월한 성과를 얻기 위한 기업의 노력을 '전략경영(strategic management)' 이라고 부른다. 전략적 관점에서 기업과 사회의 관계를 생각하면 어떤 차이가 생겨날까? 종업원을 우대하면 종업원의 사기와 생산성이 높아질 것이다. 지역사회를 보살피는 노력을 기울이면 기업 이미지가 개선될 것이다. 환경을 보전하는 일을 하는 것은 기업 자체의 영속성에 전제조건이다. 이렇게 본다면 사회책임 경영이라는 것이 장기적 이윤극대화를 위한 훌륭한 수단이 될 수 있다. 사회책임 경영을 위한 오늘의 지출이 회계상으로는 비용(cost)으로 분류되어 이윤을 줄이지만, 실제로는 투자(investment)가 되어 장기성과의 밑거름 역할을 한다.

전략경영 이론의 대부로 알려진 포터(M. Porter)도 바로 이런 입장을 표명하고 있다. "사회책임을 경쟁우위 확보 방안으로 활용하라" 는 것이다(2006).


## '선도기업' 의 참뜻

단기성과주의에 대한 반성 때문인지 1990년대 이후에는 미국의 경영학자, 컨설턴트, 경영실무자 중에서도 사회책임 경영을 강조하는 사람이 부쩍 많아졌다. 기업윤리를 준수하고 바람직한 기업문화를 정립해야 한다고 말한다. 수익성을 해칠망정 종업원 처우를 개선하고 고객의 신뢰를 확보하라고 말한다. 지역사회에 대한 공헌의 수위를 높여서 이미지를 개선하라고 말한다. 한마디로 사회책임 경영을 하라는 것이다.

엘즈워스(R. Ellsworth)를 비롯한 경영학자들은 현대의 지식근로자를 이윤 동기만으로 이끌기는 어렵다고 주장한다(2002). 어떤 최고경영자는 "이윤창출이 기업의 목표가 아닌 것은 음식확보가 인생의 목표가 아닌 것과 마찬가지"라고 말하기도 한다(Makower 1994). 그들은 고객에 대한 봉사, 지역사회 발전, 환경보전, 소외계층 지원 등과 같은 의미 있는 비전을 종업원에게 제시해야 한다고 말한다. 그래야만 기업이 장기적 건전성을 확보할 수 있다고 한다. 위대한 기업은 그렇게 해 왔다고 증거를 제시하기도 한다.

정직과 진실에 바탕을 둔 '정통 리더십' 으로 이름난 조지(B. George)는 메드트로닉(Medtronic)이라는 의료기기 회사를 12년 동안 경영하면서 매출액을 55배나 신장시켜 거대기업으로 만든 바 있다. 자신의 저서에서 그는 "주주의 이익은 제3위"라고 주장한 바 있다. 고객을 최우선에 두고 종업원에게 자율성을 주면 주주가치는 저절로 증가한다는 것이다(2003). 기업의 장기적 성과를 위해서 고객에게 봉사하고 종업원을 우대하라는 것이다.

흥미로운 사실은 그런 사람들의 논리적 종착점은 언제나 '기업의 장기적 건전성' 이라는 점이다. 한결같이 "장기적 재무성과를 높이는 일은 사회책임 경영에서 출발한다"고 주장한다. 논리의 시작점과 명분은 다르지만 그 결과는 '전략적 사회책임 경영' 과 다른 점이 없다. 전략적 CSR의 개념과 구체적 실행방안에 대해서는 8장에서 상론한다.[15]

---

15 전략(strategy)은 "경쟁에서 이김으로써 재무적 수월성을 달성하기 위한, 조직책임자의 입장에서 본 장기적 행동지침"을 말한다. 조직 전체의 장기적 큰 그림(big picture)에 관한 것이다.

## 5. '기업과 사회'에 대한 잠정 결론

이 절에서 지금까지 살핀 것을 종합하면 개별 기업에는 '장기적 건전성'이 더없이 중요하다. 도덕적 가치를 추구하는 보디 숍이나 기업공개를 거부하는 이케아가 '이윤극대화를 지향하는 기업경영 모델'에서는 예외일 수 있지만, 그런 기업도 장기적 건전성을 외면하지는 않을 것이다.

장기적 건전성이란 구체적으로 무엇일까? 수익성이 아니라고 한다면 성장성이나 규모일 터이다. 그런데 성장성이라고 해도 제자리로 돌아오고 만다. 단기적 성장은 자본차입으로도 가능하지만 장기적 성장은 오직 장기적 수익성이 뒷받침되어야만 가능하다. 차입에만 의존하는 성장은 지속될 수 없다. 수익성이 없으면 차입이 어려워지기 때문이다. 결과적으로 지속적 성장은 기업내부에서 창출된 자본, 즉 이윤이 있어야만 기대할 수 있다.

드러커는 "기업은 고객을 창출하는 것"이라고 정의한 바 있다(1954). 기업이란 고객에게 상품을 공급하는 것을 본연의 임무로 하며, 그 과정에서 가치를 창출한다. 이윤은 시장가격으로 평가된 상품가치에서 투입한 자원을 뺀 것이다. '이윤'은 기업 고유의 활동을 통해 순가치가 창출됐음을, '손실'은 자원이 낭비됐음을 말한다. 결국 기업의 목표는 고객 창출을 통해서 이윤을 얻는 것이고, 그래야만 성장이 가능하다. 손실을 내는 기업이 차입에 의해서 성장하는 경우도 있지만, 그런 성장은 단기간에 그칠 뿐만 아니라 자원의 낭비 혹은 가치의 파괴에 지나지 않는다.

결국 장기적 건전성이란 '장기적 시각에서의 수익성'과 같은 말이다. 수익성이 있다는 것은 순가치가 창출됨을 말하고, 수익은 주주의 몫이므로 주주가치다.

### 수단으로서의 CSR

논리적으로 따져보든 현실을 관찰해보든 기업의 목적은 '주주가치(shareholder value)'이고, 기업의 목표는 '이윤극대화(profit maximization)'라는 것이 저자의 생각이다.[16] 다만 여기서 이윤이라 함은 미국식 '분기별 순이익(quarterly profit)' 을 의미하는 것이 아니라 '장기적 수익성(long-term profitability)' 을 의미한다.

'장기적 수익성' 은 사회책임의 핵심인 '지속가능성' 과 동전의 양면 관계다. 사회책임의 이행은 장기적 수익성을 보장하는데, 수익성만이 기업의 지속성을 보장할 수 있기 때문이다. 요약하면, 개별 기업의 장기적 건전성을 확보하기 위한 수단으로서 사회책임 경영을 선택해야 하는 것이다.

### 이윤은 모두에게 혜택

이윤을 극대화하면 기업이 건강하게 성장할 수 있으므로 모든 이해당사자에게 두루 그 혜택이 돌아간다. 이윤창출은 그 자체로 고객의 효용을 극대화했음을 인정해주는 신임투표다. 이윤은 기업확장의 위한 자금으로 사용되므로 기업이 이윤을 내면 종업원, 지역사회, 공급업체, 국가, 시민단체가 모두 다 이익을 보게 된다. 이윤을 많이 내는 기업은 환경보전을 위한 투자도 어렵지 않게 감당해낸다.

이렇게 본다면 이윤극대화 그 자체가 사회에 대한 기업의 최대 기여일 수도 있다. 이런 생각은 "기업의 사회적 책임은 이윤증대"라는 프리드먼의 주장과 같은 맥락이다.


## 3.3 회사기율

기업과 경영진은 별개의 존재다. 경영진의 기업 운영이 기업의 목적에 언제나 부합하리라는 보장은 없다. '경영의 합목적성이 유지되는 상태 혹은 그것을 보장하

---

16 목적(purpose)은 '존재의 이유(reason for being)', 목표(goal)는 '의도하는 종착점(targeted destination)' 으로 확실히 구분하는 것이 유익할 것이다.

기 위한 장치'가 바로 회사기율(corporate governance)이다. 회사기율의 정립은 사회책임 수행과도 밀접한 관련이 있다.

## 1. 회사기율의 개념

개별 기업에는 주어진 목적과 목표가 있다. 그것을 달성하기 위해서는 자원이 필요하다. 자원을 효율적으로 관리하여 목표를 달성하고자 하는 노력이 경영이다. 하나의 기업에서 경영을 맡은 사람들을 경영진이라고 부른다.

### 소유와 경영의 분리

기업은 주인에 의해 창조되며, 그 크기는 투입된 자본에 의해 결정된다. 기업의 규모가 작을 때에는 주인이 직접 경영하지만 기업의 규모가 클 때에는 그렇게 하기 어렵다. 큰 자본이 필요한 경우에는 다수의 자본주가 모여서 주식회사를 설립한다. 규모의 확대에 따라 추가자본이 소요되면 새로운 자본주가 추가로 참여한다. 사업에 성공하여 회사의 규모가 커지면 모든 주주가 경영에 참여하는 것이 기술적으로 불가능해진다. 경영전문가를 대리인으로 선임하여 일상의 경영을 맡길 수밖에 없다. 소유와 경영의 분리가 일어나는 것이다.

주식회사의 기원은 17세기 초에 설립된 동인도회사(Ease India Company)인 것으로 알려져 있는데 소유와 경영이 분리되어 있었다. 그러나 현대적 의미에서 소유와 경영이 분리된 회사가 본격적으로 등장한 것은 19세기 말 미국에서였다. 20세기 초에는 미국에서 개념적, 현실적으로 소유와 경영의 분리가 일반화됐다.

한국에서도 주식시장이 활성화된 1970년대 이후에 기업의 주인과 경영진이 구별된다. 불특정 다수의 주주와 경영진이 같은 입장일 수 없기 때문이다. 말하자면 소유와 경영이 분리됐다. 본디 주인(owner)이라 하면 주주 전체(shareholder at large)를 지칭하는 것이다. 한국의 '오너(owner)'는 주주 전체가 아닌 특정 주주를 말하며, 오너가 경영진의 일원이 되기도 하고 그렇지 않기도 한다. '회장'으로 불리는 재벌총수 중에는 공식 직함이 없는 사람이 많다. 그런 이를 경영진의 일원이라고 할 수는 없다. 이래저래 한국에서도 주주와 경영진은 엄연히 분리되고 있다.

스미스(A. Smith)는 소유와 분리된 경영에 대해 우려를 표명했다. 소유는 하지 않는 경영자는 귀족의 저택을 관리하는 집사처럼 도덕해이에 빠지게 마련이기 때문이다. 자기 일을 할 때처럼 최선을 다하지 않는 것이다. 스미스가 우려한 일은 경영 현장에서 끊임없이 나타나고 있다. 경영진이 주주의 이익보다 자신의 이익을 먼저 챙겨서 문제가 생기는 예는 수없이 많고, 그 정도가 심해서 물의를 빚는 경우도 적지 않다.


## 회사기율의 정의

주인인 주주와 대리인인 경영진의 이해가 일치하지 않는 현상에 주목하여 처음으로 이 문제를 제기한 학자는 벌리(A. Berle)와 민즈(G. Means)인 것으로 평가된다 (1932). 그 뒤로 경영진의 책임성 문제가 학계와 경영계에서 진지한 논쟁의 주제가 됐다. 이것이 바로 회사기율의 문제다.

1970년대 이후에는 이사회의 역할 등과 관련하여 회사기율이 세계적 관심사가 됐다. 한국에서는 1997년의 경제위기 때 IMF로부터 회사기율의 확립에 관한 강력한 권고를 받은 것을 계기로 한동안 회사기율이 주목을 받았다. 그러나 그러한 관심은 이내 흐지부지됐다(〈사례 1-1〉과 〈사례 3-3〉). '회장', '오너', '총수' 등의 말이 여전히 스스럼없이 사용된다는 사실 자체가 한국에는 회사기율이 수립되지 않았음을 상징한다.

한국에서는 회사기율(corporate governance)이 보통 '기업지배구조'라고 불리는데 이는 잘못된 이름이다. '지배구조'라는 말은 다음 절에서 보게 되듯이 전혀 다른 의미와 쓰임새를 갖고 있다. 어쨌거나 여기서는 '회사기율'이라는 말을 '특정 주식회사의 경영진이 회사의 설립목적에 맞게 회사를 운영·관리하고 있는 상태, 또는 그렇게 되도록 유도하는 공식·비공식의 장치'라는 의미로 쓰기로 한다.

앞에서 설명한 대로 기업의 목적이 무엇인지에 대해서는 의견의 차이가 크지만, 이 책에서는 기업의 목적이 주주가치인 것으로 본다. 다만 그 목적을 달성하는 데 사회책임의 수행이 유효한 수단이 된다는 점에 주목한다. 그렇다면 사회책임은 '중간목표'의 의미를 갖게 된다. 이렇게 보면 사회책임의 수행도 합목적적 행위라고 할 수 있다.

## 2. 기업지배구조

기업의 자산을 직접 운영하고 관리하는 주체는 경영진이다. 개인기업은 주인이 곧 경영진인 경우가 대부분이지만, 공개회사에서는 주인과 경영진이 분리된다. 주주 모두가 경영에 참여하는 회사는 사실상 존재하지 않는다. 주주와 경영진이 구분된다면 그 둘 사이에 주인—대리인의 관계가 형성된다. 즉 주주가 경영진에게 경영권을 위임한 셈이 되는 것이다.

현실을 보면 대부분의 나라에서 기업의 주주와 경영진 사이에 이사회를 둔다. 주주의 수가 많으면 주주가 집단으로 의사결정을 하거나 경영진을 감시·감독하는 것이 불가능하다. 그래서 주주가 이사회를 구성하여 권한을 이사회에 위임하고, 이사회는 위임받은 권한을 다시 경영진에 위임하는 절차를 밟는다. 흡사 직접민주주의가 비현실적이기 때문에 국민의 직접 대표자로 국회를 구성하고, 국회가 행정부에 일상의 국정관리를 맡기는 것과 같다. 주주는 주주총회를 통해 이사회를 구성한다. 주총은 국가에 비유해 말하면 '국민총회'라고 볼 수 있는데, 개최의 기술적 어려움 때문에 일 년에 한 번 정도만 열린다.

결국 '주주총회→이사회→경영진'의 경로를 통하여 경영권이 행사되는 것인데, 이것이 바로 주식회사의 기본적 지배구조(control structure)다.

## 기업지배권 시장

주주의 의사결정과 이사회의 의사결정은 다수결의 원칙에 따라 이루어진다. 누구라도 다수결에 의한 이런 의사결정 과정을 지배할 수 있으면 해당 기업의 경영권



주식회사가 증자, 즉 주식의 추가 발행을 할 때에는 기존 주주가 청약우선권(preemptive right to subscribe)을 갖는다. 그럼에도 한국에서는 제도의 미비와 투자자들의 인식부족으로 말미암아 전환사채와 같은 이른바 '주식관련 사채'가 시가 이하의 헐값에 발행되어 임의로 제삼자에게 배정되는 일이 자주 일어난다. 이렇게 발행되는 사채는 주식과 매우 근접한 대체증권이다. 주식관련 사채를 싼값에 배정받은 사람은 무위험 차익을 얻게 되는 반면에 이로 인해 기존 주주는 불의의 손실을 볼 수밖에 없다. 몇몇 재벌이 1995년부터 전환사채 관련 스캔들을 마치 경쟁하듯 일으키기 시작했고, 21세기에 와서도 그와 비슷한 관행이 근절되지 않고 있다. 다음은 널리 알려진 많은 사례 중 하나다.

### 개인투자자 울린 (H사의) DR 발행

H사가 (1999년) 9월 17일 외자(外資)를 유치한다며 유럽에서 발행한 해외주식예탁증서(DR) 가운데 상당금액분을 국내 기관투자가들이 사들인 것으로 밝혀졌다. 이는 결국 H사가 외자를 유치했다고 밝힌 DR 판매액(총 5억 달러) 중 상당부분이 사실은 국내자금이었다는 말이 된다. 증권가에서는 이 같은 가짜 외자유치 자금이 1억 달러 선에 달하는 것으로 알려져 있다.

당시 서울증시 주가보다 16% 싸게 발행된 H사의 해외 DR을 사들인 국내 증권사들은 매입 즉시 한국에서 H사 주식을 500만 주 이상 내다팔고 10% 이상의 시세차익을 앉아서 얻었던 것으로 드러났다. H사 주식은 평소 하루거래량이 100만~200만 주였으나 DR 발행일을 전후하여 거래량이 평소의 5배 이상으로 늘어나 증시에 갖가지 소문이 나돌았다. 이 같은 기관투자가들의 투매(投賣)에 따른 여파로 DR 발행 당시 3만 9000원에 이른 H사 주식은 이후 2만 원대로 떨어져 영문을 모르는 일반투자자들이 큰 손해를 입었다. (《조선일보》, 1999년 11월 15일)

증권발행의 잘못된 관행에 따른 기존 주주의 이해득실을 좀 더 일반적으로 따져보자. 주식회사 A사의 지분 5%를 보유하고 있는 B라는 투자자가 있다고 가정하자. A사가 10%의 증자를 실시한다고 하고 청약 여부와 관련된 B의 이해득실을 청약 기준가별로 따져보면 그 결과를 아래의 〈도표 3–1〉과 같이 요약할 수 있다.

만약 B에게 청약권이 주어지고 실제로 그가 청약을 한다면 어떤 기준가에서도 B에게 초과손익이

을 확보하게 된다. 개인이 지배적 의결권(50%+1주)을 가질 수도 있지만 여러 주주들이 연합할 수도 있다. 지배적 의결권의 소유자가 바뀌면 그 쪽으로 경영권이 이전된다.

발생하지 않는다. 그러나 B가 청약을 하지 못하게 되면 그의 손익은 청약가격의 수준에 따라 판이하게 달라진다. 청약가가 시세보다 낮으면 재산상의 손실이 발생하고, 높으면 재산상의 이익이 발행하며, 청약가와 시세가 같으면 손익에서 중립이다.

청약가가 시세보다 낮을 때 B가 입는 손실만큼의 이익이 부당하게 청약권을 갖게 된 사람에게 돌아간다. 그 사람은 결국 무위험 차익을 얻는다. 다시 말해 아무런 위험부담도 없이 초과이익을 얻게 되는 것이다.

기준가가 시세보다 낮은 경우에 청약권을 박탈하는 것, 그리고 높은 경우에 청약을 강요하는 것은 공정거래가 아니다. 임의의 제삼자에게 무위험 차익을 가져다주거나 명분 없는 비용부담을 강요하는 것은 시장경제 질서에 어긋나기 때문이다. 불행하게도 2000년을 전후한 시기에 한국에서는 이 두 가지 종류의 일이 흔히 발생했다. (안영도 · 박덕제, 2008)

**| 도표3-1 증자 청약가격과 기존 주주의 이해**

**기본가정**
- 증자 결정 당시 A사의 총가치는 100,000원, 발행주식수는 1,000주, 주식의 주당 가치는 100원.
- B의 지분은 50주(5%), 그 가치는 총 5,000원.
- 증자 계획상의 추가발행 주식수는 100주, B에게 배정된 주식수는 5주(5%).

| | | 경우 1 | 경우 2 | 경우 3 | 경우 4 |
|---|---|---|---|---|---|
| **증자** | 청약 기준가 | 0원(무상) | 50원 | 100원 | 200원 |
| | 추가발행 주식수 | 100 | 100 | 100 | 100 |
| | A사의 자산 증가액 | 0 | 5,000 | 10,000 | 20,000 |
| **증자후** | A사의 총가치 | 100,000 | 105,000 | 110,000 | 120,000 |
| | 총 발행주식수 | 1,100 | 1,100 | 1,100 | 1,100 |
| | 주당가치 | 90.91 | 95.45 | 100 | 109.09 |
| **B의 청약** | B의 현금 불입액 | 0 | 250 | 500 | 1,000 |
| | B의 투자총액(주식+현금) | 5,000 | 5,250 | 5,500 | 6,000 |
| | 증자후 B의 지분가치(55주) | 5.000 | 5,250 | 5,500 | 6,000 |
| **B의 미청약** | B의 현금 불입액 | 0 | 0 | 0 | 0 |
| | B의 투자총액(주식) | 5,000 | 5,000 | 5,000 | 5,000 |
| | B의 지분가치(50주) | 4,546 | 4,772 | 5,000 | 5,455 |

경영권의 이전과 관련된 거래가 일어나는 곳을 편의상 기업지배권 시장(market for corporate control)이라고 부른다. 쉽게 말하면 '인수와 합병(M&A)'이 일어나는 관념상의 장소다. 당사자 사이의 합의에 의한 인수가 있는가 하면 주식시장에서의 주식매수를 통한 인수도 가능하다. 기존 지배권자의 반대를 무릅쓰고 일반주주로부터 주식을 공개적으로 매수하여 경영권을 확보하는 것을 특히 '적대적 인수'라고 부른다.

한국에는 적대적 인수에 대해 부정적인 의견이 많다. 그런데 인수의 목표가 되는 기업은 경영이 불량한 기업에 한정된다. 이런 기업은 우선 주가가 낮아서 인수하기가 쉽고, 인수한 다음에 경영개선을 통하여 주가를 상승시킬 수 있는 여지가 크기 때문이다. 반대로 우량기업은 인수하는 데 드는 자본이 상대적으로 클 뿐 아니라 경영개선의 여지가 없다. 인수해봐야 손해를 볼 것이 확실하다. 이런 까닭에 기업지배권 시장이 존재한다는 것 자체가 기존 경영진에게 경종(警鐘)이 된다. 적대적 인수를 방지하는 최선의 묘약이 바로 '우량경영을 통한 주가상승'이기 때문이다.

## 3. 회사기율 장치

건전한 회사기율은 국제 자본이동과 관련하여 범세계적으로도 중요하지만, 그에 더해 사회의 투명화를 촉진한다는 점에서 한국에서 특별히 중요하다. 나아가 회사기율은 이 책의 주제인 '기업의 사회적 책임' 완수를 촉진하는 역할도 한다. 회사기율이 확립되도록 영향력을 행사하는 장치는 기업 내부 혹은 외부에 공식, 비공식의 다양한 방식으로 존재한다. 〈도표 3-2〉는 회사기율 장치를 종합적으로 도시해 본 것이다.

주식회사의 자체적인 감시·감독기구로는 주주총회, 이사회, 감사 등이 있다. 규율적(規律的) 장치로는 상법, 회사법, 증권거래법, 상장회사 표준정관, 개별회사 정관 등의 법규가 있고, 그와 관련된 법원, 금융감독원, 증권선물위원회 등의 실행기구가 존재한다. 자체 기구와 규율적 장치는 직접적으로 경영진의 행동을 제약한다.

사회적 기율확립 기구로는 지역사회, 각종 시민단체, 대중매체를 들 수 있다. 경제위기를 전후하여 한국에서 선보인 소액주주 운동은 주주의 활동이라기보다는 시민단체의 활동에 가깝다.

시장의 장치로는 자본시장, 기업지배권 시장, 기관투자가 등이 있다. 기업의 경영성과가 나쁘면 주가가 이내 하락하여 경영진을 초조하게 만든다. 주가가 하락하

---

**│ 도표 3-2 회사기율의 종합구조**

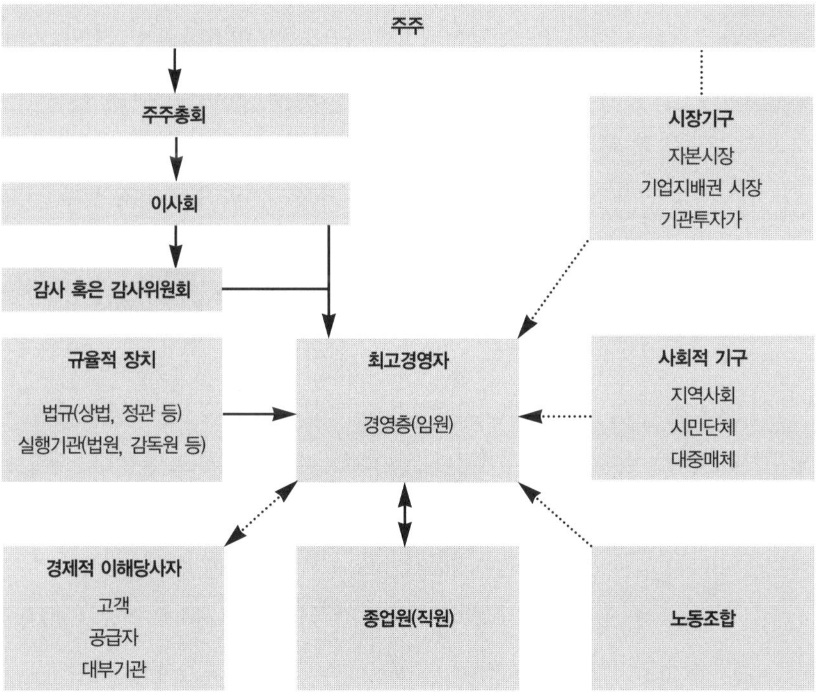

*실선은 직접적인 영향력 행사, 점선은 간접적인 영향력 행사를 의미하나, 이것이 절대적인 구분은 아님.*

면 손쉽게 인수와 합병(M&A)의 표적이 된다. 기관투자가는 주식을 매매하는 것을
통해 주가에 영향을 미칠 뿐만 아니라 대놓고 경영진을 위협하기도 한다. 미국의
연금기금 캘퍼스(CaLPERS)는 감시목록(black list)까지 만들어 투자대상 회사에 영
향력을 행사하는 것으로 이름이 나 있다. 한국에서도 국민연금공단이 H자동차의
주총에서 기존 경영진에 반기를 들려고 시도한 적이 있다.

　마지막으로 종업원, 고객, 공급자, 대부기관 등의 경제적 이해당사자도 직간접
적으로 경영진의 행위를 제약한다. 예컨대 고객이 등을 돌리면 해당 기업은 존립
이 불가능해진다. 금융기관은 기업의 특정 행위를 전제로 대출계약을 체결하기도
한다. 노동조합 및 상위단체도 경영진의 행위를 제약한다.


## 이사회

경영진을 감시하는 기구 가운데 가장 중요한 것으로 이사회(BOD)가 꼽힌다. 이사
회는 주주총회에서 주주로부터 권한을 위임받고, 그 일부를 경영진에 재위임한다.

　이사회의 가장 중요한 역할은 세 가지로 요약될 수 있다. 첫째, 최고경영자
(CEO)를 선임, 임명, 해임한다. 둘째, 경영의 전략적 방향을 결정한다. 셋째, 경영
진과 종업원으로 하여금 법률적, 윤리적, 도덕적, 사회적으로 정당하게 행동하도
록 지도한다. 이 셋째 항목은 '기업의 사회적 책임'을 지적함과 다름 없다.

　이사회의 구성은 의장, 위원회, 집행이사, 사외이사 등으로 구분해 살펴볼 수 있
다. 의장은 이사회를 주재하며 최고경영자를 겸임할 수도 있다. 위원회는 효율적
업무처리를 위한 이사회의 하부기구다. 위원회는 몇 명의 이사로 구성되며 필요에
따라 집행(executive)위원회, 지명(nomination)위원회, 보수(remuneration)위원회
등으로 만들어진다. 집행이사(executive director)는 경영진의 일부이고, 사외이사
(outside director)는 임직원이 아닌 사람 중에서 선임된다. 사외이사 중에서 회사와
의 거래관계 혹은 사내임원과의 연고관계가 없는 사람을 독립이사(independent
director)라고 부르기도 한다.

이사회의 구성과 관련된 주요 쟁점사항으로는 이사회의 규모, 사외이사의 비율, 이사회 의장과 최고경영자의 겸임 여부 등이 있다. 회사기율의 효과만을 생각한다면 사외이사가 많을수록, 그리고 이사회 의장과 최고경영자가 분리될수록 유리하지만, 경영의 효율성도 간과할 수 없다. 대체적으로 10명 내외의 규모로 이사회를 구성하고 그중 3분의 2를 독립이사로 임명하는 것이 이상적이라고 알려져 있다. 미국의 대기업을 기준으로 보면 이사의 수는 12명 정도, 그중 사외이사의 비율은 75% 정도이고 이사회 의장이 최고경영자를 겸임하는 것이 대세다. 반면에 영국에서는 이사회 의장과 최고경영자가 분리되는 것이 보통이다. 한국의 대기업은 사외이사의 비중이 절반 이상이어야 한다고 법률에 규정돼 있다.

독일의 대기업은 감독(supervisory)이사회와 경영(management)이사회의 이원적 구조를 채택하고 있으며, 종업원의 대표가 감독이사회의 절반을 차지한다. 독일에서는 법률적으로 대기업의 이사회 구조에 이해당사자 자본주의의 요소가 가미되어 있다. 이런 점에서는 프랑스와 네덜란드도 독일과 유사하다. 독일식의 이원적 이사회를 EU의 표준으로 채택하자는 주장도 있다.

### 감사와 주주총회

감사(監事)는 이사회와는 독립적으로 기업의 제반 업무를 감사(監査)한다. 한국의 상법과 각국의 회사법은 사외이사로 구성된 감사위원회(audit committee)로써 감사를 갈음할 수 있도록 하고 있다.

공개회사의 경우에는 주주총회를 소집하기도 어렵지만 주주총회에서 효율적으로 의사진행을 하기가 쉽지 않다. 그래서 매년 1회의 정기회의를 개최하는 것이 보통이다. 주총에서는 결산보고, 이사선임, 특수의제와 같은 주요 사안에 대한 결의가 이루어진다.

# 2부

# 사회책임 경영의 기초

1부의 논의를 요약하면 개별 기업으로서는 사회책임 경영(CSR)을 회피하기가 점점 더 어려워진다는 것이다. 주주가치가 기업의 목적이라고 하더라도 기업이 장기적 수익성을 확보하려면 사회적, 환경적 책임을 수용할 필요가 있다.

2부에서는 사회책임 경영의 필요성을 전제로 해서 기업의 사회책임에 대한 기초적이고 기본적인 접근방안을 주로 다룬다. 우선 4장에서 사회책임의 의의를 종합 정리한 다음에 어떤 방식으로 사회책임을 기업경영에 수용할지를 생각해본다. 아울러 사회책임의 범위를 정의하고 사회책임 경영의 효과를 점검한다. 5장의 주제는 기업의 입장에서 실정법규와 윤리기준을 준수함으로써 사회적 비난의 대상이 되는 일을 피하자는 '정도경영'인데, 이는 초보적인 사회책임 경영에 해당한다. 6장에서는 사회에 대한 공헌을 통하여 기업 이미지를 개선하고자 하는 '사회 마케팅'을 조망한다. 5장과 6장에서 다뤄지는 내용은 이를테면 '대응적(reactive) 사회책임 경영'에 해당하는데, 이는 사회가 요구하기 때문에 어쩔 수 없이 따른다는 정도의 자세로 하는 사회책임 경영이다.

7장에서는 환경적 책임을 준수함과 동시에 비용절감이라는 가시적, 실제적 효과를 얻는 방법에 대해 논의한다. 이는 흔히 '녹색경영'이라 부르는 분야에 해당하는데, 사회가 기대하는 정도 이상으로 추진할 가치가 있기 때문에 '대비적(proactive) 사회책임 경영'이 된다. 녹색경영이 3부에서 다룰 전략적 CSR과 다른 점은 그 기대효과가 부분적이고 단기적이기 때문에 전략이 되기보다는 전술(tactic)에 가깝다는 것이다.

## 4장

# 사회책임의 실행방안

이 장에서는 사회책임 경영에 대한 다양한 접근방법 및 그 각각에 따른 효과를 전체적 관점에서 조망한다.

## 4.1 개화된 사익추구

시장경제는 모두 '사익추구'에서 출발한다. 그러나 사익이라는 목표를 달성하는 방법에는 여러 가지가 있다. 눈앞의 이익만 추구할 수도 있지만, 이보다는 큰 그림을 멀리 내다보는 전략적 접근이 바람직하다. 말하자면 '한 차원 높은 사익추구의 길'을 걷는 것이다.

### 1. 경제주체별 역할분담

국가경제를 구성하는 가계, 기업, 정부는 각각 고유의 역할이 있다. 가계는 노동,

자본, 토지라는 생산요소를 공급하여 소득을 얻고, 그것을 이용해 상품을 소비한다. 기업은 상품을 생산하여 가계와 정부에 공급하고, 그 결과로 올린 수입으로 생산요소를 고용한다. 정부는 가계와 기업으로부터 세금을 거두고, 그 수입으로 공공재를 공급하여 사회경제 여건을 개선하고 안정시킨다.

어느 사회이건 시민의 평균적 생활수준이 점점 더 향상되기를 원한다. 상품소비에서 얻는 효용이 인간생활의 수준을 전적으로 좌우하는 것은 아니지만, 편의상 소비의 크기를 생활수준의 척도로 삼는 것이 일반적이다. 흔히 '일인당 국내총생산'을 잣대로 해서 국가 사이의 비교, 혹은 시대 사이의 비교를 함으로써 특정 사회나 특정 시기의 경제성과를 평가한다.

소비를 가능하게 하는 것은 생산이다. 생산에서는 기업과 정부의 역할이 매우 중요하다. 생산을 직접 담당하는 것은 기업이다. 기업은 한정된 자원을 효과적, 효율적으로 고용하여 최대의 가치를 창출해야 한다. 여기서 가치라 함은 소비의 대상인 재화와 서비스의 효용가치를 말한다.

정부는 기업이 원활하게 활동할 수 있도록 여건을 마련해 주어야 하는데, 이는 곧 이상적인 하부구조(infrastructure)를 구축하는 일에 해당한다. 정부는 법규를 제정·집행하고 사회간접자본 시설을 확충한다. 거시경제의 안정을 유지하는 것, 사회적 화합을 도모하는 것, 쾌적한 자연환경을 보존하는 것도 정부의 몫이다. 경영여건이 안정되어야만 기업의 활동이 왕성해져서 생산과 소비가 늘어날 수 있다.

이상의 설명은 원론적 관점에서 정부와 기업 사이의 역할분담을 생각해 본 것이다. 역할을 명확하게 정의하는 것은 책임소재를 확실하게 하는 의미가 있고, 책임소재는 인간의 행동을 좌우하는 열쇠가 된다.


## '이윤극대화' 목표의 의의

발전하는 사회는 기본적으로 일인당 효용이 늘어나는 사회다. 그것은 곧 기업의 생산활동이 증가하는 사회를 말한다. 기업이 생산을 늘리기 위해서는 더 많은 생

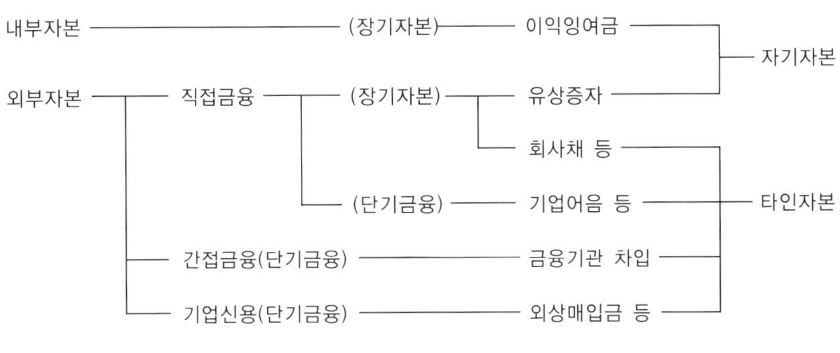

산요소를 고용해야 한다. 고용의 증대를 위해서는 자본이 필요하다. 자본의 조달에는 두 가지 경로가 있다(〈도표 4-1〉). 내부에서 창출하는 것과 외부에서 가져오는 것이다. 내부자본은 이익잉여금을 말하고, 외부자본으로는 주주의 납입금과 금융기관으로부터의 차입금이 있다.

사회가 준 '기업 고유의 역할'을 완수할 수 있는 힘은 오직 자본조달의 가능성에서 나온다. 그런데 자본조달의 가능성은 한마디로 수익성이 결정한다. 이익잉여금은 그 자체가 이윤으로서 수익성의 결과이며, 유상증자를 통한 추가적 주주납입금이나 금융기관으로부터의 차입자본은 이윤을 남기는 기업에게만 주어진다. 결국 '개별 기업이 고유역할을 제대로 수행했느냐'의 여부는 수익성에 의해 판가름나게 된다. 수익성이 모든 것을 말해주는 것이다.

그런데 어느 정도의 이윤이 적정한가? 이윤을 꼭 극대화해야만 하는가? 이윤을 남기지 못하는 기업이 존재가치가 없음은 확실하다. 그러나 '극대화'에 대해서는 논란이 있을 수 있고, 실제로 뜨거운 논쟁이 있는 것이 현실이다. 그럼에도 목표를 '이윤극대화'로 정의하면 이것은 여러 모로 유용하다. 우선 '정당한 방법으로 얻은' 이윤이라면 크면 클수록 모두에게 그 혜택이 돌아간다. 그것은 고객가치를 창출한 결과이며, 그것으로 투자를 해서 일인당 생산량을 증대시킬 수 있으므로 경제성장과 사회발전에 원동력이 된다. 다음으로, 막연히 적정이윤이라고 정의하면 이것은 지표로서의 활용가치가 크게 낮다. 무엇이 '적정'인지가 분명하지 않기 때문이다.

종합해 보면, '이윤극대화'는 단순하지만 명확하고, 실제 기업경영에 기본지침이 될 수 있다.


## '착함'의 공과

기업이 이윤창출을 위해서 노력해야 한다는 것은 경제학의 논리에 국한되는 것이 아니다. 한국의 상법을 비롯한 각국의 실정법이 경영진에게 그것을 임무로 부여하고 있다. 뿐만 아니라 자본시장이 그것을 요구한다. 시각의 장단에는 차이가 있을지라도 이윤창출은 개별 기업의 으뜸가는 과제인 것이 분명하다.

아무리 '착해도' 이윤 없이는 기업이 존립할 수 없다는 것은 보디 숍(The Body Shop)의 창립자이자 '기업의 사회적 책임'의 전도사였던 로딕(A. Roddick)이 뼈저리게 경험한 바 있다. 보디 숍을 자신의 분신으로 여기고 경영한 그녀는 도덕적, 윤리적 기준을 무엇보다 앞세웠다. 1970년대에 보디 숍을 창립한 뒤로 그녀는 보디 숍을 통해 인권보호, 환경보전, 사회정의, 여권신장, 동물보호 등의 가치를 스스로 실천하고 기업계의 주의를 환기시켰으며, 필요하다면 그린피스 등의 사회책임 관련 단체와 공동으로 캠페인을 전개하기도 했다. 보디 숍은 '착한 기업' 이미지를 형성하는 차별화 전략으로 눈부시게 성장했고, 로딕은 드물게 성공한 여성 기업가가 됐다.

그러나 로딕은 곧 벽에 부닥쳤다. 사업을 확장하기 위해서 1980년대 초에 기업공개를 했는데 그것이 이를테면 '악마와의 계약'이 되고 말았다. 투자자들, 즉 다른 주주들의 요구 때문에 보디 숍이 더 이상 착한 기업으로 남아있을 수 없었다. 가치관의 차이에 따른 갈등으로 인하여 기업성과가 지지부진해지고 주가가 하락했다. 환경보전 캠페인을 아무리 열심히 한다 해도 그것이 신상품 개발을 소홀히 한 약점을 보완해 주지는 않았다. 우여곡절 끝에 그녀는 경영진에서 물러났고, 보디 숍은 같은 업계의 다른 기업에 인수되고 말았다.

기업의 성공 여부를 가르는 것은 누가 뭐라 해도 손익계산서의 '끝줄(bottom line)' 이다. 기업이 수익성이 없으면 생존이 불가능하고, 아무리 고귀한 뜻이 있어도 그것을 펼칠 수가 없다. 리바이스, 커민스 엔진, 데이튼 허슨, 폴라로이드 등의 회사는 사회책임을 지나치게 앞세우다가 수익성이 낮아져서 곤욕을 치렀다. 사회책임의 선도기업으로 자타가 공인하던 BP의 사례는 '말이 아닌 행동으로 착한 기업 되기' 가 결코 만만한 일이 아님을 극명하게 보여준다(〈사례 4-1〉).

그러나 사회책임이 장기적 이윤창출에 도움을 줄 가능성은 매우 크다. 한 철학자(E. Sternberg)의 말대로 "좋은 기업윤리는 좋은 장사이고, 나쁜 기업윤리는 나쁜 장사"가 될 수 있다.[17] 여기서 좋은 장사라 함은 '장기적 이윤창출에 도움이 됨' 을 의미한다. 그렇다면 장기적 이익에 부합하는 사회책임 경영이 올바른 선택이 된다.


## 2. 삼중 수월성

라이시(R. Reich)는 《막돼먹은 자본주의》에서 이윤 위주의 경영은 불가피한 것이라고 지적한다. 예컨대 월마트가 저임금, 공급업체 착취 등으로 비난을 받았지만 그것은 이 기업의 존재를 가능하게 하는 저가격을 실현하기 위한 전제조건이며, 무턱대고 나무랄 성질의 것이 아니라는 것이다. 더군다나 저가격은 고객가치를 개선하는 제안이므로 소비자에게는 축복이다. 이런 까닭에 이윤창출에 도움이 되지 않는 사회책임 경영은 잘해야 말치레가 될 뿐이라고 그는 강조한다. 보디 숍과 BP

---

17 "Good ethics is good business, while bad ethics is bad business." (Sternberg 2000)

의 경우처럼 이윤을 무시한 기업경영은 이론적, 현실적으로 한계가 분명한 것도
사실이다.

그런데 21세기의 여건에서 사회책임 경영은 기업으로서 피할 길이 없다. 고객,



영국의 BP는 유럽 제2위의 석유회사다. 1999년 지구의 날에 당시 최고경영자 브라운(Sir J.
Browne)은 UN으로부터 '환경 리더십 상'을 받았다. BP를 통솔하기 시작한 지 불과 4년 만에 그가
BP를 환경보전에 앞서가는 기업으로 탈바꿈시켰기 때문이다. 영국 왕실로부터 기사 작위를 받기도
한 그는 친환경 경영으로 단박에 기업계의 명사가 됐다. 당시는 교토의정서가 발효되기 전이었음에
도 그는 2010년까지 탄소배출을 10% 줄이겠다고 약속했다. 그는 지속가능 발전 개념을 적극 지지했
고, '이익(profit)을 위해 환경오염(pollution)이 불가피하다'는 관점을 수용하지 않는다고 천명했다.

그는 2002년에 회사 이름을 'British Petroleum(영국석유)'에서 'BP'로 바꾸면서 또 한 차례 회
사의 친환경 이미지를 강화했다. 그는 'BP'가 '석유를 넘어서(beyond petroleum)'라는 의미라고
홍보했고, 회사 로고의 색깔도 녹색으로 바꾸었다. 또한 태양전지와 풍력발전에 10년간에 걸쳐 80억
달러를 투자하겠다고 발표했다. 최고경영자인 그가 직접 나서서 기후변화의 위험성을 강조하면서
"BP는 사회책임을 다하는 기업이 될 것"이라고 약속했다. 외부감사인을 지정하여 BP의 사회책임 활
동을 확인하게 했고, 지적된 사항에 대해서는 필요한 조치를 취했다. 그러면서 2억 달러의 예산을 투
입하여 'BP'의 녹색 이미지를 집중 홍보했다.

이런 특별한 노력 덕분에 BP는 '녹색 에너지 기업'의 이미지를 구축하는 데 성공했다. 영국 정부
도 BP의 노력을 인정하여 에너지 관련 법률을 제정할 때 BP의 의견을 많이 반영했다.

그럼에도 외부의 시각이 반드시 고운 것은 아니었다. 연간 당기순이익이 200억 달러, 자본지출이
140억 달러에 이른 당시의 재무상태에 비추면 1년에 8억 달러씩을 신에너지 분야에 투자한다는 계
획이 그렇게 대단한 것은 아니었다. 2005년에는 BP의 알래스카 채굴현장에서 송유관 노후로 말미
암아 대량의 원유가 누출되는 사고가 일어났다. 이어 텍사스의 정유공장이 폭발해 15명의 사망자가
발생하는 대형 사고가 터졌고, 이로 인해 BP는 2천만 달러의 벌금을 물었다. 이런 사고는 환경보전
에 대한 BP의 열의가 말로 전해진 것만큼 대단한 것은 아니라는 비난의 증거가 되기에 충분했다.

브라운이 동성애 파문에 휘말린 상태에서 사임한 2007년 무렵에도 BP는 여전히 틀림없는 석유회
사였다. BP는 화석연료인 석유를 탐사하고 채굴하는 속도를 늦추기는커녕 캐나다에서 대규모 역청
개발사업을 벌이겠다고 발표하여 그린피스로부터 거센 비난을 받았다. 역청을 에너지로 바꾸면 석유
의 4배에 달하는 온실가스가 배출되기 때문이었다. 석유회사가 '석유를 넘어서기'는 태생적으로 불
가능한 일이었다. 비판자들은 석유에 대한 중독, 불충분한 환경관리 등을 문제점으로 들면서 "BP란

종업원, 지역사회, 공급업체를 두루 배려하고 환경보전에 앞장서야 한다. 그런 일을 하기 위해서는 개별 기업에 추가적 비용이 발생한다. 사회책임 경영은 이윤창출에 해가 될 수도 있지만 여러 이해당사자가 기업에 사회책임 경영을 요구한다.

자료: www.greenbiz.com

'지구 불태우기(burning planet)'를 의미한다"고 비꼬았다. BP의 당기순이익이 주식시장의 기대에 못 미치면 "BP란 '이윤 무시하기(beyond profit)'라는 뜻"이라는 조롱을 당했다.

이렇게 우여곡절이 있었음에도 집중홍보 덕분에 BP는 친환경 기업의 이미지를 전반적으로 유지할 수 있었다. 시민단체가 발표하는 에너지 기업의 친환경 순위에서 BP는 종종 1위를 차지했다. 그러다가 2010년에 멕시코 만에서 결정적으로 불행한 일을 맞았다. 이 해 4월 멕시코 만의 심해유전 시추선에서 대형 폭발사고가 일어나 30여 명의 사상자가 발생했다. 9월에 유전의 원유 분출구를 완전히 봉쇄하기까지 줄잡아 500만 배럴의 원유가 바다에 쏟아져 나와 사상 최대의 해상오염 기록을 세웠다. 이로 인한 생태계 파괴와 어장 손실 등의 온갖 피해가 금액으로 천문학적 수치에 이르게 될 것이 훤히 내다보였다.

멕시코 만의 사고로 인해 BP가 온 세계로부터 "환경파괴의 원흉"이라는 비난을 들은 것은 당연한 일이었다. 오바마 미국 대통령의 압력에 따라 BP는 사고처리 비용, 손해배상금, 벌과금 등에 대비하기 위하여 200억 달러의 충당금을 적립할 수밖에 없었다. 그 바람에 BP는 2010회계연도 2분기의 예상손익이 56억 달러의 순이익에서 171억 달러의 순손실로 뒤바뀌면서 참담한 타격을 입었다. 사고 직후부터 손해배상을 요구하는 청구와 소송이 수없이 제기되어 그 끝을 알 수 없었다. 사고가 모두 수습될 때까지 걸릴 시간과 그때까지 BP가 떠안을 금전손실과 관리부담은 짐작조차 하기 어렵다.

한 가지 역설적인 일은 사고 당시에 전 세계의 사회책임투자(SRI) 펀드가 보유하고 있었던 주식 가운데 BP의 주식이 두 번째로 많았다는 점이다. 주가로 평가한 BP의 기업가치는 멕시코 만에서 사고가 일어난 지 불과 한 달 사이에 수백억 달러나 줄어들었다. 이런 BP의 사례는 사회책임의 이상과 실제가 얼마나 다를 수 있는지를 상징적으로 보여준다.

## 개화된 사익추구

상충되는 두 가지 요구를 다 수용하는 길은 오직 하나뿐이다. 두 가지 요구의 수용이 서로 부합되게 만드는 것이다. 사회를 배려하고 환경에 친화적인 기업행위가 장기적 이윤창출의 밑거름이 되게 하는 것이다. 사회책임 경영을 통하여 매출을 증대시키거나 비용을 절감할 방법을 찾아야 한다. 단기이익만 생각하는 '막돼먹은 자본주의'에서 한 걸음 더 나아가 이른바 '개화된 사익추구(enlightened self-interest)'의 길을 가는 것이다.

스미스는 사익에 바탕을 둔 시장경제의 이론을 확립했다(〈도표 0-1〉). 그렇다고 그가 수단과 방법을 가리지 않는 비윤리적 사익을 허용한 것은 아니다. 반대로 그는 시장참여자들의 윤리의식과 준법정신을 힘주어 강조했다. 스미스는 《국부론》에 앞서 《도덕적 감성론》이라는 저서를 출간한 바도 있다. 법규를 지키고 윤리기준을 따르는 것은 사익추구에 전제조건이 된다. 스미스는 말하자면 '윤리적 사익추구'를 주장한 셈이다.

어떻게 보면 스미스의 '건전한 사익추구'가 특수한 환경 속에서 다소 타락해서 생겨난 것이 미국식 단기성과주의, 성과지상주의라고 할 수 있다. 이것을 고치는 것이 시대적 요구라면 올바른 대응방안은 '개화된 사익추구'에서 찾아야 한다.


## 삼중 수월성

엘킹턴(J. Elkington)은 개별 기업은 재무적 손익계산서에서만이 아니라 사회적 손익계산서와 환경적 손익계산서에서도 우수해야만 지속가능함을 역설했다. 손익계산서의 마지막 줄은 당기순이익을 표시하며 경영성과를 평가하는 데 핵심 잣대가 된다.[18] 말하자면 '재무적 수월성'이 그 끝줄에 나타난다. 사회적 책임과 환경

-----

[18] 손익계산서(income statement)의 끝줄에는 당기순이익(net income)이 기재된다. 그래서 '끝줄(bottom line)'이라는 말은 흔히 '이윤(profit)' 혹은 '수익성(profitability)'이라는 의미로 사용된다. 끝줄에 대비되는 '첫줄(top line)'은 매출액을 뜻한다.

적 책임을 결산하는 별도의 계산서를 각각 상정(想定)하면 그 끝줄에 수월성(秀越性) 여부가 나타날 것이다. 그래서 엘킹턴은 삼중 책임을 의미하는 '세 끝줄(triple bottom line)' 이라는 표현을 만들어냈다. 세 측면에서의 수월성, 즉 '삼중 수월성' 만이 기업의 영속성을 보장한다는 의미인 것이다.

세 끝줄 혹은 삼중 수월성은 결국 기업의 사회적 책임을 강조하는 말이다. 유럽식의 '이해당사자 자본주의' 혹은 '지속가능 발전' 과 맥락을 같이 한다. 삼중 수월성은 개별 기업에는 이중의 의미를 가진다. 사회에 대한 책임을 완수하는 것을 가리키는 동시에 '이윤창출에의 기여성(business case)' 도 가리킨다. 말하자면 삼중 수월성은 '님도 보고 뽕도 따는 길' 이다.

삼중 수월성을 측정하는 방법에 대해서는 여러 갈래의 노력이 기울여지고 있으며, 이에 대해서는 1장에서 언급한 바 있다. 재무적 수월성은 전통적 기업회계 방식에 따라 평가하면 되지만, 나머지 두 가지 수월성을 측정하는 방법에 대해서는 앞으로도 상당한 진통이 예상된다.


## 4.2 사회책임 경영의 실행

이 절에서는 삼중 수월성의 실천방안에 대해서 종합적으로 살펴본다. 경영진의 선택에 따라 다양한 접근방식이 있다.


### 1. 경제적 수월성 확보의 길

개별 기업이 이윤을 얻어서 주주가치를 증대시키기 위해서는 무엇보다 먼저 고객가치의 창출이 필요하다. 고객이 어떤 상품에서 느끼는 가치는 그 상품의 기능, 품질, 고객서비스에서 나온다. 고객은 그와 같은 상품의 특성에서 효용(utility), 즉 고

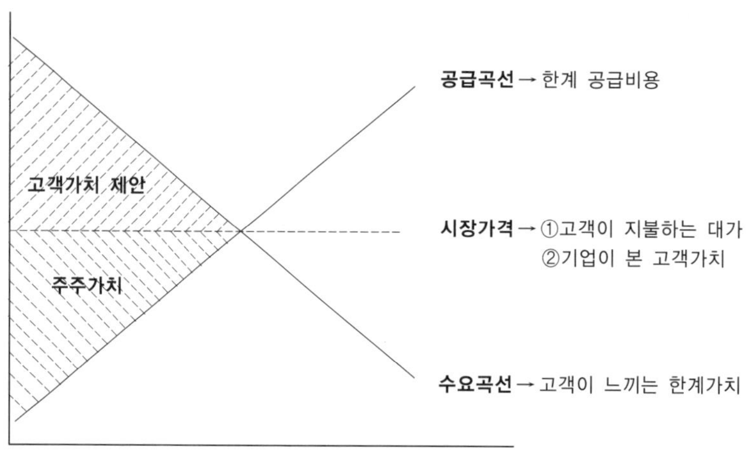

**| 도표 4-2 고객가치와 주주가치**

*고객가치 제안과 주주가치를 합한 부분은 사회의 자원을 활용하여 창출한 '새로운 가치'가 된다. 상품을 생산해서 공급하는 기업은 모든 고객에게 동일한 시장가격을 적용하는 것으로 가정되기 때문에 기업이 고객가치를 증대시켜도 가격상승만큼의 혜택만 기업의 몫이 된다. 8장에서 설명할 차별화 전략은 수요곡선을 개선하려는 노력이고, 비용우위 전략은 공급곡선을 개선하고자 하는 노력이다.*

객가치를 얻고 가격이라는 대가를 기꺼이 지불한다. 고객이 획득하는 효용에서 지불한 시장가격을 공제하면 고객의 입장에서 얻는 순효용이 남는데, 이를 두고 경제학에서는 '소비자잉여(consumer surplus)'라 부르고 경영학에서는 '고객가치 제안(value proposition)'이라고 부른다(〈도표 4-2〉).

기업이 고객가치를 창출한 보답으로 얻는 것은 시장가격이다. 고객가치가 크면 높은 가격을 받을 수 있다. 기업의 입장에서 따지면 시장가격이 바로 '고객가치(customer value)의 척도'가 되는 셈이다. 시장가격에서 공급비용을 빼면 이윤이 남는다. 이윤(profit)이 곧 주주가치(shareholder value)인데, 경제학에서 이를 '생산자잉여(producer surplus)'라고 부른다.

위의 내용을 보다 쉽게 정리하면 아래의 관계식으로 압축할 수 있다.

**이윤 (profit)＝매출액 (revenue)－비용 (cost)**

여기서 주주가치의 극대화를 다시 생각해 보면 그것을 성취하기 위한 길에 두 가지가 있음을 알 수 있다. 하나는 고객가치를 증대하여 매출액을 높이는 길이고, 다른 하나는 공급비용을 줄이는 길이다.

주주가치 증대를 위한 두 가지 수단 모두 사회책임 경영과 밀접한 관련이 있다. 여러 이론가와 실무자가 주장하는 바와 같이 이해당사자를 두루 배려하고 환경을 보전하면 상품의 가격은 오르고 생산비용은 줄어든다. 결국 주주가치가 증대되는 것이다. 그러므로 사회책임 경영은 기업목적의 달성에 매우 유효한 수단이 된다.

지금부터의 설명은 다름 아닌 사회책임 경영과 경제적 수월성 사이의 인과관계를 확인하기 위한 것이다. 다시 말해 사회책임 경영이 매출액의 증대 혹은 생산비용의 절감과 연결되는 과정을 찾는 일이다. 참고로, 매출액 증대와 비용 감축의 두 가지 과제는 8장에서 설명할 마이클 포터의 '범용전략' 으로 그대로 연결된다.

## 2. 사회책임의 접근방식

사회책임 경영은 진화과정 중에 있다. 그 개념과 실행이 그야말로 천차만별이다. 자연히 시행방안도 제각각이고 실행하는 기업의 진지성에도 차이가 많이 난다.

### 사회책임 실천의 현실

사회책임 경영이 실행되는 현실은 매우 다양하다. 첫째, 나라 사이의 차이가 매우 크다. 사회책임 경영은 미국과 유럽에서 가장 진지하게 실행되고 있고, 한국과 일본에서는 이제 보급되는 단계에 있다. 중국은 이에 다소 소극적이지만 신에너지 개발 분야에서만큼은 상당한 진전이 있다. 이런 차이는 국가경제의 성숙도와 문화가 다르기 때문일 것이다.

둘째, 사회책임은 기업을 고객으로 하는 산업재 업종보다는 대중과 가까운 소비재 업종에 더 큰 압력으로 작용한다. 셋째, 소비재 업종 중에서는 그 공급사슬상 중간재 업체보다는 최종재 업체가 사회책임에 더 예민하다. 넷째, 같은 최종재라도 범용(汎用) 상품보다는 브랜드 상품을 공급하는 업체가 사회책임에 훨씬 더 민감하다. 둘째부터 넷째까지의 세 측면에서 차이가 생기는 이유는 기업 혹은 상표의 가시성(visibility)에 있다. 〈사례 2-2〉에서 나이키(Nike)는 바로 그 가시성 때문에 여론의 도마 위에 올랐다. 세계적으로 '이미지가 확고한 완제품 소비재 공급업체'인 나이키는 가시성의 모든 요건을 다 갖추고 있다.

다섯째, 같은 기업이라도 상황에 따라 사회책임에 대한 대응이 다르다. 공간적 일관성이나 시간적 계속성이 미흡한 경우가 많다. 예컨대 인권탄압을 빌미로 현지에서 철수하라는 시민단체의 압력을 받았을 때 미얀마에서 철수한 기업은 많았지만 중국에서 철수한 기업은 거의 없었다. 미국의 GE와 영국의 M&S는 자타가 공인하는 CSR 모범기업이지만 "법인세를 형편없이 적게 내는 부도덕한 기업"이라는 비난에서 자유롭지 못하다. 동일한 기업이 경영성적이 좋은 해에 사회공헌을 늘리고 불황기에 줄이는 일은 오히려 자연스럽게 보이기까지 한다.

## 가능한 접근방법

개별 기업이 사회책임을 수용하는 일은 여러 가지로 구분해 생각해 볼 수 있다. 우선, 대처하는 자세의 측면에서 대응적일 수도 있고, 대비적일 수도 있다. 대응적이라 함은 여건변화에 따라가는 것을 가리키고, 대비적이라 함은 선제적으로 미리 준비하는 것을 가리킨다. 다음으로, 대책은 수동적일 수도 있고, 능동적일 수도 있다. 수동적이라 함은 필요한 만큼만 시행하는 것을 가리키고, 능동적이라 함은 보다 적극적으로 활용하는 것을 가리킨다.

위의 기준에 따라 분류하면 가능한 접근방법으로 〈도표 4-3〉과 같이 네 가지를 생각해 볼 수 있다. 진지성이 증가하는 정도에 따라 각각 정도경영, 기업시민, 녹색

<table>
<tr><td>능동적<br>(Offensive)</td><td>② 사회 마케팅<br>기업 이미지 개선<br>'기업시민'</td><td>④ 전략적 CSR<br>경쟁우위·신사업 기회<br>'삼중 수월성'</td></tr>
<tr><td>수동적<br>(Defensive)</td><td>① 도덕성<br>평판 훼손 방지<br>'정도경영'</td><td>③ 전술적 CSR<br>비용절감의 기회<br>'녹색경영'</td></tr>
<tr><td></td><td>대응적<br>(Reactive)</td><td>대비적<br>(Proactive)</td></tr>
</table>

경영, 삼중 수월성이라는 이름을 붙일 수 있다.

특정 기업이 이 네 가지 방안 중에서 어느 것을 고르느냐는 기본적으로 경영철학과 처한 상황에 따라서 다를 것이다. 다만 2장에서 살펴본 대로 여건이 매우 빠르게 변하면서 사회책임이 어느 기업에나 핵심적 과제로 떠오르고 있다. 그런 만큼 가급적이면 능동적, 대비적 자세로 대응할 필요가 있다.

## 정도경영

사회책임 경영의 출발점인 정도경영은 제반 법규는 물론이고 사회통념에 따른 윤리기준도 준수하는 것이다. 준법은 의무사항이고 법규를 위반할 경우에는 처벌을 받는다. 미국과 같은 나라에서는 과징금이나 징벌적 배상금이 천문학적인 액수일 수 있으므로 재무적 부담이 클 수도 있다. 그러나 법규위반으로 인한 손실은 재무적 부담보다 더 크게 기업 이미지에 타격을 줄 수 있다. 윤리기준에 어긋난 경우에는 처벌을 받지는 않지만 기업평판이 나빠진다.

사실 법규와 윤리기준을 준수하는 것은 경영의 기본이므로 이에 대해서는 굳이 거론할 필요가 없다. "규칙을 지키는 시민이 되라"는 말은 성인에게는 군더더기인 것과 마찬가지다. 그럼에도 국내외를 불문하고 기업의 도덕성 혹은 기업윤리는 언제나 뜨거운 감자와 같은 주제다. 그만큼 윤리기준을 벗어난 경영이 많다는 의미일 터이다.

이미지 관리는 까다롭다. 하나의 기업은 사회에 대하여 여러 개의 얼굴로 노출되어 있다. 그 모두를 관리해야 하는 것이다. 게다가 이미지는 상·하방 대칭이 아니다. 실추된 이미지를 개선하기 위해서는 긴 시간에 걸쳐 엄청난 노력이 필요하지만 작은 실수로 인하여 이미지를 한순간에 망치는 사례가 흔하다. 자칫 작은 실수가 대형 참사로 발전될 수 있고, 이런 일이 언제 어디서 일어날지 예측하기 어렵다. 개별 기업으로서는 위험관리 차원에서라도 이미지와 관련이 있는 사항에 유의할 필요가 있다.

준법(compliance)의 의무는 법인인 기업과 자연인인 임직원에 두루 적용된다. 대부분의 국가에서 기업의 법규위반에 대해서는 법인과 자연인을 모두 처벌하는 양벌규정을 채택하고 있다. 경영자의 개인적인 실수도 기업 이미지에 타격을 입힐 가능성이 매우 크다. 정도경영은 5장의 주제다.


## 기업시민

개별 기업은 이미지를 개선하기 위하여 지역사회에 대한 기부, 자원봉사 활동 등에 적극적으로 나설 수 있다. 기업의 평판을 좋게 하기 위해서는 전사적 노력이 필요하지만, 실제로는 마케팅의 일부로서 그런 일이 추진되는 경우가 많다. 기업은 탐욕의 화신이 아니며 오히려 지역사회의 선량한 시민이라는 메시지를 자사의 좋은 이미지로 전달하고자 하는 것이다.

마케팅의 대가인 코틀러(P. Kotler)는 사회책임성을 강화하기 위한 기업의 노력을 다음과 같이 여섯 가지로 분류하는데, 모두가 사회 마케팅의 일환이다(2005).

① 대의명분 세우기(cause promotion)
② 대의 연계 마케팅
③ 사회적 마케팅
④ 자선행위
⑤ 지역사회 자원봉사
⑥ 책임성 있는 운영절차

각각의 항목은 강도의 차이는 있지만 모두 이미지 개선의 효과를 기대하고 하는 일이다.

정도경영은 이미지 훼손을 방지하는 것이고, 사회 마케팅은 이미지를 개선하는 것이다. 사회 마케팅이 장기적으로 이윤창출에 도움이 되기는 하겠지만, 이미지와 기업성과의 인과관계를 직접 확인하기는 어렵다. 사회 마케팅에 대해서는 6장에서 상론한다.

## 녹색경영

사회책임의 일부인 환경보전은 비용절감의 지름길이 되는 경우가 많다. 다양한 사례와 많은 연구결과가 그런 가능성을 뒷받침한다.

녹색경영의 출발점은 폐기물을 줄이는 일이라고 할 수 있는데, 이를 뒤집어 말하면 자원을 최대한 활용하는 방안을 찾는 일이다. 폐기물은 자원의 낭비를 의미하므로 폐기물을 줄이면 낭비가 줄어든다. 원자재의 수율(yield)을 극대화하거나 폐자재의 새로운 용도를 찾는다면 그것은 자원을 절약하는 일이다. 폐품을 재사용하거나 재활용하는 것은 환경오염을 방지함과 동시에 비용절감에도 큰 도움이 된다. 이른바 '3R', 즉 투입자원 감축(reduce), 재사용(reuse), 재활용(recycle)은 자연환경, 국가경제, 기업 모두를 건전하게 만든다.

2007년을 기점으로 범세계적으로 공감대를 이루어 추진되고 있는 온실가스 감축의 첩경도 에너지 절약에 있는데, 이는 기업의 비용이 줄어드는 것으로 이어진다. 기계설비의 재설계를 통해 에너지 소요를 줄이고, 값싼 대체에너지를 개발하는 것도 가능하다. 작업과정에서 방사되는 열을 모아서 냉난방에 활용하면 온실가스 발생을 막고 동시에 경비도 절감하는 일석이조의 효과를 얻게 된다. 환경책임성에 대해서는 7장에서 자세히 살핀다.


## 삼중 수월성

지금까지 설명한 사회책임 활동은 마케팅 담당 부서가 추진할 수도 있고, 사업부별로 추진할 수도 있다. 이런 활동을 전략적 의의를 갖게끔 한 단계 격상시켜 본사차원에서 추진할 수도 있다.

GE와 IBM을 비롯한 일부 대기업은 사회적 책임을 목적, 비전, 목표, 전략 등으로 표현되는 '경영근본' 과 합쳐서 경영에 내재화하고 있다. 그리하여 CSR은 최고경영자와 이사회의 업무가 됐다. '전략적 사회책임 경영(strategic CSR)' 이라고 불리기도 하는 이와 같은 접근방식은 기업 이미지 개선의 차원을 넘어 기업이 그로부터 실질적 혜택을 얻고자 한다. 다시 말해 사회책임을 경쟁우위 확보의 수단으로 활용하자는 것이다.

전략적 CSR의 핵심은 시장을 확대하거나 고객관계를 개선하여 매출액을 증대시키는 데 있다. 사회공헌으로 경쟁력을 강화하여 매출을 증대시키고 회사의 성장률을 높이는 길을 모색한다. 구체적으로는 사회책임 활동과 연계하여 경쟁여건의 개선, 기업혁신의 촉진, 새로운 사업기회의 발굴 등을 구분하여 따져볼 수 있다. 전략의 측면에서 보면 차별화, 상생경영, 블루 오션 진출, 신사업 발굴 등의 형태가 된다.

삼중 수월성은 3부에서 구체적으로 다룬다. 특히 8장에서 전략경영 및 그 기본인 범용전략을 소개한다. 비용우위 전략은 비용의 절감, 차별화 전략은 매출액의 증대를 위한 기초적 방침이 된다.

## 3. 책임의 범위

개별 기업에 주어진 사회책임의 포괄범위는 주어진 여건에 따라 차이가 있다. 실제로 이행하게 되는 사회책임 경영의 정도와 범위는 물론 경영진의 선택에 의해 좌우된다. 일반적 관점에서 행동규준의 내용과 그 시간적, 공간적 적용범위에 대해 살펴보기로 한다.

### 바람직한 행동규준

사회책임의 내용에 대해서는 그것을 사회적 책임과 환경적 책임으로 나누어 1장에서 설명한 바 있다. 여러 경로로 사회책임 이행을 위한 행동규준이 제시됐는데, 〈도표 2-1〉의 유엔 범세계적 서약도 그중 하나다. 〈사례 4-2〉는 어느 기업인 협의회가 다국적기업에 권장하는 행동원리인데, 사회책임의 최상위 단계에 해당하는 '범세계적 기업시민(global corporate citizen)'이 되라는 조언과 함께 제시된 것이다.

### 가치사슬 관리

기업은 내부에서 여러 가지 가치활동을 한다. 그러므로 연구개발, 제조, 판매, 일반관리 등의 제반 행위에서 사회를 배려하고 환경에 대한 영향을 최소화해야 한다. 가치사슬 관리의 책임이 전적으로 개별 기업 스스로에 있음은 두말할 필요가 없다. 가치사슬 개념에 대해서는 6장에서 자세히 설명한다.

## 공급사슬 관리

〈사례 2-2〉에서 나이키가 비난의 표적이 된 것은 인도네시아에 있는 수출업체의

---



코 협의회(Caux Round Table)는 1986년에 미국, 유럽, 일본의 저명한 기업인들을 중심으로 결성된 협의체로서 '도덕적 자본주의'를 표방하고 있다. 이 협의회는 기업계, 정부, 시민단체, 부의 향유, 세계화 등 5개 부문에 대해 각각 책임성 있는 행동의 강령을 제시하고 있는데, 그 내용이 자주 인용되고 있다. 아래는 그 중 기업계 관련 부분을 발췌하여 요약한 것이다.

### 책임성 있는 기업을 위한 행동강령

(…)각종 이해당사자를 무시한 채로 사익만을 위해 이윤을 추구하는 것은 종국적으로 기업의 실패로 이어질 뿐이다. 경우에 따라서는 비생산적인 정부규제를 낳을 수도 있다. 이런 까닭에 기업계의 지도자는 반드시 윤리적 리더십을 견지해야 하고, 그래야만 지속가능한 번영의 토대를 확고하게 만들 수 있다.(…)

강령 1: 주주뿐만 아니라 각종 이해당사자도 존중하라.

강령 2: 경제적, 사회적, 환경적 발전에 기여하라.

강령 3: 법률의 문구를 넘어서는 책임감을 발휘하여 신뢰를 구축하라.

강령 4: 사회의 모든 법규와 관행을 존중하라.

강령 5: 책임성 있는 세계화(responsible globalization)를 지지하고 실천하라.

강령 6: 자연환경을 존중하라.

강령 7: 불법적이거나 음성적인 거래를 멀리하라.


**이해당사자 관리요령** (내용은 생략하고 항목만 기재함)

1. 고객

2. 종업원

3. 주주

4. 공급업체

5. 경쟁업체

6. 지역사회

(Caux Round Table, 2009)

---

〈사례 2-2〉에서 나이키가 비난의 표적이 된 것은 인도네시아에 있는 수출업체의

잘못 때문이었다. 어찌 보면 나이키가 직접 책임질 일이 아니었다. 그런데 인도네시아 업체보다 나이키가 공격의 주된 대상이 된 것은 나이키의 유명세 때문이었다. 나이키의 이 사례와 비슷한 시기에 월마트, 이케아 등도 공급업체의 아동노동 문제로 언론의 집중조명을 받았다. 현실은 언제나 그러하다. 책임의 경중과는 관계없이 대기업이 표적이 되는 것이다.

유형의 제품은 그 출발점이 언제나 토지이고 그 종착점은 고객이다. 토지와 고객의 사이에는 가공단계에 따라 다수의 기업이 존재한다. 여러 기업이 각각 창출하는 가치는 하나의 사슬처럼 연결되어 있다. 대기업은 대체로 공급사슬의 끝부분, 즉 상품소비자 가까이에서 영업하며, 공급사슬에 속한 다수의 업체 중에서 가시성이 가장 높다.

그래서 결국 대기업이 공급사슬에 속한 모든 기업체의 책임성을 보장해야 한다. 대기업은 이제 더 이상 "노동착취는 우리가 아닌 공급업체의 책임이다"라는 말로 여론의 화살을 피해갈 수가 없다(Holliday, 2002). 이런 까닭에 세계적인 명성을 갖고 있는 기업은 공급사슬 속의 모든 업체에 대해 사회책임성을 요구해야 한다. 특히 사회책임에 대해 민감한 미국과 유럽을 시장으로 하는 대기업의 입장에서는 공급사슬 관리가 더욱 절실하다.

〈사례 4-3〉은 공급사슬 관리에 대한 이케아의 관심이 얼마나 진지한지를 보여준다. 삼성전자는 친환경 공급사슬을 구축하기 위해서 '협력회사 에코파트너 인증제도'를 운영하고 있는데, 2008년까지 2500여 개의 납품업체에 이 제도에 의한 인증서를 발급했다. 모두 현실을 잘 알고 있기 때문에 취하는 행동이다.


**상품생애 관리**

하나의 제품은 생산되고, 사용되며, 폐기되는 과정 전체에 걸쳐 환경에 영향을 미친다. 그 과정의 각 단계에서 오염물질 배출량, 에너지 사용량, 온실가스 배출량, 생태계 파괴 등이 문제가 된다. 예컨대 목제가구라면 사용 중에는 에너지 소비가 없지만 그것이 만들어지는 과정에서 수풀이 파괴되고, 폐기되는 과정에서 환경오염이 초래될 수 있다. 그러므로 상품의 탄소족적 관리도 상품의 생애 전체에 걸쳐 이루어져야만 의미가 있다. 여러 기업과 시민단체가 이런 관점에서 상품의 탄소족적을 종합적으로 관리하는 방안을 찾고자 노력하고 있다(〈사례 4-4〉).

이 분야의 일부 선도기업은 1990년대부터 '요람에서 무덤까지'라는 기치를 내걸고 상품의 생산에서부터 폐기까지의 모든 과정을 관리하려는 노력을 기울여 왔다.[19]

**사례 4-3  이케아의 공급사슬 관리**

스웨덴의 가구업체인 이케아는 사회책임에 관한 한 선구적인 기업이다. 그럼에도 1990년대 초반에 공급업체 문제에 휘말린 적이 있다. 파키스탄에서 이케아의 카펫이 제조되는 과정에 미성년자가 고용됐고, 이케아의 가구를 제조하는 데 사용되는 목재가 열대우림에서 무단으로 벌채됐으며, 이케아의 책꽂이 상품에서 허용치를 초과하는 양의 포름알데히드가 검출됐다는 매스컴의 보도가 발단이었다. 이로 인해 평판과 매출액의 측면에서 큰 타격을 받은 이케아는 오랜 검토 끝에 치밀한 공급사슬 관리 원칙을 수립했다.

우선 상품제조 과정의 사회책임성을 확보하기 위해 이케아의 직원이 직접 전 세계의 공급업체를 감사하기로 했다. 이에 따라 생태와 환경의 보전, 작업장의 안전, 합법적 고용과 관련된 매우 상세한 체크 리스트를 만들고 100여 명의 공급사슬 감시·감독 전담 직원을 배치했다. 그들에게 사회책임에 관한 이케아의 정신을 공급업체에 전달하고 조언과 기술자문까지 해주는 임무가 부여됐다. 이에 따라 예를 들어 18명의 삼림 전문요원은 벌채과정을 확인하기 위해 각자 연평균 140일을 출장에 할애했다. 이케아는 감사 결과에 따라 공급업체의 사회책임성 수준을 4단계로 구분해 공급업체를 차별적으로 대우하고 있다.

이런 공급사슬 관리가 이케아에 추가적인 비용부담을 초래하는 것은 분명하다. 게다가 이케아는 '염가의 가구'를 차별화의 초점으로 삼고 있다. 그럼에도 이케아는 사회책임성 확보를 위한 추가지출이 헛돈 쓰는 것이 아니라고 확신한다. 이 회사의 최고 CSR 책임자는 이렇게 말한다. "사회책임의 완수 여부는 투자수익률의 문제가 아니다. 사회책임을 완수하지 않으면 큰 위험이 따르므로 그것은 선택사항이 아니라 필수사항이다. 진정한 가치는 이케아라는 이름에서 나온다."

이케아는 공급사슬 관리 전담요원의 활동을 통해 중간상을 배제하는 효과도 얻었다. 공급과정이 한층 더 효율화된 것도 공급사슬 관리가 가져다준 무시할 수 없는 혜택이다. (Esty, 2006)

하나의 제품은 원료채취, 제조, 유통, 사용, 폐기의 여러 단계를 거친다. 각각의 단계는 빠짐없이 온실가스의 배출과 관련된다. 교토의정서로 공식화된 온실가스 감축 목표는 종합적인 노력을 통해서만 달성될 수 있다. 어떤 하나의 행위에 의해 배출되는 온실가스를 흔히 그 행위의 '탄소족적(carbon footprint)'이라고 부르는데, 이에 대해서는 총체적 관리가 필요하다.

탄소족적 관리는 관련 당사자가 많고 절차가 복잡하여 실행하기가 매우 어렵다. 관리기준, 측정방법, 결과에 대한 평가방식 등을 정하기가 기술적으로 어렵다. 기업 사이, 산업 사이, 나라 사이에서 이해관계가 대립되게 마련이어서 합의에 이르기는 더욱 어렵다. 각국의 다양한 기구와 단체가 통일된 프로그램을 만들기 위해 노력하고 있지만, 2011년 현재에도 중구난방의 상황을 면하지 못하고 있다. 노력의 방향은 대체로 보아 상품의 생애주기 관리와 공급사슬 관리라는 두 가지다.

생애주기 관리는 표준적 제조방법과 사용방법을 가정하고 원료조달에서 폐기까지의 탄소족적을 집계하는 방식이다. 각 제품과 관련해 배출된 탄소의 총량을 각 제품에 표시함으로써 소비자에게 경각심을 불러일으키자는 것이다. 이 방식은 가정된 표준방법과 실제방법 사이의 오차가 매우 클 수 있고 환경에 미치는 제품별 영향을 너무 단순하게 평가한다는 약점이 있다. 예컨대 호미의 환경영향과 냉장고의 환경영향을 탄소족적이라는 숫자만으로 비교하기는 어려운 일이다.

가치사슬 관리는 특정 제품의 가치사슬에 속하는 모든 업체의 탄소족적을 기업 단위로 파악하고 통제하는 것이다. 특히 월마트가 수십 개의 대기업과 제휴하여 이 방식을 추진하고 있다. 기업별로 탄소족적을 직접 측정하기 때문에 신빙성은 높지만 2차, 3차 공급업체로 거슬러 올라갈수록 통제가 어려워진다는 문제가 따른다. 소재지가 다르고 국적이 제각각인 무수한 중소기업, 영세기업을 관리하는 것은 기술적으로 지난한 일이다.

외부효과가 핵심인 온실가스 배출 문제는 종합적, 총체적인 시스템 차원의 관리가 불가피하다. 이런 필요성이 있으므로 언젠가는 탄소족적 관리에 대한 범세계적 규준이 만들어질 것이다. 그 전에는 개별 기업이 자사 제품에 대해 사용하는 '친환경 제품'이라는 말은 근거가 미약한 부분적 진실 이상의 의미를 가질 수 없다.

탄소족적과 병행하여 생태족적(ecological footprint)이라는 용어도 사용된다. 이는 어떤 행위에서 유발되는 '탄소족적을 포함해 자연생태에 미치는 종합적 영향'이란 의미다. (GreenBiz, 2008)

---

19 '요람에서 무덤까지(cradle to grave)'는 원래 시민의 복지를 출생시부터 사망시까지 정부가 책임진다는 의미를 가진 복지국가의 강령이었다. 이 말이 환경적 책임과 관련해 사용되는 경우에는 완제품을 만드는 기업이 '제조과정부터 폐기과정까지' 환경적 책임을 진다는 의미다.

삼성전자가 프린터 토너를 자사의 비용으로 회수하는 것도 그런 노력의 하나로 볼 수 있다. 인터페이스(Interface)라는 환경책임 분야의 선도기업은 2010년부터 자사의 모든 카펫 제품에 일련번호를 붙여서 생애관리를 한다. 생활용품을 공급하는 P&G는 소비과정의 환경영향이 생산과정의 환경영향 못지않게 중요하다는 점을 인식하고 상품의 디자인 단계에서부터 환경영향의 관점에서 소비패턴을 참작한다.

지구온난화에 대한 관심이 부쩍 높아짐에 따라 온실가스 감축이 의무화될 날이 멀지 않게 됐다. 영국 정부와 일본 정부는 각종 제품에 대해 탄소족적 표시를 의무화하기 위한 준비를 서두르고 있다. 개별 기업으로서는 제품의 생산, 사용, 폐기의 전 과정에서 발생하는 온실가스를 모두 측정할 필요가 있다. 그러자면 공급사슬 중의 한 업체가 앞장서서 공급사슬 전체를 총체적으로 관리해야 할 것이며, 아마도 그 업체는 다국적기업일 가능성이 높다.


## 6차원의 관리

제품은 그 자체가 목적이 아니라 욕구를 충족하기 위한 수단일 뿐이다. 욕구충족의 단계에 이르기까지 여러 당사자가 관여하면서 제품의 생애가 복잡한 절차를 거친다. 소비자가 입수하기까지는 기나긴 공급사슬이 있고, 소비자가 사용하고 나서 폐기하기까지에는 추가로 자원과 에너지가 소모된다. 제품의 공급사슬과 생애주기를 총체적으로 관리해야 한다면 그 책임은 대기업에 있게 될 것이다.

공급사슬의 책임성을 관리해야 할 위치에 있는 기업의 사회책임 범위는 매우 넓다. 책임의 내용 면에서는 사회적 책임과 환경적 책임의 두 가지가 포함되고, 공간적 범위 면에서는 내부의 가치사슬, 외부의 공급사슬, 사용에서 폐기까지의 상품생애가 두루 포함된다. 결과적으로 기업의 사회책임은 〈도표 4-4〉과 같은 6차원의 책임이 된다.

나이키는 공급사슬과 생애주기를 분석한 결과 운동화 세 켤레를 만들 수 있는

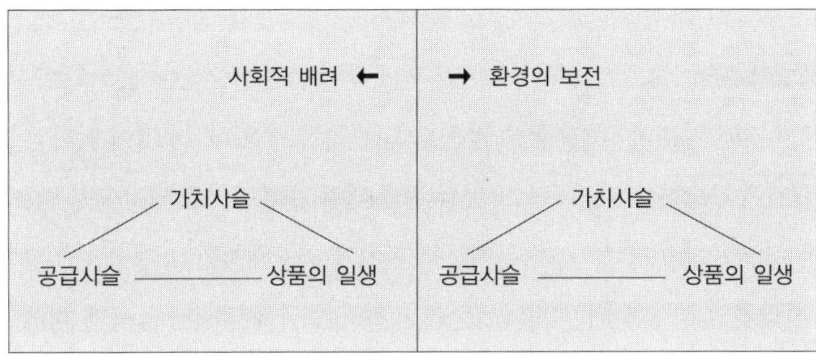


양의 자원을 사용하여 두 켤레를 만들 정도의 효용밖에 얻지 못하고 있고, 이 때문에 연간 7억 달러의 자재가 폐기된다는 사실을 발견했다. 그렇게 된 데는 상품의 디자인이 큰 원인으로 작용했음을 확인한 나이키는 상품구성의 단순화, 부품 수의 감축, 자재의 변경을 시행했다. 특히 시범상품의 디자인을 변경하는 것을 통하여 폐기물의 70%, 소요 에너지의 40%, 솔벤트 사용량의 80%를 줄이는 성과를 거두었다. 나이키는 2020년까지는 폐기물과 유해물질의 방출이 전혀 없는 '닫힌 순환계(closed-loop)' 를 모든 상품에 적용할 계획이다.

## 4. 실행을 위한 준비

개별 기업이 사회책임 경영에 대한 기본입장과 접근방식을 결정하고 나서 그것을 실행하기 위해서는 그렇게 하는 데 필요한 조직구조와 시스템을 갖추어야 한다. 정도경영이나 사회 마케팅과 같은 초보적 단계의 사회책임 경영이라면 윤리위원회를 설치하거나 전담부서를 지정하여 거기에 맡길 수 있다. 녹색경영에는 연구개발부서와 생산부서가 해야 할 역할이 크다. 전략적 CSR의 경우에는 최고경영자를 필두로 전사적 참여가 필요한데, 이에 대해서는 8장에서 상세히 다룬다.

### 측정방법의 강구

경영계의 격언 가운데 '측정할 수 없는 것은 관리할 수 없다' 는 말이 있다. 어떤 일이건 그것에 투입한 시간, 노력, 자금과 그 성과를 수량적으로 평가할 수 있어야만 객관적 평가가 가능하다. 그리고 객관적 평가가 가능해야만 효과적 관리를 할 수 있다. 사회책임 경영에 대한 평가기준을 제정하기 위한 국제적 노력에 대해서는 2장에서 설명한 바 있다.

개별 기업 차원에서도 어떤 형태이든 평가잣대를 결정하는 것이 필요하다. 예컨대 자원봉사의 기회가 종업원의 사기에 미치는 영향을 알고자 하면 그에 대한 수량적 잣대를 찾아내야 한다. 우선 생각해 볼 수 있는 것으로 이직률과 근태성적이 있다. 그렇지만 일이 그렇게 간단하지만은 않다. 사기에 영향을 미치는 요소는 무수히 많은데 그중에서 사회책임의 영향만을 정확하게 골라내는 것은 불가능하기 때문이다. 영국의 통신회사 보다폰(Vodafone)은 8주에 한 번씩 종업원 설문조사를 실시하여 자원봉사의 효과를 파악하고 있지만, 설문조사의 신뢰성이 그렇게 높은 것은 아니다.

현실에서 IBM과 월마트를 포함한 다수의 대형 기업이 사회책임 관련 행위와 그 효과에 대한 평가를 계량화하기 위해 각자 나름대로 노력을 기울이고 있다. WBCSD를 포함한 각종의 기구와 단체도 이런 목적으로 정보기술을 활용하게 해주는 소프트웨어를 개발하고 있다. 측정기술이 빠른 속도로 진화하고 있으므로 머지않은 장래에 다수가 공감할 수 있는 기술적 방법이 등장할 것으로 기대된다.

사회책임 경영의 효과를 측정하는 방법이 정립되면 사회책임 경영의 활성화에 도움이 될 수 있다. 주주의 재산권과 사회책임의 상충 가능성에 대한 논란이 상존하는 상황에서 사회책임과 주주가치의 연계관계가 확인된다면 CSR이 정당성을 확보하기가 용이할 것이다.

**투명성 확보**

"햇빛이 가장 강력한 방부제다"라는 속언이 있다. 밝은 곳에서는 불법, 부도덕, 비윤리, 반사회, 환경파괴에 해당하는 무책임한 행위를 하지 않으려고 하는 것이 인간의 심리임을 표현한 말이다. 개별 기업의 투명성은 모든 사실을 외부에 정직하고 자세하게 밝히는 것을 말한다.

사회책임의 실행과정 및 그 성과를 투명하게 공개함에 있어서 반드시 감안해야 할 두 가지 사항이 있다. 그중 하나는 회계법인과 같은 외부기관의 감시나 감사를 받는 일이다. 그래야 이해당사자의 신뢰를 얻을 수 있다. 또 하나는 가급적 말치레를 줄이고 검증이 가능한 사실 중심의 공개를 하는 것이 좋다. 그렇잖아도 온통 자화자찬으로 가득 찬 친환경 보고서가 쏟아져 나오는 현실을 빗대어 '녹색 세뇌(green-washing)'라고 비꼬는 사람이 많다.

사회책임 선도기업이 공통적으로 실시하는 일 가운데 하나는 사회책임 경영을 공개적으로 선언하고 투명성에 대해 약속하는 것이다. 최고경영자가 직접 나서서 사회책임 경영을 선언하고, 그 결과를 외부감사인의 검증을 받은 연차보고서를 통해 공개하겠다고 천명한다. 그렇게 함으로써 스스로에게 족쇄를 채운다. 나중에 망신을 당하지 않기 위해서는 진지하게 책임경영에 나설 수밖에 없다.

## 4.3 사회책임 경영의 재무적 효과

기업의 목적을 주주가치로 정의한다면 사회책임 경영이 수익성에 미치는 효과를 염두에 두어야 한다. 기업의 종국적 승패는 언제나 재무성과에서 갈린다. 앞에서 설명한 삼중 수월성의 최종 목적지도 결국은 재무적 수월성인 것이다.

사회책임 경영의 효과를 재무성과로 통일시켜 점검해 보는 것은 경영의 투명성과 책임성을 높이는 데 큰 효과가 있다. 사회적 책임, 환경적 책임, 재무적 책임과 관련된 활동은 서로 연결되게 마련인데, 통일된 잣대가 없다면 그 모든 것을 종합 평가하기가 어렵고 그 결과로 책임의식이 희석되기 때문이다.

## 1. 기대효과

앞에서 설명한 네 가지 접근방식 중에서 '정도경영' 은 준법성에 관한 것이므로 재무적 혜택 여부와는 관계없이 시행해야 하는 것이다. 경영과정에 탈법이 있으면 사법당국의 제재를 받게 되기 때문에 수익성에 직접적인 타격을 받는다. 부도덕한 행위는 사법당국의 제재를 받지는 않더라도 이미지에 타격을 받는다.

'기업시민' 이 되자는 말은 능동적으로 지역사회에 기여하는 것을 통해 기업이나 상표의 이미지를 개선하자는 것이다. 개선된 이미지는 여러 측면에서 이윤창출에 도움을 줄 것으로 기대할 수 있다.

녹색경영을 하면 에너지와 물자의 절약을 통하여 가시적, 직접적인 비용절감 효과를 기대할 수 있다. 친환경 농산품은 차별화의 효과가 있어 높은 가격을 받을 수 있다. 실제로 녹색경영을 통하여 큰 효과를 본 기업이 많다. 또 친환경 정책이 양호한 재무성과를 가져온다는 연구보고도 있다.

삼중 수월성은 사회책임을 기업전략에 반영한 결과이므로 그 효과가 장기적으로 나타난다. 삼중 수월성이 경쟁우위를 강화시키고 새로운 기회를 창출해주어 사업을 확장할 수 있게 되는 것이다. 그 성과는 매출액, 시장점유율, 이익률과 같은 재무지표의 시간적 변화와 경쟁업체와의 비교를 통해서 확인할 수 있다. 사회책임 경영의 성공사례는 3부에서 다양하게 소개된다.

〈도표 4-5〉는 MIT가 실시한 광범위한 설문조사의 결과를 요약한 것인데, 아직은 압도적 다수가 기업시민의 소극적 수준에 머무르고 있음을 보여준다. 그런 까

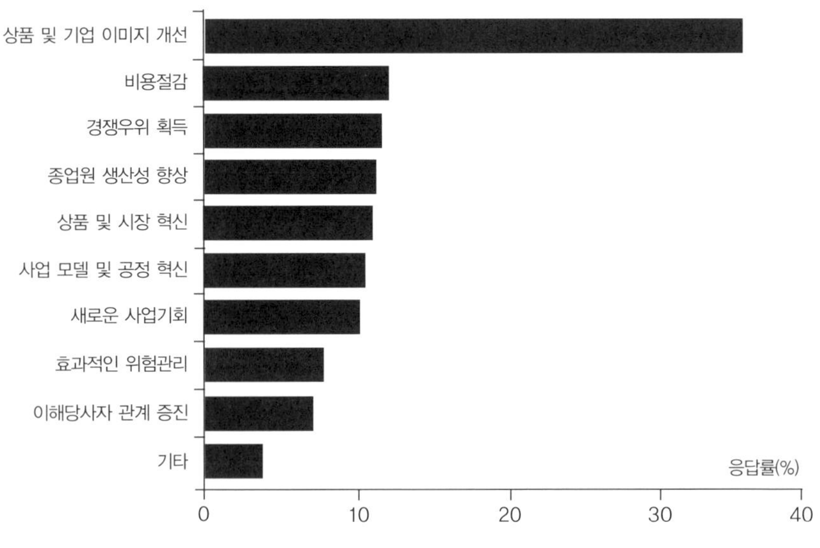



설문대상자: 세계 각국의 고위경영자 1500인
자료: MIT Sloan 2009

닭에 92%가 어떤 형태이건 사회책임을 다루고 있다고 응답했지만 70%가 사회책임이 재무성과의 향상에 뚜렷하게 기여한다는 확신을 갖고 있지 못하다. IBM의 설문조사 결과는 이와 상당한 차이가 있다. IBM의 설문조사에 응한 250명의 최고경영자 가운데 68%가 CSR을 매출액 신장의 기회로 활용한다고 답했다(2008).

## 불확실성의 감축

기업의 사회책임과 관련하여 각국의 규제가 강화될 것이 거의 확실하다. 사회책임에 소홀한 개별 기업에 어떤 금전적 부담이 지워질지 짐작하기 어렵다. 불확실성이 높은 것이다. 앞으로 예상되는 규제의 가능성에 미리 대비하여 사회책임 경영을 정착시키면 불확실성이 사라진다. 이렇게 본다면 진지한 사회책임 경영은 '불확실성의 감축' 효과만으로도 기업가치를 증대시킨다.

사회책임은 지역사회 및 자연환경에 미치는 영향에 관한 책임이다. 이런 영향에 무책임한 경영으로 인해 기업이 각종 소송에 휘말릴 수도 있고, 자연재해를 당할 수도 있다. 임직원의 부적절한 행위 때문에 기업의 평판이 실추되거나 재정적 부담이 발생할 가능성도 있다. 에너지와 자원의 가격이 급등락하고, 환경 규제는 그 방향을 짐작하기 어렵다. 이와 관련된 불확실성을 줄이기 위해서도 사회책임 경영은 유효한 수단이 된다.

재무관리의 기본원리 중에 '고위험 고수익' 이라는 말이 있다. 위험의 정도가 높은 사업에서 기대되는 수익률이 더 높다는 의미다. 여기서 위험이란 불확실성을 의미한다. 이 말을 거꾸로 해석하면 기대되는 수익률이 동일하다면 확실성이 높을수록 사업의 가치가 높아진다는 것이다. 다시 말해 같은 사업에서 같은 수익률을 기록하더라도 장래에 대한 기대의 확실성이 높아지면 기업가치가 올라간다. 불확실성을 낮추기 위해서라도 사회책임 경영을 추구할 필요가 있는 셈이다.

## 2. 이미지 개선의 효과

20세기 말까지의 사회책임 경영은 잘 해야 기업 이미지 개선을 위한 것이었다고 말할 수 있다. 〈도표 4-4〉의 설문조사 결과도 이런 사실에서 크게 벗어나지 않는다. 그런데 그와 같은 대응적 사회책임 경영으로는 재무성과에 큰 효과가 있으리라고 기대하기 어려움을 여러 연구조사 결과가 말해주고 있다.

기업경영에 직접적 영향을 미치는 핵심 당사자 셋을 꼽으라면 주주, 고객, 종업원을 들 수 있다. CSR을 선도하는 기업이나 옹호하는 전문가들은 "사회책임성을 강화하면 고객의 호감을 얻어 영업을 신장시킬 수 있다"고 믿는다. "사회책임성을 강화하면 우수한 직원을 뽑을 수 있고 임직원의 사기를 진작할 수 있기 때문에 생산성이 높아질 것" 으로 기대한다. "기업의 성과가 좋아질 터이니 투자자의 호응을 얻게 되어 자본조달도 쉬워질 것"으로 예상한다. 실제로 사회책임 경영으로 그런 효과를 거두었다고 증언하는 고위경영자가 많다.

**여론조사 결과**

사회책임과 관련하여 수많은 여론조사가 실시됐다. 그 한결같은 결과는 소비자, 취업희망자, 투자자를 포함한 각종 이해당사자가 모두 책임성 높은 기업에 가점을 주려고 한다는 것이다. 같은 값이면 당연히 책임성 있는 기업을 고르겠다는, 더러는 프리미엄까지 얹겠다는 대답이 많았다.

가장 광범위한 조사는 아마도 새천년의 벽두에 23개국 2만 5천 명을 대상으로 영국에서 실시된 조사일 것이다. 응답자의 60%가 기업을 평가할 때 사회책임성도 반영한다고, 90%가 개별 기업은 수익에만 신경 쓸 것이 아니라 사회책임에도 초점을 맞추어야 한다고 답했다(Cogman, 2002). 그 밖에 EIU (2008), IBM (2007) 등의 설문조사에서도 비슷한 경향의 결과가 나왔다. 대한상공회의소가 2007년에 실시한 설문조사에서는 80%가 사회공헌 기업의 제품을 선호한다고, 30%가 그런 제품에 대해 프리미엄을 지급하겠다고 답했다.

여기서 한 가지 문제는 설문조사의 응답과 실제의 행동이 일치하지 않는 점이다. 사회책임에 대한 투자자, 고객, 종업원의 '행동을 통한 현실의 반응'에 대해서도 많은 연구조사가 이루어졌다. 2000년대 중반까지는 사회책임에 대한 인식이 이해당사자의 행동에 미치는 영향이 그렇게 뚜렷하지 않아 설문조사의 응답과는 상당한 차이를 보였다. CSR의 효과에 관한 실증자료를 광범위하게 섭렵한 보겔(D. Vogel) 교수는 "사회책임 경영이 수익성에 대해 정(正)의 효과가 있다고 해도 그 정도는 약하다"는 결론을 내린 바 있다(2005).

**투자자 동향**

보통의 투자자는 사회책임성보다 주가상승 가능성에 더 큰 기대를 건다. 우량기업을 전문적으로 추적해 온 콜린스(J. Collins)는 담배 제조회사인 필립 모리스(Philip Morris)를 재무성과 면에서 최우량 기업으로 꼽은 바 있다. 사회책임에 둔감한 엑손모빌(ExxonMobil)의 주식도 변함없이 우량주식으로 꼽힌다. GE는 웰치(J. Welch)가 최고경영자로 재임하던 2001년까지는 환경문제에 비교적 등한했지만 그때까지 20년 동안 주가는 꾸준히 상승했다. 투자자가 평가하는 기업가치가 해당 기업의 사회책임성과 큰 연관성을 갖고 있지 않은 것이다.

2장에서 우리는 사회책임투자(SRI) 펀드의 규모가 급속히 늘어나고 있다는 데 주목했다. 그러나 아직은 그들의 영향이 미미하다. SRI 펀드의 투자수익률이 일반 펀드의 수익률보다 양호하다는 증거도 없다. DJIA나 FTSE를 각각의 자매지수인 사회책임 주가지수와 비교해보면 반드시 사회책임 주가지수의 실적이 나은 것도 아니다. 주가나 주가지수를 상승시키는 주체는 투자자임을 감안하면 그들이 개별 기업의 사회책임성 여부에 그리 민감하지 않다는 말이 된다.

오래전 일이긴 하지만, 한 지속가능성 전문가(J. Elkington)가 "여러 가지 증거를 종합해 보면 자본시장이나 시장분석가가 사회책임 활동을 제대로 평가해 주지 않는 듯하다"고 불평한 바 있다(1997). 자본시장이나 시장분석가는 오히려 사회책임 활동에 드는 비용을 불필요한 비용으로 깎아내리는 경향이 있다는 것이다. 그렇다면 투자자와 시장분석가의 인식을 바꿀 필요가 있을지도 모른다.


**소비자 동향**

심층분석을 해보면, 사회책임에 대한 소비자의 말과 행동 사이에는 상당한 차이가 있음을 알 수 있다. 2004년에 유럽에서 시행된 어떤 설문조사에 따르면 75%의 소비자가 "사회적 책임을 중시하는 기업의 상품을 선호한다"고 답했지만 실제로 그렇게 행동하는 사람은 3%에 불과했다. 흔히 "같은 값이면…"이라면서 그렇게 말하지만 조건이 동일한 상품을 찾기가 어려운 것이 현실이기도 하다. 결국 기업의 책임성 여부보다는 상품 자체의 고유한 특질, 즉 상품의 가격, 품질, 기능, 고객서비스가 소비자의 구매의사에 더 크게 영향을 미친다.

이와 다른 연구의 결과에 따르면 사회책임성에 대한 소비자의 반응은 상하로 대칭적이지 않다. 책임성이 강한 기업에게는 그저 약간의 프리미엄을 얹어주는 반면에 무책임한 기업은 강하게 배척한다. 예컨대 '페어 트레이드' 마크가 붙은 커피에 1달러 정도 높은 가격을 지불할 준비가 되어 있다면 책임성이 없기로 악명 높은 업체의 커피 제품은 3달러 이상 할인된 값이 아니면 사지 않는다는 것이다(Trudel, 2009).

## 종업원 동향

취업희망 기업에 대한 설문조사에서도 동일한 결과가 얻어졌다. 구직자들은 사회책임성이 강한 기업에 우선적으로 취업하겠다고 말은 하지만 실제 행동에서는 승진전망이나 보수와 같은 다른 조건을 먼저 따지는 것이다. 이익을 많이 내는 기업이면 석유, 담배, 오락 등의 업종에 속하는 기업이라도 입사 지원자가 많이 몰리는 것이 현실이다.

윤리적 문제로 사회적 물의를 빚은 기업이라도 회사의 수익성이나 종업원 급여의 수준이 높은 기업이면 망설이지 않고 그 기업에 들어가고자 하는 것이 구직자들의 일반적인 태도다. 〈비즈니스 위크(Business Week)〉가 발표하는 '근무하고 싶은 50대 기업' 서열에서 말보로(Marlboro) 담배로 유명한 필립 모리스가 GE에는 뒤지지만 마이크로소프트나 인텔보다는 앞선 적도 있다(2009).

다행이라면 다행인 사실은 기업의 사회책임성과 해당 기업 근무자의 사기 사이에는 상관관계가 뚜렷하게 나타난다는 점이다. 윤리기준이 높고 사회에 크게 공헌하는 기업에 근무하는 종업원의 사기는 상대적으로 크게 높은 것으로 확인된다. 새천년을 맞아 미국의 윤리전문 기구(Ethics Resource Center)가 실시한 설문조사 결과에 따르면, 응답자 중 압도적 다수가 자신이 근무하는 기업의 윤리적 경영은 직업에 대한 만족도를 높이고 자신의 가치가 높아지는 느낌을 준다고 답했다.

기업의 사회적 책임에는 근로조건에 관한 것도 있다. 노동권과 인권이 보호되고 작업여건이 양호한 기업에서 직장에 대한 종업원의 만족도와 생산성이 높은 것은 당연한 일이다. 기업이 지역사회에 봉사하는 경우에 직원은 특별한 보람을 느낀다.

종합하면 단기적, 직접적 효과만 보면 착한 기업이 반드시 우량 기업인 것은 아니다.[20] 다만 미래가 과거와 반드시 같지는 않다는 점에 유의할 필요가 있다. 사회책임 경영에 대한 공식, 비공식 압력이 드셀 뿐 아니라 계속된 교육의 효과로 소비자와 구직자의 반응이 바뀌고 있기 때문이다. 고객의 선호기준과 취업희망자의 선택기준이 달라지면 기업의 재무성과가 큰 영향을 받게 되고, 그에 따라 투자자의 관심방향도 변한다. 작금의 현실에 비추어 보면 이미지 개선을 위한 CSR의 재무적 효과가 앞으로 점차 커질 것 같다.

## 3. 고르지 않은 결과

"세상보다 반걸음만 앞서라"는 말이 있다. 사회책임 분야에서도 너무 앞섰다가 오히려 불리한 처지가 된 사례가 없지 않다. 도덕성만 앞세우다 보면 자칫 경쟁입지가 약화될 수 있다. 앞에서 소개한 보디 숍이나 벤앤제리의 경우가 대표적이다. 두 회사 공히 다른 기업에 인수되는 운명을 피할 수 없었다. 여론의 압력에 부응하거나 자사의 가치관에 맞는 행동을 했다가 손해를 본 기업도 있다. 리바이스(Levi's)의 경우가 그랬다(〈사례 4-5〉).

중국은 외국기업에 진퇴양난의 고민거리를 안겨주는 경우가 많다. 중국은 경

---

20 착한(doing good) 기업과 재무적으로 우량한(doing well) 기업을 비교하는 연구는 많이 이루어졌다. 착한 기업이 동시에 우량한 기업인 사례가 꽤 자주 관찰되는데 그 가운데 "우량한 기업이기 때문에 착한 기업이 될 여유를 갖게 된 경우"가 적지 않다.

영여건이 어렵지만 포기할 수는 없는 시장이기 때문이다. 1989년의 천안문 사태는 시대를 가르는 일이기도 했지만 많은 다국적기업에 어려움을 안겨주기도 했다. 인권탄압의 실상이 알려지자 세계 각국에서 여론이 자국 기업에 중국에서 철수하라는 압력을 가했기 때문이다. 사회책임을 수행하라는 요구로 이해되는 이런 압력에 대한 대응은 기업마다 조금씩 달랐다. 리바이스는 중국에서 철수한 반면에 리복은 중국에서 사업을 계속하면서 현지의 인권신장을 위해 노력하는 태도를 취했다.

세월이 흐르면서 리바이스는 성장이 둔화되어 어려움을 겪게 됐다. 더 없이 큰 시장인 중국에 다시 진출해보려고 했지만 한번 망가진 중국에서의 사업을 재건하기는 지극히 어려웠다. 이처럼 무조건 착하기만 해서는 어려움을 겪게 될 수도 있는 것이다. 이는 전략적 접근이 필요해지는 대목이기도 하다.

**사례 4-5 중국에서의 리복과 리바이스**

세계적인 신발 업체인 리복(Reebok)과 역시 세계적인 청바지 업체인 리바이스(Levi's)는 각각 사회책임을 앞서 실천하는 기업이었다. 두 기업은 1989년에 중국에서 천안문 사태가 발생하자 중국에서의 사업을 놓고 심각한 고민에 빠졌다. 여론의 압력을 고려해 보아도, 자사의 가치관에 비추어 보아도 중국의 인권탄압은 그냥 지나치기 어려운 일이었다.

리복은 대부분의 다국적기업과 마찬가지로 중국 현지의 사업을 계속하기로 결정했다. 다만 중국 정부의 인권정책이 개선되게 하는 방향으로 나름대로 노력하기로 했다. 작업여건 개선과 인권 존중에 관한 기본방침을 만들어 현지 사업장에서 이행되도록 조치했다. 거래업체에는 아동노동, 죄수노동, 강제노동에 의존하지 않고 적정한 임금과 근로조건을 보장한다는 각서를 쓰게 했다. 그리고 감사팀으로 하여금 그 준수 여부를 확인하게 했다. 본사 임원이 일 년에 한 번씩 중국 내 사업장을 방문하는 관행도 수립했다. 이런 리복의 입장에 대해 이 기업의 인권담당 임원(D. Cahn)은 다음과 같이 설명했다.

깨끗하고 안전한 여건을 갖추지 않으면 최고 품질의 운동화를 만들 수 없다. 최고 수준의 근로자를 확보하지 않으면 운동화를 깔끔하게 만들어 포장상자에 넣을 수 없다. 말하자면 인권존중 여부와 작업여건의 상태는 제품의 품질과 직접적인 연관관계를 갖고 있다. … 우리는 정부가 아니며, 모든 일을 다 알 수도 없다. 그러나 기업은 고객의 가치관과 일치하는 방법으로 제조된 상품만을 공급하고 있음을 고객에게 보장할 필요가 있다.

리복과 달리 리바이스는 천안문 사태 이후 점진적으로 중국에서의 사업을 줄였고, 궁극적으로는 중국에서 철수했다. 리바이스는 전통적으로 기업가치를 실현할 수 없는 곳에는 사업장을 두지 않는다는 정책을 가지고 있었다. 그래서 남아프리카공화국에는 아예 발을 디디지도 않았다. 말하자면 리바이스는 자사의 도덕기준을 자사의 시장에도 적용하는 관행을 가지고 있었다. 그런데 중국의 경우는 이해관계가 워낙 컸고, 그래서 어느 쪽으로든 결정을 내리기가 어려웠다. 리바이스는 전담 팀을 만들어 이 문제에 대한 검토와 평가를 하게 했다. 전담 팀이 수없이 많은 외부자문을 거치고 무려 2천 인시(人時) 규모의 토론을 벌였지만 결론이 나지 않았다. 중국의 인권침해 사실은 더없이 명백했지만 중국의 시장이 더없이 중요했기 때문이다. 결정은 최고경영자의 몫이었다. 리바이스는 결국 중국에서 철수한다는 방침을 밝혔다. 이 회사의 입장은 다음과 같이 요약된다.

제1안은 회사가 중국에 남아서 일자리를 창출하면서 압제정부 밑에 사는 현지인의 삶의 질을 향상시키는 노력을 기울이는 것, 제2안은 자본을 철수해서 고용을 위축시키는 방법으로 현지 정부를 압박하여 장기적으로 중국에 더 많은 자유가 실현되도록 하는 것이었다. 이와 관련해 여러 가지 진지한 논의가 있었다. ‘회사가 중국 정부로 하여금 1자녀 정책을 포기하도록 영향력을 행사할 수 있는가’ 하는 문제도 하나의 예로 논의됐다. 결국 최고경영자가 중국에서 철수하기로 결심하게 됐는데, 이는 중국에 남아있는 것은 회사가 오랫동안 지켜온 가치관에 배치된다는 점이 마음에 걸렸기 때문이었다. 만약 중국에 남아있기로 결정한다면 그것은 윤리보다 재무적 결과에 얽매인 게 된다. 회사가 도덕성을 먼저 고려해 왔던 점을 감안해야 했고, 현지 종업원 수가 겨우 2천 명인 작은 기업이 중국 정부의 정책에 영향력을 행사할 수 있다고 주장한다는 것은 말이 되지 않았다.
(Makower, 1994)

## 5장

# 기업윤리와 정도경영

기업윤리를 지키는 일은 사회적 책임 수행의 출발점이다. 윤리는 사회의 가치관이라서 나라마다 그 판단기준이 다르다. 이 장에서는 기업윤리의 기본개념, 일반적 판단기준, 해외경영에서의 유의사항 등을 짚어본다.

## 5.1 윤리적 기업

정도경영은 기업 및 임직원이 실정법규와 사회의 관행, 그리고 국내외의 윤리기준을 잘 지키는 것을 말한다. 탈법과 위규가 금물인 점은 재론의 여지가 없으므로 여기서는 주로 윤리경영의 내용과 범위에 대해서 논의한다.

### 1. 기업윤리의 개념

공동체인 사회의 조화로움은 구성원 사이의 관계에 크게 좌우된다. 각 구성원의 행위가 다른 구성원들에게 어떤 영향을 미치고 어떻게 받아들여지느냐에 따라 구성원 사이의 관계가 결정된다. 개별 기업은 국가경제와 국가사회의 일원이다. 따라서 경제적, 사회적 구성원으로서의 도리를 다 해야 마땅한데, 그 도리의 기준이 바로 기업윤리다.

## 준법과 도덕성

한 사회에서 보편적으로 인정되는 가치기준에 부합하는 것을 도덕성(morality)이라고 할 것인데, 이는 사고(思考)와 행위를 포괄한다. 사고가 행위를 결정하는 경우가 많지만, 사고 그 자체가 타인에게 영향을 미치지는 않는다. 반면에 행위는 직간접으로 타인에게 영향을 미치게 마련인데, 그 정당성, 적정성을 판단하는 기준을 윤리(ethics)라고 칭할 수 있다. 말하자면 윤리란 바로 ‘도덕적 행위’ 다. 기업윤리는 사회가 개별 기업에 기대하는 윤리의 기준이라고 말할 수 있다.

도덕성이란 선악(善惡)에 대한 판단과 관련된 것이지만 때로는 진위(眞僞)나 호오(好惡)로까지 그 범위가 확대된다. 선하고 참된 일이 윤리적 행위일 터인데, 그 구체적 판단은 가치관에 의해 좌우된다. 그러므로 윤리기준은 나라마다, 사회마다 다르다. 예컨대 직장에서의 상하관계, 남녀관계에 대한 윤리기준은 국가 사이에 차이가 매우 크다.

법규는 전체를 위해서 바람직하다고 생각되어 국가 혹은 단체가 문자로 표현해 놓은 행위규칙이다. 법규는 사회의 도덕기준 안에서 제정되는 것이 보통이지만 그 둘이 반드시 일치하는 것은 아니다(〈사례 5-1〉). 기업이 수재의연금 출연을 거부하는 것은 합법이더라도 비윤리적일 수 있다. 신문사의 무가지(無價紙) 배포는 윤리적이더라도 불법이다.

영국의 한 철학자(E. Sternberg)는 ‘평상적 고상함(ordinary decency)’ 과 ‘분배의 공평함(distributive justice)’ 으로 기업윤리를 정의한다. 앞의 것은 공정성, 정직성, 자율성, 비폭력성을 말하고, 뒤의 것은 기업목적의 달성에 도움이 되는 이해당사자의 공헌에 대해 응분의 대가를 지불하는 것을 말한다. 기업윤리는 일반적 윤리기준 안에 있지만 이타심, 희생정신, 절제 등과는 다르다(2002). 스턴에 따르면 도덕적 동기와 윤리적 동기는 상이하며, 기업윤리는 의도와는 상관없이 실행으로 옮겨진 일에 의거해 판단된다.

## 정도경영의 범위

윤리적 경영은 임직원의 일상행위가 기업윤리를 따르도록 경영하는 것을 말한다. 언제나 법규를 준수하고 도덕기준을 따르는 것이다. 한국에서 흔히 '정도경영'이나 '윤리경영'이라고 불리는 경영이 이에 해당한다.

---

**사례 5-1 법규와 윤리**

아래는 대한상공회의소의 설문조사 결과 분석에서 따온 것으로, 실정법과 윤리규정의 차이를 보여준다.

실례로 경기지역의 중소제조업체 A사는 공장 인근에 새로 들어선 아파트 주민들이 소음문제로 항의하자 공장 둘레에 소음차단막을 쳤다가 건축법 위반으로 적발되어 회사대표와 회사가 각각 500만 원씩의 벌금을 물었다. 또한 공장 안에 250마력 이상의 모터를 쓸 경우에는 신고해야 한다는 환경법 규정을 위반했다는 이유로 각각 250만 원씩의 벌금을 물어야 했다.

건설업체 B사는 등록 당시에는 없었던 새 제도가 생긴 것을 모르고 있다가 6개월 영업정지 처분을 받았다. 건설산업기본법 시행령이 개정되어 건설업체로 등록하려면 공제조합 등의 보증기관에 자본금의 20% 이상을 예치하도록 의무화됐으며 이런 규정이 이전의 등록업체에도 소급적용된다는 사실을 모른 채 기업활동을 계속했던 것이다.

또한 연간 매출액이 7억 원에 불과한 중소제조업체 C사의 경우도 주총에서 연임된 이사를 재등기하지 않았다는 이유로 회사대표가 200만 원의 과태료를 물었다.

대한상의는 이런 사례처럼 전혀 의도하지 않았음에도 법을 어기게 된 중소기업들이 적지 않을 것이라고 지적하고, 복잡한 법령 내용이나 법개정 동향을 잘 알지 못하더라도 준법경영을 할 수 있는 여건을 조성해줄 필요가 있다고 밝혔다. (상의, 2007a)

기업윤리(business ethics)는 한 사회에서 통용되는 명시적 법규와 묵시적 도덕기준 둘 다를 포함한다. 법규는 강제력을 가지고 있으므로 탈법(脫法)과 위규(違規)는 정부의 제재를 받는다. 윤리를 어기면 처벌을 받지는 않지만 사회의 비난을 면하기 어렵고 기업에 대한 이해당사자의 태도가 달라질 수 있다. 그러므로 많은 기업이 기업윤리를 사실상의 의무사항으로 생각한다. 기업에 따라서는 사회의 일반적 기준보다 더욱 포괄적인 윤리기준을 자발적으로 정하기도 한다.

정도경영에 관한 개별 기업의 선택은 '준법 → 윤리기준 제정 → 포괄적 행동강령 채택'으로 이어지는 과정의 어느 한 지점에 해당한다. 일반적으로 '정도경영'은 법규와 윤리기준을 지키는 것으로 정의할 수 있다. 명시적, 묵시적 의무사항을 완수하는 것까지가 정도경영의 범위에 들어간다. 실정법규와 윤리기준이 어긋날 경우에는 실정법규를 준수하는 것을 우선하는 것이 보통이겠으나, 때에 따라서는 윤리를 따를 수도 있다. 포괄적 행동강령은 선택사항이다.

기업은 인간이 아니며 단지 법인(法人)으로 의제(擬制)된 것일 뿐이다. 기업행위란 실제로는 기업의 임직원, 즉 경영자나 종업원의 행위다. 그들의 행위 중에서 업무와 연관된 것만이 기업행위이며, 거기까지가 공식적인 기업윤리가 적용되는 범위다. 그러나 현실에서 기업행위와 인간행위가 명확히 구별되는 것은 아니다. 주주, 고객, 공급자, 지역사회, 종업원 등의 이해당사자는 왕왕 경영진과 기업을 동일시한다. 경영자의 바람직하지 않은 경영관행이나 개인적 비리까지도 기업행위로 생각하는 것이다. 임원이 아닌 종업원의 우발적 행위는 사적 행위이지만, 종업원의 행위이더라도 구조적인 성격의 성적핍박(sexual harrassment) 등과 같은 경우는 기업이 책임을 져야 하는 공적 행위로 간주되기도 한다.

하나의 기업에 소속된 임직원의 수는 기업마다 다르다. 그들은 각각 하루의 활동시간 중 절반 이상을 '업무'를 보며 보낸다. 그들은 매우 다양한 행위를 하며, 정해진 업무시간에 속하지 않는 시간에 업무에 종사하는 경우도 많다. 기업은 사회 안의 조직이기 때문에 기업 내부와 기업 외부의 사회가 엄격하게 구분되지 않는

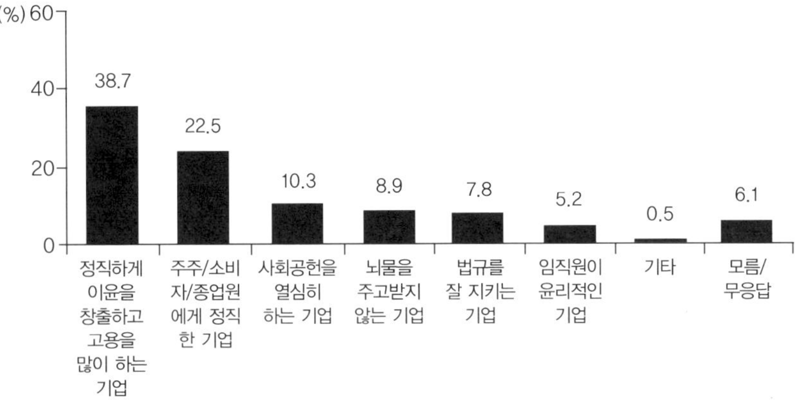


**B. 직장에서 목격되는 비윤리적 행위: 답변 빈도순(미국)**

 ① 종업원에 대한 모욕 및 윽박지르기
 ② 종업원, 고객, 공급업체 혹은 지역사회를 향한 거짓말
 ③ 공사의 이해관계가 충돌하는 상황을 만드는 일
 ④ 근로장소의 안전규정을 위반하는 일
 ⑤ 근무시간을 속여서 보고하는 일
 ⑥ 혈통, 피부색, 성별, 연령 등에 기준한 차별행위
 ⑦ 절취 및 착복
 ⑧ 성적핍박

(자료: Lawrence 2008, 2005 National Busimess Ethics Survey. Washington D.C.)

다. 임직원이 기업을 대표해 사회적 행사에 참여하는 경우도 적지 않다. 이렇게 보면 임직원의 업무나 지위와 관련된 공적 행위와 사적 행위가 모두 기업윤리에 포함되는 셈이고, 이때 행위장소가 기업의 내부냐 외부냐에 따른 차이도 크지 않다.

 〈도표 5-1〉는 한국과 미국에서 기업의 윤리적 행위에 관해 실시된 설문조사의 결과를 요약한 것이다. 여기에 열거된 항목들은 보기에 지나지 않으며 절대적이거나 완결적인 것이 아니다.

## 2. 정도경영의 현실

기업윤리에 대한 사회의 관심은 산업화와 역사를 같이 한다고 볼 수 있다. 기업활동이 본격화되면 기업이 사회의 여러 계층에 영향을 미치므로 기업윤리 문제가 제기될 수밖에 없다. 다만 시대적 상황에 따라 관심의 정도가 다를 뿐이다. 기업과 사회의 관계가 발전해 온 과정은 1장에서 사회책임 개념의 역사를 설명할 때 소개한 바 있다.

21세기 초에 일어난 엔론(Enron) 등의 대규모 회계부정 사건은 범세계적으로 기업윤리를 되돌아보는 계기가 됐다. 여러 나라에서 유사한 사건이 발생했고, 이로 인해 기업의 이미지가 전반적으로 나빠졌다. 미국에서는 회계의 신뢰성을 높이기 위한 강도 높은 규제조치로 사베인스—옥슬리(Sarbanes—Oxley)법이 제정되기도 했다. 기업경영의 투명성, 기업의 사회적 책임이 다시 한 번 강조됐다.

세계적인 기업 중에는 차별화 전략이나 경쟁우위 확보방안으로 도덕성을 내세우는 경우도 적지 않다. 앞에서 CSR 선도기업을 소개한 바도 있지만 일찍부터 기업윤리를 앞세운 미국의 J&J도 그런 기업 중 하나로 널리 알려져 있다. 이 회사는 기업공개 직전인 1943년에 당시 최고경영자의 주도로 '우리의 행동강령(Our Credo)' 을 만들어 공표한 뒤로 오랜 세월에 걸쳐 이것을 경영의 기본지침으로 삼아 왔다. 이것은 임직원의 윤리적 행동을 강조하고 있고, 더 나아가 이것이 제정될 당시에는 생소한 개념이었던 기업의 사회적, 환경적 책임까지 말하고 있다. 이런 정신이 뿌리를 내린 덕분인지 이 기업은 1982년에 타이레놀(Tylenol) 사건을 현명하게 처리했고, 그 과정은 윤리경영의 최고 모범사례로 꼽히고 있다. 타이레놀 사건에 대해서는 나중에 자세히 소개한다.

### 한국의 정도경영

1960년대에 경제개발이 시작된 이후로 한국사회와 재벌이 갖게 된 애증관계는

1장에서 언급한 바 있다. 압축성장 모델의 한계로 인해 경제위기를 맞게 된 1997년에는 재벌이 경제위기의 근본원인으로 지목되기도 했다. IMF가 한국의 경제위기에 대해 내린 처방 중에 '회사기율의 확립' 과 '투명성의 확보' 가 있었는데, 이는 사실상 기업윤리를 강화하라는 주문이었다.

재벌에 대한 한국사회의 애증관계는 21세기에 와서도 계속되고 있다. 주요 재벌의 총수가 불법행위로 형사소추를 받았고, 불공정 거래로 공정거래위원회의 제재를 받은 일은 더욱 많았다. 소수의 대기업이 경쟁력을 확보하여 유수의 일본기업을 앞지르는 성과를 얻었지만, 대기업이 공급업체를 박대한다는 비난은 여전히 계속되고 있다. 중소 · 중견기업의 설자리를 마련해 주는 것은 21세기에 와서도 변함없이 한국경제의 숙제다. 이 점에 대해서는 9장에서 다시 살핀다.

그와 같은 사회분위기를 반영하듯 1990년대 이후에는 '정도경영' 혹은 '상생경영' 이 기업계의 화두가 됐다. '정도경영' 은 윤리기준을 준수하겠다는 의사표시,

---

**| 도표5-2 한국 10대 기업의 정도경영**

| 기업명 | 정도 경영 | | CSR 연차보고서 | |
| --- | --- | --- | --- | --- |
| | 명칭 | 내용 | 명칭 | 작성기준 |
| 삼성전자 | 정도경영 | 곧은 마음, 바른 행동, 명예와 품위 유지 | 지속가능 보고서 | GRI G3 |
| 현대자동차 | 투명경영 | 글로벌 스탠다드, 공정한 거래, 존경받는 기업 | 지속가능 보고서 | GRI G3 |
| 한국전력 | 윤리경영 | 경제적·법적·윤리적 책임, 개인보다 기업윤리 우선 | 지속가능 보고서 | GRI G3 |
| LG전자 | 정도경영 | 공정거래, 윤리규범 실천, 신뢰받고 존경받는 기업 | 지속가능 경영보고서 | GRI G3 |
| SK에너지 | 윤리경영 | 기업의 윤리적 수준 제고, 이해관계자의 신뢰 및 가치 | 사회공헌활동 백서 | 자체 기준 |
| 포스코 | 윤리준수 | 기본과 원칙 충실, 정직과 투명, 이해관계자 책임 | 지속가능 보고서 | GRI G3 |
| 국민은행 | 윤리헌장 | 정직과 신뢰, 공정함과 투명함, 사회적 책임 완수 | — | — |
| KT | 윤리경영 | 정도의 원칙, 투명하고 깨끗한 기업 | 사회적 책임 보고서 | GRI G3 |
| 현대중공업 | 윤리경영 | 윤리가 최고의 가치, 공정하고 투명한 업무 수행 | 환경보고서 | 자체 기준 |
| 대한항공 | 윤리경영 | 투명경영, 책임경영, 시장질서 존중, 법규준수, 공동의 번영 | 지속가능성 보고서 | GRI G3 |

각 기업의 홈페이지에 게시된 자료(2010년 1월)를 요약. 10대 기업 선정기준은 매출액 규모를 기준으로 하되 중복부분 배제 등 일부 조정함.

'상생경영'은 공급업체를 지원하겠다는 의사표시로 보면 될 것이다. 전경련이 회원사를 대상으로 조사한 바에 따르면 대기업의 95%가 윤리강령을 가지고 있다(2009a). 〈도표 5-2〉는 10대 기업의 경영방침을 요약한 것인데, 업종과 관계없이 모두 윤리경영을 핵심가치로 내세우고 있다. 이에는 준법과 공영(共榮), 일반적 덕목(德目)의 추구 등이 두루 포함되어 있다.

## 3. 기대효과

기업이 정도경영을 내세우는 이유는 다양하다. 도덕성 그 자체의 가치를 추구하는 경우도 있지만, 대체로 정도경영을 통한 장기적 성과를 기대한다. 앞에서 소개한 모범기업 J&J도 "우리의 윤리강령은 도덕의 나침반일 뿐만 아니라 기업 성공의 비결"이라고 밝히고 있다. 이 회사는 120년이 넘는 세월 동안 자사가 우량기업의 지위를 유지할 수 있었던 것은 바로 윤리경영 덕분이라고 믿고 있다.

대한상공회의소의 설문조사 결과에 따르면 수도권 소재 기업의 80% 이상이 "투명경영을 미래 생존전략으로 인식"하고 있다(2005). 그들은 투명경영을 통해 구체적으로 경쟁력 강화, 경영실적 향상, 기업이미지 개선, 사회책임 완수 등이 실현되기를 기대한다. 중소기업을 대상으로 한 별도의 조사에서는 86%가 윤리경영에서 긍정적 효과를 얻은 바 있는 것으로 나타났는데, 그런 효과 중에는 종업원의 사기 진작도 있다(〈사례 5-2〉).

## 5.2 기업윤리 위배행위

불법이거나 비윤리적인 기업행위가 적발되면 대부분의 경우 공공기관으로부터 제재를 받는다. 제재는 행위자와 기업 양쪽 모두에 부과되고 과태료, 벌금, 체형을 포함한다. 공적 제재는 손해배상과 관련된 민사소송과는 별개로 이루어진다.

이 절에서는 현실에서 자주 목격되는 기업의 부적절한 행위를 살펴본다. 상당수의 기업이 불법, 부당, 부도덕, 비윤리에 해당하는 행위로 사회의 비난을 받고 사업당국의 제재를 받는다.


## 정도경영의 효과

아래는 대한상공회의소가 '중소기업 윤리경영 추진 실태조사'를 통해 확인했다고 밝힌 '윤리경영의 필요성과 효과'의 일부다.

전자부품을 생산하는 중소기업인 경기도 화성의 A기업은 2003년에 CEO의 지시로 윤리헌장을 제정하는 등 대기업을 중심으로 추진되고 있던 윤리경영을 도입했다. 회계, 구매, 환경 등 각 부문의 사업부서가 지켜야 할 윤리규범을 비롯해 고객, 주주, 종업원, 협력업체, 지역사회 등 모든 이해관계자와 관련된 윤리기준을 만들어 매년 1~2회 평가하고 그 결과를 경영에 반영한다. 도입 초기에는 기업 이미지를 높이고 기업의 사회적 책임을 다한다는 명분에도 불구하고 임직원들의 반응이 다소 냉랭한 편이었다. 그러나 대외 이미지와 브랜드 가치가 높아지고 덩달아 경영실적도 좋아짐에 따라 현재는 CEO뿐만 아니라 임직원들도 윤리경영에 적극 앞장서고 있다. 매년 실시하는 종업원 만족도 조사에서 직원들은 윤리경영 도입 이후 사기가 높아지고 회사와의 관계도 크게 개선되었다고 평가한다. 최근에는 윤리경영과 관련된 사내 에피소드를 공모하는 등 회사 분위기가 더욱 밝아지고 있다. …

대한상공회의소가 수도권에 소재한 중소 제조업체 300개사를 대상으로 조사한 바에 따르면 응답기업(195개사)의 41.0%가 윤리경영을 도입한 것으로 나타나 그동안 대기업의 전유물로 여겨졌던 윤리경영이 중소기업에도 확산되고 있는 것으로 나타났다. 특히 윤리경영의 필요성에 대해서는 전체의 90.8%가 "필요하다"고 답변해 대다수의 중소기업이 윤리경영에 공감하고 있는 것으로 나타났다.

윤리경영을 도입한 이후 기업에 나타난 가장 큰 변화에 대해서는 37.5%가 "내부 분위기가 좋아졌다"고 답변했으며 "기업 이미지가 좋아졌다"와 "경영실적이 향상됐다"는 응답도 각각 27.5%와 21.3%로 나타나 전체의 86.3%가 윤리경영으로 긍정적인 효과를 보고 있는 것으로 파악됐다. 반면 "별다른 변화가 없다"는 답변은 13.7%에 불과했다. (상의, 2006a)

# 1. 부정부패

어느 사회라고 할 것 없이 사업 인허가권, 법규 집행권, 위규자에 대한 제재권은 정부나 정부로부터 권한을 위임받은 단체에 있다. 기업행위의 일거수일투족이 공공기관의 감시를 받는다. 기업이 정해진 규칙을 따르자면 일정한 요건을 갖추어야 하고, 이에는 거의 언제나 유무형의 비용이 수반된다. 더러는 자격에 미달하는 기업이 사업 인허가를 따내려고 노력하는 과정에서 정상적인 절차를 생략하거나 비용을 줄이면서 뜻을 이루고자 한다. 그래서 금전이나 다른 수단과 방법으로 인허가의 권한을 갖고 있는 공무원의 환심을 사려고 하게 된다. 이 때문에 뇌물의 수수가 일어난다.

---

**사례 5-3  "뇌물은 지멘스의 상품라인이었다"**

한국에도 잘 알려진 지멘스(Siemens)는 2차 세계대전의 잿더미 속에서 부활한 독일의 다국적기업이다.

조세피난처인 유럽의 소국 리히텐슈타인의 사법당국은 9.11 테러 관련 자금을 조사하던 중 2003년에 자국 은행을 통한 수상한 자금흐름을 포착하고 그것이 지멘스와 관련이 있다는 혐의를 잡았다. 이것이 계기가 되어 스위스, 독일, 미국을 포함한 10여개 국가에서 지멘스에 대한 조사를 실시했다.

이 사건은 2008년 말에 지멘스가 미국 정부와 독일 정부에 도합 16억 달러의 벌금을 무는 것으로 일단락되면서 그 전모가 밝혀졌다. 지멘스가 문 벌금은 이 기업이 조사에 협조하고 '청렴성 확보를 위한 특단의 조치를 취하는 것'을 전제로 정상참작을 받아 대폭 감액된 것이었다. 벌금과는 별도로 지멘스는 내부조사와 시정조치를 위해서 10억 달러 이상을 지출해야 했다. 지멘스는 또한 세계은행의 반부패기금에 1억 달러를 납입하고 2년간 세계은행의 입찰에는 참여하지 않기로 약속했다. 지멘스는 이처럼 막대한 금전손실을 입었을 뿐만 아니라 6년 이상에 걸쳐 조사를 받는 과정에서 기업 이미지가 크게 실추됐다. 지멘스는 NYSE 상장기업이기 때문에 미국 법에 의해서 처벌을 받았는데, 그 내용은 법무부의 벌금 4억 5천만 달러, 증권거래위원회의 벌금 3억 5천만 달러 등이었다.

독일은 1999년에 'OECD 반부패 협약'에 가입하기 전에는 자국 기업의 해외영업과 관련된 해외에서의 뇌물제공 행위에 대해 관대했다. 독일 기업의 입장에서는 그런 행위가 범죄를 구성하기는커녕 뇌물금액의 손비처리도 가능했다. 윤리개념이 느슨했던 탓인지 지멘스는 나이지리아는 물론이고 지구상에는 유별나게 부패한 것으로 알려진 정부가 있다. 경제성장이 더딘 아프리카의 국가를 들여다보면 경제부진의 원인을 부패한 정치인과 관료에게서 찾을 수 있는 경우가 많다. 나이지리아는 입국할 때부터 출국할 때까지 뇌물을 주지 않으면 되는 일이 없는 것으로 악명이 높다. 뇌물이 그야말로 '통과의례'가 되는 것이다. 이런 관행은 사업을 하느냐 마느냐의 갈림길에 선 기업 경영자에게는 진퇴양난의 고민을 안겨준다.

뇌물수수와 관련하여 경영자가 유의해야 할 점은 두 가지로 요약해 볼 수 있다. 첫째, 적어도 OECD 회원국은 자국 기업이 해외에서 저지른 부정행위에 대해서도 국내 범죄에 준하여 다스린다. 어느 나라이건 국내의 뇌물수수는 강력하게 처벌하는데, OECD 회원국은 여기서 한 걸음 더 나아가는 것이다. 그러므로 한국을 포함한

청렴국가인 노르웨이에 이르기까지 사업장을 둔 여러 나라에서 관료에게 뇌물을 제공했다. 아르헨티나 정부의 신분증 사업과 관련해 4천만 달러, 이스라엘의 발전소 건설과 관련해 2천만 달러, 중국에서의 의료장비 공급과 관련해 1천만 달러의 뇌물을 지출했고, 심지어는 이라크의 사담 후세인에게도 1700만 달러의 뇌물을 제공했다. 심한 경우에는 계약금액의 43%를 뇌물로 제공하기도 했다. 2001년부터 2007년까지 지멘스가 각국에서 제공한 뇌물은 모두 더해 14억 달러에 이르렀다. 미국의 조사관과 변호사가 조사를 위해 34개국에 걸쳐 1700명의 관련자를 확인했을 정도로 지멘스의 뇌물제공은 범세계적 조직을 통하여 구조적으로 이루어졌다.

지멘스의 뇌물은 스위스와 여러 조세피난처의 비자금 계좌를 통해 조성되고 2700여 컨설턴트를 통하여 표적이 된 관료에게 전달됐다. 비자금 조성에 가담한 간부들로서는 회계조작을 하는 일보다 연관된 임직원이 공금을 편취하는 일이 더 큰 걱정거리였다.

지멘스가 뇌물로 지출한 자금의 절반 이상을 지출한 통신기기 사업부의 한 핵심 간부는 평소에 정직하고 충직하다는 평판이 있었기에 비자금 조성의 임무를 맡게 됐다. 사건이 터진 뒤에 퇴직한 그는 독일 검찰에 적극 협조했고, 그 대가로 2년 감치에 15만 달러의 벌금을 무는 데 그쳤다. 그는 다음과 같이 소회를 피력했다. "해외에서 뇌물을 주는 일은 회사의 조직과 수천 개의 일자리를 지키기 위한 것이었다. 우리가 하는 일이 밝혀질 것을 걱정하긴 했지만 감옥에 가게 될 줄은 몰랐다. 사실 나는 비자금을 만들었을 뿐이지 뇌물을 제공한 일은 없다. 어쨌든 이 사건으로 업계가 정화될지는 미지수다. 뇌물수수는 매우 일반화되어 있다. 사람들은 '지멘스가 제11계명을 어겼을 뿐'이라고 말한다. 제11계명은 '발각되지 말라'다." (NYT, 2008i 등)

OECD 국가의 기업은 국내외를 불문하고 부정부패에는 연루되지 않는 것이 좋다.

둘째, 뇌물수수는 주는 쪽이나 받는 쪽이나 습관성이 강하므로 애초부터 멀리하는 것이 좋다. 청렴하기로 소문난 기업은 뇌물을 제공하지 않고도 사업권을 획득할 수 있지만, 뇌물을 제공한 전례가 있는 기업은 사업권을 획득하려다 보면 뇌물제공에 관한 요구를 받게 된다. 예컨대 GE의 경영진에게 뇌물제공을 요구할 개발도상국 정부는 없지만, 지멘스(Siemens)의 경우는 다르다. 지멘스는 조직적으로 뇌물을 제공한 사실이 만천하에 알려져 망신을 당한 바 있기 때문에 이 기업이 진출한 나라의 정부는 뇌물을 기대한다(〈사례 5-3〉).

## 2. 부정직

형사사건의 피의자는 묵비권을 행사할 수 있다. 자신에게 불리한 진술은 하지 않아도 되는 것이다. 이런 권리가 기업에는 주어지지 않는다. 기업은 조사에 협조하지 않으면 가중처벌을 받을 수도 있다. 제품하자를 고의로 숨기거나 사용상의 주의사항을 명시하지 않으면 제재를 받게 될 뿐만 아니라 손해배상 책임까지 진다. 이런 측면에서도 기업이 정직해야 함은 분명하다.

### 판매촉진과 윤리성

기업행위가 윤리적 기준을 따라야 한다고 쳐도 윤리성 여부의 판단이 말처럼 간단하지는 않다. 새로운 사업에서 성공할 확률은 대개 10%인 것으로 알려져 있다. 기업가 스스로가 낙관적이어야 사업에 착수하게 되고, 성공확률을 과장하여야만 이해당사자의 협조를 구할 수 있다. 크게 자수성가한 사람들의 후일담을 들으면 거의 틀림없이 무모하게 도전했고, 아슬아슬하게 합법과 불법 사이를 오갔다. 1장에서 미국의 '악덕 기업가'를 소개한 바 있지만, 사실 창업자의 윤리성 여부는 정도의 차이일 뿐이고 이는 선진사회라고 해서 크게 다르지 않다.

마케팅은 현대의 기업경영에서는 필수적인 것이지만 소비자를 오도하는 것인 경우가 많다. '이미지 개선' 은 어느 기업에나 중요한 과제인데, 잘 따져보면 그 말에는 '과장하는 방법으로 상대방이 착각하게 만든다' 는 의도가 다분히 숨어 있다. 어떤 직종에서건 세일즈맨의 공통된 전술은 과장이다. 좋은 점은 강조하고 나쁜 점은 가볍게 말하거나 아예 숨긴다.

한국경제가 KIKO라는 파생상품 때문에 한바탕 몸살을 앓은 적이 있다(2008년). 실적에 급급한 여러 시중은행이 '노벨상 수상자도 이해하기 어려운 금융상품' 을 경쟁적으로 만들어 중소기업에 판매했다. 명목은 '외환위험 헤지용' 이었지만 알고 보면 투기성이 매우 강한 상품이었다. 결과적으로 수많은 중소기업이 엄청난 손실을 입었다. 대기업은 그 전에 이미 외환투기로 큰 손실을 입은 경험이 있기에 KIKO 사태에 휘말리지 않고 비켜갔다. 되짚어 보면, 판매담당 은행원 스스로가 그 상품을 확실하게 이해하지도 못한 상태에서 판촉을 하면서 장점을 부각시키고 위험은 충분히 경고하지 않았다. 법원의 판결 여하와는 상관없이 은행의 영업윤리 측면에서 상당히 문제가 큰 사건이었다.

제품하자를 이해당사자에게 정확하게 알리지 않아 문제가 되는 사례는 국내외를 불문하고 수시로 일어난다. '품질제일' 을 외치던 도요타(Toyota)도 대규모 리콜 사태로 곤경에 처한 바 있는데, 그때 리콜 그 자체보다도 미국 정부로부터 '의도적으로 무언가를 숨겨온 것 아니냐' 는 식으로 정직성에 대한 의심을 받은 것은 더 큰 타격이었다(2010년). 조지(B. George)는 의료장비 회사인 메드트로닉(Medtronic)의 최고경영자로 일하면서 '정통 리더십' 이라는 기치를 내걸고 기업의 사회책임을 강조하여 리더십 분야의 명사가 됐다. 그러나 그가 최고경영자의 자리에서 퇴임한 뒤에 메드트로닉은 제품하자를 숨겼다는 이유로 소송을 당하여 1억 1400만 달러의 손실을 입었다. 이 회사는 또한 전문잡지에 실린 실험보고서의 조작에 연루되어 압수수색을 당하기도 했다. 연구자를 컨설턴트로 고용하고 금전적으로 후대함으로써 그로 하여금 제품효과를 과장하도록 유도했기 때문이다.

비아그라라는 제품으로 잘 알려진 파이저(Pfizer)는 특정 의약품을 판매하는 과정에서 실정법과 윤리기준을 위반하여 26억 달러의 벌금을 물었다. 파이저는 의사들에게 자사의 약품을 허가받은 용도와 다르게 사용하도록 판촉하고, 여러 형태의 향응과 금전적 편의를 제공한 것으로 드러났다. 이 회사는 조사를 받는 과정에서 "윤리경영 체제를 강화하겠다"고 몇 차례에 걸쳐 감독당국에 서약해야만 했다.

## 직업윤리 위반

직종별로 나름대로의 직업윤리가 있다. 이는 의사, 변호사, 공인회계사와 같은 전문직종에서 특히 중시되어 왔지만, 점차 다른 지식산업 종사자에게도 요구되고 있다. 히포크라테스 선서가 상징하듯이 직업윤리는 직업활동의 도덕적 바탕이 된다. 직업윤리를 지키는 것은 개인에게 진정한 프로페셔널이 되기 위한 전제조건이다. 기업에는 각 구성원이 직업윤리를 준수하도록 감시할 의무가 있다.

의사 개개인의 문제이긴 하지만, 한국의 의료계는 마이신과 피하주사를 남용하는 것으로 알려져 있다. 의사들은 그 부작용을 알고 있지만 환자가 줄어드는 것을 방지하자는 이해계산을 앞세우다 보니 그렇게 한다. 국내외를 불문하고 회계법인이 회계부정에 연루되는 일이 자주 일어난다. 감사대상인 기업의 분식회계에 협조하지 않으면 사업기회를 잃을 가능성이 있기 때문이다. 증권회사에 소속된 시장분석자(analyst)는 특정 주식을 '사라(buy)'는 추천을 남발한다. 분석대상 기업에 아부하기 위해서 자신의 의견과 다른 분석을 내놓기에 그런 것이다.

한국에는 'SOC 마피아'라는 용어가 있다. 거액의 국고자금이 투자되는 대형 사업에 대해 예상비용을 줄이고 편익은 부풀려서 타당성이 있는 것처럼 조작하는 일이 조직적으로 이루어진다는 의미다. '국책사업'에 대한 타당성 분석은 대체로 KDI, KIET, KIEP 등의 국책연구소가 시행한다. 그런데 이런 연구소의 연구원이 사실에 어긋나거나 평소 자신의 의견과 다른 내용의 보고서를 만들어 직업윤리상 의심을 받는 일이 일어난다. 지방자치단체나 공기업의 타당성 분석에서는 사실왜곡의 정도가 더 심하다. 이로 인해 전국 곳곳에 적자투성이 도로, 터널, 다리가 즐비하다.

　미국의 시티은행(Citibank)은 일찍부터 해외로 적극 진출했는데, 이는 사업방침의 한 축이 과감성이었던 것과 무관하지 않다. 시티은행은 1970~90년대에 당시에는 한국의 감독당국이 외국은행에 약할 수밖에 없었던 점을 십분 활용하여 불법은 아니지만 관련 법의 정신에 어긋나는 상품을 다양하게 개발하여 기업에 판매했다(Jacque, 1996). 그런 과정에서 외환투기를 조장하기도 했다. 마치 '고객이 돈을 잃을수록 은행은 돈을 번다'는 원리에 기대는 태도였다. 인간의 심리상 투기에서 손해를 보면 거래횟수와 판돈을 늘리게 되는데, 그 과정에서 브로커 역할을 하는 은행은 수수료 수입이 대폭 늘어난다. 일본에서는 시티은행의 개인고객 사업부가 온갖 부적절한 거래를 하다가 적발되어 감독당국에 의해 영업권을 취소당하고 최고경영자가 일본까지 가서 고개를 숙여 사과하는 수모를 겪었다.

　시티은행은 엔론, 월드컴 등의 회계부정 사건에도 연루됐다. 그런 회사가 발행하는 증권에 대한 투자자를 모집하는 과정에서 기업상황을 제대로 파악해 공개하지 않았기 때문에 감독당국의 조사와 투자자의 집단소송에 시달렸다. 최종합의에 따라 미국 법무부와 증권거래위원회에 납부한 벌금이 10억 달러에 육박했다. 투자자를 오도한 점과 관련된 집단소송의 경우 월드컴 사건에서는 27억 달러, 엔론 사건에서는 17억 달러의 손해배상금을 지불하는 것으로 각각 합의했다. 이 모두가 은행원의 직업윤리가 소홀하게 다루어진 결과였다.


### 중용지도(中庸之道)

정직만을 내세우며 기업경영을 하기가 쉽지 않음은 "맑은 물에는 고기가 모이지 않는다"는 속담이 대변해 준다. 과장과 오도, 때로는 술수도 필요하다. 그런데 그런 것들과 위계(僞計)의 경계는 어디인가? 부정직과 불법의 경계를 명확하게 그을 수 있는가? 도덕과 부도덕, 정직과 부정직을 어떻게 구분할 수 있는가? 이런 질문에 대답할 수 있게 해주는 절대적 기준은 없다. 그러므로 경영자 혹은 종업원의 개인적 판단이 중요하다.

이 문제에 대한 개략적 법칙(rule of thumb)을 생각해보면 "지나쳐서는 안 된다"는 격언을 떠올릴 수 있다. 무슨 일이건 지나치게 집착하다 보면 기준을 초과하게 되기 쉽다. 이런 까닭에 공자와 아리스토텔레스가 각각 "모자람과 지나침의 중간지점에 도덕성이 있다"고 말했는지도 모를 일이다.[21] 또 한 가지 개략적 법칙으로 "의심나면 하지 말라"를 들 수 있다. 도덕과 부도덕 사이에서 판단하기가 애매한 일이라면 그것을 아예 포기하면 윤리기준에 어긋날 염려가 없다. 현실에서도 윤리경영의 선도기업은 이와 비슷한 행동강령을 명시한다.

## 3. 불공정 거래

시장경제의 기본은 자유의지에 의한 사익추구다. 자유경쟁이 원칙이지만, 그 경쟁이 공정해야 한다는 것이 대전제다. 사기, 협잡, 협박, 강매 등은 반칙이자 부도덕한 행위이며, 모든 나라에서 불법으로 취급된다. 나라마다 불공정 거래 행위를 단속하기 위한 엄정한 법규와 독립기구가 마련되어 있다. 한국에서는 공정거래위원회가 이런 일을 담당하고 있다.

### 시장지배

각국은 하나의 기업이 시장을 지배하는 것, 즉 독점(獨占)을 법률로 금지하고 있다. 시장점유율이 일정 수준을 초과하게 되면 기업간의 인수합병을 허락하지 않는다. 특정 기업의 시장점유율이 과도하게 높아지면 제재를 가하기도 한다.

독점적 지위를 활용하여 특별한 이윤을 얻는 행위도 금지된다. 마이크로소프트

---

21 공자가 한 말은 "과유불급(過猶不及)"이고, 아리스토텔레스가 한 말은 "Moral virtue is a mean between two vices, one of excess and the other of deficiency, and it aims at hitting the mean in feelings, desires, and action"이다.

와 인텔은 각각의 사업분야에서 독점적 지위에 있다. 그래서 미국과 EU의 정부로부터 불공정 행위로 제소되어 장기간에 걸쳐 조사를 받은 바 있다. 미국에서는 제재를 피했지만, EU에서는 각각 제재를 받았다.

사실 마이크로소프트나 인텔의 경우는 새로운 시장을 창조한 기업으로서 자연스럽게 독점적 지위를 얻게 됐다. 네트워크 효과가 있는 업종에서는 수확체증의 법칙이 작용하여 일단 경쟁우위를 확보한 기업이 점점 더 커져서 자연적으로 독점업체가 된다. 이는 혁신과 경쟁력 강화가 독점으로 귀결되는 경우인데, 이런 경우에 제재를 받게 되는 기업은 불만을 품을 수 있다. 과도한 시장점유율로 인해 EU로부터 15억 달러의 벌금을 선고받은 인텔의 이사회 의장(C. Barrett)은 "첨단기술 업종에서는 시장을 창출하는 것이 일류기업이 하는 일인데 결과만 두고 처벌하면 안 된다"는 취지로 불평하기도 했다(WSJ, 2009a). 자연적 독점인 경우는 불법이지만 부도덕한 일은 아니라고 봐야 할 것이다.

연암 박지원의 《허생전(許生傳)》을 보면, 선비 허생이 제수(祭需)를 매점매석하여 큰돈을 버는 이야기가 나온다. 그런데 현대에는 상품의 매점매석이 불법이다. 허생의 행위는 가격담합과 유사한 것인 만큼 오늘날에는 용납되지 않는다.

## 가격담합

특정 시장을 지배하는 기업의 수가 적은 과점(寡占)의 경우에는 그 기업들이 서로 협의하여 경쟁을 배제하고 가격이나 수량을 조정하려는 유혹이 생긴다. 독점은 아니지만 독점의 효과를 얻자는 것이다. 그러나 이는 담합(談合)이며 대표적인 불공정 행위다. 선진국에서는 예전부터 담합을 엄격하게 다스려 왔다. 21세기에 와서는 한국에서도 담합의 사례가 많이 적발되고 있다. 담합은 실정법을 적극적으로 어기는 행위이므로 윤리기준에 위반되는 것으로 볼 수 있다.

삼성전자와 하이닉스는 1999년부터 2002년까지 5개 외국기업과 D램 반도체 가격을 인위적으로 설정한 것으로 미국 연방검찰에 의해 적발됐다. 그 바람에 삼성은 연방정부로부터 3억 달러, 41개 주정부로부터 9천만 달러의 벌금을 부과받았다. 이 기업의 간부 3인이 몇 개월씩 복역하고 각각 25만 달러의 벌금을 물었다. 하이닉스의 경우는 1억 8천만 달러의 연방벌금이 확정됐고, 4명의 간부가 벌을 받았다. 당연히 민사소송도 제기됐는데, 두 회사를 포함한 5개 기업이 부담한 합의금이 3억 1천만 달러에 이르렀다. 그들 회사는 EU에서도 유사한 처벌을 받았다.

한국의 공정거래위원회는 가격담합 행위에 대해 자주 처벌하며, 과징금 액수도 점점 커지고 있다. 2009년 말에는 액화석유가스(LPG) 분야의 6개 업체에 대해 4093억 원의 과징금을 부과한 바 있다.

가격담합 외에 경쟁을 제한할 목적으로 여러 기업이 협의하여 공동행위를 하는 사례가 많이 있다. 출고량 제한, 입찰가격 협의, 판촉 제한, 거래조건 협의, 경쟁기업에 대한 업무방해 등도 모두 불법이다.


## 우월적 지위의 남용

일본이 1980년대에 전성기를 맞도록 이끈 기업으로 도요타를 들 수 있다. 도요타는 2000년대까지도 막강한 경쟁력을 자랑한 바 있는데, 그 힘은 도요타 생산방식(TPS)에서 나왔다. TPS는 품질관리와 비용절감의 두 축으로 구성되는데, 앞의 것은 제쳐두더라도 뒤의 것은 부작용이 있을 수 있다. 비용절감의 쉬운 길이 '공급업체 쥐어짜기' 이기 때문이다. 도요타의 '즉시조달 재고관리(JIT; Just-in-time inventory control)' 가 칭송을 받았지만, 납품업체에는 이것이 매우 큰 부담으로 작용했다. 2010년 대규모 리콜 당시에는 도요타가 구매단가를 후려쳐 왔기 때문에 납품업체가 품질을 희생할 수밖에 없었던 것이 근본원인이라는 지적도 있었다.

조립업체의 비용절감 문제는 부품업체와 조립업체 사이의 제로섬 게임이 되는 측면이 강하다. 부품 매매가격의 높낮이는 부품업체의 손익에 직접적인 영향을 미친다. 조립업체가 부품의 즉시공급을 요구하면 납품업체는 부품을 소량씩 납품하기 위해 언제나 대기해야 한다.

1997년의 경제위기 이후에 한국에서 다섯 손가락에 꼽힐 정도의 대기업은 전례 없는 대규모의 이익을 올렸다. 이는 혁신활동을 통한 원가절감 덕분일 수도 있지만, 중소기업인 납품업체를 압박해 그러한 이익을 올렸다는 비난을 받기도 한다. "대기업이 노조에는 약하고 납품업체에는 강하다"는 불평이 일기도 한다. 어쨌거나 부품업체와의 상거래를 통해 대기업이 그러한 이익을 올렸다면 불법은 아니지만 윤리적 문제가 될 수는 있다. 사실 한국의 중소기업이 고전하는 큰 이유 중 하나는 대기업과 중소기업 사이의 힘의 불균형과 그로 인한 '정상적 시장여건을 벗어난 거래조건'이다. 이것은 시장경제의 윤리에 어긋난다고 보아야 할 것이다.

한국 정부는 '하도급 거래 공정화에 관한 법률'을 만들어 대기업과 중소기업 사이의 거래에서 공정성이 실현되도록 유도하고 있다. 대기업이 자신의 우월적 지위를 이용하여 중소기업과 현저하게 불공평한 계약을 체결하는 것은 불법이 될 수 있다.


## 내부거래

한국의 재벌은 수평적 다각화와 수직적 통합의 결과물이다. 구성이 다양하고 규모가 크다 보니 흡사 자기완결적 독립경제가 만들어진 것처럼 보인다. 자연히 계열사끼리의 내부거래가 많다. 내부거래의 조건이 제삼자와 거래할 때의 조건과 같다면 문제가 없지만, 내부거래에 특별조건이 적용되면 불공정 경쟁이 된다. 거래가격을 인위적으로 조정하면 서로 다른 주식회사 사이에 부의 이전이 일어나므로 시장경제의 원칙에 어긋나는 부당거래가 된다.[22]

---

22 한국은 이른바 시민법 체계를 따르고 있기 때문에 한국에서 '부당(不當)'하다고 해서 반드시 불법인 것은 아니다. 예컨대 A 주식회사가 계열사인 B 주식회사로부터 과도하게 높은 가격으로 부품을 구입하면 A에서 B로 부당한 재산이전이 일어난다. 두 회사의 주주구성이 다르므로 그들에게 부당한 손익이 발생한다. 이런 일은 근절되어야 마땅하지만 법규가 미비하면 처벌할 수 없다. 미국과 같은 보통법 국가에서는 실정법상 명시 여부와 상관없이 이런 일은 처벌된다.

공정거래위원회는 부당 내부거래를 밀착감시하며 부당 내부거래로 적발된 기업에는 벌과금을 물리고 있다. H자동차는 계열사 부당지원과 관련하여 2008년에 공정거래위원회로부터 451억 원의 과징금을 부과받았다. 2010년에 법원은 H그룹의 총수가 계열사를 지원하기 위하여 H자동차에 큰 피해를 입힌 점을 인정하여 총수의 개인자산으로 700억 원을 배상하라는 판결을 내렸다. 부당내부 거래는 엄연히 불법이다.

## 4. 회계부정

이해당사자에게 기업의 상황 및 경영성과에 관한 정보를 알리는 가장 기본적인 수단은 기업회계다. 기업회계에 사용되는 복식부기는 인류 최대의 발명품이라고 불릴 정도로 유용하고 정교하지만 항목분류와 금액산정에 임의성이 끼어들 수 있어서 상당부분 인위적 조정이 가능하다. 같은 금액을 지불했어도 그것을 투자로 보느냐 경비로 보느냐에 따라 당기순이익이 달라진다. 고정비를 감가상각하는 방법도 큰 차이를 부른다. 경비를 어느 해에 계리하느냐에 따라서 연도별 성과가 크게 변할 수 있다. 실제로 많은 기업이 납세액을 가감하거나 연도별 실적을 조정하기 위해 내부 회계기준을 바꾸고 있다. 일반적으로 회계사들은 당기순이익을 조정하는 것에 큰 거부반응을 느끼지 않는다(Epstein, 2000).

GE는 웰치(J. Welch)가 최고경영자로 재임한 20년 동안 당기순이익이 일정한 비율로 꾸준히 증가했는데, 이에 대해 인위적 실적조정이라는 의심을 사기도 했다. 예상보다 이익이 많이 난 해에는 실적을 줄이고, 적게 난 해에는 실적을 늘리는 방식으로 조정을 했다는 것이다. 물론 GAAP가 허용하는 범위 이내의 합법적 처리였겠지만, 진정성의 측면에서 볼 때 회의적이고 이해당사자를 오도한다는 문제는 남는다.

탈법인 동시에 부도덕한 행위로 분식회계가 있는데, 이는 적극적으로 기업회계를 조작하는 것이다. 분식회계는 허위이며 위계다. 한국에서는 분식회계가 개발연대를 통틀어 대다수의 대기업이 상습적으로 시행한 공공연한 비밀의 하나였다. 외부감사를 맡은 회계법인의 묵인과 협조 없이는 불가능한 일이었다. 이로 인해 개별 기업의 이해당사자가 속은 것은 물론이고 국가 자원의 자원배분이 심각하게 왜곡되어 경제위기를 부른 원인 중 하나가 됐다.

2000년대 초에는 대규모 회계부정 사건이 일어나 온 세계를 떠들썩하게 만든 바 있다. 엔론(Enron), 월드콤(WorldCom) 등의 미국 기업과 파말라트(Parmalat) 등의 유럽 기업이 관련됐다. 누구나 최우량으로 꼽았던 기업경영이 모두 허위였음이

**| 도표5-3 주목받은 기업윤리 위반 사례(단위: 100만 달러)**

| 시기 | 제재국가 | 대상기업 | 벌과금 | 내역 |
|---|---|---|---|---|
| 2003 | 미국 | Citigroup 등 | 1000+ | Enron, WorldCom 회계부정 방조 |
| 2004~5 | 민사(미국) | Citigroup | 2650<br>75<br>2000 | WorldCom 투자자 집단소송<br>Global Crossing<br>Enron |
| 2004. 12 | 일본 | Citigroup 개인고객부 | 면허취소 | 주가조작·회계부정 방조, 자금세탁 협조, 고객 오도 |
| 2005. 6 | 영국 | Citigroup | 25 | 내부 정보를 활용한 국채 매매 |
| 2005. 8 | 미국 | KPMG | 456 | 수백 명 개인고객의 탈세 협조 |
| 2005. 11 | 미국 | 삼성, 하이닉스, Infineon | 645 | DRAM 가격 담함 |
| (2010. 5) | EU | 위와 같음 | 404 | 위와 같음 |
| 2007. 8 | 미국, 영국 | 대한항공, BA | 546 | 항공운임 담함 |
| 2007. 12 | 민사(미국) | Medtronic | 114 | 제품하자의 불투명한 처리, 제품하자로 인한 피해 발생 |
| 2008. 12 | 미국, 독일 | Siemens | 1600 | 수십 개 국가의 관료에 뇌물 공여 |
| 2009. 5 | 미국 | Halliburton | 579 | 나이지리아 관료에 뇌물 공여 |
| 2009. 6 | 민사(미국) | Shell | 16 | 나이지리아에서 인권 침해 |
| 2009. 9 | 미국 | Pfizer | 2300 | 지정용도 외에 진통제 판촉, 의사들에게 향응과 금전 제공 |
| 2009. 12 | 한국 | LPG 6업체 | 351 | 가격 담함 |
| 2010. 5 | 미국 | Goldman Sachs | 550 | 자산거래 불투명성으로 인한 고객의 이익 침해 |
| 2010. 7 | 민사(미국) | AIG | 725 | 연금투자자 오도 |
| 2010. 12 | 미국 | Deutsche Bank | 553 | 미국시민의 탈세 방조 |

*이는 예시를 위하여 임의로 고른 사례를 정리한 것일 뿐이며, 적시된 기업이 기업윤리상으로 특별히 문제가 크다는 의미는 아니다.*

밝혀졌고, 관련 기업은 하루 아침에 주저앉았다. 가공자산이 수십억 달러에 이르는 엄청난 규모의 회계분식이었다. 경영진이 무거운 처벌을 받기는 했지만, 미국과 유럽의 경제가 흔들렸고 기업계 전체의 도덕성이 도마 위에 올랐다. 그 와중에 엔론의 외부감사기관이었던 세계 최대 회계법인 아서 앤더슨이 해체됐는데, 이는 기업윤리와 직업윤리를 모두 망각한 탓이었다. 〈도표 5-3〉은 부도덕하고 비윤리적인 기업행위로 세상의 주목을 받은 일부 사례를 예시한 것이다.

## 5.3 기업의 도덕적 책무

윤리적 기업으로서는 해서는 안 될 일이 있고, 꼭 해야 할 일도 있다. 내부 직원과 외부 주민의 인권과 안전을 보장하는 것은 기본일 것이다. 많은 시민이 동물 보호에도 관심을 보이는 것이 현실이다. 윤리기준은 해당 지역사회의 가치관에 크게 좌우되는데 해외에서는 특별한 주의가 필요하다.

### 1. 양호한 종업원 처우

종업원으로 하여금 적정한 노동조건과 편안한 작업환경 속에서 일할 수 있게 해주는 것은 생산성 향상의 측면에서만 따져도 당연한 일처럼 보인다. 그러나 여러 가지 이유로 개발도상국에서는 이런 일이 잘 실행되지 않는다.

　이와 같은 현실에서 나이키에 납품하는 아시아의 공급업체가 아동노동을 고용한 것이 세계적으로 주목을 받았다(〈사례 2-2〉). 그 뒤로 다국적기업은 자체 작업장뿐만 아니라 개도국의 공급업체에서도 적정한 근로조건이 유지되도록 감독하는 책임을 안게 되었다.

## 근로조건

나이키는 그 사건 이후 근로조건에 대한 자체 강령을 만들어 공급업체에게 준수할 것을 요구하고 있다. 유엔의 범세계적 협약 10개 항 가운데 4개가 노동조건에 관련된 것이다(〈도표 2-1〉). 1990년대 말에 영국에서는 각종 소비제품이 괜찮은 작업환경에서 만들어져야 한다는 사회인식이 강하게 일었다. 그 취지에 동감하는 다수의 대기업, 노동조합, 시민단체가 연합하여 '윤리적 거래 연합(Ethical Trade Initiative)'을 만들고 행동강령을 제정했다. ETI 활동에 적극적인 M&S는 공급업체에 강령을 스스로 준수함은 물론 그들의 거래업체에까지 적용하도록 독려한다.

인권의식이 약한 개도국에서는 원하지 않는 사람을 잡아다가 가둬놓고 강제노역을 시키는 일도 있었다. 외부와 단절된 작업장에 근로자를 조밀하게 배치하고 화장실도 마음대로 가지 못하게 하는 사례도 많았다. 기숙사에 가두어 놓고 외출을 통제하기도 했다. 소위 '땀받이 공장(sweat shop)'으로 알려진 작업장의 현실이 그러했으며, 대중매체를 통해서 그 실상이 보도된 바 있다. 서양의 매스컴이 잘 닿지 않는 오지의 국가, 그리고 국토가 특히 넓은 인도나 중국에서는 아직도 이런 일이 근절되지 않은 것으로 추측된다.

미국은 여러 인종이 섞인 '신선로 사회(melting pot)'이기 때문에 직장에서의 차별에 대해 유난히 예민하다. 지금은 대부분의 국가에서 미국의 예를 좇아서 능력이나 성과를 제외한 다른 기준의 차별을 일절 금지한다.

〈도표 5-4〉는 여러 행동강령에서 내세우는 양호한 근로조건의 내용을 종합한 것이다. 이는 최소한을 기재한 것에 지나지 않으며, 개별 기업에는 이보다 나은 조건을 제시하도록 권장된다.


## 작업환경

급성장하는 중국 경제의 이면에 낮은 임금과 열악한 환경에 시달리는 많은 근로자가 있다는 사실이 가끔 언론에 보도된다. 예컨대 〈뉴욕 타임스〉는 '잘려나간 손가

■ **근로조건**

① 자유의지로 취업하고 퇴사한다. 근로 관련법이 규정하는 바에 따라서 고용을 보장 받는다.

② 근로시간은 지나치게 길지 않아야 하고, 초과근무를 강제 당하지 않는다. 근무 중에도 생리적으로 필요한 일을 자유롭게 행할 수 있다.

③ 최소한 생계유지가 가능할 정도의 급여를 받는다. 법규에 규정된 각종 혜택도 지원된다.

⑤ 업무와 관련되지 않은 어떤 다른 이유로도 차별받지 아니한다.

④ 폭력 혹은 폭력의 위협에서 자유롭다.

⑥ (14~5세 이하의) 아동은 고용되지 않는다.

■ **작업환경**

① 위생적이고 안전한 근무환경을 조성한다.

② 안전사고를 방지하기 위해 필요한 조치를 취한다.

③ 작업자는 정기적으로 건강과 안전의 유지에 대한 교육을 받는다.

④ 안전한 마실 물과 위생적인 화장실을 확보한다.

⑤ 기숙사가 제공될 경우에는 깨끗하고 안전한 환경과 기본욕구를 충족하는 시설을 갖춘다.

*다양한 행동강령의 내용을 종합한 것이다. 이는 최소한의 조건이며, 하나의 예시에 지나지 않는다.*

락, 낮은 임금이 판치는 중국의 공장'이라는 기사에서 월마트, 디즈니, 델 등의 미국 기업에 공급되는 상품의 제조과정이 어떤 문제점을 안고 있는지를 지적한 바 있다(2008a).

개발도상국에서는 열악한 작업환경이 필요악처럼 여겨져 온 게 사실이다. 한국에서도 개발연대를 통틀어 청계천 상가, 구로동 공단 등지의 열악한 근로환경이 사회적 갈등의 원인이 됐다. 이제는 구매업체의 입김 때문에도 그런 상황은 용인되기 어렵다. 비용이 들어도 작업환경을 개선하지 않을 수 없다.

쾌적한 작업환경을 조성하는 일에 대해서는 선진국에서도 관심이 높다. 미국은 1960년대 말에 직업안전건강청(OSHA)을 설치하여 기업의 근무환경을 감시하게 하고 있다. 이 기구는 작업장의 안전장구는 물론이고 사무실의 환기상태까지 확인하기 때문에 모든 기업을 긴장하게 한다. 미국에 진출하는 한국 기업은 이 점에 주의를 기울일 필요가 있다.

## 2. 인권보호

10개 조항으로 이루어진 UN 범세계적 서약은 인권보호로부터 시작한다. UN 인권헌장과 같은 국제규범을 준수하고, 누구와도 인권침해의 우려가 있는 일을 도모하기 위해 결탁하지 말아야 한다고 적시한다.[23]

지역개발 사업 혹은 천연자원 채굴의 경우에는 자주 지역주민의 이해와 충돌한다. 그와 같은 대규모 사업은 국가경제에 큰 영향을 미치기 때문에 해당국 정부의 지원을 받는 일이 흔하다. 그런데 지역주민의 반대를 무릅쓰고 사업을 시행하다 보면 인권침해 행위가 일어날 가능성이 적지 않다. 아프리카의 앙골라, 남미의 콜롬비아, 아시아의 인도네시아와 같은 나라는 여러 가지 자원이 풍부한데, 이런 나라에서 다국적기업의 사업 욕심과 정정의 불안이 결합되어 말썽이 일어나는 일이 흔하다.

나이지리아는 인구가 많고 석유자원이 풍부한 나라이지만 정정이 불안하기로도 이름이 나 있다. 석유에서 나오는 수입을 두고 정부와 반군이 심한 갈등을 빚고, 시민단체는 환경파괴에 대해 우려의 목소리를 높이며 항의한다. 석유회사로서는 공권력의 힘을 빌려 작업장의 안전을 확보할 수밖에 없는데, 그 과정에서 지역주민에 대한 인권침해가 쉽게 발생한다.

셸이 채굴권을 갖고 있는 나이지리아의 유전에서 특히 갈등이 심했다. 1990년대 초에 무력충돌이 발생하여 80명이 사망하고 500여 채의 가옥이 불타는 일이 일어났다. 반군의 공격과 지역주민의 극심한 반발에 부닥친 셸은 분쟁지역에서 철수했지만, 현지 정부가 체포한 환경운동가(Ken Saro-Wiwa) 및 8인을 교수형에 처하도록 방조했다는 비난을 받았다. 나중에 셸은 피해자의 유족이 미국 법원에 제기한


23 1948년 UN 총회에서 채택된 '만국 인권선언(Universal Declaration of Human Rights)' 은 1조에서 "모든 인류는 자유롭도록, 그리고 존엄과 권리에서 동등하도록 태어났다"고 선언하고 있다.

손해배상 소송에서 1600만 달러를 지급하기로 합의했다(2009년).

소비자 보호에 관한 규범은 선진국과 개도국 사이에 상당한 차이가 있다. 그래서 다국적기업은 이중잣대를 사용하기도 한다. 필립 모리스(Philip Morris)는 2008년에 미국 밖의 영업을 분리해 별개의 회사(PMI)로 독립시켰는데, 이는 미국에서 소비자와 여론의 압력을 피하면서 개도국에 대한 제품판매를 강화하기 위한 전략이었다. 환경에 관한 규정도 선진국과 개도국 사이에 큰 차이가 있다. 그래서 기업이 오염물질을 개도국으로 실어 나른 뒤에 폐기하는 일도 있다. 이런 일은 법적으로는 문제가 없더라도 윤리적 측면에서는 시비의 소지가 많다.

한국 기업도 해외에 나가 자원개발 사업을 벌인다면 동일한 입장에 처할 수 있다. 물론 국내의 개발사업에서도 지역주민과 충돌하는 일이 간혹 발생한다. 개별 기업으로서는 옳고 그르고를 떠나서 이미지 손실을 입지 않기 위해서는 이런 점에 유의할 필요가 있다.

## 3. '동물복지'

2008년 3월에 한국에서 미국산 쇠고기 수입에 반대하는 촛불시위가 온 나라를 뒤흔들었다. 그 발단은 어느 TV 방송의 과장보도였는데, 과장의 핵심은 '주저앉는 소(downer cow)'를 일으켜 세우기 위해서 '걷어차거나, 물을 뿌리거나, 지게차로 밀어붙이는' 장면이 담긴 영상이었다. 그 영상은 어떤 시민단체가 관급 도축장에서 몰래 촬영한 것으로, 그해 초에 미국 언론을 통해 공개됐다. 이 영상으로 인해 한국에서는 '광우병 공포'가 초래됐지만, 미국에서는 의회의 청문회가 열렸으나 광우병은 거론되지 않고 '동물학대'만 쟁점이 됐다. 〈월스트리트 저널〉은 비디오에 등장하는 사람이 '동물학대죄(animal cruelty)'로 5년 이상의 징역형을 받을 가능성이 있다고 지적하기도 했다.

일부 선진국에서는 이 사례에서처럼 가축이건 야생동물이건 동물을 학대하는 행위에 대해 매우 엄하다. 인류의 생존을 위해 도축이 불가피하긴 하지만 살아있는 동물을 학대하거나 필요하지 않은 살생을 하는 것은 시비의 대상이 된다.

햄버거 체인인 버거킹(Burger King)은 자유로운 상태로 길러진 닭과 돼지로부터 생산된 달걀과 돼지고기의 구매비중을 공급사정이 허락하는 한도까지 높이겠다고 선언했다. '동물복지(animal welfare)'를 추구하는 시민단체는 버거킹의 이런 조치에 대해 환영한다면서 다른 대형 음식업체도 동참하기를 기대한다고 밝혔다. 보디 숍은 화장품의 부작용을 확인하기 위해 동물을 실험대상으로 삼는 관행을 배척한다. 프랑스의 여배우 바르도(B. Bardot)는 오랜 세월에 걸쳐서 모피 옷을 반대하고, 이를 위해 적극적으로 시위에도 참가한다.

영국의 백화점 M&S는 1990년대부터 놓아기른 닭이 낳은 달걀만 공급해 왔다. 이 백화점은 2007년부터는 'A계획(Plan A)'이라는 이름으로 친환경 경영을 강화했다. 이에 따라 '동물복지'를 내세우면서 닭, 돼지, 소와 같은 가축이 자유로운 상태에서 건강하게 사육된 경우에 한해 이런 가축의 식육을 구매한다는 원칙을 지키고 있다(〈사례 8-4〉).

## 4. 해외영업

세계화 시대의 기업은 국경을 무시하고 활동한다. 한국의 기업은 1990년대 초부터 경쟁적으로 해외로 진출했다. 그 뒤로 한국에서도 기업의 해외영업이 일반화됐다. 기업의 해외영업과 관련된 윤리문제로는 크게 보아 두 가지가 있다. 하나는 현지에서는 합법이지만 본국에서는 불법이거나 비윤리적인 행위의 문제이고, 다른 하나는 현지의 법규와 가치관이 본국과 동일하다고 착각해서 실수하는 경우의 문제다.

### 적법한 부도덕
개발도상국은 인권이나 환경에 대한 규정에서 선진국보다 훨씬 느슨하다. 기업이 진출한 개발도상국에서 지켜야 할 규정이 까다롭지 않다면 비용에서 혜택을 볼 수 있다. 다국적기업이 개도국에 진출하는 이유가 비용절감에 있다고 보면, 다국적기업으로서는 현지 규정을 최소한으로만 지키려는 유인을 갖게 된다.

인권침해나 노동착취가 일어날 가능성은 위에서 언급한 바 있다. 재해에 대한 보상금이 낮은 것을 기화로 안전시설에 등한할 수도 있다. 관련 규정이 미비한 점을 틈타서 오염물질이나 온실가스를 함부로 배출할 수도 있다. 발암물질이 함유된 의약품, 농약, 자재를 판매하거나 마음대로 사용할 수도 있다.

개도국 현지의 규정 미비에 편승해 일반적으로는 배척되는 행위를 하는 것이 당장은 가능할지 모르지만, 그랬다가는 언젠가는 나이키의 경우처럼 시민단체의 저항에 부닥칠 수 있다. 일단 문제가 불거지면 타격이 큰 만큼 미리 대비하는 것이 좋다.


## 의식의 문제

해외사업 경험이 적은 기업은 외국의 규정, 관행, 윤리기준, 가치관이 국내와 동일한 것으로 생각하여 실수하는 일이 자주 있다. 게임의 규칙이 어디에서나 똑같다고 착각하는 것이다. 이는 세상이 다양하다는 사실을 의식하지 못하는 자기 위주의 사고방식 때문이다.

근로환경에 대한 명시적 규정, 거래처를 접대하는 관행, 직장동료 사이의 관계 등 여러 가지 측면에서 해외와 국내는 많이 다르다. 종업원 고용과 노동조합에 대한 규정도 같지 않다. 인간관계만으로도 많은 일이 해결되는 나라가 있는가 하면 모든 것이 명시적 계약에 따라야 하는 나라도 있다. 'Yes' 와 ' No' 라는 대답이 실제로 의미하는 바가 지역이나 나라에 따라 다르다는 것은 잘 알려진 얘기다. 직장에서 남녀 사이의 성적 농담에 대한 허용 폭에서도 크게 차이가 난다. 은행 직원이 점포에 침입한 무장강도를 제압하면 한국에서는 '용감한 시민' 이 되지만 미국에서는 '즉시해고 감' 이다. 미국의 길거리에서 처음 보는 어린이가 귀엽다고 해서 어루만지다가 큰코다칠 수도 있다.

게임의 규칙이 다른데도 같다는 착각을 하고 그런 착각을 행동에 반영하면 결과는 자칫 탈법 아니면 부도덕이다. 비윤리적 기업행위가 초래하는 처벌과 이미지타격의 정도는 나라 별로 크게 다르다. 한국은 온정주의의 전통과 사법체계의 특성상 잘못에 대한 용인의 폭이 유난히 넓다. 그러나 이른바 '보통법(common law)'의 전통을 갖고 있는 영미계 국가에서는 잘못이 발각되면 상상을 초월할 정도로 무거운 처벌이 내릴 수 있다. 윤리기준도 엄격하게 적용된다. 때문에 사소한 잘못으로 인해 큰 망신을 당할 수도 있다(〈사례 5-4〉). 미국의 기준이 세계규준(global standards)이 되는 어쩔 수 없는 현실을 고려하여 어느 나라에 가서든 우선 조심하고 볼 일이다.

**사례 5-4　부정한 정치헌금에 대한 제재**

미국에서 다수의 한국 기업이 연방 하원의원 선거에 출마한 교포 정치인(Mr. Kim)을 위해 헌금한 것이 문제가 된 적이 있다. 참고로, 미국은 주에 따라서는 기업체의 이름이나 외국인의 이름으로는 정치헌금을 하지 못하게 하고 있다. 한 언론이 이 사건을 아래와 같이 보도했다.

지난 몇 년 사이에 (K, H, D, S, H 등) 다섯 개의 (한국계) 기업이 김 씨(Mr. Kim)의 1992년 선거운동을 돕기 위한 불법적인 기부를 한 사실에 대하여 유죄를 인정했다. 그들의 기부금은 모두 합쳐서 2만 8500달러였지만 벌금은 160만 달러에 이르렀다. (…)

설령 김 씨의 선거운동원들이 기업의 정치헌금이 불법인 것을 몰랐다고 하더라도 한국상사협회(Korean Traders Club)는 그런 사실을 알았음이 분명하다. 이 협회는 1992년에 2천여 회원상사 앞으로 보낸 안내장에서 김 씨의 선거운동을 위하여 10만 달러를 모금할 계획임을 밝히면서 "회사의 자금을 사용할 때는 (법적) 문제를 피하기 위해 미국 시민권자 혹은 미국 영주권자의 명의를 사용하라"고 권장했다. (〈파 이스턴 이코노믹 리뷰〉, 1997년 5월 15일)

이 사례에서처럼 단체를 통해 불법행위를 모의하는 것도 문제이고, 그렇게 모의한 내용을 문서화하는 것도 무감각한 일이므로 문제다. (안영도, 1999)

이러한 문제를 해결할 수 있게 해주는 지침은 '본국과 현지의 법규와 윤리기준을 모두 준수하는 것' 이다. 모토롤라(Motorola)의 윤리강령은 "당신이 본사에 근무하지 않는다고 해서 본사의 윤리강령을 무시해도 좋은 것은 아니다" 라고 명시적으로 밝히고 있다(BW, 2002).


## 5.4 기업윤리의 확보

개별 기업이 대내외적으로 도덕성을 확보하기 위해서는 도덕성에 대한 최고경영자의 관심이 무엇보다 중요하다. 그리고 도덕성과 관련해 전사에 걸치는 효율적 관리 시스템을 확립할 필요가 있다. 다양한 구성원이 두루 책임성 있는 언행을 하도록 유도하고 복잡한 이해당사자 관계를 현명하게 조정하는 데 각별히 유의해야 한다.


### 1. 정도경영 시스템

3장에서 임직원의 윤리성을 감시하고 확립하는 일은 이사회의 기능 가운데 하나라고 지적했다. 이사회의 주문을 실천하는 일은 경영진이 담당한다. 기업윤리는 가치관에 바탕을 두고, 가치관은 기업문화에서 나온다. 기업문화의 성격은 최고경영자의 리더십에 의해 규정된다. 기업윤리의 확립은 한마디로 최고경영자의 책임이라고 할 수 있다.


### 언행일치의 리더십

"훈장이 '바담 풍(風)' 하면 학동도 '바담 풍' 하고 따라한다" 는 옛말이 있다. 마찬가지로 기업 조직의 구성원은 최고경영자의 가치관을 따르고 최고경영자가 행동하는 대로 따르는 경향이 있다. 회사가 윤리적 기업이 되려면 임직원의 행위가 모두 윤리적이라야 한다. 그러기 위해서는 무엇보다 먼저 최고경영자 자신의 도덕성이 요구된다. 비윤리적 지도자가 추종자에게 도덕성을 강조하면 겉으로는 문제가 없는 듯이 보여도 언젠가는 큰 사고가 터진다.

전통적으로 우량경영을 자랑하던 GE는 웰치(J. Welch)의 지휘 아래에서 최고의 전성기를 누렸다. 웰치의 핵심 방침에는 경영자의 언행일치(integrity)가 놓여 있었다. 그는 임직원에 대한 평가의 기준으로 업무성과보다 바른 가치관을 먼저 꼽았다. 윤리성은 결여하고 있는데 성과가 빼어난 직원은 '대형 사고의 시한폭탄'이라고 그는 생각했다.

21세기 초에 기업계를 뒤흔든 엔론(Enron) 사건은 부도덕한 경영진 때문에 일어난 일이었다. 내막이 알려지기 직전까지 엔론은 경영대학의 사례연구에서 단골로 거론될 정도로 사회책임 경영과 탁월한 경영성과로 이름을 날렸다. 덕분에 엔론은 자본시장을 속일 수 있게 되어 주가가 지속적으로 상승했고, 그래서 자본조달에 아무런 문제도 없었다. 그러나 그 모든 것이 정교한 회계부정에 토대를 둔 것임이 밝혀지자 엔론의 주식은 하루아침에 휴지가 됐고, 경영진은 기소되어 무거운 형벌을 받았다. 경영진은 너도나도 "나는 몰랐다"고 발뺌했지만, 구체적인 사실을 인지했는지의 여부를 떠나서 그들은 '부도덕한 기업문화'에 대한 책임을 면제받을 길이 없다.

윤리를 벗어난 경영은 경영진 스스로에게도 도움이 되지 않는다. 한국의 재벌오너는 예외이지만, 회사기율이 확립된 기업이나 나라에서 비윤리적 경영자는 오래가지 못한다. 투명한 사회에서는 이해당사자가 그런 경영자를 가만두지 않기 때문이다. 아메리칸 에어라인(AA)은 경영성과가 좋지 않아서 오랫동안 어려움을 겪었다. 이 기업은 2003년에 부도를 내기 직전의 상태에서 임금삭감에 대한 노동조합의 양보를 얻어내는 데 성공했다. 그러나 경영진이 자신들에 대한 여러 가지 특혜장치를 마련해 놓은 사실이 나중에 알려졌다. 종업원이 반발한 것은 물론이고 비난

여론의 압력이 거세어져 결국 최고경영자가 쫓겨날 수밖에 없었다(WSJ, 2003).

경영자의 리더십은 말이 아닌 행동에서 나온다. 그래서 웰치는 경영자들에게 늘 "말하는 대로 행동하라(to walk the talk)"고 주문했다. 엔론의 경우에는 신입사원은 모두 윤리강령에 서명하게 되어 있었지만 정작 이사회와 경영진은 그 윤리강령을 어겼고, 이에 따라 그 윤리강령은 아무런 의미도 없는 종잇조각이 되고 말았다.

## 윤리 확보 전담기구

엔론 사건이 발생하기 전에 미국에서 윤리 관련 전문기구가 실시한 설문조사에서 직장인의 43%가 언행일치의 측면에서 상사가 모범을 보이지 않는다고 답한 바 있다(BW, 2002). 오히려 목표달성을 위해서는 윤리기준을 어겨도 된다고 생각하게 하는 압력을 느낀다는 것이었다.

한국 사람은 집단의식이 특히 강하여 가족을 위해서나 회사를 위해서 대의(大義)에 어긋나는 일을 하기로 비교적 쉽게 결정한다. 회사를 위해 탈법행위를 하는 임직원의 예는 각종의 기업 스캔들에서 예외 없이 발견된다. 한국에서는 어느 조직에서나 상부의 압력이 없어도 하급자가 조직의 이익을 위해 도덕성에 어긋나는 행위를 할 가능성이 다분하다.

국내외를 막론하고 정도경영은 이제 기본적이고 필수적인 이행사항이 됐다. 사회책임 경영을 이사회와 최고경영자의 수준으로 끌어올리는 것은 이제 다국적기업 사이의 추세다. 윤리경영에는 경영진의 솔선수범이 필요조건이지만 그것만으로 충분하지는 않다. 윤리의 확립에 대한 책임을 지는 공식기구를 만들어 운영할 필요가 있다. 실제로 국내외의 많은 기업이 사회책임 전담기구를 만들어 '책임임원'을 지정하고, 더러는 '최고지속가능성책임자(CSO)' 라는 타이틀을 주기도 한다.

## 윤리강령 및 매뉴얼

인간은 법규와 윤리기준을 아전인수식으로 해석하는 경향이 있다. 불법이나 부도덕이라는 의심이 들어도 괜찮을 것이라고 합리화한다. "다들 가는 길이니 내가 따라가도 문제가 없을 것"으로 여기기도 한다. 그래서 '착실한' 임직원도 곧잘 부도덕한 일에 말려든다. 한 전문가는 부적절한 일을 합리화하는 네 가지의 방식을 지적한 바 있다(Gellerman, 1986). 그것은 다음과 같이 생각하는 것이다. ① 똑 부러지게 위법이거나 부도덕한 것은 아니다. ② 기업에나 개인에게 최선의 선택이다. ③ 발각될 가능성이 없다. ④ 회사를 위한 일이니 문제가 생기면 회사가 보호해줄 것이다.

아전인수식 해석이나 회색지대에서 생길 수 있는 혼란을 막기 위해서는 윤리규정을 명문화하는 것이 확실한 길이다. 실제로 J&J를 비롯한 일부 기업은 오래전에 윤리강령을 만들어 지켜왔고, 사회책임이 강조되는 근래에는 대다수의 대기업이 윤리강령을 만들어 가지고 있다. 대한상공회의소의 설문조사에 따르면 기업규모에 상관없이 한국의 기업 중 80%가 윤리강령이나 윤리헌장을 채택한 것으로 확인된다(2006a).

윤리강령에 반영되어야 할 내용에 대해서는 많은 조언이 있다. "의심이 들면 하지 않는 것이 안전하다"는 내용을 넣으라는 조언을 한 예로 들 수 있다. 기업 관련 법규가 복잡한 한국에서는 의심이 들게 하는 일은 자칫 탈법이 될 수도 있기 때문에 조금만 의심이 들어도 재차삼차 확인해 보고 하는 것이 좋다(상의, 2007a). 임직원의 행위가 법적 혹은 사회적으로 문제가 될 때 회사가 해당 임직원을 보호해 주지 않을 것임을 윤리강령 등을 통해 미리 확실하게 알려야 한다는 조언도 있다.

버핏은 임직원에게 "다수를 무조건 따라가서는 안 되며, 지역신문의 1면에 실려도 마음이 편안할 일이면 해도 된다"를 판단의 기준으로 삼으라고 말한다.[24] 버핏은 종업원과 주주에게 정기적으로 메시지를 보내는 것으로도 유명한데, 적어도

-----

24 버핏은 2006년에 버크셔 해서웨이의 고위 간부들 앞으로 보낸 서신에서 이렇게 말했다. "The five most dangerous words in business may be 'Everybody else is doing it.'" (WSJ, 2006)

2년에 한 번은 그 메시지에 윤리경영에 관한 내용이 포함된다.

개별 기업으로서는 선도기업이나 관련단체의 표준강령을 참고하는 것이 유용하다. 대한상공회의소도 윤리경영에 관한 자세한 매뉴얼을 준비해 놓고 있다 (2007b, c).

## 이해상충

전문직종에는 엄격한 직업윤리가 있는데, 이해상충(conflict of interest)의 입장에 빠지지 않는 것도 그중 하나다. 어느 하나의 법무법인이 원고와 피고를 위해 동시에 변론하는 것은 금물이다. 엔론 사건에 연루되어 아서 앤더슨이 해체된 것으로써 회계법인이 경영자문을 맡는 것은 이해상충임이 확인됐다. 경영자문 사업을 맡기 위해서 회계감사를 소홀히 할 수 있기 때문이다. 공무원이나 공적 감독기관의 직원이 퇴직 후에 바로 관련 업종에 속하는 기업에 취업하는 것도 이해상충과 관련된 직업윤리 위반이라고 볼 수 있다. 자기가 퇴직 후에 어떤 기업에 취업하게 될 것을 예상할 수 있으면 재직 중에 그 기업에 특혜를 주게 마련이기 때문이다.

하버드 경영대학원은 2009년에 졸업자들로 하여금 'MBA 선서'를 낭독하게 했다. "이제는 경영도 전문직종이 되어야 한다"는 주장을 받아들인 것이다. 전문직종(profession)의 정의는 표준화된 지식과 기술, 공적인 인허가, 직업윤리라는 세 가지 요소로 구성된다. 하버드 경영대학원은 경영자의 직업윤리를 명시적으로 확립할 필요가 있다는 취지에서 그렇게 한 것이다.

경영자의 윤리가 따로 있다면 그 첫째 항목은 '주주와 고객의 이익을 존중한다'일 것이다. 2009년에 미국을 시끄럽게 만든 경영진 보수체계도 직업윤리에 관한 사항이 된다. 경영자가 경영성과와는 아무런 상관없이 '터무니없이 높은 급여'를 받는 것이 미국 기업관행의 한 특징이다. 이는 경영자가 자신의 보수를 스스로 결정할 수 있는 지위를 악용하여 자신에게 돌아오는 혜택을 늘리면서 주주가치를 줄어들게 만드는 행태가 쌓여서 굳어진 관행이다. 이런 사실을 두고 드러커(P.

Drucker)는 생전에 사회적 재난을 키우는 일이라고 거듭 지적한 바 있다.

기업 차원에서 이해상충을 지양하게 하는 일은 경영진의 책임이다. 임직원이 개인적으로 이해상충에 빠지는 것을 방지할 필요성도 감안하여 정도경영 시스템이 설계되어야 한다. 인간은 누구나 사익을 추구하게 되어 있으므로 기업과 개인의 이해가 충돌하면 개인으로서 거의 틀림없이 사적 이익을 추구하기 때문이다.

월마트의 창업자인 월턴(S. Walton)은 임직원의 부적절한 행동은 비효율은 낳기 때문에 고객가치를 파괴하는 것이라고 여겼다. 월마트의 가치제안은 '언제나 저렴한 가격'인데 사사로운 정이 개입되면 거의 틀림없이 비용증가의 원인이 된다는 것이었다.[25] 예컨대 납품업체와 개인적으로 가까운 직원이라면 자기도 모르게 그 기업에 후한 가격을 지불할 소지가 있다. 말하자면 고객가치와 제3의 이해당사자의 이익이 충돌하는 것이다. 월마트는 전통적으로 임직원과 이해당사자 사이의 관계설정에 대해 매우 엄격하다.

우선 월마트는 임직원이 외부로부터 접대나 선물을 받는 것을 금한다. 해외 현지의 관습상 어쩔 수 없이 받은 선물은 동료직원과 나누거나 월마트 재단에 기증하게 한다. 거래업체가 월마트 재단에 출연을 하거나 월마트의 이름으로 기부를 하는 것도 금지된다. 친인척, 가까운 친구, 퇴사 후 3년 이내인 전 임직원 등이 관련된 회사와 거래하는 것도 삼가게 되어 있다. 거래업체나 경쟁업체의 주식지분을 보유하거나 그런 업체로부터 보수를 받는 것은 엄격히 제한된다. 상사가 부하직원과 데이트하는 것도 해서는 안 될 일이지만 불가피한 경우에는 윤리위원회와 상의하도록 하고 있다(2010a).

월마트는 또 임직원이 공개되지 않은 기업정보를 이용하여 개인적 이익을 취하는 것을 금하고 있다. 이는 보다 일반적으로는 내부자 거래(inside trading)로 불리

---

25 월마트의 입장에서 보면 '언제나 낮은 비용(Every Day Low Costs)'만이 '언제나 저렴한 가격(Every Day Low Prices)'을 가능하게 하기 때문이다.

는 행위를 금하는 것이다. 특별한 지위에 있게 된 덕분에 입수하게 된 정보를 활용하여 개인적 이익을 도모하는 것은 비윤리적 행위로 취급되는 것이다. 공무원이 자신만이 아는 도시계획 정보를 활용하여 부당한 이익을 취하는 것과 주선인(broker)이 사자는 가격과 팔자는 가격의 차이를 활용하여 초과이익을 취하는 것은 불법이다. 회사의 임직원이 내부정보에 의존하여 직접 혹은 간접으로 자사의 주식을 매매하는 것도 범법행위다.

## 절대적 무관용

대기업은 조직이 복잡하고 임직원의 수가 많다. 구성원의 일거수일투족을 일일이 확인할 방법이 없다. 감독의 효율성을 높이기 위해서 두 가지 방법을 생각해 볼 수 있다. 첫째는 적발의 가능성을 높이는 방법이고, 둘째는 벌칙을 강화하는 방법이다.

임직원의 윤리성 여부를 확인하는 감사는 정기적 혹은 부정기적으로 실시할 수 있다. 그런데 정기감사는 조사받는 사람이 부적절한 행위를 중지하거나 은폐할 시간을 준다. 시기와 빈도의 측면에서 예측을 불가능하게 하는 것이 적발의 가능성을 높인다. 부정기적 감사는 언제 감사가 있을지를 짐작할 수 없게 하기 때문에 부적절한 행위를 억제하는 데 그만큼 효과가 크다. 혐의가 있으면 특별감사도 실시할 수 있다. 버핏은 "아주 약간의 구린 기미만 보여도" 즉시 확인하여 큰 사고를 예방한다.

윤리경영의 전문가들은 '절대적 무관용(zero tolerance)', 즉 부적절한 행위에 대한 예외 없는 처벌이 바로 윤리경영 확립의 지름길이라고 강조한다. 월마트는 '범세계 윤리본부' 라는 윤리경영 전담기구를 두고 있고, 최고준법책임자를 임명하며, FBI와 CIA 출신자를 포함한 수백 명의 조사관을 보유하고 있다. 혐의가 있는 임직원에 대해서는 정밀조사를 벌이고 응분의 조치를 취한다. 공금을 개인용도로 쓴 부회장, 400달러짜리 보드카를 선물받은 마케팅 임원, 동료의 전화통화를 도청한

| 도표5-5 GE의 리더십 강령

| **'진정성 위의 재무성과'를 기업문화로: Performance-with-Integrity Culture** |
| --- |
| 원칙 1: 진정성 · 언행일치에 일관되게 몰입하는 리더십 확립 |
| 원칙 2: 진정성 · 언행일치를 경영절차와 일체화 |
| 원칙 3: 범세계적으로 적용할 GE의 윤리기준 정립 |
| 원칙 4: 변화하는 범세계적 추세와 사회의 기대보다 앞서갈 조기경보 시스템 구축 |
| 원칙 5: CFO및 CSO에게 동반자이자 가치수호자(guardian)의 역할 부여 |
| 원칙 6: 진정성에 대한 전 직원의 열성 및 경각심 배양 |
| 원칙 7: 종업원에게 발언의 기회를 주고 그들의 목소리를 경청 |
| 원칙 8: '진정성 위의 재무성과'에 대한 인센티브 부여 |

*자료: Heineman 2008에서 요약 인용*

컴퓨터 기술자, 부하직원과 성관계를 맺은 조사관 등이 예외 없이 해고됐다. 월마트의 윤리강령에는 위반시 언제라도 해고될 수 있음을 명시하고 있다.

GE는 오래된 전통에 따라 임직원의 진정성(integrity)을 더없이 강조하고, 무관용의 원칙을 적용한다. 〈도표 5-5〉는 20년 가까이 GE의 최고법무책임자로 일한 사람이 GE의 윤리경영 지침을 요약한 것인데, 이것을 보면 GE가 얼마나 진정성을 중요시하는지를 알 수 있다. 진정성의 출발점은 최고경영자를 포함한 경영진의 언행일치임은 부연설명의 필요가 없을 것이다.

## 2. 도덕성 위기의 관리

기업을 경영하다 보면 뜻하지 않은 사고가 발생하기도 한다. 임직원이 실수할 수도 있고, 기업의 활동이 지역사회에 피해를 줄 수도 있다. 상품이 유통과정에서 오염되거나 설계상의 흠결이 발견되기도 한다. 사고가 일어난 다음에는 그 사고 자체는 어쩔 수 없는 일이지만 수습은 경영진에게 달렸다. 잘못 관리하면 기업 이미지를 망친다. 당연히 최선을 다해서 수습해야만 할 것인데, 그 '최선'은 진정성에서 나온다. 최대한 짧은 시간 안에 진실을 밝히고, 기업보다는 사고의 영향을 받는 당사자의 이익을 먼저 보호해 주어야 한다.

정보화 사회에는 어차피 비밀이 없다. 사고의 전말이 어떠한지, 누구의 잘못인지는 이내 밝혀진다. 소비자를 포함한 각종 이해당사자는 기업경영도 인간의 일이기에 실수가 불가피함을 인정할 수 있다. 그래서 사고 자체보다는 수습하는 경영진의 태도를 더욱 중요시한다. 솔직하게 모든 일을 밝히고 진지하게 수습하면 사고를 당한 것이 오히려 기업 이미지를 개선하는 전화위복의 계기가 될 수도 있다.

자동차, 냉장고, 컴퓨터 등 내구소비재의 경우는 구조적 결함이 종종 문제가 된다. 그럴 때에는 소비자의 안전을 위해서라도 결함의 내용을 신속하게 공개하고 무상으로 수리해(recall) 주어야 마땅하다. 많은 나라에서 법규로 하자제품에 대한 리콜을 의무화하고 있기도 하다. 그럼에도 이미지 실추와 비용 부담을 꺼려하여 망설이는 경우가 많다. 미쓰비시(Mitsubishi)는 자동차 차체의 결함을 알고도 숨겼다가 큰 망신을 당한 바 있고 그때 경영성과가 부진의 늪에 빠졌다(2002년). 미쓰비시의 미국 법인은 조직적 성적핍박의 혐의를 받아 미국 연방정부로부터 고발을 당한 바 있는데, 그런 사실 자체를 부인하면서 길거리 시위까지 벌였다가 문제를 오히려 악화시켰다. '품질의 도요타' 라던 도요타는 제품의 하자를 숨기려다가 대규모 리콜이 불가피한 상황을 자초하여 이미지에 심각한 타격을 입었다(2010년).

도덕성 위기를 현명하게 수습한 사례로는 1980년대의 타이레놀 사건에 대한 J&J의 대응이 꼽힌다. 타이레놀 사건은 어떤 이가 소매점에 진열된 J&J의 의약제품 타이레놀에 고의로 독극물을 주입하여 몇 사람이 사망한 사건이었다. 사고 자체는 시카고 지역에 국한된 것이었지만 J&J는 막대한 비용을 투입하여 미국 전역에서 타이레놀을 회수했다. 그 덕분에 '고객의 건강을 무엇보다 우선한다' 는 J&J의 기업 이미지가 굳어졌고, 타이레놀은 진통제의 대명사로 더욱 확고하게 자리 잡았다(〈사례 14-3〉).

타일레놀 사건이 일어났을 때 J&J가 이렇게 대응한 것은 위기관리의 전범(典範)이 됐다. 2000년에는 IBM이 극히 일부의 랩톱 제품에 사소한 문제가 있는 것으로 드러나자 그런 사실을 널리 알리고 자발적인 리콜을 실시하여 그런 일도 오히려 고객의 신뢰를 높이는 계기로 만들었다. 한국에서도 이와 비슷한 일이 있었다. LG전자의 전기밥솥과 삼성전자의 냉장고가 각각 폭발하는 사고가 있었는데, 두 회사 모두 J&J식으로 대응하여 이미지 훼손을 면한 적이 있다. 현명한 위기관리의 구체적인 방법은 14장에서 다시 다룬다.

## 3. 다양성 관리

세계화된 환경에서 개별 기업은 다양한 계층의 종업원을 고용하게 된다. 우선, 사업의 범위를 세계화하다 보면 가는 곳마다 현지인을 임직원으로 고용해야 한다. 다음으로, 기능·직급별 인력의 수급을 맞추다보면 국내 인력만으로는 부족할 수도 있기 때문에 채용의 모집단(母集團)을 넓힐 필요가 있다. '범세계적 인재확보전쟁'이라는 말이 통용되는 것이 현실이기도 하지만, 한국의 경우에는 이에 더해 고령화 문제도 갈수록 심각해지고 있다.

마지막으로, 기업의 경쟁은 한마디로 혁신의 경쟁이라고 할 수 있는데, 그 출발점은 구성원의 다양성에 있다고 볼 수도 있다. 혁신은 색다른 아이디어에서 시작되는데 같은 배경을 가진 집단 속에서는 색다른 아이디어가 나오기를 기대하기 어렵다. '인적자원의 다양성 확보'가 전략적 선택이 되어야 하는 것이다.

### 차별금지

기업이 다양한 배경을 가진 종업원을 고용하고 있다면 차별대우는 금물이다. 대다수 국가에서 법으로써 직장에서의 차별행위를 금하고 있다.

직원을 채용하고 부림에 있어서 능력, 자격, 업무성과 등을 기준으로 평가하고 차별적으로 대접하는 것은 필수적이다. 그러나 그 밖에는 어떤 차별도 금지된다. 인적자원 관리에서의 차별은 업무 외의 모든 기준, 즉 종족, 피부색, 국적, 출신지역, 가계(家系), 성별, 임신 및 출산 여부, 연령, 사회적 계급, 종교, 학력, 신체조건, 소득수준, 성취향, 결혼 여부, 군필 여부 등이 모두 관련된다. 차별의 내용은 채용, 배치, 급여 및 부가혜택(fringe benefit), 승진, 휴가 등의 제반 인사관리 분야와 두루 관련된다.

차별이 심각한 사회문제로 대두된 나라로는 먼저 미국을 꼽을 수 있다. 미국에서의 차별은 흑백차별이 발단이었으나 지금은 직장에서의 각종 차별이 매우 예민한 사회적 문제가 되고 있다. 불경기 때 특정 집단이 우선적으로 해고되는 것, 승진과 관련해 보이지 않는 장벽(glass ceiling)이 특정 집단에 적용되는 것 등이 흔히 차별의 내용으로 지적된다. 유색인종은 물론이고 여성, 동성애자, 특수종교 신자 등에 대한 차별이 미국에서 자주 사회의 주목을 받는다. 대체로 피해를 보았다는 전현직 종업원에 의한 배상청구 소송을 계기로 기업 내 차별이 사회문제화하며, 이런 경우에는 사실 여부에 상관없이 해당 기업이 타격을 입는다.

미국 소송제도의 특성상 개인과 기업 사이의 시비는 거의 언제나 기업에 불리하게 결말이 난다. 페덱스(FedEx)는 흑인과 남미계 직원을 백인과 차별했다는 이유로 5400만 달러의 합의금을 배상한 바 있다(2007년).

경영자의 차별적 발언이 사회적 물의를 일으킬 수도 있다. 신입사원 후보자를 면접할 때 차별을 암시하는 질문을 하면 소송의 대상이 될 수 있다. 예컨대 "대학을 언제 졸업했나?"라는 질문은 연령차별 시비의 빌미가 된다. 정치인을 비롯한 사회지도층 인사가 흑인을 "니그로(Negro)"라고 지칭했다가 곤욕을 치른 경우도 많다. 꽤 유명한 라디오 토크쇼 진행자(D. Imus)는 대학의 흑인 여자 운동선수들을 가리켜 "멍청한 깔치"라고 불렀다가 자리에서 쫓겨난 바 있다.

미국 외에도 나라마다 특별히 예민한 분야가 있다. 예컨대 무슬림 국가에서는 종교와 여성문제가 그렇다. 해외에 진출하는 기업은 각별히 유의할 필요가 있다.

한국 정부도 다양한 법률을 만들어 직장에서의 차별을 금지하고 있다(도표 5-6)). 머지않은 장래에 미국처럼 차별에 대한 소송이 크게 늘어날지도 모른다. 개별 기업으로서는 차별금지를 기업윤리의 일부로 확립할 필요가 있다. 일부 기업이 이미 실시한 것처럼 입사지원서에 출신지, 성별, 출신학교를 표시하게 하는 난을 삭제하는 것도 좋은 출발점이 된다.

## 소외계층 우대제도

어느 나라 없이 '남성은 사회활동, 여성은 집안관리' 형식의 분업이 전통이었다. 그러다 보니 현대의 직장에서 여성이 차지하는 비중이 턱없이 낮다. 이런 남녀간 차이 외에 특수한 사유로 인하여 전반적 인구분포보다 직장에서의 고용비율이 현저히 낮은 소외계층이 있다. 예를 들어 소수인종, 고령자, 퇴역군인, 장애인 등이 있으며, 이들은 대체로 '사회적 약자' 그룹에 속한다.

이런 왜곡된 현실을 바로 잡기 위해서는 인위적 규제를 가하는 것이 유효할 수 있다. 그래서 많은 나라에서 이른바 소외계층 우대제도(affirmative action)를 채택한다. 일정 비율 이상으로 사회적 약자 그룹을 고용하도록 의무화하는 것이다. 조직에 따라서는 자발적으로 소외계층 고용기준을 마련하기도 하는데, 이는 구성원의 다양성을 확보하기 위한 방편이다.

미국에서는 오래전부터 소외계층 우대제도가 시행되어 왔는데 부작용이 없지 않아서 요즈음은 이런 방향의 관심이 약해지고 있다. 반대로 한국은 소외계층 우대제도를 도입하는 시기에 있기 때문에 이런 방향의 관심이 점점 더 강해지는 추세다.

## 성적핍박

조직의 구성원 사이에는 사사로운 감정이 생길 수밖에 없는데 이성간의 애정도 그 중 하나다. 남녀간에 서로 좋아서 만나는 것이라면 개인적 일이겠지만, 상대방이

| **도표5-6 한국의 고용기회 관련 법률**

**1. 차별금지**
- 여성발전 기본법
- 남녀 고용평등과 일 · 가정 양립 지원에 관한 법률
- 경력단절 여성 등의 경제활동 촉진법
- 고용상 연령차별 금지 및 고령자 고용촉진에 관한 법률
- 장애인 차별금지 및 권리구제 등에 관한 법률

**2. 소외계층 우대**
- 고용상 연령차별 금지 및 고령자 고용촉진에 관한 법률
- 장애인 고용촉진 및 직업 재활법
- 국가유공자 등 예우 및 지원에 관한 법률

**3. 성적핍박 관련조항: 남녀 고용평등과 일 · 가정 양립 지원에 관한 법률**
- 정의: 사업주 · 상급자 또는 근로자가 지위를 이용하거나 업무와 관련하여 다른 근로자에게 성적 언동 등으로 성적 굴욕감 또는 혐오감을 느끼게 하는 것과 성적 언동 등에 따르지 아니하였다는 이유로 불이익을 주는 것
- 교육의무: 사업주는 성적핍박 예방교육을 실시해야 한다.
- 사후조치: 성적핍박이 드러난 경우에는 지체 없이 해당 행위자를 징계해야 한다. 피해근로자 또는 피해를 주장하는 근로자에게 불리한 조치를 취할 수 없다.

바라지 않는 성적 언행을 하는 것이라면 문제가 달라진다. 특히 지위를 이용해 성적 언행을 하거나 성적 요구에 대한 거절에 대해 보복하는 것은 '성적핍박(sexual harassment)'이라는 범법행위를 구성하게 된다.[26] 성적핍박이 드러나면 행위자뿐만 아니라 해당 기업까지 법적 책임을 진다(〈도표 5-6〉).

성적핍박은 여성의 사회진출이 증가하면서 매우 민감한 사회적 관심사가 됐다. 취업하는 여성이 급증함에 따라 한국에서도 성적핍박으로 인해 물의가 빚어지는

---

26 '성적핍박(sexual harassment)'이라는 말은 상급자가 하급자에게 성적 불쾌감을 주는 것과 같이 구조적인 경우나 기업 내부에서 조직적으로 일어나는 경우에 한정해 사용된다. 한국에서는 흔히 '성희롱'이라는 말이 사용되기도 하지만 이는 '남자 고등학생의 여교사 성희롱', '국회의원의 여자 아나운서 성희롱 발언' 등의 일반적인 성희롱(sexual assault)과 구분되지 않는다. 따라서 이 두 가지 용어는 구분해 사용하는 것이 좋겠다.

일이 일상사가 될 것이 거의 확실하다. 해외에서는 대중매체의 주목을 받는 사건이 수시로 발생한다. 미국의 고용기회평등위원회(EEOC)는 미쓰비시 자동차의 일리노이 공장을 성적핍박 혐의로 고발한 바 있다(1996년). 이 공장에서 남성 근로자들이 몇 년간에 걸쳐 400여 명의 여성 근로자를 희롱했는데 이에 대해서 회사가 아무런 조치도 취하지 않았다는 것이다. 처음에는 회사가 혐의를 완강하게 부인했고, 직원들을 동원해 항의시위를 벌이게 했다. 이에 잭슨(J. Jackson) 목사가 불매운동을 벌이면서 여론이 급격하게 악화되자 회사는 몸을 굽힐 수밖에 없었다. 미쓰비시 자동차는 이 사건으로 2년 이상 시달린 끝에 연방정부에 벌과금 3400만 달러를 내고 민사소송에서도 1천만 달러를 변상하기로 하고 사건을 종결지었다.

성적핍박은 그 특성상 남몰래 이루어지는 일이기 때문에 감시, 감독과 사실 확인이 어렵다. 그래서 한쪽 당사자가 성적핍박이 있었다고 주장하면 기업으로서는 그것이 허위임을 증명하기 어렵다. 거의 언제나 기업이 금전손실을 당하고 이미지에 타격을 받게 된다. 개별 기업으로서는 임직원에 대한 철저한 교육, 성적핍박 행위자에 대한 가차 없는 엄벌, 적절한 작업장 배치 등의 예방조치를 취하는 것이 최선의 방편이다. 소송으로 번지면 '성실한 주의와 철저한 사전예방'을 입증하는 자료만이 법정에서 항변의 근거가 될 수 있다.

## 6장

# 사회 마케팅과 이미지 개선

개별 기업은 각종 이해당사자와 연계되어 있는데 그들에게 비치는 기업의 모습은 여러 갈래로 경영성과에 영향을 미친다. 이웃과 사회를 배려하는 '착한 기업'으로 비치면 모두가 호감을 가질 것이므로 그런 기업 이미지는 재무성과 향상에 도움이 된다. 이와 같은 이유로 많은 기업이 사회책임을 홍보의 수단으로 활용하고 있다.

책임성 있는 기업이라는 이미지를 만들려는 노력은 단기의 효과보다는 장기의 효과, 유형의 혜택보다는 무형의 혜택을 추구하는 것이라는 점에서 전술적 혹은 전략적 사회책임 경영과 구분된다. 기업의 평판과 이미지를 개선하는 데는 전사적 노력이 필요하지만 마케팅의 일부로 그런 일이 추진되는 데 그치는 경우가 많다.

## 6.1 사회 마케팅의 개요

마케팅이라는 개념은 1950년대에 처음으로 일반화된 것으로 알려져 있다. 1970년대 초반에는 사회 마케팅(societal marketing)과 사회적 마케팅(social marketing)이라는 용어가 등장했는데, 이 둘은 전혀 다른 개념이다. 사회 마케팅은 사회책임을 수행하는 것을 통하여 이미지를 개선하려는 기업 마케팅의 한 방법이고, 사회적 마케팅은 마케팅 기법을 동원하여 사회 구성원의 행동양식을 바꾸려고 하는 노력이다.

## 1. 사회책임 차별화 기업

사회책임 개념이 일반화되기 훨씬 전에도 사회적 책임을 고유의 가치관으로 내세운 기업이 더러 있었다. 유한킴벌리는 1984년부터 '우리 강산 푸르게 푸르게' 라는 기치 아래 녹화사업 캠페인을 벌였다. 이 기업이 화장지 전문업체이기에 나무와 관련이 있기는 했지만 원료의 95% 이상을 폐지로 충당한다는 점을 고려하면 숲의 원상회복에 대한 의무감 때문에만 그렇게 한 것으로 볼 수 없다. 그게 아니었다. 당시의 최고경영자가 "경제적으로 성공하는 것 못지않게 사회적으로 인정받도록 행동하는 것도 중요하다"고 봤기 때문이었다(정혜원, 2004).

영국의 화장품회사 보디 숍은 1970년대에 창업할 당시부터 '자연화장품' 을 내세웠다. 보디 숍은 1980년대에 그린피스의 고래 보호 캠페인에 동참한 것을 시작으로 사회공헌과 자연보호에 적극적으로 나섰다. 여성의 존엄성 확보, 인권 보호를 앞서서 주창하고 야윈 여성 모델, 석유화학 향수, 화장품 동물실험 등에 반대하여 사회책임 경영의 대명사가 됐다. 창업자인 로딕(A. Roddick)은 영국 정부로부터 여기사(Dame) 작위를 받았고, 사후에도 '위대한 기업가' 라는 찬사를 받았다. 그 밖에도 B&J, 파타고니아(Patagonia), 팀버랜드(Timberland), 콘아그라(ConAgra) 등 일부 이름 있는 기업이 사회책임을 유난히 강조해 왔다.

자청하여 사회책임을 일찍부터 내세운 이런 기업들의 차별화 전략은 그 의미가 크다. 그렇게 함으로써 경쟁기업과 다른 기업으로 비치게 되면서 경쟁력을 강화할 수 있었다. 특히 보디 숍과 벤앤제리의 경우는 사회책임과 관련된 '차별성'이 초창기 성공의 핵심 열쇠였다.

## 2. 사회 마케팅의 내용

마케팅의 대가인 코틀러(P. Kotler)[27]는 기업이 사회책임을 강화하여 이미지를 개선하려는 사회 마케팅 노력을 여섯 가지로 분류한다(2005). 이런 노력은 홍보에 목적이 있는 만큼 기업의 본업과 관련된 고유의 행위와는 다소 거리가 있다. 다시 말해 의무사항이 아니라 임의사항인 것이다. 이런 노력으로 이루어지는 각각의 행위에서 추가적 비용이 발생하거나 매출손실이 일어나기 때문에 당장의 이익에는 부합하지 않지만 기업 이미지 개선에 도움이 된다.

코틀러의 분류를 참고하면 이런 노력은 크게 네 가지로 그 가닥을 잡을 수 있다. 각각의 구체적 내용은 2절 이하에서 살펴보기로 한다.

### 대의명분 추구

우선 사회 전체의 안녕과 질서를 유지하고 그 후생과 복지를 강화한다는 큰 목적 아래에서 구체적인 사업을 대의명분(cause)으로 선택하여 추진하는 노력을 꼽을 수 있다. 문제점이 널리 인식되지 않은 분야에 대한 일반의 인식을 제고하는 것이 주된 목적이다. 개별 기업이 직접 추진주체가 될 수도 있고, 공사 단체를 후원하는 방식으로 추진하기도 한다.

---

27 2009년에 한국을 방문한 적이 있는 코틀러(P. Kotler)는 가장 오래, 그리고 가장 널리 사용되는 마케팅 교과서를 저술하여 '마케팅의 대부'로 불린다. 그의 저서 《마케팅 관리(Marketing Management)》는 1967년에 초판이 나온 뒤에 중판을 거듭해 1984년에는 5판, 2009년에는 13판이 나왔다. 저자는 6장의 원고를 쓰는 과정에서 그의 저서(공저 포함)를 많이 참고했다.

### 사회적 마케팅

시민의 행동양식을 바꾸어 더 나은 사회를 만들고자 하는 노력으로 사회적 마케팅이 있다. 이는 특별한 행위에 초점을 맞추는 것이 보통이며, 그래야만 효과를 얻을 수 있다.

### 사회공헌

균형 있는 사회발전과 자연환경 보호를 위하여 금전을 출연하거나 임직원의 노력을 제공하는 일을 말한다. 새로운 문제를 제시하기보다는 잘 알려져 있지만 재원의 부족으로 고쳐지지 않는 문제의 해결에 도움을 주고자 하는 것이다.

### 가치활동의 책임성 강화

위의 세 가지는 모두 기업의 테두리를 벗어나서 취해지는 행위다. 기업은 내부에서도 여러 가지 가치활동을 벌이는데 이를 통해 각각의 내부 활동이 더욱 책임성을 갖추도록 운영절차를 개선할 수 있다. 그 내용은 에너지 절약, 책임성 있는 마케팅 등으로 매우 다양하다.

## 3. 사회 마케팅의 효과

차별화 전략은 기업이나 상표의 이미지를 남다르게, 이를테면 특별히 착하게 만들자는 것이다. '튀는 것'에 조명을 비추는 대중매체의 습성에 따라 차별화는 공짜 홍보(PR)의 효과를 얻을 수 있다. 보디 숍은 독특한 행적 때문에 대중매체가 앞 다투어 집중 보도했고, 그 덕분에 따로 홍보비를 지출할 필요도 없었다. 대학의 마케팅 교과서와 사례연구에 단골손님으로 등장하기도 했다.

여러 잡지와 각종 기구는 책임성이 강한 기업의 서열을 매겨서 크게 보도한다. 21세기에 와서는 공공기구, 기업, 시민단체가 두루 참여하는 WEF와 같은 범세계적 회합이 많다. 착한 기업의 경영자는 그런 기회에 초청되어 발언할 기회를 많이 얻는다. 착한 기업은 이래저래 공짜로 '효과 만점'의 대중적 홍보의 기회를 얻어 인기를 모을 수 있다.

사회 마케팅의 여러 기법은 특별행사(event)의 성격이 강하다. 언론의 보도에 좋은 소재가 된다. 공짜 홍보의 혜택을 누리면서 동시에 착한 기업이라는 이미지를 퍼뜨릴 수 있다. 인지도가 높아지고 이미지가 좋아지면 브랜드 자체에 가치와 힘이 실린다. 소비자는 '같은 값이면' 착한 기업의 제품을 선택할 것이고, 경우에 따라서는 프리미엄을 지불할 수도 있다.

이미지가 좋은 기업은 능력 있는 입사지원자를 모으기가 쉽고, 종업원의 사기도 높다. 효과적 전략과 효율적 관리도 기대할 수 있다. 평판이 좋은 기업은 기업 신용도 평가에서도 후한 점수를 받는다.

착한 기업은 사회책임 펀드가 투자대상으로 삼을 것이고, 은행에서 좋은 조건의 대출도 받을 수 있다. 정부의 신뢰를 확보할 수 있기 때문에 사업 인허가에서 우선적 대우를 받는다. 감독기관의 감시도 한결 느슨하여 준법비용이 줄어든다.

## 4. 사회 마케팅의 한계

사회 마케팅은 사회책임을 완수하면서 기업 이미지를 개선하자는 것이다. 그러나 이에는 현실적으로 상당한 한계가 있고, 자칫 부작용이 따를 수도 있다. 사회 마케팅을 통해서 단기적으로 홍보비용을 절감할 수도 있으나, 그 효과가 그렇게 크지는 않다. 또한 이미지 구축에는 장기간의 투자와 노력이 필요하고, 그렇게 해서 구축한 이미지가 매출액 증대에 미치는 효과를 직접 확인하기도 어렵다.

대한상공회의소의 설문조사에 따르면 응답기업의 81%가 이미지 개선을 사회 공헌의 효과로 꼽았지만, 63%는 그것이 매출액 증대에는 도움이 되지 않는다고, 74%는 그것과 주가는 무관하다고 응답했다(대한상의, 2006b). 이로부터 대부분의 기업이 사회 마케팅의 혜택이 직접적이기보다는 간접적이라고 인식하고 있다는 결론을 얻을 수 있다.

## 사회책임 혹은 수익성

코틀러는 사회 마케팅을 다룬 2005년의 공저서에서 사회 마케팅의 주제를 고를 때에는 사회의 요구나 기대만 고려할 것이 아니라 그에 따른 해당 기업 자신의 혜택도 고려하는 것을 첫 번째 과제로 제시하고 있다. 그러나 프리드먼을 포함한 일부 인사는 그와 같은 자세, 즉 '기업 자신의 혜택을 진짜 목표로 하면서 겉으로 사회책임을 내세우는 것'을 부도덕한 행위로 보기도 한다.

현실에서 흔히들 사회 마케팅을 '윈—윈 게임'이라고 부르고 간혹 '상생경영'이라고 부르기도 한다. 이런 말은 그 자체에 기업의 이익을 추구한다는 의미가 숨어 있다. 그래서 자칫 위선이라는 의심을 받을 수 있고, 실제로 위선인 사례가 많다. 설사 개별 기업이 진정으로 사회에 대한 기여를 목표로 내세웠다고 해도 외부의 이해당사자들은 그 진정성에 대해 의심을 품을 수 있다.

필립 모리스는 1999년에 사회공헌에 7500만 달러를 투자하고는 그런 사실을 홍보하기 위해 1억 달러를 썼다. 이런 까닭에 어느 사회책임 전문가(P. Hawken)는 다음과 같이 말한다. "그런 일은 사회적 책임을 수행하는 것이 아니다. 자신의 이익을 키우기 위해서 사회의 관념을 활용하는 것이다. 그런 기업은 자신의 행위가 책임성이 있다고 생각하도록 대중을 기만할 뿐만 아니라 스스로를 속이는 셈이다."(Makower 1994) 영국의 초콜릿 업체인 캐드버리(Cadbury)는 판매대금의 일부를 기부하여 학교에 체육기구를 공급하는 데 사용되게 하는 마케팅 방법을 채택했다가 "초콜릿 먹기를 장려하여 비만을 불러온다"는 비난을 받게 되자 중단한 바있다.

환경보호 운동의 추세를 타고 많은 기업이 녹색상품을 내세운다. 그런데 이런 경우에 소비자에게 지나친 경각심을 불러일으키는 반면에 상품 자체의 친환경성은 과장되는 경우가 적지 않다. 말하자면 소비자를 오도하는 셈인데, 이런 추세가 널리 퍼지다 보니 '녹색세뇌(greenwashing)'라는 말까지 만들어졌다(사례〈6-1〉). 현실에서 지나치게 많은 기업이 과도하게 '녹색상품'을 강조하는 바람에 일종의



캐나다의 환경 캠페인 단체인 테라초이스(TerraChoice)는 미국과 캐나다에서 판매되는 수천 개의 자칭 '녹색상품'을 골라서 사실 여부를 확인하고 결과를 발표한다. 일곱 가지 측면에서 대상 상품을 평가하고, 어느 하나의 측면에서라도 기준에 미달하면 그 상품에 '녹색세뇌'라는 딱지를 붙인다. 녹색세뇌(greenwashing)란 '상품을 공급하는 기업이 허위로 혹은 소비자가 오도되게끔 친환경의 특성을 내세우는 마케팅 수법'을 말한다.

테라초이스의 발표에 따르면 조사 첫 해인 2007년에 1000개의 '녹색상품' 가운데 99%, 2010년에는 5300개의 상품 가운데 95%가 녹색세뇌 상품이었다. 이런 상품의 문제점은 다음과 같다.

1. 진실의 일면만을 전달한다. 예컨대 생물성 연료는 삼림파괴 등의 부작용을 가져와서 오히려 환경에 손상을 입힐 수도 있다.
2. 공급기업의 주장이 신뢰성 있는 제삼자의 검증을 받지 않았다.
3. 주장이 막연하고 광범위하여 아무런 실제적 의미가 없다. '자연적(natural)', '무해한(non-toxic)' 등의 말만으로는 유익한 정보가 전달될 수 없다.
4. 무의미한 주장을 한다. CFC를 사용하지 않았다고 주장하는 경우가 있지만 CFC 사용은 어차피 법률로 금지되어 있다.
5. 작은 착함으로 큰 잘못을 덮으려고 한다. 유기농으로 재배된 담배가 이런 경우에 해당한다.
6. 허위의 사실을 주장한다. ISO 검증을 받지 않았는데도 ISO 인증서를 상품에 붙이는 것과 같은 일이 이에 해당한다.
7. 존재하지도 않는 기구의 검증을 받았다고 주장한다.

특정 단체의 주장을 덮어놓고 그대로 다 신뢰하는 것도 바람직하지 않다. 또 다른 환경단체는 테라초이스의 보고서 자체가 친환경 캠페인을 폄훼하기 위한 '근거 없는 녹색세뇌'라고 비난한다. 해당 보고서에 과장이 있을 수도 있다. 하지만 현실에서 '녹색상품'임을 내세우는 주장 가운데 절대 다수가 과장인 것도 사실이다. (참고: TerraChoice, 2010; GreenBiz 2010i)

'녹색염증(green fatigue)'이 생길 정도다.

사회 마케팅에 나서는 개별 기업으로서는 이런 점에 각별히 유의할 필요가 있다. 이를테면 '티 나지 않는 사회책임 활동'이라는 전술적 접근방안을 찾고, 과장은 일절 배격해야 할 것이다.


## 자기 말의 포로

포드자동차의 이사회 의장 포드(W. Ford)는 원래 개인적으로 모범생 같은 사람이기도 하지만, 2000년대 초에 포드자동차의 최고경영자로서 회사의 환경적 책임을 강조했다. 그러나 심각한 재정난으로 말미암아 그러한 자신의 말을 실천에 옮기지 못하여 곤경에 빠졌다. 포드자동차는 사회책임성 면에서 경쟁기업인 GM보다 앞서기는 했지만 최고경영자의 약속에는 못 미쳤기 때문에 비난의 표적이 됐다. 말을 꺼내지 않느니만 못했던 것이다. 착한 기업이 되는 것을 창업의 가치로 내걸었던 보디 숍은 때때로 행동이 뒤따르지 않는다는 지적을 받았다. 이에 보디 숍은 긴장하여 착해지는 노력을 더 많이 기울일 수밖에 없었다. 자신의 말이 굴레가 된 것이다.

포드자동차의 경우처럼 준비 없이 너무 앞서 나가면 문제가 생긴다. 자기가 한 말에 포로가 되어 사회책임 분야에 계속 투자를 해야 하기 때문이다. 섣불리 약속을 했다가 행동이 그에 미치지 못하면 그 약속이 부메랑이 되어 돌아오는 탓에 더 큰 망신을 당한다. 리바이스는 이런 일을 염려하여 면화 재배에 농약이 사용되지 않음을 완벽하게 확인할 때까지 자사의 청바지 제품을 '유기농 청바지'라고 홍보하지 않았다. 바나나를 공급하는 기업으로 잘 알려진 치키타(Chiquita)는 1990년대까지만 해도 악덕기업으로 꼽혔지만, 2003년에 어느 친환경 잡지에 의해 최우등의 친환경보고서를 작성한 기업으로 뽑혔다. 치키타는 '행동이 말해 줄 것이다'라는 철학에 따라 일체의 홍보를 생략하고 묵묵히 실천하면서 모든 사실을 투명하게 밝히는 것을 통해 인정을 받게 됐다. 절제와 균형감을 갖춘 사회 마케팅이 필요한 것이다.

**공동의 노력**

사회 마케팅은 공공의 이익을 앞세우는 일이다. 개별 기업의 노력만으로는 전체 사회의 후생과 안전을 증대시키는 데 영향력 측면에서 분명한 한계가 있다. 사회 마케팅이 기업의 수익성에 미치는 효과는 장기간에 걸쳐 나타나기 때문에 사회 마케팅을 위한 비용의 부담이 자칫 과다해질 수도 있다. 그래서 사회 마케팅에서는 서로 경쟁하는 기업 모두에 동일한 규칙이 적용되는 '균등한 경쟁지평' 이 실현되는 것이 바람직하다. 개별 기업의 사회 마케팅 노력은 공적 기구, 시민단체, 공급사슬, 경쟁기업 등과 연대하여 추진하는 것이 효과적이다.


## 6.2 대의명분 추구

사회마다 해결해야 하는 과제가 많다. 개별 기업은 평소에 소홀히 취급되는 특수 분야를 선정해 그 분야와 관련된 대의명분을 선정하여 내세움으로써 그 분야에 대한 시민의 관심을 유발하는 노력에 나설 수 있다. 이런 노력은 공익 캠페인, 대의연계 마케팅 등으로 구분할 수 있으며, 각각 사회후생이나 안전을 증대시려는 것이다.


### 1. 대의명분 내세우기

한 사회의 구성원이 두루두루 안온한 생활을 영위할 수 있으려면 수없이 많은 조건이 충족될 필요가 있다. 도덕과 윤리가 지켜져서 인간관계가 순조로워야 할 것이고, 청소년이 건실하게 성장하도록 그들에게 밝은 미래가 보장되어야 한다. 대부분의 사람이 기아와 질병의 공포에서 벗어나서 밝게 살 수 있어야 한다. 자연환경이 보전되어 일상생활이 쾌적해야 하고, 자연재해가 방지되어야 하며, 생태계가 균형을 이루어야 한다.

사회 전반과 관련되는 조건을 개선하는 사업은 대체로 정부의 소관사항이다. 의약업처럼 그런 일을 본업으로 수행하는 경우를 제외한다면 그런 일은 개별 기업이 꼭 해야 하는 일이 아니다. 본업이 아니라면 그런 일을 통하여 이윤을 얻기도 어렵다. 기업이 고유의 목적에서 벗어난 일을 한다면, 다시 말해 공익(公益)을 위해 어떤 일을 벌인다면 그것은 곧 대의명분(cause)을 좇는 것이다.

유한킴벌리는 일찍부터 녹화사업을 추진했다(〈사례 6-2〉). 녹화사업에 인적,


## 유한킴벌리의 녹화사업

아래는 '우리숲' 사이트에 게시된 내용이다.

"유한킴벌리는 우리강산 푸르게 푸르게 캠페인을 통해 지난 26년 동안 생태환경 보존을 위한 국·공유림 나무 심기, 숲 가꾸기, 자연환경 체험 교육, 숲/생태 전문가 양성, 연구조사, 해외사례 연구 등 숲을 중심으로 하는 다양한 활동을 펼쳐오고 있습니다.

국내에서는 건강한 숲을 만들기 위한 목적으로 1984년부터 국공유지 1538ha에 505만여 그루의 나무를 심었으며, 5977ha의 나무 1560만여 그루를 대상으로 천연림 보육, 어린 나무 가꾸기, 솎아베기 등의 숲 가꾸기 사업을 실시하여 총 7533ha의 숲을 조성하고 가꾸었습니다.

이러한 활동은 1998년 국민과 함께 하는 생명의 숲 국민운동, 1999년 평화의 숲, 동북아산림포럼, 2000년 한국내셔널트러스트, 2003년 서울그린트러스트 등 다양한 숲 보호 및 확장 운동으로 확산되는 계기를 제공하였습니다." (우리숲 홈페이지(www.woorisoop.org), 2010년 1월)

물적 지원을 아끼지 않았고, 환경보호에 대한 일반인의 관심을 높이기 위한 캠페인을 지속적으로 전개했다. 보디 숍은 동물실험을 배척함으로써 동물보호라는 대의를 추구했다. SK텔레콤은 이동통신 기업으로서의 특성을 살려서 '모바일 미아찾기', '청소년 문자상담', '재난 문자정보' 등 사회를 위한 특별 서비스를 제공하고 있다. 벤앤제리는 아이스크림을 인공물이 첨가되지 않은 것만 팔고, 일찍부터 지구온난화에 대한 경각심을 고취해 왔다.

식품업체 콘아그라(ConAgra)는 100여 개의 결식아동 후원 프로그램을 운영하거나 지원한다. 임직원이 참여하는 캠페인을 통해 미국에도 결식아동이 많다는 사실을 널리 알리고, 결식아동 후원에 다른 기업도 동참해 줄 것을 호소한다. 영국의 항공사 BA는 UN 아동기금(UNICEF)과 협력하여 불우아동을 돕는 기금 조성에 협력한다. 홍보용 비디오를 통해서 승객의 협조를 이끌어내고, 거스름돈으로 남은 외국통화를 모으기 위한 봉투를 승객에게 나누어 준다. J&J는 간호사가 턱없이 부족한 현실을 인식하여 간호사라는 직업의 이미지를 개선하고 간호사 지원자를 늘리기 위한 캠페인을 벌인다. 간호사 충원이라는 대의를 위하여 상당한 자금을 기부하기도 한다.

## 대의명분의 선택

대의 내세우기는 소홀하게 취급되는 분야에 대해 사회의 주의를 환기하는 것을 그 주된 목적으로 한다. 따라서 일반 시민이 잘 인식하고 있지 못한 분야를 고르게 된다. 대의 내세우기를 추진하는 기업은 스스로 금전과 물자를 지원하고, 홍보와 임직원 봉사활동 등을 통해 기여하며, 시민이나 다른 기업의 동참을 유도한다. 다루는 현안이 사회 전반과 관련된 것인 만큼 공공기구, 국제기구, 시민단체 등과 협력하여 다중의 참여를 유도하는 것이 효과적이다.

사회의 관심을 이끌어내어 개선해야 할 분야는 수없이 많다. 우선순위는 사회마다 다르고 시대에 따라 바뀐다. 인간은 언제나 더 나은 조건을 꿈꾸기 때문에 아무리 안정된 사회라고 해도 늘 새로운 욕구가 생긴다. 개별 기업으로서 선택할 수 있는 대상은 끝이 없다. 어떤 대의명분이건 고를 수 있다.

공익을 증진하거나 사회정의를 실천하는 일이 기업 고유의 업무는 아니다. 그러므로 이런 일을 추진하는 기업은 적은 비용으로 확실한 효과를 얻는 것이 좋고, 이왕이면 그 내용이 잘 드러나서 이미지 개선에 도움이 되어야 한다. 다수가 참여하는 큰 문제보다는 사각지대의 작은 문제에 집중하는 것이 좋을 수도 있다. 예를 들어 수많은 기업이 참여하는 유방암 예방 캠페인보다는 상대적으로 소홀히 취급되는 심장질환 예방 캠페인에 참여하는 것이 의미가 더 클 수 있다.

내세워지는 사회적 대의명분(social cause)은 기업활동과 직접 관련된 것일 수도 있고 그렇지 않은 것일 수도 있다. 어쨌든 이에는 장시간에 걸친 사회 전체의 노력이 필요하고 상당한 자금이 소요되므로 사업의 초점을 확실하게 해야 한다. 기업 이미지 제고가 목표라면 아무래도 기업 고유의 업무와 연관된 주제를 선택하는 것이 낫다고 할 수 있다. 선도하는 기업이 해당 분야의 전문성을 인정받는 경우라야 일반 시민의 호응을 이끌어내기 쉽다는 점도 참작할 필요가 있다. 유한킴벌리라면 종이, 펄프, 나무가 바로 연상되고 보디 숍이라면 화장품이 바로 연상되므로 각각 그러한 분야와 관련된 사회적 대의명분을 내세우면 기업 이미지 개선에 도움이 되는 직접적인 효과를 기대할 수 있다.

## 2. 대의연계 마케팅

대의연계(cause-related) 마케팅은 특정 상품의 매출액 중 일정 부분을 사회적 대의를 위해 사용한다고 공개적으로 선언하는 마케팅 기법이다. 이런 마케팅과 관련된 약속은 한시적으로 실행하는 것이 보통이고, 실행하는 과정을 시민단체나 공공기구와 공동으로 전개하는 경우도 많다.

1980년대 초에 아메리칸 익스프레스(American Express)가 아멕스 카드 결제액

중 일정 비율에 해당하는 금액을 '자유의 여신상'을 복구하는 데 사용하겠다고 약속한 것은 그 뒤로 마케팅 분야의 전설이 됐다(〈사례 6-3〉). 한국의 할인점 홈플러스의 모기업인 영국의 테스코(Tesco)는 매출액의 일부를 구매자가 원하는 학교에 컴퓨터를 지원하는 기금에 넣는다. 삼성전자를 비롯한 여러 한국 기업과 세계 각국의 상당수 기업이 '핑크 리본(pink ribbon)' 캠페인에 참여하여 유방암 퇴치 기금 적립에 힘을 보태고 있다. 자사의 상품이나 기념품을 판매하여 얻은 수익금 중 일부를 기부하는 것이다. P&G는 특수한 표시가 되어 있는 기저귀 묶음이 포장단위로 한 개가 판매될 때마다 산모와 신생아를 위한 백신을 유엔 아동기금에 기부하고 있는데, 2008년 말까지 7천만 개의 판매실적을 올렸다.

대의연계 마케팅은 미국 뉴욕에 본부를 둔 금융회사 아멕스가 1983년에 처음 선보인 것으로 알려져 있다. 아멕스는 정해진 캠페인 기간에 자사의 신용카드(Amex card)가 사용될 때마다 일정 금액을 적립하여 자유의 여신상을 수리하기로 했다. 이를 통해 3개월 동안 대략 200만 달러의 자금이 조성됐다. 그 기간에 아멕스는 카드 사용액이 27% 증가하고 신규 가입자 수가 10% 증가하는 혜택을 얻었다. 목표로 했던 대의가 이루어졌고, 그와 동시에 아멕스는 기업으로서 마케팅 효과를 톡톡히 거두었다.

　2001년에 9.11 테러 사건이 일어난 뒤에 안전 문제로 자유의 여신상 주위가 폐쇄되자 아멕스는 동일한 방법으로, 그러나 이번에는 안전시설 설치에 드는 비용을 조달할 목적으로 모금에 나섰다. 2003년 12월부터 2개월간 아멕스 카드가 사용될 때마다 1센트씩 총 300만 달러가 조성되어 기부됐다.

U2라는 아일랜드 록그룹의 일원인 보노(Bono)는 사회사업가로도 이름이 널리 알려져 있다. 그는 2006년에 레드[(RED)]라는 에이즈 퇴치기금 조성을 위한 캠페인을 시작했다. 이 캠페인은 (RED) 마크가 붙은 상품에서 창출된 이익금 중 일부를 에이즈 퇴치기금에 출연하는 것인데, 이 캠페인에 애플이 아이팟(iPod)을 가지고 참여하는 등 많은 기업이 동참했다. 덕분에 아프리카의 수많은 여성 및 아동 에이즈 환자가 도움을 받았다. 〈중앙일보〉는 이 레드 캠페인을 모델로 하여 2010년에 '행복 나눔 N' 이라는 운동을 시작했다. 이는 N 마크가 붙은 상품의 매출에서 나온 수익금의 일정 금액을 불우이웃 돕기 사업에 기부하는 것인데 대상, 롯데마트, LG생활건강 등의 여러 기업이 그 초기부터 참여했다.

대의연계 마케팅의 성공 여부는 소비자의 호응도에 따라 좌우되기 때문에 다수의 소비자가 공감할 수 있는 주제를 고르는 것이 중요하다. 성과가 좋으면 대의의 확립에 도움이 될 뿐만 아니라 매출액 증대도 기대할 수 있다. 사회 마케팅의 여러 가지 접근방안 중에서 대의연계 마케팅이 마케팅 본래의 취지에 가장 가까운 것이라고 할 수 있다. 대의연계 마케팅에 대해서는 소비자가 기업의 진짜 의도를 쉽게 읽을 수 있기는 하지만, 사회적 문제에 공감하는 시민이 많다면 좋은 반응을 기대해 볼 수 있다.


## 3. 사회적 마케팅


일상생활에서의 시민의 행동양식을 개선하면 사회의 안녕과 복지를 증진시킬 수 있다. 이렇게 되게 하기 위한 노력이 가정과 학교에서 이루어지고 있지만, 그것으로 모든 문제가 다 해결되지는 않는다. 또한 잘못된 인식과 왜곡된 정보로 인하여 바람직하지 못한 관행이 형성되기도 한다. 잘못을 고치기 위해서 공공기구 혹은 비영리단체가 캠페인을 벌이기도 한다. 이와 같은 사회적 마케팅은 기업의 고유 업무와 무관하지만, 기업이 이런 마케팅에 선도적으로 나서기도 한다. 그런 경우의 마케팅은 이른바 '기업에 의한 사회적 마케팅'이 된다. 이것은 '시민의 행동양식 변화'를 목표로 한다는 점에서 대의명분 내세우기와 구별된다.

한국과 중국에서는 과거에 정부가 가족계획을 크게 강조했다. 21세기에 와서는 두 나라 모두 과거의 가족계획과는 정반대 방향의 캠페인이 필요하게 됐다. 금연운동에는 각국에서 여러 기관과 단체가 나서고 있다. 절주, 음주운전 금지, 학교폭력 방지, 비만 예방, 절수(節水) 및 절전 습관 등도 캠페인의 목적으로 흔히 등장하는 사안이다. 매우 구체적인 것으로는 '안전띠 매기', '한 줄로 서기', '수미고(수고—미안—고마워) 운동', '만보 걷기'와 같은 캠페인도 선보인 바 있다.

사회적 마케팅은 전반적 행동양식의 변화를 추구하는 특성 때문에 개별 기업이 독자적으로 이런 마케팅을 실시하는 경우는 드물다. 기업으로서는 각종 기구 및 단체와 공동으로 주도하거나 이미 진행 중인 캠페인에 동참하는 형식을 취하는 경우가 많다. 목표 계층의 주의를 이끌어내야 한다는 점에서는 사회적 마케팅이 고객을 만족시켜야 하는 일반적인 기업 마케팅과 유사하므로 기업이 참여하면 사회적 마케팅에서 효율적 캠페인이 이루어질 수 있다. 마케팅 전략, 목표계층 및 소통채널 선택, 호소력 있는 홍보물 제작, 마케팅 인력 등의 측면에서 기업이 기여할 수 있는 범위가 매우 넓다. 또한 기업은 자체적인 마케팅 활동의 일부로 사회적 마케팅에 참여함으로써 추가비용의 발생을 막을 수도 있다. 어쨌거나 캠페인 주최자의 입장에서 보면 자금지원보다 기업의 마케팅 노하우가 더 큰 도움이 될 수도 있다.

미국의 P&G는 1990년대에 활발하게 전개된 '아기 바로 눕혀 키우기 운동'에 적극적으로 동참한 바 있는데, 이 운동은 유아의 질식사를 방지하기 위한 노력이었다. P&G는 이 운동과 관련된 안내문을 만들어 기저귀 제품에 부착했고, 다양한 홍보물을 만들어 여러 경로로 배포했다. 2000년대에 들어와 삼성전자는 폐기되는 프린터 토너를 자사의 비용부담으로 회수하고 있다. 환경을 오염시키는 물질이 함부로 버려지지 않게 하자는 취지에서다. 나이키는 저개발국의 빈곤한 주민을 도와주면서 생활양식을 건강에 도움이 되는 방향으로 고치도록 유도하려고 애쓰고 있다.

국내외의 많은 기업이 유방암 퇴치 사업을 지원하고 있기도 하다. 단순히 치료기금을 모으는 일이라면 대의연계 마케팅이 되지만, 예방이나 조기발견의 필요성을 홍보하는 일이라면 사회적 마케팅이 된다. 미국의 화장품 업체인 에이본(Avon)은 남보다 앞서 1993년에 이미 유방암에 대한 인식 제고와 조기발견 노력을 대의로 선정했다. 그 뒤로 에이본은 다양한 방법으로 유방암 퇴치에 노력하고 있는데, 그 방법에는 대의명분 세우기, 대의연계 마케팅, 사회적 마케팅 등의 요소가 두루 포함되어 있다.

에이본의 판매원들은 방문하는 곳마다 자료를 배부하고 고객을 교육한다. 회사의 기금(Avon Foundation)에서 연구, 진단, 치료를 위한 자금을 지원하고, 외부의 기금이나 캠페인에도 적극적으로 도움을 준다. 에이본은 '핑크 리본' 운동에 동참하여 입술연지, 양초 등 소품의 판매대금 중 50% 이상을 유방암 퇴치기금에 기부한다. 참고로, 에이본이 선정한 대의명분은 이 회사가 내세우는 말(slogan)인 "에이본, 여성을 위한 바로 그 기업"과 잘 부합된다.

대의명분 내세우기와 사회적 마케팅은 둘 다 사회 전체의 안정과 안녕을 위한 것이다. 기업의 입장에서는 이윤을 창출한 다음에야 고려해 볼 수 있는 일이다. 이에 비해 12장에서 다룰 '사회적 기업'은 사회개혁이라는 목표는 유사하지만 사회적 고려를 수익성보다 앞세운다는 점에서 사회 마케팅과 차이가 있다.


## 6.3 사회공헌

대의명분 내세우기나 사회적 마케팅이 특별한 주제에 대한 시민의 경각심을 고취하기 위한 캠페인이라면, 사회공헌은 비교적 잘 알려져 있는 사회적 현안을 해결하기 위한 노력에 부족한 자원을 보충해 주는 것이다. 사회공헌의 형태는 기부금, 프로그램 지원, 임직원 노력봉사 등으로 구분할 수 있다.

2011년 현재까지도 한국의 CSR은 비교적 단순하다. 사회에 대한 책임을 수행하는 측면에서는 이 절에서 취급되는 사회공헌이 대종을 이룬다. 〈도표 5-2〉에 열거된 대표적 대기업들의 지속가능보고서도 그 구체적 내용을 보면 사회공헌이 대부분이다. 전국경제인연합회가 발행하는 〈월간 전경련〉의 고정란 '기업의 사회공헌'에 소개되는 내용도 비슷하다.

## 1. 사회공헌의 범위

어느 사회이건 해결해야 될 과제는 수없이 많다. 시장경제의 특성상 경쟁에서 밀리는 취약계층이 반드시 있다. 당장 그들의 생계를 보장해야 할 뿐만 아니라 그들이 장래에 경쟁의 대열에 참여하기 위해 준비할 기회도 열어 주어야 한다. 그래야만 사회가 안정되고 경제가 발전한다. 자연적으로 발생하는 각종 재해로 인한 피해를 복구해야 하고, 가능하면 피해를 예방해야 한다. 이런 일은 원래 정부의 역할이지만 정부에만 의존할 수가 없고, 그렇게 하는 것이 바람직한 것도 아니다. 정부기능의 확대는 시장경제주의자가 가장 싫어하는 정부규모의 증대, 규제의 강화로 귀결될 수밖에 없다. 그러므로 기업의 입장에서 보면 자율적으로 문제를 해결하는 것이 유리한 대안일 수 있다.

경제논리를 떠나서 대부분의 인간은 '인간적'이다. 맹자의 지적대로 사람은 누구나 측은지심(惻隱之心)을 갖고 있어서 내 아이나 조카가 아닌 젖먹이라도 개울가로 기어가면 다칠까봐 붙잡아준다. 아마도 이런 이유로 '사회공헌'이 기업의 사회배려 행위 가운데 가장 초보적이고 오래된 것이겠다. 여기서 사회공헌(philanthropy)은 '기업이 대가를 받지 않고 사회적 약자를 돕거나 지역사회를 지원하기 위해서 금품이나 임직원의 시간 및 노력을 부담하는 행위'를 의미한다.

## 사회공헌의 내용

기업이 어느 정도의 사회공헌을 하는 것은 지역사회도, 해당 기업 스스로도 당연한 것으로 여긴다. 남들이 하니까 따라 하는 수동적인 경우도 많지만, 기업이 능동적으로 나서는 경우도 증가하고 있다. 한국에서 실시된 설문조사에 따르면 응답기업의 87%가 사회공헌이 필요한 것으로 인식하고 있다. 외부의 이해당사자인 시민은 기업의 사회공헌 수준에 대해 20%가 만족하고 45%는 그저 그런 것으로 여긴다(〈도표 6-1〉).

기업이 사회에 공헌하는 가장 손쉬운 방법은 아마도 금전이나 현물을 기부하는 일일 것이다. 취약계층에게 직접, 혹은 관련 단체를 통해 간접으로 금품을 전달하

---

| 도표6-1 한국기업의 사회공헌 활동

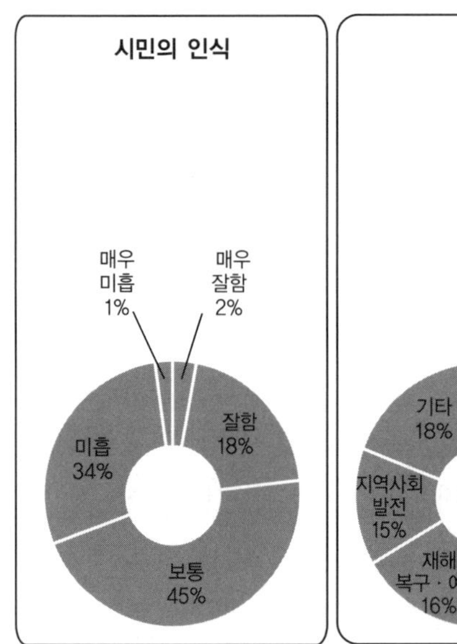


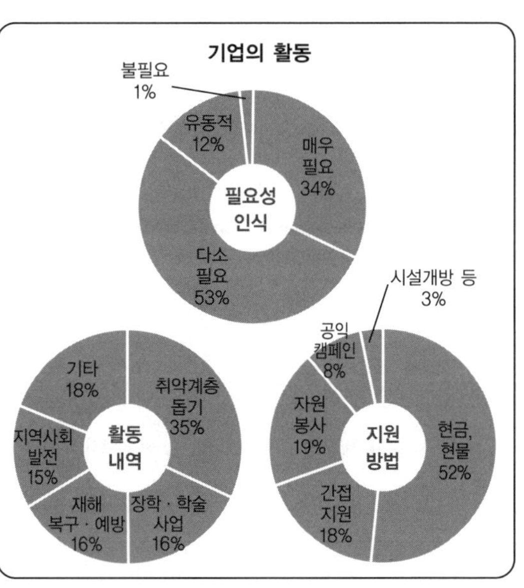


시민의 인식: 대한상공회의소 설문조사(전국의 성인남녀 500명 대상, 2007년 10월)
기업의 활동: 대한상공회의소 설문조사(제조업 대기업 234, 중소기업 229개 사 대상, 2006년 8월)

면 그것으로 끝나기 때문이다. 다음으로, 기업의 이름으로 재단을 만들어 금품을 출연하고 그 재단이 공익사업을 진행하는 경우도 있다. 사회성이 강한 특정 프로젝트를 기업이 꾸준히 지원할 수도 있다. 마지막으로, 기업이 임직원을 일시적으로 파견하여 불우이웃 돕기나 재난구호 등을 위해서 일하게 하기도 한다.

〈도표 6-1〉에 요약된 한국 기업의 사회공헌 활동 내역을 보면 취약계층 보살피기가 35%의 비중을 차지하고 그 밖에 장학사업, 재해복구, 지역사회 발전 등이 비슷한 정도의 비중을 차지한다. 지원방법은 직간접적 금품 지원이 70%로 대중을 이루고, 자원봉사는 19%를 차지한다. 2절에서 설명한 공익 캠페인에 대한 투자는 8%로 그 비중이 크지 않다. 〈사례 6-4〉는 일간지에 보도된 몇몇 기업의 사회공헌 활동의 내용이다.

## 사회공헌의 효과 및 한계

사회공헌은 대가를 받지 않는 재원의 지출이며 매출 없이 비용만 증가한다. 재무적 측면에서 보면 분명한 손실이다. 다만 대부분의 국가에서 유형적 기부금품에

---

**사례 6-4 울산의 주요 기업별 사회공헌 활동**

**현대자동차 울산공장:** 2007년 직원·가족 1만 1500명이 봉사활동 630회 참여, 회사는 연 20억 원 지원금 출연

**현대중공업:** 최근 14년간 사회복지기금 총 135억 5000만 원 지원, 직원이 불우가정 170곳과 자매결연해 매월 성금과 봉사활동

**삼성SDI 부산공장:** 35개 자원봉사팀 3200명이 '2촌(村)7교(校)'와 자매결연해 봉사, 임직원 2800명이 1만 1000개 후원계좌(사랑의 빛 펀드) 운영

**SK에너지:** 19개 자원봉사팀 1451명이 2007년에 1137회 봉사활동

〈조선일보〉 2008년 3월 20일)

---

대해서는 세액공제의 혜택이 주어지므로 기업의 실제 부담은 세율만큼 줄어든다. 예컨대 법인세율이 25%라면 1억 원을 기부한 결과는 기업이 7500만 원, 정부가 2500만 원을 각각 기부한 셈이 된다.

사회공헌으로 기업이 얻는 편익은 이미지 개선이라는 무형의 효과에 있다. 봉사대상이 지역사회인 경우는 종업원의 사기 혹은 복지와도 관련된다. 종업원 역시 지역사회의 일원이기 때문이다. 그러나 이런 효과에 따른 매출액 증대나 생산성 향상의 효과는 매우 불확실하다. 그러므로 회사의 주인인 주주의 동의를 받지 않고 실시할 수 있는 사회공헌에는 한계가 있을 수밖에 없다.

보수주의자는 기업의 기부에 반대한다. 주인의 허락 없이 경영진이 재산을 축내는 것이므로 선관의무에 어긋난다는 것이다. 따지고 보면 기업의 사회공헌, 특히 무상의 금품지원은 법적인 문제가 발생할 소지가 있다. 특히 '소송만능주의의 나라'라고 부름직한 미국에서는 조심스런 접근이 필요하며, 한국이라고 해서 이 점에서 안심할 수는 없다.

기업의 사회공헌이 특정 혹은 불특정의 대의사업을 위하여 금품을 기부하는 것에 그칠 수도 있다. 자칫 기부된 금품이 다른 용도에 사용될 수도 있다. 2001년의 9.11 테러 직후에 미국에서 피해자 유족에 대한 후원을 빙자한 '대의연계 마케팅'이 우후죽순처럼 등장했는데 실제로는 수익 증대를 위한 도구로 활용된 경우가 많아서 물의를 빚기도 했다(NYT, 2002).

기부금이 제대로 전달되는 경우에도 그것이 단발성, 시혜성으로 끝나기 십상이다. 이보다는 문제의 근원을 해결하는 방안이 더욱 효과적이다. 한국에서 연례행사처럼 이루어지는 재해의연금 모금이나 우연히 언론의 조명을 받게 된 몇몇 난치병 환자만을 돕는 일보다는 재해 방지와 의료서비스 개선을 제도적으로 도모하는 사업을 후원하는 것이 목적달성에는 더 바람직할 수 있다.

투명성이 확보되지 않은 대의사업이나 운영책임 기관이 정해지지 않은 막연한 기부는 그 효과 면에서 원천적인 한계를 가진다.

## 2. 금품의 기부

기업은 여러 가지 이유로 금품을 기부한다. 지역사회의 후생이나 국가사업을 위해 기부하기도 하고, 때에 따라서는 특정 국가를 지원하거나 범세계적 대의를 위해 기부하기도 한다. 기부의 수단은 현금, 현물, 시설 등으로 구분할 수 있다. 취약계층이나 지역사회에 직접 금품을 전달하기도 하지만 자선단체, 사회봉사 기금, 시민단체, 캠페인 기구 등을 후원하는 방식으로 기부할 수도 있다.

### 수시 기부

어느 사회에건 공익사업을 목적으로 모금을 하는 조직이 많다. 불우이웃 돕기나 낙후지역 발전 등의 다양한 대의명분이 제시된다. 연말연시와 같은 특별한 시기에는 이런 모금이 더욱 활발하다. 홍수, 태풍, 가뭄, 지진 등에 의한 자연재해가 발생하는 경우에는 공공기관이나 언론기관이 나서서 금품을 모집하기도 한다. KBS의 '사랑의 리퀘스트'처럼 상시적으로 기부를 촉구하는 방송 프로그램도 있다. 자의에서건 타의에 의해서건 대부분의 기업은 다양한 대의명분을 위해서 여러 경로로 기부금품을 출연한다.

적은 금액의 임의적인 수시 기부는 그 효과가 회의적인 경우가 많다. 한국의 '수재의연금'은 관리의 부실로 인하여 필요한 시기에 적절한 지원대상자에게 전달되지 않아 계속 물의가 일어난다. 투명성이 확보됐다는 미국 사회라고 해서 예외가 아니다. 연간 2500억 달러가 넘는 개인기부금이 각종 비영리단체에 배분되지만 그 가운데 불우한 사람들에게 전달되는 비중은 3분의 1에 불과하다는 연구보고도 있다.

### '3% 클럽'

기업의 기부금 출연은 임의사항이므로 거기에 일률적 기준을 설정할 수는 없다.

그렇더라도 개별 기업은 '일정 기준을 충족하라' 는 압력을 받기도 한다. 기업협의회, 사회봉사기금 등이 기준에 관한 결의를 하거나 선도기업이 눈에 보이지 않는 부담을 주기도 한다. 예컨대 순이익의 3%를 기부하자는 취지의 '3% 클럽', 사회공헌의 규모가 경상이익의 2%는 되어야 한다고 주장하는 '2% 클럽' 등의 임의단체도 많이 있다. 한국의 환경재단은 '만분(萬分) 클럽' 을 만들었는데, 2010년 현재 90여 개의 기업이나 단체를 이 클럽의 회원으로 확보하고 있다. 환경재단은 매출액의 1만 분의 1 기준으로 기부받아 확보한 이 기금으로 사회사업이나 환경보전 사업을 추진한다.

크게 신뢰성 있는 자료는 아니지만, 2004년의 세전이익 기준으로 기업이 사회공헌을 목적으로 기부한 금액의 비율을 국가별 평균으로 보면 한국 1.8%, 미국 1.7%, 일본 1.4%라는 통계가 있다(상의, 2007b). 미국의 '포춘 500' 기업들은 이 비율이 평균 1.3%인 것으로 알려져 있다(Cone, 2003). 어림잡아 말한다면, 안정적인 대기업이라면 경상이익의 1% 정도가 기부의 하한선이라고 볼 수 있다. 〈도표 6-1〉의 관련 설문에서도 80%의 한국 기업인이 경상이익의 1%를 기부의 적절한 수준으로 보고 있다.

금액만 놓고 보면 한국 기업의 기부 수준은 세계적이다. 그러나 그 자세한 내역을 살펴보면, 압축성장을 하느라 질적 내용을 충실히 갖추지 못한 한국 경제와 비슷하다. 기부를 통한 한국 기업의 사회공헌은 양적으로는 상당한 수준이나 질적으로는 많이 부족하다는 것이 상공회의소의 분석이다.


## 기업 메세나

문화유산, 공연예술, 미술작품 등은 공공재의 성격을 가지고 있다. 그래서 각국 정부는 문화예술을 특별히 지원한다. 문화예술은 사회성이 강한 만큼 이 분야에 기부금을 출연하고자 하는 개인이나 기업이 많고, 이 분야를 제도적으로 지원하자는 취지의 단체도 적잖이 결성된다. 문화예술을 적극적으로 후원하는 사회운동 단체의 하나로 메세나(mecenat)가 있다. 한국에서는 1994년에 '한국 (기업) 메세나 협의회'가 창립되어 기업의 동참을 촉구하고 있다. 이 협의회는 2010년 현재 204개 회원사를 확보하고 있다.

## 프로젝트 후원

대부분의 비영리단체나 시민단체는 공익 증진이나 소외계층 지원을 내세우고 각종 사업을 벌인다. 이런 단체의 특정 프로그램을 기업이 지속적으로 지원하기도 한다. 예를 들어 SK는 '장학퀴즈'라는 TV 프로그램을 1970년대부터 지원해 오고 있다(〈사례 6-5〉).

미국의 허니웰(Honeywell)은 무기 관련 제품 때문에 이미지가 나빴다. 허니웰은 1960년대 말에 특별사업부를 만들어 지역사회 생활여건 개선에 나섰다. 인근의 빈민촌을 재건축하여 싼 값에 주민에게 분양했다. 지역의 교육청 및 사회단체와 공동으로 미혼모를 위한 고등학교를 개설해 운영하기도 했다. 이런 활동의 효과로 허니웰은 사회에 많은 공헌을 하는 기업으로 이미지를 바꾸는 데 성공했다. "지역사회가 병들면 기업도 존립할 수 없다"는 것이 허니웰의 입장이었다(Makower, 1994).

## 시설 기부

기업이 자신의 비용부담으로 건축물, 공원 등의 시설을 만들어 지역사회나 학교에 기부하는 일도 일반화되어 있다. 국내의 웬만한 대학에 가 보면 기업의 후원으로 지어져 'OO관', 'XX홀' 등으로 기업을 상징하는 이름이 붙은 건물을 만날 수 있다. 21세기에 와서는 특히 서울의 사립대학 사이에서 그와 같은 기업의 후원을 유치하려는 경쟁이 치열하다. SK그룹은 1천억 원의 예산을 들여서 울산대공원을 건설한 바 있다. 이는 개발연대에 SK에너지가 자연환경에 미친 나쁜 영향에 대한 보상으로 봐야 한다는 주장도 있었지만 강제로 이루어진 일이 아님은 분명하다.

펩시콜라는 물을 대량으로 사용해야 하는 특성상 수자원이 부족한 나라에서 자주 시비의 대상이 된다. 특히 인도에서는 지하수가 콜라 제조에 많이 사용되기 때문에 인근 주민이 물 부족에 시달린다는 비난을 심하게 받았다. 문제점을 인식한 펩시는 능동적으로 대응에 나서서 기업 이미지를 오히려 크게 개선했다. 펩시는 인도 각지에 소규모 식수 댐을 만들어 지역사회에 기부하고 그것을 관리, 운영하는 방법을 지도하기까지 한다.

### 조건부 지원

기업에 따라서는 일정한 조건을 내걸고 기부하기도 한다. 자사의 홍보물이 섞인 교재를 무료로 제공하기도 하고, 기업 표지를 부착하는 조건으로 시청각 시설을 갖추어 주기도 한다. 코카콜라와 펩시는 학교 구내에서 자사의 제품만 판매하게 해 주는 것을 전제로 각급 학교에 대한 금품지원에 경쟁적으로 나선 바 있다.

개별 기업의 홍보를 전제로 한 금품지원을 사회공헌에 포함시킬 것인지에 대해서는 논란이 있을 수 있다. 어떤 이들은 이를 두고 '얄팍한 상술' 이라고 비난하기도 한다. 그러나 지원을 받는 학교는 분명히 혜택을 입는다는 점에서 이를 기업의 사회공헌에 포함시킬 수도 있다. 어차피 '상술' 과 '사회적 배려' 사이의 경계가 명확한 것도 아니다. '전략적 사회책임' 이라는 개념은 그 자체가 '줌으로써 얻자' 는 것이다.

## 3. 자원봉사

자원봉사는 기업에 소속된 임직원이 각종 사회봉사 활동에 나서는 것을 말한다. 기업체가 주관하는 경우도 있고, 직원이 개별적으로 참여하는 경우도 있다. 봉사의 내용으로는 환경정화, 불우이웃 보살피기, 청소년 교육, 직업교육 등이 있다.

거의 대부분의 한국 기업이 다양한 형태의 자원봉사에 동참하고 있다. 2007년 말에 전국적 반향을 불러일으킨 태안만 석유오염 수습을 위한 자원봉사가 대표적인 사례다. 그 밖에 기업의 임직원이 인근지역에서 독거노인 수발, 고아원 위문 등의 활동을 하는 일은 자주 언론에 보도된다(〈도표 6-2〉).

한국에도 진출해 있는 독일의 헨켈(Henkel)은 임직원의 자원봉사를 적극적으로 하는 기업으로 이름이 났다. 헨켈은 1998년에 '내일을 향한 발자취' 라는 이름의 자원봉사 프로그램을 처음으로 마련했고, 그 뒤로 첫 10년 사이에 5천 명의 임직원이 110개 나라의 7천 개소에서 지역사회 돕기 프로젝트에 참여했다. 물류업체인 UPS는 '글로벌 자원봉사 주간' 을 지정하여 그 주간에는 50여 개 나라의 임직원이 지역사회를 위해 봉사하는 동시에 고객과의 의사소통 채널도 확보한다. 마이크로소프트는 지역주민에 대한 정보기술 교육에 주력하고 있는데, 직원 개개인이 1년에 3근무일에는 회사에 출근하지 않고 자기가 사는 지역에서 봉사하도록 허용한다. 일본의 캐논(Canon)은 자원봉사를 위한 휴직을 1년까지 허용하고 그 기간에 급여의 20%를 지급한다.

---

**| 도표6-2 자원봉사의 보기**

태안만 오염제거 봉사활동(인터넷 2008)

고령주민 돌보기(조선 2008.3.20)

---

태안만의 경우처럼 재난수습을 위한 자원봉사는 일시적이고 단발적이다. 지역사회 주민을 돕는 일은 장기적으로 계속할 수 있다. 장기적으로 계속하는 지역사회 봉사활동은 직접적 이해당사자와의 관계개선에 크게 도움이 될 수 있다. 단순한 이미지 개선을 넘어 경쟁여건 개선의 효과를 기대할 수 있는데, 이 점에 대해서는 9장에서 다룬다.

어떤 경우이건 자원봉사는 임직원이 단체로 나서는 경우가 많아 임직원 사이에 비공식적 의사소통을 촉진하고 팀워크를 향상시키는 효과도 거둘 수 있다. 자원봉사가 직원의 리더십과 전략적 시각을 배양하는 데 도움이 된다는 주장도 많다. 이런 까닭에 영국의 보다폰(Vodafone)이나 스코틀랜드 로열 은행(RBS)의 경우에는 직원의 자원봉사 활동을 인적자원관리(HRM)와 연계하여 실시한다.


## 4. 공익재단 사업

국내외의 많은 기업이 여러 가지 형태의 공익재단을 만들고 이를 통해 사회공헌에 나서고 있다. 일반적으로는 별도 법인으로 재단이 설립되는데, 그러면 그 재단이 기업과는 별개의 조직체가 된다. 재단에 대한 기업의 기여는 설립자금을 지원하는 데 그칠 수도 있지만 대체로 금품이나 인력을 지속적으로 지원한다. 그러나 어떤 방식이든 재단의 운영은 기업으로부터 독립되는 것이 원칙이고, 실제로 독립된 경우가 많다. 아울러 기업의 사업과 관련성이 없는 분야의 대의명분을 재단의 존재이유로 설정하는 것이 이상적이다. 문화예술, 교육, 질병퇴치 등이 흔히 그러한 분야로 꼽힌다.

### 기업의 재단

근대적 형태의 기업이 본격적으로 등장하고 소유와 경영의 분리가 시작된 곳은 미국이다. 미국에서는 '기업은 정치에 대해서는 물론이고 사회적 현안에 대해서도 거리를 두는 것'이 전통이었다. 이는 법률해석과 사회관행에 따른 것이었다. 그러다가 1950년의 대법원 판결에 따라서 기업의 사회공헌이 가능한 것으로 법률해석이 바뀌었다. 그때 기업재단 설립에 대한 법적 장애가 없어진 셈이다.

그 대법원 판결 뒤로는 많은 미국 기업이 사회공헌 재단을 설립했다. 리바이스나 커민스 엔진(Cummins Engine)과 같은 회사는 출연금이 세전이익의 5%에 이를 정도로 사회기여 수준을 높였다. 엑손의 교육재단은 재원도 풍부하지만 기업과 완전히 독립되어 있다는 점에서 다른 사회공헌 재단 관계자들의 부러움을 사기도 했다. CSR 선도기업으로 알려진 나이키나 노보 노르디스크도 기업재단을 설립해 운영한다.

한국의 재벌도 1970년대부터 앞 다투어 문화재단을 설립했다. 삼성과 관계 그룹은 1965년에 출범한 삼성문화재단을 비롯하여 공익재단, 복지재단, 호암재단 등을 순차적으로 만들었다. 1994년에는 삼성사회봉사단을 출범시켰다. LG그룹도 1969년에 연암문화재단을 설립한 것을 필두로 복지재단, 상록재단, 언론재단을 각각 설립해 운영하고 있다.

그 밖에 현대의 아산재단(1977년), 대우의 대우문화복지재단(1977년), 두산의 연강재단(1978년) 등도 설립됐다. 이런 움직임은 그 뒤로도 계속되어 최근에 와서는 사업별로 별도의 재단을 운영하는 경향도 뚜렷하게 나타나고 있다. 삼성, LG는 물론이고 CJ도 최근 나눔재단(2005년)과 문화재단(2006년)을 별도로 설립했다.


## 기업인의 재단

개인기업이 아닌 주식회사가 주주의 동의 없이 기부금을 출연하는 데는 분명한 한계가 있다. 미국에서는 물론이고 한국에서도 과도한 기부금은 주주에 의한 단체소송에 휘말릴 가능성이 있다. 법원의 판단과는 상관없이 주주가 불만을 가지면 주가는 하락하게 되고 경영진은 밀려나기 십상이다. 다만 기업을 공개하기 이전에 기부금 출연에 관한 사항이 회사정관에 명시되어 있으면 비교적 자유롭게 재단에 출연할 수 있다. 실제로 영미계 국가의 기업 출연은 그런 경우가 많다.

기업의 기부와는 달리 기업인이 개인재산을 기부하는 것은 전적으로 그 개인의 자유이며 아무런 제약이 없다. 미국에서는 19세기부터 대기업이 속속 등장하면서 크게 성공한 기업가의 이름이 세계에 널리 알려졌다. 그때부터 성공한 기업가는 개인재산의 대부분을 공익재단에 출연하는 것이 기업계의 불문율처럼 됐다. 카네기, 록펠러, 포드, 게티(P. Getty) 등이 출연한 재산으로 설립된 재단이 선구적인 역할을 했고, 비교적 최근에는 게이츠, 델, 버핏 등의 재단이 미국 기업계의 전통을 이었다.

현재 세계 최대의 기업인 출연 재단은 게이츠 재단(Bill and Melinda Gates Foundation)이다. 게이츠는 재산의 대부분을 재단에 이미 출연했거나 앞으로 출연할 계획이어서 개인적 기부만 수백억 달러에 이를 것으로 보인다. 그와 친구관계인 버핏(W. Buffett)은 2006년에 400억 달러로 추정되는 개인재산의 85%를 게이츠 재단에 기부하겠다고 공언하여 사람들을 놀라게 했다.

기업인에 의해 설립된 재단은 해당 기업인이 설립한 회사와는 명실상부하게 독립되어 있다. 록펠러가 설립한 여러 기업 가운데 엑손모빌의 규모가 가장 크다. 이 엑손모빌에 소속된 별도의 공익재단이 있는데, 이것은 록펠러 개인의 재단과는 아무런 관련이 없다. 게이츠는 2008년에 마이크로소프트에서 은퇴한 이후 재단 운영에 전념하고 있다. 회사와 개인재단은 완전히 별개인 것이다.

한국에서도 재벌총수가 사재를 출연해서 재단을 설립하는 일이 더러 있었다. 그러나 추가재원 조달이나 운영의 측면에서 기업과 연계관계를 유지하는 경우가 대부분이다. 그래서 결과적으로 기업인의 재단으로 남아있기보다는 기업의 재단이 된다. 아마도 재벌과 총수를 동일시하는 일반적 관념 때문인 듯하다. 기업과 기업인이 확연히 구분된다는 점에서 SK의 창업자가 개인적으로 설립한 한국고등교육재단은 드문 경우에 속한다(〈사례 6-5〉).

개인과 기업이 혼합되는 형태의 사회공헌은 바람직하지 않다. 법률적으로 문제가 되고, 회사기율에도 어긋나며, 시민인식이 곱지 않을 수도 있다. 한국 사회도 점차 투명성이 높아지고 있으므로 앞으로는 기업 이미지 관리를 위해서라도 기업의 사회공헌에 있어서 기업과 기업인을 분리하는 것이 좋을 것이다.



SK(과거의 선경)는 장학사업으로 잘 알려져 있다. 고 최종현 회장이 1974년에 개인적으로 소유하고 있었던 선경합섬 주식과 (주)선경 주식을 출연하여 한국고등교육재단을 설립했다. 최 회장은 "국민소득 500달러인 한국의 미래는 인재양성에 달렸다"고 판단하여 장학사업에 나선 것이었다. 한국고등교육재단은 해외 유학생과 한학(漢學) 연수생을 선발하여 장기간에 걸쳐 학자금을 지원해 왔다. 1990년대 말에는 연구지원 및 국제학술교류도 이 재단의 사업에 추가됐다.

SK는 1970년대부터 '장학퀴즈'(MBC→EBS)라는 TV 프로그램을 지원해 오고 있다. 이것은 매우 참신한 시도였기 때문에 1990년대 중반까지도 시민들은 '선경'이라고 하면 '장학퀴즈'를 떠올렸다. 21세기에 와서는 많은 중국인이 SK와 TV 프로그램 '장원방(壯元榜)'을 연결시킨다. 오랜 세월에 걸친 변함없는 지원, 그 덕분에 높아진 청소년의 학업열기에 의해 SK에 대한 좋은 이미지가 만들어진 것이다.

SK는 장학사업에 대한 자금지원과 관련하여 기업체와 관련된 단서는 붙이지 않았기 때문에 그것은 말 그대로의 장학사업이었다. 한국고등교육재단의 경우에 한학지원 사업을 다른 기관으로 이전했지만 그 밖의 장학 및 국제교류 관련 사업은 현재도 변함없이 이 재단이 계속 맡아 하고 있다. SK가 이 재단의 사업을 지원하기도 하지만 SK는 그런 사실을 크게 홍보하지 않는다. 또한 이 재단 자체가 SK와의 관련성을 거의 밝히지 않는다. 이런 면에서 재단과 기업이 독립된 것으로 볼 수 있다. 아마도 사회를 걱정한 설립자의 진정성이 지금까지 이어지고 있기 때문인지도 모른다. 최종현 회장은 장학 대상자에게 다음과 같이 말한 바 있다. "여러분은 졸업하고 선경에 오지 마라. 더 좋은 데로 가라. 좋은 머리로 나라를 위해 일해야지." (중앙, 2010d).

SK에너지는 기업이윤을 사회에 환원한다는 차원에서 1995년부터 1천억 원의 예산으로 울산대공원을 조성하여 울산시에 기부했다. SK그룹은 여러 관계회사가 출연한 500억 원으로 추모시설(은하수공원)을 지어서 세종시에 기부한 바 있다(2010년). 이 역시 고 최종현 회장의 유지를 받든 것이다. 최종현 회장은 한국고등교육재단의 재원 조달을 위해서 서해임업을 설립하여 조림사업에도 적극 나섰다. 서해임업은 전국에 걸쳐서 5천 헥타르의 삼림을 조성한 바 있는데 그 공로로 그는 사후에 '숲의 명예전당'에 헌정되기도 했다(2010년).

# 6.4 책임성 있는 가치활동

기업은 고유활동과 관련하여 책임성을 강화할 수 있다. 이해당사자를 더욱더 배려하고 환경에 보다 더 친화적인 절차를 갖추면 기업이미지 개선에 도움이 된다. 그렇게 하는 것이 사회 마케팅의 일부가 되는 것이다. 책임성이 강화된 내부절차는 종종 직접적 경비절감의 효과를 가져오기도 하는데 이에 대해서는 7장에서 상세히 살펴본다.

## 1. 친환경 운영절차

개별 기업의 부가가치(value added)는 매출액에서 원부자재 구매금액을 뺀 것이다. 곰곰 따져보면 그 부가가치는 연구개발, 제조 및 생산, 구매 및 물류, 마케팅, 일반관리 등의 다양한 활동에서 만들어진 것이다. 기업이 이와 같은 일상활동을 통해서 부가가치를 창출하므로 그 각각의 활동을 특별히 가치활동이라고 부르고, 그 전체를 뭉뚱그려서 가치사슬(value chain)이라고 칭한다(Porter, 1985). 마치 하나의 사슬처럼 여러 가치 활동이 연쇄적으로 일어나기 때문이다(〈도표 6-3〉).

각각의 활동과 관련하여 어느 기업이나 반드시 지켜야 하는 최소한의 기준과 절차가 있다. 기업에 따라서는 자체적인 의지로 '최소한' 이라는 기본적인 기준을 초과하여 사회책임성을 강화할 수 있다. 이해당사자를 특별히 배려하거나 유별나게 높은 수준의 환경기준을 내부 운영절차에 적용하는 것이다. 어느 가치활동도 초과기준 적용의 대상이 될 수 있으며, 하나 혹은 여러 개의 가치활동이 동시에 개선의 대상으로 선정될 수도 있다.

기업의 가치활동이 다양한 만큼 환경친화적인 방향의 절차개선의 여지는 그야말로 무궁무진하고, 그 효과도 매우 직접적이다. 사실 삼중 수월성의 세 가지 목표 가운데 하나가 바로 '친환경 운영절차' 를 통해서 달성된다고 볼 수도 있다. 현실적으로 가장 많은 기업과 관련되고 또한 가장 많은 기업이 관심을 보이는 분야도 바로 친환경 절차에 관한 것이다. 친환경 경영에 대해서는 7장에서 구체적으로 설명할 예정이므로 여기서는 절차에 초점을 맞추어 그것을 간략하게 소개한다.

## 자원절약

기업은 각각의 가치활동에서 에너지를 소비한다. 에너지는 그 공급이 한정되어 있을 뿐만 아니라 그 소비의 과정에서 오염물질과 온실가스가 배출된다. 그러므로 에너지 소비의 감축이 환경보전의 출발점이 된다. 모든 가치활동에서 에너지 소비를 최소화하도록 노력할 필요가 있다. 그 밖에 제반 자원의 절약, 재사용, 재활용도 종국적으로 에너지 절약이 된다.

**| 도표6-3 가치사슬**



주: ① 개별 기업의 부가가치 = (매출액) − (타기업 구매액: 원료, 자재, 서비스)
　　② 부가가치의 원천: 기업 내부의 제반 활동 = 부가가치 창출활동 → '가치사슬'
　　③ 부가가치의 사용: 생산요소 소득 = 임금, 지대, 이자, 이윤
　　　＊GDP = 국가 안에서 창출된 부가가치의 총합
　　④ 위의 그림은 포터 교수(1985)가 예시한 것이며 절대적 구분은 아님.

## 사업 모델

기업은 창립 당시부터 친환경에 주의를 기울일 수 있다. 정해진 업종 안에서 친환경적인 사업 모델을 찾을 수 있고, 입지의 선정에서도 환경을 고려할 수 있다. 예컨대 석유산업이나 정밀화학산업이라면 주택지와 수원지 주변은 피해서 입지를 선택할 수 있다. 녹색빌딩을 짓고, 에너지 절약형으로 내부시설을 갖출 수 있다. 생산의 각 공정에서도 낭비요소를 없앨 수 있다.

## 상품 디자인

각 상품은 제조, 유통, 사용의 과정에서 각각 에너지를 소비한다. 사용 중에나 폐기된 뒤에 환경을 오염시킬 수도 있다. 상품과 관련된 에너지 소비와 환경에 미치는 악영향을 최소화하려면 상품을 설계할 때부터 그런 방향으로 유의해야 한다. 제조가 용이한 대부품(module) 방식 이용, 유통이 손쉬운 작고 가벼운 설계, 에너지 효율이 떨어난 기술 채택 등을 위한 노력이 필요하다.

자동차와 같이 포장이 필요 없는 특수한 소비재를 제외하고 보면 소비재는 언제나 포장이 필요하다. 포장하는 방식과 포장재의 선택도 환경보전과 밀접한 관련이 있다. 많은 국내외 기업이 포장재 자체의 최소화를 핵심 과제의 하나로 선언하고 있다. 각국에서 일회용품의 사용을 줄이고 있는 것도 같은 맥락이다.

## 친환경 혁신

보다 적극적으로는 연구개발의 초점을 친환경에 맞추어 대체물질이나 대체공정을 찾아낼 수도 있다. 2010년대에 와서 각국의 여러 기업이 대체 에너지 또는 재생가능 에너지의 개발에 나서고 있는 것도 바로 환경보전을 위한 노력이다.

## 공급사슬의 종합관리

하나의 상품과 연결된 공급사슬에는 수많은 기업이 관련된다. 앞에서 설명한 바와 같이 대기업은 공급사슬 전체에 대한 사회적 책임을 져야 하는 것이 현실이다. 공급사슬 상의 모든 기업이 각각 친환경 운영절차를 확보하게끔 적절히 지도·감독·지원할 필요가 있다.

## 2. 사회배려 마케팅

어떤 상품이건 잘못 사용하거나 과다하게 사용하면 부작용이 있다. 담배나 알코올처럼 사용계층이 연령상 제한된 상품도 있다. 이런 상품이 많이 팔리면 기업의 수익증대에는 보탬이 되지만, 피해를 보는 소비자가 생길 수 있다. 그러므로 마케팅 측면에서도 사회적 배려가 필요하다.

### 상품전략

한국의 식품의약품안전청은 학교나 어린이 보호구역에서 유해상품의 판매를 금지할 권한을 갖고 있다. 비만이나 영양불균형을 초래할 수 있는 고열량의 빵, 과자, 아이스크림, 속성식품(fast food)과 같은 '어린이 기호식품'이나 돈, 화투, 담배, 술병의 형태로 만든 '정서저해 식품'이 그런 금지의 대상이다. 미국 연방정부는 당분과 지방분이 많은 고열량 식품을 학교에서 추방하기 위한 입법을 추진한 바 있다. 자체적으로 그런 식품을 금지하는 학교도 꽤 많다. 탄산음료, 초콜릿, 캔디, 감자튀김 등이 금지의 대상이다.

맥도널드는 비만, 특히 아동비만과 관련하여 자주 여론의 도마에 오른다. 식품을 파는 맥도널드로서는 이미지 개선이 필수적이다. 그렇다 보니 맥도널드는 이미지 개선을 위한 노력의 하나로 큰 포장의 감자튀김 판매를 중지했다. 불법이 아니더라도 논란의 소지가 있는 상품은 자진해서 판매를 중지하는 것이다. 아마도 맥도널드로서는 '과도한 비만을 초래하지 않는 속성식품'을 개발하는 것이 지속가능성을 얻는 데 열쇠가 될 것이다.

SK텔레콤은 꾸준히 새로운 서비스를 개발하는 방법으로 휴대전화 시장 점유율을 키웠다. 그러면서 유해 콘텐츠로부터 청소년을 보호해야 한다는 사회적 요구에 부응하여 무선 인터넷을 통한 성인물 제공을 중단한 바 있다(2006년). 이 조치는 당장은 매출감소가 따랐겠지만 학부모를 안심시키는 효과를 내주기 때문에 장기적으로는 판촉에 도움이 되었을 가능성이 크다.

## 판매촉진

각국에서 담배와 술에 대한 광고는 제한되고 있다. 의약품이나 외설적 상품에 대해서도 비슷한 제한이 가해진다. 아울러 그런 상품에 대한 청소년의 접근을 차단하려는 노력이 기울여진다. 한국, 미국, EU에서는 광고 관련 정부부서가 특정 품목의 광고에 청소년이 노출되지 않도록 광고의 장소나 매체를 제한할 권한을 갖고 있다.

개별 기업이 자신의 의지로, 혹은 정부규제가 예상되어 청소년에게 해로운 상품의 공급을 자진해서 억제할 수 있다. 미국의 10대 식품업체는 1970년대부터 '어린이 식음료 광고 자율규제 프로그램'을 실천하고 있다. 과자업체 크래프트(Kraft)는 건강상의 우려를 감안해 오레오(Oreo) 등의 과자제품에 대한 TV 광고를 자진해서 중단했다. 또한 학교 내에서의 판촉을 지양하고, 포장단위를 줄여서 과열량을 방지하고, 영양분의 함량을 명기하기로 했다.

## 사회적 약자 보호

노약자, 장애인, 희귀병 환자 등의 취약계층에 대해서는 기업도 여러 면에서 특별히 배려할 필요가 있다. 이들에게는 특수한 상품 또는 변형된 상품이 필요한데 시장 자체가 너무 작아서 최소 경제규모에 미달한다. 이런 경우에는 세 가지 대처방안을 생각해 볼 수 있다.

첫째, 휠체어 등은 취약계층만 사용하는 특수상품이므로 수지를 맞추기 어려울 수도 있다. 그러므로 개별 기업이 사회적 책임을 감안하여 이런 상품을 공급하려면 수익성을 무시할 수밖에 없다. CJ제일제당은 단백질을 분해하지 못하는 희귀병 환자를 위해서 '저단백 햇반'을 특별히 개발했다. 200여 명의 환자를 위해서 8개월 동안 8억 원의 연구비를 투입했으니 이것은 상업적 판단에 따른 것이라기보다는 사회적 배려의 일환일 것이다.

둘째, 노약자가 쉽게 탈 수 있도록 설계상 배려한 저상버스과 같은 내구재는 주력상품의 외형만 약간 변형하는 방법으로 제작하면 비용 측면에서 큰 부담이 되지 않는다. 이런 경우에는 기업이 규모의 경제를 잃지 않으면서 취약계층을 도울 수 있다.

셋째, 특수목적으로 창안한 상품의 새로운 용도를 찾아내어 시장을 키우는 방법이 있다. 우량경영을 한다는 평가를 듣는 다국적 제약회사 노바티스(Norvatis)는 희귀병에 대한 치료약을 찾아내면 대중적 질병을 치료할 길도 열린다는 믿음으로 연구개발에 임하고 있다고 한다. 이런 노력 역시 수익성을 잃지 않으면서 사회복지에 기여하는 방법이다.

## 3. 내부관리

기업은 일상의 내부활동을 적절히 관리하여 종업원이라는 이해당사자의 복지를 높일 필요가 있다. 아울러 제반 위험을 효과적으로 관리하여 지역사회와 자연환경에 미치는 악영향을 줄일 필요가 있다. 그리고 기업 자체의 지속가능성을 달성하는 것이 사회에 대한 기업의 첫 번째 책임임을 결코 잊어서는 안 된다.

### 종업원 사기 진작

종업원을 적절하게 처우하여 사기를 진작시키는 것이 기업이 성공하는 데 필수요소임은 두말할 필요가 없다. 세계화가 크게 진전되고 노동이동이 점점더 자유화되는 여건 아래서는 구성원의 다양성이 현실화하는 것이 불가피하다. 더 나아가 혁신을 촉진하기 위해서 의도적으로 이런 다양성을 증대시킬 필요도 있다. 다양성을 관리하는 데도 각별히 신경을 써야 한다.

사업장 부근의 지역사회에서 가능한 한 많은 인원을 고용하는 것은 기업의 으뜸가는 사회공헌이 된다. 다양한 계층의 종업원을 공정하고 공평하게 대우하는 것은 매우 기본적인 일이다. 내부 임직원의 복지에 대해 배려하는 것도 사회적 책임의 큰 축이다.

## 재무적 위험 관리

2008년의 대불황(the Great Recession)을 초래한 원인 중 하나는 금융기관의 무모한 파생상품 거래였다. 세계의 GDP가 55조 달러인데 파생상품 거래 잔액이 무려 600조 달러에 이르렀으니 그 지나침을 짐작할 수 있다. 파생상품은 당초 위험을 관리할 목적으로 창안된 것이지만 '매우 손쉬운 투기 대상'으로 활용되는 경우가 압도적으로 많았다. 현실에서는 금융기관은 물론이고 수많은 기업이 환율, 금리, 원자재 선물, 금융 파생상품을 놓고 투기를 벌인다.

투기의 공통적인 문제점은 작은 부주의가 큰 사고를 부른다는 것이다. 특히 1990년대 이후에는 한국을 포함한 각국에서 한 사람의 직원이 권한 밖의 투기에 빠져들었다가 수억, 수십억 달러의 손실을 초래하는 일이 자주 발생한다. 영국의 베어링스(Bearings)는 230년의 역사를 자랑하는 은행이었는데, 단 한 명의 딜러가 13억 달러의 투기손실을 초래하는 바람에 기업 자체가 청산됐다(1995년). 2008년 초에는 프랑스의 대형 은행 SG에서 한 사람의 실수로 78억 달러의 손실이 빚어져 은행이 존립이 위태로워지는 위기에 몰렸다.

단순한 실수로 기업이 파산위기에 몰린다면 기업이 사회에 끼칠 수 있는 해악으로 그보다 더 큰 것이 없다. 금융상품에 대한 투기가 본업이 아닌 기업에서는 내부에서 그런 투기가 저질러지지 않도록 관리체제를 완비해 두어야 한다. 물리적 사고에 대한 대비체제의 경우와 마찬가지로 위험관리 체제의 경우에도 최고경영자가 관심을 가져야 하고, 가능하면 직접 위험을 통제하는 것이 최선의 대안이다. 회사의 존립보다 더 중요한 일은 없기 때문이다.

### 물리적 사고 방지

기업은 여러 형태의 유형자산을 가지고 있다. 그중 어느 하나가 화재나 폭발과 같은 사고를 당할 가능성은 항상 열려 있다. 기업이 대형 사고를 내는 일이 종종 있는데, 그런 경우에는 해당 기업이 재무적 손실을 입는 것은 물론이고 주변 환경을 심각하게 파괴할 수 있다. 그러므로 사고의 방지 역시 핵심적인 환경책임의 하나가 된다.

1984년의 보팔(Bhopal) 참사, 1989년의 엑손 발데즈 석유누출 사고, 2010년의 BP 시추선 폭발 사건 등은 환경에 그야말로 대재앙이었다. 한국에서도 2007년에 태안반도에서 유조선 원유누출 사고가 발생하여 한바탕 소동이 일어났다. 물리적 사고는 환경에 위해를 줄 뿐만 아니라 해당 기업에도 엄청난 시간, 노력, 금전의 손실을 초래한다. 이런 물리적 사고는 반드시 방지해야 한다.

## 4. 정보의 공개

개별 기업이 이해당사자에게 적시에 필요한 정보를 공개하는 것은 기본책임 중 하나다. 기업으로서는 소비자에게는 상품에 관한 상세한 정보, 투자자에게는 재무상황에 관한 상세한 정보를 공개할 의무가 있다. 상당한 정도까지의 정보공개는 법규로 의무화되어 있다.

정보사회에는 어차피 비밀이 없으므로 될수록 많은 정보를 공개하는 것이 기업 이미지 확보에 도움이 된다. 도덕성에 흠집을 낼 일이 임직원의 실수로 일어났을 경우에는 그 내용을 서둘러 공개하는 것이 평판의 훼손을 줄이는 지름길이다. 상품의 약점, 내부 능력상의 취약점을 인정하는 것은 '솔직한 기업' 혹은 '자신 있는 기업'이라는 이미지의 구축에 도움이 된다.

정보공개는 착한 기업이 되도록 재촉하는 채찍질의 역할도 해 준다. 투명성이 제도적으로 보장되면 기업의 내부활동도 외부에 그대로 노출된다. 부적절한 일은 계획하기도 실행하기도 어려워지는 것이다. 이사회나 최고경영자의 입장에서 볼 때 모든 임직원이 책임성 있는 행동을 하도록 유도하는 가장 손쉬운 길이 바로 정보공개의 제도화라고 말할 수도 있다.

그렇다고 기업의 모든 정보를 다 공개해야 하는 것은 아니다. 정보가 곧 경쟁력이라는 말도 있듯이 기업의 전략에 관한 정보는 당연히 비밀로 유지해야 한다. 이는 자유경쟁의 기본원칙이기도 하다. 혁신을 촉진하고 경쟁우위를 확보하기 위한 노력은 당연히 장려되는 것인데, 정보보호는 그 출발점이 되기 때문이다. 각종 이해당사자의 사생활에 관한 정보는 누설하지 않는 것이 윤리기준에 부합된다. 흔히 소비자의 신상정보가 무더기로 누출되어 물의가 빚어지곤 하는데, 이런 일이 누군가의 고의에 따른 것이라면 그것은 지극히 비윤리적인 일이다.

## 7장

# 녹색경영과 비용절감

기업이 사회책임을 완수하면서 동시에 비용을 줄일 수 있다면 그야말로 두 마리 토끼를 다 잡은 셈이 될 것이다. 그렇기 때문에 개별 기업이 적극 시도해볼 수 있고, 이해당사자의 협조도 손쉽게 얻어 낼 수 있다. 특히 환경적 책임의 완수가 기업의 입장에서 자원절약의 지름길이 되기도 하는데, 이런 측면에서 많은 기업이 성과를 얻고 있다.

환경적 책임을 다하는 경영, 즉 환경친화적 경영을 흔히 '녹색경영'이라고 부르고 있다. 이 장에서는 개별 기업의 가치사슬을 녹색화함으로써 비용을 절감하는 방안에 초점을 맞춘다.

## 7.1 환경보호와 자원생산성

환경적 책임의 완수에 소극적인 기업이 있다면 그것은 추가비용을 걱정하기 때문일 것이다. 사실 이윤극대화라는 기업의 생래적 목표를 생각한다면, 법규가 요구하는 최소한의 환경보호 수준에만 맞추려고 하는 기업을 무작정 나무랄 수는 없다. 그런데 전략경영의 도인(guru)으로 알려진 포터는 일찍이 녹색경영을 통해서 수익을 증대할 수 있다고 적시한 바 있다(1995).

평면적으로 생각한다면 오염물질이나 온실가스의 배출을 감축하자면 시설에 대한 신규투자가 필요하고 그만큼 비용이 늘어나게 된다. 비용이 늘어나면 수익의 감소나 가격경쟁력의 약화를 감수해야 한다. 그러나 기업혁신을 통하여 환경위해와 비용을 동시에 줄이는 방안을 어렵지 않게 찾아낼 수 있다. 실제로 앞서가는 기업은 환경보호를 강조하고 그것을 통하여 비용절감의 효과도 얻는다.

## 1. 생태효율성의 제고

기업이 자연환경에 영향을 미치는 경로는 크게 두 가지로 생각할 수 있다. 하나는 자원을 사용하는 일이고, 다른 하나는 유해물질을 배출하는 일이다. 자원은 희소하므로 그것을 사용하는 기업은 최대한의 가치를 창출해내야 마땅하다. 유해물질은 자연환경에 나쁜 영향을 미치므로 기업은 그 배출을 최소화할 의무가 있다. 그런데 이 두 가지 일은 모두 자원절약과 관련된다. 자원을 최대한 절약하면 생산되는 가치가 최대화되고, 유해물질의 배출이 최소화된다.

상품의 생산과정에서는 여러 가지 부산물이 발생한다. 폐기물(waste), 오염물질(pollutant), 유독가스(toxic gas), 온실가스(GHG) 등의 부산물은 한결같이 환경에 나쁜 영향을 미친다. 이런 유해물질은 에너지나 자원을 사용할 때에만 배출된다. 그러므로 유해물질의 감축은 곧 에너지나 자원의 절약을 의미한다. 뒤집어 말하면 유해물질의 배출은 자원의 낭비를 가리킨다. 이렇게 본다면 유해물질의 발생을 최소화하는 녹색경영은 자원생산성(resource productivity)을 높이는 일이다.[28]

그뿐만이 아니다. 기업은 현실에서 유해물질을 그대로 자연환경으로 내보낼 수 없다. 형태를 바꾸거나 포장하여 멀리 옮겨 내버려야 하기 때문에 재처리 비용이 소요된다. 유해물질의 배출을 미연에 방지한다면 그럴 필요가 없어지므로 비용부담이 줄어들게 된다. 환경보호를 등한시하면 환경단체의 반발을 사게 되고 안전사고의 발생 가능성도 높아진다. 소송에 휘말리거나 높은 보험료를 물어야 하게 될 수도 있다. 녹색경영은 이런 부담도 줄여준다.

쉽게 말해서 녹색경영은 경비절감에 효과적인 방편이 된다. 노보 노르디스크(Novo Nordisk)라는 덴마크의 제약회사는 친환경 경영으로 이름이 꽤 알려져 있다. 이 회사는 2009년에 온실가스 배출을 전년에 비하여 32%나 감축했다. 매출액이 11%, 이익이 21% 상승했음에도 에너지 사용량은 11%나 줄었다. 절약한 비용으로 풍력 에너지를 구입한 것도 온실가스 배출을 줄이는 데 도움이 됐다. 물 소비량도 20% 감축했다. 특히 이 회사의 프랑스 법인은 2005년부터 2009년까지 생산이 60% 증대됐음에도 물 사용량은 50%나 줄었다.

## 생태효율성

상품을 생산하기 위해서는 원료, 에너지 등의 물자와 노동 등의 생산요소를 투입해야 한다. 물자와 생산요소는 모두 자원이다. 자원생산성을 높인다는 것은 자원투입량에 대한 산출량의 비율을 최대화한다는 뜻이므로, 한마디로 효율성(efficiency)의 문제가 된다. 효율성은 곧 수익성의 증대를 의미한다. 그러므로 ‘오염물질 배출＝비효율’, ‘환경보호＝효율’ 이라는 두 개의 등식이 성립하게 된다.

환경관련 단체는 생태효율성(eco-efficiency)이라는 개념을 흔히 사용한다. OECD는 생태효율성을 ‘산출물의 가치에 대한 생태족적의 비율’ 로 정의하고 있다. 여기서 생태족적이란 자원 사용량과 유해물질 배출량을 종합한 것이다. 생태

---

28 생산성(productivity)은 한 단위의 투입요소에 따르는 산출물의 가치를 말한다. 이 말은 노동생산성, 토지생산성, 자원생산성, 총요소생산성, 온실가스생산성 등으로 사용된다.

족적은 자원생산성보다 더욱 포괄적인 의미를 가진 말이며, 환경보전의 의지를 훨씬 강하게 전달한다. 요컨대 녹색경영이란 생태효율성을 높이기 위한 기업의 각종 노력을 말하며, 이는 곧 비용절감의 효과적 방편이 된다.

환경전도사로 범세계적 영향력을 갖고 있는 고어(A. Gore)는 미국의 부통령으로 재직하던 1990년대 초부터 환경보호가 경영효율성 확보의 지름길이라고 주장해 왔다. 녹색경영이 전통으로 확립된 뒤퐁(du Pont)의 최고경영자인 홀리데이(C. Holliday, Jr.)는 "폐기물과 배출물은 생산공정의 결함을 상징할 뿐"이라고 설파한 바 있다. 결함을 고치면 성과가 좋아지게 마련인데, 구체적으로 배출물을 감소시키면 이윤의 증대라는 효과를 얻을 수 있다. "적음이 곧 많음"인 것이다(2002). 그래서 뒤퐁의 임직원은 친환경이 곧 이윤창출의 길이며 '지속가능 성장'의 한 축이라고 믿는다. 이 회사는 '무게 당 주주가치'라는 매우 구체적인 척도를 도입하여 자원투입량에 대비한 이윤의 극대화를 추구한다.

## 2. 녹색경영 실천방안

앞으로 소개할 구체적 사례에서 쉽게 짐작할 수 있겠지만, 생태효율성을 확보하는 방안은 아주 가까운 곳에 있다. 일상의 세세한 활동 모두에 자원을 절약할 여지가 숨어 있다. 구성원 모두가 동참할 수 있고, 누구나 기여할 수 있다. 그러므로 생태효율성을 확보하는 일은 기술적 어려움 극복의 문제이기보다는 경영의지의 문제라고 할 수 있다.

### 의지의 문제

미국의 정밀화학 회사인 뒤퐁은 비교적 일찍 환경보호에 관심을 두기 시작했다. 최고경영자가 직접 나서서 의욕적인 목표를 제시했고, 모두가 참여하여 뜻한 바를 이루어냈다. 1989년에 갓 취임한 최고경영자 울러드(E. Woolard)는 다짜고짜로

"배출되는 유해가스의 60%, 발암물질의 90%, 유해 폐기물의 35%를 각각 감축하겠다"고 선언했다. 그 자신이 확신한 것도 아니었고 직원들이 믿은 것도 아니었지만 8년 후 그가 퇴임할 때에 뒤퐁은 그 목표를 달성하고 있었다.

울러드는 수익성을 개선할 목적으로 환경책임성을 들고 나왔고, 그것을 공개 선언함으로써 자신과 회사를 그 목표에 묶어버렸다. 그의 실천방안은 매우 구체적이었는데, 33명의 최고위 임원으로 하여금 각각 "무폐기, 무배출, 무사고를 지향하며, 진척상황을 정밀하게 측정하여 주기적으로 공개하겠다"고 서약하게 했다. 이에 따라 환경책임성은 누구에게나 피할 수 없는 과제가 됐고, 뒤퐁은 그 덕분에 목표를 이루어냈다. 되돌아보면 '측정과 투명성'을 핵심 도구로 삼은 울러드의 방침이 매우 구체적인 성과의 실현을 가능하게 한 것이었다. 어쨌거나 뒤퐁에 녹색경영은 "한다면 할 수 있는 일"이었다. 그런 과정을 통하여 뒤퐁은 수익성을 개선했음은 물론이고 최대의 환경위해 기업에서 친환경 경영의 선도기업으로 탈바꿈했다.

울러드의 녹색경영은 기업문화가 되어 뒤퐁의 조직 내부에 뿌리를 내렸다. 앞에서 소개한 홀리데이는 바로 울러드의 후임자다. 홀리데이는 2000년에 WBCSD의 의장으로 선임됐는데, 이는 뒤퐁의 녹색경영이 호평을 받은 덕분이었다.

세계를 통틀어 나라별로 볼 때 미국의 자원낭비가 가장 심한 편이고, 반대로 일본과 독일은 자원효율성이 높다. 자원과 관련된 정부의 규제와 에너지 가격의 차이 등이 이런 국가간 효율성 격차를 낳았다. 일본과 독일의 기업은 자원절약을 생활화할 수밖에 없는 처지였고, 그런 어려운 여건이 두 나라의 기업에 강력한 추진 의지를 가질 것을 요구했다. 자원절약 덕분에 두 나라의 기업은 미국의 기업보다 생산비를 더 낮추어 가격경쟁력을 유지할 수 있었다. 녹색경영의 실천 정도는 의지의 문제인 것이다.


## 녹색경영 실행방안

친환경 경영을 통해서 비용을 절감하는 방안은 다양하게 제시됐다. '생태효율성'

이라는 개념을 처음으로 창안한 WBCSD는 그 개념을 발전시켜 아래와 같은 7가지 비결을 추천하고 있다. 하나하나가 다 생태효율성 혹은 자원생산성을 높이는 방안이다. 따져보면 각각의 방안은 뒤퐁의 경우처럼 '무게 당 주주가치' 혹은 '무게 당 순이익'을 늘리는 길이기도 하다.

① 원부자재의 투입량을 최소화한다.
② 에너지 효율을 극대화한다.
③ 유해물질의 확산을 방지한다.
④ 재활용 가능성을 높이는 방향으로 상품을 제조한다.
⑤ 재생가능 물질의 사용비중을 늘린다.
⑥ 상품의 내구성을 높인다.
⑦ 상품의 지식요소와 서비스요소를 증대시킨다.

생태효율성은 앞에서 소개한 정의대로 지연환경에 미치는 영향에 대비한 생산품의 가치를 말한다. 이것을 수식으로 표현하면 아래와 같다.[29]

$$생태효율성 = \frac{창출된\ 총가치}{생태족적\ (자원소모량 + 유해물질\ 배출량)}$$

이 수식을 들여다보면 생태효율성을 극대화하는 데는 두 가지 접근방법이 있음을 알 수 있다. 첫째는 생산하는 상품의 고객가치를 높이는 것이고, 둘째는 자연환경에 대한 상품의 영향을 줄이는 것이다. WBCSD가 추천한 7가지 방안은 각각 이

---

29 유럽환경기구(European Environment Agency)는 생태효율성을 'More welfare from less nature'라고 정의한다. 비슷한 취지로 다수의 인사가 '환경보호가 수익증대의 지름길'이라는 정도의 의미로 'Less is more' 또는 'More for less'라는 표현을 즐겨 사용한다. 생태효율성을 측정하기 위해 어떠한 지표를 선정할 것인지에 대해서는 여러 갈래의 연구노력이 기울여지고 있다.

두 가지 가운데 적어도 어느 하나와 연결된다.

7장에서는 두 번째 방법, 즉 자원을 절약하거나 환경에 유해한 물질의 배출을 최소화하는 방안에 관심을 집중한다. 고객가치를 증대시키는 방안은 보다 더 전략적인 고려사항이므로 3부에서 다룰 것이다.

자원절약을 통하여 환경영향을 줄이는 전통적 방안은 '3R'로 약칭된다. 이는 사용이 끝나서 폐기의 단계에 이른 자재를 새롭게 가공하여 다시 활용하는 재활용(Recycle), 한번 쓴 물자를 다시 사용하는 재사용(Reuse), 같은 생산량에 대한 투입량을 감축하는 물자 줄이기(Reduce)의 세 가지를 가리킨다. 녹색경영을 통한 가치증대에 대해 깊이 연구한 바 있는 에스티(D. Esty)는 3R에 공정과 절차를 다시 디자인하는 재설계(Redesign)와 백지에서 새롭게 그림을 그리는 재출발(Reimagine)을 보태어 '5R'을 추천한다(〈도표 7-1〉). 가장 단순한 것이 재활용이며, 가장 본격적인 것이 재출발이다. 같은 순서로 경영성과에 미치는 효과가 더 커진다.

| **도표7-1** 녹색경영의 5단계

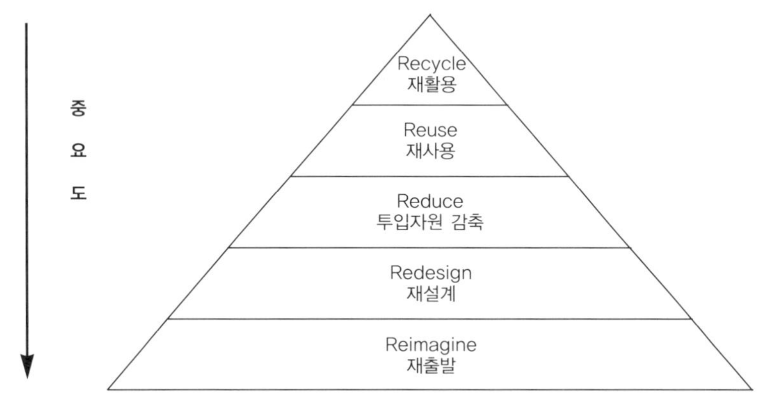


*자료: Esty and Winston, 2006*

2절 이하의 논의에서는 〈도표 7-1〉의 구분을 참고로 하여 투입자원 절약, 재사용과 재활용, 공정의 재설계, 발상의 전환 등의 순서로 녹색경영의 사례와 그 구체적인 효과를 살핀다.

### 녹색경영의 효과

친환경 경영을 통해서 기대할 수 있는 성과는 매우 다양하다. 이 점은 앞에서도 언급한 바 있지만 아래의 논의에서 더 자세히 설명할 것이다. 종합해본다는 의미에서 포터가 정리한 녹색경영의 효과를 〈도표 7-2〉에 제시한다.

## 7.2 오염방지는 남는 장사

굳이 환경보호를 들먹이지 않아도 기업은 여러 가지로 비용을 절감하기 위해 노력한다. 투입하는 자재를 줄이거나 한번 쓴 물품을 재사용 혹은 재활용하면 당장 비

| 도표7-2 녹색경영의 자원절약 효과

| 공정개선의 효과 | 상품개량의 효과 |
| --- | --- |
| – 투입원료 절감: 대체, 재활용, 재사용 | – 생산물의 기능성, 균질성 제고 |
| – 수율의 개선 | – 대체원료 사용을 통한 생산비 절감 |
| – 완벽한 공정관리 → 라인 정지시간 감축 | – 포장비용 절감 |
| – 부산물의 활용도 제고 | – 사용과정에서의 비용 절감 |
| – 폐기물의 새로운 용도 발굴 | – 안전성이 강화된 상품 |
| – 누출방지를 통한 에너지 절약 | – 사용 후의 폐기비용 감축 |
| – 재고감축을 통한 비용 절감 | – 중고품 가격 혹은 잔존가치의 제고 |
| – 작업장 안정성 확보, 사고 방지 | |
| – 폐기물 처리 비용의 배제 | |
| – 공정개선을 통한 생산물 개량 | |

자료: *Porter and Linde 1995*에서 재정리

용절감의 효과가 나타난다. 이 절에서는 환경보호와 수익성 증대를 동시에 실현하는 세 가지 전통적 방법을 살핀다.

## 1. 투입자원의 감축

상품을 생산하는 과정에서 발생하는 쓰레기나 배출가스 등의 부산물은 거의 대부분 자연환경을 오염시킨다. 다행히도 관심을 가지고 노력하면 그런 부산물을 줄이거나 그것의 다른 용도를 찾을 수 있다. 이렇게 하면 자원의 낭비를 방지함과 동시에 환경에 유해한 부산물의 생성을 최소화할 수 있다. 사실 이와 같은 노력과 그 효과는 기업에 소속된 전 임직원의 모든 행위와 관련된다. 종이컵 사용을 지양하는 사소한 일부터 기계나 설비를 크게 바꾸어 유독가스 배출량을 줄이기 위한 투자사업까지 다양하다. 모든 상품의 생산에는 반드시 에너지가 투입되고, 대부분의 에너지 원천에서는 온실가스가 배출된다. 물자절약과 에너지 절약은 곧 온실가스 감축의 지름길이다.

### "오염방지는 남는 장사"

오염물질을 감축하여 비용을 줄이고 수익성을 높이는 일을 전사적으로 추진한 기업으로는 미국의 3M이 잘 알려져 있다. 3M은 1975년부터 '오염방지는 남는 장사(Pollution Prevention Pays)' 라는 표어를 내걸고 오염물질 발생을 원천적으로 막아내는 방법에 관한 아이디어를 모집하여 실행에 옮겼다. 부산물을 처리하느라 애쓰는 것보다는 아예 발생시키지 않는 것이 바른 길이라고 생각한 것이다.

3M은 "가스와 폐기물의 배출, 에너지와 물의 사용 등으로 자연환경에 족적을 남기는 것은 비효율의 상징" 이라는 경영철학을 가지고 있다. 이 회사에서는 오염방지와 수익증대가 동전의 양면인 것이다. 30여 년간 3M은 종업원의 아이디어에서 출발한 오염방지 프로젝트만 5천여 건을 실행에 옮겼다. 이를 통해 오염물질의

배출을 대략 100만 톤 정도 감축했다. 그 과정에서 절약한 비용은 엄청난데, 그 금액은 시행 첫해에만 10억 달러를 초과했다는 것이 3M의 자체 계산이다.

앞에서 뒤퐁의 녹색경영 노력을 소개한 바 있는데, 이 역시 오염물질과 폐기물의 발생을 애초에 방지하는 것이 핵심이었다. 사업의 성격상 유해물질의 배출이 많을 수밖에 없는 뒤퐁은 1980년대에 그 처리비용이 연간 10억 달러에 이르렀다. 그러나 녹색경영이 정착된 뒤에는 4억 달러로 줄어들었다. 회사의 영업규모가 커졌음에 비추면 20억 달러 정도가 소요될 것이 4억으로 줄어들었으므로 16억 달러의 비용을 해마다 절감한 셈이다.

3M이나 뒤퐁이 유해한 부산물의 배출을 방지하여 비용을 절감한 것은 그 원리를 장작 태우기에 비유할 수 있다. 공기순환이 부족한 아궁이에서 젖은 상태의 장작을 태우면 검댕(black carbon)과 일산화탄소가 많이 생긴다. 이 둘은 모두 유해물질이며, 불완전 연소가 원인이 되어 발생한다. 불완전 연소란 말 그대로 에너지의 낭비다. 장작을 잘 말려 쓰고 아궁이의 공기순환을 개선하면 태우는 과정에서 장작은 완전히 에너지로 변하고 유해물질은 배출되지 않는다.

에너지를 절약하고 생태족적을 최소화하기 위해서는 재생가능 에너지를 사용하는 것도 효율적일 수 있다. 재생가능 에너지는 3부에서 별도로 살핀다.


## 생산수율의 제고

상품생산에는 에너지 외에도 각종의 원료가 투입된다. 이론적으로는 각 원료를 누출, 증발, 부스러기 잔류가 없게끔 사용하면서 생산물을 모두 합격품이 되게 할 수 있다. 그러나 현실에서는 생산과정에서 원료가 낭비되고 결격품이 발생하게 마련인데, 이 두 가지는 모두 자원의 낭비를 의미한다. 낭비의  정도는 개별 기업의 디자인 및 공정관리 능력에 따라 다르다.

'실제로 생산된 합격품의 수량'을 '이론적으로 생산이 가능한 수량'으로 나누어준 비율을 수율(yield)이라고 부른다. 생산수율을 높이면 생태효율성은 개선된다. 조선산업에서는 철판, 의류산업에서는 원단을 각각 재단하는 방법에 따라 부스러기의 발생량이 크게 다르다. 반도체산업에서는 수율이 경쟁력을 좌우한다. 이런 원리는 사실상 어느 산업, 어느 기업에나 적용될 수 있다. 수율이 100%라면 낭비되는 자원이 전혀 없는 것이 되므로 가장 이상적이다.

도요타 생산방식(TPS)이 널리 알려지기 전에는 품질관리는 대체로 생산품 중에서 불량품을 찾아내어 폐기하는 방식이었다. 결격품으로 폐기되는 완성품은 투입된 자원이 낭비됨을 말한다. 1950년대부터 시작된 TPS는 최소한의 재고 보유(JIT), 모든 직원이 참여하는 점진적 개선(kaizen), 불량품 발생의 사전방지 등으로 요약되는데 모두 자원의 효율적 사용과 연관된다. 특히 불량품이 만들어지지 않는 도요타 식의 완벽한 품질관리는 수율을 개선할 뿐만 아니라 상품의 내구성을 높이고 유지관리비를 최소화하기 때문에 고객가치를 획기적으로 높이는 효과가 있다. 1980년대 이후에 TPS는 자원생산성 개선 분야에서 온 세계의 모범이 됐다.


## 방출 에너지 회수

하나의 상품을 생산하는 과정에서 어쩔 수 없이 발생하는 부산물이 있다. 수율을 높이는 데는 한계가 있으므로 부스러기도 발생한다. 특히 화학제품의 경우에는 생산과정에서 별개의 화학물질이 생성되기도 한다. 공중으로 배출되는 증기와 가스도 많다. 이렇게 해서 발생하는 부산물을 버리지 않고 활용할 수 있다면 더없이 이상적이다. 사실 어떤 물질이건 용도가 있게 마련이므로 관심을 기울이면 그 용도를 찾을 수 있다.

어디에서나 볼 수 있는 나무, 종이, 천과 같이 소각할 수 있는 폐기물은 모두 훌륭한 생물성 땔감(biomass)이 된다. 캐나다의 한 제지회사(Catalyst Paper)는 그런 부산물을 연료로 사용하여 효과를 보았다. 생물성 땔감으로부터 에너지를 생성하는 방법은 사실상 어느 기업이나 활용할 수 있다. 가구업체인 허먼 밀러(Herman Miller)는 천조각 소각시설을 만들어 소요 에너지의 10%를 충당한다. 자체 폐기물이 모자라서 경쟁업체의 폐기물까지 인수해 사용한다.

포스코는 쇳물 제조과정에서 나오는 수소, 메탄 등의 각종 부생가스를 에너지 원으로 이용하고 대기 중으로 방출되는 열에너지를 붙잡아서 전력의 외부의존도를 24%로 낮추는 데 성공했다. 삼성석유화학 울산공장은 폐열증기를 활용함으로써 도시가스 사용량을 크게 줄이고 이산화탄소 배출량도 연간 4만 톤이나 감축했다.

## 포장재 절감

대부분의 소비재는 포장된 상태로 유통된다. 포장에는 종이, 목재, 금속, 플라스틱 등의 다양한 재료가 사용되고, 그 크기와 모양이 천차만별이다. 각각의 상품이 상자에 담겨질 뿐만 아니라 수송을 위해 골판지, 합판 등으로 다시 한 번 포장된다. 포장재는 그것이 만들어지는 과정에서 그 자체로 자원을 소모하기도 하지만, 소비자에게 전달된 다음에 폐기물이 되어 환경위해 요인이 된다. 또한 포장재는 상품의 중량과 부피를 키우기 때문에 수송비를 증가시킨다. 지출되는 수송비 중 상당 부분은 곧 에너지 사용이므로 자원소모가 따르고 생태족적이 남는다.

수송과 유통에 필요한 포장재 사용을 최소한으로 줄이면 생태효율성이 개선되며, 이는 비용절감으로 이어진다. 같은 용도를 충족하면서 무게가 적거나 재활용이 가능한 재질을 사용한다면 비용을 더욱 줄일 수 있다. 일반 플라스틱은 잘 썩지 않기 때문에 생태에 대한 영향이 매우 크고 장기간 지속된다. 자연부식성(biodegradable)의 새로운 플라스틱을 개발하기 위해서 많은 노력이 이루어지고 있는데, 이는 생태족적을 최소화하기 위한 일이다.

코카콜라는 알루미늄 캔의 접합부를 고쳐서 콜라 상품의 무게를 10% 줄였다. 맥도널드는 햄버거 등의 포장재를 바꾸어 폐기물을 30% 줄였다. 정보통신장비 업체인 시스코(Cisco)는 포장재를 줄이는 방법을 찾기 위한 시험 프로젝트에서 연간 2400만 달러의 비용절감이 가능함을 확인했다(〈사례 7-1〉). 네슬레는 포장재의 무게를 줄이는 것을 현재로서는 가장 실제적이고 확실한 탄소족적 감축 방안으로 꼽는다.

세계 최대의 DVD 업체인 워너 뮤직비디오는 플라스틱 케이스의 중량을 20% 줄여 재료비와 운송비를 크게 절약하고 온실가스 배출량을 31% 감축했다. 이는 월마트의 요구를 충족하기 위해서 시작한 일이었다. 그러나 워너 뮤직비디오는 대불황 때에 그 효과를 절실하게 느꼈고, 그 뒤에는 자신의 의지로 그것을 적극 추진하고 있다. 이 회사의 환경책임자는 이렇게 말한다. "포장재 감축 노력은 손익계산서의 끝줄을 개선하는 데 도움을 준다. 그것은 자연자원의 보존에 긴요하고, 직원들에게 주는 의미도 크다."(NYT, 2009c) 이와 같은 노력에는 워너의 경쟁업체인 소니, 디즈니 등도 경쟁적으로 나서고 있다.

포장재 절감을 위한 공동노력도 다양한 형태로 이루어지고 있다. 2010년에 29

---

**사례 7-1 시스코의 포장 다이어트**

시스코는 공급업체와 고객업체가 전 세계에 퍼져 있기 때문에 운송비 부담이 크다. 포장재 사용을 줄이면 운송비와 재료비를 절감할 수 있고 온실가스도 적게 배출된다. 제품의 특성상 항공운송을 하는 비중이 높아서 효과가 더욱 크다.

시스코는 몇몇 품목을 골라 시험적으로 포장 다이어트(packaging diet)를 실시했다. 그 결과로 첫해에만 400만 파운드의 무게 감축을 통해서 2400만 달러의 비용을 절감했다. 이 회사의 접근방식은 크게 보아 다음 세 가지로 요약된다.

① 불필요한 것의 제거. 전자화를 통하여 설명서 등의 문서를 제거한다. 이렇게 함으로써 제품 2개를 수용하던 용기에 3개를 담게 된 경우도 있다.

② 포장재의 개선. 포장재의 크기, 모양. 재질을 바꾸어 그 크기를 줄이고, 대량 적재가 가능하도록 그 형태를 바꾼다.

③ 포장재와 운반재(pallet)의 지속성 향상. 포장재의 디자인을 고쳐서 회수가 쉽도록 하고, 그 재질을 바꾸어 재사용이나 재활용이 가능하게 한다. 아울러 가급적 재활용되는 포장재를 조달한다. (GreenBiz, 2010d에서 요약 인용)

개 음식료품 기업을 회원으로 해서 출범한 영국의 폐기물 감축 프로그램(WRAP)
은 2012년까지 회원사 자체 포장의 탄소배출량을 10%, 소비과정에서의 낭비를
4%, 공급사슬의 포장 폐기물 발생을 5%씩 각각 감축하기로 결의했다.

## 2. 재사용과 재활용

개별 기업이 물자절약과 관련하여 독자적으로 시행하는 초보적이고 대중적인 방
법은 재사용(reuse)과 재활용(recycle)일 것이다. 사실 재사용과 재활용은 친환경보
다 훨씬 먼저 보편화된 개념이다.

재사용은 일단 사용이 끝난 자원을 그대로 다시 쓰는 것이고, 재활용(recycle)은
일단 용도가 폐기된 물품을 재가공하여 다른 용도로 사용하는 것이다. 한 면만 인
쇄된 종이의 뒷면을 사용하면 재사용이 되고, 그 종이를 재생하여 다시 쓰면 재활
용이 된다. 내구소비재의 경우는 구성부분 중 철이나 플라스틱을 다시 가공하여
재활용할 수 있으며, 특정 부품을 떼어내어 재사용하기도 한다.

### 부품의 재사용

사용이 끝난 상품을 재활용하는 것은 환경오염을 방지하는 지름길인 동시에 경비
절감에도 도움이 된다. 사회 전체로 본다면 그 자체로 자원절약이지만 제조기업에
경비절감 효과를 가져다주기도 한다.

미국의 HP는 연간 1100만 개의 프린터 토너(toner)를 회수하여 재가공한다. 제
록스(Xerox)는 1990년대 중반부터 자원재활용 프로그램(ARM)을 운영해 왔다. 이
를 통해 제록스는 임대가 끝난 복사기에서 회수한 각종 부품을 재가공하여 새로
임대할 신품 제작에 쓴다. 이렇게 하여 첫해에만 3억 달러 이상의 비용을 절감했
다. 적은 비용, 최신의 제품으로 서비스할 수 있게 되므로 고객가치도 증대된다. 제
록스는 2000년에 '순환계 만들기(Close the Loop)' 라는 이름으로 친환경 활동을

| 재활용률(%, 2003~2006) | | | |
| --- | --- | --- | --- |
| 품목 | 유럽 | 미국 | 일본 |
| 타이어 | 84 | 86 | 85 |
| 유리 | 65 | 22 | 90 |
| 자동차 배터리 | 90(UK) | 99 | — |
| 철제 용기 | 63 | 63 | 88 |
| 알루미늄 음료캔 | 52 | 52 | 92 |
| 페트병 | 39 | 24 | 66 |
| 종이/판지 | 64 | 50 | 66 |

자료: WBCSD, 2008c

타이어 재활용 인조 잔디

강화했다. 그 일환으로 카트리지, 토너, 병 등의 폐기물을 소비자로부터 회수함으로써 폐기물이 매립장으로 가는 것을 방지한다. 이 회사는 2009년에 재사용·재활용률이 93%나 된다고 자랑했다.

일본과 독일에서는 자동차, 냉장고와 같은 내구소비재의 경우에는 그 부품이 재활용되도록 조치할 책임이 제조업체에 있다. 내구소비재 제조업체는 관리와 해체가 용이하도록 상품을 설계하고, 부품별로 관리번호를 매기고, 재활용이 가능한 자재를 사용하는 노력을 기울이고 있다. 법규가 점점더 엄정해지는 추세를 고려하면 개별 기업으로서는 미리 대비하는 것이 비용 절감과 평판 개선의 측면에서 훨씬 유리하다. BMW와 파나소닉은 '부품의 100% 재활용'을 목표로 노력하고 있다.

## 폐기물의 재활용

사업장의 제조과정에서 발생하는 부스러기나 폐기물은 곧바로 연료로 사용하거나 재활용의 절차를 거쳐 새로운 자원으로 활용할 수 있다. 네덜란드의 친환경 기업인 노보 노르디스크는 폐기물의 51%를 재활용한다. 삼성전자는 사업장 폐기물의 대략 80%를 내부에서 에너지로 사용하거나 외부의 전문처리 업체에 보내 재활용하게 한다.

소비자에게 판매된 상품은 언젠가는 사용이 끝나서 폐기된다. 아무런 조치가 없으면 매립되어 환경을 오염시킨다. 제조기업이 그것을 회수하여 재활용한다면 비용절감의 효과를 거둘 수 있다. 고철을 재가공하면 철광석을 제련하는 경우에 비해 에너지가 40~75% 적게 소모되므로 비용뿐만 아니라 온실가스 배출도 줄일 수 있다. 알루미늄의 경우는 비용이 무려 95% 절감된다.

삼성전자는 2008년에 국내에서 4만 8천 톤의 폐기물을 회수하여 약 89%를 재활용한 바 있다. LG전자는 EU의 전기전자 폐품 회수규정(WEEE)에 준하여 폐품을 회수하여 재활용하고 있는데, 2008년에 국내외에서 모두 10만 8천 톤의 회수실적을 올렸다. 시스코(Cisco)는 자사 제품이 재사용·재활용되게 하는 사업을 독립적인 이익센터로 운영하고 있는데, 이를 통해 2008년에만 1억 달러의 추가이익을 얻었다.

주변에서 가장 흔히 보게 되는 폐품은 종이와 타이어일 것이다. 세계적으로 종이는 45% 정도가 재활용되는데, 개선의 여지가 많다. 타이어는 1년에 대략 10억 개가 폐기되고 있다. 폐기되는 타이어는 매립하는 데 비용이 들기도 하지만 심각한 환경위해를 초래하기도 한다. 그래서 폐기되는 타이어를 재활용하려는 노력이 범세계적으로 이루어진다. 타이어는 다른 제품의 원료, 건축·토목자재, 연료 등의 다양한 용도로 사용되며 미국, 유럽, 일본에서는 85% 정도가 재활용되고 있다(〈도표 7-3〉). 환경에 대한 관심이 높아지면서 각종 폐품의 회수 및 재활용에 대한 노력이 강화되고 있다. 펩시는 소비자의 생활습관에 주목하여 폐기되는 용기의 재활용에 대한 소비자의 참여도를 높이기 위해 특별한 방법을 고안했다(〈사례 7-2〉).

## 산업용수의 재사용

물은 어느 사업장에서나 필요하다. 특히 식음료, 화학, 전기전자, 석유가스, 광산,

건설 등의 업종에서는 물 소요량이 엄청나다. 그래서 물 사용량을 줄이거나 폐수를 재활용하려는 노력이 활발하게 이루어지고 있다. 물 사용을 줄이면 그만큼 경비가 줄어든다. 삼성전자의 경우 온양사업장의 물 재활용 비율이 2003년에 30%였는데 2008년에는 65%로 높아졌다. 천안사업장은 폐수 방출량을 연간 300만 톤 줄여서 30억 원 이상의 비용절감 효과를 거두었다. 폐수를 정제하면 산업용수로 다



폐기물 배출, 물 사용 등에서 음료수 회사는 환경주의자의 표적이 되기 십상이다. 이런 점을 인식한 펩시와 코카콜라는 환경위해의 가능성을 줄이기 위해서 각별히 노력한다. 그 일환으로 펩시는 2010년에 아래 그림과 같은 '꿈의 기계'를 만들어 미국 전역에 배치하겠다는 계획을 발표했다.

이 기계는 빈 음료수 깡통이나 PET 병을 회수하기 위한 것으로, 자판기를 완전히 뒤집은 것이다. 문자판의 지시에 따라 바코드를 입력한 다음에 폐기물을 투입한다. 그러면 반납실적이 '포인트 카드'에 입력되거나 영수증이 발급된다. 적립된 포인트는 여러 형태로 활용할 수 있고, 반납실적은 특정 사회단체에 대한 기부와 연계된다. 재활용품이 기계 안에 가득 차면 그런 사실이 펩시의 제휴업체인 웨이스트 매니지먼트(Waste Management)로 자동적으로 연락된다.

펩시는 이 계획을 실행하는 첫해에 '꿈의 기계' 3천여 대를 배치하여 4억 개의 음료수 용기를 회수하기로 했다. 펩시는 이 방법으로 그동안 30% 내외에 머물던 폐용기 회수율이 그 이상으로 높아질 것이라고 기대한다. 물론 당장 환경단체로부터 찬사를 듣는 소득도 얻었다. 재활용 습관을 갖고 있는 소비자도 이동 중에 마신 음료수의 용기는 재활용하기보다 그냥 버리게 되는데, 펩시의 '꿈의 기계'는 바로 이런 문제를 해결해주는 동시에 콜라의 주요 소비층인 젊은 세대의 기호에 딱 맞게 설계되어 호응을 받을 가능성이 높다고 평가된다. 펩시가 이에 대한 호응도를 높이기 위해 대의연계 마케팅 기법을 응용한 점도 주목할 만하다. (WSJ, 2010c)

시 사용하거나 연못 조성에 활용할 수 있다. 에스오일 울산공장은 폐수를 완벽하게 처리하여 오리들이 사는 청정 연못에 공급한다.

인텔(Intel)은 애리조나 공장의 용수 구입량을 75%나 줄였다. 폐수를 걸러서 냉각탑에 사용하는 등으로 물을 재사용하는 방안을 강구한 덕분이다. 알코아(Alcoa)는 2020년까지 광산에서 사용되는 용수를 자체순환시켜 외부배출이 전무하게 만들 계획이다.

## 3. 산업생태계

상품을 생산하는 사업장에서는 각종 부산물, 부스러기, 폐기물이 생긴다. 그중 일부는 다른 상품의 원료가 될 수도 있다. 그것을 자체적으로 사용하기도 하지만 다른 기업에 판매할 수도 있다. 실제로 오염방지의 필요성이 부각되면서 다수의 기업이 부산물을 외부에 매각하여 가외수입을 얻고 있는데, 이런 사례는 빠르게 늘어나고 있다.

제일모직의 여수사업장은 부산물인 산화알루미늄을 도자기 원료로 판매해서 연간 17억 원의 수익을 창출했다(2008년). GS칼텍스는 정유 과정의 부산물인 코크스를 전지용 탄소 소재로 전환시키기 위한 대규모 설비를 갖춘 바 있다. 고려아연의 울산공장은 배출되는 이산화탄소를 근처의 한국제지 공장에 공급한다. 이산화탄소는 종이의 표면을 매끄럽게 하는 충전제의 원료로 쓰인다.

부산물의 용도를 발굴하기 위한 노력이 뚜렷한 성과를 보이고 있기에 "한 기업의 부산물은 다른 기업의 원재료"라고 일반화하는 사람들도 있다. 이런 현상을 두고 '산업생태계(industrial ecology)'라고 부르기도 한다. 이는 동식물의 모든 배출물이 다른 동식물의 먹이가 되는 자연생태계에 빗대어 만들어진 이름이다.

산업생태계라는 개념은 폐기물에까지 확대해 적용할 수 있다. 동식물의 사체에서 새로운 생명체가 태어나듯이 폐기물이 다시 자원으로 환원되게 하는 것이다.

그렇게 된다면 산업활동 역시 하나의 순환계를 이루게 되므로 폐기물이나 오염물질이 아예 만들어지지 않을 것이다. 덴마크의 사례(〈사례 7-3〉)는 바로 이런 가능성을 보여주고 있다.

여러 기업이 하나의 생태계를 이루어 자원이 순환되는 이상적인 상황을 환경



자연생태계를 살펴보면 하나의 닫힌 순환계(closed loop)를 이루고 있다. 자연 속의 물체는 그 모양만 바꿀 뿐 자연 안에서 끊임없이 순환한다. 그 과정에서 무슨 용도로든 쓰이게 되고, 완전히 버려지는 법은 없다. 이와 같은 자연생태계를 모방하여 산업활동도 하나의 순환 시스템으로 만들자는 생각이 반영된 용어가 산업생태계 혹은 산업공생계(industrial symbiosis)다. 시스템 안으로 한번 들어온 자원은 외부로 나가지 않고 '기업 A → 기업 B → 기업 C → 기업 D → 기업 A'로 순환하게 만든다는 것이다. 매립되는 폐기물, 배출되는 온실가스가 전혀 없으므로 자연환경이 오염되지 않는다. 이런 상태는 어느 한 기업이 배출하는 것이 다른 기업의 원료로 쓰일 때에만 실현될 수 있다. 그래서 자연생태계에 빗대어 산업생태계에 대해 '폐기물은 곧 원료(waste equals food)'라는 말이 사용된다.

인구가 2만 명 정도인 덴마크의 소도시 칼룬보리(Kalundborg)는 산업생태계 조성의 전형으로 널리 알려져 있다. 10여 개의 산업에 속하는 여러 기업이 연합하여 폐기물을 없애는 장면을 연출한다. 하나의 산업에서 나오는 잔여물질이 다른 산업에서 원료가 되는 경우가 많기 때문에 공생계가 조성되려면 복수의 산업이 병존해야 할 필요가 있다.

예컨대 기업 A는 석탄을 때는 화력발전소다. 과거에는 증기터빈에서 대기 중으로 배출되던 이 기업의 폐열이 이웃에 있는 기업 B의 정유공장으로 전달된다. B는 정유과정에서 배출되는 유황을 별도로 추출하여 A로 보내어 석탄 대신 연료로 사용하게 한다. A의 황산가스는 기업 C로 전달되어 황산의 원료가 된다. A는 석탄을 태울 때 나오는 연기에서 황화칼슘을 침전시켜 기업 D로 보내어 석고판의 원료로 사용하게 한다. 타고 남은 재는 시멘트 공장을 운영하는 기업 E의 원료가 된다. 터빈 증기의 일부는 인근의 제약회사(Novo Nordisk), 어장, 가정으로 보내어져 난방에 활용된다. 어장의 고영양 슬러지와 제약회사의 발효물질은 부근의 농장에서 비료로 사용된다.

칼룬보리의 공생계 조성 및 이와 관련된 기업간 거래는 1990년대 초반에 자발적으로 시작됐다. 공생계 전체로 보면 1년에 수만 톤씩의 석유 및 석탄 사용을 줄일 수 있었다. 이산화탄소 배출은 수십만 톤, 이산화황의 배출은 수만 톤 감축됐다. 경제적으로 큰 규모로 비용을 절감했을 뿐만 아니라 환경보전에도 크게 기여하게 된 것이다. (BSR, 2010 등)

운동가들은 '요람에서 요람으로', '요람에서 무덤으로, 다시 요람으로' 등의 말로 표현하고 있다.[30] 자연에서는 재활용되지 않는 것이 없으므로 '폐기물은 곧 원료' 라는 말이 성립된다. 지속가능발전 미국 기업협의회(USBCSD)는 '부산물 용도 찾기(BPS)' 라는 프로그램을 통해서 회원사 사이에 부산물 생태계를 조성해 주는 일을 하고 있다. 다우 케미컬은 이 프로그램에서 얻은 아이디어를 토대로 노력해서 회사 내부에서만 2천만 달러 상당의 에너지 절감 및 온실가스 감축 효과를 얻었다.

산업생태계를 조성하고 활용하기 위한 노력에는 배경이 다양한 사람들 또는 기업들의 모임이 유용할 때가 많다. 예컨대 철강과 시멘트는 아무 연관이 없는 것처럼 보인다. 그러나 철광석을 제련하는 과정에서 남는 찌꺼기를 시멘트 공장의 킬른(kiln)에 투입하면 생산되는 시멘트의 품질이 향상되고 상당량의 에너지가 절감된다. 이는 미국의 어떤 회사가 '생각 짜내기(brainstorming)' 를 하는 과정에서 우연히 발견한 기법인데, 그 회사는 이에 대해 특허까지 받았다. 서로 다른 집단간의 대화가 없었으면 불가능한 일이었다.

## 4. 우리 모두의 일

기업을 구성하는 임직원의 모든 행위는 환경에 영향을 미친다. 다른 한편으로 폐기물이나 부산물을 자원으로 환원시키는 일은 모두의 일상활동과 관련되며, 작은 아이디어에서 출발하는 경우가 많다. 이런 이유로 녹색경영은 개개인의 관심과 참여 아래 전사적으로 추진되어야 마땅하다. 말하자면 생활화되어야 하는 것이다. 그리고 확실한 효과를 얻기 위해서는 목표와 초점을 분명히 하여 치밀한 계획을

---

30 'Cradle to cradle', 'cradle to grave to cradle', 'waste equals food' 등으로 표현된다(Hawken, 1993; Makower, 1994; McDonough and Braungart, 2002).

수립하는 것이 좋다(〈사례 7-4〉).

전 직원이 참여해야 하는 일이니 만큼 정기적인 환경교육이 필수적이다. 실제로 한 전문기관(NEEF)의 조사보고서에 따르면 대부분의 경영자(85%)가 녹색경영과 관련된 교육의 중요성을 인지하고 있다(2010년). 이베이(eBay)나 맥도널드 등의 기업은 친환경의 생활화를 위한 교육을 통해서 온실가스 배출을 감축하고 비용을 절감한다. 시티은행의 창구직원은 상대하는 고객에게 종이 없는 은행거래를 습관화하도록 일일이 권장하고 있다.

산업생태계 혹은 공생계를 구축하는 일은 자원절약의 효과적인 방안 중 하나다. 오염물질이나 온실가스의 배출을 감축하는 일은 가치사슬 전체와 연관된다.

---

### 사례 7-4 BT의 운영경비 절감

영국의 통신회사 BT는 친환경 경영으로 5년간에 걸쳐 7억 2천만 달러의 운영경비를 절감했다. BT는 한 비영리단체(Forum for the Future)의 지침에 따라 지속가능 경영을 추구하면서 아래의 절차에 유의했다.

1. 추진사업의 목표와 범위를 분명하게 정한다. BT는 '내부 커뮤니케이션과 마케팅의 절차 개선'을 통한 에너지 절약을 목표범위로 선정했다.
2. 주주가치를 창출하는 가치의 원동력 중에서 하나의 초점을 정한다. BT는 '영업이익률 제고'에 초점을 맞추었다.
3. 친환경 노력이 수익에 기여하는지를 분명하게 점검한다. BT는 과제별로 결과를 점검했다. 예컨대 재택근무가 사무실 용적 축소, 통근시간 절약, 온실가스 감축 등의 효과가 큰지를 확인했다.
4. 명시적 성과를 내외부의 이해당사자에게 홍보하여 동참을 유도하고 활동의 강도를 높인다. BT는 재무부서 관계자들을 설득해서 지속적인 친환경 투자를 실현했다. 통신 네트워크를 통한 재택근무를 시연(試演)하기도 했는데, 이것은 BT의 통신망 사업에 매우 훌륭한 마케팅 소재가 되기도 했다.
5. 개선된 절차를 내재화한다. 친환경 활동이 일과성, 일회성에 그치지 않고 조직의 DNA가 되도록 한다. (GreenBiz, 2010a)

이런 까닭에 녹색경영은 어느 한 기업이 단독으로 하기보다는 가치사슬에 속해 있는 관련 기업들이 공동으로 하는 것이 효과적이다.

## 7.3 상품과 공정의 재설계

환경보전과 관련하여 개별 기업은 자체 활동을 살펴봐야 하는 것은 물론이고 공급업체와 고객도 고려해야 함을 앞에서 누차 지적했다. 회사 내부의 생산공정과 업무절차를 개선해야 할 뿐만 아니라 공급업체를 지도할 필요도 있다. 2절에서 살펴본 배출감축, 재사용, 재활용을 통해 크고 장기적인 비용절감 효과를 노려야 하고, 그러기 위해서는 상품 및 공정을 다시 설계할 필요가 있다.

### 1. 친환경 상품

하나의 상품은 부품생산, 조립, 사용, 폐기의 각 과정에서 환경에 영향을 미친다. 상품의 설계는 그러한 전 과정의 생태족적을 크게 좌우한다. 소재, 기능, 형태, 구조를 개선하면 에너지 소비를 줄이고 폐품의 재활용률을 높일 수 있다. 생산방법과 공정을 바꾸어도 큰 효과를 거둘 수 있다. 현실에서 많은 기업이 상품기획 및 제조공정에서 '친환경 설계(DfE)'를 시도하여 큰 성과를 거두고 있다.

　스위스의 직물업체 로너(Rohner)는 친환경 제품에 대한 시장수요의 증가에 부응하기 위하여 양털과 모시만을 소재로 삼고 환경영향이 없는 염료를 사용하여 클라이머 텍스라는 직물을 생산한다. 모시풀을 재배하는 과정은 농약을 필요로 하지 않으므로 환경영향이 작다. 염료는 1600종류 중에서 엄선한 16가지를 사용하여 발암물질, 유독물질, 중금속이 전혀 남지 않도록 했다. 이 직물은 폐기되면 농장에서 깔재료(mulch)로 쓸 수 있을 뿐만 아니라 자연적으로 분해되어 생태족적을 남기지 않는다.

히타치(Hitachi)는 세탁기의 조립과 해체를 편리하게 하기 위해서 6개의 나사못만이 필요하도록 세탁기의 설계를 바꾸었다. 이는 일본의 재활용 관련 법규가 강화됨에 대비하여 취한 조치로서 제조시간을 3분의 1이나 단축했다. 이에 따라 재고가 크게 줄었을 뿐만 아니라 세탁기의 사용방법이 간편해지고 그 유지관리가 용이해져서 고객가치가 크게 증대됐다.

친환경 상품에 대해서는 12장에서 기업혁신의 일부로서 다시 다룬다.

## 2. 녹색 공정과 절차

기업의 일상활동은 가치사슬을 구성한다. 각각의 가치활동에서 자원이 소비되는데 대체로 에너지가 큰 몫을 차지한다. 활동방법, 즉 제조공정과 업무절차를 개선하면 환경영향을 줄이고 에너지 비용을 절감할 수 있다. 사무실과 공장을 에너지 효율이 높은 이른바 '녹색빌딩'으로 건·개축하면 운영비가 경감되고 경우에 따라서는 건축비까지 절감된다.

친환경 투자를 비용절감으로 회수하는 데 걸리는 시간은 경우에 따라, 그리고 추정하는 사람에 따라 다르지만 대체로 5~20년 정도다. 맥킨지(McKinsey)의 보고서는 에너지 절약을 위한 투자가 연평균 17%의 수익을 내줄 수 있다고 소개한다(Farrell, 2008). 그런 수익률이라면 6년 이내에 투자금액을 모두 회수할 수 있으므로 대다수 기업에는 고유사업보다 오히려 수익성이 높다. 공정 및 절차의 개선은 매우 현명한 투자가 되는 것이다.

### 녹색공정

제조과정의 공정을 개선하는 일은 여러 방면에서 접근할 수 있다. 기계·설비의 재설계를 통해서 에너지 소요를 줄이고, 값싼 대체에너지를 사용하도록 전환할 수도 있다. 작업과정에서 방사되는 열을 모아서 냉난방에 활용하면 온실가스 발생을 막는 동시에 비용도 줄이는 일석이조의 효과를 얻는다. 유해물질의 배출을 줄이는 것은 에너지 절감과는 동전의 앞뒤가 된다. 환경보전을 위한 투자가 수익증대로 돌아온다는 말이다.

철강. 시멘트, 석유화학, 알루미늄, 종이 등의 기초자재는 그것이 생산되는 제조 공정에서 엄청난 양의 에너지를 소비한다. 저탄소 공정을 만들어 가동하면 비용과 온실가스 배출이 대폭 줄어든다. EU는 '초저 이산화탄소 제철 공정(ULCOS)'을 회원국가 공동으로 추진한다. 시멘트 산업은 전 세계 온실가스 배출량의 5%를 점유한다. 공정개선의 여지와 효과는 엄청나다.

공정개선으로 비용절감의 성과를 올린 사례로 알려진 것은 아주 많다. SK에너지나 포스코 등의 기초자원 기업은 1990년대부터 환경보전에 각별한 관심을 기울였고, 온실가스 저감 운동에도 동참하고 있다. 출발점은 대체로 〈사례 7-5〉와 같이 제조사업장의 공정을 철저히 관리하는 일이었으며, 결과적으로 작지 않은 경비절감의 효과를 거두었다.

다우 케미컬은 염화물 제조공정에서 사용되는 염산을 회수하는 장치를 설치하기 위해서 25만 달러를 투자했다. 그 결과로 연간 240만 달러의 재료비가 감축되고, 이에 더해 폐기물 처리비용도 통째로 절감됐다. 〈사례 4-1〉에서 소개한 BP의 경우는 녹색경영을 시작한 첫해에 2천만 달러를 투자했는데, 그 뒤로 수년간에 걸쳐 6억 5천만 달러의 비용을 절약했다. 얼른 계산하기 어려울 정도로 높은 수익률이다. 그래서 이 회사의 최고경영자는 이렇게 말한다. "우리는 착한 기업이 되고자 했다. 그런데 잘나가는 회사가 됐다."[31] BP는 최근에 멕시코 만의 폭발사고로 인해 이미지가 구겨지긴 했지만, 녹색공정의 측면에서 부분적인 성과는 분명하게 거둔 기업이다.

........................

31 "We set out to do good, and we ended up doing well." (Esty, 2006)

## 녹색 업무절차

생산 이외의 제반 업무도 절차를 개선하면 시간, 노력, 에너지를 절약할 수 있다.



온실가스나 오염물질의 배출과 관련하여 환경에 대한 영향이 가장 큰 업종은 에너지 산업이다. 그 중에서도 정유업체가 먼저 주목을 받는다. 환경에 대한 관심이 커지면서 정유업계에 녹색경영이 매우 중요한 과제로 대두됐다. GS칼텍스는 '환경보전'을 최우선 경영과제로 정하고 환경친화적 기업 활동에 나서고 있다.

한국 지속가능발전 협의회(KBCSD)의 의장을 맡고 있는 GS칼텍스의 최고경영자(허동수)는 "환경경영은 '두 마리 토끼 잡기'다. 환경경영을 통해 좋은 환경을 다음 세대에 물려줄 수 있고, 경제적으로도 이득을 올릴 수 있다"는 지론을 가지고 있다. 그래서 '하늘과 땅, 물에서 그린 경영'이라는 슬로건을 제시했다. 환경에 대한 영향을 최소화하고 비용절감의 효과를 얻을 수 있도록 전 직원을 독려한다. 그 결과 상당한 성과를 거두었다. GS칼텍스의 환경경영은 구체적으로 아래와 같은 활동을 포함한다.

(1) 하늘: 오염물질을 배출할 수 있는 모든 굴뚝에 오염물질 자동측정기를 달았다. 대기오염 방지시설인 전기집진기, 멀티사이클론, 배기가스 탈황시설 등을 설치해 운영 중이다. 2001년부터 누출탐지보수시스템(LDAR)을 도입해 정유과정에서 발생하는 휘발성 유기화합물(VOC)과 황·질소산화물의 배출을 대폭 줄였다. 정유공장 기름냄새의 원인물질인 VOC의 배출은 70% 줄었고, 일산화탄소는 2006년부터 배출량이 제로가 됐다.

(2) 땅: 오염물질 배출상태를 24시간 감시하는 원격제어 통제시스템과 토양오염을 방지하는 기름 수집 시스템 등을 도입했다.

(3) 수질: 유조선이 부두에 접안하면 하역에 앞서 오일펜스를 친다. 혹시 모를 기름유출 사고를 막기 위해서다. 또한 사고가 발생했을 때 피해를 최소화할 수 있도록 유조선의 82%를 이중선체 선박으로 확보했다. 보통 50% 안팎인 평균보다 높은 수준이다.

이런 활동을 통해서 GS칼텍스는 최근 5년 동안 에너지 효율을 10% 높였다. 이산화탄소 배출량 감소분도 35만 톤에 달한다. 한 해의 LNG 연료비가 1조 원에 이르는 것을 감안하면 매년 1000억 원 가량의 비용절감 효과를 거둔 셈이다. 이와 같은 노력을 인정받아서 GS칼텍스는 '환경대상'을 수상했고, 'ISO 14001 환경인증'도 획득했다. 이미지 개선의 효과도 얻은 것이다.

《조선일보》, 2008c에서 정리)

사실 환경보전과는 별도로 업무생산성 개선을 위한 노력은 여러 각도에서 이루어져 왔다. 1990년대에 유행한 리엔지니어링은 '같은 과제(job)를 수행하는 데 투입하는 일(work)을 줄이자는 시도'였다. 그 결과는 자원생산성이 크게 향상되고, 이에 따라 환경영향의 감소가 저절로 따라오게 된다. 그 밖에도 기업계에 유행한 전사적 자원계획(ERP), 가치사슬관리(SCM), 고객관계관리(CRM) 등도 모두 사무생산성 내지 자원생산성을 높이려는 프로그램이다.

근래에는 환경보전에 기여하는 것을 목적으로 업무절차를 개선하는 노력도 많이 보인다. 이런 노력은 간단한 일의 개선부터 전반적 업무흐름의 개선까지 다양한 형태로 진행된다. 월마트는 엄청난 수의 수송차량을 보유하고 있다. 안전을 위해서 각각의 운전사는 반드시 하루에 10시간 휴식하도록 규정되어 있는데, 운전사

**사례 7-6 종이 없는 경리부**

전통적으로 경리부(treasury)는 종이를 많이 사용한다. 경리부에는 온갖 청구서, 영수증, 전표가 난무한다. 한 은행(J.P. Morgan)의 내부 보고서에 따르면, 경리부에서 처리하는 서류의 양은 매년 5톤에 이르고, 그로 인하여 106톤의 온실가스가 배출되는 결과가 초래되는 것으로 조사됐다고 한다. 그런데 경영진이 관심만 갖는다면 정보기술을 활용하여 종이 없는 경리 시스템을 만들 수 있다. 종이를 없애면 녹색경영이 진전될 뿐만 아니라 인력과 경비가 절감되고 정보보안이 강화될 수 있다. 다음 사항에 유의하면 '환경영향 제로'의 경리 시스템을 구축할 수 있다.

1. 매출채권 관리의 전산화: 각종 자금의 은행계좌 입금을 포함해 매출채권 관리를 위한 모든 절차를 통합 전산망에 직접 입력해 처리하고 확인한다. 이렇게 하면 서류를 작성하거나 사람이 이동할 필요가 없어지므로 비용, 에너지, 시간이 절약된다.

2. 온라인 지출 플랫폼 운영: 지출결의, 지출, 결제확인 등 지출과 관련된 모든 절차를 온라인으로 연결해 처리한다.

3. 보고와 자료관리의 전산화: 모든 대내용 보고자료는 온라인으로 제출하고 대외용 자료도 온라인으로 제공한다. 탐색기술을 갖추면 어떤 자료건 손쉽게 확인, 취합, 가공할 수 있다.

4. 문서보안의 강화: 전산화된 자료는 자동적으로 통합 보관되므로 안전한 관리가 용이하다.

(GreenBiz, 2010b)

들은 휴식시간에도 냉난방을 위해서 엔진을 가동할 수밖에 없었다. 이런 공회전에서 발생하는 배기가스를 줄이기 위해 별도의 냉난방 장치를 수송차량에 부착하는 방안이 제안됐고, 월마트는 이를 실행에 옮겨 1년에 2500만 달러의 비용을 절감했다. 월마트는 또 경제성을 유지하면서 생물연료(bio-fuel)를 사용하는 방안을 다방면으로 연구하고 있다.

현대적 리더십의 구성요소 중 하나는 권한위임이다. 책임과 권한을 하부에 위임하면 회의, 보고, 문서작성 등을 대폭 줄일 수 있으므로 시간, 노력, 에너지가 감축된다. 지위의 고하에 관계없이 모두가 온라인 의사소통에 익숙해지면 그야말로 종이 없는 사무실을 만들 수도 있다. 여러 면에서 종이는 낭비의 상징이므로 사무실에서 종이를 없애는 것은 녹색경영에서 빼놓을 수 없다. 〈사례 7-6〉에서 보듯이 정보기술을 잘 활용하면 종이의 사용을 최대한 배제할 수 있다.

## 녹색 빌딩

공장이나 사무실로 사용되는 건물을 설계할 때에는 냉난방, 조명, 환기 등은 물론이고 업무생산성, 편의시설, 외양도 신중하게 고려해야 한다. 운영비용과 초기투자의 크고 작음도 관건이 된다. 실제사례와 시험결과에 따르면 환경영향을 최소화한 녹색 빌딩은 여러 측면에서 이점이 있음이 판명됐다. 일반 빌딩과 비교해 보면 녹색 빌딩을 건축하거나 개축할 때 추가로 소요되는 자금은 일반적인 예상의 3분의 1에 불과할 정도로 작으며, 그것도 수 년 안에 회수할 수 있다(WBCSD, 2007a). 사회적 필요성과 실제의 경제성을 인식하여 다수의 기업과 각종의 기관이 매우 다양한 녹색 빌딩을 구상하거나 건축하고 있다(〈도표 7-4〉).

시스코의 사옥건축 원칙은 '설계부터 제대로'였다. 이는 곧 환경을 생각하라는 것인데, 에너지 효율성을 규정보다 20% 초과달성하여 운영비를 절감하는 것이 목표였다. 그 결과로 시스코는 실리콘 밸리의 본사 건물에서만 5500 가구분의 전력을 절감하면서 이산화탄소 배출을 5천만 파운드 줄였다. 같은 지역에 본사를 둔 어

미국 오리건 주 포틀랜드에 있는 녹색빌딩. 태양열을 최대한 활용하기 위한 시설이 장치됐다.(NYT, 2010b)

도비(Adobe)는 기업 최초로 미국 녹색빌딩 협회로부터 '에너지절감 및 환경친화 디자인(LEED)' 최고상을 받았다. 본사의 녹색 건물에서 일하는 직원 수가 5년간 80% 늘어났음에도 전기 사용량은 35%, 가스 사용량은 40% 줄었다. 미국 녹색빌딩 협회의 추산에 따르면 LEED의 기준을 적용하면 에너지와 물의 사용량을 각각 50%까지 감축할 수 있다.

펩시는 애리조나에 있는 감자 칩 공장을 시범으로 선정하여 제조공정의 '환경 영향 제로'를 실현하는 프로젝트를 추진하고 있다. 에너지와 물의 소비를 90% 줄이고 매립해야 하는 폐기물의 배출을 완전히 없앤다는 것이다. 펩시는 이 프로젝트가 상당한 성과를 거둔 2009년에 LEED 인증을 받았고, 같은 방법을 전사적으로 확대해 적용할 예정이다. 2009년에 중국 중경(重慶)에 준공된 펩시의 녹색공장은 최첨단 기술을 적용하여 처음부터 LEED 규격에 맞게 지어졌다. 자연채광, 무수공정, 폐수재활용, 옥상정원을 비롯해 최소한 35가지 기법이 동원됐다. 아울러 각각의 기계와 공정에서 에너지와 물이 사용되는 양을 상시 확인할 수 있도록 확인 시스템도 갖추었다.

녹색 빌딩은 비용절감에 도움이 될 뿐만 아니라 온실가스 감축 의무를 가장 저렴하게 이행하게 해주는 방법이기도 하다. 어떤 연구자에 따르면 빌딩의 개선을 통하여 이산화탄소를 줄이는 데 드는 비용은 이산화탄소 톤당 25달러 정도인데, 이는 일반 산업활동에서의 톤당 감축비용 210~300달러에 비해 10% 정도에 불과하다(Houser, 2009).

전통적으로 안전성은 빌딩의 필수적인 요건이다. 이 요건과 관련하여 여러 가지 형태의 공적 규제가 있다. 이제는 친환경성도 안전성에 못지않게 빌딩의 필수적인 요소가 되고 있다. 빌딩이 일단 건축된 뒤에 고치는 데는 큰 비용이 소요되므로 앞으로 점점더 강화될 환경관련 규제에 미리 대비하여 애초부터 녹색 빌딩을 건축하는 것도 현명한 방안이다.


## 7.4 발상의 전환

이 장에서 지금까지 전개한 논의는 개별 기업이 영위하는 사업의 기본골격은 그대로 두고 개선방안을 찾는 데 초점을 맞추었다. 그러나 비용이나 효과의 측면에서 가장 획기적인 방법은 사업방식 자체를 재검토하는 것이다.


### 1. 사업 패러다임의 재구축

슘페터(J. Schumpeter)가 지적한 대로 세상이 발전하는 것은 기업의 혁신에 힘입는 바 크다. 혁신이란 과거의 형식과 양식을 파괴하여 새로운 것을 창조함으로써 변화를 초래하는 것이다. 혁신에는 '점진적 개선'과 '대혁신(breakthrough)'의 두 가지 형식이 있다. 점진적 개선은 현상을 조금씩 고쳐 나가는 것이고, 대혁신은 완전히 새로운 접근방안을 찾아내는 것이다. 예컨대 백열전구의 밝기를 높이거나 수명을 연장하는 것은 점진적 개선이고, 백열전등과는 완전히 다른 조명도구인 형광등을 발명하는 것은 대혁신이다. 대혁신은 백지에서 출발해서 이루는 것이므로 이를 위해서는 발상의 전환이 필요하다. 더 좋은 백열전구를 만들려는 것이 아니라 가장 효율적인 조명방안을 새로이 찾는 것이다. 그러다 보면 전혀 다른 방식의 그야말로 획기적인 발견이 이루어진다. 인류의 역사를 돌이켜 보면 대혁신을 통해서 문명의 도약이 실현되었음을 알 수 있다.

환경보호라는 과제도 마찬가지다. 기업이 기존의 활동양식을 전제로 하고 환경에 대한 영향을 최소화하도록 노력하는 전통적 방식을 취할 수도 있지만, 백지에서 새롭게 사업을 시작하는 방식을 취할 수도 있다. 후자의 방식은 〈도표 7-1〉에서 최종단계인 재출발(reimagine)에 해당된다.


**의욕적 목표**

1990년대에는 리엔지니어링 기법이 유행했다. 이 기법은 20~30%가 아닌 200~300%의 향상을 내세움으로써 기존의 업무개선과 차이를 두려고 했다. 획기적 효과를 거두기 위한 녹색경영도 이와 같은 의욕적인 목표를 설정하는 데서 출발한다. 몇 배나 10배, 100배의 성과를 올리는 것은 보통의 방법으로는 불가능하므로 발상을 전환할 수밖에 없다.

월마트는 2010년부터 2015년까지 자사의 공급사슬에서 온실가스 배출을 2천만 톤 감축하겠다고 발표했다. 최종목표는 재생가능 에너지만 사용하여 폐기물을 전무하게 만드는 데 있다(〈사례 8-3〉).

녹색경영을 선도하는 모임 중에 12개국의 최고경영자들이 1994년에 출범시킨

'10배 기구(Factor 10 Institute)'가 있다. 이 모임은 자원생산성이나 생태효율성을 10배 이상 향상시키는 것을 목표로 삼았다. 물론 그와 같은 의욕적인 목표가 반드시 달성되거나 단기간에 이루어지리라고 생각한 것은 아니었다. 그러나 당장은 의지의 표현으로 내세운 목표이더라도 꾸준히 추진하면 그 목표가 달성되기도 한다.

획기적 개선은 거의 언제나 '백지에서 재검토' 하는 발상의 전환에서 해답이 찾아진다.


### 자연생태계 모방

대혁신의 단서를 찾는 방법을 간단히 정리할 수는 없다. 언제 어디서 어떤 아이디어가 나올지를 예측할 수가 없기 때문이다.

자연생태계에는 폐기물이 없고, 따라서 환경위해가 존재하지 않는다. 그러므로 자연생태계를 모방하는 노력은 언제나 유효한 녹색경영의 출발점이 될 수 있다. 《요람에서 요람으로》라는 책의 저자들은 인류의 생활방식을 자연의 생물체가 살아가는 방식과 같게 한다면 환경을 온전하게 보존할 수 있다고 주장한다 (McDonough, 2002). 마치 한 그루의 벚나무가 고사하면 그것의 모든 부분이 자연으로 되돌아가듯이 하나의 빌딩이 허물어지면 그것의 모든 자재가 자연으로 되돌아가 재순환하도록 빌딩의 건축에 대한 새로운 접근이 필요하다. 각종 공장에서는 오직 식용수(drinking water) 한 가지만 폐기물로 배출되도록 제품과 공정을 설계할 수 있다. 어느 제품이건 용도를 다해서 버려지면 썩고 분해되어 생태계의 양식이 되게 할 수 있다.

발상의 전환 및 대혁신을 위한 접근방안에 대해서는 12장에서 다시 다룬다.


## 2. 폐쇄계 구축

이론적으로는 개별 산업계 전체나 국가경제 전체가 하나의 폐쇄계를 형성할 수 있다. 자연으로의 누출이 전무하게 만드는 것이다. 모든 폐기물을 재사용하거나 재활용한다면 가능한 일이다. 현실에서 이런 일이 일어나기를 기대할 수는 없지만 산업생태계를 점차 확대하고 재활용 비율을 높이는 방향으로 개선을 할 여지는 얼마든지 있다. 현실적으로 각국의 재활용 비율은 점점더 높아지고 있다. 이는 환경보전에 대한 일반의 인식이 높아진 덕분이기도 하지만, 상품생애에 대한 제조업체의 관리책임이 강화되는 추세와 맞물린 것이기도 하다.

완제품 업체라면 자사의 제품과 관련하여 폐쇄계에 근접한 체제를 구축할 수 있다. 제록스와 뒤퐁은 1990년대부터 제품회수 프로그램을 도입해 적극적으로 운영하고 있다. 자사의 제품에 대해서 폐쇄계를 만들어 폐기물이 없는 사업장, 폐기물이 없는 상품을 만들겠다는 의지에서다. 제록스는 회수제품을 재정비하여 다시 팔기도 하고, 그 부품을 재사용하기도 한다. 마지막으로 남는 것은 재활용으로 돌린다. 판매된 제품이 전량 회수되지는 않지만, 그래도 제록스는 그와 같은 노력으로 상당한 성과를 거두면서 연간 수천만 달러의 비용을 절감하고 있다.

뒤퐁은 미국 텍사스에 있는 한 공장에 폐쇄계를 만들어 유독물질의 배출을 99% 줄이는 실적을 거두기도 했다. 완제품과 따로 판매된 부산물을 제외하면 외부누출이 사실상 없어지게 해서 '제로의 정신(Spirit of Zero)'을 실현한 것이다.


## 폐쇄계 식물재배

네덜란드는 어느 모로 보나 자연환경이 농업에 부적당하다. 그럼에도 장식용과 선물용 꽃에 관한 한 네덜란드가 세계시장을 장악하고 있다. 유럽과 중동에는 물론이고 멀리 아시아에까지 각종의 꽃을 신선한 상태로 공급한다. 아마도 열악한 자연환경이 발상의 전환을 가능하게 한 결과이겠지만, 네덜란드는 폐쇄계 방식을 동원하여 꽃을 재배함으로써 다른 나라가 따라갈 수 없는 경쟁력을 확보했다.

그 방식을 한마디로 표현하면 '농장이 아닌 공장에서 꽃을 만든다'는 것이다. 차단된 공간에서 물과 암면을 사용하여 꽃을 재배한다. 외부로의 배출이 최소화되게 하고 대부분의 자원이 내부에서 순환되게 만든다. 이렇게 하니 작목환경에 대한 통제가 가능하므로 병충해도 쉽게 예방할 수 있고, 그 결과로 농약과 비료 소요량이 적다. 재배시기, 성장속도, 발육상태 등이 적절하게 조절되고 병충해가 방지되니 품질이 저절로 최상급이 된다. 게다가 완벽한 저온보관 기술과 조직적인 유통체계까지 갖추었으므로 네덜란드가 세계의 꽃시장을 지배하는 것은 어쩌면 당연한 일이다. 네덜란드의 농가는 이런 폐쇄계 방법으로 환경보호, 비용절감, 품질개선의 세 가지 목표를 동시에 달성하고 있다.

한국에서도 파프리카와 같은 특정한 작물의 재배에 폐쇄계 기법이 사용되고 있다. 충북 예산 등지에 있는 파프리카 농장은 작물을 유리온실 안에서 재배하면서 폐쇄의 기본요건을 갖추고 있다. 아직도 농약과 비료가 일부 사용되고 외부로의 배출이 완벽하게 통제되지 않고 있지만, 노력 여하에 따라서는 완전 폐쇄계도 실현될 수 있을 것이다. 아직은 시험단계이지만 외부와 완전히 차단된 식물재배 공장을 실현하기 위한 노력도 진행되고 있다(〈사례 7-6〉).

## 3. 사회공헌과 생산성 증대

지금까지 살펴본 바와 같이 환경책임 완수로부터 얻을 수 있는 비용절감 효과는 직접적이고 또한 측정이 가능하다. 사회책임의 또 한 축인 사회적 배려를 강화하면 직원의 생산성 향상을 통한 비용감축을 기대할 수 있다. 다만 그 효과는 다소 간접적이라고 할 수 있다.

사회책임성은 기업 이미지와 직결되기 때문에 사회책임성에서 앞서가는 기업은 상대적으로 더 우수한 직원을 채용할 수 있다. 기업의 사회책임 경영이 그 기업에 근무하는 직원의 사기를 높이는 효과가 있음은 여러 사례를 통해서 확인된 바 있다. 물론 직원의 사기가 높아지면 생산성이 제고된다. 사회봉사 활동을 수행하는 과정에서 팀워크와 리더십이 길러지는 경우도 많아서 이런 활동도 직원의 능력



## 농장이 아닌 공장에서 식물재배

경기도 용인시에는 한국에서 최초로 시도된 것으로 알려진 '식물재배 공장'이 있다. 인성테크라는 중소기업이 햇빛까지 차단된 160㎡ 남짓한 공간에서 각종 채소를 수경(水耕)하는 현장이다. 에어커튼, 에어샤워라고 불리는 공기차단막으로 외부와 단절되기 때문에 병충해의 침입이 원천적으로 봉쇄되고 날씨의 영향도 전혀 받지 않는다. 채소가 필요로 하는 영양분은 호스를 통해서 공급되므로 흙도 필요 없다. 식물 생육에 필수적인 빛은 발광다이오드(LED) 형광등이 공급한다. 재배의 모든 조건이 정보기술('Smart Green Farm')에 의해 통제되므로 채소별로 완벽한 생육조건을 만들어 줄 수 있다.

빛을 공급하는 데 들어가는 전력만 빼면 외부와 완전히 차단된 폐쇄계다. 실제로 이 채소 재배 농장은 반도체 제조 공장을 빼어 닮았다. 2010년 현재 단위면적당 생산량은 일반 비닐하우스의 10배에 이른다. 필요한 토지가 대폭 줄고 환경에 미치는 영향이 전무한 점은 더 없이 친환경적인 농법임을 말해 준다. 다만 전력소요 때문에 아직까지는 생산비가 2배 가까이 먹힌다는 점이 해결해야 할 큰 숙제로 남아있다. 빛의 강약을 조절하는 기술이 있다면 태양광을 언제라도 무료로 이용할 수 있다. 숙제를 풀기가 그리 어렵지 않을지도 모른다. (〈중앙일보〉(2011년)에서 정리해 인용)

향상에 도움이 된다. 직원을 위한 각종 복지시설은 소속감을 강화하여 직원의 이직률을 낮춘다. 인적자원관리 비용이 대폭 줄어들 수도 있다.

　미국의 대형 소매점인 베스트 바이(Best Buy)는 여성 직원의 이직률을 낮추겠다는 뚜렷한 목표를 가지고 '여성 리더십 포럼'이라는 프로그램을 시작했다(2006년). 이 프로그램을 통해 자율적으로 혁신을 하고 자발적으로 사회봉사 활동에 참여하도록 장려한 결과 이직률이 상당폭 낮아지는 효과를 거두었다.

# 3부

# 전략적 사회책임 경영

2부에서 다룬 사회책임 경영은 마케팅, 홍보, 생산 등을 전담하는 부서 단위로 시행할 수 있는 것이다. 이는 매우 전통적인 방법이며, 아직까지는 대다수 기업이 이 수준에 머무르고 있다. 그러나 이런 접근방법은 효과가 제한적일 뿐만 아니라 기업의 목적과 관련하여 논란의 대상이 될 수도 있다. 전략적 사회책임 경영은 그러한 논란을 잠재우면서 기업과 사회에 동시에 공헌하는 길을 모색하는 일, 다시 말해 삼중 수월성을 확보하는 일에 관한 것이다.

전략적 사회책임 경영(Strategic CSR)은 한마디로 지역사회와 자연환경에 대한 책임을 완수함과 동시에 장기적 이윤을 극대화하자는 것이다. 이와 같이 여러 목표를 동시에 성취하는 것은 이사회나 최고경영자가 CSR을 직접 주관하고 임직원 모두가 일상활동의 일부분으로 그것을 흡수할 때에만 가능하다. 말 그대로 사회책임이 기업전략의 일부가 되어야 하는 것이다.

3부의 서론에 해당하는 8장에서는 전략적 CSR을 실행하는 절차를 짚어 보고 도요타, GE, 월마트, M&S와 같은 이 분야에서 대표적인 선도기업의 사례를 확인한다. 9장에서는 CSR을 통해서 개별 기업의 경쟁여건을 개선하는 방안을 생각해 본다. 경쟁여건의 개선은 해당 기업의 경쟁력 향상으로 연결된다. 10장에서는 프라할라드(C.K. Prahalad) 교수가 처음 제안한 것으로 세계적으로 40억 명의 인구로 구성된 '피라미드의 기층(基層)'에 무한히 존재하는 사업기회를 찾아내는 접근방법을 알아보고 그 가능성을 확인한다.

11장에서는 지구온난화와 관련된 여러 가지 쟁점을 살피고, 개별 기업이 효과적·효율적으로 지구온난화에 대응하는 기본방향에 대해서 알아본다. 특히 새로운 에너지 원천을 확인함으로써 그런 방향에서 사업기회를 포착할 가능성을 따져본다. 12장에서는 사회적 책임과 환경적 책임의 완수가 혁신의 빌미가 되고 새로운 사업기회도 열어줄 수 있음을 확인한다. 마지막으로 13장에서는 사회개혁이라는 거시적 문제에 접근하는 방안에 대해 논의한다. 기업을 통한 사회개혁의 방법으로는 기존의 기업이 관심을 갖고 그런 방향으로 노력하는 방법도 있고, '사회적 기업'을 신설하는 방법도 있다.

## 8장

# 전략적 사회책임 경영의 실행방안

이 장은 3부의 서론에 해당한다. 이 장에서는 전략적 사회책임 경영의 개요와 실행방안에 대해 살펴보기로 한다. 전략경영에 관한 일반적 논의로써 실마리를 풀어본다.

'전략적 CSR' 이 유행어가 되다시피 한 것은 21세기에 와서의 일이다. 그러나 그 필요성은 훨씬 오래전에 이미 지적됐다. 선구적으로 경영전략을 연구하고 SWOT 분석모델을 처음 제시한 앤드루스(K. Andrews)는 1970년대 초에 이미 기업에 대한 사회의 기대를 전략의 수립에 반영하라고 권고한 바 있다.

## 8.1 전략적 CSR의 개요

'전략적 사회책임 경영(Strategic CSR)' 은 장기적 재무성과를 높이는 방향으로 사회와 환경에 대한 기업의 책임을 이행하는 것을 말한다. 다시 말하여 사회책임을 기업전략의 일부로 흡수한다는 것이다.

기업경영에서 전략은 최고경영자나 조직책임자의 입장에서 장기적 성과를 생각하는 것을 핵심으로 한다. 전략을 경영의 중심에 두는 전략경영은 포터가 이론을 정립하여 널리 보급했다.

## 1. 전략경영

1부에서 내린 결론에 따르면, 사회책임 경영은 해당 기업의 장기적 건전성을 확보하기 위한 방안으로 추진하는 것이 바람직하다. 이는 사회책임 경영이 전략경영의 일부가 되어야 이상적이라는 의미다.

기업 사이의 경쟁이 치열해진 1980년대 이후에 전략경영이 뿌리를 내렸다. 초경쟁(hyper-competition) 여건에서는 반드시 경쟁업체보다 나아야 생존이 가능하다. 경쟁업체를 이기려면 경쟁우위를 확보하는 것이 반드시 필요하다. 전략경영이란 효과적 전략을 수립하여 경쟁우위를 확보하려는 노력이다. 여기서 전략(strategy)은 '경쟁업체를 눌러 이기기 위한, 조직책임자의 입장에서 본 장기적 행동지침'을 말한다. 말하자면 전략은 '장기적 큰 그림'인 셈이다.

### 본부 전략과 사업부 전략

전략을 흔히 본부 전략과 사업부 전략으로 나눈다. 본부 전략(corporate strategy)은 최고경영자와 이사회의 책임 아래에서 사업의 영역, 범위, 규모를 조정하거나 경영구조와 기업문화를 크게 바꾸는 것을 말한다. 다각화, 수직계열화, 세계화, 조직 재구축(restructuring) 등이 이에 해당한다. 사업부 전략은 상품별 사업본부장의 책임으로 추진되는 것이다.

상품별로 하나의 시장이 정의된다고 볼 때 사업부 전략(business strategy)은 특정 시장에서 수월성을 확보하려는 노력을 뜻한다. 대표적인 것으로 포터의 범용전략을 들 수 있다. 범용전략은 전략경영의 핵심 개념으로서 매우 자주 인용된다.

전략과 대비되는 개념으로 전술(tactic)이 있다. 둘 다 원래는 군사용어로 사용되던 것인데, 말하자면 전략은 전쟁 전체에 관한 것이고 전술은 국지전투에 관한 것이다. 《삼국지》에 자주 나오는 것처럼 전투는 의도적으로 질 수도 있다. 그러나 전쟁에서 질 수는 없다. 지면 그것으로 끝이기 때문이다. 그러기에 '전술적 후퇴'는 있어도 '전략적 후퇴'는 있을 수 없다.

사업부 전략은 본사의 입장에서 보면 전술이다. 사업본부장이 전력을 다해서 추진하는 사업도 본부는 버릴 수 있으며, 실제로 그런 일이 자주 일어난다. 핵심 역량의 선택과 집중이 바로 그런 경우에 해당한다.


## 범용전략

전략의 선택은 내부 역량과 외부 여건에 따라 달라지고, 시간에 따라 바뀐다. 그렇기 때문에 효과적 전략을 일의적으로 정의할 수는 없다. 그렇더라도 적용범위가 넓은 상당히 일반적인 전략을 생각해 볼 수 있다. 전략경영의 개념을 정착시킨 하버드대학의 포터(M. Porter) 교수는 차별화와 비용우위의 두 가지를 범용전략(generic strategy)으로 정리했다(1980).[32]

차별화는 매출액 증대를 위한 것이고, 비용우위는 공급비용을 절감하려는 것이다. 여기서 '공급비용'은 생산비용과 유통비용을 두루 포함한다. 범용전략은 정해진 업종, 주어진 상품시장에서 경쟁자를 이기는 방법에 관한 것이므로 사업부 전략에 해당한다.

차별화(differentiation) 전략은 공급하는 상품이 무언가 독특함을 가지게 하는 것이다. 그것은 특별한 기능이 있거나, 품질이 탁월하든가, 고객서비스가 강한 것

---

32  포터는 《경쟁전략(Competitive Strategy)》을 통해서 종합적 전략경영의 개념을 처음으로 선보일 때에는 '초점강화(focus)'라는 제삼의 범용전략을 제시했지만, 이것은 차별화와 비용우위라는 다른 두 개의 범용전략과는 차원이 다른 것이어서 이내 그의 범용전략 개념에서 탈락했다.

이다. 즉 기능, 품질, 고객서비스의 경쟁력을 확보하기 위해 차별화를 하는 것이다. 기업이나 상표의 이미지를 개선하는 것도 차별화 전략의 일종이다.

차별화는 고객이 상품에서 얻는 만족도를 높임으로써 매출액을 증대시키는 것을 목표로 한다. 〈도표 8-1〉의 (a)처럼 수요곡선을 D → D'로 유리하게 바꾸는 전략이다. 그러면 같은 가격에서 판매량을 늘릴 수 있고, 전체적으로 가격탄력성을 낮출 수 있다. 고객이 가격의 변동에 둔감하게 되므로 기업으로서는 선택의 폭이 넓어진다.

비용우위(cost leadership) 전략은 상품의 단위당 생산비를 경쟁업체보다 낮추기 위한 노력을 말한다. 예컨대 규모의 경제를 확보하든가 혁신을 통하여 비용이 절감되는 제품, 제조공정, 기술을 찾아내는 일이 그것이다. 말하자면 〈도표 8-1〉의

| **도표8-1 경쟁우위 확보 기업의 입지**

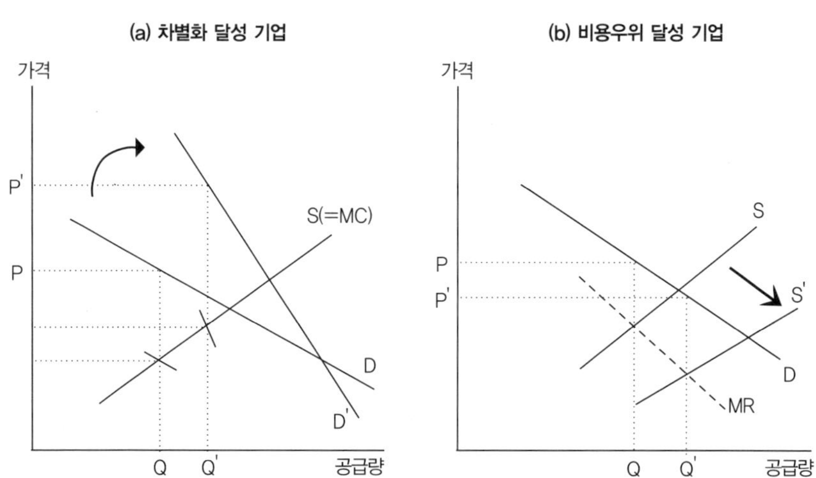


MC＝한계비용(marginal cost), MR＝한계수입(marginal revenue)

*자료: 안영도 박덕제 2008*

(b)처럼 공급곡선을 $S \rightarrow S'$ 로 기업에 유리하게 바꾸는 것이다.

비용우위를 얻은 기업에는 당장 두 가지의 선택이 주어진다. 가격을 종전과 같이 유지한다면 기업이윤이 크게 늘어난다. 가격을 인하하면 대개의 경우 매출수량과 매출액이 증가한다. 역시 이윤이 늘어난다. 후자의 경우에는 시장점유율이 높아지므로 장기적으로 여러 가지 부가적 혜택을 얻을 수 있다.

범용전략과 사회책임 경영을 연결해보자. 우선 비용우위는 7장에서 설명한 녹색경영에 그대로 적용된다. 종업원의 사기를 진작시키고 공급업체의 협조를 이끌어내어 생산성이 높아지게 해도 동일한 효과를 얻을 수 있다. 차별화 전략은 매출액 증대를 목표로 하므로 전략적 CSR이 바로 거기에 해당된다. 다시 지적하지만 전략은 기업의 장기적 건전성을 달성하기 위한 노력이다.

## 2. 전략적 CSR의 의의

사회공헌과 환경보전 노력은 단순하게 생각하면 '돈만 들고 성가신 일'일 수도 있다. 아직도 적지 않은 기업이 사회책임 경영을 마지못해 수용할 뿐이며, 그러다 보니 시늉만 내는 경우도 많다. 2009년에 MIT가 실시한 설문조사 결과는 응답기업의 70%가 사회책임과 이윤창출을 연결시키지 못하고 있음을 보여준다. 그러나 머지 않아 상황이 크게 달라질 것으로 예측된다. 사회책임이 점차 강조되고 있는 현실에서, 앞서가는 기업이라면 사회책임에서 선제적으로 대응하고 그것을 통해서 재무성과도 높이려고 할 것이기 때문이다.

사회책임을 적극적으로 수용한다고 보면 장기적으로 기업이윤을 증대시킬 수 있는 방안은 꽤 많다. 실제로 GE나 월마트와 같은 CSR 선도기업은 상당한 성과를 올리고 있다. '개화된 사익추구' 혹은 '삼중 수월성'은 '전략적 사회책임 경영'의 또 다른 표현인데, 이러한 용어가 유행되고 있다는 사실은 전략적 CSR의 필요성과 그 효과의 실현 가능성이 널리 인지되고 있음을 대변한다고 할 수 있다.

전략적 CSR은 사회공헌과 환경보전을 위한 지출이 일회성 경비가 아닌 장기적 투자가 되도록 유의하는 일에서 출발한다. 사회책임의 이행을 투자(investment)로 생각한다면 그것은 '장기적 성과를 노린다' 는 말이 된다. 이런 점을 포터는 다음과 같이 요약한다. "사회책임 경영은 비용지출, 제약조건 준수, 자선행위에 그치는 것이 아니다. 그것은 사업기회, 기업혁신, 경쟁우위의 원천이 될 수 있다." (2006) 경쟁력 확보와 재무성과의 향상에 도움이 되도록 CSR을 추진할 수 있다는 말이다.

포터의 말대로라면 CSR은 영미식 주주자본주의의 관점에서 보아도 아무런 문제가 없다. 그것이 이윤증대에 기여하기 때문이다. CSR 분야에서 범세계적 영향력을 행사하는 WBCSD는 이런 점을 잘 알고 있기에 "지속가능 발전에서 이윤확보의 길을 찾아내는 것"을 설립목적으로 내세우고 있다. 사회책임의 선도기업인 노보 노르디스크(Novo Nordisk)는 전략적 CSR을 "경제적으로 존립할 수 있고, 환경적으로 건전하며, 사회적으로 책임성 있는 기업 활동"이라고 정리하고 있다.[33] 모두가 재무성과, 사회적 배려, 환경보전이라는 세 마리의 토끼를 잡아야 하며 또 잡을 수 있다고 말하고 있는 셈이다.

## 사회책임 경영의 내산시험

기업이 존립하지 못하면 사회책임 경영은 아무런 의미가 없다. 그러므로 "지속가능 경영이 지속될 가능성은 기업의 수명과 일치할 수밖에 없다." (FT, 2004) 이윤창출에 도움이 되지 않는 CSR은 장기적으로 지탱될 수 없다는 말이다. 그런 취지에서 포터는 전략적 CSR의 내산시험(acid test) 기준은 "외부의 압력이 없어도 기업이 스스로 실행할 수 있는 일인가"라고 지적한 바 있다. 이윤확보에 도움이 되

---

[33] WBCSD: "To make the business case for sustainable development." Novo Nordisk: "Economically viable, environmentally sound, socially responsible approach to business."

는 사회책임 경영이라면 누가 시키지 않아도 자발적으로 그것을 선택할 것이기 때문이다.

이와 관련하여 영국 최고의 직장으로 꼽힌 적이 있는 캐드버리 시웹스(Cadbury Schweppes)의 최고경영자(J. Suderland)는 이렇게 말한다. "CSR을 위해서 기업을 경영할 수는 없지만 CSR을 통해서 경영전략을 강화할 수는 있다. 나는 CSR 노력을 정당화하기 위해서 두 가지 시험기준을 적용한다. 하나는 장기적 이윤창출에 도움이 됨을 주주에게 설명할 수 있는가이고, 다른 하나는 같은 내용을 내 가족이 믿게 할 수 있는가다."(Steele, 2004)

## 3. 전략적 CSR의 추진방향

개별 기업이 사회책임을 완수하면서 그와 동시에 자사의 경쟁력을 강화하거나 새로운 사업기회를 찾는다면 바로 삼중 수월성을 달성한 것이 된다. 해당 업종의 경쟁여건을 개선하거나 혁신의 기회를 늘린다면 기업의 경쟁력이 강화될 것이고 새로운 시장, 사업모델, 제품을 개발한다면 새로운 수익원을 발굴한 게 될 것이다.

### 경쟁여건의 개선

개별 기업의 경쟁력은 종사하는 산업이나 업종의 일반적 여건에 크게 좌우된다. 생산요소의 수량과 품질, 생산물에 대한 수요조건, 관련 업체의 발달 정도, 경쟁의 치열함 여부 등이 경쟁여건(competitive context)을 결정하는 핵심 요인이다.

경쟁여건을 결정하는 각각의 요인은 지역사회의 일부를 이루며 때로는 자연환경과도 연계된다. 특정 기업이 이런 요인의 상태를 개선하는 것은 곧 사회책임 활동이 된다. 이처럼 개별 기업이 사회나 환경을 개선하는 방향으로 노력하는 것이 개별 기업의 경쟁력 확보에 도움이 된다면 그것이 바로 전략적 CSR이다. 예를 들어 지역사회의 청소년 교육을 위한 사업을 지원한다면 그것은 채용대상이 되는 인재의 풀을 확충하는 일이다. 기업은 지역사회에서 인력을 고용하기 때문이다.

주변지역의 영세 공급업체를 재정적, 기술적으로 지도해 주면 해당 기업의 경쟁력 강화로 이어질 수 있다. 납품업체의 경쟁력은 곧바로 구매기업의 경쟁력으로 연결되기 때문이다.

9장에서 살펴볼 상생경영은 경쟁여건의 개선에 관한 것이다.

## 피라미드의 기층

2010년에 작고한 인도 출신의 프라할라드(C.K. Prahalad)는 손꼽히는 경영의 대가였다. 그가 생전에 심혈을 기울인 일은 세계를 통틀어 40억 명이나 되는 저소득층에 사업기회가 있음을 알리는 것이었다. '소득 피라미드의 기층(bottom of pyramid)'을 이루는 그들은 주류 시장에서 소외되어 있다 보니 오히려 비싼 값을 주고 상품을 구매한다.

기층인구에게 좋은 상품을 보다 저렴한 값에 공급한다면 그것은 매우 훌륭한 사회적 배려가 된다. 동시에 그런 일은 더없이 훌륭한 새로운 사업기회가 될 수 있다. 예컨대 인도에서 일회용 포장의 샴푸와 낱알 포장의 캔디로 막대한 수익을 올린 기업이 있다. 그런가 하면 방글라데시의 유누스(M. Yunus)는 100달러 정도의 소액 대출로 영세사업가에게 자본을 지원해 주면서 금융수익을 올리는 미소금융을 정착시켰다. 그는 개인적으로 노벨평화상을 받았고, 그의 사업모델은 여러 나라에서 유행하게 됐다.

피라미드의 기층은 10장의 주제가 된다.

## 혁신의 촉매제

예로부터 '궁즉통(窮卽通)'이며 '필요는 발명의 어머니'라고 일러왔다. 사회책임의 이행을 경영의 필수조건으로 인식한다면 그런 방향에서 반드시 새로운 길을 찾아낼 수 있다. 사실 끊임없는 혁신만이 기업의 존속을 보장하는데, 사회책임은 혁신의 촉매제 역할을 한다.

기업의 사회적 배려는 상대적으로 불우한 입장에 있는 시민을 도와주거나 사회적으로 필요하지만 소홀하게 취급되는 일을 위해 경비지출을 하는 방식으로 실천된다. 그 과정에서 특별한 제품, 색다른 사업모델, 새로운 경영관리 방안의 필요성이 느껴진다. 환경보전을 위해서는 에너지를 절감해야 하고, 에너지 공급방법을 달리해야 한다. 이산화탄소를 붙잡아 들이는 방법을 통해서 온실가스를 줄일 수도 있다. 이렇게 보면 사회책임 활동 하나하나가 혁신의 소재가 된다.

혁신(innovation)은 사업의 대상을 바꾸는 것과 사업수행의 방법을 바꾸는 것으로 크게 나눌 수 있다. 새로운 상품을 만들거나 신규시장을 찾아내는 것은 다음 단락에서 설명할 사업기회 발굴에 해당한다. 에너지를 절감하고 비용을 줄이는 사업방법을 찾아낸다면 그것은 7장에서 다룬 전술적 CSR이 된다. 어느 것이나 기업의 경쟁력을 강화한다. 혁신의 촉매제로서의 사회책임 경영에 대한 일반적 논의는 12장의 몫이다.


## 새로운 사업기회

2010년대에 와서 가장 먼저 꼽아야 할 시대적 흐름(mega-trend)은 녹색혁명일 것이다. 어떤 이는 녹색혁명이 1990년대의 정보혁명보다 파급영향이 클 것이라고 주장한다. 에너지, 각종 소재와 자원, 공업용수 및 식수 등과 관련하여 수없이 많은 새로운 방안이 강구될 것이다. 기후변화에 대한 대응과 관련해서도 다양한 사업기회가 창출될 것이다. 11장에서 환경보전과 관련된 사업기회를 일부 다룬다.

지역사회에 봉사하고, 소외계층을 배려하고, 피라미드의 기층을 상대하는 일은 기업의 기존 업무와 다른 경우가 많다. 그래서 상품이나 사업모델을 차별화하려고 하게 되는데, 그와 같은 새로운 시도가 주류 시장에도 그대로 통하는 경우가 적지 않다. 차별화된 상품이 주류 시장의 사업기회를 확충해 줄 수 있는 것이다. 이에 대해서는 9장과 10장에서 다룬다.

## 4. 전략적 CSR의 기대효과

전략적 사회책임 경영의 효과는 이미 설명한 바와 같이 기업 경쟁력의 강화와 새로운 사업기회의 발굴로 나타난다. 그 효과가 1~2년 사이에 현실화한다고 보기는 어렵지만 장기적으로 매출액 증대에 기여한다. GE 같은 기업은 환경친화적인 상품의 개발과 공급에서, 네슬레와 유니레버 등은 인도의 저소득층을 대상으로 한 시장개척에서 크게 성공하고 있다.

4장에서 소개한 사회책임 경영의 초보단계, 즉 정도경영이나 사회마케팅의 이미지 개선 효과는 그렇게 뚜렷하지 않다. 효과가 간접적이라서 측정하기도 어렵다. 고객, 종업원, 투자자 등의 핵심 이해당사자가 어떤 반응을 보일지도 확실하지 않다. 이에 비해서 전략적 사회책임 경영의 효과는 직접적이라서 건별로 확인할 수 있다. 9장 이하에서 소개될 구체적 사례가 이를 증명한다.

### 사전대비가 최상

2장에서 강조한 바 있지만, 기업의 사회책임은 경영의 필수사항이 되어가고 있다. 이제 세상에는 비밀이 없고, 시민의 의식수준과 기업에 대한 기대는 매우 높다. 사회책임의 실행 여부에 따라 기업의 이미지가 쉽게 바뀐다. 부적절한 기업행위에 대한 소송도 빠르게 증가한다. 담배, 의약품, 아스베스토스와 관련된 집단소송은 더 이상 화제가 되지 않을 정도로 잦다. 미국에서는 2000년대 중반에 환경위해와 관련하여 8개 주정부가 5대 전력회사를 상대로 소송을 제기하기도 했다.

국제기구와 NGO가 기업의 사회책임에 대해 목소리를 높인다. 각국 정부는 사회적 배려와 환경보전에 관한 그와 같은 시대적 요청을 법규에 반영한다. 규제가 공식화되면 기업은 따를 수밖에 없다. 사회적 요구나 정부의 규제가 강화될 것으로 예상한다면 기업은 미리 대비하는 것이 현명하다.

사회적 배려는 기업문화와 밀접한 관련이 있고, 환경보전 노력은 기업시설과 밀접한 관련이 있다. 이런 요소들은 규제가 강화된 다음에 사후적으로 고치는 것보다 사전에 대응조치를 취하는 것이 비용 면에서 훨씬 경제적이다. 자율적 시행과 타율적 규제의 차이에 대해서는 14장에서 상론한다.


## 경비지출이 아닌 투자

지역사회를 위한 복지시설이나 환경오염 방지시설을 설치하는 데는 큰 비용이 들어간다. 이와 같은 사회책임을 의무로만 생각한다면 비용은 그야말로 한 번의 경비지출로 끝나서 해당 기업의 수익성을 저해한다. 그러나 사회책임 이행을 위한 지출을 기업의 전략과 연결시켜서 투입비용보다 더 큰 성과를 도출해내면 그것은 곧 투자가 된다. 경비라면 그것을 가급적 줄여야 하지만 투자라면 성장의 밑거름이 되므로 당연히 장려할 사항이다. CSR이 훌륭한 투자, 훌륭한 전략이 될 수 있는 것이다.

사회책임을 소홀히 취급하여 물리적 사고나 소송을 당한다면 기업 이미지가 나빠질 뿐만 아니라 막대한 손실을 입을 수도 있다. 법규의 개정으로 시설을 개체해야 한다면 그것 또한 엄청난 부담이 된다. 그러므로 사회책임 경영을 충실히 실행하는 것은 '개연성 있는 장래의 손실에 대한 보험'의 역할을 할 수도 있다. 이 역시 앞서가는 기업이라면 반드시 고려해야 할 점이다.

MIT의 대규모 설문조사 결과에 따르면 전략적으로 사회책임에 임하는 기업은 보상을 받는 반면에 사회책임을 피동적으로 수행하는 데 따르는 위험은 점차 높아지고 있다. 이 설문조사에 대한 보고서는 다음과 같은 결론을 내린다. "지속가능성에 대해서 더 많이 알수록 더 진지하게 그것을 다루게 되고, 그 결과 더욱 많은 사업기회를 얻는다. 그리하여 지속가능성이 경영방식과 경쟁력 확보에 미치는 영향을 더욱 높게 평가하게 된다." (2009)

실증적 연구

경영은 과학이라기보다는 기예에 가깝다. 이는 경영전략이 재무적 효과를 계량적으로 확인하기가 쉽지 않다는 말이다. 그래서 그런지 몰라도 사회책임 경영의 전술적, 전략적 효과에 대한 실증적 연구는 그리 흔하지 않다. 상대적으로 계량화가 쉬운 친환경 경영에 대해서는 그것이 우수한 재무성과를 낳는다는 연구보고가 있지만, 이에 대해서도 아직은 확실한 결론을 내릴 수 있는 형편이 아니다.

기업의 사회책임은 그 역사가 매우 짧은 반면에 그와 관련된 분야는 매우 다양하다. 전략적 CSR과 관련된 개별 요소와 재무적 성과 사이의 인과관계를 실증적으로 명확하게 밝히기 위한 연구기법의 개발에는 상당한 시일이 소요될 것이다. 다만, 다수의 연구자들이 노력하고 있는 만큼 효과적 방법을 머지않아 찾아내리라는 것은 확실하다.

어쨌거나 학술적 계량화만이 의미가 있는 것은 아니다. 인간은 대체로 학술적 이론보다는 생활의 지혜에 의존한다. 일선의 기업경영에서 경영자가 실제로 의존하는 것은 엄밀한 이론이라기보다 지혜다. 지혜는 경험을 통해서 얻기도 하지만 선험적 추론을 통해서 얻기도 한다. CSR의 재무적 효과에 대해서는 현실의 사례는 물론 논리적 추론을 통해서도 상당 부분 확인할 수 있다.


## 8.2 전략적 CSR의 실행체제

사회책임 경영이 기업 이미지를 개선하는 정도라면 홍보나 마케팅 담당 부서의 업무만으로도 가능할 것이다. 전술적 CSR은 생산과정, 설비, 건물관리와 연관된 일이 많으므로 관련 부서의 관심만 이끌어내도 시행이 가능하다. 그러나 전략적 CSR은 마땅히 최고경영자의 일이 되어야 한다. 이 절에서는 전략적 CSR의 전제조건과 실행체제를 살핀다.

# 1. 사회책임의 내재화

본시 전략은 최고경영자가 직접 관장하는 사항이다. 전략적 사회책임 경영도 역시 최고경영자의 주도로 시행되어야 하고, 이사회가 적극적으로 뒷받침해야 한다. 실제로 사회책임 경영의 이론가나 선도기업 경영자는 공통적으로 개별 기업에서 CSR은 별도 사업이 아니라 경영전략의 일부가 되어야 한다고 주장한다. 이것은 하부조직의 자율적 업무가 아니며 반드시 위에서 아래로(top down) 추진되어야 할 사안이다.[34]

전략적 CSR이 뿌리를 내리기 위해서는 최고경영자 휘하의 경영진이 사회책임의 전략적 의미를 확실하게 이해하는 것이 필수불가결하다. 우선 사회책임과 관련하여 현재 및 미래에 요청되는 것이 무엇인지를 정확하게 인식하여야 한다. 다음으로 책임성 있는 행위와 기업의 장기적 성과 사이의 연결고리를 확인하고, 그에 대한 확신을 가져야 한다. 그래야만 다른 구성원들을 설득하여 해야 할 일을 지속적으로 추진할 수 있다.

21세기의 시작과 동시에 사회책임 경영과 CSR이 유행어가 되었지만, 막상 그 의미와 의의를 정확하게 이해하고 있는 기업인은 많지 않다. 대체로 어쩔 수 없이 해야 하는 성가시고 부담되는 일, 혹은 전담부서가 도맡아서 처리하면 되는 일쯤으로 생각하고 있다. 최고경영자가 그것을 주장한다 해도 다수의 직원이 거부감을 가질 수 있다. 그러므로 지속적이고 순탄한 추진을 위해서는 모든 구성원의 이해와 동참이 꼭 필요하다. 최고경영자는 우선 방향을 제시하고 경영진을 설득할 필요가 있다. 최고경영자를 포함한 경영진 스스로가 사회책임을 생활화하여야 함은 물론

---

35 전략적 CSR을 포함하여 전략경영을 추진하는 방법에 대해 하향식을 주장하는 포터(M. Porter) 중심의 그룹과 상향식을 주장하는 민츠버그(H. Mintzberg) 중심의 그룹이 있다. 그러나 이것은 '상황에 맞는 전략의 선택'에 관한 문제일 뿐이며, 전략적 접근이라는 경영방침은 어디까지나 최고경영자의 몫이다. 물론 전 직원이 실행과정에 적극적으로 참여해야만 전략경영의 성공을 기대할 수 있다.

이다. 그리하여 CSR이 기업문화가 되고 기업의 일부가 되도록 내재화해야 한다.

2010년 무렵에 사회책임을 가장 확실하게 경영전략으로 흡수한 사례로는 이 장의 끝부분에서 설명할 GE의 '에코메지네이션'을 들 수 있다. 이는 2005년에 최고경영자인 이멜트(J. Immelt)의 주도로 설계된 새로운 경영의 틀로서 CSR, 그중에서도 특히 환경적 책임을 기존 사업의 전 분야에 흡수시키려는 것이다. 이사회는 에코메지네이션을 적극 후원하고 있고, 모든 임직원은 일상활동의 일부로서 이를 소화하고 있다. 이로써 환경적 책임이 GE의 기업문화로 자리 잡았고, 이 기업의 DNA에 각인됐다.

## 이사회의 개입

기업전략과 최고경영자의 업무에는 이사회가 당연히 개입한다. 사회책임과 관련된 임직원의 행동을 감독하는 것도 이사회의 고유 업무다. 그러므로 CSR이 내재화하려면 이사회의 적극적 참여가 필수적이다.

GE나 월마트를 비롯한 사회책임 경영 선도기업의 경우 이사회가 당연히 깊이 관여한다. 1990년대 중반에 공급업체의 아동노동 때문에 곤욕을 치른 나이키 역시 사회책임의 완수에 매우 진지하게 임하고 있다(〈사례 2-2〉). 나이키는 2001년에 이사회 산하에 사회책임위원회를 별도로 구성했고, 이사회 의장이나 최고경영자 둘 중 한 사람은 이 위원회의 회의에 반드시 참석한다.

## 봉사재단에서 기업본부로

전통적으로 기업의 사회책임 활동은 일정 금액을 출연한 재단에 일임하는 방식으로 이루어지는 경우가 많았다. 그 방식은 '사회에 대한 봉사'라는 이념을 일방적으로 실천하는 데는 여러 모로 장점이 있다. 주주 재산권의 침해라는 논란을 잠재울 수 있고, 전문가를 고용하여 책임운영을 기할 수 있기 때문이다. 그러나 이런 방식은 전략적 CSR과는 거리가 멀다. 기업 이미지 개선이라는 막연한 효과 외에는 얻는 것이 없다. 앞에서 지적한 대로 전략적 CSR은 그 목적이 이미지 개선보다는 내실 추구에 있다.

21세기에 와서는 앞서가는 기업들이 전통적 사회공헌 모델에서 탈피하고 있다. 구미의 7개 다국적기업을 대상으로 심층분석한 자료에 따르면 6개 회사가 독립적으로 운영되던 사회봉사 재단을 폐지 내지 축소하고 있다(Ethical Corp, 2008). 예를 들면 스코틀랜드 로열 은행(RBS)은 봉사재단을 아예 해산했고, BP는 구난(救難) 활동에 한정하여 재단이 개입한다. 그 대신에 사회책임 활동을 기업이 직접 담당하게 된 것이다. 이런 회사들은 이를테면 '부업이던 사회책임을 본업으로 승격' 시킨 것이다.

## 2. 사회책임의 실행

최고경영자의 주도로 전 직원의 동참을 유도한 다음에 용의주도하게 실행체제를 확립해야만 전략적 CSR이 뿌리를 내릴 수 있다. 직원의 동참을 요구하기 전에 최고경영자 스스로가 전략적 CSR의 효과에 대한 확신이 있어야 함은 물론이다.

### 한정된 분야의 확실한 목표

사회책임 경영의 현실을 한마디로 표현하면 '중구난방'이다. 국가별로, 기업별로 인식의 정도와 추진하는 내용이 다를 뿐만 아니라 한 기업 안에서도 아무런 기본 틀을 갖추지 못하고 유행을 좇아서 이 일 저 일에 손대는 것이 일반적인 상황이다. 즉 "지나치게 초점이 흐리고, 너무나 산만하며, 인기 프로젝트에 너도 나도 몰려들어서 고유의 사업과는 아무런 관련성이 없게 진행되어 왔다."(Econ, 2008a) 그래서는 전략적 성과는커녕 아무런 효과도 기대할 수 없다.

사회적 배려와 환경보전에 관련된 일은 수없이 많고 매우 다양하다. 그 모든 일에 개별 기업이 관심을 가질 수는 없는 일이고, 그렇게 하는 것은 비용의 측면에서도 감당할 수 없다. 어차피 정부나 비영리단체 혹은 다른 기업과 역할을 분담할 수 밖에 없다. 그러므로 한정된 분야를 선정하여 노력을 집중하는 것이 전략적 CSR 실행의 첫걸음이 된다. 말하자면 '다수 사업에 조금씩 지원하기보다는 소수 사업에 집중 지원' 해야만 효과를 거둘 수 있다.

선정된 분야는 기업 고유의 사업과 연결성이 높을수록 좋다. 그래야 기업이 선정된 사업에 대한 전문성을 갖고 있어서 사회와 환경에 미치는 혜택이 크고, 기업은 사회책임 이행 활동을 경쟁력 강화에 연결시킬 수 있기 때문이다. 결국 지역사회나 자연환경에 미치는 효과와 경영성과의 향상이 두루 극대화될 만한 분야를 찾아야 하는 것이다. 이런 점에서 포터(M. Porter)는 사회책임을 수행함에 있어서 '명분보다는 기대효과' 를 우선하는 실사구시의 접근태도를 권장한다.

IBM의 사회공헌은 전 세계를 대상으로 하는 소수의 대규모 프로그램으로 구성되어 있는데, 고유의 사업과 밀접한 연관이 있는 교육, 의학연구, 자연환경 분야에 이 회사의 장기인 정보기술을 접목하는 방식으로 추진된다. 나이키 재단은 저개발국의 사춘기 소녀를 후원하는 것을 목표의 하나로 잡았다. 저개발국에서 사춘기 소녀는 사회적으로 홀대받고 있는데 바로 이런 이유 때문에 그들에 대한 후원의 효과가 뚜렷하다. 아울러 나이키로부터 받은 혜택을 가족, 친척, 지역사회, 후손에게 전파하는 효과는 소년보다 소녀의 경우가 훨씬 크다. 나이키는 2004년에 이 사업을 개시한 뒤로 6년간 1억 달러를 지원했다.

AT&T 재단은 미국 청소년의 고등학교 중퇴율이 30%를 초과하는 문제를 해결하는 일에 집중한다. 2008년부터 4년간 1억 달러의 예산을 투입하여 이 분야의 전문 NPO, 연구단체를 지원하는 한편, 재학생을 대상으로 가상직업의 기회를 제공한다. 가상직업(job shadowing)이란 임직원이 학생을 개별적으로 회사에 초빙하여 현실의 직장을 경험하게 하고, 연마해야 할 기술이 무엇인지를 깨닫게 하는 것이다. 과정을 마친 대부분의 학생은 살아가야 할 방향을 깨닫고 학업을 마칠 의지를 다시 한 번 다지게 된다. AT&T는 이 사업을 통하여 크게는 미국이 기술선진국의 위치를 유지하는 데, 작게는 질 좋은 인력이 양성되는 데 기여하고자 한다.

사업의 분야와 방향이 결정되면 그 다음 단계는 성과목표를 설정하는 일이다. 어느 경우나 동일하지만 전략적 CSR의 목표는 다소 의욕적으로 잡는 것이 좋고, 목표별로 시한을 정해 두어야 그 추진이 확실해진다. 또한 목표를 수량화하여 제시해야만 관련자 모두의 공감을 얻기가 쉽다.


**총괄적 계획과 작은 성과**

사회책임 경영이라는 개념 자체의 역사는 오래지만 그것을 전사적으로 실행에 옮기기 시작한 것은 비교적 최근의 일이다. 반신반의하는 조직구성원에게 사업의 효과에 대한 확신을 심어주는 좋은 방법으로는 짧은 시일에 작은 성과를 달성하는 것이 있다. 전략적 CSR이란 기본적으로 장기성과에 관한 것이지만 거창하고 장기적인 일에만 몰두하면 직원들 사이에 자칫 싫증(CSR fatigue)을 불러올 수 있다. 이런 사실을 감안하면 큰 일이든 작은 일이든 조기에 가시적 성과를 얻을 수 있는 사업을 포함시키는 것이 좋다.

환경적 책임과 관련해서는 가시적인 조기성과를 얻기가 비교적 쉽다. 약간의 관심과 조그만 성의로도 에너지 절감이나 온실가스 감축의 효과가 나타나고 이는 쉽게 계량화할 수 있다. 큰 목표의 달성을 위해서는 쉬운 일부터 시작하는 것이 언제라도 효과적 전술이 될 수 있다.

어떤 경우에라도 전략적 CSR은 경영전략과 연계되면서 내재화된다. 그러므로 기본계획(master plan)과 목표는 앞에서 설명한 대로 총체적, 장기적, 의욕적이어야 함을 잊지 말아야 할 것이다.


**효과의 측정 및 공개**

전략적 CSR이 뿌리를 내려서 조직의 DNA에 심어지기 위해서는 그 효과의 측정이 반드시 필요하다. 전략적 CSR의 목표는 장기적 이윤창출이므로 그 분야별 성과가 측정되어야 하고, 그에 따른 재무적 효과가 확인되어야 한다 (〈도표 8-2〉).

수치화된 양적 평가가 객관적이고 신빙성이 있지만, 분야에 따라서는 질적 평가만이 가능할 수도 있다. 다행히 환경보전과 관련된 기업행위에 대해서는 여러 형태로 양적 평가의 방안이 모색되고 있다. 예컨대 탄소족적을 추적하는 일과 관련해서는 여러 기업이 소프트웨어 패키지를 개발하여 시장에 선보이고 있다. 에너지 절감과 경비 절감의 정도도 수량이나 금액으로 환산할 수 있다.

사전계획과 사후실적의 상세한 내용을 공개하는 것은 여러 측면에서 의미가 있다. 우선 각종 이해당사자에게 필요한 정보를 제공함으로써 그들의 이해와 협조를 증진시킬 수 있다. 특히 주주 혹은 투자자의 이해를 얻는 일이 필요하므로 그들에게 정보가 충분히 전달되어야만 '단기적으로 비용이 소요되는 일' 인 사회책임 수행을 지속적으로 추진할 수 있다. 조직구성원의 입장에서 보아도 내용을 잘 알고 있어야 성의 있게 적극적으로 그런 일을 할 마음이 생긴다. 사실 활동의 투명성 확보는 정도경영이나 사회책임 경영의 출발점이라고 할 수 있다.

CSR을 선도하는 기업은 예외 없이 CSR 활동의 자세한 내용을 공개한다. 그들이 공통적으로 하는 말은 "계획을 공언하면 그것이 곧 사회에 대한 약속이 되므로 이행하지 않을 수 없게 된다" 는 것이다. 아울러 결과가 공개될 것이라는 사실 자체가 부적절하거나 무책임한 행위를 억제하는 효과가 있다. 사회책임 경영의 내용을 공개하는 것은 기업이 스스로에게 채찍질을 가하기 위한 것이라는 말이 되는 셈이다.

〈도표 8-2〉는 전략경영 컨설팅이 전문인 매킨지(McKinsey)가 제시하는 'CSR 기업이 확인해야 할 분야별 성과지표' 다. CSR 시행 이전과 이후의 이 분야별 지표를 비교하면 CSR의 효과를 정확하게 측정할 수 있다. 전략적 CSR은 〈도표 8-2〉에 나타난 지표를 장기적으로 개선하고자 하는 것과 다르지 않다.


**사회책임 최고책임자(CSO)**

최고경영자가 전략적 CSR을 주창하고 선도해야 하지만 그가 이 분야에만 매달릴

| 도표8-2 전략적 CSR의 성과 측정

| 분야 | 지표 | 내역 |
| --- | --- | --- |
| 성장성 | 신시장 개척 | CSR 활동을 통해 새로운 시장 발견 |
| | 신상품 개발 | 소외계층을 대상으로 한 새로운 상품의 개발 |
| | 새로운 고객 | 고객을 높이 배려하여 기존시장에서 새로운 고객 발굴 |
| | 혁신 | 차원 높은 사회적, 환경적 기대를 충족하기 위한 혁신 |
| | 평판의 제고 | 기업 이미지를 개선하여 고객의 호응도 제고 |
| 수익성 | 운용 효율성 | 각종 기업활동에서의 비용 절감 |
| | 노동 효율성 | 종업원의 이직률 저하 및 사기의 진작 |
| | 가격 프리미엄 | 생산성 향상과 이미지 제고를 통한 상품 고급화 |
| 위험관리 | 규제 위험 감축 | 공공규정, 산업표준, 사회욕구의 충족으로 위험 감축 |
| | 대중적 지지 | 신시장 개척, 신상품 도입에 대한 반감 감소 |
| | 공급사슬 안정 | 공급사슬 상의 각 업체와 안정적 관계 유지 |
| | 소비자 거부 방지 | 작은 실수에 대한 소비자의 양해 |
| 경영의 질 | 경영자 양성 | 직원의 CSR 참여 유도로 리더십 배양 |
| | 적응성 제고 | 이해당사자와 지속적 소통으로 여건변화에 쉽게 적응 |
| | 전략적 시각 | CSR의 내재화를 통한 전략의 효과성 증대 |

자료: Bonini dt al., 2009에서 인용하여 수정함

수는 없는 일이다. 그래서 최고 재무책임자(CFO)나 최고 마케팅책임자(CMO)처럼 최고 지속가능성책임자(chief sustainability officer, CSO)를 지정하는 것도 효과적이다.

　CSO는 우선 전략적 CSR에 대해 총체적인 책임을 진다. 내부적으로는 최고경영자, 이사회, 경영진, 종업원과 긴밀히 협조하고, 외부적으로는 회사와 이해당사자 사이에서 연결고리 역할을 한다. CSR의 비전과 목표를 분명하게 설정하되 그것이 기업의 전반적 비전과 목표에 부합되도록 유의한다. CSR이 일상경영의 일부가 되고 그 성과가 객관적으로 측정되게끔 실행체제를 완비한다. 실행의 결과는 대내외 이해당사자에게 적기에 공개하여 모두가 공유하는 정보가 되게 한다. 임직원에게 성과에 대한 혜택이 돌아가도록 평가와 보상의 체계를 조정해야 함은 물론이다.

CSO 혼자서 사회책임 경영을 도맡을 수 없는 것은 물론이다. 어느 경우나 마찬가지이지만, 전략이 효율적으로 실행되기 위해서는 최고책임자뿐만 아니라 다른 임직원의 동참도 필수적이다. 최고경영자와 협조하여 모두가 공감할 수 있는 비전, 목표, 전략이 채택되게 하고 실행과정에 임직원의 의사가 충분히 반영되게 하며, 좋은 아이디어와 바람직한 실행절차는 전사적으로 전파되게 함으로써 전 직원의 참여의식을 높일 필요가 있다.

## 3. 파트너의 선정

지역사회와 자연환경은 기업의 여건이다. 그 여건을 개선하는 데는 개별 기업의 노력만으로는 부족하다. 개별 기업은 영향력, 인력, 자금력이 제한적이다. 그러므로 각종 이해당사자와 공동으로 노력하는 것이 매우 중요하다.

공공기관은 기업행위를 기속(羈束)하는 법규를 제정할 권한이 있고 사회적, 자연적 환경을 개선하는 투자를 해야 할 의무도 있다. 이런 공공기관과 협력하면 기업활동의 자유를 보장받으면서 여건개선의 효과를 극대화할 좋은 방안을 찾을 수 있고, 예산을 분담할 수도 있다. NGO를 잔소리꾼으로만 취급하지 말고 그들과 적극적으로 협력하면 그들의 전문지식과 기술을 활용할 수 있고, 불가피한 일에 대해 그들의 이해를 얻을 수도 있다.

같은 업종에 종사하며 경쟁하는 기업들은 어차피 경쟁여건을 공유할 수밖에 없다. 경쟁하는 기업들이 서로 협력하여 지역사회와 자연환경을 개선하고, 공급업체를 육성하고, 공정한 게임의 규칙이 도입되도록 노력하는 것은 모두에게 도움이 되는 일이다. 탄소족적을 감축하는 일에서는 특정 기업 혼자의 노력만으로는 한계가 있으니 공급사슬에 속하는 모든 기업이 서로 협조하는 것이 필수적이다.

21세기에 와서 많은 기업이 혁신의 아이디어를 외부에서 찾는 '개방형 혁신(open innovation)'에 나서고 있다. 이런 혁신의 개념을 전략적 CSR에도 적용할 수 있다. CSR의 전 과정에 관한 정보를 외부의 이해당사자와 실시간으로 공유하면 문제점을 조기에 발견하고 개선방안을 보다 쉽게 찾을 수 있으니 이런 방향으로 노력하는 것이 바람직하다.

그린피스(Greenpeace)는 어느 기업에나 반가운 손님이 아니었다. 그러나 상황이 점차 바뀌고 있다. 그린피스의 주장이 지나친 바가 없지는 않으나 그들의 말에 귀를 기울이고 적극적으로 협력하는 것이 모두에게 이득이 됨을 깨닫는 기업이 많아졌다. 그린피스와 공동으로 환경보전 활동에 나서는 기업도 늘어나고 있다. 코카콜라는 세계야생보호기금(World Wildlife Fund)과 협력하여 '용수의 중립성(water neutrality)'을 달성하겠다고 선언했다. 이는 기본적으로 '물장사'를 하는 기업이지만 자사가 사용한 양만큼의 물을 자연으로 되돌려 주겠다는 의지의 표현이다.

월마트는 2006년부터 다수의 '지속가능 가치 네트워크'를 만들어 아이디어 도출에 활용하고 있다. 내부에서 선정한 조장(組長)이 중심이 되어 가치활동 분야별로 NGO, 정부, 학술단체, 공급업체 사이의 연계체제를 만든다. 월마트는 이런 노력으로 상당한 성과를 거두고 있다. 예컨대 물류 분야에서는 새로운 관리방안을 도입한 덕분에 연간 2억 달러의 비용을 절감하고 있다.

외부의 이해당사자와 협력하는 문제는 14장에서 자세히 다룬다.


## 8.3 선도기업의 전략적 CSR

CSR을 적극적으로 추진하는 기업에는 여러 부류가 있다. 화장품 업체인 보디 숍과 아이스크림 업체인 벤앤제리는 창업 초기부터 사회책임을 강조했다. 이는 창업자의 철학이 반영된 것인데 상표의 차별화에 도움이 됐다. 3M과 HP는 비용절감의 수단으로 CSR을 적극 활용한다. 나이키, 셸, BP는 특정한 사건을 계기로 사회책임의 중요성을 깨달은 경우다.

영국의 소매기업 M&S, 미국의 복합기업 GE, 대형 판매체인인 월마트는 CSR을 경영전략의 일부로 채택하여 내재화시킴으로써 상당한 성과를 거두었다. 도요타 자동차는 경영철학의 일부로 친환경을 채택했다. 이 밖에 IBM, 시스코, 뒤퐁, 홈 데 포(Home Depot) 등의 세계적 기업도 CSR의 선도기업으로 알려져 있다.

아래에서 내재화 측면에서 앞서가는 몇몇 다국적기업의 전략적 CSR을 살펴본다.



일본을 대표하는 기업을 꼽으라면 단연 도요타 자동차일 것이다. 도요타 생산방식(TPS)이라는 말이 일반명사가 될 정도로 효율적인 경영을 자랑하는 회사다. 효율성이 높다는 것은 자원생산성이 높다는 것과 같은 말이므로 그 자체만으로도 자연환경에 친화적이라 할 수 있다. 나아가 도요타는 자동차 업계에서 가장 일찍부터 환경보전과 관련된 적극적 전략에 관심을 가졌다.

도요타는 자동차의 배기가스가 대기오염의 주범이라는 점을 스스로 인식하였기에 교토 의정서가 채택되기에 앞서서 환경보호에 관심을 가졌다. 엔진의 성능 개선을 통해 연비를 높이고 오염가스를 감축하려고 노력한 것은 물론이고 유해가스를 흡수하는 식물을 개발하는 사업에 투자하기도 했다. 대체연료 엔진의 개발에서도 도요타는 앞서 나가고 있다.

1995년에 취임한 오쿠다(H. Okuda) 도요타 사장은 취임사에서 "21세기는 환경의 시대가 될 것"이라고 말하는 등 친환경 경영에 대한 깊은 관심을 나타냈다. 도요타는 1997년에 자동차 업계에서 처음으로 전기와 휘발유를 교대로 사용하는 혼합형(hybrid) 엔진을 장착한 자동차를 프리우스(Prius)라는 이름으로 본격 출시했다.

도요타는 '재생순환형 사회'와 'IT의 생활화'를 21세기의 첫 10년 동안의 비전으로 선정했다. 친환경 경영을 명실공히 내재화하는 조치였다. 이에 따라 매출액의 2%와 연구개발 예산의 20%를 환경기술 개발에 투자했다. 구체적인 과제에는 아래의 내용이 포함됐다.

① 혼합형 엔진 차량의 생산 확대

② 초저 배기가스 차량의 생산 확대

③ 매립해야 할 폐기물 없애기

④ 생산공정의 이산화탄소 배출량 5% 감축(1990년 대비)

⑤ 재활용을 감안한 상품설계

이들 과제는 '최고경영자의 관심사항(CEO project)'이었으므로 그 실행의 과정에 최고의 인력이 동원된 것은 당연한 일이었다.

---

**| 도표8-3 도요타의 친환경 차량**

렉서스(Lexus LS 600h hybrid sedan)

프리우스(Plug-in Prius concept)

*자료: Wikipedia*

도요타가 2003년에 선보인 신형 프리우스는 세계적으로 각광을 받았다. 이 차종은 휘발유의 소비를 절반으로 줄이고 유해가스의 배출을 10%로 낮춘 것이었다. 환경적으로만 강점을 가진 것이 아니라 연비와 성능에서도 보통 차에 뒤지지 않았다. 프리우스는 2004년에 '올해의 차'로 선정될 정도로 높은 평가를 받았다. 그 기술은 포드 등 경쟁업체에 전수됐고, 혼합형 엔진의 산업표준으로 채택될 가능성이 높다. 프리우스는 '앞서가는 기업'이라는 도요타의 기업 이미지를 더욱 빛나게 했다.

도요타는 2007년 무렵에 혼합형 엔진을 캠리, 렉서스 등의 중대형 주력 모델에도 확대해 적용하기 시작했고, 2010년대 말까지는 자사가 생산하는 모든 차량에 혼합형 엔진을 적용할 계획이다. 도요타는 전기자동차 개발에도 심혈을 기울여왔는데, 2010년대 초반에 전기자동차 제품의 대량 출시가 가능할 것으로 기대하고 있다.

이런 노력 덕분에 도요타는 최고의 기술력을 가진 자동차 회사이자 환경친화적인 기업이라는 세계적인 평판을 더욱 확고하게 구축했다. 차별화와 신사업 창출이라는 두 가지 목적을 달성한 셈이다. 앞으로 판매량이 늘어나면 규모의 경제를 통한 비용절감이라는 제3의 목표 달성도 기대할 수 있다. 환경규제가 입법화될 경우에 선도기업만 얻을 수 있는 비용 측면에서의 잠재적 혜택까지 감안하면 도요타는 비용우위를 이미 달성한 것으로 볼 수 있다.

이처럼 차별화, 신사업 기회 발굴, 비용절감은 전략적 CSR의 목표이자 효과다.

근대적 기업이 본격적으로 등장한 19세기 말 이후로 GE는 줄곧 최우수 경영으로 정평이 난 기업이었다. 그렇지만 환경보전에 대해서는 상대적으로 등한하다는 평가를 받았다. GE는 1970년대 말까지 수십 년 동안 오염물질(PCB)을 뉴욕의 허드슨(Hudson) 강에 방류한 바 있고, 이 때문에 기업의 평판에 큰 손상을 입기도 했다.

그러다가 2001년에 이멜트(J. Immelt)가 최고경영자가 되면서부터 사정이 달라졌다. 대대로 GE의 최고경영자는 세상의 흐름을 잘 읽어낸 것으로 유명했지만 이멜트도 예외가 아니었다. 그는 자연환경과 생태에 대한 관심이 경영성과를 좌우하리라는 사실을 미리 알아챈 것이다. GE가 2005년에 채택한 '에코메지네이션(ecomagination)' 이라는 개념은 그러한 관심의 결정체다. 이 말은 '생태에 관한 상상력' 이라는 의미의 합성어로 "상품, 기술, 운영방식에 있어서 자연환경을 보전하기 위한 혁신적 발상을 경영의 기본으로 삼는다"는 최고경영자의 강력한 의사표시였다.

GE의 이런 새로운 경영전략은 만천하에 공개되고 여러 형태로 문서화됐으며, 관련 활동의 내용과 목표달성 실적이 연차보고서의 형식으로 발표된다. 이는 이사회 의장을 겸임하고 있는 이멜트가 진두지휘하는 일이므로 강력하게 추진될 수 있었다. 이에 따라 '에코메지네이션' 이 GE의 기업문화가 되어 이사회 구성원에서부터 하부직원에 이르기까지 모든 이의 일상활동에 스며들었다. GE가 에코메지네이션 개념을 창출하고 채택하는 과정에 참여한 컨설턴트의 말에 따르면, GE로 하여금 이와 같은 전사적 활동을 시작하게 한 동기는 '무한한 사업기회에 대한 인식'과 '환경문제를 해결해야 한다는 책임감' 이다(Makower 2005). 이는 그야말로 전략적 CSR인 동시에 삼중 수월성을 달성하려는 노력이다.

에코메지네이션 개념은 인류사회에 대한 다음과 같은 네 가지 약속으로 구성되어 있다. 항목별로 목표수치가 제시되었기에 이 개념은 GE의 모든 임직원에게 매우 구체적인 노력을 요구한다.

① 친환경 기술에 대한 투자를 2005년의 7억 달러에서 2010년에는 15억 달러로 늘린다.

② 에코메지네이션 상품의 매출액을 2010년까지 200억 달러로 늘리고, 그 뒤에는 더욱 큰 규모로 의욕적으로 늘린다.

③ (1-30-30계획) 자체 활동에서 배출되는 온실가스의 절대량을 2012년까지 2004년 대비로 1% 줄인다. 사업규모가 40% 이상 확대되어도 배출되는 온실가스의 절대량을 줄이기 위해서 2008년까지 개별 운영과정에서 발생하는 온실가스의 배출농도를 30% 줄이고, 2012년까지 각 과정의 에너지 효율을 30% 개선한다.

④ 사회책임 활동의 투명성을 보장하기 위해서 〈시민정신(Citizenship)〉이라는 연차보고서에 추가하여 에코메지네이션에 관한 보고서를 발간한다.

위와 같이 제시된 네 가지 목표 가운데 두 번째 것은 고객과 관련된 목표인데, GE는 이를 통하여 '고객을 위한 환경적 성과와 경제적 부가가치'를 증대시키고자 한다. 이멜트는 "에코메지네이션의 목표는 매출액 증대(top-line growth)"라고 분명히 밝혔다. 이처럼 전략적 CSR의 핵심은 매출액 증대에 있다.

GE는 제품 사업부와 서비스 사업부를 각각 3개씩 거느린 복합기업이며, 제품 사업부에는 건강의료, 산업재, 하부구조 등 세 부문이 있다. 이런 제품 사업부가 만드는 친환경 제품의 예를 들면 태양열 발전기, 풍력 발전기, 연료전지, 저배출 비행기 엔진, 하이브리드 전동차, 경강(輕剛) 신소재 등이 있다. 그 각각이 모두 임직원에게 창의력을 활발하게 발휘해 주기를 요구하는 것들이다.

GE는 에코메지네이션을 시작한 지 2~3년 뒤에 그 목표를 초과달성하기 시작했다. 에코메지네이션 상품의 매출액은 2004년 62억 달러, 2005년 101억 달러, 2006년 120억 달러로 괄목할 만한 증가세를 보였다(GE, 2005; 2006). 이에 따라 GE는 목표를 꾸준히 상향조정했다. 2009년에 달성한 실적과 2010년 이후의 계획은 다음과 같다(〈도표 8-3〉).

① 친환경 투자 총액이 15억 달러를 돌파했다. 향후 5년간의 투자 총액을 100억 달러로 상향조정한다.

② 세계적인 대불황(the Great Recession)으로 인한 어려운 여건에도 불구하고 친환경 상품의 매출액이 180억 달러에 달했다. 향후 5년간 친환경 매출 증가율이 총매출액 증가율의 2배가 되게 한다.

③ 2004년 대비로 온실가스 배출량은 22%, 배출농도는 39% 줄였고, 에너지 효율을 34% 개선했다. 2015년까지 2004년 대비로 온실가스 배출량은 25% 줄이고, 에너지 효율은 50% 개선한다.

④ 물 사용량은 2006년 대비로 30% 감축했다. (GE, 2009)

GE는 1878년에 발명왕 에디슨(T. Edison)이 설립한 '에디슨 제너럴 일렉트릭'으로 출발한 기업이다. 이런 긴 역사를 통틀어 이 기업의 '이사회 의장' 자리에 앉아본 사람은 이멜트를 포함하여 8명에 불과할 정도로 이 기업의 최고경영자는 수명이 길다. 그런데 최고경영자로서 이멜트가 장수할 수 있을지의 여부가 에코메지네이션의 성패에 달렸다고 해도 과언이 아닐 정도로 GE

의 사업에서 에코메지네이션이 차지하는 비중이 크다.

　이멜트의 전임자인 웰치(J. Welch)는 허드슨 강 오염 문제가 불거지자 "버릴 당시에는 합법"이었음을 이유로 허드슨 강에 침전된 오염물질(PCB)을 치우는 일을 부담할 수 없다고 완강하게 버텼다. 그러나 이멜트는 '에코메지네이션'을 출범시키면서 자사의 비용부담으로 그 오염물질을 깨끗이 치우겠다고 환경청(EPA)에 약속했다. 2009년에 시작된 허드슨 강의 오염물질 제거작업에는 8년 가까운 세월과 20억 달러의 비용이 소요될 것으로 예상된다.

**| 도표8-4 에코메지네이션 제2단계 목표**

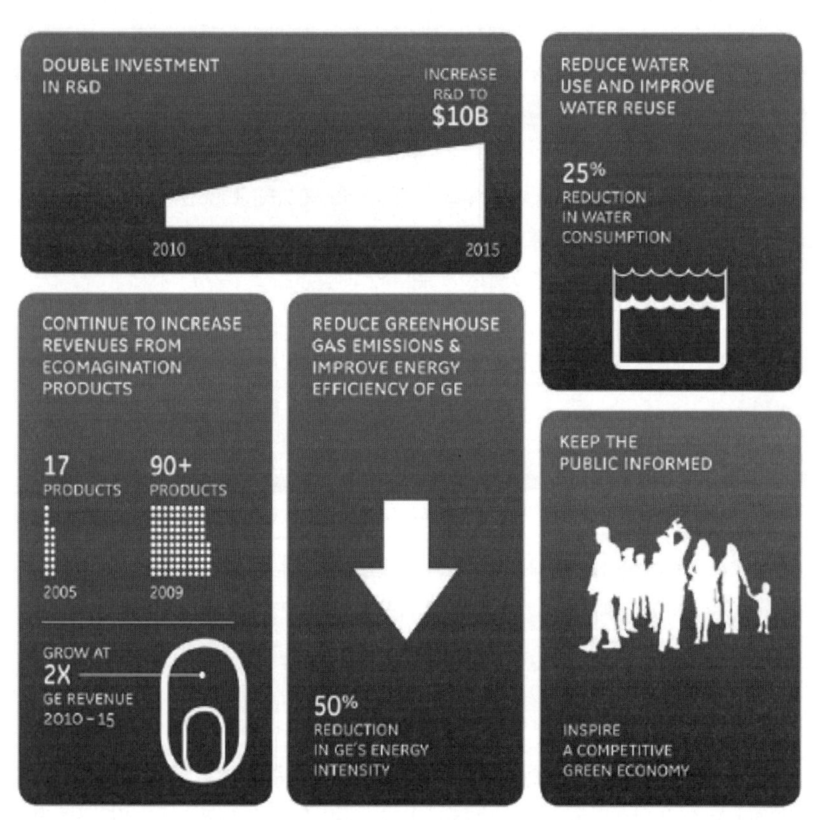


자료: GE, 2009

월마트가 유통업계에서 타의 추종을 불허하는 세계적인 우량 대기업이 된 비결은 운영 효율화를 통한 비용감축에 토대를 둔 판매가격 인하에 있다. 월마트가 성숙기에 접어든 뒤에 이루어진 비용감축이 IT의 활용, 범세계적 구매와 같은 전략적 방안에 힘입은 것이라면, 그 전의 비용감축은 하나부터 열까지 모든 것에서 조금씩 절약하는 전술적 접근의 결과였다.

월마트가 그렇게 비용절감에 경영의 초점을 맞추다보니 공급업체를 후려치고, 노동을 착취하고, 영세 소매상을 궤멸시킨다는 비난을 받을 수밖에 없었다. 노조를 허용하지 않는 회사정책도 도마에 올랐고, 공급업체의 아동노동 문제에서 자유로울 수도 없었다. 단기적 시각에서는 '환경보전=비용증대' 라는 등식이 성립하는 것이 사실이므로 자연환경에 대한 책임에도 소홀하게 마련이었다. 이런 까닭에 월마트는 이를테면 '사회적으로 무책임한 기업' 이었고, 그래서 시민단체의 공격대상 목록에 단골로 올랐다.

그러던 월마트가 2005년부터 대변신을 시작했다. 그 해 10월에 당시의 최고경영자(L. Scott)가 '21세기의 새로운 리더십' 이라는 내세움말(catch phrase)을 제시하면서 월마트는 CSR 선도기업이 될 것이라고 선언했다. 그러면서 그는 "100% 재생가능 에너지를 사용하고, 폐기물 제로를 실현하며,

---

| **도표8-5 월마트의 사회책임경영 목표**

Our Broad Sustainability Goals

Be supplied 100 percent by
renewable energy

Create zero waste

Sell products that sustain people
and the environment

---

자료: Wal-Mart 2010b

환경에 무해한 상품만 취급한다"는 것을 최종목표로 세웠다(〈도표 8-5〉). 많은 사람들이 월마트의 변신에 대해 반신반의했지만, 얼마 지나지 않아 그것이 '장난이 아님'이 밝혀졌다. 하루가 다르게 변신의 포괄범위가 넓어지고 추구하는 강도가 높아졌기 때문이다.

월마트의 노력은 자사, 공급사슬, 지역사회의 세 가지 대상별로 구분된다. 자체 운영의 사회책임성 확보를 위해서는 재생가능 에너지 활용, 집기와 시설의 개선, 녹색빌딩 건축 등으로 환경에 대해 책임성 있는 조치를 취한다. 수송차량의 에너지 소비와 온실가스 배출을 줄이는 방안을 강구한다. 직원의 건강 관리를 전산화하여 정확한 진단과 처방이 가능하게 한다. 월마트는 사업의 성격상 직원의 급여를 인상하는 데는 한계가 있으므로 위와 같은 방법으로 복지를 향상시키는 것이 최선의 선택이다.

월마트는 막강한 구매력을 갖고 있기 때문에 공급업체에 대한 영향력이 대단히 크다. 그런 월마트가 구매대상 제품에 대한 사회책임성 요구를 강화하면 공급업체는 그에 맞출 수밖에 없다. 변경된 구매기준에 맞추어 유기 농산물, 건강식품, 재활용 제품의 생산을 늘려야 하고, 기존의 상품은 그 디자인과 포장방법을 바꾸어야 한다. 공급업체가 내부적으로 친환경 운영절차를 도입해야 하는 것도 기본이다.

월마트에 납품하는 업체의 숫자는 10만 개를 훌쩍 넘는다. 대다수의 납품업체로서는 월마트와의 계약을 유지하는 것이 사활의 문제이므로 월마트의 요구를 소홀하게 다룰 수 없다. 모든 공급업체가 한껏 긴장할 수밖에 없다. 한 관련자의 말대로 "월마트가 신경을 쓰면 공급업체는 경기를 일으킬 수밖에 없다."(NYT, 2008b) 월마트는 경쟁업체에도 "모두가 동참하여 소매업종의 범세계적 사회책임 규준을 만들자"고 압박을 가하며 종용한다.

월마트는 소비자와 사회에 대한 배려에도 관심을 쏟는다. 전력소모가 적은 조명기구와 전열기구를 보급하는 데 노력한다. 의약품의 처방과 조제를 모두 온라인으로 연결해 처리함으로써 의료사고를 줄이면서 비용도 절감하려고 한다. 4달러짜리 처방전의 조제도 기꺼이 수용하여 저소득층을 보호한다. 계열사인 샘스 클럽에서는 페어 트레이드 바나나를 판매한다. 한 상자가 판매될 때마다 1달러를 별도로 적립하여 사회공헌 자금으로 쓰기도 한다. 전 세계에 걸쳐 100만 명의 소농에게 친환경 영농 방법을 지도하고 구매시 그들을 우대하는 방안도 추진하고 있다.

월마트의 구매량은 한국 GDP의 절반에 해당할 정도로 크고, 따라서 월마트는 작은 일 하나만 해도 큰 성과를 올릴 수 있다. 예를 들어 월마트는 2013년까지 포장재를 5% 절감하기로 했는데, 이런 조치 하나로만 이산화탄소 배출이 100만 톤 가까이 감축되는 동시에 월마트 자체에서는 30억 달러, 공급사슬 전체에서는 110억 달러의 비용이 절감될 것으로 추정된다. 월마트는 유니레버와 협력하여 농축세제를 개발한 바 있는데, 이를 통해 2005년부터 3년 동안 8천만 파운드의 유화원료, 4억 갤런의 물, 1억 파운드 이상의 포장지가 절약됐다.

월마트는 2025년까지 매립폐기물 배출을 완전히 없앨 계획이며, 이 계획에 따라 2008년 한 해에만 폐기물 배출을 57% 감축하는 성과를 올렸다. 2007년에는 월마트가 수산양식업의 친환경 규준을 수립해 제시하고 모든 공급업체에 이 규준을 준수해 달라고 요구했다. 종국적으로는 모든 수산물 상품에 공인기관의 친환경 인증서를 부착하도록 공급업체에 요구할 계획이다. 북경 올림픽을 전후하여 월마트는 많은 수의 중국 업체를 집중 감사했고, 이때 문제가 있는 것으로 드러난 중국 업체에 경고를 하기도 했다.

공급업체에 대한 월마트의 요구는 그 내용이 점점더 정교해지고 있다. 월마트는 2008년에 공급업체별 사회책임성 점검표를 만들었고, 2009년에는 '지속가능성 상품지수(SPI)'를 개발하겠다고 공언했다. 이 지수를 개발하기로 한 것은 사회책임의 정확하고 확실한 실천을 유도하기 위해서는 제품별로 SPI를 표시할 필요가 있다고 판단했기 때문이다. 월마트는 이 지수의 신뢰성을 확보하기 위하여 그 개발 과정에서 여러 대학이 참여하는 '지속가능성 연합체'와 긴밀히 협조하기로 했다. 월마트는 이런 계획을 공급업체에 통보하면서 "앞으로는 SPI를 표시하든가 납품을 포기해야 한다"고 입장을 분명하게 밝혔다.

월마트는 온실가스 감축목표를 점점더 높이고 있다. 2010년 초에는 온실가스 배출을 5년간 2천만 톤 줄이겠다고 발표했다. 이는 자동차 400만 대가 1년간 내뿜는 온실가스의 양과 같다. 월마트의 이런 온실가스 감축목표는 물론 공급사슬 전체와 상품의 생애주기 전부를 포괄해 설정한 것이다.

월마트는 2010년에 친환경 상품 전문 제조업체인 세븐스 제너레이션과 제휴관계를 맺었다. 이는 사회책임 경영에 대한 월마트의 진지성을 객관적으로 입증해주는 효과가 있었다. 세븐스 제너레이션은 2005년 이전에는 월마트를 비판하는 것이 존재이유였을 정도로 월마트와 심한 앙숙관계에 있었다. 세븐스 제너레이션의 대표(J. Hollender)는 월마트와 제휴하게 된 이유를 다음과 같이 설명했다.

우리가 알던 월마트는 얼룩덜룩한 과거를 가진 회사로 악명이 높았고, 그 회사에 대한 평가는 극과 극을 달렸다. 전반적으로 나쁜 평가를 받는 것은 당연한 일이었고, 나 자신을 포함해서 누구도 월마트와 우리 회사가 거래를 할 것이라고 생각하지 않았다. 그렇지만 인간은 미래를 알지 못하고, 상황은 언제나 바뀐다. 그렇다. 우리가 전혀 예상하지 못한 방향으로 상황이 달라졌다. … 월마트는 머나먼 길을 달려왔고, 그 강도를 높이는 데 정열을 바치고 있다. (GreenBiz, 2010g)

본시 개종한 신자의 신앙심이 더 깊은 법이다. 월마트가 2005년에 '개종' 한 뒤로 5년간 보여준 행적을 보면 이 기업은 이제 사회책임 경영의 독실한 신자가 된 것이 확실해 보인다.

영국의 대형 소매기업 M&S(Marks & Spencer)는 드러커가 칭찬할 정도로 1950년대 이전부터 경영이라는 면에서 남다른 우등생이었다. 아마도 이런 내력이 있기에 M&S가 비교적 일찍부터 사회책임 경영을 실천해 왔을 것이다. 〈도표 8-6〉은 M&S의 사회책임 활동이 점차 강도를 더해 왔음을 보여준다. 재무성과에 대한 기여도(business sustainablity)가 CSR의 강도에 비례하여 증가하는 것으로 이 도표가 그려졌다는 점이 흥미롭다. 이는 M&S가 전략적 CSR의 효과를 신뢰한다는 의미다.

M&S는 2007년부터 'A계획(Plan A)'이라는 이름 아래 사회책임 경영을 한층 강화했다. 100개 분야에 대해 명시적인 목표를 세우고 그 내용을 공개했다. 예컨대 2012년까지는 전 세계의 M&S 사업장에서 온실가스 배출이 전무하도록 조치하겠다는 것이다. 2010년 현재 62개 분야에서 이미 목표가 달성됐고, 80개 목표가 추가됐다. 달성된 목표 중에는 '폐기물의 92% 재활용'도 있다. 이런 노력으로 모두 더해 7천만 달러의 비용이 절감됐다고 M&S는 밝혔다.

M&S는 사회책임 경영에 있어서 수많은 공급업체와 긴밀히 협조한다. 폐기물을 재활용하는 방법에 관해 공급업체를 지도하기도 하고, 그러는 과정에서 스스로도 새로운 혁신 아이디어를 얻는다. 투명성 확보를 위해서 공급사슬에 속하는 기업과 완벽한 정보교환을 하는 데도 노력하고 있다. 예컨대 샌드위치에 사용된 육류가 특정 목장의 특정 가축에서 나온 것임을 알 수 있게 해주는 족보를 확보하고 있다. 의복의 경우는 염색공장과 제직공장까지 거슬러 올라가며 그 제조과정을 확인할 수 있는 시스템을 확립했다. M&S는 소비자와 협력해야 할 필요성도 잊지 않고 있다. 이에 따라 예를 들어 소비자가 헌옷을 자선단체(Oxfam)에 기부하면 '포인트'를 적립해 준다.

M&S는 자사와 납품업체의 기업윤리에도 각별히 유의한다. 종업원이 자유의사에 따라 쾌적한 환경에서 합리적인 대우를 받으며 일하게 할 것을 납품업체에 요구한다. 가축사육과 관련해서는 '동물복지(animal welfare)'라는 개념을 동원하여 굶기거나 학대하거나 동작을 억제하지 말라는 등 동물에 대한 '다섯 가지 자유의 원칙'을 명시하기도 했다. 또한 '범세계적 조달기준'에 입각한 자사의 기준을 공급업체로 하여금 따르게 하고, 수시로 공급업체를 방문하여 기준준수 여부를 확인한다. 1차 납품업체에 2차, 3차 납품업체의 사회책임성을 확인할 의무를 부여하기도 한다. 무엇 하나라도 어기는 업체와는 거래관계를 청산하겠다는 의지를 분명하게 밝힌다.

M&S의 사회적 책임 경영은 상품(product), 사람(people), 장소(place) 세 가지 측면 모두에 걸치는데 그 각각의 범위는 다음과 같다.

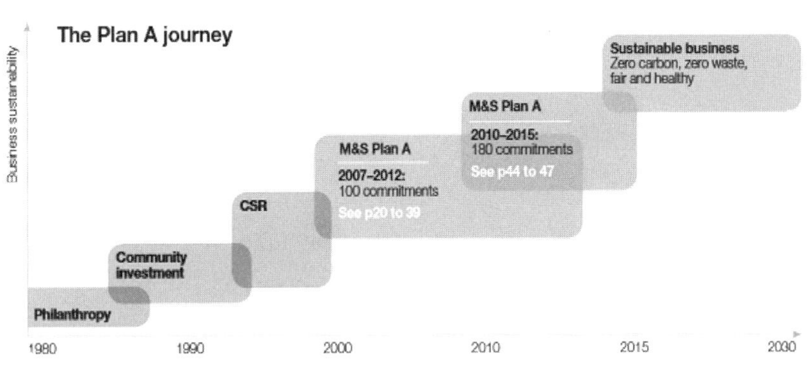


*자료: M&S 2010*

- **상품:** 우리는 우리가 공급하는 상품이 윤리적, 친환경적으로 만들어짐을 보장한다. 이를 위해 우리는 원료, 제조공정, 제조국가에 대해 주의 깊게 관찰한다. 상품은 제조, 유통, 사용의 세 단계를 밟는데, 이 세 단계 모두에 문제가 없도록 영향력을 행사한다.
- **사람:** 제품과 서비스의 생산 및 유통을 통하여 우리는 영국과 해외에서 고용의 기회를 창출한다. 또한 더 나아가 우리는 종업원에게 여러 가지 혜택을 준다. 우리는 '범세계적 조달기준 (Global Sourcing Principles)'을 통해서 우리의 사업 파트너들이 동일한 고용원칙을 따르도록 장려한다.
- **장소:** 우리는 사업장이 있는 지역사회 모두에 대한 책무를 가지고 있다. 우리는 자선단체의 열성적 회원으로서 사회발전에 투자한다. 소매업의 성공에는 경제적으로 건전하고 지속가능한 지역사회가 필요하다. 우리는 영국과 아일랜드의 사회에 고용과 상품을 공급한다.

사회책임에 대한 M&S의 진지성은 이 회사가 사회책임과 관련된 각종의 평가서열에서 언제나 업계 1위를 차지한다는 사실로 입증된다. 그러나 M&S의 경영성적이 월등한 것은 아니다. 이런 사실은 CSR에서의 탁월성이 빼어난 재무성과로 당장 이어지는 것은 아님을 말해준다. 경영은 '종합예술(art)'인 만큼 사회책임성 외에도 여러 가지 덕목을 두루 갖추어야 수월한 성과를 올릴 수 있다.

# 상생경영

2010년대 초에 한국에서 유행한 화두 가운데 '상생경영'과 '동반성장'이 있다. 그 의미는 재벌 위주로 운영되는 국가경제의 이면에서 어려움을 겪는 중소 규모의 공급업체를 지원하고 육성해야 한다는 것이었고, 이는 정부가 원하는 바이기도 했다.

따지고 보면 공급업체가 튼실해야만 대기업이 상품경쟁력을 확보할 수 있다. 보다 넓게 생각한다면 지역사회의 각종 이해당사자를 배려하고 환경을 보전하는 일을 하는 기업은 장기적으로 경쟁력의 강화로 보상받게 된다.

## 9.1 사회 속의 기업

기업은 사회와 산업이라는 생태계의 일원이다. 기업의 모든 행위가 그 생태계에 영향을 미치고, 그 생태계의 형편은 기업의 성과를 직간접으로 좌우한다. 마치 자연생태계와 그 안에 있는 동식물의 관계와 흡사하다. 자연이건 사회건 산업이건 생태계 전체가 건강해야 그에 소속된 개체의 성과가 높아질 수 있다. 사회가 건전해야 기업이 발전할 수 있다는 말이다.

## 1. 경쟁여건과 산업생태계

전통적 개념의 사회책임 경영은 기업의 이해와 사회의 이해가 상충하는 것으로 간주한다. 즉 이윤극대화에 방해가 되거나 손실의 원인이 되더라도 기업은 도리상 사회책임을 완수해야 한다는 것이다. 이와 달리 전략적 사회책임 경영은 사회와 기업의 공동이익에 초점을 맞춘다. 즉 사회에 좋은 것이 기업에 이익이 되기도 한다는 것이다. 전략적 사회책임 경영은 사회에 미치는 악영향을 줄인다는 소극적, 대응적 자세에서 벗어나 사회와 기업 모두의 가치를 높인다는 적극적, 대비적 자세를 취할 것을 요구하고, 이에는 발상의 전환이 필요하다.

포터(M. Porter)는 산업의 경쟁력은 네 가지 기본요소에 의해 결정된다고 설명한 바 있는데, 그것은 '다이아몬드 모델'로 알려져 있다 (1990). 즉 어떤 지역의 특정 산업에 소속된 기업이 가지는 경쟁력은 ① 공정경쟁의 정도, ② 투입요소의 형편, ③ 수요조건, ④ 관련산업의 발전도 등에 좌우된다. 말하자면 그 네 가지 요소가 각각 개별기업의 경쟁여건을 구성한다 (〈도표 9-1〉).

포터가 말한 경쟁여건(competitive context)은 지역별, 산업별로 정의되는데, 그 각각의 경쟁여건을 하나의 산업생태계로 볼 수 있다. 주어진 여건에 따라서 소속 개체인 개별 기업의 성취도가 크게 영향을 받기 때문이다. 포터의 말대로, 건강한 자연생태계에서 우량한 동식물이 자라듯이 "건강한 사회만이 성공하는 기업을 만들어낸다."(2006) 그렇게 본다면, 경쟁여건을 개선하려는 개별 기업의 노력은 스스로 경영성과를 높이게 되는 결과로 이어진다. 기업의 사회적 책임에도 깊은 관심을 가진 포터는 경쟁여건을 개선하려는 노력이 바로 '전략적 사회책임 경영' 이

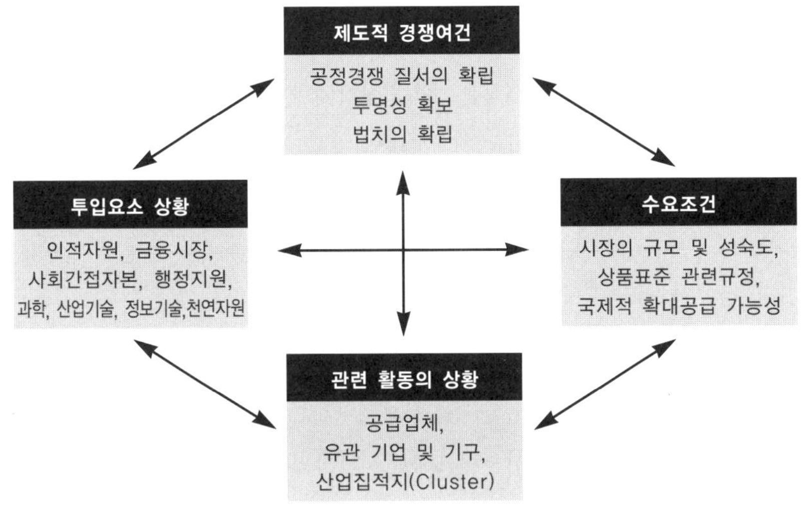


자료: Porter, 1990와 Porter and Kramer, 2002, 2006에서 변형하여 인용

라고 정의한다.

지구온난화 때문인지 몰라도 2010년을 전후하여 한국에 유난히 많은 눈이 내렸다. 길이 미끄러워 행인이 부상을 당하는 사고가 많이 일어나자 서울시는 '내 집 앞 눈 쓸기' 조례를 만들었다. 경쟁여건을 개선하는 것은 바로 눈 쓸기와 같다. 내 집 앞이나 우리 가게 부근에 쌓인 눈을 치우면 남에게만 혜택이 돌아가는 것이 아니라 그렇게 하는 나 자신에게도 혜택이 돌아온다. 당장 나 자신이 집이나 가게에 드나들기가 편리해지고, 내 집이나 우리 가게를 방문하는 손님이 많아진다. 나의 즐거움과 우리 가게의 매출액 및 이윤이 동시에 증가한다.

### 생태계의 조성

기업은 때로는 새로운 시장을 개척하거나 새로운 업종을 창출한다. 그럴 경우에는 어쩔 수 없이 〈도표 9-1〉에 예시된 생태계 요소의 육성을 지원할 수밖에 없다. 생태계가 저절로 만들어지기를 기다릴 수가 없으므로 그것을 스스로 조성하고 나서는 것이다.

따지고 보면 한국경제의 성장은 개발도상국의 신시장을 개척한 데 힘입은 바 크다. 앞으로도 다수의 기업이 여건이 성숙되지 않은 지역에 진출하는 일이 많을 것이다. 그런 곳에는 필요한 인력도 구할 수 없고 사회간접자본 시설도 갖추어져 있지 않다. 그러므로 기업 스스로 마을도 조성하고, 학교도 짓고, 도로도 닦을 필요가 있다.

특수한 예이긴 하지만 엑손모빌과 같은 회사의 경우는 원유채굴을 위해 특정 지역에 자리를 잡을 때 새로운 도시를 통째로 건설한다. 도로망을 확충하고 법치의 확립을 위해서 투자한다. 아프리카에서는 말라리아를 예방하고 치료하는 활동을 지원하는데, 이런 노력이 종업원과 거래처 직원의 건강을 증진시킨다. 이런 사실에 근거해 다국적기업 사이에 '저개발국의 하부구조는 내 손으로' 라는 말이 사용되기도 했다.

신용카드 업체인 아멕스(American Express)가 1990년대 초에 헝가리에 진출했을 때 그곳은 여행의 불모지나 다름없었다. 아멕스는 현지의 공공기관과 협력하여 부다페스트의 관광기반을 확충하는 일에 나섰다. 사회공헌 재단을 통해서 관광자원에 대한 대학의 연구를 지원했고, 다수의 중고등학교를 대상으로 관광산업 교육 프로그램을 후원했다. 관료와 재계 인사를 초치하여 수없이 많은 세미나를 개최함으로써 그들로 하여금 새로운 기회에 눈뜨게 만들기도 했다. 그 효과로 아멕스는 영업이 신장된 것은 물론이고 현지 지도층과 돈독한 유대관계를 형성하는 가외의 성과도 거두었다.

인도와 중국은 어느 기업도 무시할 수 없는 거대한 잠재시장이다. 유니레버(Unilever)는 인도 현지에 나름대로의 산업생태계를 창출하는 것을 통해 비교적 초기에 큰 성공을 거두었다(〈사례 9-1〉). 이 회사의 인도 현지법인인 힌두스탄 리버가 각종 경영전문 서적에 소개되어 홍보효과까지 톡톡히 얻었다.

## 2. 생태계를 개선하는 사회공헌

이론적 시비는 제쳐 두더라도 현실의 경영자는 CSR과 관련하여 두 가지 상반된 요구를 받게 되어 고민할 수밖에 없다. 경영성과의 향상을 요구하는 주주의 압력은

**사례 9-1 유니레버의 지역사회 개발투자**

다국적 생활용품 기업인 유니레버(Unilever)의 인도 자회사 '힌두스탄 유니레버(HUL)'는 여러 측면에서 해외진출의 성공사례로 꼽힌다. 핵심 비결은 지역사회와 일체화한 영업활동이라고 할 수 있다. 제품의 현지화는 기본이고 빈곤한 현지 주민을 계몽하고 지도하고 지원하여 소규모 사업가로 키웠다.

인도는 인구가 많지만 시골이 여기저기 흩어진 촌락으로 구성되어 있어서 유통망을 갖추기가 어렵다. HUL은 시골의 주부들을 대거 모집하여 판매요원 겸 사업가가 되게 만들었다. 그들에게 집중적인 교육과 훈련을 실시하고 자금을 융자해 주어 각자의 책임으로 제품을 팔게 했다. 결과는 대성공이었다. 2008년 현재 4만 2천 명의 여성 소사업자가 매달 13만 개 마을에 흩어져 사는 300만 명의 소비자를 방문한다. 그리하여 인도시장에서는 엄청난 실적인 1억 달러의 매출을 올렸다. 그 과정에서 HUL은 인도 여성의 독립심과 자긍심을 키우고, 소기업을 육성하고, 촌락 주민의 전반적 삶의 질을 향상시켰다. HUL은 신뢰할 수 있는 유통망을 확보함과 동시에 '지역사회에 공헌하는 기업'이라는 이미지를 확립했다. 기업성장의 확실한 토대가 조성된 것이다.

유니레버의 케냐 자회사는 립턴(Lipton) 차의 원료를 안정적으로 확보하는 방안으로 지속가능 영농 프로그램을 추진했다. 자체순환 방식의 친환경 영농법을 발굴해 보급하고, 현지 농민의 영농기술 수준을 높이고, 수확물을 사들일 때 생산지의 일반적인 가격에다 15%의 프리미엄을 얹어 주었다. 이런 프로그램을 통해서 이 회사는 에너지 소비를 줄이고 자연생태에 대한 영향을 최소화했으며, 현지 주민의 소득수준과 생활수준을 크게 높였다. 1999년에 시작된 이 프로그램은 환경보전에 대한 사회적 압력의 증가에 선제적으로 대응하고 양질의 원료를 확보하기 위한 전략으로 채택된 것이다. (Keys, 2009)

끝없이 계속된다. 그런데 약자를 도우라는 사회적 압력도 만만치 않다. 시간이 흐를수록 시민의식이 성숙되면서 사회의 기대수준도 높아진다. 자연히 시민단체의 목소리에 더욱 힘이 실리게 된다. 상반된 두 가지 요구를 모두 충족하는 답이 있다면 그것이 바로 최상의 선택이 될 것이다.

경영자의 딜레마는 한국에서도 크게 다르지 않다. 2010년 중반에 일어난 두 가지 일이 그런 형편을 상징적으로 보여준다. 대통령의 광복절 경축사에서 출발한 '공정한 사회'라는 기치가 한 걸음 더 나아가 재벌에 대한 '상생경영'과 '동반성장' 요구로 바뀌었다. 대기업이 공급업체의 입장을 배려해야 한다는 것이었다. 그런데 대통령의 광복절 경축사가 있은 지 불과 한 달 뒤에 LG전자의 최고경영자가 사직했다. 그 이유는 다름 아닌 경영실적 부진이었다. 기업의 경영자 또는 경영진은 실적과 상생의 사이에서 고민하지 않을 수 없다.

## 현실적 딜레마와 그 해결책

다행히도 개별 기업이 위와 같은 두 가지 상반된 요구를 동시에 충족할 수 있게 해주는 해답이 있다. 상생경영을 보다 구체화한 '경쟁여건을 개선하는 CSR'이 그 해답이다. 개별 기업이 사회책임을 완수하면서 경쟁력을 강화하는 것이다. 그렇게 하면 "경쟁여건을 개선하는 일과 사회발전에 매진하는 일 사이의 상충관계는 소멸된다."(Porter, 2002)

단순히 생각해 보아도 교육훈련을 잘 받은 건강한 직원은 생산성이 높다. 양호한 근무환경은 직원의 사기를 높인다. 정당한 절차를 거쳐서 만들어진 안전한 상품은 소비자의 호응도를 제고할 뿐만 아니라 생산을 담당하는 근로자의 생산성 향상에도 도움이 된다. 환경영향을 고려한 에너지 절약 상품을 만들어 파는 것은 그 자체로 자원효율성을 높이는 일이 된다. 자원 면에서 열위에 있는 중소 공급업체를 지원하는 일은 그들의 경쟁력과 지원하는 기업의 경쟁력을 동시에 높인다. 공정한 게임의 규칙과 법치의 확립은 공정경쟁을 유발하여 산업의 발전을 촉진한다.

방금 열거한 모든 것이 다름 아닌 CSR의 일환이다.

다국적 제약회사인 파이저(Pfizer)는 사회공헌에 적극적이다. 그렇지만 사회공헌을 통해서 기업이윤의 창출을 기대한다는 사실을 숨기지 않는다. 회사 주변 지역의 보안을 강화하고 환경을 정비하는 것은 유능한 직원을 고용하는 데 크게 도움이 된다. 지역사회의 교육훈련 프로그램을 운영하거나 지원하는 일은 채용 가능한 인적자원을 확대하는 일에 다름 아니다. 고가의 약을 빈곤층에 무료로 제공하는 일은 기업 이미지 개선에 도움이 된다. 그럼으로써 고객층을 두텁게 하고 장래의 영업신장을 예약해 놓는다. 의약품을 무료로 제공하면 그만큼의 비용은 세액공제의 대상이므로 결과적으로 꿩 먹고 알 먹는 일이다.

### 생태계 사이의 경쟁

1980년대 이후로 선진국의 기업계에서는 사업초점의 강화와 비핵심 활동의 아웃소싱이 대세가 됐다. 다각화 전략에서 탈피하여 동일한 기본기술에 토대를 두는 사업에만 노력을 집중하는 한편 부가가치가 낮은 활동은 외부의 전문기업에 위임하는 것이다. 내가 역량을 갖추고 있는 사업, 나의 주특기 활동에만 몰입하는 것이다.

21세기에 와서는 공급사슬 관리(SCM)가 경쟁력 확보에 필수적인 것이 됐다. 경쟁이 워낙 치열하다 보니 완제품 생산업체 혼자만 잘하는 것으로는 부족하다. 시발점인 토지(각종 원료가 나오는 곳)에서부터 종착점인 고객서비스까지의 공급사슬 전체에 관여되는 각종 기업 사이의 유기적 협조가 불가피해졌다. 하나의 공급사슬을 놓고 보면 대기업은 대체로 최종재 생산이나 유통에 해당하는 위치를 점하고 있다. 전체적인 협력과 조화를 이루는 일은 대기업 중심으로 이루어질 수밖에 없다. 공급사슬 전체를 관리하여 가격경쟁력을 높이거나 새로운 상품, 새로운 서비스 방법을 찾아내는 것은 대체로 대기업의 책임으로 보아도 무방하다.

어찌 보면 아웃소싱과 공급사슬 관리는 각각 가치창출 기능의 외부화와 내부화라는 상반되는 요구 사항이다. 이 두 가지 요구를 동시에 충족하는 방법은 자신의 몸집은 줄이되 공급사슬상에 있는 관련 업체를 적극적으로 지도·지원하는 것뿐이다. 협력업체를 지원하는 것이 기업경쟁력 강화의 요건이 되는 것이다. 이런 이유로 21세기에 들어와서는 경쟁이 기업 단위로 전개되기보다는 '공급사슬 사이의 경쟁'으로 전개되는 양상을 보인다.

포터의 설명처럼 경쟁여건이 개별 기업의 경쟁력을 규정하고, 경쟁여건을 개선하는 일이 대기업의 책임이라면 오늘날의 경쟁은 기업 단위의 경쟁이 아니라 '산업생태계 간의 경쟁'이라고 확대시켜 볼 수도 있다. 공습사슬은 산업생태계의 일부이기 때문이다.

공급사슬로 보나 산업생태계로 보나 공급업체나 '협력업체'를 보호하고 육성하는 것은 개별 기업이 경쟁력을 강화하는 출발점이나 다름없다. 2010년의 대통령 경축사 이후 '상생경영'이 강조된 것은 바로 이런 사실에 대한 인식이 반영된 흐름이다. 독자적 '모바일 생태계'를 지향하는 SK텔레콤의 사장(김신배)은 다음과 같이 말한다.

향후의 경쟁 패러다임은 개별 기업 간의 경쟁이 아니라 협력사들이 다 포함된, 즉 공급사슬에 속한 그룹 사이의 경쟁으로 치닫게 될 것이다. SK텔레콤은 '상생 아카데미' 제도를 통해서 협력회사들이 각각 독자적으로 추진하기 어려운 교육 프로그램을 100여 개 정도 운영하고 있다. (www.sktetecom.com, 2008년 11월)

SK텔레콤은 또한 '생태계 경영'을 실현하는 한 방편으로 자사의 기술기반을 공개하기로 결정한 바 있다(2010년). 이는 협력업체에 의한 응용 프로그램 개발이 사업 확장의 지름길임을 인식한 데서 나온 방침이지만 불특정 다수의 기업에게 새로운 사업기회를 제공하는 계기가 된다는 점에서 그야말로 윈—윈 게임, 즉 '상생의 게임'이 될 수 있다.

## 네트워크 효과

이동통신 업종은 그 특성상 각각 특정 기반기술을 중심에 둔 생태계 사이의 경쟁이 될 수밖에 없다. 우선 소프트웨어의 다양성이 사업의 승패를 좌우하는 핵심요인이 되고, 그런 다양성은 참여하는 기업의 수에 의해 결정되기 때문이다. 이를테면 '하드웨어—소프트웨어의 선순환'을 실현해야 하는 것이다. 활용도가 높은 특정 생태계의 서비스를 활용하고자 하는 고객이 증가하면 그 서비스와 관련된 소프트웨어를 개발하고자 하는 기업이 늘어나서 서비스가 더욱 다양해지게 된다.

하드웨어—소프트웨어 선순환의 중요성을 보여주는 역사적 사건으로는 녹화 재생 장치의 표준화를 두고 벌어진 소니와 마쓰시타 사이의 경쟁을 들 수 있다. 소니의 베타맥스 방식이 마쓰시타의 VHS 방식보다 기술적으로 우월했지만 결과는 마쓰시타의 일방적 승리였다. 마쓰시타가 기술을 공개하여 초기에 시장을 선점하는 전략을 구사한 덕분이었다. VHS 방식의 기계가 우위를 점하게 되자 녹화 테이프도 VHS 방식을 채택하게 됐다. 그리고 녹화 테이프의 공급이 늘어나면 기계에 대한 수요가 증가하게 마련이었다. 기술적으로 월등했던 애플의 매킨토시가 IBM의 PC에 밀린 것도 같은 이유에서다.

관련 업체와의 상생은 시장을 선점(preemption)하는 데 필수적이다. 이것은 말하자면 초기에 인해전술을 펼치는 것이다. 그런데 특히 네트워크 효과가 나타나는 업종에서는 시장선점 여부가 기업의 사활에 직결된다. 위에서 설명한 업종 중에서 이동통신과 개인용 컴퓨터 업종에서는 네트워크 효과가 작용한다. 현대에는 많은 서비스 업종이 정보기술을 응용하는데, 이런 서비스 업종에도 거의 틀림없이 네트워크 효과가 있다. 각종 통신 서비스, 소매, 소매금융, 그리고 기업 관련 서비스 등이 그에 해당한다. 새롭게 각광을 받게 된 물류산업에서도 같은 효과가 나타난다 (〈사례 9-2〉).

네트워크 효과는 '가입자 수에 제곱비례하여 유용성이 증대되는 것' 을 말하며, 이에는 수확체증의 법칙이 작용한다. 생산량이 늘어날수록, 혹은 사업의 규모가 커질수록 이윤이 증가하여 종국적으로 한 업종에 하나의 기업만 살아남게 된다. 2000년을 전후한 인터넷 거품의 시기에 '묻지 마 투자' 를 통한 몸집 불리기의 경쟁이 벌어진 것은 시장선점을 위한 불가피한 선택의 결과였다. 요컨대 네트워크 효과가 나타나는 업종에서는 몸집 불리기가 유일한 생존전략이 된다. 그래서 자연스럽게 관련 업체와의 상생이 불가피해진다.



2000년대 중반에 한국에서 '망내 이동통신료 50% 할인' 경쟁이 벌어진 적이 있다. 011, 016, 017, 018, 019 국번을 가진 통신업체가 각각 망내(網內) 통화에 대해서 할인을 해 주기로 한 것이다. 생각해 보면 그런 할인혜택은 국번별 시장점유율에 의해 전적으로 좌우됨을 알 수 있다. 예컨대 011의 점유율이 50%라면 이 국번의 가입자는 평균 50%의 통화에서 할인혜택을 받는다. 결과는 명확하다. 모두가 앞 다투어 011로 바꿀 것이고, 그럴수록 혜택은 점증한다. 종국에는 011이 가입자를 독식하게 된다. 초기의 시장점유율이 운명을 결정하는 것이다.

물류업종은 지점과 지점을 연결하는 것이므로 네트워크 효과가 작용한다. 2010년 무렵에 한국에서 인천국제공항의 위상과 관련이 있는 국가적 논란이 벌어졌다. 핵심 쟁점은 두 가지였다. 김포공항의 국제노선 확충 문제와 동남권 공항의 신설 문제였다. 각각 해당 지역의 경제적 발전에는 도움이 될지 몰라도 인천공항의 위상에는 엄청난 타격을 주는 것이었다.

인천공항의 위상이 흔들리면 이른바 '동북아 중심공항' 육성을 위한 나라 사이의 경쟁에서 한국이 중국이나 일본에 밀리게 된다. 이는 네트워크 효과를 상실하기 때문인데, 실제로 그렇게 된다면 국가적으로 막대한 손실이 초래될 수 있다.

김포공항이나 동남권 신공항이 인천공항에서 국제노선을 빼앗아간다면 인천공항이 기왕에 보유하고 있던 노선 전체에 타격을 준다. 예컨대 김포—동경 노선이 새로이 마련되면 서울시민은 장거리 노

## 지식 네트워크

전통적으로 경제학 이론은 수확체감의 법칙이 작용하는 것으로 가정한다. 물적 자본이 제한된 상태에서 근무인력이 계속 투입되면 한계생산성이 줄어들기 때문이다. 물적 자본, 예컨대 컴퓨터는 공유하거나 분할하기가 어렵기 때문에 바로 이런 일이 생긴다.

1990년대 이후에는 정보통신 기술의 발달에 힘입어 각국 경제가 지식사회(knowledge society)의 면모를 갖추게 됐다. 여기서 지식이라 함은 산업기술과 경영 노하우를 두루 포괄한다. 그런데 지식자본은 추가로 한 사람이 소유한다고 해서 다른 사람이 그로 인해 영향을 받지 않는다. 오히려 많은 사람이 공유할수록 확

선으로 구미(歐美) 등지로 갈 때 인천에서 출발하는 항공편보다는 동경에서 출발하는 항공편을 이용하려고 할 것이다. 그러면 인천공항은 동경으로 가는 승객뿐만 아니라 장거리 승객까지 줄어들게 되므로 구미노선을 축소할 수밖에 없다. 또한 장거리 노선으로 갈아타기 위해서 인천으로 오던 중국인 승객도 눈에 띄게 줄어들 것이다. 중국인 승객이 줄어들면 인천공항은 장거리 노선을 또 다시 줄여야 한다.

장거리 환승객의 공항 선택은 연결망의 편의성에 의해 좌우된다. 편의성은 연결도시의 수와 항공편의 간격이 결정한다. 세 시간을 기다려야 해외의 대도시 몇 군데로 가는 항공편을 이용할 수 있는 공항과 한 시간만 기다리면 해외의 어느 곳으로 가는 항공편도 이용할 수 있는 공항은 편의성 면에서 비교가 되지 않는다. 승객이 많으면 운임을 더 할인할 수 있게 되는 효과도 덤으로 얻을 수 있다. 노선 하나를 늘리거나 줄이는 것은 결코 해당 노선 하나만의 문제가 아닌 것이다. 인천공항의 경쟁력이 환승객 유치에 달렸다고 본다면, 그것은 결국 환승의 편의성에 좌우되는 것으로 봐야 한다. 그리고 편의성은 노선의 수에 의해 결정된다.

'네트워크 효과'는 하나의 망(網)에 소속된 구성단위 사이의 연결고리와 관련된 것이므로 '조합의 원리($_nC_2$)'가 적용되므로 총수($n$)의 제곱에 비례하여 효용성이 증가한다. 이런 연유로 인천공항의 연결공항 수가 예컨대 99개에서 98개로 하나가 줄어들면 그 연결성, 즉 인천공항의 효용가치 감소폭은 1이 아니라 99가 된다. 즉 $_{100}C_2$(4950)에서 $_{99}C_2$(4851)로 연결성(connectivity)이 떨어진다. 노선 하나 때문에 연결성이 99만큼 줄면 유럽, 미국, 아프리카로 가기 위하여 중국이나 일본에서 인천으로 오던 손님이 북경, 상해, 동경으로 가고 만다. 적지 않은 국가적 손실이 유발되는 것이다.

대재생산의 가능성이 높아진다. 서로 상대방의 아이디어를 더욱 발전시킬 수 있기 때문이다. 교차학습(cross-learning)을 통한 시너지 효과가 발생하는 것이다. 그러므로 지식에도 네트워크 효과가 있고, 수확체증의 법칙이 작용한다.

지식 네트워크는 각종 이해당사자와 협력하는 것이 필요함을 말해 주기도 한다. 혁신이 현대 기업경쟁의 열쇠가 됨은 두말할 필요가 없을 것인데, 이해당사자와의 정보교환과 협력은 네트워크 효과를 가져와서 혁신을 촉진하게 된다. 요컨대 혁신의 출발점은 아이디어이고, 새로운 아이디어는 다양성과 교차학습에서 분출된다.

이런 연유로 GE나 P&G와 같은 세계적인 기업은 개방형 혁신(open innovation)을 추구하고 있다. 이런 기업은 각종 이해당사자가 참여하는 인터넷 포럼을 기반으로 하여 주어진 문제에 대한 해법을 범세계적으로 찾고 있으며, 이런 방식으로 상당한 성과를 올리기도 했다. 성과가 확인되자 개방형 혁신이라는 말이 점차 기업계의 유행어가 되고 있다. 이에 대해서는 13장에서 자세히 살핀다.

## 9.2 지역사회와 기업의 경쟁력

개별 기업이 위치하고 있는 장소는 지역사회라고 불리며, 그 자체가 지리적으로 가장 가까운 기업의 이해당사자다. 지역사회가 건강하면 그 혜택이 바로 그 지역사회에 소속된 기업에 돌아온다.

### 1. 지역 청소년 교육

기업성과를 결정하는 것은 결국 사람이다. 기업이 효과적인 전략을 도출하고 그 전략을 효율적으로 추진하고 관리할 수 있느냐는 직원의 능력에 의해 좌우되기 때문이다. 기업이 지역주민의 교육에 힘쓰는 것은 곧 채용할 수 있는 인적자원을 확충하는 일이다.

현실에서 기업은 여러 형태로 지역사회 청소년을 위한 교육이나 훈련을 지원한다. 단순히 후원금을 낼 수도 있지만 교육기자재를 공급하거나 직원을 파견하여 직업교육을 시키는 경우도 있다. 앞에서 소개한 바 있지만 SK는 일찍부터 장학사업을 적극적으로 벌여 왔다(〈사례 6-5〉).

삼성의 '고른 기회 장학재단'은 기초학문 분야의 우수한 학생을 선발하여 유학자금을 지원해 주고 있다. 이 재단의 장학생이 모두 삼성에 입사하는 것은 아니지만, 삼성은 장학생 워크숍 등을 통하여 자발적 입사의 확률을 높이고 있다. 더구나 삼성 스스로의 주장처럼 "빼어난 과학자 한 사람이 수만 명을 먹여 살린다"면 삼성이 장학금을 제공하는 것은 장학생 중 삼성에 입사하는 사람의 비중과 무관하게 그 자체로 매우 훌륭한 투자일지도 모른다.

기업의 잠재적 종업원인 청소년에 대한 교육은 개발도상국이나 농어촌 등의 상대적 빈곤지역에서 실시하면 더욱 효과적이다. 전문기술을 요하지 않는 단순노동의 직종을 염두에 둔다면 작은 비용으로도 큰 효과를 얻을 수 있다. 소수민족, 장애인 등의 특수계층에 대한 교육을 지원한다면 종업원의 다양성 확보에도 도움이 될 수 있다.

매리어트(Marriott) 호텔은 주변지역의 장기실업자에 대한 직업교육을 실시하여 지역사회에 공헌함과 동시에 자격을 갖춘 초급직원을 확보해 왔다. 그런 기회를 통하여 입사한 직원은 남다른 애사심이 있어서 이직률이 낮다. 시스코는 별도의 아카데미를 만들어 고졸자에게 컴퓨터 네트워크 관리 방법을 교육시켜 왔다. 이는 지역사회 청소년 교육 프로그램의 일환으로 실시된 것이지만 사업의 애로요인인 관리요원 부족 문제를 타개하는 효과적 방법이기도 했다.

특정 혹은 불특정 다수를 교육하는 일은 말하자면 사회의 하부구조를 튼튼하게 하는 일이므로 개별 기업이 단독으로 실시하기보다는 다른 기업, 공공기구, 비영리단체 등과 제휴하여 실시하면 더욱 효과적이다. 액센츄어(Accenture)는 '성공하기 위한 기능개발' 이라는 프로그램을 범세계적으로 운영하고 있는데, 각 지역의 비영리단체와 협력함으로써 교육의 영속성을 보장한다. 이 프로그램은 취업이나 창업에 곧바로 활용할 수 있는 기능을 개발하는 것이 목표이며, 5년에 걸쳐 1억 달러의 현금과 필요한 만큼의 자원봉사 시간을 투입하여 수십만 명을 훈련하는 내용으로 계획됐다(2010년). 액센추어의 이런 활동은 첫째로 한정된 분야에 집중한다는 점, 둘째로 회사의 전문기능을 살린다는 점, 셋째로 지역사회에 대해 영향력이 있는 외부기구와 협조한다는 점에서 전략적 CSR의 전형으로 볼 수 있다.

자선활동을 통하여 지역사회의 환경을 개선하거나 질병을 퇴치하는 데 기여하는 것도 교육이나 훈련과 비슷하게 잠재적 종업원의 생산성을 높이는 투자가 될 수 있다.


## 2. 생활환경의 개선

기업은 소재지역의 생활여건을 개선하는 일에도 공헌한다. 지역주민에게 골고루 그 혜택이 돌아가기는 하지만, 기업이 유능한 인재를 초치하는 데도 도움이 된다. 기업이 문화예술 환경을 개선하는 활동을 하면 '삶의 질' 이 개선되어 자질을 갖춘 유능한 인력이 양성되고, 그런 인력이 기업에 유인되는 효과가 있다.


### 편의시설과 문예시설

2003년부터 시작된 한국의 경제자유구역 사업은 외국인을 위한 편의시설을 확보하는 것을 핵심 사업의 하나로 삼았다. 생활여건이 갖추어져야만 외국인이 와서 살려고 할 것이고, 외국인인 임직원이 와야만 외국기업이 유치될 수 있기 때문이다. 울산광역시는 문예시설이 부족해서 고소득의 기업 임직원이 울산에 정주하지 않는 점에 대해 고심하고 있다. 현지의 대기업이 문예시설이나 문예활동에 투자한다면 그 대기업은 우수한 경영자와 초급 및 중견 간부를 확보하기가 보다 쉬울 것이다. SK가 울산대공원을 조성하여 울산시에 헌납한 것도 부분적으로는 이런 효과를 겨냥해 주거환경의 개선에 도움을 주고자 한 것이 분명해 보인다.

포드자동차는 설립 초기에 디트로이트 심포니 오케스트라를 창립했다. 당시에 문화적 불모지였던 디트로이트에 유능한 인재를 불러들이기 위한 준비작업이었다. 구글은 본부가 있는 실리콘 밸리 지역의 한 작은 도시에 무료 통신망을 구축하고 주거시설을 확충하는 등의 생활여건 개선사업에 큰돈을 투자하고 있다. 뛰어난 인재를 유치하는 데는 그런 것이 필요하다고 믿었기 때문이다.

전자제어장치 업체인 허니웰(Honeywell)은 베트남 전쟁에 쓰이는 물품을 납품한다는 이유로 지역사회와 시민단체로부터 미운 오리새끼 취급을 받았다. 문제점을 인식한 회사는 베트남에서 버려진 주택을 대폭 수리하여 지역주민에게 실비로 분양했다. 이런 일을 통해 허니웰은 지역주민을 원수에서 원군으로 변화시킬 수 있었다. 그리고 그런 뒤에야 비로소 안정된 경영이 가능해졌다.


## 사회간접자본

기업은 정부가 마련한 공단에 입주하는 경우도 있지만 스스로 부지를 조성하는 경우도 있다. 이때에는 도로, 다리, 통신망, 수도, 전력 등의 시설을 기업이 스스로 건설해야 한다. 그와 같은 사회간접자본 시설은 공공재의 성격을 강하게 갖고 있기 때문에 지역사회의 주민도 그 혜택을 입을 수 있다. 이렇게 기업에 의해 건설된 시설은 대부분 영업비용이나 물류비용을 절감하기 위한 것이지만, 그런 목적에 꼭 필요한 금액보다 더 많은 금액을 기업이 투자한다면 그것은 지역사회에 대한 공헌으로 볼 수도 있다.

정규 학교, 직업훈련원, 기초과학 연구소의 설치·운영과 같은 공공사업을 지원하는 일은 사회공헌에 가깝다. 이런 기관은 지역사회의 기초기구에 해당하는 만큼 사회간접자본의 일부로 볼 수 있다.

지역사회의 기본시설에 대한 투자는 개별 기업의 경쟁여건 개선에 도움이 된다. 같은 지역에서 같은 업종의 사업을 하는 여러 기업이 나름대로 사회공헌을 하면 그 업종의 집적지 형성도 기대해 볼 수 있다. 산업집적지에서는 시너지 효과가 발생하므로 집적지에 소속된 각각의 기업이 남다른 경쟁력을 확보할 수 있다. 산업집적지 조성은 '전략적 CSR'의 한 가지 모범답안이다. 산업집적지에 대해서는 12장에서 깊이 있게 다룬다.

## 3. 도시빈민 문제의 해결

하버드대학의 포터(M. Porter) 교수와 캔터(R. Kanter) 교수는 대도시의 빈민촌에 투자하는 것은 여러 모로 기업경쟁력 강화에 도움을 준다고 역설한다. 청소년이 좋은 교육을 받으면 장래의 지식근로자로 자란다. 주민에게 일자리를 만들어 주면 그들은 열성스러운 고객이 된다. 도시빈민 문제가 사회의 불안요소가 되는 경우도 많다. 기업이 근본문제의 해결에 기여한다면 그것으로 사회불안이 해소되므로 경영의 전반적인 안정으로 연결될 수도 있다.

도시빈민촌 문제는 어디에서나 골칫거리다. 의식주 문제의 해결이 어려울 뿐만 아니라 폭력, 마약, 알코올 중독, 흉물스런 외관 등도 문제가 되는데 이런 문제는 해결의 실마리를 찾기가 어렵다. 흔히 모색되는 해결방안은 정부가 보조금을 지원해 주거나 기업이 자매결연을 통해 도와주는 것과 같은 일방적 지원이다. 그런데 이런 방식은 대개 미봉책에 그치고 만다. 도시빈민에게 더욱 중요한 것은 당장 먹을 물고기를 가져다주기보다 물고기를 잡을 수 있는 여건을 만들어주는 것이다. 그렇게 하면 그들의 생활양식을 정상적인 모습으로 바꾸는 계기를 만들 수 있다. 포터는 빈민촌을 대상으로 한 기업의 공헌활동을 아래와 같은 방식으로 추진하도록 제의한다(1995).

① 고유의 사업을 현지로 확대하라.

② 현지의 중소기업과 공급사슬로 연결하라.

③ 사회적 서비스가 아닌 사업관계로 접근하라.

④ 창업투자자 자본의 참여를 모색하라.


포터의 이런 제안은 어디까지나 시장경제의 원칙에 입각한 것으로, 한때의 시혜보다는 근본을 바로잡는 방향으로 접근해야 한다는 주장이다.

아닌 게 아니라 도시빈민에게 일자리를 만들어 주는 것이 도시빈민촌 문제에 대한 가장 확실한 해결방법이 된다. 대기업이 직접 그들의 일자리가 되기에는 한계가 있으므로 현장의 중소기업과 제휴하는 것이 더 효과적이다. 현장의 노동집약적인 기업을 공급자로 선정하고 기술과 경영의 측면에서 지원하여 경쟁력 있는 업체로 육성하는 것이다. 이렇게 하면 공급사슬을 강화할 수 있음은 물론이고 채용 대상 직원과 고객의 기반을 확충할 수 있다. 기업 이미지를 개선하여 기업을 '탐욕의 화신'으로 보는 반감을 줄이고, 시장경제에 대한 거부감을 완화할 수 있다.

스테이플스(Staples)는 미국의 꽤 큰 문구용품 연쇄점이다. 보스턴의 빈민가에서 작은 토너 판매상점을 경영하던 어떤 사람이 우연한 기회에 스테이플스와 연결됐다. 그 작은 회사가 스테이플스의 납품업체로 선정되어 경영지도를 받게 된 것이다. 덕분에 그 작은 회사는 8년 사이에 매출액을 14배나 신장시키고 부근에서 손꼽히는 고용주로 변신했다. 이로써 스테이플스는 신뢰할 수 있는 공급원을 확보했고, 지역사회로부터 듬직한 후견자라는 이미지를 얻었다.


## 9.3 공급원의 경쟁력


유형 상품은 어느 것이나 만드는 데 원료가 소요된다. 원료나 부품의 가격과 품질은 완제품의 가치를 결정하는 핵심적 요소다. 그래서 공급원의 상태, 특히 공급업체의 경쟁력은 완제품 생산업체의 자체 경쟁력만큼이나 중요한 현안문제가 될 수 있다.

## 1. 공급업체와의 상생

경영 전문가들이 한국과 일본을 비교할 때 흔히 거론하는 주제로 대기업과 중소 공급업체 사이의 상생(相生, 한국) 혹은 공생(共生, 일본)이 있다. 일반적으로 일본은 공생관계가 양호하지만 한국은 정반대인 것으로 알려져 있다. 한국에서 대기업과 중소기업의 관계가 원활하다고 보기는 어렵다. 이는 한국경제의 큰 약점 중 하나라 할 수 있는데, 이에 대해서는 5절에서 별도로 살펴보기로 한다.

일본의 도요타 자동차는 전통적으로 부품업체를 지원하고 지도하여 자사의 경쟁력을 확보하는 수단으로 삼은 것으로 알려져 있다. 현장연수 프로그램을 통해서 부품업체의 기술수준을 높여주기도 한다. 사실 자동차산업의 경우는 공급업체의 경쟁력이 곧 완성차 업체의 경쟁력이 된다. 수만 개나 되는 부품을 완성차 업체가 일일이 개발하거나 그 품질을 관리할 수 있는 입장이 아니기 때문이다. 일본의 카메라 업체인 캐논은 '공생(kyosei)'을 경영의 기본철학으로 삼아서 그 힘으로 경영상의 어려움을 극복하고 세계적인 기업으로 우뚝 섰다(〈사례 13-1〉).

### 조달의 안정성

도요타는 적시 재고관리(JIT)로도 잘 알려져 있다. 그런데 이것은 납품업체와의 호의적 협력관계가 조성되어 있지 않으면 불가능한 일이다. 자체적으로 보유한 재고가 최소인 상태에서는 각각의 부품이 적기에 공급되는 것이 안정된 작업공정의 필수요소가 된다. 부품의 적기공급은 수많은 공급업체와 좋은 관계를 유지할 때에만 보장된다.

오락 및 정보기기 산업은 기복이 심하다. TV와 모니터의 패널을 생산하는 기업인 LG디스플레이는 경기의 영향을 많이 받는다. 경기가 활황일 경우에 부품조달에서 애로가 생기면 수요량을 적기에 충족시키지 못한다. LG디스플레이는 이런 문제를 평소의 상생경영으로 해결한다. 최고경영자가 관심을 갖는 가운데 90명의 전담요원이 공급업체를 수시로 방문하여 고충을 청취하고, 생산성 향상을 위한 기술지도를 한다. 이런 노력의 효과로 이 회사는 공급업체의 신뢰를 얻게 되어 우선적으로 부품을 공급받을 수 있게 됐다.

## 기술개발 협력

현대의 기업경쟁은 한마디로 혁신경쟁이다. 새로운 제품, 새로운 제조방식, 새로운 관리방식을 찾기 위한 경쟁이 치열하다. 그런데 이런 일을 개별 기업 혼자만의 힘으로 하기는 어렵다. 어느 하나의 혁신에서도 부품업체와 조립업체의 역할이 서로 다르다. 얼추 말한다면 세세한 아이디어에서는 공급업체가 앞서고, 전체적 시각에서는 조립업체가 앞선다. 조립업체가 공급업체의 혁신을 실속 있게 지원해 준다면 조립업체 스스로의 혁신도 촉진된다. 도요타의 '공생'도 바로 이런 원리에 기반을 둔 것이다.

앞에서 아웃소싱이 경영계의 대세가 되었음을 설명한 바 있다. 아웃소싱이 강화되면 공급업체와의 상생이 그만큼 더 중요해지는 것은 두말할 필요가 없을 것이다. 21세기에 와서는 부품의 아웃소싱에서 한 걸음 더 나아가 완제품의 조립까지 위탁하는 이른바 '장기계약 방식 생산(CM)'이 유행하기에 이르렀다. 수탁업체가 독자적인 기술능력을 갖추었다면 '자기 디자인 제조업체(ODM)'라고 불린다. 예컨대 미국의 델(Dell)은 상품에 대한 개념만 주고 디자인에서 제조까지의 모든 일을 통째로 대만의 혼하이(Honhai)에 맡긴다. 이런 경우에는 출시할 상품이 확정되기까지 두 업체가 밀접하게 기술협력을 하는 것이 불가피하다. 장기위탁 생산방식이 꽤 널리 성행하고 있고 싱가포르, 대만, 중국, 인도 등 여러 나라에 수많은 ODM

이 있다는 사실은 그런 방식이 유효함을 증명한다. 이런 경우에는 납품업체와의 기술협조가 바로 상생의 길이 된다.

## 직원교육 지원

군이 지식기반 경제를 들먹이지 않아도 기업은 계속적으로 직원을 교육하고 훈련시켜야 한다. 교육훈련을 위한 시설과 프로그램 및 강사의 확보라는 측면에서도 대기업은 우위에 있다. 대기업이 납품업체로 하여금 직원교육에 자사의 자원을 활용하게 한다면 기술지원과 비슷한 경쟁력 강화 효과를 얻을 수 있다. 납품업체로부터 그러한 자원 이용에 대한 실비를 징구한다면 규모의 경제를 통하여 교육훈련 비용을 절감하는 효과도 얻을 수 있다.

한국의 대기업은 대체로 상당한 규모의 연수원 시설을 확보하고 있다. 협력업체의 임직원을 연수원에 초청하여 교육하고 자사의 임직원과 교류하게 해서 우호관계를 증진하는 경우도 많이 있다. 이 방면에서 세계적으로 성가가 높은 교육시설로는 GE의 인재사관학교로 알려진 '잭 웰치 센터'가 있는데, 한국의 기업 임원 중에도 이 센터에 초빙되어 연수를 받은 사람이 많이 있다.[35]

## 공급업체 육성

산업 불모지나 다름없는 후진국에 진출하는 대기업이라면 현지의 공급업체를 육성할 필요도 있다. 특히 다수의 영세한 농수산업자를 상대하는 기업이라면 사회책임 경영을 통해서 그들의 복지를 향상시키고, 그 효과로 자사의 혜택을 키울 수 있다. 한국에서도 활발하게 영업하고 있는 네슬레(Nestle)는 우유의 40%와 커피의 10%를 농축산업자와 직거래하는 방식으로 조달한다. 그 과정에서 각종 하부구조

....................
35 '잭 웰치 센터'의 정식 이름은 The John F. Welch Leadership Development Center다. 이 센터는 '크로턴빌(Crotonville)'이라고도 불리며, 미국 뉴욕 주에 있다.

를 건설해 주고, 농민에게 기술지도를 해 주며, 공정한 가격을 지불함으로써 농민을 소기업가로 육성한다(〈사례 9-3〉). 직거래를 하는 덕분에 네슬레는 2007년에 우유값이 폭등했을 때에도 큰 어려움을 겪지 않았다.

공급사슬의 앞쪽에 있는 소비자를 지원하는 일에 신경을 쓰는 기업도 많이 있다. 앞에서 M&S의 경우를 소개한 바 있고 삼성전자, HP, 제록스 등이 프린터 관련 폐기물을 자체 비용으로 회수하고 있다는 점도 설명했다. 소비자를 배려하는 그런 일은 비용절감에 도움이 되고, 한발 더 나아가 고객관계를 공고히 하는 전략적 효과도 가져다준다.

**사례 9-3 네슬레의 인도 영세농 지원**

스위스의 낙농업체인 네슬레는 1960년대 초에 인도에 진출하기로 결정했다. 인도 정부로부터 북부 지역에 낙농시설 설치를 허가받았는데, 그 지역은 전기, 통신, 운송, 의료 등의 시설이 거의 전무한 빈곤지역이었다. 농부들은 가구당 한 마리의 젖소를 키우면서 자가소비에 충당할 정도만 우유를 생산하고 있었다. 송아지는 60%가 태어나면서 죽었고, 우유를 보관할 냉장시설이 없어서 수송에도 어려움이 있었다.

다수의 축산농가로부터 우유를 수집하는 사업모델을 가진 네슬레에게는 농부와 지역사회를 돕는 일이 바로 경쟁여건을 개선하는 지름길이었다. 네슬레는 우선 마을마다 냉장수집소를 설치했다. 트럭이 농가를 방문할 때에는 수의사, 영양사, 축산지도사, 품질관리 요원이 동승하여 필요한 도움을 주었다. 수의약품을 공급하고 농부를 대상으로 한 교육과 훈련을 실시했다. 농부들은 어떤 사료가 적합한지를 알게 됐고, 목초 재배를 위한 관개의 방법도 배웠다. 농가는 양질의 우유를 더 많이 생산하게 됐고, 곡물 수확량도 늘어났다.

이에 따라 농가소득이 크게 증가했다. 경쟁업체도 현지에 진입하면서 그 지역은 낙농산업의 집적지(cluster)로 발전했다. 네슬레가 그 지역에 처음 진출했을 때에는 네슬레에 우유를 납품하는 농부의 수가 180명에 불과했지만 이제는 그 수가 7만 5천 명이나 된다. 지역사회의 발전이 곧 네슬레의 사업 신장에 밑거름이 된 것이다. 네슬레는 인도에서만이 아니라 그 밖의 다른 나라에서도 같은 모델을 적용한다.

(Porter and Kramer, 2006에서 정리해 인용)

**공급업체의 사회책임 경영 지원**

앞에서 공급사슬 사이의 경쟁이 요즈음의 추세임을 소개한 바 있다. 사회책임 경영에 대해서도 같은 결론을 내릴 수 있다. 공급사슬 전체로 사회적, 환경적 책임을 완수해야 하는 것이다. 사회책임 경영에 관한 한 세계적인 평판을 가진 다국적기업이 공급사슬 전체의 사회책임 완수를 주도하는 것이 오래전부터의 현실이기도 하다(〈사례 2-2〉).

결국 사회책임 경영은 그 자체가 공급업체와 함께 가야 하는 길이다. 이런 까닭에 대기업의 입장에서는 중소업체의 사회책임 경영을 지도, 지원, 협력할 필요가 있다. 그것이 곧 스스로의 사회책임을 완수하는 한 방편이 된다.

## 2. 자연환경과의 상생

경제학에서는 전통적으로 토지, 노동, 자본을 3대 생산요소로 꼽는데, 이 셋은 모든 자원의 원천이자 가치창출의 원동력이다. 여기서 토지라 함은 대지나 농토만을 가리키는 말이 아니고 농축산 · 임산 · 광산 · 수산의 원천이 되는 자연을 포괄해 가리키는 말이다.

**양호한 자연환경**

자연을 보호하는 것은 크게 두 가지 측면에서 개별 기업의 여건을 개선한다. 우선, 자연을 보전하고 더욱 풍요롭게 하는 것은 생산요소와 자원을 확충하는 일이 된다. 자연은 기업에 원료를 제공하므로 기업으로서는 그런 원천을 보호하는 것이 바로 영속성을 보장받는 지름길이다. 예를 들어 제지업체라면 삼림보호가 바로 원료의 지속적 확보를 위한 방편이 된다. 수산업체는 어린 물고기(稚魚)를 잡지 않아야 장래가 있다.

각자의 이익만 추구하다가 자연환경을 망치게 되고 그래서 모두가 손해를 보는 이른바 '공유지의 비극'이 발생하는 것을 막으려면 각각의 기업이 절제 있는 행동을 하는 것이 필수적이다. 광물을 제외하면 자연자원은 대체적으로 재생이 가능하다. 개별 기업은 나무를 심고, 초지를 조성하고, 씨고기를 방류하는 등의 방법으로 자연자원의 확충에 기여할 수 있다(〈사례 9-4〉).

다음으로, 오염을 방지하면 작업여건과 생활환경이 개선되어 종업원의 건강이 좋아지고 생산성이 높아진다. 건강에 해로운 작업환경 때문에 종업원이 직업병을 앓게 되면 생산성에도 차질이 생기지만 사회적인 비난에 봉착하게 된다. 1990년대



합병으로 이제는 피브리아(Fibria)로 이름이 바뀐 브라질의 대규모 펄프업체 아라크루즈(Aracruz)는 지역사회 및 자연과의 상생이 사업 영속성의 필수조건임을 알아채고 처음부터 상생을 경영의 기본원리로 채택했다. 창업자(E. Lorentzen)는 "빈곤은 최대의 환경파괴자"라는 신념을 가지고 있었다. 가난한 사람들은 환경을 돌보기는커녕 심각하게 파괴할 수밖에 없다는 사실을 그는 잘 알고 있었기 때문이다.

그가 1970년대 초에 창업할 당시에 주변의 삼림은 이미 심각하게 파괴되어 아무 쓸모없는 황무지였다. 식목사업에 대한 정부의 세제혜택에 힘입어 아라크루즈는 펄프 제조에 필요한 수종(eucalyptus)을 대량으로 심었다.

동시에 이 회사는 지역사회의 빈곤 문제 해결에 나섰다. 우선, 자체 개발한 복제방법을 통해 양산한 묘목을 주민에게 나누어 주었다. 필요에 따라 나무를 베는 것은 어쩔 수 없었지만 그 자리에 묘목을 심음으로써 삼림을 지속가능하게 하자는 취지에서였다. 다음으로, 지역주민의 복지시설에 많은 투자를 했다. 병원, 학교, 직업훈련원을 지었고, 주거시설에도 투자했다. 시장상황에 맞추어 지급한 임금은 비교적 낮았지만 임금 총액보다 더 많은 사회기여금을 지출함으로써 지역의 생활수준이 크게 개선됐다.

주민의 생활수준이 높아지자 현지에서 채용한 종업원의 생산성이 한층 향상됐다. 직원의 생산성이 향상되면 대부분의 문제는 해결된다. 근로자 소득이 증가하고 기업 이윤은 증대된다. 삼림파괴를 생계수단으로 삼았던 지역사회가 이제는 자연환경의 지속가능성을 생각하는 여유를 갖게 됐다. 삼중 수월성이 성취된 것이다. (Hart, 1997)

만 해도 직업병 때문에 기업이 폐쇄되는 일이 있었다. 한국의 대표적인 사례로는 100명 가까운 사망자가 발생한 원진레이온 사건을 꼽을 수 있다. 최근에는 열악한 환경으로 인한 직업병에 대한 경각심이 높아져서 대기업과 중소기업을 막론하고 작업여건의 개선에 노력하지만, H 타이어의 경우(2010년)처럼 직업병으로 인한 사망 사고가 여전히 발생하고 있다.

**공급업체의 녹색경영**

대기업이 공급업체와 함께 평가를 받는다는 점은 환경적 책임의 경우에도 마찬가지다. 그러므로 공급업체의 친환경 경영을 지도하고 지원하는 일은 불가피하다. 한 걸음 더 나아가 생각하면 공급업체의 녹색경영은 대기업 자체의 경영개선으로 귀착될 가능성이 높다. 결국 원료와 부품의 가격이 인하되거나 품질이 개선될 것인데, 그것은 바로 구매자인 대기업이 원하는 바와 같다.


# 9.4 시장기반의 확충

기업간의 경쟁은 시장기반에서 판가름 난다. 얼마나 많은 고객을 확보하고 어느 정도 강하게 그들을 붙잡아 둘 수 있느냐가 바로 매출액을 결정하기 때문이다. 시장기반이 확대되면 규모의 경제를 통하여 비용도 대폭 절감된다. 사회공헌의 결과로 고객이 확보되고 시장입지가 강화되는 것은 말하자면 '소비자와 기업의 상생'이다.

## 1. 잠재고객의 훈련

IBM의 사회공헌은 정보기술의 보급과 밀접한 관련이 있다. 중점추진 분야는 청소년 교육, 약·의학 연구, 환경보전기술 연구 등인데 모두 자사의 정보기술을 활용하는 형식으로 이루어진다. IBM의 이런 공헌활동은 자사의 기술표준에 사용자를 길들이는 효과가 크다. 지원을 받은 개인이나 단체가 활동을 본격화할 때가 되면 이미 습득한 기술표준을 사용하게 마련이므로 자연스럽게 IBM의 고객이 된다.

이런 접근방법의 원조는 애플(Apple)이다. 이 회사는 매킨토시를 개발한 지 얼마 안 된 1980년대 중반부터 각급 학교에 컴퓨터를 무상으로 제공했다. 학교의 교육 효율성을 높이는 사회적 기여 활동을 함과 동시에 학생들을 매킨토시에 익숙하게 만듦으로써 장래의 고객으로 확보하기 위한 전략이었다. 이런 방법에는 마이크로소프트도 뒤지지 않았다. 이 회사는 신흥개발국이 미래의 성장시장임에 주목하여 신흥개발국의 낙후지역에 대한 정보기술 보급을 핵심 과제로 삼고 있는데, 당연히 자사의 기술표준이 채택된 하드웨어와 소프트웨어를 지원하면서 교육을 실시한다.

스코틀랜드 로열 은행(RBS)은 학생을 대상으로 자산관리 교육을 무료로 실시하고 있는데, 구좌 개설 및 운용도 교육내용의 일부분이다. 시스코는 지역사회의 젊은이들에게 컴퓨터 네트워크 관리 기술을 가르치는데, 이는 교육받은 사람들을 고용한 기업의 시스코 장비 수요를 늘리는 효과가 있다. 신용카드 사업을 비교적 일찍 시작한 아메리칸 익스프레스는 1986년부터 중고등학생을 대상으로 하는 관광산업에 관한 교육을 적극적으로 후원했다. 이는 교육생 가운데 다수가 관광산업에 진출하게 되면 그들이 신용카드를 사용하는 문화를 확산시킨다는 논리에서였다.

취지가 약간 다르긴 하지만, 벤처로 시작한 한국의 오스템 임플란트는 교육 사업을 통해서 시장을 창출했다. 1990년대 말까지만 해도 한국의 인공치아 이식 시장은 미미했고, 그것을 시술할 의사도 거의 없었다. 이 회사는 치과의사를 대상으로 실습교육을 실시했고, 그 효과가 작용해 시장이 폭발적으로 확대됐다. 훈련받은 의사가 이 회사의 기술과 제품을 사용하는 것은 당연한 일이었다. 창업주의 말대로 "수요와 공급을 동시에 창출"한 셈이다. (〈조선일보〉, 2008a)

## 2. 시장입지의 강화

통신과 같이 네트워크 효과가 큰 산업이나 정보기술처럼 하드웨어와 소프트웨어의 상승효과가 있는 산업에서는 유통망, 기술인력, 고객의 조기 확보가 사업의 성공에 결정적인 요소가 된다. 앞서가는 기업은 이런 점에 유의하여 시장선점 전략을 구사하기도 한다.

마이크로소프트는 미국 전문대학 협회와 공동으로 정보기술 교육의 질을 높이는 데 5년간 5천만 달러를 투자하는 동시에 자사 직원을 지도요원으로 파견했다. 산업계에 컴퓨터 인력이 턱없이 부족한 점이 자사의 성장에 제약요인이 됨을 알고 이를 해소하고자 한 것이다. 2008년 초에는 여러 나라의 고등학생, 대학생에게 자사의 핵심적 소프트웨어를 무료로 나누어주기로 결정했다. 수없이 많은 미래의 소프트웨어 개발인력을 자사의 운영체제에 길들이고자 한 것이었다. 이 '사회책임 사업'은 IBM과 어도비(Adobe)에 맞서서 자사의 기술표준을 방어하기 위한 것이라는 전략적 의미가 크기에 최고경영자인 게이츠가 직접 나서서 지휘했다.

한국의 이동통신 서비스 업체들은 여러 형태의 보조금을 통하여 유통망과 고객을 지원한다. 시장선점이 승패를 결정한다는 사실을 잘 알고 있기 때문이다. 저소득층에 단말기를 무료로 제공하면 그 자체가 네트워크 확충의 방편이 된다. 이렇게 보면 머지않은 장래에 개인용 컴퓨터의 기능을 모두 갖춘 통신 단말기가 무료로 보급되는 시기가 올지도 모른다.

### 투명성과 공정경쟁

사회공헌과는 다른 차원의 일이지만 공정경쟁을 위해 노력하는 것도 개별 기업의 시장기반 강화에 도움이 된다. 미국이나 유럽에는 기업의 사회책임성과 회사기율(corporate governance)의 확립을 촉진하기 위한 시민단체, 비영리단체, 기업협의회가 많이 있다. 개별 기업이 그와 같은 사회책임 활동에 동참하면 사회의 투명성이 높아지고 법치가 확립된다. 그것은 곧 공정경쟁이 확립되는 것을 뜻한다. 그렇게 되면 사회책임 기업이 불투명한 사회에서 겪는 부당한 핸디캡이 제거될 수 있다.

개발도상국에 진출한 기업들이 공동으로 부패 방지와 투명성 강화에 나선다면 효과가 클 뿐만 아니라 개별 기업에도 큰 도움이 된다. 뇌물제공, 부당한 영업제약과 같은 일이 방지되므로 단기적으로는 영업비용이 절감되고, 장기적으로는 경쟁 우위 확보에 도움을 얻는다. 이는 곧 각 기업의 생산성이 높아진다는 말과 같다. 사실 투명성은 정도경영의 출발점이다. 개발도상국에서의 기업활동에 초점을 맞추어 활동하는 '채굴산업 투명성 강화 기구'[36]가 목표하는 바도 바로 그런 것이다. 이 점에 대해서는 13장에서 다시 생각해 본다.


## 상생을 통한 혁신

상생경영은 기업이 다양한 이해당사자를 접촉하는 계기가 된다. 그 과정을 통해서 새로운 지식과 색다른 아이디어를 얻을 수 있다. 일본의 전자업계와 자동차업계에서는 혁신과정에 공급업체를 참여시키는 것이 1980년대부터의 전통이다. 이는 공급업체에 기술을 지도하고 지원하는 과정에서 자연스럽게 만들어진 전통이다. 10장에서 다루겠지만, 저소득 계층을 배려하는 사업모델을 개발하여 주류 시장에 적용한 사례도 많다.

21세기에 들어와 다수의 세계적 기업이 개방형 혁신 모델을 채택하고 있다. 공급업체, 경쟁업체, 지역사회가 동참하는 혁신을 통하여 특정 산업의 발전이 촉진된다면 산업생태계가 전체적으로 건강해지는 효과를 기대할 수 있다. 말하자면 '상생의 혁신' 혹은 '상생의 발전'이 실현되는 것이다.

------

**36** Extractive Industries Transparency Initiative.

# 9.5 한국의 상생경영

한국경제의 큰 약점으로 중소기업이 취약하다는 점이 흔히 지적된다. 중소기업은 각각의 산업생태계에서 원료, 원자재, 부품을 공급하는 하부구조를 이루는 것이 보통이다. 하부구조가 약하고는 상부구조가 튼튼할 수 없는 일이다. 재벌의 입장에서도 스스로의 장기적 발전을 위해서 중소기업과의 상생경영이 절실하다고 볼 수 있다.

## 1. 경제력의 과도한 집중

이른바 압축성장을 추진한 개발연대 35년간(1962~96)에 국가자원이 재벌에 편중됐다. 그 결과로 중소기업은 늘 소외될 수밖에 없었다. 이로 인한 부작용이 점차 부각되자 한국정부는 1980년대부터 '중소기업 고유업종' 을 법률로 지정하는 등의 조치로 중소기업 육성에 나섰고, 그러한 정책기조는 21세기에 와서도 변함없이 유지되고 있다. 중소기업 보호를 위한 하나의 방편으로 대기업과 중소기업 사이의 협력이 수시로 강조되어 왔고, 이런 배경에서 하도급업체가 '협력업체' 로 불리게 됐다.

2010년에 대통령의 광복절 경축사에서 기업간 협력 문제가 부각되자 '상생' 이 국가적 화두가 되기도 했다. 대통령의 뜻을 받아 관계부처가 합동으로 '대 · 중소기업 동반성장 추진대책' 을 만들어 발표하기도 했으나 그 실효성은 의심스럽다(〈도표 9-2〉). 그런 대책은 어제 오늘의 일만이 아니기 때문이다. 정부가 당시 발표한 자료에 따르면 1997년 이후 10년 동안에 중소기업이 독립적 대기업으로 성장한 경우는 3개 회사에 불과한데, 이는 한국에서 재벌에 소속되거나 의지하지 않으면서 살아가기란 사실상 불가능함을 말한다.

한국경제가 한 단계 더 도약하는 데 가장 큰 걸림돌이 되고 있는 것은 경제력 집

자료: 한국정부 2010

중이라고 볼 수 있다. 단적인 예로 '한국경제' 라고 하지만 다섯 손가락에 꼽히는 재벌을 빼면 남는 것이 거의 없다. 이와 같은 '경제력의 초집중' 은 국가경제의 혁신능력을 심각하게 저해하고, 결과적으로 경제성장률을 둔화시킨다. 여기에서 이

점을 길게 논의하는 것은 적당하지 않기 때문에 각설하고, 21세기에 와서 한국경제의 잠재성장률이 3~4%에 머물고 있음만 지적해 둔다. 이는 대표적인 선진국인 미국의 장기성장률과 큰 차이가 없는 수준이므로 한국경제가 선진국의 문턱에서 이미 조로현상을 보이고 있다는 뜻이다.

한국경제의 고유한 특징인 재벌로의 경제력 집중은 30년 이상에 걸친 경제정책 때문에 발생한 일인데, 이미 고착된 상태라면 고치기가 매우 어렵다. 이를테면 '길 따라 가기(path dependence)' 현상이 나타나기 때문이다. 한 가지 분명한 것은 중소기업의 발전 없이는 재벌기업이 순탄하게 성장할 수 없다는 점이다. 이는 부실한 생태계에서 생물이 건강하게 유지될 수 없는 것과 마찬가지다. 전략적 관점에서 대기업이 상생경영에 나설 필요성이 바로 여기에 있다.

더구나 세계화된 경영환경에서 국내 기업의 경쟁상대는 다른 국내 기업이 아니고 세계적인 일류 기업이다. 세계적인 일류 기업이 모두 전략적 상생경영에 나서고 있는 마당에 한국 재벌에 '중소 공급업체와의 상생' 이외에 다른 선택의 여지가 있을 수 없다.

## 2. 재벌의 내부거래

1997년의 경제위기로 인해 한국의 많은 대기업이 법정관리를 받게 됐다. 그 가운데 일부는 구조조정 과정을 거쳐서 정상화됐고, 나머지는 기업지배권 시장에 매물로 나왔다. 그런데 덩치 큰 대기업을 인수할 한국의 기업은 재벌밖에 없었기 때문에 모두 재벌의 품으로 들어갔다. 문제는 그런 대기업을 인수한 재벌의 재정형편도 그렇게 양호하지 못했다는 점이다. 빚을 내어 다른 기업을 사는 형국이었던 것이다.

재벌은 거액의 자금도 어려움 없이 조달하는 반면에 중소기업의 자금사정은 예나 지금이나 어렵다. 창업지원 제도도 있고 벤처기업 육성법도 있지만 신생기업에 자금지원을 해줄 수 있는 자금원천은 사실상 말라붙어 있다. 코스닥이 있지만 그곳을 '건실한 벤처캐피털이 공급되는 자본시장'이라고 보는 것은 무리가 있다.

이런 사정을 종합해서 판단해 보면, 한국의 금융자원은 아직도 재벌에 편중되고 있다. 국가자원의 배분이라는 측면에서 구조적으로 불공정한 것이다. 이것이 중소기업이 취약할 수밖에 없는 가장 큰 이유다.

## 사라진 중소기업의 입지

재벌의 사업확장 전략은 중소기업의 입지를 더욱 좁힌다. 신생업종은 시장규모가 작다. 그래서 중소기업이 새로운 업종을 시작하는 것이 보통이고, 이런 사정은 한국도 마찬가지다. 그런데 신생업종에서 약간의 가능성이 보이면 이내 재벌이 진출한다.

일단 재벌이 진출한 업종에서 중소기업은 경쟁상대가 되지 않는다. 첫째, 자원조달 능력에서 현격한 차이가 난다. 금융은 물론이고 인재도 마찬가지다. 대기업이 독점하다시피 우수한 자원을 흡수해 간다.

둘째, 개별 재벌에는 거의 틀림없이 신설기업과 동일한 공급사슬에 속하는 계열사가 있어서 그 회사의 공급업체나 고객이 된다. 재벌의 계열사가 신설된 기업을 지원해 주는 것은 매우 손쉬운 일이다. 팔 때에는 싸게 팔아주고, 살 때에는 비싸게 사주면 된다. 재벌이 새로 만든 기업은 창업과 동시에 업계의 최우량 회사가 된다.

셋째, 한국에는 줄잡아 50여 개의 재벌이 있다. 그중 다수의 재벌이 중소기업과 경쟁상대가 되는 회사를 만들면 중소기업의 고객은 점차 사라진다. 중소기업의 입장에서 보면 재벌 계열사를 빼고 나면 제품을 팔 곳이 거의 없기 때문이다. 그런 상태에서 외톨이 중소기업이 막강한 후원자를 가진 재벌소속의 경쟁업체를 상대로 경쟁해서 살아남기란 그야말로 하늘의 별 따기와 같다.

위의 세 가지 요인 중에서 두 번째 것은 '부당 내부거래'에 해당하므로 엄연한 불법이다. 그렇지만 〈사례 9-5〉에 보듯 그런 일이 만연하고 있는 것이 현실이다. 사례에서 짐작할 수 있는 바와 같이 재벌의 소위 '오너'는 부당 내부거래를 통해서 기업지배권을 확보할 수 있으므로 그것은 더욱 매력적인 일이 된다.

한국에서 중소기업이 취약함은 구조적인 문제다. 앞에서 지적한 대로 재벌에 소속되지 않은 중소기업이 대기업으로 성장할 길은 막혀 있다. 한국에서 인텔, 마이크로소프트, 애플, 구글, 제넨텍, 페덱스, 찰스슈왑과 같은 회사가 생겨나기란 매우 어렵다. 새로운 업종을 창조하여 강자가 되는 그런 사업모델이 성공하기가 한국에서는 불가능하기 때문이다.



재벌은 유행 따라 새로운 업종에 진출하는 경향이 있는데 진출업종이 물류, 증권, 대부업, 음식료업 등으로 다양하다. 진출 자체야 문제 될 것이 없지만, 신설회사에 대한 지원의 과정과 내용이 불투명하고 부당 내부거래의 소지가 다분하다. 2010년 말에 보도된 몇몇 사례를 보면 그런 일이 우연이 아님을 짐작하게 한다.

### 계열사 동원 16살 오너 아들 대주주로 올려

O 회장이 아들에게 계열사 지분을 넘기는 과정에는 계열사인 A사, B사, C사, D사 등이 동원됐다. A사는 2004년 O 회장이 자본금 5천만 원(1만 주)으로 세운 회사다. A사는 설립 이후 유상증자를 단행했는데 회장의 아들이 전량 인수해 49%의 2대 주주가 됐다. A사는 기업의 전산시스템을 위탁받아 운영·관리해 주는 업체다. 이후 E 등 그룹 계열사들이 앞 다퉈 A사와 공급계약을 맺었다. 2005년에 289억 원이었던 A사의 매출은 2009년에 1052억 원에 이를 정도로 급성장했다. 2009년도 매출 가운데 그룹 계열사와의 거래액이 952억 원으로 매출의 90% 이상을 차지했다. 계열사 건물을 관리하는 업체인 B사도 같은 길을 걸었다.

이후 A사와 B사는 그룹 지배구조에서 중요한 역할을 하는 계열사 F사와 G사의 지분 매집에 나섰다. A사는 F사의 지분 4.51%와 G사의 지분 3.56%를 보유하고 있다. 회장의 아들은 그룹의 다

# 3. 불공정거래

한국의 중소기업은 여러 면에서 열악하다. 우선 경쟁력이 약하고, 그래서 시장기반이 약하다. 해외에 진출할 능력이 있으면 다행이지만, 그렇지 않으면 사실상 특정 재벌에 포로가 되는 경우가 많다. 재벌 계열사가 다른 재벌 계열사에 물품공급을 하지 않는 조건으로 거래를 터주기 때문이다. 기업이 시장에서 경쟁할 때에는 무엇보다 먼저 포로의 입장에 빠지지 않도록 유의해야 하는데, 중소기업으로서는 그것이 뜻대로 되지 않는다.

일단 '포로공급자'의 입장에 빠지면 협상력이 없어진다. 납품단가 후려치기,

---

른 계열사 C사, D사, H사 등의 지분도 각각 49%, 39%, 8% 보유하고 있다. 업계의 한 관계자는 "지분관계로만 보면 16살인 회장의 아들이 이미 그룹을 움직일 만한 기반을 갖췄다"고 말했다. (《조선일보》, 2010년 10월 14일, 일부 수정해 인용)

**회사·주주 이익 빼내가는 대기업 대주주 반칙 막아야**

기업형 수퍼마켓 사업을 하는 X사가 최근 피자 판매에 나선 것과 관련해 논란이 일고 있다. 대형 유통업체가 피자 전문점의 절반도 안 되는 값에 피자를 팔기 시작하면서 소규모 피자 가게들이 큰 타격을 입고 있기 때문이다. 한나라당 당직자 회의에서도 이 문제가 거론됐다. X사에 피자를 공급하는 회사는 그룹 대주주의 동생이 소유하고 있다. 이 회사는 X사를 비롯한 그룹 계열사에 빵을 독점으로 공급해 지난 5년 동안 매출과 주식가치가 2배 가까이 뛰었다.

Y그룹은 완성차와 부품, 철강제품을 운송하는 업무를 한 계열사에 몰아주고 있다. 덕분에 그 계열사는 2001년에 설립된 뒤로 10년 만에 매출이 16배나 불어났고, 시가총액이 6조 원을 넘는 대기업으로 컸다. 이 회사 지분의 절반을 갖고 있는 대주주 일가도 큰돈을 벌었다. Z그룹은 계열사의 원료 운송업무만으로도 연간 50억 원의 매출을 올리는 회사를 운영하고 있다. 그 회사는 대주주의 열 살도 안 된 손자 2명이 지분 100%를 갖고 있다. T그룹은 한 계열사 지분 40%를 총수의 세 아들에게 주식 액면가의 10분의 1도 안 되는 값에 넘기고 그 회사에 현금지급기 사업을 떼어 줬다. (《조선일보》, 2010년 11월 6일, 일부 수정해 인용)

납품원가 공개 요구, 대금결제 지연, 구두계약 강요 등 중소기업이 겪는 애로사항은 30년 전이나 지금이나 크게 차이가 없다. 대기업은 더러 중소기업의 특허를 공유하자고 요구하거나 중소기업의 기술과 인력을 빼앗아가기도 한다. "대기업이 새 사업을 시작할 때에는 노하우를 쌓은 중소기업 인력을 마구 데려가는데다가 대기업이 요구하는 납품단가가 낮다보니 중소기업은 기술개발은 꿈도 꾸지 못 한다"는 것이 중소기업인에게서 흔히 듣게 되는 불평이다(매경, 2010c).

중소기업과 대기업 사이의 불공정거래는 수 차례에 걸쳐 사례집이 만들어질 정도로 널리 퍼져 있고, 오래전부터 계속돼 왔으며, 다양한 형태로 이루어진다.

### 납품업체의 기술 도용

중소기업 기술정보진흥원에 따르면 하루에 두세 건씩 기술유출 사례가 신고되고 있다(2010년). "중소기업이 납품을 전제로 시연(試演)한 기술이 대기업에 의해서 다른 방법으로 활용되고 있다"는 것이다. 그 자체로 심각한 지적재산권 침해행위가 되기도 하지만 상생해야 할 기업 사이의 신뢰를 무너뜨리기도 하므로 결국엔 모두가 손해를 보게 된다. 이런 형편이라면 앞에서 언급한 개방형 혁신은 시작하기조차 어려울 것이다.

## 4. 진정한 상생경영의 길

중소기업이 취약한 한국경제의 구조적인 문제를 고치려면 정부와 중소기업의 노력이 필요하고, 대기업의 인식전환이 요구된다. 이 문제를 대기업의 선의에만 기대어 해결하는 데는 한계가 있다.

### 공정거래의 확립

본시 시장경제의 한 축은 공정경쟁이다. 공정경쟁이 없다면 〈도표 0-1〉에 도시된 것과 같은 시장경제의 마력은 기대할 수 없다. 재벌이 계열사 사이의 부당 내부거래를 일삼거나 이른바 '갑의 지위'에 있는 대기업이 부당하게 압력을 행사하는 일은 모두 공정경쟁의 원칙에 어긋나며 현실적으로 대부분 불법이다. 공정거래의 원칙은 중소기업의 육성, 더 나아가 건전한 산업생태계 조성에 필요조건이다. 이 원칙의 확립은 정부, 특히 공정거래위원회의 고유 업무다. 공정거래 관련 법규를 제대로 실행하는 것이 무엇보다 시급한 일이다.

중소·대기업 간의 상생을 촉진하기 위해서 정부가 2010년 말에 동반성장위원회를 결성하고 '초과이익 공유제' 등을 제안했지만 효과가 있을 것으로 기대되지 않는다. 그 제안은 시장경제의 원칙에 어긋날 뿐만 아니라 기술적으로 실행이 어렵다. 공정경쟁을 통하여 얻은 이익은 모두 정당한 것이므로 '초과이익' 혹은 '폭리' 라는 것은 개념조차 성립되지 않는다.


**중소업체의 자체역량 강화**

중소기업이 대기업의 포로 상태에 있으면 상생은 현실적으로 어렵다. 그런 상태에서는 중소기업이 대기업에 쉽게 굴복할 수밖에 없어서 자체역량을 강화할 수도 없다. 반면에 대기업에게는 중소업체에 압력을 넣어 자신에게 유리한 계약을 체결하게 하려는 유혹이 생긴다. 그런 편파적 계약의 결과는 양쪽 모두의 불행이 될 수밖에 없다.

개별 중소기업이 한국의 일반적 거래관행을 고치기는 어렵다. 중소기업은 힘이 약해 대기업의 압력에 저항할 수 없는 것이 현실이기도 하다. 이래저래 중소기업이 국내에서 판로를 넓히기는 어렵다. 불리한 여건을 타파할 수 있는 유력한 방법은 해외시장으로 눈을 돌리는 것이다. 이것도 중소기업으로서는 쉬운 일이 아니지만 반드시 불가능한 일인 것은 아니다. '숨은 챔피언' 으로 한국에도 소개된 바 있는 독일의 중소기업, 중견기업들은 처음부터 세계를 시장으로 삼아 성공한 바 있다(Simon, 1996).

다른 곳에 판로가 있다는 것은 대기업과의 협상에서 지렛대가 된다. 마냥 끌려 다니기만 하지 않아도 되는 것이다. 중소업체의 자체역량이 강화되면 대기업의 입장에서도 상생을 위해 노력할 유인이 생긴다.

**대기업의 전략적 상생**

개별 공급사슬 혹은 개별 산업은 하나의 생태계를 이룬다. 개별 생태계에서 중소기업은 대체적으로 대기업의 하부구조가 된다. 대기업 스스로의 장기적 발전을 위해서는 튼튼한 하부구조가 필수요소다. 이렇게 본다면 대기업의 입장에서 중소기업과의 상생은 훌륭한 기업전략이 된다. 이는 바로 전략적 CSR이 추구하는 것이다. 진정한 상생을 위해서는 이와 같은 대기업의 자각이 선행되어야 한다.

## 10장

# 피라미드의 기층

범세계적 빈곤문제의 해결은 인류의 영원한 숙제인지 모른다. UN이 주축이 되어 각국이 GDP의 0.7% 정도를 매년 빈곤국가에 원조하자는 합의가 이루어졌다. 후진국의 경제개발을 위해서는 당사국 정부의 노력이 중요하다고 말하기도 한다. 현실적으로는 외국기업의 직접투자(FDI)가 저개발국 경제의 활성화와 성장에 기여하는 정도가 어느 요소 못지않게 크다. 비슷한 맥락으로, 개별 기업이 빈곤퇴치에 기여하려면 시혜성의 기부나 자선을 하기보다는 빈민층을 새로운 시장으로 생각하여 접근하는 방법이 훨씬 효과적이다. 이 장에서는 이윤을 창출함과 동시에 빈곤퇴치에도 기여하는 방안에 대해서 생각해 본다.

## 10.1 미개발의 거대시장

어디라 할 것 없이 저소득층은 구매력이 낮다는 이유로 '잊힌 시장'이 되고 있다.

사실은 그게 아니다. 빈민을 포함한 저소득층은 인구수가 많기 때문에 고려해 볼 가치가 충분히 있는 시장이다. 기업이 빈민구제와 관련된 사회적 책임이 있다면 이를 이행하는 지름길은 빈민을 고객으로 상대하여 그들의 소비생활과 소득수준을 향상시켜 주는 것이다.

## 1. 잠재시장으로서의 기층민

세계에는 연소득이 2천 달러 미만인 인구가 40억 명이나 있다. 그중에서 30억 명은 하루의 생활비가 2달러에도 미치지 못한다. 그럼에도 프라할라드(C.K. Prahalad)는 40억 인구를 가리켜 '거대한 잠재시장' 이라면서 '피라미드의 기층(基層)' 이라는 이름까지 붙였다(〈도표 10-1〉). 그에 따르면 기층민 인구는 의외로 높은 구매력을 갖고 있고, 사치품이나 고기술 제품도 산다. 그들은 기업으로부터 외면당하는 탓에 동일한 재화나 서비스에 대해 고소득층보다 오히려 높은 가격을 지불하고 있다.

기층민 소비자의 요구사항은 고소득층에 비해 덜 까다로워서 그들에 대한 서비스 비용이 적게 먹힌다. 내팽개쳐져 있는 시장인 만큼 그 시장을 선점하는 기업은 규모의 경제 효과를 톡톡히 누릴 수 있다. 바닥계층은 저임금 노동력의 보고이므로 아웃소싱 대상으로서의 의미도 크고, 여러 가지 혁신 아이디어의 원천이 되기도 한다. 한마디로 말해서 기층인구를 돕는 것은 빈곤퇴치의 첩경이기도 하지만 잠재력이 무척 큰 사업신장의 기회가 되기도 한다.

### 다섯 가지 오해

프라할라드는 기업계가 다섯 가지 착각을 하고 있다고 생각한다(2002).

첫째, 기층인구는 구매력이 없다는 생각이다. 현실을 살펴볼 때 기층민 개개인의 소득수준이 낮은 것은 사실이지만 그 수가 많은 만큼 전체적 수요는 의외로 크

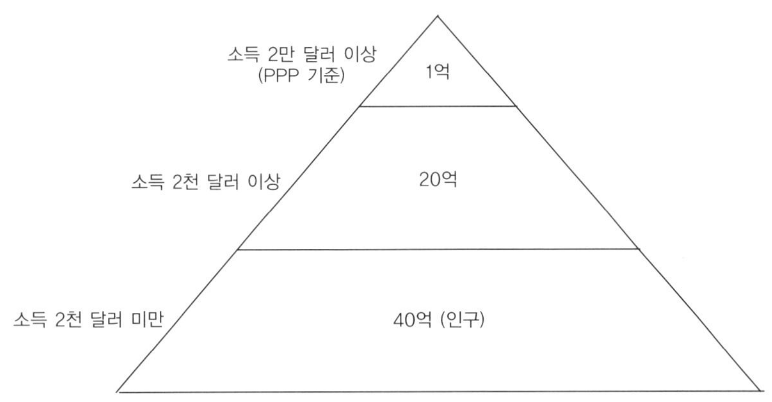


피라미드의 기층, (BOP: Bottom of Pyramid 혹은 Base of Pyramid)
자료: Prahalad and Hammond, 2002

다. 예컨대 리우데자네이루의 빈민촌은 총구매력이 연간 12억 달러에 달한다.

둘째, 기층인구는 생필품 외에는 신경 쓸 겨를이 없다고 여긴다. 실제로는 사치품이 잘 팔리기도 한다. 인도 뭄바이 근처의 한 빈민촌에서는 가구 중 85%가 TV 수상기, 75%가 압력 솥, 56%가 가스난로를 각각 소유하고 있다. 어차피 주거용 가옥을 구입할 만한 소득에는 까마득하게 못 미치기에 다른 방법으로 삶의 질을 높이고자 하는 것이다.

셋째, 싸구려 제품만 팔린다는 가정이다. 현실적으로 빈민촌에는 양판점이 없고, 있는 것이라고는 소규모 구멍가게뿐이다. 작게 포장된 물건을 비싸게 살 수 밖에 없는 구조다. 뒤집어 말하면 같은 상품을 부유층에게보다 더 높은 값에 기층민에게 판매할 수 있는 것이다. 음용수가 다른 곳에 비해 100배 이상의 비싼 값에 팔리기도 하고, 미소금융의 이자율이 70%에 이르기도 한다.

넷째, 영업비용이 많이 들어간다고 생각한다. 실제로는 기층민이 도심지 빈민가에 집중해 살고 있는 경우가 많아서 기층민 시장으로의 제품운반 비용이 크지 않고, 현지 인력의 인건비는 매우 싸다.

다섯째, 기층민은 첨단기술과는 거리가 있다고 여긴다. 실제로는 이동통신과 인터넷이 발달하여 기술의 측면에서는 지역격차가 그리 크지 않다. 방글라데시의 시골에서도 휴대전화가 사용되고 있고, 케냐에서도 인터넷 접속에 어려움이 없다. 신기술을 기층민 시장에 먼저 적용한다고 해도 충분히 수용될 수 있다.

## 선도기업의 전략

현실에서 다수의 대기업이 피라미드의 기층을 목표시장으로 선정하여 큰 성공을 거두고 있다. 판매수입이 신장될 뿐만 아니라 각종 영업비용이 절감되는 효과도 거두고 있다. 신상품을 개발하고 새로운 사업모델을 창출하여 당해 시장에서 활용할 뿐만 아니라 주류 시장에도 응용한다. 말하자면 기층민 시장은 혁신의 계기를 제공하는 온상의 역할도 해줄 수 있다. 사회공헌 차원에서만 접근할 시장이 결코 아닌 것이다. 기업에 따라서는 시제품을 기층민 시장에서 시험적으로 판매해 보기도 한다. 이렇게 하는 것은 비용과 위험관리의 측면에서 상당한 효과가 있다.

## 빈곤은 만악의 근원

세계를 통틀어 민란, 내전, 전쟁이 끊이지 않는다. 이는 사회적, 정치적 현상이지만 당장 경제에도 여파를 미친다. 경제가 위축되면 기업활동도 무사할 수 없다. 정치 사회적 불안의 대부분이 경제적 빈곤에서 초래된다. 결국 소득수준이 낮은 피라미드의 기층에 많은 문제의 근원이 있는 셈이다.

기층민은 생활수준이 낮다. 교육이 부족하고, 각종 질병에 시달린다. 가정폭력과 비행청소년 문제도 만연한다. 이런 종류의 문제는 기초적 생활교육, 간단한 예방조치 등으로 방지할 수 있다.

기업의 관심과 참여로 기층민의 생활수준이 높아진다면 정치사회적 불안요인의 대부분이 근절될 수 있다는 것이 프라할라드의 생각이다. 기층인구를 돕고 사회를 안정시키는 진정한 방법은 시혜적 사회공헌이 아니라 이윤동기에서 출발한 기업활동을 통하여 자연스레 그들의 소득수준과 생활수준을 높이는 것이다. 이것은 바로 전략적 CSR의 정신과 같다.

## 2. 성장성이 높은 시장

시장의 잠재력은 두 가지 요인에 의해 결정된다. 소비자의 수와 평균적 구매력이다. 선진국 시장은 소비자의 수보다 구매력에 의존하지만, 기층민 시장에서는 소비자의 수가 중요하다. 기층민 시장은 1인당 구매력이야 당연히 낮지만 인구수가 워낙 많다 보니 전체 구매력이 막대할 수도 있다. 비유가 될 만한 사례로, 일인당 국민소득에서는 중국이 한국에 훨씬 못 미치지만 고소득자의 수는 중국이 오히려 한국을 능가한다.

성공사례로 널리 알려진 유니레버의 인도 자회사(HUL)는 1센트짜리 사탕을 팔아서 2억 달러의 매출을 올렸다(〈사례 9-1〉). 자회사의 사업규모가 수십억 달러에 이르지만 모든 사업이 '현금장사'이다 보니 운전자본 수요가 거의 없다. 인도의 어떤 미소금융 업체는 1인당 20달러 이내의 대출을 해주고 매달 1달러 이내의 금액을 회수하지만 고객의 수가 200만 명이나 되기 때문에 전체적인 대출사업 규모는 2억 5천만 달러나 된다.

### 저성장 시대의 돌파구

기존 시장은 그야말로 '기성 시장'이어서 성장률은 낮고 경쟁은 치열하다. 개별 기업이 매출을 신장시키기가 만만치 않다. 이래저래 초경쟁 혹은 전방위 경쟁이 될 수밖에 없다.

기층민 시장은 지금까지 소외되어 온 새로운 시장이라서 잠재력이 크고, 개발의 초기단계에 있는 만큼 성장률이 높다. 기층민 시장은 소액금융에 대한 수요가 무궁무진하며, 정보기술 관련 서비스에 대한 수요잠재력도 크다.

40억 명의 빈민이 시장경제에 동참하고 그들의 구매력이 증대된다면 각종 제품과 서비스에 대한 수요가 엄청나게 늘어날 것이다. 그들은 청정수, 영양소, 에너지, 의료, 이동수단 등의 기초적 소비에 대한 갈증이 심하다. 이와 같은 기초적 소비재 분야에서만 총 시장규모가 연간 5조 달러 정도는 너끈히 될 것으로 추정된다(Ceres, 2010).

## 비용절감의 기회

빈민층을 도와주는 가장 효과적인 방법은 일자리를 마련해 주는 것이다. 널리 알려진 대로 중국과 인도는 능력을 갖춘 저임금 노동력이 풍부해서 아웃소싱의 핵심기지가 되고 있다. 인력이 있는 곳이라면 어느 곳에나 같은 원리가 적용될 수 있다. 정보기술이 발달한 요즈음에는 작업장 소재국가의 제한을 받지 않으면서 이전할 수 있는 업무가 많다. 콜센터를 외국에 설치하는 것은 기본이고, 그 밖에 자료입력, 기초적 재무분석, 세무신고 서류 작성과 같이 잔손이 많이 가는 업무가 개발도상국에 아웃소싱되고 있다.

빈민층에게 일할 기회를 만들어 주는 것은 그들의 소득수준을 높이는 길이다. 소득수준은 곧 구매력으로 이어져 시장확대 효과도 불러온다. 그러면 기업에도 혜택이 돌아가므로 그야말로 윈—윈 게임이 된다.

기층 소비자를 상대로 한 마케팅과 관리의 비용은 저렴하다. 고급스러운 전시장이 필요하지 않으며, 고객서비스가 지역 단위로 이루어지는 경우가 많다. 농수산업의 경우에는 기층인구가 공급원의 역할을 하게 되는데, 그들을 지원하면서 직접 거래하면 조달비용이 절감되는 효과를 얻을 수 있다. ITC라는 인도의 기업은 970여 개의 연계거점(kiosk)을 통하여 60만 명의 소농으로부터 농산물을 직접 구매한다. 그러면서 그들에게 각종 농업정보와 농업기술을 전달하는 동시에 그들로부터 농산물 작황에 관한 정보를 수집한다. 이런 과정을 통해 실시간 정보교환이라는 이점도 얻고, 중개인이 생략되는 데서 비용절감의 혜택도 톡톡히 누린다.

9장에서 네슬레의 경우를 소개한 바 있지만 다국적기업 가운데 유니레버, BP, P&G, 코카콜라 등도 저개발국에서 현지 영세사업자를 공급업체나 유통 채널로 활용하고 있다(〈사례 9-3〉). 사실 이와 같은 방법이 가장 확실하게 기층민을 돕는 길이며, 그렇게 함으로써 개별 기업은 비용절감이라는 혜택을 얻는다. 이는 곧 상생경영의 이론을 기층민에게 적용하는 것이다.

## 아직은 블루오션

기층민 시장은 소외되어 온 시장이기에 아직은 무주공산이다. 기층민 시장에서는 작은 단위의 대량 거래가 생명이다. 이와 관련해 넓은 지역에 대한 유통망의 확보도 중요한데, 이에는 선점효과가 작용한다. 먼저 시작하는 기업(first mover)이 압도적인 경쟁우위를 확보하게 된다. 한번 만들어진 연결망은 다양한 용도로 사용될 수 있기 때문에 더욱 위력을 발휘한다. 예컨대 3절에서 소개할 인도의 SKS는 이런 측면에서 선발주자의 이점을 한껏 누리고 있다.

기층민 시장 이론의 선구자인 프라할라드는 그 효시가 된 논문(2002)을 아래와 같이 끝맺는다.

도덕의 문제는 논외로 치더라도, 시장기반을 확충하게 해주는 잠재력을 간과할 수는 없는 일이다. 실질적 성장을 위해서 대기업은 거대한 시장기회에 집중할 필요가 있다. 새로운 고객을 얻고, 비용을 절감하고, 급진적 혁신을 이룰 기회를 제공하는, 거대하지만 개발되지 않은 시장에 진입하는 것은 훌륭한 기업전략임에 틀림없다. 기층민 시장이 제공하는 기회는 현실에 존재하며, 뜻있는 다국적 기업을 향해 활짝 열려 있다.

한편 WBCSD는 지금이 바로 기층민 시장에 참여할 적기라고 강조하면서 그 근거를 아래와 같이 제시한다(2010).


① 여러 지역의 저개발국가가 기업환경을 적극적으로 개선하고 있다.
② 정보통신기술과 운송기술의 발달로 전 세계에 흩어져 있는 사업도 어렵지
   않게 관리할 수 있다.
③ 기업의 사회적 책임에 대한 기대가 한껏 높아졌다.
④ 각종의 NPO, NGO, 재단이 기업과 협력하여 사회개혁에 나설 준비가 돼 있
   다.


프라할라드와 WBCSD 의견을 들으면 기층민 시장에는 무한한 잠재력이 있고, 기업 경영자가 그것을 간과하는 것은 직무유기인 것처럼 느껴진다.

## 3. 기업혁신의 계기

기층인구는 주류 시장의 소비자와 여러 면에서 다르다. 아무래도 저가 상품의 공급이 열쇠가 된다. 그렇다고 품질을 희생할 수는 없으므로 새로운 접근 방법이 필요하다. 아마도 상품의 단순화가 출발점일 터인데, 이것은 주류 시장에서도 통하는 상품전략이 될 수 있다. 21세기 초에 마이크로소프트를 능가하는 혁신기업이 된 애플(Apple)의 성공비결은 상품의 단순화였다. 사람은 누구나 복잡한 것을 싫어한다. 그럼에도 주류 시장에서는 왕왕 첨단기술, 새로운 기능으로 무장한 신상품을 시장공략의 무기로 삼는다. 그러는 것이 전략적 실수일 수도 있다.

서비스 산업에 대해서도 비슷한 말을 할 수 있다. 기층민 시장에서는 서비스의 거래단위가 작을 수밖에 없으므로 서비스 업체가 거기서 규모의 경제를 누릴 수는 없다. 대신에 화려하고 사치스러운 요소를 모두 제거하고 실속 위주로 서비스를

제공한다면 소규모 거래에서 초래되는 비용상의 약점을 상쇄할 수 있다. 그와 같은 실속 있는 사업모델을 주류 시장으로 확대해 적용할 수도 있다. 실제로 소액의 대출이나 금융상품을 개발한 은행이 그러한 모델을 주류 시장에 적용하여 성공한 사례가 많다. 이렇게 보면 기층민 시장은 새로운 상품이나 새로운 사업모델의 온상이 될 수도 있다.

기층인구는 도시에서는 도심지에 밀집되지만 농어촌 지역에서는 흩어져 거주한다. 그래서 농촌지역 시장을 공략할 때에는 무선통신의 활용이 필수적이다. 그런데 주류 시장에서도 무선통신의 활용이 점차 증가하고 있다. 이런 점에 착안하면, 기층민 시장에서 어쩔 수 없이 추구해야 하는 ‘대응적(reactive) 혁신’을 주류 시장에 확대 적용하면서 새로운 사업기회를 찾기 위한 ‘대비적(proactive) 혁신’으로 발전시킬 수도 있다.

마케팅 기법 중에 ‘시장시험’이라는 것이 있다. 이것은 새로운 상품을 본격적으로 선보이기 전에 일부 소비자에게 그 상품을 시험적으로 공급하여 반응을 확인하고 약점을 보완하는 것이다. 기층민 시장은 이런 목적에 매우 유용하다. 기층민 시장에서는 새로운 제품을 선보여서 실패하더라도 이미지나 금전 면에서 기업이 큰 타격을 입지는 않는다. 기존 고객이나 유통채널을 혼란에 빠뜨리지 않으면서 자유롭게 새로운 상품이나 새로운 사업모델을 시험해 볼 수 있다. 기층민 시장은 혁신적인 상품의 온상(hotbed)임과 동시에 시험무대(test bed)가 된다.

투자은행인 골드먼 삭스(Goldman Sachs)의 예측에 따르면 인도와 중국의 자동차 수는 2010년의 4천만 대에서 2040년에는 7억 5천만 대로 늘어날 전망이다. 현재와 같은 자동차 재료와 연료로 그런 엄청난 수요를 충족하는 것은 불가능하다. 연료전지건 아니면 다른 형태이건 완전히 다른 모습의 자동차가 인도와 중국에서 등장할 가능성이 매우 크다. 그와 같은 신상품이 선진국 시장까지 차지하게 되리라는 것은 충분히 예상할 수 있다.

## 4. 기층민 시장 공략

주류 시장에는 이미 수립된 관행과 절차가 있다. 그러나 기층민 시장은 그렇지 않으므로 사업성공을 위해서는 그곳의 독특한 사정에 맞는 특별한 모델을 개발하는 것이 무엇보다 중요하다.


### 현지에의 침잠

기층민 시장을 공략하기 위해서는 현장의 사정을 피부에 닿을 정도로 밀접하게 관찰하여 정확하게 알아내야 한다. 예를 들어 인도, 중국, 혹은 나이지리아와 같은 나라에서 현지 사정에 익숙하지 않고서는 그곳에 맞는 상품이나 사업모델을 개발할 수 없다. 사실 현장주의는 어느 경우에나 유효한 경영전략이다. 특히 다국적기업이 해외사업을 수행하기 위해서는 현지에 침잠해야만 한다. 임직원이 현지인과 동일한 여건에서 살고 동일한 욕구를 경험해야 한다는 말이다.[37]

HP는 인도의 농촌지역에 맞는 상품을 개발하기 위해서 현지에 R&D 센터를 설립했다. 유니레버와 P&G는 현지의 사정을 속속들이 파악하는 것을 인도 사업의 출발점으로 삼았다. 다국적기업이 특정 국가를 진출대상지로 마음에 두었다면 젊은 직원을 1~2년간 현지에 파견하여 기층민과 더불어 생활하게 하는 것도 효과적인 방편이 될 수 있다. 선도기업의 경험에 따르면 이런 일에 적극 나서는 젊은이는 의외로 많다. 이는 곧 그와 같은 계획을 실천하기가 그리 어렵지 않다는 말이다.

기층민의 생활수준을 향상시키는 것은 사회성이 매우 강한 일이다. 그러므로 비영리단체나 현지의 정부 혹은 민간기구와 공동으로 노력하는 것이 성과를 빨리

---

37 '현지에 침잠(immersion)하는 것'은 현지화(localization) 전략의 기본이다. 소니의 공동창업자인 모리타 (A. Morita)는 현지의 언어를 배우고 현지의 문화를 익혀야 한다는 '침잠의 이론(total immersion theory)'을 역설했다(1986). 실제로 그는 해외주재원에게 일본어 사용과 '저팬 타운(Japan Town)' 내 주거를 금지했다. 프라할라드도 이와 비슷한 조언을 한다.

얻는 방법이다. 다행히 사회책임에 대한 선도기업의 진정성, 사회개혁에 대한 기업활동의 효과성을 인식한 각종 단체 및 기구가 이미 기업과 협력할 준비가 되어 있다. 심지어 UN, IBRD 등의 국제기구도 빈곤퇴치라는 범세계적 과업과 연관하여 개별 기업의 활동을 지원한다. 기층민 시장을 공략하기 위해서는 새로운 상품이나 새로운 사업모델을 시험해야 하는 만큼 현지의 창업 기업가와 제휴하는 방안도 고려함직하다.

9장에서 다룬 바 있지만, 저개발국에는 사회간접자본 시설이 잘 갖춰져 있지 않다. 사업에 필요한 여러 형태의 하부구조를 신설하는 것은 비용도 많이 들지만 성과가 어떨지 불확실하다. 다수의 기업이 제휴하여 그런 일을 추진한다면 비용과 위험을 줄일 수 있다. 기층민 시장을 공략하는 일은 현지의 생활수준과 구매력을 향상시키는 일과 밀접한 관련이 있으므로 경쟁기업과 협력한다고 해서 불리해지는 것이 아니다.

**다양한 지역**

포터는 1990년대부터 미국 대도시 빈민가의 발전에 큰 관심을 쏟아 왔다. 그는 그곳의 경제적 잠재력이 크다는 사실을 늘 강조한다. 예컨대 보스턴의 빈민촌은 총구매력이 상당할 뿐만 아니라 인구가 밀집되어 있기 때문에 면적당 구매력을 따져 보면 부촌과 다를 바 없다. 미국에도 기층민 시장이 존재하는 것이다. 이렇게 본다면 5개 대륙 모두에 무한한 잠재력을 가진 기층민 시장이 흩어져 있다는 말이 된다.

21세기에 와서 신흥 경제대국이 관심을 끌고 있다. 중국, 인도, 브라질, 남아프리카공화국, 인도네시아 등이 그런 나라인데, 이들의 공통점은 인구가 많고 경제성장이 빠르다는 것이다. 연간 5~10%의 고속성장을 보이고 있지만 2010년대 현재에도 인구의 절대다수가 빈곤을 면하지 못하고 있다. 기층민 시장의 규모가 그야말로 무한한 것이다. 오랫동안 한국에서 살아 온 한 인도인이 이런 사정의 한 단면을 다음과 같은 말로 전한다. "아직 인도는 일부 대도시를 빼고는 식수문제와 화장실을 비롯한 위생상황이 엉망이다. 이런 쪽에 지속적으로 지원해 준다면 '대한민국'에 대한 인식이 금세 좋아질 것이다."(《중앙일보》, 2010b).

## 다양한 분야

기층민은 소비생활의 모든 면에서 어려움을 겪는다. 의식주와 관련된 각종 재화가 질적으로 열악하고 양적으로 부족하다. 기초적 금융이나 통신 서비스의 혜택과도 거리가 있다. 이른바 '삶의 질'과 관련된 교육, 건강, 문화 등의 측면에서도 불모지나 다름없다. 기업의 손길이 미칠 여지가 많고, 개선과 성장의 속도가 그만큼 빠를 수 있다. 유형적 제품이건 무형적 서비스이건 풍부한 사업의 기회가 잠재하고 있다. 다양한 접근방법을 취할 수 있고, 큰 잠재력을 기대할 수 있다.

## 박리다매

기층민 시장 공략의 기본전략은 매우 단순하다. 즉 '되도록 저가의 상품을 작은 단위로 포장하여 될수록 많이 판매하는 것'이다. 개별 소비자의 구매력이 작기에 앞의 두 조건을 필수적이고, 이윤동기의 사업이기에 뒤의 조건도 불가결하다. 현지에 맞는 상품이나 사업모델을 찾아내는 것도 중요하지만, 적은 경비만 들여 대량으로 판매하는 방안을 찾아내는 것도 긴요하다. 넓은 지역에 걸쳐서 유지비용이 저렴한 유통망을 구축하는 것도 필수적이다.

비용이 저렴한 유통망을 확보하는 방안은 크게 두 가지로 생각해 볼 수 있다. 첫째가 그런 유통망을 새롭게 구축하는 것인데, 현지의 여성 인력을 활용하여 방문판매를 실시해 볼 수 있다. 이것은 프라할라드가 추천한 방안인데, 비용절감에 도움이 될 뿐만 아니라 현지 사회의 계몽과 생활수준 향상에 특히 효과가 있다. 둘째가 여러 형태의 기존 거점을 활용하는 것이다. 어느 지역이라 할 것 없이 소매상, 주유소, 공공기관 등의 지역거점은 있으므로 그런 거점과 제휴하면 초기의 고정비

투자를 대폭 절감할 수 있다. 이에 대해서는 2절에서 자세히 살핀다.

**자기책임성**

기층민 시장 공략은 일방적 사회공헌이 아니라 '이윤추구를 통한 사회적 기여'라는 상업적 관점에서 출발해야 마땅하다. 그래야만 사업 자체의 지속가능성이 보장된다. 기업의 입장에서 보면 이윤이 확보되어야만 제한 없는 사업확장이 가능하다. 기층민에게는 자기책임성을 요구하게 되는 만큼 그들의 자생 혹은 자활을 촉진한다. 특히 미소금융은 기층민의 영세사업에 창업자본을 대주기 위한 것이다. 3절에서 상론하겠지만, 시혜성 사업은 그 한계가 너무나 분명하다.

기층민 대상의 사업은 그들의 생활수준을 향상시키고, 그들의 자활의지를 촉진하며, 동시에 기업이윤을 창출할 수 있다. 그리고 그렇게 되는 경우에만 기층민 후원과 사업기회 확대 사이의 선순환을 기대할 수 있다. 그야말로 '더불어 만들어 가는 사업(inclusive business)'의 전형이 실현되기를 기대할 수 있는 것이다.


## 10.2 차별화된 제품 및 사업모델

기층민 시장은 주류 시장과는 여러 면에서 다르다. 제품의 성능이나 규격이 다르고, 최소한 포장단위라도 달라야 한다. 제품유통과 결제의 방식이나 서비스 공급모델이 주류 시장에서와 같을 수 없다.

### 1. 소규모 포장

동일한 도시에서 같은 상품을 팔더라도 빈민가에서의 판매단위는 작다. 가구당 구매력이 낮기 때문이다. 이는 양판점과 구멍가게를 비교하면 쉽게 알 수 있다. 같은 이치로, 기층민 시장을 개척하기 위해서는 주류 시장 상품의 포장단위를 줄이는 일에서 시작하게 된다. 3절에서 설명할 미소금융도 따지고 보면 소포장 전략에 해당한다.

2010년대에 와서는 주류 시장에서 고급 제품을 판매하던 세계적 기업도 기층민 시장에 관심을 보이고 있다. 아디다스(Adidas)는 1유로짜리 운동화를 만들어 맨발로 다니는 방글라데시 사람들에게 공급한 바 있다. 로레알(L'oreal)은 샴푸와 크림을 몇 센트짜리의 단위로 만들어 인도에서 판매한다. 유니레버는 인도뿐만 아니라 각국의 기층민 시장에서 다양한 제품을 1~2센트짜리의 단위로 판매하고 있는데, 여기서 매출액 신장의 새로운 엔진을 찾았다. 〈사례 10-1〉는 프랑스 기업 다논(Danone)의 전략과 성과를 요약한 것이다.

생활용품 기업인 P&G는 매출액 성장률의 40% 정도를 멕시코 등의 개발도상국에서 얻는다. 그런 곳에서는 소비자들이 일인당 구매력이 낮으므로 양판점보다는 구멍가게에서 상품을 구입한다. 현지 수요에 맞추기 위해서는 소규모 포장이 기본이 된다. 기층민 공략을 위한 이 회사의 기본전략은 수요 형편에 맞추어 상품을 갖추는 것, 말하자면 '거꾸로 설계' 다. 세계적으로 2천만 개 이상의 구멍가게가 있는데 그 모두를 기준으로 하면 P&G의 침투율이 아직 10% 남짓하므로 그 잠재력이 무척 크다.


## 2. 변형제품


웬만한 나라에는 휴대용 컴퓨터가 일반화되어 있지만 기층민의 경우에는 사정이 다르다. 이는 그들이 정보화 사회에서 소외됨을 말한다. 이런 사실에 관심이 많은 MIT의 네그로폰테(N. Negroponte) 교수는 2005년의 다보스 세계경제포럼에서 '모든 어린이에게 랩톱을' 이라는 이름의 사업을 제안했다. 그 취지에 찬동하는 여러 기업의 지원으로 그는 실제로 그 사업에 착수했다. 2008년 말까지 1억 5천만 명의 기층 아동에게 100달러짜리 랩톱을 공급하겠다고 그는 장담했다. 비용절감의 방편으로 그는 보편적인 윈텔(Wintel)이 아닌 리눅스—AMD 체제를 채택했다.

네그로폰테 자신이 추진한 사업은 지지부진했지만, 그래도 절반의 성공은 거두었다고 할 수 있다. 그의 계획에 경각심을 느낀 마이크로소프트와 인텔이 그의 소원을 대신 성취해 주었기 때문이다. 마이크로소프트는 기층 아동이 다니는 학교에 한해 3달러에 소프트웨어를 공급했다. 컴퓨터를 생산하지 않았던 인텔은 200~300

**사례 10-1** **식음료기업 다논**

연매출이 20억 달러를 넘는 다논(Danone)은 고급 낙농제품과 식수(에비앙) 등에서 세계적인 성가를 가지고 있다. 전통적으로 북미와 서유럽 시장에 치중했으나 성장에 한계를 느끼고 2000년대 이후에는 새로운 지역으로도 적극 진출하고 있다. 특히 세계의 빈민을 공략하는 것이 주된 전략이 됐다. 예컨대 인도네시아에서 종전에는 2천만 명의 상층 인구만을 고객으로 삼았으나 이제는 2억 4천만 명에 이르는 전체 인구를 잠재고객으로 여긴다.

상당히 심혈을 기울인 중국에서 와하하(Wahaha)라는 제휴선과의 갈등 및 중국 정부의 배타적인 태도로 인하여 홍역을 치른 바 있다. 그렇지만 다양한 지역의 기층민 시장에서 성과를 올려 2010년 무렵에는 업계에서 성장률이 매우 높은 우량기업이 됐다. 10년 전에는 6%에 그치던 신흥시장 매출액 점유율이 42%로 높아졌다. 이 회사는 저가격의 제품을 팔기로 하는 대신에 한 달에 10억 명에 이르는 어마어마한 수의 고객을 상대하고자 한다. 이는 기층민 시장 공략의 전형적인 방법이다.

다논은 인도네시아와 세네갈에서 10센트짜리 요구르트를 판매한다. 멕시코에서는 15센트짜리 생수를 공급한다. 방글라데시에서는 유누스(M. Yunus)와 합작으로 7센트짜리 요구르트를 공급했다. 이런 사업 모두에서 크게 성공하고 있는 것은 아니지만 대체로 만족할 만한 성과를 거두고 있다. 세네갈에만 공급하던 특화품은 개량을 거듭한 결과로 이제는 전 세계로 판매가 확대될 가능성을 보이고 있다.

기층 인구를 공략함에 있어서 다논의 입장은 명확하다. "우리의 목표에는 피라미드의 첨단부만 있는 것이 아니고 기층부도 포함된다. 우리는 자선단체도 NGO도 아니다. 수익성이 없는 모델을 장기간 추구할 수는 없다. 그렇지만 영양가 높은 8센트짜리 식음료 상품을 손해 보지 않고 팔 수 있다면 박리다매의 길이 열리고 수익이 보장된다. 저가 상품은 피라미드의 기층뿐만 아니라 정체된 기존의 주류 시장도 뚫을 수 있다." (WSJ, 2010e 등)

달러의 컴퓨터를 제작하여 2006년부터 저개발국에 판매했다. 이어 레노보(Lenovo)가 200달러짜리 컴퓨터를 중국의 농어촌에 보급하겠다고 선언했다. 동기야 어떠했든 윈텔 진영은 이렇게 해서 새로운 시장을 발굴했고, 결과적으로 기층민이 정보사회에 동참할 수 있도록 도움을 주었다.

유니레버는 인도에서 만능 정수기(Pureit)를 개발해 내놓았다. 그것은 여러 층의 여과장치로 구성되고 건전지만 사용하는 플라스틱 제품인데, 아무데서나 어떤 물도 끓이지 않고도 마실 수 있도록 정수하는 기능을 가진 것이었다. 말하자면 인도 현지의 식수부족 문제를 친환경적으로 해결해 내는 길을 찾은 셈이었다. P&G는 콜롬비아에서 빈민의 생활형편에 맞추어 물의 사용을 최소화하는 비누를 개발해 내놓았다. 그것은 주류 시장에도 공급이 가능한 친환경 신상품이었다. 영국의 한 작은 회사는 전력공급이 불안정한 남아프리카공화국에 손으로 작동시킬 수 있는 라디오를 공급했는데, 그것은 미국의 산악인 사이에서 인기품목이 됐다.

이 밖에도 기층민을 위한 변형제품 혹은 신제품이 개발된 사례는 많다.


## 3. 새로운 서비스 방식


같은 제품이라도 기층민 시장에는 경로와 절차를 바꾸어 공급할 수 있다. P&G는 중국에서는 다른 곳에서와는 완전히 다른 방식으로 합성세제를 판매한다. 농축분말을 각지의 대리점에 배송하고 대리점으로 하여금 적정 농도로 희석하고 사정에 맞게 포장하여 소비자에 공급하게 한다. 코카콜라의 사업모델을 그대로 활용한 것이다. 그렇게 함으로써 P&G는 에너지 소비와 수송비용을 대폭 줄이게 되어 저렴한 가격을 유지할 수 있게 됐다. 이 사업모델은 인도와 남미에는 물론이고 선진국 시장에도 적용할 수 있다. 에너지 소비와 비용을 줄이는 것은 바로 친환경 경영의 요체다.

정보통신 기술을 활용하는 사업의 경우에는 넓은 지역의 곳곳에 거점 단말기(kiosk)를 분산 배치하는 방식도 유효하다. 소규모 연계사업자들이 그 단말기를 통해 시황이나 공지사항 등의 각종 정보를 얻어 사업에 반영할 수 있게 하는 것이다. 이를 통해 문제해결을 위한 조언을 해주거나 필요한 기술을 전수할 수도 있다. 앞에서 소개한 인도의 ITC와 유사한 방법으로 뒤퐁은 남미에서 키오스크를 통해 농법과 병충해 방제법에 관해 지도하고 씨앗, 농약, 비료 등의 매출을 늘린다. 저렴한 스마트 폰이 일반화된다면 그것을 연계사업자들에게 공급해서 키오스크를 대체하게 할 수도 있을 것이다.

저렴한 컴퓨터를 보급하거나 통신망이 없는 지역에 휴대전화 서비스를 공급하는 사업은 그 자체로도 잠재력이 크지만 저개발 지역을 돕는 데도 유력한 방안이 될 수 있다. 방글라데시의 그라민 통신은 영세사업자에게 전화기를 값싸게 공급한다. 영세사업자는 지역주민에게 전화 서비스를 제공하고 비용을 징구한다. 이것은 유일한 통신수단이기에 주민들이 꽤 자주 이용하고, 현지 기준으로는 이용요금 수입이 만만치 않다. 이처럼 컴퓨터와 휴대전화의 보급이 소규모 사업의 시발점이 될 수도 있다. 휴대전화를 활용한 영세사업의 사례가 많이 알려져 있다. 농어민에게 휴대전화로 시장별 상황을 실시간으로 제공하면 농어민이 가장 유리한 상품출하 가격을 택할 수 있다. 특히 인도에서는 이와 비슷한 사업이 탄력을 받고 있다. 이것이 바로 저개발 지역의 소득증대에 '제대로 기여하는 방법'이 되는 셈이며, 일시적 시혜와는 차원이 다른 사회공헌에 해당한다.

보다폰(Vodafone)은 아프리카의 영세사업자가 편리하게 미소금융 대출 원리금을 상환할 수 있는 무선통신망 결제 시스템을 개발했다. 예컨대 케냐에서는 국민의 80% 이상이 금융서비스를 받지 못한다. 그런데 이 나라의 휴대전화 보급률이 점차 높아지자 보다폰은 무선통신과 금융을 연결하는 방법을 창안했다. 이에 따라 케냐에서는 휴대전화를 이용하여 언제 어디서나 소규모 금융거래를 하고, 곳곳의 지정된 상점에서 현금인출도 가능하게 됐다.

멕시코의 시멕스(Cemex)는 소규모 주택 모델을 개발하여 저소득층이 주택을 구매할 수 있게 했다. 또한 시멘트 등의 포장재를 판매하면서 70개월짜리 소액금융을 제공하고 있다. 페루의 프로미가스(Promigas)는 세계은행과 제휴하여 소비자에게 가스를 공급받는 데 필요한 비용을 대출해 준다. 볼리비아의 금융기관은 문맹자인 소비자를 위해서 지문인식 ATM을 보급했다.

기층민을 잠재력이 있는 시장으로 일단 인식하기만 하면 문제해결의 해법을 찾기는 그리 어려운 일이 아니다. 이는 각지의 수많은 사례가 입증해 준다.


## 10.3 소액금융

기층민 인구를 대상으로 하는 사업은 금융부문에서도 활발하다. 상업은행과 같은 전통적 금융기관은 저소득 가계에 소액자금을 지원하기 위한 특별한 사업모델을 개발하고 있다. 기층민 금융 분야에서 가장 널리 알려진 것은 아무래도 영세사업자에게 극소액의 사업자금을 지원하는 미소금융(micro-finance)일 것이다. 미소금융은 처음에 NGO, NPO의 형태로 시작됐으나 지금은 일반 금융기관에서도 취급하고 있다.


### 1. 소액의 전통금융

어느 나라 없이 중산층이나 고소득층은 다양한 금융서비스를 받고 있지만, 기층민은 대체로 금융서비스에서 소외되어 있다. 남미에서는 70% 이상의 절대다수 기층민이 기초적 은행서비스도 받지 못한다. 인도에서는 줄잡아 7억 명의 인구가 어떤 종류의 금융서비스와도 거리가 멀다.

나라에 따라서는 예금할 곳마저 없을 수도 있다. 어렵사리 모은 돈을 말 그대로

'벽장 속이나 이불 밑'에 숨기기도 하고, 때로는 땅 속에 묻기도 한다. 저축수단으로 귀금속을 사 두기도 하지만 도난의 위험은 상존한다. 인도네시아의 어떤 은행(BRI)은 1980년대에 원리금 보장에 대한 정부의 약속을 내세워 소액예금을 맡아주기 시작했는데, 저축예금 구좌의 숫자가 늘어나서 2000년대 중반에는 3천만 개에 이르렀다. 그러나 이것은 금융서비스라기보다는 현금보관 서비스에 가깝다.

많은 기층민이 외국에 나가서 일을 한다. 그들 역시 금융서비스에서 소외되어 있어서 모국으로 송금할 때 엄청난 수수료를 문다. 미국에서 베네수엘라로 송금할 때에는 송금액의 34%나 되는 비용을 물어야 한다는 보고도 있다(Econ, 2005d). 송금을 받는 입장에서도 마찬가지다. 은행까지 멀리 이동을 해야 하는데다가 자국통화로 환전해서 수령해야 하는 만큼 수수료가 높을 수밖에 없다.

기층민 시장에의 금융 침투율이 매우 낮다는 것은 기층민 시장의 잠재력이 크다는 말과 동일하다. 기층민에게 맞는 금융상품이나 새로운 사업모델을 개발한다면 기층민 시장이 의외로 큰 시장이 될 수 있다. 점차 일반화되는 이동통신을 이용하면 아무리 넓은 지역이라도 1가구 1구좌의 서비스를 제공할 수 있다. 물론 서비스를 다양하게 제공할수록 수익창출이 손쉬우므로 예금과 대출이라는 기본업무 외에 공과금 납입, 사회보장 지출금 수취 및 수납, 국내외 송금, 환전과 같은 다양한 업무도 추가로 취급할 수 있다.

선진국이라고 해서 시민 모두가 금융서비스와 가까운 것은 아니다. 화려한 시설을 갖춘 전통 금융기관의 입장에서는 소액금융은 관심 밖이다. 수지타산이 맞지 않기 때문이다. 한국에서는 허가를 받은 대부업체가 성업 중이다. 지금도 여전히 속칭 '카드깡' 등의 사채(私債)가 유행하고 있고, 때로는 사채 거래에 폭력조직까지 가담하여 물의를 빚기도 한다. 미국에는 수표를 현금으로 교환해주는 사업자(check-cashing)가 즐비한데, 그들은 은행계좌가 없는 근로자의 급여수표를 현금으로 바꿔주면서 높은 수수료를 챙긴다. 미국의 전 대통령 클린턴(W. Clinton)은 빈민에게 은행서비스를 제공하자는 캠페인을 벌이고 있는데, 그에 의하면 약 2천

만 명의 미국 시민이 1년에 600억 달러의 수표를 현금 교환 사업자를 찾아가 현금
화하고 있다(WSJ, 2008a)

## 맞춤형 금융서비스

신흥 경제대국은 경제성장률이 높다는 특징을 가지고 있다. 이는 곧 평균적인 소
비자의 구매력이 빠르게 증가하고 있다는 의미다. 따라서 신흥 경제대국에서는 할
부구매에 대한 욕구가 분출한다. 멕시코의 아즈테카(Azteca) 은행은 소액의 소비
자금융에 진출하여 큰 수익을 얻고 있다. 이 나라에서는 월마트도 금융업 허가를
받아서 상품 구매자들에게 소비자금융을 제공한다. 연 80%가 넘는 이자율을 적용
하여 고리대라는 원성을 사고 있기는 하지만, 사업 자체는 매우 활발하다.

남미에서는 소매상이 직접 TV 등의 내구재에 대해 할부금융을 제공하기도 한
다. 은행이 금융을 제공하는 경우에도 소매상과 제휴하는 것이 여러 면에서 유리
하다. 구매 현장에서 대출계약을 체결함으로써 마케팅과 관리에 드는 비용을 대폭
절감할 수 있다. 남미에서는 소규모 금융잡화상 체인을 구성하는 것도 허용된다.
이에 따라 넓은 지역을 포괄하는 네트워크를 형성하여 장례비용 보험, 무담보 소
액대출, 단기 급전대출, 급여담보 대출, 다목적 신용카드 등의 다양한 금융서비스
를 제공하는 사업이 이루어지고 있다.

미국의 보스턴 은행(Bank of Boston)은 1990년대부터 도심지 빈민층에 눈을 돌
렸다. 빈민과 장애인을 포함한 특수계층을 상대로 소비자금융, 부동산대출, 소자
본 대출, 창업자금 대출 등의 기획상품을 출시하여 큰 성공을 거두었다. 그중 일부
는 은행 전체의 주류 고객층으로 확대 실시했다. 빈민층을 위한 맞춤상품에서 혁
신 아이디어를 얻은 셈이다.

시카고의 사우스 쇼어(South Shore) 은행은 황폐한 빈민굴을 재건하는 일을 전
문적으로 추진하면서 크게 성장했다. 이 은행은 1970년대 초부터 소규모 사업, 주
택 수리 및 재건축, 탁아시설, 교육사업 등 생활환경을 개선하는 효과가 있는 각종

사업과 시설을 지원했다. 20년 동안 각고의 노력을 기울인 끝에 빈민굴이 정상적인 주거지로 탈바꿈하게 되자 이 은행은 자연히 번성하게 됐다. 이런 방향에서 대성공을 거둔 여세를 몰아서 미시간 주, 캔자스 주 등으로 사업범위를 확장했다. 이 은행의 사례를 보면 빈민가라고 해서 기업이 무조건 포기할 것이 아니다.

**미소금융에 참여**

다음 소절에서 소개할 미소금융은 처음에는 NPO나 전문업체가 담당했다. 그러나 그 사업모델이 점차 알려지자 2000년대에 와서는 시티은행, 도이체방크, HSBC와 같은 다국적 대형 은행도 동참하게 됐다. 시티은행은 2005년에 ‘미소금융 전임 임원’을 임명하면서 본격적으로 미소금융에 뛰어들었다. 미소금융이 이윤창출의 새로운 기회가 된다는 사실을 인식했기 때문이다.

일반 금융기관이 미소금융에 참여하는 방안은 크게 두 가지다. 하나는 미소금융 사업자에게 투자하는 일이다. 이는 일종의 창업투자 자금(venture capital)을 미소금융 사업에 출자하는 의미가 있다. 다른 하나는 미소금융을 직접 취급하는 일이다. 미소금융을 통해 창업한 뒤 얼마 안 되는 영세기업자에게 확장자금을 지원할 수도 있다. 이런 종류의 확장자금은 한 차례 신용이 확인된 고객에 대해 지원하는 것인 만큼 채무불이행의 위험이 낮다. 미소금융이 붐을 이루고 있는 인도에서는 확장자금 지원에 특화하여 고수익을 올리는 전통 금융기관도 많다.

도이체방크의 연구보고에 의하면 2007년 현재 세계적으로 250억 달러 정도의 미소금융이 지원되고 있는데, 가까운 시일 내에 그 10배의 추가자금이 필요할 것으로 추정된다. 그런 만큼 미소금융의 잠재력은 매우 크다고 할 수 있다.

## 2. 영세사업자를 위한 미소금융

어느 나라에서나 은행의 문턱은 높다. 그래서 담보로 제공할 자산이 없고 생활비가 하루에 1~2달러에 불과한 기층민은 아무리 좋은 사업 아이디어가 있어도 그 사업을 하는 데 필요한 자금을 조달할 방법이 없다. 별다른 직장이 없는 빈민촌에서 주민이 가난을 탈출할 수 있는 유일한 길은 독자사업을 시작하는 일인데 그것이 원초적으로 불가능한 것이다. 기층민의 비애가 바로 여기에 있다.

방글라데시는 지금도 일인당 국민소득이 600달러 남짓한 빈국이다. 이 나라가 1970년대에 어떤 형편에 있었을지는 쉬 짐작할 수 있을 것이다. 아마도 사회의식이 강했을 젊은 경제학 교수 유누스(M. Yunus)는 그야말로 미미한 액수의 사업자금을 다른 사람들에게 지원하기 시작했다. 그는 1976년에 42가족에게 도합 27달러를 대출해 주었는데, 이것이 바로 현대적 미소금융의 출발점이다.[38] 그의 태도에서 독특했던 점은 차입자를 모두 기업가로 인식한 데 있었다. 각자가 대출받은 작은 밑천으로 사업을 벌였고, 그 소득으로 가족을 빈곤에서 구해낼 수 있다는 희망을 갖게 됐다. 금상첨화로, 그들은 거의 완벽하게 차입금을 상환했다. 미소금융 사업의 재생능력이 확인된 셈이었다.

유누스는 1983년에 그라민 은행(Grameen Bank)를 창립하여 미소금융을 더욱 확대했고, 2008년에는 총대출금이 10억 달러에 육박했다. 그는 처음부터 주부를 주된 고객층으로 삼고, 여러 명이 집단으로 연대보증을 서게 함으로써 도덕해이를 방지하는 전략을 선택했다. 차입자가 영위하는 사업은 구멍가게, 행상, 공예, 가내공업, 농축산업 등으로 다양했고, 그라민 은행은 각각의 차입자에게 수십 달러에서 수백 달러에 이르는 소액의 사업자금을 빌려주었다. 그라민 은행의 사업모델은 그 뒤로 미소금융의 전범이 됐다.

유누스의 사례는 전 세계로 널리 알려졌고, 이를 계기로 미소금융이 세계 각국

---

[38] 미소금융(micro-finance): '소액대출' 보다는 범위가 넓고 '소액금융' 과도 차이가 있다. 여기서는 '미소(微少)금융(micro-finance)', '미소여신(micro-credit)' 혹은 '미소대출(micro-lending)' 등으로 사용한다. 2009년에 한국에 설립된 '미소(微笑, smile) 금융재단' 은 고유명사로 보아도 무방할 것이다.

으로 번져 나갔다. 급기야 그의 노력은 유엔의 인정을 받았고, 2006년에는 그에게 노벨 평화상의 수상자가 되는 영예도 가져다 주었다. 그의 노벨상 수상은 미소금융에 대한 범세계적 관심을 불러일으켰고, 전통 금융기관도 앞 다투어 미소금융에 참여하는 계기가 됐다.

미소금융의 기원을 멀리 전당포에서 찾기도 하지만, 둘 사이에는 중요한 차이가 있다. 전당포는 담보를 취하고 자금을 대출하지만, 미소금융은 신용에 근거해 대출한다.

## 이윤동기의 미소금융

유누스가 미소금융을 시작한 것은 이윤을 올리기보다는 저소득층에게 빈곤탈출의 기회를 마련해 주기 위해서였다. 사실 빈곤은 각종 사회악의 근원이므로 빈곤퇴출은 사회개혁의 지름길이기도 하다. 유누스는 2010년 현재에도 변함없이 초심을 지키고 있다. 최근 몇 년 사이에는 약 10만의 빈민 가구에 태양에너지 시스템을 설치해 주고, 청소년과 주부를 대상으로 기능교육을 실시하고 있다.

순수한 사회개혁 목적의 미소금융이라면 이 책의 주제인 전략적 CSR과 거리가 있다. 게다가 시혜적 사업은 기부금에 의존할 수밖에 없다는 한계에 부닥친다. 스스로의 힘으로 사업을 확장하기는커녕 자칫 자생(自生) 혹은 재생(再生)조차 어렵게 될 수 있다. 이런 까닭에 미소금융도 진정으로 사회에 공헌을 하게 되려면 이윤동기가 필요하다. 이윤이 창출된다면 사업은 저절로 번창하게 되고, 혜택을 입는 기층민 수가 늘어나게 된다.

실제로 많은 사업자가 이윤창출 목적으로 미소금융에 나서고 있고, 더러는 큰 성공을 거두었다. 아마도 21세기에는 이윤동기의 미소금융이 주류가 될 것이다. 〈사례 10-2〉는 널리 알려진 인도에서의 성공사례인데, 이를 통해 어렵지 않게 미소금융의 기본원리를 가늠해 볼 수 있다. 이 인도의 모델은 사회개혁보다 이윤창출이 먼저라는 점에서 그라민 은행과 구별된다.

## 연결망의 확보

이윤동기의 미소금융은 그 성패가 고객 수에 달렸다. 고객 일인당 이익이 매우 적은 '박리(薄利)'의 사업이기 때문에 대량취급, 즉 '다매(多賣)'의 방식을 취하는 게 불가피하다. 〈사례 10-2〉의 SKS 창업자의 말처럼 "문제의 핵심은 규모"인 것이다. 그러자면 자연히 넓은 지역에 걸쳐 수많은 고객을 관리해야 하고, 나름대로의 네트워크를 확보해야만 한다.

자체적으로 연결망을 확보하려면 엄청난 시간과 비용이 소요된다. 경비절감이 필수적인 미소금융으로서는 감당할 형편이 되지 못한다. 다행히도 유력한 대안이

**사례 10-2 인도의 미소금융**

인도의 SKS는 이윤동기로 미소금융을 시작하여 크게 성공했다. 인도에는 사회공헌을 목적으로 한 미소금융과 이윤동기에 의한 미소금융 둘 다가 활발한데, 점차 후자의 점유율이 높아지고 있다. 이 회사의 미소금융 사업에 대한 전반적 이해에 도움이 되는 창업자의 말을 우선 인용해 본다.

SKS는 고객이 돈이 없는 사람들이라는 것을 빼면 여느 건전한 고성장 기업과 다를 바가 없다. 고객 중 한 사람인 사라야마의 경우는 이렇다. 그녀와 남편은 토지를 소유하지 못한 근로자로 하루에 1달러 정도를 번다. 계속되는 가뭄으로 인해 일자리도, 먹을 것도 없게 되는 경우가 종종 있다. 남편은 가족이 먹을 식량을 조달하겠다는 일념으로 노예노동 계약서를 쓰고 일하기도 했다. 장남은 학교에 가지 못하고 일자리를 찾아 나설 수밖에 없었다.

2002년에 사라야마는 돈이 필요한 같은 마을 부녀 4명과 함께 SKS의 프로그램과 인연을 맺고 돈을 빌렸다. 이 회사의 '집단대출 정책'에 따라 그들에 대한 대출 5건은 서로 연결됐다. 누군가가 상환금을 내지 못하면 나머지 4명이 분담해야 한다. 그래서 상환기일을 지키라고 서로 압력을 행사한다. 사라야마는 처음에 200달러를 빌려서 젖소를 한 마리 사고 그 우유를 짜서 팔았다. 상환은 1년에 걸쳐서 주당 4.5달러를 갚는 방식이었다. 몇 년 안에 그녀는 사업밑천을 더 빌려 3마리의 젖소, 1마리의 암소, 2마리의 황소, 2에이커의 토지를 사들였다. 가계의 수입이 하루 10달러로 늘어나, 인도의 기준으로 중하류 계층으로 형편이 나아졌다. 남편은 노예노동 계약에서 풀려났고, 자녀 가운데 어린 아이들은 가족 중에서 처음으로 학교에 다니게 됐다. (Akula, 2008)

있다. 어느 나라이건 편의점, 주유소, 우체국, 약국 등과 같은 소거점은 여기저기 존재한다. 그들과 제휴하여 서로 연결하는 길을 찾으면 그것이 곧 '사업 네트워크'가 될 수 있다.

기존의 소거점이 네트워크로 연결되면 미소금융 사업자는 고정비 투자를 줄일 수 있고, 소거점 운영자는 새로운 사업을 추가함으로써 '영역의 경제(economies of scpoe)'를 누릴 수 있다. 매킨지(McKinsey)는 소매점 등을 거점으로 활용하는 미소금융 모델에 '거점금융'이라는 이름을 지어 붙여주기도 했다(Chaia 2010). 브라질과 멕시코 등에서는 거점금융을 뒷받침하는 입법조치가 취해졌고, 덕분에 전

SKS를 창립한 사람은 원래는 미소금융을 제공하는 비영리단체에 근무했다. 그런데 그 NGO의 미소금융 사업은 시혜성이 되다 보니 이내 한계에 부닥쳤다. 새로운 사업모델이 필요함을 절감한 그는 독립하여 영리사업으로 미소금융을 다시 시작했다. 사회공헌에 치중하여 몇몇 선택된 사람에게만 미소금융의 혜택을 줄 것이 아니고, 요건에 맞고 수익을 창출할 수 있는 소사업자라면 누구에게나 미소금융을 지원하자는 게 그의 아이디어였다. 그는 대성공을 거두었다. 그는 '여성에게만 대출한다'는 것을 기본방침의 하나로 삼았는데, 이는 수익금을 재투자할 줄 알고 신용을 지키는 데서는 남성보다 여성이 훨씬 낫다는 연구결과에 따른 것이었다. 이런 점에서 그의 미소금융 사업은 그야말로 자생능력을 갖춘 사회공헌 활동이다. 2010년에 성황리에 기업공개까지 한 SKS는 이제 700만 명의 고객을 대상으로 10억 달러의 대출잔액을 운용하고 있다.

사업 자체로 수익성이 있어야 사업의 확대가 가능하다. 시혜성이라면 기금이 바닥나면 그것으로 끝이지만 수익사업은 자본조달이 용이하여 수요에 따라 얼마든지 사업을 확장할 수 있다. 미소금융은 그 특성상 취급금액 대비 관리비용의 비율이 매우 높을 수밖에 없다. 이런 단점은 상품의 표준화와 온라인 거래 원칙을 통해서 해결할 수 있다. 호화로운 시설이 필요하지 않으므로 얼마 안 되는 고정비는 규모의 경제를 통해서 해결한다. 그러므로 대출 건당 고정비 부담은 미미하다.

이 회사는 미소금융에 그치지 않고 다음 단계의 사업도 시작했다. 700만 명의 차입자는 단순한 고객에 머무는 것이 아니고 그 자체로 거대한 네트워크다. 이 네트워크는 활용의 가능성이 매우 크며, 그 자체가 안정된 시장이기도 하고 견실한 유통망이기도 하다. SKS는 일차적으로 노키아 등과 제휴하여 휴대전화기를 공급했고, 그 뒤에 알리안츠 등과 연계하여 보험상품을 판매하기도 했다. 이런 일에 대해 창업자는 "양질의 상품을 저렴한 비용에 공급하는 사업모델"이라고 자랑한다.

국민이 금융혜택을 받게 되었다. 케냐에서는 이동통신을 이용한 예금과 인출이 널리 보급되었는데, 이는 소매점을 통한 현금출납이 허용됐기에 가능한 일이었다.

네트워크는 일단 만들어지면 〈사례 9-2〉에서 소개한 바와 같은 상승효과를 발휘한다. 한국의 '우체국 택배'가 이미 확보된 전국의 우체국 네트워크를 통해서 가공할 위력을 발휘하는 것과 똑같은 이치다.

## 미소금융 창업투자자

미국의 실리콘 밸리가 번성하게 된 것은 신생기업에 자금을 공급하는 창업투자 자금(venture capital)이 풍부했기 때문이다. 근래에는 미소금융 전문 창업투자 자금도 생겨나고 있다. 창업투자 자금은 일반적으로 '고위험 고수익'을 노리는데, 그런 자금이 미소금융으로 쏠린다는 것은 이제 미소금융도 이윤창출이 가능한 사업으로 평가받고 있음을 보여준다.

선 마이크로시스템스(Sun Microsystems)의 공동창업자인 억만장자 코슬라(V. Khosla)는 창업투자자로 활동하고 있다. 그는 건강, 에너지, 교육 등의 분야에서 인도와 아프리카의 기층민을 돕는 사업가에게 집중적으로 투자한다. SKS에도 300만 달러를 투자했는데, 이 기업이 공개된 덕분에 그의 지분이 1억 2천만 달러로 가치가 불어났다. 코슬라 역시 단순한 자선보다는 영리를 목적으로 기층민에 다가가는 것이 바람직하다고 보고 있다. 이베이(eBay)의 창업자(P. Omydyar)나 AOL의 창업자(S. Case)도 코슬라와 같은 생각으로 기층민 사업에 거금을 투자하고 있다. 그들에게는 시혜가 아닌 이윤창출이 기층민 시장에 진출하는 동기인 것이다.

## 미소금융의 효과

미소금융을 찬양하는 이는 많지만 이것이 빈곤퇴치에 기여하는 정도에 대해서는 학술적 연구가 거의 이루어지지 않았다. "그라민 은행에서 대출을 받은 사람의 자녀가 학교에 다닐 확률은 62%인데, 이는 그라민 은행에서 대출을 받지 않은 인근

주민의 자녀가 학교에 다닐 확율 34%보다 높다"는 조사결과가 있지만, 그것이 꼭 미소금융 덕분이라고 말하기는 어렵다(Econ, 2009c). 미소금융의 도움보다는 사업가적 기질이나 가정문화와 같은 다른 요인이 더 중요한 요인이었을 수도 있기 때문이다.

그렇더라도 미소금융이 가난을 탈출하는 계기가 될 수 있다는 사실은 부정하기 어렵다. 아무리 사업가적 기질이 뛰어나도 미소금융이 없다면 빈민으로서는 어떤 사업이건 시작조차 할 수 없기 때문이다. 더구나 '미소금융의 수혜자'라는 사실 자체가 '신용이 우량하다'는 증거가 되고, 그 덕분에 정규 금융기관에서 사업확장용 자금을 용이하게 대출받을 수 있게 된다. 이렇게 본다면 미소금융이 가난한 사람의 창업을 돕고 제도권 금융이 그 사람에게 확장자금을 공급하는 식으로 역할구분이 이루어지고 있다고도 말할 수 있다.

세계은행의 연구보고에 따르면 금융의 발달정도와 시민의 소득수준 사이에는 깊은 상관관계가 있다. 이는 빈곤탈출에 대한 금융의 기여가 클 수도 있다는 증거다. IMF에서 일한 바 있는 피셔(S. Fisher)는 "미소금융은 기층민에게 자신의 힘으로 스스로의 입지를 개선할 수 있다는 자신감을 준다"라는 말로 미소금융의 효과를 설명한 바 있다(Econ, 2005d).

미소금융 공급자의 입장에서 본 미소금융의 장점은 위험, 즉 불확실성이 거의 없다는 것이다. 미소금융 사업은 그 구조상 '대수의 법칙(law of large numbers)'이 자동적으로 작용하기 때문에 예상하지 못할 만큼 심각한 사고는 발생하지 않는다. 그러므로 부도율은 예상치와 거의 같다. 앞에서 소개한 인도 SKS의 경우는 부도율이 0.5% 내외에 불과하다. 〈사례 10-4〉에서 소개될 멕시코 콤파르타모스의 부도율은 1.4% 미만이다. 전반적으로 보면 미소금융의 부실대출 비율은 1~3%에 그치고 있으며, 이는 정규 금융기관의 부실대출 비율보다 훨씬 낮은 수준이다.

빈민을 사업자로 키우는 일보다 더 확실한 사회공헌은 없다는 것이 여러 전문가의 공통된 의견이다.

## 3. 소액보험

기층민은 부유층보다 인구수가 더 많고 다양한 위험에 노출되어 있다. 그럼에도
보험에는 가입하지 못한다. 기층민은 보험 가입률이 3% 정도에 불과하다는 통계
가 있을 정도여서 보험 수혜율이 낮다. 역으로 말하면, 기층민은 보험회사에 무한
한 잠재력을 지닌 시장이 될 수 있다. 그들의 수요가 기존 가입자와는 크게 다른 만
큼 새로운 보험상품을 개발해 그들에게 판매하는 것도 가능하다. 이를테면 농어민
에게 기상의 변화나 가축의 생육과 관련된 보험을 제공할 수도 있다.

미소금융의 경우와 비슷하게 미소보험(micro-insurance)에 대한 관심도 점차 높
아지고 있다. 아프리카, 남미, 동남아시아 등에는 20세기까지만 해도 소위 '보험에
대한 무개념' 지역이 많았다. 그렇지만 보험의 필요성이 없는 것은 결코 아니었다.
기층민의 입장에서는 장례식이나 혼례식을 치를 비용이 만만치 않고, 자녀의 입학



한국에서도 활발하게 사업을 전개하는 독일계 보험회사 알리안츠(Allianz)는 2004년 말에 발생한 동
남아시아의 대해일(tsunami)에서 다행과 불행의 이중감정(ambivalence)을 느꼈다. 다행인 측면은
그런 대해일이 발생했는데도 알리안츠에 대한 보험금 청구가 거의 전무한 점이었고, 불행한 측면은
그 지역의 거대한 인구가 보험의 사각지대에 놓여있다는 사실을 미처 알지 못했던 점이었다.

뒤늦게나마 그러한 사실을 깨달은 알리안츠는 바로 미소보험 프로그램에 착수했다. 유엔개발계획
(UNDP) 등과 연대하여 인도, 인도네시아, 라오스 3국을 대상으로 사업타당성을 검토했다. 수용 가능
한 보험상품 및 수요도, 공급방법 등을 확인한 것이다. 우선적으로 인도 남부의 특정 해안지역(Tamil
Nadu) 농어민에게 보험을 판매했고, 처음 3년 동안에 당초 목표한 10만 명 가입을 무난히 달성했
다. 연간 보험료를 87센트만 받고 손해보험과 생명보험의 다양한 보장서비스를 제공했다.

박리다매만이 유일한 길임을 인식한 알리안츠는 비용과 위험을 줄이기 위해서 현지의 각종 조직체
와 협력하는 것을 기본전략으로 선택했다. 국제기구인 CARE와 제휴하여 사업을 시작했고, 원활한

금도 감당하기 어려운 경우가 많다. 유일한 재산인 가축이 병에 걸리거나 작은 배가 난파를 당하면 속수무책이 된다. 불의의 사고에 대한 대비용이건 '대사(大事)'를 치르기 위한 저축용이건 보험의 필요성은 사실 크다.

지역에 따라 차이가 있지만 각지의 보험회사가 소액보험 혹은 미소(微少)보험에 눈을 뜨고 있다. 21세기에 와서는 다국적 보험기업도 적극적으로 미소보험 사업에 나서고 있다(〈사례 10-3〉). 미소보험의 원리는 미소금융의 원리와 거의 같다고 볼 수 있다.

## 4. "고리대를 찬양함"

미소금융이 어디에서나 호평을 듣는 것은 물론 아니다. 미소금융 공급자 사이의 과당경쟁으로 인해 2010년에 이미 부작용이 나타났고, 고리대라는 시비는 예나 지

보험료 징수를 위해 마을 단위로 일종의 계(mutual)를 조직했다. 저축성 보험을 판매하기 위해서 현지의 은행이나 미소금융 네트워크와 연결관계를 맺기도 했다.

사업을 시작한 뒤에 치러야 하는 대가가 만만치 않았다. 2008년에 인도에 태풍이 몰아닥쳐 상당한 인명피해와 재산피해가 발생했다. 1만 6천 건에 이르는 보험청구가 있었고, 결과적으로 납입된 보험료의 5배에 이르는 금액이 보험금으로 지급됐다. 그렇지만 알리안츠는 장기적으로는 그런 보험금 지급이 효과적인 투자가 될 것으로 확신하고 있다. 신속한 보험금 지급 처리과정에서 인도 기층민의 신뢰를 얻었고, 그들로 하여금 보험의 효용성을 체험하게 했기 때문이다. 당장 가입자가 20% 증가했다. 알리안츠는 다음과 같은 전략이 효과적임을 확인했다. "비용절감은 네트워크에서 나오고, 보험금 지급의 예측가능성은 위험분산에서 나온다. 각종 기구와 단체 및 재보험회사와 협력하는 것이 성공의 지름길이다."

알리안츠는 인도네시아에서도 비슷한 시기에 보험영업을 시작했다. 짧은 기간에 20만 명의 고객을 확보했고, 10년 안에 1200만 명 가입이 가능할 것으로 예측하고 있다. 이집트에서도 보험판매를 시작한 알리안츠는 서부 아프리카에서도 곧 소액보험 사업에 착수할 예정이다. (WBCSD, 2009a에서 정리해 인용)

금이나 그치지 않는다.

인도와 남미 등지에서 점차 활성화되던 미소금융은 유누스의 노벨 평화상 수상으로 범세계적으로 유행하게 됐다. 그래서 지역에 따라서는 과열이라고 할 수 있을 정도로 붐을 이루었다. 특히 인도에 유난히 미소금융이 집중되고 있다. 이는 인도에 빈민의 인구가 많기 때문이기도 하지만 기업가 정신이 발달한 나라라는 이미지도 영향을 미친 결과일 것이다. 어쨌거나 특히 인도에서는 '다수의 미소금융 사업자가 소수의 괜찮은 차입자를 뒤좇는 양상' 도 관찰됐다. 특정 대상자에게 자금이 중복 지원되고 그 결과로 지원된 자금이 사업자금에 쓰이지 않고 소비에 지출되는 경우도 흔해졌다. 사업수입으로 미소금융 대출금을 상환한다는 약속을 실천할 수 없게 된 차입자가 다른 데서 돈을 빌려 미소금융 대출금을 갚는 악순환의 사례도 적지 않게 나타났다. 과유불급이라는 옛말처럼 미소금융이 지나치게 풍부해지자 문제가 빚어진 것이다.

유누스는 미소금융 사업을 이윤추구의 수단으로 보지 않는다. 그는 사회공헌에 무게를 두기 때문에 13장에서 설명할 '사회적 기업가' 에 가깝다. 그의 이런 접근방법이 빈곤퇴치를 위한 사회적 해법이라면 SKS와 같은 이윤추구 방식은 빈곤퇴치에 도움이 되는 경제적 해법이라고 할 수 있다. 자연히 운영방식에서 큰 차이가 난다. 후자의 경우에는 미소금융의 특성상 고객의 수가 많으므로 엄청난 관리비용이 소요되고, 담보를 전혀 잡지 않으므로 경제적으로 수지를 맞추자면 금리를 높게 매길 수밖에 없다. 그러다 보니 '수익창출을 위한 미소금융' 에 대해 '고리대금업' 이니 '전당포' 니 하는 비난이 쏟아진다. 반면에 사회적 해법은 빈민 돕기에 치중하는 시혜성 사업인 만큼 금리 수준의 책정에서 사회적 고려를 앞세운다.

경제적 해법은 유누스와 같은 사회사업가의 주장대로 '사명의 본말전도' 인지도 모른다. 그러나 효과와 효율성의 측면에서는 이윤추구형 접근방법이 압도적으로 우월하다. '선의에만 의존하기 때문에 한계가 뻔히 보이는 기부금' 과 '이익을 좇는 무한대의 투자자금' 을 대비하면, 이 두 가지 사이에는 조달 가능한 사업자금의 규모에서 하늘과 땅만큼의 차이가 있다.

이 두 가지 방안은 수혜자와 관리자의 자기책임성(accountability) 측면에서도 큰 차이가 있다. 기부금에 의존하는 시혜성 미소금융은 '공짜자금'이라고 인식되는 것을 막을 방법이 없다. 이른바 도덕해이가 충분히 예견된다. 관리 면에서도 소홀해지는 것이 일반적 경향이다. 그러다 보니 사업기금이 확충되기보다는 감축될 가능성이 높다. 반면에 이윤동기의 접근방법은 사업이 성공적이면 기금을 얼마든지 확장시킬 수 있다.

결국 사회 전체의 입장에서 보아도 경제적 접근방법이 낫다는 결론을 얻을 수 있다. 이런 이유로 영국의 주간지 〈이코노미스트〉는 '고리대를 찬양하며'라는 제목으로 고리대에 대한 논평기사를 싣기도 했다(2007a).

미소금융은 구조적으로 고금리일 수밖에 없다. 세계를 통틀어 볼 때 연간 20~70%의 이자율 수준을 유지한다. 이런 정도의 고금리이긴 하지만 그래도 미소금융의 유용성은 크다. 미소금융 이외의 다른 자금조달 방법을 갖고 있지 못한 경우나 대안이 있더라도 그 대안이 연간 1000%의 금리를 부담해야 하는 사채와 같은 것인 경우에는 미소금융이 큰 혜택이 된다. 유누스가 미소금융을 처음 시작했을 때에는 방글라데시의 금리가 하루에 10%에 이르기도 했는데, 이는 '살인적'이라는 말로도 제대로 형용할 수 없는 폭탄금리였다.[39]

## 명분과 실리

〈사례 10-4〉에 소개되는 콤파르타모스를 두고 범세계적 논란이 일어났다. 유누스를 포함하여 시민단체에서 일하는 사람들은 대부분 미소금융에 대한 경제적 접근을 반대했다. 그들은 효율성 여부는 제쳐두고 명분을 앞세운다. 과도한 이윤을 창

---

[39] 하루 10%라면 상상을 초월하는 파괴적 금리다. 예컨대 하루 10%의 금리로 오늘 1원을 빌린 사람의 빚은 1년 뒤에 한국의 2011년 GDP만한 금액이 된다[$(1+0.1)^{365}=1.3\times10^{15}$].

출한다면 '빈민을 돕는다' 는 당초의 취지가 퇴색된다는 것이다. 성황리에 기업을 공개할 정도로 이윤이 많다면 그것은 당연히 빈민의 몫이 되어야 한다고 그들은 주장한다. 유누스는 이윤동기의 사업자와 선을 그으면서 "우리는 빈민을 위하고, 그들은 전주(錢主)의 편이다"라고 불편한 심기를 드러내기도 했다(FT, 2009a).

그런데 따지고 보면 명분과 실리의 대립은 미소금융에만 국한되는 일이 아니다. 작게는 형평과 효율, 크게는 계획경제와 시장경제의 차이점이 바로 거기에 있다. 현재까지의 역사적 경험에 비추어 본다면 아마도 시장경제를 통한 해결이 바람직한 길일 것이다. 〈사례 10-4〉에 소개된 수치를 이용하여 종합해 보면 사회적 접근으로 6만 명에게 혜택을 주는 것보다 경제적 접근으로 100만 명에게 혜택을 주는 것이 분명히 옳은 선택인 것으로 보인다. 해당 기업이 큰 이윤을 얻은 것이 사실이지만 100만 명의 기층민도 이익을 보았다. 손해 볼 일이면 아무도 그런 서비스를 자유의지로 선택하지 않았을 것이다.

두 가지 대립되는 시각의 차이는 결국 적정이자율 수준에 대한 논란으로 귀착된다. 그런데 시장경제의 시각에서 보면 그것은 부질없는 논란이다. 이자율은 일반 상품의 가격과 마찬가지로 수요와 공급의 원리에 의해서 결정되며, 거래 당사자가 자유의지로, 그리고 선의로 합의한 결과일 뿐이다. 그러므로 시장경제에서는 "가격은 누구도 시비해서는 안 되는 신성한 것" 이다.[40]

〈사례 10-4〉에 소개된 멕시코의 미소금융 사업자가 평균 이상의 이윤을 얻었다면 그것은 역설적으로 미소금융에 대한 사회의 관심이 부족하기 때문이다. 더 많은 사업자의 참여가 있다면 과다이윤의 문제는 자동적으로 해결된다. 실제로 멕시코에서 이미 경쟁자가 나타나고 있다. 경쟁이 치열해지면 콤파르타모스의 초과이윤은 자연히 사라진다. 굳이 누군가를 탓하자면 이윤기회가 있음에도 그것을 활용

---

[40] 시장경제를 옹호하는 사람들의 기본입장은 다음과 같이 요약된다. "The market is always right. The price is sacred."

할 줄 모르는 '얼굴 없는 바보들'일 것이다. 이렇게 보면 콤파르타모스를 나무랄
이유를 찾기가 어렵다.

이윤을 창출하면서 사회에 공헌하는 길을 찾는 미소금융은 이 책의 주제인 전
략적 사회책임 경영의 전형적 형태 가운데 하나다.

## 5. 한국의 소액금융

한국에는 담보가 없거나 신용이 나빠서 금융서비스에서 소외되는 계층이 700만
명 정도인 것으로 추산된다. 이런 사람들을 돕자는 취지의 소액금융이 시민단체의



멕시코에서 미소금융 사업으로 출발한 콤파르타모스(Compartamos) 은행은 크게 성공하여 정규 은
행의 수준까지 성장했다. 이 은행은 앞에서 소개한 SKS의 사업모델을 거의 그대로 따랐는데, 대출에
는 역시 고금리를 부과해 왔다. 어쨌거나 이 은행은 100만 명 이상의 기층민에게 빈곤을 탈출할 기
회를 제공했고, 은행 자체는 40%의 자기자본 수익률을 기록하고 있다(2008년).

콤파르타모스는 1990년에 테레사(Teresa) 수녀의 영향을 받은 종교인들에 의해서 NPO의 형태로
사업을 시작했다. 그러다가 2000년에 영리회사로 탈바꿈했고, USAID와 IFC의 후원을 받았다. 영리
회사로 전환한 뒤로 경영효율이 눈에 띄게 개선됐고, 고객이 6만 명에서 100만 명으로 늘어났다. 현
지의 특수한 사정으로 인해 이 은행의 대출금리는 평균 90% 수준에 이른다. 이것이 고금리인 것이
분명하지만 같은 업계의 NPO가 부과하는 금리에 비해 크게 높은 것은 아니며, 경영효율화를 통하여
몇 년 사이에 30%포인트나 낮춘 것이다. 경영실적이 좋다 보니 기업신용이 양호하여 자금을 차입할
때에는 저금리를 적용받는다.

콤파르타모스는 2007년에 30%의 지분을 공개했는데 이때 조성된 자금이 무려 4억 6천만 달러에
이르렀다. 600만 달러의 밑천으로 출발한 지 7년 남짓한 사이에 15억 달러의 시가총액을 만들어낸
것이다. 이 회사에 투자하고 경영자문에도 응한 창업투자가인 보스턴의 미소금융 전문 재단은 불과
8년 사이에 투자금 100만 달러를 1억 3500만 달러로 불렸다. (BW 2007, Econ 2008f, FT
2008b, NYT 2008e, WSJ 2008f)

활동으로 시작됐다. 2003년에 발족한 '사단법인 사회연대은행'은 그 설립취지를 이렇게 설명하고 있다. "자활하고자 하는 의지와 능력이 있는 빈곤층이 경제적, 사회적, 심리적 빈곤에서 벗어나 건강한 사회의 구성원으로서 자활할 수 있도록 창업에 필요한 자금, 경영 및 기술 지원, 교육훈련 등을 통합적으로 제공하는 비영리 기관이다."(www.bss.or.kr).

전통 금융기관 중에서는 하나은행이 2008년에 100억 원을 출연하여 '하나희망 재단'을 만들었다. 이 재단은 기초생활 수급권자나 신용불량자에게 일인당 2천만 원의 한도 내에서 3% 정도의 저금리 사업자금을 대출해주는 일을 한다. 하나은행은 2009년부터는 미소금융 사업에 동참하고 있다.

2008년에는 은행과 보험회사의 휴면예금을 활용하여 소액자금을 대출하는 사업을 목적으로 '소액서민금융재단'이 창립됐다. 이 사업은 2009년에 보다 공식화되어 '미소금융 중앙재단'으로 확대 개편됐다. 이 시점부터 이른바 '미소금융(smile credit) 사업'에 삼성 등의 6개 재벌이 최고 3천억 원까지 자금을 출연하여 각각 '미소금융 재단'을 설립했다.

미소(微笑)금융이 도입되고 1년이 지난 2010년 말 현재 2만여 명에게 1천여 억 원의 미소금융 자금이 대출됐고, 금리는 연 4.5% 이하였다. 이런 금리는 상업은행의 5%, 저축은행의 13%, 대부업체나 캐피털회사의 40% 수준에 비하여 매우 좋은 조건이다. 금리가 1년에 1000%가 넘는다는 폭력성 사채(私債)와 비교할 수 없음은 두말할 여지가 없다.


## 바람직한 기층민 사업

금리 조건이 아주 좋은 미소금융이 앞으로 한국에 뿌리를 굳건하게 내릴 수 있다면 더없이 좋을 것이다. 그렇지만 그럴 가능성은 희박하다. 우선, 특혜금리가 적용되기 때문에 미소금융 모델 자체가 사업성이 없다. 그러므로 자체 재생산이 사실상 불가능하다. 그리고 다른 곳에서 얻기 어려운 호조건의 자금이므로 지원자가 몰려들게 마련이어서 불특정 다수의 기층민에게 차례가 돌아가기 어렵다.

더군다나 출발 당시에 사실상 공개적으로 언명된 바와 같이 그 취지가 '불우이웃 돕기' 식의 시혜이기에 사업자나 차입자의 도덕해이가 반드시 따른다. 특혜를 받는 사람이 절차가 까다롭다고 불평만 한다. 삼성이 3천억 원을 미소금융재단에 투자했지만 이윤을 기대할 리가 만무하므로 그 사업에 특별한 애착을 갖기가 어렵다. 그 사업의 규모는 최대 3천억 원일 것이 거의 확실하다. 기금이 줄어들지 않으면 그나마 다행일 것이다. '미소여신(smile credit)' 으로는 분명히 한계가 있는 것이다.

이 장의 논의를 종합하면, 한국에서 기층민 사업이 성공하기 위한 열쇠가 무엇인지에 대한 해답은 '기업에 의한 전략적 CSR' 일 것이다. 기업이 이윤동기에서 출발하는 것이어야 하고, 그래야 수혜자가 자기책임성(accountability)을 가지고 자생력을 기를 수 있다. 이와 관련하여 한 언론인은 아래와 같이 미소금융의 현실과 문제점을 설명한다.


국내 재벌그룹, 대형은행 중 다논(Danone) 식으로 사회공헌 활동을 하는 곳은 드물다. 글로벌 흐름을 모른 채 군사독재 시절부터 해오던 습관성 봉사활동을 버리지 못한다. 지난 몇 달 새 김장 장갑을 낀 채 어색하게 웃는 은행장이 여럿 등장했다.

어떤 연탄은행에는 배달하려는 기업이 몰려 2개월을 기다려야 하는 일이 벌어졌다. 배달부는 넘치고 연탄과 연탄 받을 빈곤층이 부족한 상황이 형성된 셈이다. 1000원 안팎인 연탄 몇 장 날라주고서 수십만 원짜리 점퍼에 검은 흔적을 남기는 CEO의 헌신에 얼마나 진한 감동이 퍼질까. …

하지만 이것이 전부일까. 재벌과 은행의 너그러운 배려로 시작한 미소금융재단은 밑바닥 층에 다가가지 못하고 있다. 저소득층에게 조그만 가게라도 열 수 있는 자금을 대주자고 출발했으나, 사무실부터 대로변에 열고 있다. 임대료가 가장 비싼 서울 강남 한복판에 개설한 재벌도 있고, 지방도시에서도 시청 주변 고층 빌딩에 입주했다.

"궁하면 제 발로 찾아오겠거니"라는 식이다. 500만 원쯤 빌려 보려고 번드르르한 사무실에 찾아온 서민이 어떤 쓴 미소를 지을지 상상해보지 않은 듯하다. 윗분이 신경 쓴다니 높은 연봉 받아 양복 정장 차림으로 출근하는 차장급, 과장급까지 배치했다. 소외계층이 감히 대형 유리문을 열고 들어서기가 거북스럽게 칸막이해 버린 풍경이다. 게다가 쇠고기 등급 매기듯 인간을 세세히 분류하고, 신용등급이 안 되면 아예 서류조차 내지 못하게 하는 사회공헌 활동이 과연 따스한 미소를 전파할 수나 있을까. (〈조선일보〉, 2010a)

## 11장

# 기후와 자원의 보전

21세기 첫 10년의 가장 뜨거운 범세계적 논란거리는 아마도 기후변화였을 것이다. 사실여부와 대처방안을 두고 보수진영과 진보진영 사이에 갈등이 빚어지고, 나라 사이에 힘겨루기가 전개됐다. 이 장에서는 기후변화에 대한 논쟁과 대응방안을 조망한다. 주로 거시적, 포괄적인 문제를 다룰 것이며, 거기에는 자원과 에너지의 보전 문제도 포함된다. 기후변화 문제를 해결하는 과정에서 찾을 수 있는 혁신의 기회도 무궁무진한데, 이에 대한 구체적 논의는 12장으로 미룬다.

## 11.1 기후변화

기후과학의 각종 자료에 의하면 지구의 평균온도가 점차 상승하고 있는 것으로 보인다. 그리고 그 원인이 인간의 활동일 가능성도 상당히 높다. 기후의 변화, 구체적으로 지구온난화는 인간의 생활환경에 큰 변화를 초래할 것으로 예측된

다.[41]

## 1. 사실 및 인과관계

지구온난화에 대한 논란은 끝이 없고, 2010년대에 들어선 현재까지도 인류사회가
이 문제에 대해서 완전한 합의를 이루지 못하고 있다. 이는 사실관계가 똑 부러지
게 규명되지 않았기 때문이다. 기후변화가 인류사회에 미치는 영향의 배후에는 아
래와 같이 복잡한 인과관계의 순환고리가 자리 잡고 있다.

① 인간의 (경제)활동 → ② 대기 중의 온실가스 농축 → ③ 기후변화(지구온난
화) → ④ 자연환경 변화 → ⑤ 생태계에의 영향 → ⑥ 생활환경의 변화 → ⑦
(채택할) 대응방안 → ① 인간의 (경제)활동.

각각의 사실 및 사실 사이의 인과관계 중에서 확실하게 규명된 것도 있지만 대
부분은 개연성이나 막연한 추측에 머무르고 있다. 단편적 사실만으로 논쟁을 벌이
는 경우가 많아서 어찌 보면 '시각장애자 코끼리 만지기' 식인 측면이 있다.

### 인과관계의 확인

위의 연결고리 중에서 ①~③의 인과관계는 여러 경로를 통해 20세기 후반기에 확
인됐다. 대기 중의 온실가스 농축은 지구물리학자 찰스 킬링(C. Keeling)이 반세기

---

41 기후변화(climate change), 지구온난화(global warming), 온실가스(green-house gas, GHG)는 서로
  연결된 개념이다. 그 중에서 기후변화가 가장 포괄적인 개념이다. 처음에 기후 문제가 대두되었을 때에는
  '지구온난화'가 일반적인 용어로 쓰였으나 그 뒤에는 '기후변화'가 더 많이 쓰이는 경향이 있다. 이에 대
  해서 보수주의자들은 진보주의의 계략이 숨어 있다고 말하기도 한다. 2009~10년의 폭설과 한파를 "지구
  온난화 때문"이라고 설명하자니 모순이 느껴지기 때문에 용어를 '기후변화'로 바꾼 것이라는 주장이다.

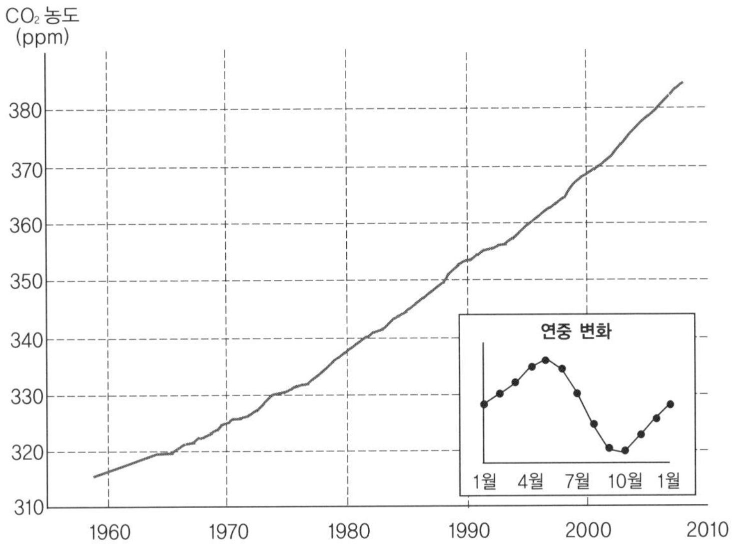


*하와이의 마누아 로아(Mauna Loa) 측후소에서 측정된 것이다. 이 일에 평생을 바친 학자의 이름을 따서 킬링 곡선(Keeling Curve)이라고 부른다. $CO_2$의 농도가 1960년대의 315ppm에서 2000년대의 385ppm으로 일관되게 상승했다.*
*자료: Wikipedia, 2010.*

에 걸친 측정으로 확인했다(〈도표 11-1〉). 그가 하와이의 측후소에서 1950년대에 처음 측정했을 때에는 대기 중의 이산화탄소(CO2) 농도가 310ppm이었는데 그가 작고한 2005년에는 이 농도가 380ppm이었다. 이대로 가면 21세기 말에는 이 농도가 560ppm에 이르러 산업혁명 이전에 수천 년 동안에 유지됐던 280ppm의 꼭 2배가 될 것으로 예측된다.

지구는 한순간도 쉬지 않고 태양열을 받는다. 일부는 즉시 반사하고 일부는 흡수했다가 도로 내뱉는다. 이산화탄소는 지구의 반사열 혹은 복사열을 차단함으로써 지구온도를 상승시키는 역할을 하며, 이 점은 과학적으로 입증됐다. 대기 중에 이산화탄소가 전혀 없다면 지구의 온도가 지금보다 아마도 33℃ 정도 낮을 것이다. 이처럼 대단한 온실효과를 가진 이산화탄소가 산업혁명 이후에 급격하게 증가한 원인으로 인간의 경제활동 말고는 달리 댈 것이 없다.

문제는 그 다음 단계부터다. 지구온난화가 기후와 생태계에 변화를 초래하는 것은 분명하지만, 그 방향과 정도는 겪어보지 않으면 알기 어렵다. 기온은 기후를 변화시키는 많은 요인 가운데 하나에 지나지 않으며 생태계는 스스로 대응할 능력을 갖고 있기 때문에 기후와 생태계가 구체적으로 어떻게 달라질지를 짐작하기 어렵다. 쉽게 말하여 정확한 예측은 인간의 능력 밖이며, 우리는 단지 개연성만을 말할 수 있을 뿐이다.

기후와 생태계가 변화할 '개연성'이 있다면 인류사회가 손 놓고 있을 수가 없다. 온실가스가 한번 농축되고 나면 되돌릴 수 없다. 원상회복에는 수백 년이 걸릴지도 모른다. 변화된 기후, 달라진 생태계에 인류가 적응할 수 있으면 모를까 그러지 못한다면 그것으로 인류사회는 종말이다. 이런 까닭에 되도록 비관적으로 판단하여 미리 대비할 필요가 있다. UN도 온실가스 배출을 감축하는 것이 '예비적 대처(precautionary measure)'임을 밝히고 있다(〈도표 2-1〉). 다만 어떤 대응책을 세우더라도 그것을 이행하자면 엄청난 대가를 치러야 하므로 엄정한 비용—편익 분석을 앞세울 필요가 있다.


## 온실가스의 원천

UN이 공식으로 정의한 온실가스에는 이산화탄소($CO_2$), 메탄($NH_4$), 아산화질소($N_2O$), 육불화황($SF_6$), HFCs, PFCs 등의 여섯 가지 기체 또는 기체군(氣體群)이 포함된다. 각 기체의 온실효과에는 상당한 차이가 있는데 상응하는 이산화탄소의 양을 '이산화탄소 등가치($CO_2e$)'라고 부른다. 예컨대 2000년대에 대기 중의 이산화탄소 농도는 385ppm 수준이지만 온실가스 전체 농도는 '430ppm $CO_2e$'다. 온실효과의 측면에서 여섯 가지 기체 중 이산화탄소의 점유율이 90%에 이르는 셈이다.

　최근에는 검댕(black carbon) 및 대기 중의 오존($O_3$)도 온실효과를 가져오는 것으로 부각되고 있다. 이들은 다른 온실가스처럼 농축되지는 않지만 끊임없이 배출되는 만큼 주목해야 하는 것이다.

　대기 중으로 온실가스가 배출되는 경로는 다양하다. 동식물의 숨쉬기에서 배출되는 이산화탄소, 습지나 배설물에서 나오는 메탄가스 등 자연적 현상에서 기인하는 배출도 있지만 절대 부분이 인간의 경제활동에서 기인한다. UN의 보고에 따르면 온실가스의 배출원천 가운데 에너지 사용이 전체의 61%, 토지변경 및 농업이 32%를 각각 점유한다(〈도표 11-2〉). 에너지 중에서도 화석연료의 비중이 전체의 50%를 상회한다. 용도별로 나누어 보면 동력생산이 절반 정도의 비중을 차지하고 그 뒤로 운송, 제조업 등의 순이다.

　도표에서 ‘토지 용도변경’이란 삼림을 다른 용도로 바꾸는 것을 말하는데, 두 가지 측면에서 문제가 된다. 하나는 벌채한 나무를 태움으로써 이산화탄소를 발생시키는 것이고, 다른 하나는 광합성을 통해 이산화탄소를 흡수할 식물을 벌채로 없애는 것이다. 〈도표 11-2〉에서 보듯이 공식 통계에는 토지 용도변경의 비중이 19%로 나와 있으나 이는 부정확한 수치이며, 최대 30%에 이를 것으로 추정되기도 한다. 열대우림의 훼손이 특히 관심사가 되는데, 예를 들어 아마존의 경우에는 2004년에만 300만 헥타르의 숲이 벌채되어 세계적으로 경각심을 불러일으킨 바 있다.


**범세계적 문제 제기**

자연환경에 대한 관심을 먼저 강조하고 그럼으로써 인류사회에 크게 영향을 미친 기구가 UN임은 재론의 여지가 없을 듯하다. UN은 1972년에 유엔환경계획(UNEP)이라는 전문기구를 창설한 데 이어 1987년에는 ‘지속가능 발전’이라는 개념을 정립하여 환경보전에 대한 범세계적 경각심을 일깨웠다. IPCC라는 과학연구 전담조직을 별도로 만든 것도 그 무렵이다.

## (a) 원천별 배출 비중(2000년 현재)

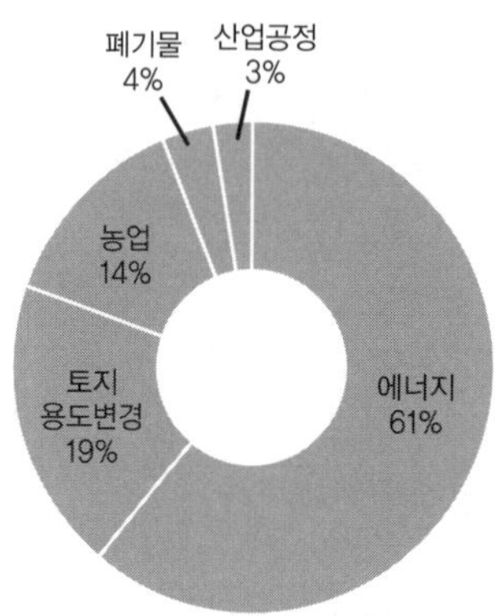



## (b) 국가별 인당/GDP당 배출량

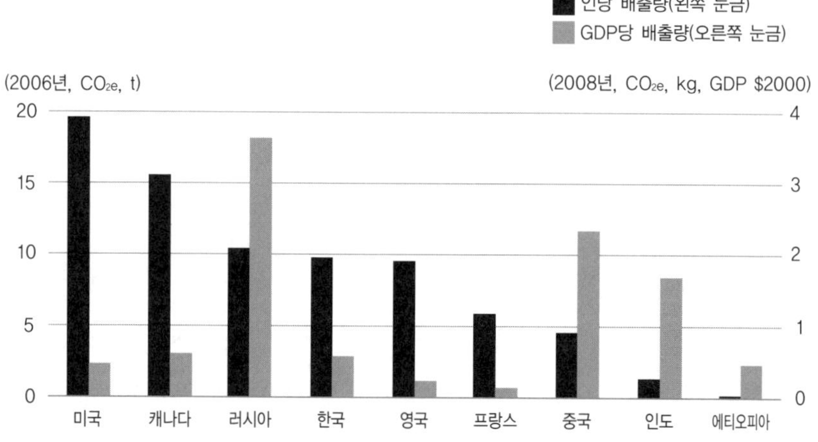

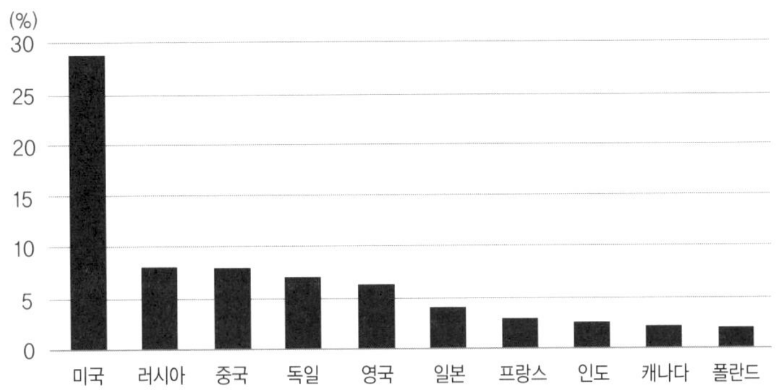




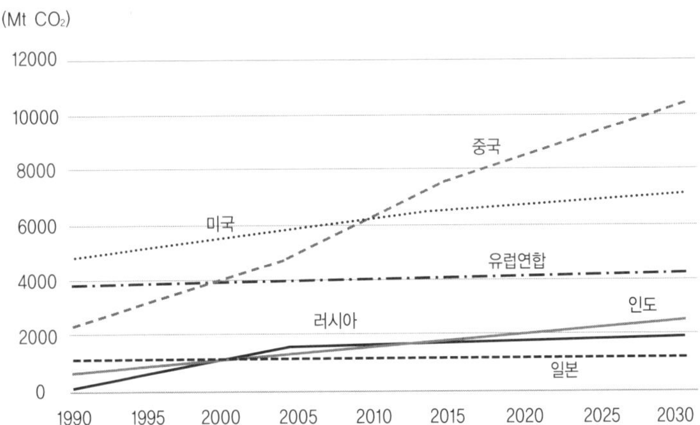


*자료: UNDP 2007, IEA 2010*

또한 UN은 1992년에는 브라질의 리우데자네이루에서 환경 정상회의를 개최하여 기후변화협약(UNFCCC)을 체결했고, 그 실천을 위해서 1997년에는 일본에서 교토의정서에 합의했다. 이로써 온실가스 감축을 위한 범세계적 노력의 기본골격이 처음으로 갖추어졌다. 2010년을 전후한 시점에는 UN이 교토의정서를 대체할 보다 강력한 국제협약을 만들기 위해서 동분서주했다.

온실가스 감축을 선도하는 입장에 있는 영국 정부는 2005년에 특별연구팀을 구성하고 1년에 걸쳐 기후변화에 대한 종합보고서를 작성하게 했다. 그렇게 해서 만들어진 〈스턴 보고서(Stern Review)〉는 매우 비관적인 전망을 내 놓았다. 2007년 벽두에는 IPCC가 〈기후변화 2007〉이라는 방대한 내용의 보고서를 발표했다. 그 뒤로 1년 내내 지구온난화는 세계적인 논쟁거리가 됐다. 이런 연유로 교토의정서에 참여하기를 거부했던 미국 정부도 온실가스 감축을 위한 범세계적 노력이 필요함을 인정했다. 그해 연말에는 지구온난화를 경고하는 활동을 줄기차게 벌였던 고어(A. Gore)와 IPCC가 노벨 평화상 공동수상자로 선정됐다. 이로써 기후변화는 기정사실로 굳어지고 일반인의 일상화제가 됐다.

## 2. 지구온난화의 영향

많은 경제학자들이 참여한 가운데 작성된 〈스턴 보고서〉는 인간의 활동에 변화가 없다면 지구온난화로 인해 장기적으로 매년 세계 GDP의 5~20%에 해당하는 경제적 손실이 있을 것으로 추정했다. 현상유지를 위해서는 온실가스의 80%를 줄여야 하는데, 그 비용은 GDP의 1%에 불과하다. 자연과학자의 의견을 중심으로 작성된 IPCC의 보고서는 기온이 상승하고 있음이 명백함을 강조한다. 기온이 측정되기 시작한 1850년 이후로 평균온도가 가장 높았던 12개년 중 11개년이 1995~2006년에 속한다. 1906~2005년의 100년 동안에 평균기온이 0.74°C 상승한 데 비해 향후 100년 동안에는 평균기온이 3°C나 높아질 것으로 IPCC의 보고서는 예측한다.

지구의 온도가 높아지면 기상조건과 자연환경에 여러 가지 변화가 일어난다. 추위와 서리는 줄어들고 더위와 열파(熱波)는 증가한다. 가뭄이 극심해지고 전체적으로 강수량이 줄어드는 대신에 대홍수가 잦게 된다. 바닷물 온도의 상승으로 폭풍은 '태풍 매미' 혹은 '허리케인 카트리나' 처럼 더욱 난폭해진다. 남극, 그린란드, 고산지대의 빙하가 빠른 속도로 녹고, 그리하여 해수면이 상승한다. 육상의 얼음이 절반만 녹아도 평균 해수면이 6m나 상승한다. 얼음은 태양열을 반사하지만 물은 태양열을 흡수하므로 해수면의 상승은 지구온난화를 더욱 촉진한다.

생태계에도 대변화가 온다. 북극곰이 멸종되고, 양서류의 30%, 포유류의 20%, 조류의 10%가 멸종된다. 증가된 이산화탄소로 인하여 바닷물이 산화되고 해양생태계, 특히 산호초가 심각한 손상을 입는다. 생태계의 변화는 말라리아와 같은 역병이 창궐하게 만들고, 작물에 대한 병충해도 심각해진다.

해수면이 높아지고 자연재해, 병질환, 병충해가 늘어나면 많은 사람들이 생활의 근거를 잃게 된다. 인류의 생활이 완전히 달라지고 장래를 장담할 수 없게 된다. 더 이상 예전 같지 않게 되는 것이다. 앞에서 소개한 찰스 킬링의 아들이자 기후과학자인 랠프 킬링(R. Keeling)은 다음과 같이 말한다.

아이들과 관찰 나들이를 할 때면 나는 그 아이들이 나이가 든 뒤에는 많은 것이 없어질지도 모른다는 사실을 깨우쳐 주곤 한다. "장관인 이 수풀이 사라지기 전에 실컷 보아 두어라. 국립공원의 빙하가 소멸되기 전에 실컷 감상해라." 그러고 보니 우리가 할 수 있는 일은 지금 가지고 있는 것을 기록하고, 감상하고, 그것들에 작별을 고하는 것이 고작이다. (NYT, 2010h)

## 3. 지구온난화 대응방안

인류의 경제활동으로 말미암아 온실가스가 점점더 많이 쌓이고 지구온난화가 급속하게 진전되고 있다면 대책을 세우는 것이 '합리적 인간'으로서 당연히 해야 할 일이다. 이와 관련하여 크게 네 가지의 대책을 생각해 볼 수 있다.

첫째, 온실가스의 배출을 줄이는 일이다. 이에는 필수적으로 경제활동의 위축이 따른다. 둘째, 대기 중의 온실가스를 붙잡아 들이는 방법이다. 이는 기술적으로는 가능하지만 경제성의 측면에서 아직 그 실현이 요원하다. 셋째, 지구에 도달하는 태양열의 일부를 우주공간으로 반사해 버리는 방법이다. 이런 방법에 대한 연구는 이제 막 태동한 지구공학이라는 학문분야에 속한다. 넷째, 변화된 생태에 적응하는 일이다. 지금도 인류는 영하 40°C와 영상 40°C 사이에서 살고 있는데 거주지역마다 여건이 각양각색이지만 잘 적응하고 있다.

가능한 방안 중에서 선택하는 일은 장기적이고 차분한 과학적, 기술적, 경제적 분석을 전제로 해야 한다. 각종 대안을 수립한 뒤 실행에 옮기기까지의 시간격차가 크므로 각 문제의 시급성 정도가 감안되어야 함은 물론이다. 위의 네 가지 방안 중에서 온실가스 감축에 관한 것은 제도와 관련되는 사항이므로 여기서 짚어보도록 하고, 나머지 방안은 기술개발과 관련된 문제이므로 12장에서 다루기로 한다.


## 온실가스 감축과 그 대가

지구온난화 문제의 해결이 시급하다면 당장 실천할 수 있는 대응방안은 온실가스를 감축하는 것뿐이다. 이 밖의 다른 방안은 대부분 기술개발의 초기단계에 있으므로 그 효과를 확인할 수 없는데다가 잘해야 부분적 대책에 지나지 않을 것이기 때문이다.

아마도 이런 이유로 '국가별로 온실가스 감축 목표를 할당하여 시행하는 방향'으로 국제적 합의가 이루어졌을 것이다. 교토의정서가 이런 방향의 범세계적 노력이 최초로 거둔 성과물이다. 이에 대해서는 2절에서 상론한다.

다만 어떤 경우에도 잊지 말아야 할 것이 있다. 그것은 세상에 공짜는 없으므로 '온실가스의 감축에는 희생이 따른다'는 점이다. 기후변화가 인류사회의 화두로 떠오른 것은 그것이 인간의 행위로 말미암아 초래되었기 때문이다. "온실가스를 감축하자"는 말은 "인간의 행동양식을 바꾸자"는 말과 같다. 보다 구체적으로 말하면, 온실가스를 감축하자면 각국의 경제활동이 위축될 수밖에 없다. 경제성장과 지구온난화 방지가 상충관계에 있는 것이다.

온실가스 배출을 줄여가는 속도에 대해서는 늦어도 2050년에는 배출량이 1990년에 비해 절반 이하가 되도록 해야 한다는 것이 대체적인 의견이다.

### '부정(否定)쟁이'

여러 국제기구 중에서 UN이 기후변화 문제를 떠맡게 된 것은 우연이 아닌 것으로 보인다. UN은 그 성격상 진보주의 성향을 가질 수밖에 없기 때문이다. 다른 한편으로 서구의 보수진영이 온실가스 감축방안에 대해 반대해 온 데도 역시 그래야 할 만한 사정이 있는 것으로 보인다. 온실가스를 감축하려고 하면 생산활동이 위축되어 기업이 큰 타격을 입기 때문이다. 감축 반대파의 반발이 만만치 않았기에 그들에게 '부정쟁이(deniers)'라는 경멸조의 별명이 붙여지기도 했다.

다수의 경제학자는 〈스턴 보고서〉의 비용—편익 분석에 지나치게 낮은 할인율(연 1.5%)이 이용되는 바람에 피해가 부풀려졌다고 말한다. 온실가스 감축계획에 대한 반대파는 IPCC 등이 내놓은 숫자를 그대로 신뢰하지 않는다. 자료가 자의적으로 인용됐고, 결론은 다분히 과장됐으며, 인과관계에 대한 설명이 왜곡됐다고 말한다. "고어(A. Gore)가 내놓은 영화 〈불편한 진실〉은 기록물이 아니라 선동(propaganda)일 뿐"이라고 말하기도 한다(Econ, 2007c).

지구온난화론자들의 주장과 달리 2007년에 남극해의 빙하는 기록되기 시작한 뒤로 최대량으로 불어났다. 북극곰의 개체수가 최근에 눈에 띄게 줄어든 것도 아니고, 설령 많이 줄어들었다고 해도 그 원인은 해빙이 아니라 인간의 사냥이다. 킬리만자로의 눈이 녹은 것은 기온상승 때문이 아니라 태양의 복사열과 아프리카의 가뭄 때문이다. "2003년에 유럽에서 3만 5천 명이 열파 때문에 죽었다"고 주장하는 사람들이 있지만, 얼어 죽는 사람은 매년 그보다 7배나 더 많다.

경제학자 허바드(G. Hubbard)는 지구온난화의 과학적 근거가 없고, 그에 대한 대책으로 제시된 방안들은 경제적 타당성이 없다고 본다. 지구온난화는 중세에도 있었고, 그 때문에 마야문명이 종말을 고하기도 했다. 그렇다고 그것이 세상의 종언(終焉)은 아니었다. 기후변화에 대한 대책은 마련할 필요가 있긴 하지만 시간을 두고 종합적으로 진행해야 한다고 그는 주장한다.

앨라배마 대학의 지구과학센터 소장이면서 IPCC 연구진의 일원인 크리스티(J. Christy)는 여러 사실 간의 인과관계를 똑 부러지게 말할 수 없다고 말한다. 기후에 영향을 미치는 요인은 수만 가지이므로 며칠 앞의 날씨도 정확하게 알 수 없다. 하물며 100년 후의 일을 어찌 알 수 있으랴. 우리가 우려하는 해수면 상승과 빙하 감소 등의 현상은 과거에도 있었다. 생태계는 쉼 없이 변화한다. 인간을 포함한 지구상의 생물은 적응력이 뛰어나서 쉽게 멸종하지 않을 것이다.

위에서 소개한 부정쟁이들의 의견에는 상당한 근거가 있다. 게다가 온실가스 감축론자들의 실수도 있었다. 2009~10년 겨울의 폭설과 한파를 포함한 자연의 모든 재해와 예상하지 못한 현상의 원인으로 지구온난화를 습관적으로 지목한 것이 그들의 실수 가운데 하나다. 오죽하면 "아침에 배우자의 잔소리가 유난히 심한 것도 지구온난화 때문"이라고 말할 지경이 됐겠는가. 2009년에는 IPCC 연구원들이 과학자답지 못한 행동을 했음이 밝혀져 신뢰를 잃었다. 그들이 그동안 자료를 자의적으로 인용했을 뿐만 아니라 이메일을 주고받으면서 여론몰이까지 시도했다는 사실이 밝혀진 것이다.

이런저런 이유로 온실가스 감축론을 두고 '상상을 초월하는 다중의 미망(迷妄)과 광적 행동'[42]의 대표적 사례라고 꼬집는 이도 있다(WSJ, 2007f).


**코펜하겐 공감사항**

종합해 보면, UN이 주도하는 온실가스 감축 운동의 필요성을 부인할 수는 없다.

그러나 UN의 연구결과는 확실성보다는 '높은 개연성' 을 말해줄 뿐이고, 그와 관련해 제시된 대책은 '예상되는 재해에 대비하기 위한 보험' 의 성격이 강하다. 물론 인류 전체의 사활이 걸린 일을 놓고 보험에 들지 않는다면 그것이 오히려 이상하다고 해야 할 것이다.

다만, 허바드의 주장대로 여러 사항을 종합적으로 고려해야 한다. 우선 현실성의 문제가 있다. 예컨대 아프리카의 여러 빈국의 입장에서는 오늘 내일의 생존이 시급한 문제다. 그러므로 만약 온실가스 배출 감축이 그런 국가의 경제성장을 심각하게 저해한다면 그들에게 그것을 실천하라고 말할 수가 없다. 오늘이 없으면 내일도 없기 때문이다.

경제적 의사결정은 모두 한정된 자원의 배분에 관한 것이고, 그 기본원리는 비용—편익 분석의 결과에 따르는 것이다. 개인의 의사결정에서 경제적 분석이 생략되는 경우는 드물다. 그러나 공공정책의 결정에서는 왕왕 경제적 분석이 소홀히 취급되기도 한다. 본시 정책이란 말 그대로 정치적 결정이며, 감성에 의존해 결정되는 일이 흔하다. 따지고 보면 온실가스 감축을 둘러싼 범세계적 논쟁도 정치적인 측면을 강하게 지니고 있다.

만약 지금 백지에서 다시 출발한다면 어떻게 될까? 결론이 많이 달라질지도 모른다. 실제로 이런 접근방법을 추구하는 프로젝트가 있다. 덴마크의 정치경제학자인 롬보리(B. Lomborg)의 주도로 만들어진 '코펜하겐 공감사항' 이 대표적이다. 여기에는 노스(D. North)와 먼델(R. Mundell)을 포함한 저명한 경제학자들이 참여하고 있다.[43] 이들은 2004년부터 세 차례의 회합을 가지면서 공감사항을 정리하여

---

42 이는 튤립 투기의 광풍과 같은 역사적 사례를 해부하고 비이성적 군중심리를 경계하는 내용으로 19세기에 출판된 서적의 표제(Extraordinary Delusions and the Madness of Crowds)를 옮긴 것이다.

43 '코펜하겐 공감사항(Copenhagen Consensus)' 은 민간부문의 노력이다. 이는 2009년 말에 UN의 주도로 개최된 회의에서 미국, 중국, 인도, 브라질, 남아프리카공화국 등의 국가가 비공식으로 만든 '코펜하겐 합의(Copenhagen Accord)' 와는 다른 것이다.

발표했다. 그 기본원칙은 첫째는 유한한 자원을 인류가 당면한 여러 과제에 배분하는 일에서 분명한 우선순위가 정해져야 한다는 것이고, 둘째는 선택된 과제를 해결하는 일에서는 비용과 편익을 비교분석한 다음에 가장 경제적인 대안을 골라야 한다는 것이다.

2008년에 열린 2차 회합의 결과에 따르면, 인류가 당면한 30개의 과제 중에서 우선순위 1위가 영양결핍 아동에게 비타민을 공급하는 일이고 2위는 도하라운드(DDA)의 타결이었다. 저탄소 에너지 개발은 14위, 이산화탄소 배출 감축기술 개발에 대한 투자는 29위였다. 온실가스 감축을 위한 직접투자는 30위였다. 2009년의 회합은 지구온난화에 대한 대책에 초점을 맞추었는데, 이때 제시된 다섯 개의 대안은 모두 연구개발에 관한 것이었고, 교토의정서에 규정된 온실가스의 직접 감축은 포함되지 않았다.

## 변화된 기후에 적응

코펜하겐 공감사항에 참여한 석학들도 지구온난화를 부정하지는 않는다. 다만 위기를 과장하는 것은 인류의 번영에 도움이 되지 않으며, 서두르다 보면 엉뚱한 대안을 추구하게 된다는 입장이다. 인류의 복지에 기여한다는 측면에서는 아동의 건강 개선, 유행병 치료, 마실 물 공급 등을 위한 사업이 온실가스 감축을 위한 노력보다 50~200배 경제적이라고 그들은 주장한다. 그에 비해 교토의정서 방식은 실천에 옮겨진다고 해도 예를 들어 2100년에 일어날 일을 2104년으로 늦추는 정도의 미미한 효과밖에 기대되지 않는다는 것이다.

사실 문제의 근원은 지구온난화 그 자체에 있다기보다는 그것이 인류생활에 미치는 악영향에 있다. 이런 미래의 악영향을 방지하기 위해 오늘 치러야 하는 희생이 너무 크다면 '손해 보는 장사'가 될 수도 있다. 지구온난화가 초래할 것으로 지적되는 각종의 병폐 중에는 생활수준이 향상되면서 저절로 사라질 것도 있다. 저개발국에 만연하곤 하는 말라리아를 퇴치하는 데는 온실가스 배출 감축보다는 경제개발을 통한 소득수준 향상이 더 유효하다.

롬보리(B. Lomborg)는 온난화를 막기보다는 온난화된 환경에 대응하는 방안을 강구하는 것이 오히려 경제적이라고 줄기차게 주장한다. 바다 속으로 가라앉을 몰디브 등을 구조하기 위해 범세계적으로 온실가스를 감축하는 노력을 기울이기보다는 해당 지역 주민으로 하여금 주거지를 이전하게 하는 것이 훨씬 경제적이라는 것이다. 사실 동사자의 수가 더위 때문에 죽는 사람의 수보다 비교조차 안 될 정도로 많은 것이 현실이고 보면 온난화가 전체적으로 꼭 나쁜 것인지도 확언할 수 없다.

대부분의 생물체는 변화하는 환경에 비교적 잘 적응한다. 따지고 보면 '진화(evolution)'란 곧 적응과정이다. 인간도 예외가 아니다. 아프리카의 갓난아이는 아침, 저녁의 쌀쌀함도 견디지 못해 털모자를 써야 하지만 한국의 갓난아이에게는 그런 정도의 쌀쌀함은 전혀 문제가 되지 않는다. 장래에 지구가 어느 정도 온난화된다 해도 인류가 의외로 쉽게 적응할 수 있을지도 모른다. 지난 2세기 동안 미국의 농민들은 농산물 수요의 증가에 대응하여 밀, 옥수수, 면화 등의 경작지를 끊임없이 개척하여 넓혀 왔다. 종자개량과 농법개선을 통해서 불모지를 옥토로 바꾸기도 했고, 그 과정에서 2~5℃ 정도의 온도차이는 어렵지 않게 극복했다. 그와 같은 인류의 환경적응력이 어느 날 갑자기 사라지리라고 믿기는 어렵다(Olmstead, 2010).


## 11.2 온실가스의 감축

이성적으로 따지면 코펜하겐 공감사항이 올바른 방향일지도 모른다. 그러나 세상의 일을 결정하는 것은 정치이고, 정치는 현실이다. 1990년대부터 2010년대 초까지 지구온난화에 대한 범세계적인 대책은 온실가스 배출을 줄이려는 노력이 전부였다. 그러한 노력의 핵심적 결정체는 교토의정서이지만, 이것은 제대로 실천되지 않았을 뿐만 아니라 그 효력이 종식되는 2012년을 코앞에 둔 시점까지도 그 후속 조치가 결정되지 않았다.

## 1. 교토의정서

UNFCCC 협약을 실천하기 위한 구체적 절차의 하나로 1997년에 마련된 것이 교토의정서(Kyoto Protocol)다. 개발도상국을 제외한 37개 선진국에 온실가스 배출량을 1990년 수준에서 5% 감축하는 의무를 부과한 것이 그 핵심이다. 개별 국가의 사정을 감안하여 EU 8%, 미국 7%, 러시아 0%로 감축비율을 차등화하고 호주에 대해서는 오히려 8%의 증가를 인정했고, 그 적용기간은 2008~2012년으로 정해졌다. 한도에 여유가 있는 국가와 그렇지 못한 국가가 온실가스 배출권을 매매할 수 있도록 배출권 거래제도(ET)도 도입했다.

교토의정서의 특징으로 또 하나 꼽을 수 있는 것은 CDM, JI 등의 이름으로 감축의무의 대체이행을 허용한 점이다. 예를 들어 특정 기업이 개발도상국에서 온실가스를 감축하면 그만큼이 그 기업의 출신국가가 올린 실적으로 인정된다.[44] 개발도상국의 자체적 감축실적(carbon credit)을 매매하는 거래도 가능하다.

교토의정서는 37개 대상국에는 감축의무를 부여하고, 여타 서명국에는 인센티

---

[44] 여기서 사용된 용어의 영어 표기와 의미는 다음과 같다. 배출권 거래제도(Emissions Trading, 속칭 cap-and-trade system): 배출권을 수요, 공급의 사정에 따라 당사자끼리 매매할 수 있게 하는 제도다. 청정개발 체제(CDM, Clean Development Mechanism): 선진국이 개발도상국에서 배출감축에 노력한 부분을 대체실적으로 인정하는 것이다. 공동 이행체제(JI, Joint Implementation): 선진국 사이의 공동노력을 말한다. 공인 배출감축 실적(CER, Certified Emission Reduction): CDM에 의거해 개발도상국에서 이루어진 대체이행의 공인된 실적이다. JI에 의한 실적은 배출감축 단위(ERU, Emission Reduction Unit)라는 별도의 이름으로 불린다.

브를 부여한 것이다. 그러나 그것은 출발부터 삐거덕거렸다. 2001년에 미국이 탈퇴를 선언했기 때문이다. 미국과 공동보조를 취하던 호주가 2007년 말에 교토의정서를 비준함으로써 미국을 제외한 나머지 36개국에 대한 공식적인 관리가 2008년부터 개시됐다. 그런데 EU처럼 이행실적이 좋은 곳이 있는가 하면, 캐나다처럼 이행실적이 부진한 나라도 있다. 교토의정서에는 위반국가에 대한 제재장치가 없기도 하지만, 미국이 빠진 국제협약이 강제성을 띠기도 어렵다. 결국 당사국의 선의에 의존할 수밖에 없게 됐다. 미국은 2007년을 기점으로 감축의 원칙에 동의했고 온실가스 관련 법안 제정을 몇 차례 시도했으나 2010년 말까지 의회를 통과하지 못했다.

## 감축제도의 기본요소

온실가스의 배출량과 그 감축의 정도를 나라별로 관리하는 것은 이해관계가 민감하게 얽힌 문제일 뿐만 아니라 기술적으로도 매우 어려운 일이다. 이에는 몇 가지 기본요소가 전제돼야 한다.

첫째, 지구 전체를 놓고 국가별 기준연도, 목표연도, 배출량, 감축속도 등에 대한 합의가 이루어져야 한다. 이는 경제성장 속도와 밀접한 관련이 있다.

둘째, 배출한도를 국가별로 배정해야 하는데 그 기준을 설정하기가 매우 어렵다. 한 나라 안에서도 기업 사이에 배정하는 문제는 골칫거리다.

셋째, 운영상의 신축성이 필요하다. 공간적 대체이행을 허용하는 것은 물론이고 시간적으로 이행시기를 조정하는 것도 바람직하다. 예컨대 특정 기업이 배출권을 앞당겨 사용하거나 다음 해 이후로 이월할 수 있도록 해야 한다. 이는 마치 자금을 대출하거나 예치하는 것과 비슷한 것이다.

넷째, 온실가스 배출량을 측정하고 확인하는 시스템을 확립해야 한다. 한 나라를 놓고 보더라도 배출의 원천은 수없이 많고 다양하다. 게다가 기체는 눈에 보이지 않는다. 일일이 정확하게 측정하고 확인하는 것은 쉬운 일이 아니다.

다섯째, 배출권 거래 시스템을 구축하는 것이 필요하다. 경제학적 관점에서 보면 거래제도를 갖추는 것은 효율적 자원배분의 필수요소다.

**배출권 거래제도**

교토의정서의 정신에 입각하여 EU는 2005년에 배출권 거래체제(EU ETS)를 갖추었다. 아직은 시험단계라고 할 수 있지만, 온실가스 감축에 대한 관리가 본격화되면 이 체제를 통한 거래가 자연히 활성화될 것이다. 미국은 이산화탄소 거래제도의 도입에 실패했지만 유사한 거래제도는 이미 가지고 있다. 예를 들어 1995년부터 시카고거래소(CBOT)에서 이산화황 배출권이 매매되고 있다. 그 밖에 온실가스 거래를 위해서도 시카고 기후거래소(CCX) 등에 의한 지역 단위의 시도가 있었다.

배출권을 매매하는 당사자는 기업이나 중개상이다. 매매의 대상은 배정된 배출한도 가운데 사용되지 않은 잔량과 CDM이나 JI 프로그램에 의한 감축실적(credit)이다. 각국 거래소에서 국적을 제한하지 않기 때문에 배출권의 국제이동이 가능하다. 개발도상국에서 실시되는 대체 프로그램의 적정성은 유엔이 정한 절차에 따라서 인증(CER)을 받아야 한다.

## 2. 온실가스 배출세

온실가스를 감축하기로 방향이 잡힌 뒤에 선택할 수 있는 방법에 배출한도 설정만 있는 것은 아니다. 대부분의 경제학자는 배출량을 직접적으로 통제하기보다는 배출세를 부과하되 배출량은 기업의 판단에 맡기면서 간접적으로 조절하는 방안을 선호한다.

수량을 직접 통제하려고 하면 산업별, 기업별 미시적 정보가 필요할 뿐만 아니라 한도배정 과정에 거의 틀림없이 정치적 입김이 작용하게 되고, 부정부패도 따른다. 배출한도는 곧 이권이기 때문이다.

이와 달리 세금을 통한 간접조절은 정부 차원에서 배출총량만 설정하고 기업별 한도배정은 시장에 맡기는 것이다. 실제로 배출되는 총량이 목표량보다 많으면 세금을 올리고 적으면 내리는 방법으로 배출총량 목표를 달성할 수 있기 때문이다. 이 방법은 모든 절차가 더없이 간결하고 투명하며 부정이 끼어들 소지가 전혀 없다. 사실 미시적 행위통제보다는 거시적 총량제한이 훨씬 효율적임은 모든 정부정책에서 공통적으로 관찰된다(〈사례 11-1〉).

그럼에도 현실에서는 행위에 대한 직접통제가 더 일반적이다. 그 이유는 행위통제에는 비용이 드러나지 않고 숨겨지기 때문이다. 즉 온실가스 배출한도를 설정하면 추가비용의 부담이 없는 것처럼 보인다. 더구나 공급중시 경제학이 득세한 이후로 서구에서 '세금 도입'이나 '세율 인상'은 정치인에게 금기어(禁忌語)나 마찬가지가 됐다. 이러저러한 이유로 상대적으로 비효율적인 직접통제 방안이 오히려 더 흔히 채택된다. 온실가스 감축의 경우도 같은 원리에 의해서 배출세 부과보다는 배출한도 배정으로 가닥이 잡혔다.

## 물가상승

정부가 대가를 징구하지 않고 배출권을 배정하면 아무런 비용부담이 없는 것처럼 보이지만 실제로는 그렇지 않다. 우선, 물가가 당장 상승한다. 수량제한으로 공급이 위축되기 때문이다. 다음으로, 정부가 배출세에 해당하는 만큼 다른 세금을 줄일 수 있는 여지가 없어지기 때문에 결과적으로 기업의 비용이 증가한다. 배출권 거래제도를 도입하는 경우에는 거래절차를 이행하는 데 드는 비용이 추가된다. 한도가 무료로 배정된다고 해서 그것이 실제로 공짜인 것은 결코 아닌 것이다.

실제로 유럽에서는 2005년에 ETS가 설립된 뒤로 2년 사이에 전력요금이 5~10% 상승했고, 10년 안에 그 상승폭이 40%까지 확대될 것으로 예상된다.

〈도표 11-3〉은 온실가스의 배출을 줄이기 위한 배출한도 설정 방안과 배출세 부과 방안을 대비해본 것이다. 사회후생의 측면에서 배출세가 나음을 이 도표에서 쉽게 알아볼 수 있다. 배출수요 곡선으로 표시된 우하향 곡선은 개별 기업이 온실가스 배출에서 얻는 한계생산을 나타낸다.[45] 배출이 자유로울 때에는 배출에 대한 대가의 지불이 없으므로 A, B 두 기업은 각각 $E_A$, $E_B$ 만큼 온실가스를 배출한다.

이제 배출량을 규제하고자 두 기업에 동일한 한도 $C_0$를 책정할 수 있다. 그러면 각각의 기업은 회색부분만큼의 이윤창출 기회를 상실하고 그것이 곧 생산물 감축으로 인한 사회후생의 축소가 된다. 정부가 한도 대신에 배출세를 도입할 때에 세율을 적절히 조정하면 배출량을 동일하게 할 수 있다. 즉 $C_0+C_0=C_1+C_2$가 되게 세율을 결정하는 것이다. 사회후생의 감축규모를 같은 방법으로 측정하여 비교하면, 배출세의 경우가 배출한도보다 언제나 유리하다(〈도표 11-3〉).

수량규제가 지닌 또 하나의 문제점으로 정부가 개별 기업의 상황을 일일이 정확하게 파악해야 한다는 것을 들 수 있다. 그림에서 만약 $C_0$가 $E_A$보다 크다면 그 한도는 아무런 의미가 없다.

현실에서 가장 어려운 일은 정부가 배출한도를 산업별, 기업별로 할당하려고 할 경우에 부닥치게 되는 문제다. 누구나 공감할 만한 객관적 할당기준은 처음부터 존재하지 않는다. 그러다 보니 제일감이 과거실적을 기준으로 삼는 것인데, 이는 1970년대에 실시된 섬유수출 쿼터 배정에서 사용됐던 방법이기도 하다. 그런데 이 방법은 환경친화적인 착한 기업을 벌주는 것이나 다름없다. 환경보전에 대한 책임감이 강한 기업은 온실가스 감축시설에 미리 투자하여 애초에 배출량이 적을 것이기 때문이다. 한도 거래제가 실시되고 있는 EU에서는 한도 할당을 예상하여 미리부터 온실가스의 배출량을 늘리는 역선택(counter-selection)의 사례도 보고된 바 있다. 배출한도 자체가 큰 이권이 되다 보니 부정한 방법을 동원하거나 로비를 통하여 한도를 확보하려는 행위가 언제나 따른다. 여기서 어쩌면 해결하기 힘든 국가적 분란이 생길 수도 있다.

한도 할당제의 부작용을 막기 위해서 등장한 아이디어로는 배출권 거래제도, 배출권 경매제도 등이 있다. 배출권 거래제도가 완벽하게 운영된다면 배출이 사회후생에 미치는 효과를 배출세와 동일하게 만들 수 있다. 즉 〈도표 11-3〉 (a)에서 기업 A가 기업 B에 배출권을 매도하게 됨으로써 결과가 (b)와 똑같이 나타난다. 다만 배출권 매도 수입이 정부가 아닌 기업의 몫이 된다는 점이 다르다. 배출권 경매제도는 부정의 소지가 줄어들고 정부의 수입이 증가하게 된다는 측면에서는 배출세와 동일하다. 다만 정부의 세입이 조세가 아니고 경매대금 형식이어서 공짜처럼 인식되고 낭비될 소지가 크다.

---

45 온실가스 한계생산 (marginal product of GHG emission): 기업이 온실가스를 배출하는 이유는 생산활동을 통해서 이윤을 창출하고자 함이다. 예컨대 1톤의 이산화탄소를 추가로 배출하여 1억 원의 이윤을 창출한다면 그것이 바로 온실가스 배출의 한계생산이 된다.

**(a)배출한도**

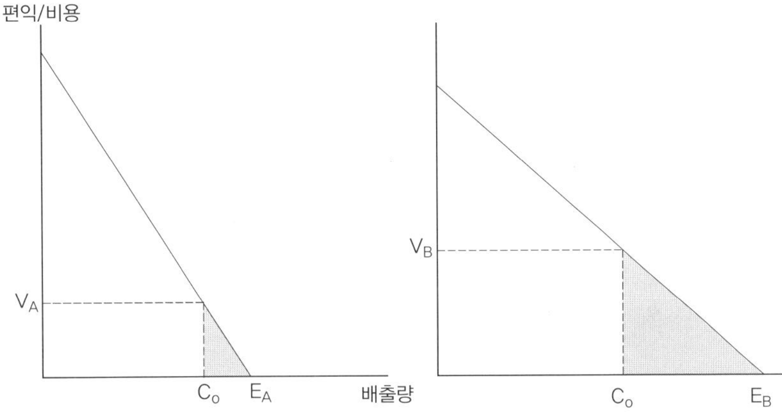


**(b)배출세**

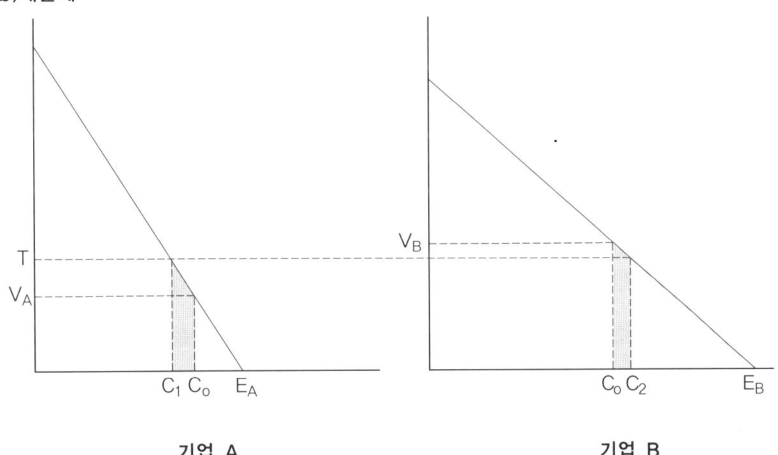


주: ① 배출한도 $C_o$가 도입되면 A, B는 각각 (a)의 회색부분만큼 가치생산을 축소함.
　② 배출세 T가 부과되면 이것이 곧 배출의 한계비용이 되고, 그래서 생산활동 및 배출량 측면에서 A는 $C_o$보다 줄이고($C_1$), B는 늘림($C_2$).
　③ $\overline{C_1C_o} = \overline{C_oC_2}$가 되도록 배출세를 조정하면 온실가스 배출총량은 동일하지만, A기업이 추가로 축소한 가치보다 B의 추가생산이 언제나 큼((b)의 회색부분).

## 3. 현실적 딜레마

2011년 현재 세계는 온실가스 감축 문제에서 진퇴양난에 빠진 듯하다. 감축을 하는 데는 모두가 공감하지만 실행방안이 마땅치 않은 탓이다. 교토의정서의 종료가 코앞에 닥쳤지만 대책이 없다. 사안의 성격상 수없이 많은 딜레마가 있는데 그 해결은 매우 어려운 숙제다.

### 공유지의 비극

온실가스 배출은 대표적인 '외부 비경제' 의 사례다. 그리고 바람직하지 않은 결과가 초래될 수밖에 없다는 점에서 '공유지의 비극' 이라는 논리가 적용된다. 지구의 대기는 모든 나라, 모든 기업, 모든 가계가 공유한다. 누군가가 온난화 방지를 위하여 비용을 지출한다면 그 비용은 지출한 당사자 자신의 부담이지만 그에 따른 온난화 방지의 혜택은 모두가 공유한다. 자발적으로 온실가스 배출을 줄이고자 하는 유인이 생기지 않는 까닭이 바로 여기에 있다.

앞에서 지구온난화가 초래할 수 있는 비극을 여러 가지로 소개했다. 막상 그런 일이 실제로 닥치면 피해를 입을 사람들은 아프리카의 빈민이지 서구의 부유층이 아니다. 그런데 비극의 원인은 대부분 서구의 부유층이 제공한다. 〈도표 11-2〉의 (b)에서 보듯이 일인당 이산화탄소 배출량이 미국은 19.0톤인 데 비해 에티오피아는 0.1톤에 불과하다. 그런데 지구온난화의 피해는 고스란히 에티오피아인에게 돌아간다. 미국인은 웬만한 기후변화가 있어도 큰 어려움 없이 대응할 수 있지만 에티오피아인에게는 그럴 능력이 없다. 이처럼 미국인이 지구온난화의 원인을 제공하고 있지만 그들로 하여금 행동을 바꾸게 할 유인은 미미하다.

### 과거와 미래

온실가스 감축 문제를 둘러싼 여러 형태의 갈등 중에서 아마도 국가간 이해관계의 갈등이 가장 다루기 어려울 것이다. 누구나 수긍할 합리적 기준이 없고, 객관적 입장에서 중재해 줄 영향력 있는 국제기구도 없기 때문이다. 그래서 온실가스의 배출한도를 나라 사이에 할당하는 일은 특히 어렵다.

UN의 기본방향은 나라별로 한도를 배정하는 것이다. 그런데 이렇게 하는 데는 원죄에 대한 논란이 따르지 않을 수 없다. 선진국은 산업화를 먼저 시작했고, 따라서 지금까지 대기 중에 농축된 온실가스의 대부분은 선진국이 배출한 것이다. 이런 측면에서 역사적으로 보면 미국에 29%, 중국에 8% 정도의 책임이 있다(〈도표 11-2〉).

그렇다고 개발도상국 모두를 예외로 인정할 수도 없다. 연간 온실가스 배출량에서 중국은 2007년에 이미 미국을 앞질렀다. 중국의 배출증가 속도는 앞으로도 상당기간 다른 나라의 추종을 불허할 것으로 예상된다. 인도도 중국과 비슷한 입장에 놓여 있다. 그래서 미국은 온실가스 감축에 관한 국제 논의에서 언제나 중국과 인도의 동참을 전제조건으로 제시한다. 사실 신흥 경제대국의 동참이 없으면 지구온난화 방지를 위한 노력은 성과를 거두기 어렵다.

현실에서도 이 점이 바로 갈등의 핵심이다. 미국은 2001년에 교토의정서에서 탈퇴할 때 중국과 인도가 가입하지 않았다는 것을 이유로 댔다. 반면에 중국과 인도는 경제적 후생을 향유할 권리의 측면에서 만인이 평등해야 한다는 주장을 내세운다. 이 두 나라는 당분간 고속의 경제성장이 불가피한 만큼 배출한도 할당에서 특별히 배려해 달라는 입장이다.


## 온실가스 생산성

배출한도 배정기준과 관련해서는 국가별 설정 외에도 다양한 방법이 제안되고 있다. 인간은 모두 평등하다고 본다면 '일인당 배출량'을 동일하게 정하자고 주장할 수도 있다. 그렇지만 이것은 현실성이 없고, 자칫 비인간적인 결과를 낳을 수도 있다. 온실가스 배출은 생활양식 및 문화와 밀접한 관련이 있기 때문이다. 미국인이 중국인이나 에티오피아인과 동일한 수준의 에너지를 소비할 수는 없는 일이다. 미국인에게 자동차를 몰지 말라고 하거나 샤워 횟수를 줄이라고 한다면 그것은 매우 비인간적인 주장이 될 것이다. 반면에 인도인이나 소말리아인은 미국인에 비해 절반만큼의 에너지를 소비할 여건도 갖추고 있지 않다.

중국은 세계의 공장이라고 흔히 일컬어진다. 중국에서 만들어진 많은 물건을 미국인이 사용한다. 어떤 미국인은 "우리가 굴뚝산업을 중국으로 수출했다"고 솔직하게 시인한다. 영국은 1990년부터 2007년까지 온실가스 배출을 15%나 감축했다고 자랑하지만, 대외교역을 감안하여 재평가하면 그 기간에 실제로는 영국의 온실가스 배출이 19%나 늘었다. 자연히 온실가스 배출량을 측정할 때 생산과 소비 중 어느 쪽을 기준으로 삼아야 하느냐는 시비가 일어나게 된다.

온실가스를 배출하는 것은 생활수준을 향상시키기 위해서인데, 생활수준의 척도로는 흔히 GDP가 사용된다. 나라 사이에 GDP 달러당 배출량을 비교하면 온실가스의 후생창출 효율성, 즉 생산성을 측정할 수 있다. 이산화탄소 집약도($CO_2e$ kg/GDP\$2000)를 확인해보면 미국이 0.48임에 비해서 중국은 2.30, 러시아는 3.71이다. 이 분야에서는 러시아가 가장 큰 문제가 된다. 에너지 사용과 관련된 기술수준이 그렇게 큰 차이를 불러온다.


## 기술과 자본의 지원

지구온난화 문제를 해결하려면 선진국 스스로의 온실가스 감축 노력이 절실함은 재론의 여지가 없다. 그것만으로 충분한 것도 아니다. 제반 사정을 감안하면 개발도상국에 대한 지원도 불가피하다. 개발도상국에 배출한도를 후하게 배정해 주어야 하고, 자연재해에 대비할 자금도 지원해 주어야 한다.

개발도상국이 온실가스를 감축하고 친환경 에너지를 개발하는 데 도움을 주기 위한 기술지원도 필요하다. 교토의정서 후속조치에 관한 협상에서 중국과 인도는 이 부분에서 강력한 요구를 했고, 그 필요성에 대한 공감대가 어느 정도 조성됐다.

다만 '지적재산권 보호의 필요성' 대비 '온실가스 감축의 시급성' 사이에서 적절한 균형점을 찾기가 여전히 어려운 문제가 되고 있다.

친환경 기술의 무료이전과 관련하여 WBCSD는 2008년부터 '친환경 특허 공유장소(Eco-Patent Commons)'라는 프로젝트를 운영하고 있다. 세계의 대기업이 갖고 있는 친환경 기술을 필요한 업체에 무료로 공급해 주도록 유도하는 홍보를 하고 그러한 일을 주선한다. 이 프로젝트에 IBM, 소니, 노키아 등은 처음부터 제휴관계를 맺었고, 뒤퐁과 리코(Ricoh) 등도 동참하고 있다. 사회책임성이 강한 기업이라면 이 프로젝트에 참여하는 방안을 고려할 것이다.

## 4. 온실가스 감축을 위한 다양한 노력

온실가스 감축의 필요성을 인식한 이상 여러 갈래로 노력이 경주되는 것은 당연한 일일 것이다.

### 다자주의

범세계적으로 적용되는 온실가스 감축체제는 교토의정서 체제다. 문제는 2012년 이후의 후속조치(Post-Kyoto)를 취하는 데 필요한 합의가 이루어지지 않고 있는 점이다. 2007년의 발리(Bali) 회의 이후로 매년 연말마다 UN 주재로 회원국 총회가 열렸지만 타결은 쉽지 않아 보인다. 특히 2009년의 코펜하겐 회의를 최종 시한으로 정한 바 있으나 이것도 지나치고 말았다.

2010년 말에 열린 칸쿤(Cancun) 회의에서는 2020년부터 매년 1천억 달러의 개발도상국 지원자금을 조성한다는 합의가 이루어졌지만, 그 구체적인 추진계획은 수립되지 않았다. 일본이 강제적인 한도설정에 반대한 것도 중요한 사건 중의 하나였다. 강제한도를 처음 설정한 교토의정서가 일본에서 체결됐다는 점에서 일본의 주장에 상징성이 부여되기도 했다. 교토의정서 후속조치가 타결될 시점과 그 내용에 대해서는 낙관하기 어려운 형편이다.

## 지역주의

세계무역기구(WTO)가 주관하는 도하라운드(DDA)는 2001년 이후로 진전이 없다. 이해상충의 문제도 있지만, 무엇보다 다자주의(multilateralism) 실현의 기술적 어려움 때문이다. 교토의정서 후속조치도 마찬가지다. 200여 개에 이르는 UN 회원국이 모여서 어떤 하나의 결론을 얻는다는 것은 처음부터 어려울 수밖에 없는 일이다.

DDA가 지지부진하다 보니 그 대신 뜻이 맞는 국가끼리 자유무역협정을 체결하는 지역주의(regionalism)가 성행하고 있다. 온실가스 감축 문제도 비슷하게 진행될 가능성이 다분하다. 최대 20개국 내외의 국가가 모여서 협약을 체결하는 것이 실현성 있는 방안일지도 모른다. 실제로 27개국으로 구성된 EU는 자유무역 실행과 온실가스 배출 통제의 양 측면에서 모범적인 행보를 보이고 있다. 그래서 UNEP보다 G20이나 주요경제국 포럼(MEF 16)에 더 큰 기대를 거는 전문가도 있다.

국가 단위로 보면 환경규제는 미국이 가장 엄격하다. 그럼에도 미국의 조지 W. 부시 대통령은 2001년에 미국은 교토의정서에서 탈퇴한다고 선언했다. 그런데 바로 그 부시 대통령이 2007년에는 온실가스 감축을 위한 G8 정상회의를 주창했고, 이 회의는 몇 차례 개최됐다. 어쩌면 부시의 그런 행동이 현실적인 것인지도 모른다.

나라별로는 뉴질랜드와 노르웨이가 최초의 '탄소중립(carbon neutral) 국가'가 되려고 노력하고 있다. 특히 노르웨이는 일찍이 1991년부터 탄소배출세를 물리고 있다.

같은 국가 안에서도 권역별, 도시별로 온실가스 감축 노력에서 크게 차이가 난다. 대표적으로 미국 캘리포니아 주는 연방정부와 달리 온실가스 감축 노력에서 세계의 모범이 되고 있다. 캘리포니아 주는 특히 2003년부터는 주 안에서 판매되는 차량 가운데 유해가스 무배출(zero emission) 차량의 비중을 10% 이상이 되게 한다는 방침을 밝힌 바 있다. 중국도 국제협상에서 보여 온 태도와 달리 국내에서는 새로운 청정에너지 개발에 대규모 투자를 하고 있다. 중국의 천진(天津) 시는 시카고 기후거래소(CCX)와 연결된 배출권 거래 시스템을 구축했다.

### 기업협의회와 시민단체

기업의 사회적 책임과 관련해 여러 단체와 기구가 활동하고 있음은 앞에서 여러 차례 언급했다. 그들은 기업의 사회적 책임과 관계가 있는 여러 분야 가운데 환경 보전 분야를 가장 중요시한다.

### 개별 기업의 활동

미국에도 자율적으로 온실가스를 감축하고 배출권 거래에 참여하는 기업이 많이 있다. 〈사례 8-1〉에서 소개된 도요타, 〈사례 8-2〉에서 소개된 GE, 〈사례 8-3〉에서 소개된 월마트가 대표적으로 그런 기업이다. 포드 자동차와 세이프웨이(Safeway)도 자발적으로 온실가스 감축을 위한 노력을 기울인다. 온실가스 배출의 감축이 범세계적으로 의무화될 것에 대비하여 자체적으로 배출한도를 정하는 기업도 점차 늘고 있다. 사실상 모든 대기업이 어떤 형태로든 기후변화에 대한 대비책을 세우고 있다고 해도 과언이 아닐 것이다. 이런 사정은 한국이라고 해서 다르지 않다.

## 11.3 새로운 에너지

온실가스에 대한 관심이 높아짐에 따라 화석연료를 대체할 새로운 에너지 원천이 각광을 받고 있다. 여기서 새로운 에너지란 흔히 청정에너지(clean energy) 또는 녹색에너지(green energy)라고 불리는 것인데, 온실가스의 배출이 적거나 없는 에너지를 말한다. 이 절에서는 사업기회가 될 수 있다는 측면에서 새로운 에너지가 갖고 있는 가능성과 잠재력을 짚어본다.

## 1. 에너지의 새로운 원천

온실가스 배출의 주범은 흔히 '화석연료(fossil fuels)'로 불리는 석유, 석탄, 천연가스를 태우는 행위다. 인류가 에너지의 원천을 이들 연료에 의존하는 비율은 대략 80% 정도이며, 이 의존도는 지난 30년간 6%포인트 정도 낮아졌다(〈도표 11-4〉). 온실가스를 줄여야 한다는 말은 화석연료에 대한 의존도를 낮춰야 한다는 말과 사실상 같다. 화석연료를 사용하면 반드시 이산화탄소가 대량으로 생성되기 때문이다.

온실가스 감축을 위해서 에너지 사용량을 줄일 수도 있지만 이런 방법은 한계가 분명하다. 모든 경제활동에 에너지가 사용되는데, 갈 길이 먼 개발도상국에 경제성장률을 낮추라고 말할 수는 없는 일이다. 에너지 사용의 대폭 감축이 불가능하다면 남은 길은 새로운 에너지의 원천을 찾는 것이며, 장기적으로 이것이 유일한 대책이다. 아마도 21세기의 인류에게 주어진 최대의 과업이 바로 새로운 에너지의 원천을 발굴하는 일일 것이다.

현실에서 새로운 에너지의 원천을 찾는 노력은 광범위하게, 그리고 다양하게 이루어지고 있다. 마치 아이디어 게임인 것처럼 나날이 새로운 방법이 제안되고 있다.

논의의 편의를 위하여 에너지의 원천을 〈도표 11-4〉의 (b)처럼 분류한다. 우선 에너지의 원천을 전통적인 것과 그것을 대체할 새로운 원천으로 구분한다. 그리고 새로운 원천을 다시 언젠가는 소진될 고갈형(depletive)과 계속해서 재창출할 수

**(a) 원천별 에너지 의존도**(기타는 지열, 태양광, 풍력 등임, 자료: IEA 2010)

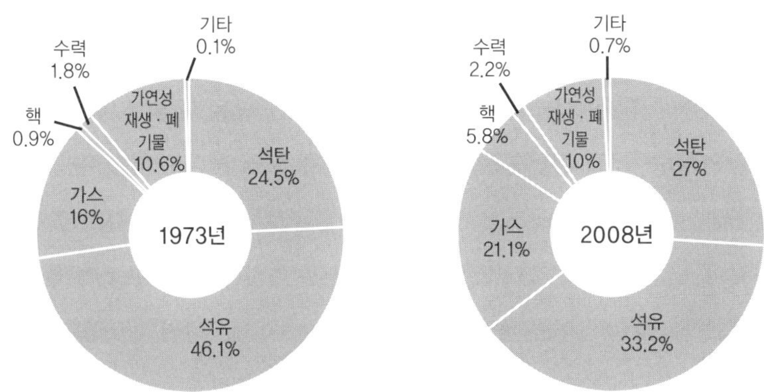


**(b) 에너지 원천의 분류**

|  | 고갈형(Depletive) | 재생가능(Renewable) |
|---|---|---|
| 전통 에너지<br>(Traditional) | 〈고갈형 전통에너지〉<br>석탄<br>석유<br>천연가스<br>원자력(핵분열) | 〈재생가능 전통에너지〉<br>수력(hydro)<br>소수력(micro—hydro)<br>생물성 땔감(biomass)<br>일반전지 |
| 대체 에너지<br>(Alternative) | 〈고갈형 신에너지〉<br>석탄의 액화<br>석유의 기화<br>역청·혈암의 기화 | 〈재생가능 신에너지〉<br>태양열(solar thermal)<br>태양광(solar photovoltaic)<br>풍력(wind farm)<br>파력(wave)·조력(tidal)<br>지열(geo—thernal)<br>생물성 연료(bio—fuels)<br>연료전지(fuel cell)<br>핵융합(nuclear fusion)<br>폐기물 에너지 |

있는 재생가능형(renewable)으로 구분한다.

## 고갈형 에너지

화석연료는 값이 싸고 사용하기에 편리하지만 두 가지의 치명적 약점이 있다. 자원이 유한하여 언젠가는 고갈된다는 점과 각종 유해가스가 배출된다는 점이다. 온실가스 배출의 측면에서는 석탄, 석유, 천연가스의 순으로 효율이 낮다. 그런 까닭에 석탄→석유→가스로 전환하고자 하는 노력이 여러 갈래로 이루어지고 있기도 하다.

고갈이 눈앞에 보이는 화석연료를 대체하기 위해서 역청(tar sands), 혈암(shale) 등을 채굴하려는 노력도 왕성해지고 있다. 이런 대체에너지원이 상용화되기 위해서는 온실가스 배출을 줄이는 기술의 개발이 필수적이다.

지구상에 존재하는 우라늄과 플루토늄이 유한하다고 가정하면 원자력발전도 고갈형 에너지원이라고 볼 수 있다. 원자력발전은 온실가스 배출이 거의 없고 기술이 일반화되어 있으므로 경제적인 측면에서 보면 유력한 해결방안이 된다. 다만 정치적 이유와 시민단체의 반대 때문에 아직은 제약이 있다. 그러나 21세기에 와서 원자력에 대한 사회적 반대가 다소 수그러들고 있다. '온실가스냐, 원자력이냐'의 선택이 매우 실제적인 문제로 다가왔기 때문이다.

## 재생가능 에너지

영구적으로 사용할 수 있는 전통적인 에너지의 원천으로는 수력과 화목(火木)이 있다. 수력발전은 기술적으로 성숙되어 있으나 댐을 만드는 일이 환경을 파괴한다는 결점이 있다. 화목을 사용하는 것은 생태계에 큰 변화를 가져올 뿐만 아니라 이산화탄소를 흡수하는 나무를 베어야 한다는 점도 문제가 된다. 댐 건설에 대해서는 원자로 못지않게 사회적 저항이 거센 점이 한계가 된다. 중국의 삼협(三峽)댐은 생태계를 심각하게 파괴하고 수질오염을 촉진하기에 범세계적 반대에 직면해 있다(〈사례 1-3〉).

목재로 쓰다가 남은 나무 그루터기, 산지개발 과정에서 얻어지는 수목, 동물의 배설물 등을 활용하는 것은 그 자체로 자원의 재활용이므로 분명히 권장할 만한 것이다. 그러나 그런 것을 활용하는 과정에서도 온실가스가 배출된다. 실생활에서 여러 가지 형태의 화학전지가 사용되는데, 이는 환경오염 등의 문제가 따른다.

태양에너지에는 두 가지 형태가 있다. 태양열 에너지는 햇볕을 흡수, 저장하여 건물의 냉난방이나 더운 물 공급을 위해 사용된다. 태양광(photovoltaic) 에너지는 햇빛의 광전자(photon)를 특수금속에 비추어 전기를 만드는 방법으로 확보된다. 풍력에너지는 바람, 파력에너지는 바다의 파도, 조력에너지는 조수를 이용하여 만들어진다. 지열에너지는 지하의 온천과 마그마에서 열을 채취하는 기술을 이용해 생산된다.

생물성 연료(bio-fuel)인 에틸알코올은 유해가스 배출량이 화석연료보다 적어서 대체연료로 각광을 받고 있다. 그러나 에틸알코올을 만드는 데 필요한 옥수수와 사탕수수를 재배하는 데도 에너지와 물이 대량으로 투입되어야 하며, 식량인 옥수수를 에틸알코올의 원료로 사용되다 보면 그 가격이 폭등하게 되기도 한다. 옥수수와 사탕수수의 재배지를 확보하기 위한 삼림파괴가 온실가스를 도리어 늘린다는 반론도 만만치 않다. 생물성 연료는 알코올(ethanol)과 디젤(bio-diesel)로 크게 나누어진다. 전자는 옥수수, 사탕수수 등의 생체를 발효시켜 얻고, 후자는 콩이나 유채씨앗의 기름, 해조류의 지방산 등을 추출하여 얻는다. 참고로 자동차의 연료를 휘발유에 의존하는 남북미는 알코올에 치중하고, 경유자동차를 많이 사용하는 유럽은 디젤에 치중하여 생물성 연료를 생산하고 있다.

특히 자동차업계를 중심으로 연료전지(fuel cell)를 개발하는 노력이 기울여지고 있다. 수소 연료전지는 수소($H_2$)를 태워서($O_2$) 전기를 얻는 장치인데, 잔유물이 물($H_2O$)뿐이다. 메탄이나 메탄올 등의 기체를 태우는 방법도 있다. 수소전지의 상용화를 위해서는 수소의 생성, 압축, 폭발을 제어하는 기술의 개발이 해결해야 할 핵심 과제다.

기술적으로는 어렵지만 에너지 문제를 일시에 해결할 만한 잠재력을 가진 것은 핵융합이다. 원자탄을 상용화한 것이 바로 원자력 발전, 즉 핵분열(nuclear fission) 발전이다. 수소탄을 제어하면 핵융합(nuclear fusion) 발전이 될 수 있다. 아직은 그런 기술이 없고, 그 개발에 장구한 시일이 소요될 것이라는 게 일반적인 전망이다.

한국의 에너지관리공단은 폐기물 에너지도 잠재력이 큰 것으로 평가한다. 이는 폐자재, 폐유 등에서 고체성, 액체성, 기체성 연료를 뽑아내거나 폐기물을 소각하여 열을 얻는 방식이다. 이렇게 재생된 연료가 화석연료에 버금갈 정도로 많은 온실가스를 배출할 수 있는 점이 큰 흠이긴 하지만, 이것도 대체에너지 자원인 것은 분명하다.

## 2. 신에너지의 잠재력

대체에너지나 재생가능 에너지에 대한 국가별 의존도에는 큰 차이가 있다. 포르투갈은 이미 45% 이상의 전력을 재생가능 에너지에서 얻는다. 이는 곧 현재의 기술로도 녹색에너지의 이용도를 높일 수 있다는 뜻이다.

재생가능 에너지는 현재보다는 미래가 중요하다는 관점에서 바라볼 필요가 있다. 미래에 인류가 새로운 재생가능 에너지에 어느 정도 의존하게 될 것인가는 두 가지 요인에 달려 있다. 첫째는 수요조건이다. 이는 온실가스의 대기 중 농축의 폐해와 그에 대한 인류사회의 인식 정도에 따라 결정된다. 현재의 전망으로는 재생가능 에너지에 대한 수요가 점점더 절박해질 것이다. 둘째는 재생가능 에너지를 생산하는 비용이다. 2010년 현재에도 다양한 대안이 경제성을 인정받지 못하고 있다(〈도표 11-5〉). 그러나 시간이 문제일 뿐이지 머지않아 인류의 지혜가 저렴한 생산방법을 찾아낼 것이 확실하다.

| 도표11-5 신에너지의 경제성 비교

메가와트시(MWh)당 에너지 생산 비용



자료: WSJ Jan. 8 2009, Bloomberg Energy Finance

시장규모에 대해서는 여러 가지 추정이 있다. 예컨대 풍력, 태양광, 연료전지만 따지더라도 시장규모가 2004년 160억 달러에서 10년 안에 1000억 달러를 넘어설 것이다. 그렇지만 이런 예측치는 큰 의미가 없다. 미래의 시장규모는 인류사회의 의지와 능력에 따라 결정될 것이기 때문이다.

현실에서도 이미 재생가능 에너지 개발을 위한 국가간 경쟁이 치열하다. 미국은 본시 과학과 기술의 발전을 민간부문에 의존하지만 중국은 정부가 이를 주도한다. 중국은 겉으로 온실가스 감축 협상에 대해 소극적 자세를 견지하지만 대체에너지 개발에는 전력을 쏟는다. 몇 년 사이의 집중지원으로 중국은 2010년에 이미 태양광 분야에서 세계 1위 국가가 됐고, 풍력발전에서도 타의 추종을 불허한다.

# 3. 자원의 보전과 발굴

인류가 사용할 수 있는 지구상의 물질은 대체로 공급이 제한되어 있다. 특히 에너지가 그렇다. 앞에서 온실가스의 감축에 초점을 맞추어서 에너지 문제를 논의했지만, 어쩌면 에너지 고갈 문제가 더 시급한 것일지도 모른다. 실제로 적지 않은 사람이 이 문제를 걱정했고, 머지않아 화석연료가 바닥 날 것이라는 비관적 전망도 있다. 그렇기에 대체에너지 발굴이 더더욱 절실하다. 대체에너지라는 말은 1970년대의 석유위기 때 만들어졌는데 청정에너지라는 의미보다는 '새로운 원천' 이라는 의미를 더 많이 가진 용어였다. 당시에 이미 역청을 상용화하자는 노력이 있었다.

어쨌거나 새로운 에너지의 원천을 찾는 일은 인류의 숙명이 됐다. 그것이 청정에너지라면 더없이 다행이지만 그렇지 않더라도 일단은 찾아낼 필요가 있다. 실제로 엑손모빌, 셸과 같은 대규모 석유업체들은 전통연료를 대신할 역청과 혈암의 발굴에 적극 나서고 있다. 혈암 가스는 각국에 고루 분포되어 있고 매장량도 상당하여 새롭게 주목을 받고 있다.

에너지에 버금가는 중요한 자원으로 물이 있다. 물은 양적으로 부족하고 질적으로 문제가 많다. 21세기에 와서 범세계적 물부족 현상을 걱정하는 사람이 점점 많아지고 있다. 그에 대한 대응책으로 양질의 수자원을 개발하려는 노력이 가열되고 있다. 해수의 담수화에서 오염수의 정화까지 다양한 기술이 추구되고 있다. 지구 표면의 70%가 물로 덮여 있지만, 그 가운데 인류가 직접 이용하는 것은 1%도 안 된다. 물의 절대량이 부족한 것은 아니니 사용방법을 찾아내는 것이 중요하다. 어쨌거나 물의 낭비를 줄이려는 노력도 범세계적으로 펼쳐지고 있다.

중국의 급속한 경제발전은 지구사회 전체에 기여하는 바가 크다. 그렇지만 각종 원자재의 고갈과 가격의 상승이라는 괴로운 폐해를 동반한다. 2010년대 이후에는 인도도 중국과 비슷한 길을 걸을 것이다. 다른 나라의 입장에서 보면 엎친 데 덮친 격이 된다. 그래서 각종 기초원자재의 조달과 대체품의 개발도 시급한 인류사회의 과제다.

**자연생태계의 보전**

지구상의 모든 생물은 하나의 거대한 생태계의 고리 속에서 살고 있고, 그 정점에 인류가 있다. 기후변화로 생태계가 흐트러진다면 인류에게 심각한 문제가 발생할 수도 있다. 더군다나 생태계는 많은 자원의 원천이다. 적절히 보존해야만 영속적으로 인류가 생태계에 의존할 수 있다.

예컨대 지구온난화로 말미암아 이런저런 해양생물이 멸종한다면 수산자원이 고갈되고, 수질이 나빠져 바닷물이 탁해지며, 기후순환과 자연재생의 과정이 막힐지도 모른다. 생태계를 보전하는 것 자체도 큰 과제 중의 하나다.


# 11.4 전략적 대응방안

기후변화는 현실이 됐고, 강제력 있는 온실가스 규제는 시기와 정도의 문제가 남았을 뿐 머지않아 현실이 된다. 기업의 입장에서는 선제적, 전략적 대응이 현명한 선택이 될 것이다. 선제적 대응방안은 매우 다양하지만, 장기적 관점에서 보면 크게 세 가지 방향으로 생각해 볼 수 있다. 예상되는 규제 강화, 각종 재해, 생활방식의 변화에 각각 대비하는 방안이다. 여기서는 규제강화에 대한 대응책에 치중해 논의한다.


## 1. 자발적 감축, 선제적 대응

교토의정서 후속조치가 언제 어떤 형태로 타결될지는 모르지만, 기후변화에 대한 범세계적 규준은 마련될 것이다. 한국 정부도 2008년에 저탄소 · 녹색성장을 핵심

의제로 선정했다. 아마도 2012년부터는 범세계적으로 온실가스 감축이 강제될 것이다.

개별 기업으로서는 일단 온실가스 감축에 노력하면서 장기적인 계획을 세울 필요가 있다. 특히 제조업체의 경우에는 미리 대비하여야 한다. 설비의 수명은 수십 년에 달하고 상품개발은 하루아침에 되는 것이 아니다. 규제가 닥쳤을 때 고치는 것보다 미리 대비하는 것이 경제적이며, 신축성 확보의 측면에서도 그러는 것이 유리하다. 도요타는 경영의 여러 측면에서 일류기업이지만 친환경 경영에서도 마찬가지다. 도요타는 1990년대에 이미 환경문제의 중요성을 인식하여 이 분야의 투자를 크게 늘렸는데, 이는 선제적 대응이 가장 경제적인 방안임을 믿었기 때문이다(〈사례 8-1〉). GE의 에코메지네이션은 이 회사가 언제나 앞서 나가는 기업임을 단적으로 말해준다(〈사례 8-2〉).

설사 여러 사정으로 규제조치가 지연된다고 해도 마음 놓고 있을 일은 아니다. 각종 이해당사자가 친환경 경영을 요구하는 목소리를 점차 높이고 있다. 그러다 보면 공적 규제와 사회적 요구가 시장의 요구로 바뀌게 된다. 시장은 기술에 따라서만이 아니라 소비자의 인식변화에 따라서도 크게 바뀐다. 기후변화에 대한 대비의 필요성은 컴퓨터가 타자기를 대체하고 CD가 레코드판을 대체한 것 못지않은 시장의 대전환을 초래할 가능성이 농후하다.

어쨌거나 온실가스의 감축은 모든 기업에 떨어진 발등의 불이다. 개별 기업으로서는 각각의 사정에 맞는 대책을 수립하여 시행하는 것이 중장기적으로 현명한 대책이 될 것이다.

## 2. 자원 및 에너지의 새로운 원천

신에너지의 개발은 이제 막 태동기에 있다. 여러 가능성이 있지만, 아직은 경제성 있는 기술이 발명되지 않았거나 상용화될 만큼 가다듬어지지 않았다. 앞서가는 기업에는 이런 상황이 오히려 기회가 된다. 전체 인류사회가 새로운 에너지를 화급하게 기다리고 있기 때문에 시장에 대해서는 걱정할 필요가 없다. 시장은 이미 존재하고 있다. 공급조건만이 문제이며, 승패는 개별 기업의 기술개발 능력에 달려 있다.

새로운 에너지에 대한 수요가 무궁무진하고 세계가 새로운 에너지에 관심을 가지고 있기 때문에 이 분야의 변화는 매우 빠르다. 포르투갈의 재생가능 에너지 의존율은 2010년 현재 45%인데 5년 전에는 18%에 불과했다. 독일은 2010년에 총 전력의 1%에 해당하는 만큼 태양광 전력을 증산했다. UN에 따르면 2006년 현재 재생가능 에너지 분야의 인력이 200만 명을 조금 넘지만, 2030년에는 태양광 산업만 따져도 종사하는 인력이 600만 명은 될 것이다.

실제로 국내외의 다수 기업이 대체에너지나 재생가능 에너지의 개발에 적극 나서고 있다. 이런 노력은 석유회사나 전력회사에만 국한되고 있지 않다. 다양한 배경을 가진 수많은 업체가 경쟁적으로 이런 노력에 참여한다. 한국 기업의 신에너지 개발에 대한 관심도 역시 높다. 예컨대 2008년에 정관을 바꾼 상장회사 134개사 가운데 48개사가 새로운 에너지 관련 사업을 사업목적에 추가했다. 2008년에는 LG그룹, 2010년에는 삼성그룹이 전 계열사를 동원하여 녹색에너지 사업에 투자하겠다고 공언한 바 있다.

용수부족에 관심을 보이는 기업도 상당히 많다. 펩시와 코카콜라 같은 음료수 기업은 용수의 절약을 기업 차원의 큰 과제로 삼고 '물 사용 중립(water neutral)'을 지향하고 있다. 해당 기업이 사용한 만큼의 물을 자연으로 되돌려서 물의 순소비를 없애겠다는 것이다. 두산그룹은 해수의 담수화 사업을 주요 사업의 하나로 채택하고 있다. GE나 지멘스(Siemens) 같은 다국적기업은 물의 생산성을 높일 수 있는 각종 기기의 제작을 핵심 사업의 하나로 선정하고 있다.

그 밖에 새로운 소재, 새로운 원자재를 찾아내는 것도 언제나 추진할 가치가 있는 일이다.

## 3. 배출권 사업

교토의정서는 기업들에 부담만 안겨준 것이 아니며, 새로운 상품과 새로운 시장도 함께 만들어 주었다. 그것은 바로 온실가스 배출권(carbon credit)과 배출권 거래제도(ET)다. 배출권은 크게 두 가지 원천에서 나온다. 하나는 배정받은 배출한도 가운데 쓰고 남은 것이다. 다른 하나는 CDM이나 JI 프로그램에 의해서 어떤 기업이건 창출해낼 수 있는 것이다. 이 가운데 2010년 현재 한국 기업이 이용할 수 있는 것은 CDM, 즉 청정개발체제뿐이다.

CDM은 어떤 기업이 개발도상국에서 온실가스 감축에 기여하면 그 기업에 그만큼의 배출권을 추가로 인정해 주는 제도다. 배출권은 자신이 사용할 수도 있지만 시장에 매각할 수도 있다는 점이 큰 매력이다.

### 배출권의 창출

교토의정서가 시행된 뒤로 각국 기업은 여러 나라에서 온실가스 감축사업을 벌였고, 그 대가로 배출권을 얻었다. 예컨대 프랑스의 정밀화학 기업 로디아(Rhodia)는 한국과 브라질에서 1200만 톤의 온실가스 감축 실적을 인정받은 바 있다. 오스람(Osram)이라는 독일의 조명기구 업체는 인도에서 형광등을 무료로 보급하고 감축 실적을 인정받았다. 백열전등을 형광등으로 대체하는 것도 온실가스 감축에 기여한다는 평가를 받은 것이다. UNCTAD는 다음과 같은 사항들을 CDM 사업의 본보기로 열거하고 있다(2009).

— 인도네시아에 태양열 조리기 보급
— 몰도바의 공공건물 난방을 고효율의 생물성 땔감으로 개체
— 인도와 네팔의 가정에 생물가스 냄비 공급
— 모로코의 가정에 태양광 발전기기 세트 공급

— 남아프리카공화국의 가정에 단열재, 형광등, 태양열 난로 보급

미국에서 대표적으로 온실가스 배출을 많이 하는 업체로 알려진 AEP는 온실가스 감축의 의무화에 대비하여 시험적으로 대체이행 프로젝트를 시작했다(2007년). 이것은 200여 축산농가의 가축분뇨장에 덮개를 씌워 메탄가스를 채집하는 것을 주된 내용으로 하는 프로젝트다. 메탄의 온실효과가 이산화탄소의 25배($CO_{2e}$)에 달하기 때문에 이런 노력은 상당한 감축실적을 올릴 수 있다. 도요타는 호주에서 식목사업을 전개하여 중국의 제지수요 증가에 대비함과 동시에 온실가스 배출권을 확보하려고 한다.

여러 기업이 배출권을 확보하기 위하여 경쟁을 하게 되면서 그 과정에서 다양한 아이디어가 등장하고 있다. 경쟁이 치열한 것은 언제나 선점자에게 유리하다. 배출권 확보 경쟁에서도 선점기업은 적은 비용으로 우위를 점할 수 있다. 예를 들어 HFC-23을 1톤 감축하면 1만 2천 톤의 이산화탄소 등가치($CO_{2e}$)에 해당하는 실적을 인정받을 수 있다. 이런 기회는 빨리 사라지기 때문에 후발기업에는 차례가 돌아가지 않는다.

배출가스 감축실적을 인정받기 위해서는 UN이 인정하는 기구에 등록을 하고 사후검증을 받는 절차를 밟아야 한다. 한국에서는 에너지관리공단이 이런 일을 주관하는 기구다.

## 배출권 거래

현실에서 가장 먼저 자리를 잡은 배출권 거래 제도로는 EU ETS를 꼽을 수 있다. 배출권은 유럽 기후거래소(ECX) 등을 통하여 거래된다. 이 거래소는 2005년에 개장한 이래 거래량이 늘어나면서 제도적으로 안정되어 가고 있다. 시카고 기후거래소(CCX)는 2003년에 자율적으로 배출권 거래 업무를 시작했지만, 2010년에 문을 닫았다. 그러나 미국은 실물과 금융상품의 거래체제가 워낙 잘 발달되어 있어서 언

제라도 배출권 시장을 재구축할 수 있다. 중국의 천진, 북경, 상해에도 각각 배출권 거래 시스템이 구축되어 있다.

배출권 시장이 아직 도입기에 있어서 기복이 심하지만, 앞으로 거래량이 급격히 늘어날 것은 분명하다. 매킨지에 따르면 배출권 거래규모는 2008년에 920억 유로였고, 2020년까지는 2조 유로에 이를 것으로 전망된다(〈도표 11-6〉).

금융이 활성화되면 각종 금융 관련 서비스가 등장하듯이 배출권 거래가 활성화되면서 각종 관련 서비스가 속속 등장하고 있다. 이 분야에서 두각을 나타내는 회사로는 에코 시큐리티스(EcoSecurities)를 우선 꼽을 수 있다. 이 회사는 2004년에 배출권 거래제도가 시행된 뒤로 처음으로 CDM 프로젝트를 UN에 등록하고 실적을 인정받은 기록을 가지고 있다. 고객기업을 위해서 CDM을 발굴해 시행하고 자문에 응한다. 배출권(carbon credit) 거래에 관한 각종 서비스도 제공한다. 보험회사 AIG도 배출권 관련 서비스를 개시했다. 한국에서는 미래에셋이 2009년 초에 ECX의 온실가스 배출권 파생상품에 대한 투자 펀드를 구성했다.

## 3. 무배출 운용

온실가스 농축이 문제가 된다면 인류사회가 궁극적으로 해야 할 일은 '온실가스와 경제활동의 연결고리를 단절시키는 일' 일 것이다. 온실가스를 배출하지 않는 공정과 운영절차가 필요하고 그러한 사업모델을 찾아내야 한다. 현존하는 시스템을 개선하는 것보다는 백지에서 재설계하는 것이 지름길일 수 있다.

앞에서 펩시와 코카콜라의 '물 사용 중립' 정책을 소개했다. 마찬가지로 기업 단위로, 적어도 국가 단위로는 '온실가스 중립' 을 추구해야 할 것이다. 도요타 등의 많은 업체가 폐기물 없애기와 온실가스 무배출 운동을 벌이고 있다. 수바루(Subaru)는 2004년에 미국의 자동차 공장으로서는 처음으로 '매립지행 전무(zero landfill)' 를 실현했다. 두바이에서는 2006년부터 온실가스 중립을 목표로 한 마스

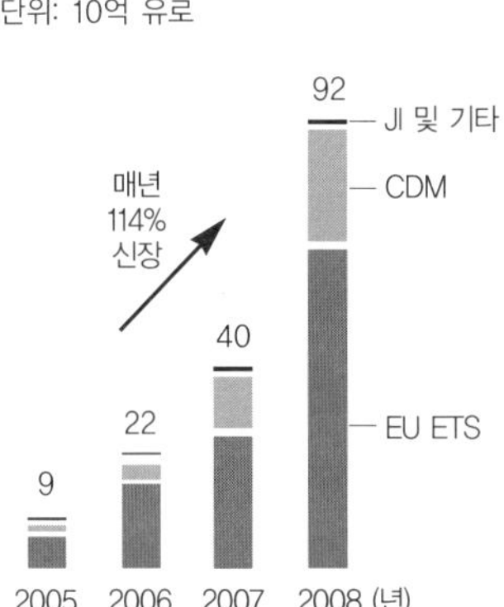


*자료: Hoffman and Twining, 2009*

다 시티(Masdar City)가 건설되고 있다. 에너지는 무탄소(zero-carbon) 전력으로 충당하고, 자동차가 없게 하며, 자기부상 열차만 다니게 한다는 것이다. 생활용수와 폐기물은 표준에 따라 관리하여 환경을 저해하지 않게 할 계획이다.

9장에서 생태계 사이와 가치사슬 사이의 경쟁에 대해 설명한 바 있다. 온실가스 감축도 궁극적으로는 가치사슬 사이의 공동노력으로 달성될 수 있다. 전기자동차를 예로 들면 완성차 업체의 노력만으로는 부족하고 배터리와 부품 업체, 전력 공급자, 충전소 네트워크, 운전자 등의 참여가 필요하다. 관련된 법령과 사회간접자본을 준비하는 일은 정부와 지자체의 몫이다. 조화된 노력을 이끌어내는 것이 바로 앞서가는 기업의 임무가 된다.

## 12장

# 기업혁신과 사업기회

적지 않은 사람들이 기아, 질병 등을 이유로 인류의 종말을 예언했다. 하지만 인류는 과학과 기술의 발전을 통해서 어려운 문제들을 모두 해결했다. 필요하면 반드시 해법을 찾는 것이 인간이고, 역사가 그것을 증명했다.

사회에 대한 배려나 온실가스의 감축이 사실상 강요되는 여건이 기업에 부담이 되고 있기는 하지만, 그것을 기회로 전환시킬 수 있다. 사회의 요구를 충족하는 새로운 방법을 찾아낸다면 그것이 곧 사업기회로 연결될 수 있다. 이 장에서는 사회책임 경영을 기업혁신의 촉매제로 활용하는 방안을 짚어본다.

## 12.1 기업혁신의 새로운 패러다임

'백지장도 맞들면 낫다' 는 속담이 있다. 이는 원래 협동을 권장하는 말이지만, 아이디어를 짜내어 모으라는 의미로도 사용된다. 기업의 혁신도 내부에만 의존하지 않고 외부의 아이디어도 두루 섭렵하는 것이 효과적이다. 사회책임 경영은 그렇게 할 기회를 풍부하게 제공한다.

## 1. 혁신의 의의

위대한 경제학자 슘페터(J. Schumpeter)는 20세기 초에 기업에 의한 창조적 파괴, 즉 혁신활동이 '시장경제 발전의 원동력'임을 밝혔다. 그 뒤로 혁신은 경제발전의 핵심 요소로 간주되어 왔다(〈도표 0-1〉).

기업의 혁신(innovation)이란 새로운 일을 하는 것, 또는 색다른 방법으로 일하는 것을 두루 가리킨다. 앞의 것에 해당하는 혁신은 새로운 상품이나 새로운 사업모델을 발굴하여 매출액을 증대시키는 일이다. 뒤의 것에 해당하는 혁신은 현재의 상품이나 기존 사업모델의 가치를 높여서 매출액을 증대시키거나 공정과 절차를 개선하여 비용을 절감하는 일이다. 이렇게 보면 기업가치를 증대시키는 행위는 모두 혁신이 된다.

마케팅의 기본이론에 따르면 상품에는 생애주기가 있다. 어떤 재화나 서비스 모델에도 도입기, 성장기, 성숙기, 쇠퇴기가 있다. 생명체가 언젠가는 소멸하듯이 개개의 상품도 언젠가는 쇠퇴한다. 상품이 힘을 잃으면 기업 역시 무사할 수 없다. 그러므로 기업의 수명을 연장하기 위해서는 새로운 제품이나 참신한 사업모델을 계속 선보일 수밖에 없다. 결국 개별 기업이 영속성을 기하자면 꾸준한 혁신만이 해답이 된다.

사회책임 경영이 피할 수 없는 과제라고 인식된다면 그것을 혁신의 기회로 삼는 것이 바람직하다. 실제로 많은 선도기업이 그렇게 하고 있고, 그 과정에서 상당한 성과를 거두고 있다. 장기적 관점에서 보면 끊임없는 혁신만이 기업과 사회의 지속성을 보장할 수 있다. 프라할라드는 "지속가능성이 조직 및 기술혁신의 새로운 지평이자 원맥(源脈)"이라고 지적한다(2009). 사회책임 경영이 그처럼 중요한 기업혁신의 단초가 된다는 말이다.

## 2. 개방형 혁신

혁신은 새로움이나 색다름과 관련된 것이므로 남다른 아이디어가 그 출발점이 된다. 아무리 좋은 생각도 실행에 옮기지 않으면 소용없지만, 색다른 아이디어가 없으면 혁신이 애초부터 불가능하다. 그래서 새로운 아이디어가 혁신의 출발점이 되는 것이다. 이렇게 본다면 남은 문제는 새롭거나 색다른 아이디어를 어떻게 도출하느냐 하는 점이다.

전통적 기업의 개념은 기업의 내부와 외부를 분리한다. 그래서 아이디어 짜내기는 R&D 담당부서의 고유업무로 치부하거나 전사적 제안제도를 통하여 시도하는 것이 고작이었다. 그런 방법은 처음부터 한계가 분명하다. 같은 문화 속에서 살아가는 직원들의 사고와 접근방법은 서로 비슷하므로 그들로부터 엉뚱하고 전혀 새로운 아이디어가 나오기를 기대하기 어렵다.

한편, 지식과 아이디어에는 네트워크 효과가 작용한다. 많은 사람, 다양한 인물이 의견을 교환할 때 서로가 서로에게서 뭔가를 배우고 터득한다. 이렇게 본다면 다양한 계층과의 교류가 늘어날수록 혁신이 촉진된다.

위의 논의를 종합하면, 아이디어를 얻기 위해서는 기업 외부로 나가서 여러 원천에서 두루 의견을 구할 필요가 있다. 바로 이런 이유에서 다수의 세계적 기업이 개방형 혁신(open innovation)을 추구한다. 기업 내·외부의 경계선을 허물고 고객, 공급업체와 같은 각종 이해당사자와 외부의 연구소로부터 아이디어를 찾는다.

생활용품을 공급하는 기업의 경우에는 속도감 있는 신상품 개발이 사업의 성패를 좌우한다. 이런 까닭에 P&G는 일찍부터 개방혁 혁신을 도입하여 큰 성공을 거둔바 있다(〈사례 12-1〉). IBM은 새로운 아이디어를 얻기 위해서 일반인에게도 개방된 '생각 짜내기(brainstorming) 인터넷 포럼'을 몇 개씩이나 운영한다. 이베이

(eBay)는 '매입, 매도, 생각을 모두 녹색으로'라는 기치를 내걸고 '녹색화 프로그램(Green Team)'이라는 구체적 방향을 제시하면서 대중으로부터 아이디어를 구하고 있다.

특히 아무런 제한 없이 불특정 다수에게서 구체적인 혁신 아이이어를 구하는 방법을 가리켜 '군중 속에서 찾기(crowd-sourcing)'라고 부르기도 한다. 이것은 개방형 혁신의 최종형태라고 볼 수 있는데, 21세기에 와서 점차 일반화되고 있다. GE



취급상품의 종류로 볼 때 세계 최대의 기업이라고 할 만한 P&G는 전통적으로 신제품 도입을 통해서 성장한 회사다. 매출액이 200억 달러에 이를 때까지는 내부의 혁신활동에만 의존해도 그럭저럭 경쟁력을 유지할 수 있었다. 그러나 R&D 투자에 수확체감의 법칙이 작용하여 2000년 무렵에는 심각한 경영위기를 맞았고, 주가가 절반 이하로 급락했다. 마침 그 즈음에 최고경영자로 취임한 래플리(A.G. Lafley)는 개방형 혁신에 승부를 걸었다. 그 계획이 성공한 덕분에 주가는 5년 만에 제자리를 찾았고, 그는 세계적으로 칭송받는 경영자로 떠올랐다.

래플리는 외부에서 혁신의 단초를 얻는 개방형 혁신에 대한 의존비율을 50%까지 끌어올린다는 목표를 정하고 '공동으로 창조하는 네트워크'를 구성했다. 우선, 사내에서 아이디어가 공유되고 특정 혁신의 확산 가능성이 반드시 점검되도록 제도화했다. 그리고 70여 명의 전문요원(technology entrepreneur)을 임명하여, 그들로 하여금 '전용 네트워크'와 '개방형 네트워크'라는 두 가지 외부 네트워크를 점검하게 했다.

전용 네트워크는 엄선된 공급업체 15개사가 참여하는 네트워크로서 일반인에게는 개방되지 않는 대신에 깊이 있는 기술교류를 가능하게 한다. 이 네트워크를 통해 P&G는 공급업체가 보유하고 있는 총 5만 명의 R&D 인력을 마치 자사의 직원인 것처럼 활용한다.

개방형 네트워크는 전문 인터넷 사이트를 중심으로 다양한 기구 및 단체와 연결된다. 이 네트워크를 통해 P&G는 공사(公私)의 전문 연구소와 실험기관, 공급업체, 유통 및 물류 업체, 창업투자자, 개인 기업가 등의 인력, 상품, 지적재산권을 탐사한다. 나인시그마(NineSigma)라는 전문 인터넷 사이트는 전 세계에 걸쳐서 약 70만 명의 연구자를 회원으로 보유하고 있는데, P&G는 구체적 애로사항을 공시하고 해법을 공모하는 방식으로 이 사이트를 활용한다. 그러다가 적절한 아이디어를 가진 연구자를 발견하면 그와 공동으로 아이디어의 상품화를 추진한다. 7만 5천 명의 과학자를 보유한 이노는 2010년 하반기에 독특한 실험을 시행했다. 총 2억 달러의 사업자금 지원을 내걸고 '지능형 배전(smart grid)'에 관한 사업 아이디어를 공모한 것이다. 별도의 웹사이트를 만들어 놓고 각종 사업안에 대한 공개토론을 유도하면서 사업성을 검증했다. 모두 4천 개의 제안에 7만 건의 의견개진이 있었다. 전문위원회의 심사를 거쳐서 최고경영자 이멜트가 그 가운데 12건을 선정해 발표했다. 약속된 사업자금이 정해진 절차에 따라 지원된 것은 물론이다.

센티브(InnoCentive)라는 전문 인터넷 사이트를 통하면 과학적 과제에 대한 해답을 구할 수 있다. 이 밖에 퇴역한 우수 과학자를 계약연구자로 초빙하기도 하고, 지적재산권을 매매하는 사이트와 제휴하기도 한다.

P&G는 개방형 혁신을 위한 위와 같은 장치를 통해 한 사람의 내부 연구요원이 200명의 외부 연구자와 연결되는 것으로 본다. 7500명의 내부인력이 150만 명의 외부인력과 협력하는 셈이다. 그러므로 혁신의 비용이 줄어들고 혁신에 소요되는 기간이 단축된다. 대표적 성공사례인 '보고 즐기는 프링글스(Pringles Prints)'의 경우에는 2년으로 예상되던 개발기간이 1년으로 단축됐다. 생각 짜내기 모임에서 "감자 칩 하나하나에 재미있는 그림과 글씨를 인쇄하자"는 아이디어가 나왔다. P&G는 그렇게 하는 방법을 처음에는 내부의 기술로 개발하려고 했지만 실패했고, 그 뒤에 개방형 혁신의 네트워크를 통해서 찾아냈다. 머나먼 이탈리아 볼로냐에 있는 작은 제과점에서 이미 그런 기술을 사용하고 있다는 연락이 온 것이었다. 이미 검증된 기술이었기에 P&G가 그것을 가져와서 적용하는 것은 그리 어려운 일이 아니었다. '보고 즐기는 프링글스'를 만들어 출시한 결과는 그야말로 대박이었다.

P&G가 개방형 혁신을 도입한 지 5년 만에 연구개발 예산의 생산성이 60% 증가하고 개발기간 (lead time)이 대폭 단축됐다. 매출액이 700억 달러로 엄청나게 늘어났고, 매출액 대비 연구개발비의 비중이 4.8%에서 3.4%로 낮아졌다. 매출액이 10억 달러를 상회하는 브랜드 수가 22개에 이르렀다. 2006년 현재 이 회사의 개방형 혁신 의존도는 35%로, 목표인 50%를 향해 꾸준히 높아지고 있다.

P&G가 개방형 혁신에서 크게 성공할 수 있었던 비결은 무엇보다 먼저 최고경영자의 깊은 관심에서 찾을 수 있다. 최고경영자가 목표와 절차를 뚜렷하게 제시했고, 혁신이 재무성과에 미치는 효과는 그 원천과는 아무런 상관이 없음을 조직 구성원들에게 분명하게 인식시켰다. 외부의 의견을 '꾸어온 남의 아이디어(not invented here)'로 생각할 게 아니라 '자랑스럽게 외부에서 찾아낸 아이디어 (proudly found elsewhere)'로 생각해야 한다는 것이 래플리의 지론이었다. 실제로 그는 외부의 아이디어를 내부화한 직원에게 가점을 주어 포상했다. 이런 그의 노력 덕분에 P&G의 기업문화가 완전히 바뀌게 된 것이다. (Huston, 2006)

개방형 혁신을 통해서 효과를 얻으려면 우선 사업의 목표를 분명히 밝혀서 제시되는 아이디어가 구체성을 갖추도록 유도할 필요가 있다. 제안을 처리하는 과정이 투명하게 공개되어야 하고, 처리결과는 반드시 제안자에게 통보되어야 한다. 기업과 제안자의 이해관계가 궁극적으로 일치하도록 인센티브를 도입하는 것도 중요하다. 개별 기업에 혁신이란 영속적 과제이기 때문에 '불특정 군중'에게서 신뢰와 아이디어를 얻는 노력을 기울여야 한다.

## 3. 시장선점과 전략적 제휴

9장에서 다룬 바 있지만, 상품에 따라서는 네트워크 효과가 발생한다. 컴퓨터, 통신기기, 자동차와 같이 후속 서비스가 필요한 내구소비재는 대체로 그런 상품이다. 소매금융, 자동차대여 등의 서비스업도 마찬가지다. 네트워크 상품은 시장선점이 경쟁력 확보의 핵심이다. 사업이 확대될수록, 시장규모가 커질수록 시장선점의 효과가 증폭되고 비용이 절감되는 네트워크 상품의 특성상 선발주자는 타의 추종을 불허할 정도로 멀찌감치 앞서 달려갈 수 있다.

어떤 기업이 시장을 선점하면 그 기업의 기술이 산업표준으로 채택될 가능성이 높아진다. 상품이 이미 널리 보급되어 있어서 소비자와 공급업체가 자연스럽게 그 기업의 우군이 되기 때문이다. 산업표준으로 채택된 기술을 보유한 기업이 경쟁에서 우위를 차지하게 되리라는 것은 쉽게 짐작할 수 있는 일이다.

도요타는 혼합형 엔진을 내장한 프리우스(Prius)를 개발할 때 초기부터 이 차종이 산업표준으로 채택되게 하는 것을 목표로 삼았다. 적자를 무릅쓰고 이 차종을 서둘러 1997년에 출시한 것도 시장선점 전략에 따른 일이었다. 도요타는 또한 일찍부터 중국의 업체와 제휴하여 중국으로 대량수출을 시도했다. 자동차 수요의 폭발적인 증가와 그로 인한 환경위해의 증가라는 중국의 딜레마를 파악한 것이다. 신형 프리우스가 출시되어 선풍적 인기를 끈 2000년대 중반에는 포드와 닛산에도 선선히 기술을 제공했다. 이는 자사 기술의 국제적 표준화를 촉진하기 위한 정지작업이었다. 네트워크를 형성하거나 자사 기술을 산업표준으로 채택되게 하기 위해서는 다른 여러 기업과 협력하는 전략적 제휴가 효과적인데, 도요타가 이런 점에 유의한 것이었다.

동업자끼리 공동으로 신제품 개발에 투자하는 것도 시장선점의 방편이 된다. 18개국의 35개 철강업체가 1994년부터 공동으로 고강도 경량 철판을 제조하는 기술을 개발하기 위해 노력해 온 사례가 있다. 철강업계의 이런 노력 덕분에 자동차업계는 보다 가벼운 차체와 보다 작은 엔진을 장착한 자동차 제품을 출시할 수 있게 된다. 이런 점에서 철강업계의 노력은 에너지 절약과 온실가스 감축이라는 지상목표의 달성에 크게 도움이 된다. 고강도 경량 철판과 같은 제품은 폭발적 수요 증가가 예상되므로 신속하게 개발하여 단시간에 널리 보급해야 하며, 따라서 전략적 제휴가 효과적일 수밖에 없다.

## 4. 시스템의 혁신

하나의 상품은 공급사슬을 관통하여, 그리고 생애주기를 통틀어서 자연환경에 영향을 미친다. 이에 대한 해결방안을 찾기 위해서도 해당 기업만이 아니라 사회가 공동으로 노력해야 하지만, 찾아진 해결방안의 실행을 위해서는 더더욱 그래야 한다. 이렇게 보면 기업활동이 자연환경에 미치는 영향을 줄이는 일은 개별 기업에만 맡겨둘 것이 아니라 관련 산업계나 사회 전체가 공동으로 추진해야 한다. 기업활동의 내용이나 그 수행과정을 개선하는 혁신도 기업 단위보다 공급사슬 차원이나 사회 전체 차원에서 동시에 추진하여야 효과가 크다.

기후변화는 나라나 지역에 국한되지 않는 문제이며, 인류사회 전체가 동시에 고민해야 할 문제다. 이에 대처하기 위해서는 지구 차원에서 인류의 행동양식을 바꾸는 혁신이 필요하다.

　결론적으로 지구온난화에 대해 효과적으로 대처하기 위해서는 사회라는 시스템 전체가 아이디어 도출에도 참여하고 실행에도 참여하여 '시스템 혁신'을 이루지 않으면 안 된다. 환경보전에 시스템 전체가 동참해야 하는 사정을 OECD는 이렇게 요약한다. "생태혁신을 추진하는 일은 기업의 전통적 경계를 넘어선다. 현존하는 사회문화적 가치기준과 제도적 구조를 바꿀 수 있게끔 훨씬 넓은 범위의 사회적 조율이 필요하다."

　OECD가 말하는 '생태혁신(eco-innovation)'은 자연생태계에 대한 영향을 최소화하면서 인간생활을 영위하기 위하여 여러 측면에서 새로운 방안을 찾아내는 일을 가리킨다. 흔히 말하는 녹색혁신 혹은 녹색기술과 동일한 개념이다. 생태혁신은 사회적 조율이 필요한 것인 만큼 시스템 차원의 접근을 필요로 한다. 〈도표 12-1〉은 환경보전에 필요한 생태혁신의 범위와 방향을 예시한 것이다. 종국적으로 기업의 내부에 국한되지 않고 외부도 두루 포괄하는 시스템 혁신이 요구되는 것이 확실하다. 혁신의 방향도 몇 가지로 구분해 볼 수 있는데, 이는 〈도표 7-1〉에서의 분류와 유사하다.


## 12.2 사회적 책임과 혁신


개별 기업은 주류 시장을 대상으로 상품을 공급한다. 전통적 마케팅의 시장분석은 주요 고객층의 수요를 파악하는 데 치중한다. 이에 비해 사회공헌 혹은 상생경영은 소외된 소비자나 제삼의 이해당사자를 대상으로 한다. 자연스럽게 새로운 아이디어를 접할 개방형 혁신의 기회가 생긴다.

　소외된 계층을 위해 개발한 상품이나 사업모델이 주류 시장으로 확대될 가능성도 있다. 이렇게 본다면 기업의 사회적 책임 이행은 자연스럽게 시장시험(market testing)의 계기가 될 수도 있다.

**| 도표12-1 생태혁신 접근방안(예시)**

| 혁신의 대상 | 사회제도와 관습<br>조직구조<br>마케팅 방법 | 시스템 혁신(Systemic Innovation) | | | |
|---|---|---|---|---|---|
| | 업무공정<br>상품 | 산업기술 혁신(Technological Innovation) | | | |
| | | 수정 | 재설계 | 대체품 | 창작품 |
| | | 생태혁신의 참신성 | | | |

*자료: OECD 2009b에서 수정*


## 1. 혁신의 기회

9장에서 소개한 대로 포터와 캔터 두 교수는 도시 빈민가의 생활수준을 개선하는 일에 관심이 많다. 두 교수 모두 사회공헌의 관점보다는 전략적인 관점에서 도시 빈민가에 접근하라고 기업에 권고한다. 도시 빈민가를 새로운 시장 또는 혁신의 기회로 활용하라는 것이다. 실제로 사회책임 의식이 강한 기업이 그들의 조언대로 경영하여 상당한 성과를 거두고 있다. 사실 포터의 이론은 농어촌의 빈민이나 피라미드의 기층민에도 그대로 적용할 수 있다.

### 새로운 경험

주류 시장의 고객은 개별 기업이 상시로 접촉한다. 기업은 그들의 욕구, 생활양식, 사고방식에 익숙하다. 흔히 말하는 '고객만족(customer satisfaction)' 역시 주류 시장의 소비자에 한정되는 이야기다. 그런데 기업이 소외된 계층을 고객으로 상대하고자 하는 경우에는 많은 것이 달라진다. 소외된 계층의 문화와 욕구는 주류 시장의 소비자와 상당히 다르기 때문이다. 기업의 입장에서는 새로운 것이나 다른 것과 접촉하며 그것에 대해 배워야 한다. 새로운 경험, 이것이 바로 혁신의 출발점이다.

IBM은 1990년대에 도시 빈민가의 학교에 각종 교육장비를 지원했다. 그 과정에서 학업성취도에 관한 정보를 교사와 부모가 공유하는 시스템을 개발했다. 읽기가 서툰 학생들을 지도하기 위해 필요한 목소리 인식 방법을 강구했다. 이와 관련된 경험은 주류 시장을 위한 소프트웨어 개발에 좋은 참고가 됐다. 21세기에 와서는 IBM이 20만 명이 참여하여 컴퓨터 유휴용량을 연결해 공유하는 '세계사회 연결고리(World Community Grid)' 라는 이름의 거대한 가상 컴퓨터를 만들었다. 이것은 전적으로 인도주의적 연구에만 쓰이는데, 이를 통하여 IBM은 신기술의 효용성을 시험할 수 있을 뿐만 아니라 참여자의 피드백을 흡수할 수 있다.

매리어트 호텔은 무직 청소년에게 직업훈련을 시키면서 새로운 시각에서 직무훈련, 배치, 감독하는 인적자원관리 기법을 터득했다. 새로운 경험에서 새로운 사실을 배운 것이다. 많은 불량 청소년이 메리어트의 직업훈련을 받고 직업을 구했고, 그 덕분에 불량 청소년이 많았던 지역의 분위기가 개선됐음은 물론이다.

상대적으로 소외된 계층을 배려하는 활동의 또 다른 장점은 공공기관이나 비영리단체의 협조를 구하기가 용이하다는 것이다. 목표가 동일하기 때문이다. 그와 같은 공동노력을 통해서 사회공헌의 효과를 증폭시킬 수 있고, 나아가 그런 기구나 단체를 우군으로 만들 수 있다. 현실에서 IBM이나 메리어트 호텔이 이러한 점을 십분 활용하고 있다.


**상품의 변형과 차별화**

피라미드 기층민의 생활양식과 그 하부구조는 주류 시장의 경우와 완전히 다르다. 수요조건도 판이하게 다르기 마련이므로 현지 사정에 맞춘 상품의 보급이 장기적 성공의 비결이다. 이는 곧 주류 시장이 아닌 특수 시장에 맞추어 상품을 개발하거나 변형해야 한다는 것이므로 일종의 상품차별화를 추구하는 것이라고 볼 수 있다.

필립스는 인도시장을 개발하는 데 주력하고 있는데, 그 과정에서 기존 상품을 개량하는 방식보다는 현지 사정에 맞게 상품을 다시 설계하는 방식을 취하고 있다. 〈사례 12-2〉는 완전히 새로운 사업모델을 발굴한 경우다. 이 회사는 인도의 전력공급이 불안정한 점을 감안하여 수작동 발전기, 충전식 손전등 등을 보급하고 있다.

중국이나 인도처럼 시장규모가 크면 현지 시장에 맞추어 차별화한 상품을 개발

---

**사례 12-2 필립스의 신사업 기회**

성장의 측면에서 한계를 느낀 네덜란드의 필립스(Philips)는 대량판매를 중시하는 전자회사에서 점점 탈피해 건강한 생활을 실현하는 데 맞춰진 설계·기술회사로 변신하고 있다. 자사가 제조한 상품을 일방적으로 판매하는 방식에서 벗어나 고객의 요구에 맞춘 생활 속의 서비스를 제공하는 방식으로 사업의 초점을 옮기고 있는 것이다.

한 가지 예로 들 수 있는 것이 인도에서 조리기구를 공급하는 사업이다. 인도에서 가축의 배설물과 나무를 태우는 방식의 재래식 진흙 아궁이는 불을 때면 온 집안이 연기로 가득 차서 호흡장애를 유발하고 화상과 각종 질환의 원인이 되는 것으로 지적됐다. 필립스는 현지의 공공기구 및 소규모 부품공급업체와 제휴하여 개량형 아궁이를 개발해 공급하기로 했다. 기술자들이 이 프로젝트에 참여한 450여 가구와 밀착하여 제품을 개발하는 동안에 디자이너들은 떠오르는 시장인 인도의 생활양식을 속속들이 파악해 제품의 디자인에 반영했다. 필립스가 이렇게 한 것은 자사의 기술과 인도 현지의 문화를 아우르는 방식으로 제품을 개발하면 남들이 그것을 모방하기 어려워 경쟁우위를 확보할 수 있다는 믿음에서였다. 또한 그 과정에서 각종 이해당사자가 동참하는 사회적 혁신(social innovation)이 촉진된다는 판단도 있었다.

필립스는 제품을 개발해 시험과정을 거치고 사업모델을 확정한 다음에는 현지 주부들을 판매원으로 활용하는 마케팅 전략을 구사했다. 이에 따라 부품제조와 제품설치에 필요한 일자리가 창출된 데 그치지 않고 추가로 새로운 소득원이 현지인에게 생겼다. 현지의 소득증대는 다시 필립스 제품의 판매 신장에 도움이 됐다. 현지인을 배려한 것이 평가를 받으면서 필립스가 사회책임성을 확실하게 갖춘 기업이라는 이미지를 얻게 된 것도 큰 소득이었다. (BW, 2008a)

하는 것 자체가 효과 만점의 혁신이 될 수 있다. 시장규모가 작은 도시빈민가를 위하여 변형된 상품이 주류 시장에도 통하는 경우가 많다. 사회공헌이라는 특수 목적에서 시작된 차별화라도 재무성과가 탁월한 혁신이 될 수 있다.

## 틈새시장에서 주력시장으로

지식과 기술에는 시너지 혹은 네트워크 효과가 작용한다. 새로운 시장을 위한 혁신은 기존 시장에도 영향을 미칠 가능성이 크다. 그러므로 사회공헌 활동을 통하여서도 주력 시장을 위한 혁신이 촉진된다. 경우에 따라서는 틈새시장의 모델을 그대로 주류 시장에 적용할 수도 있다. 이러한 사례는 실제로 많다.

소수를 위하여 만들어졌으나 대규모로 보급된 가장 대표적인 상품은 아마도 흑인음악일 것이다. 재즈, 소울, 랩, 레게 등은 대중적인 인기 면에서 주류 상품과 진배없다. 특수 계층의 음식이 세계인의 기호에 맞아떨어진 경우도 많다. 카레, 피자, 베이글, 보드카, 스시 등은 소비자 계층의 구분 없이 널리 보급됐다.

보스턴 은행은 금융에서 소외된 계층을 위하여 '첫 경험 금융상품', '다중언어 ATM', '빈민촌 벤처캐피털' 등의 금융상품·서비스를 고안했는데, 그중 상당수는 나중에 주류 고객에게도 제공됐다. 사우스웨스트(Southwest) 항공은 간소한 서비스와 저렴한 가격을 무기로 세계 최우량의 항공사가 됐다. 빈민이나 기층민에게 알맞은 사업모델을 시도하여 주류 시장에서도 상당한 점유율을 확보한 것이다.

다국적 제약회사인 노바티스(Norvatis)는 21세기에 와서 중흥기를 맞았다. 종래의 신약개발 전략에서 벗어나 각종 희귀병에 대한 신약을 집중적으로 연구했다. 이런 활동 자체가 소수의 불우이웃을 배려하는 일이 되기도 하지만, 희귀병 치료약이 다른 대중적 질환에 대해서도 탁월한 치료효과를 내주는 경우도 많았기 때문이다.

기업혁신이라면 GE도 여느 기업에 뒤지지 않는다. 고가의 의료장비에서 큰 수익을 올려 온 이 회사가 중국시장과 인도시장을 공략하기 위해서는 단순한 기능의 저가 장비를 개발하여야 했다. 그런데 놀랍게도 그런 저가 장비가 미국의 중산층을 비롯한 주류 시장에서도 큰 인기를 끌었다. 이런 반응에서 중대한 발견을 한 최고경영자 이멜트(Immelt)는 기층민 시장에서 출발하여 주력 시장으로 진출하는 것을 '거꾸로 혁신' 이라고 부르면서 회사 기본전략의 한 축으로 선택했다(2009).

'시장교란 기술' 이라는 개념을 만들어 유행시킨 하버드 대학의 크리스텐슨(C. Christensen) 교수는 소외계층을 위해 개발된 단순한 상품이 주류 시장으로 옮아가서 기술적 대혁신을 일으키는 일이 많다고 지적한다. 예컨대 개인용 컴퓨터(PC)는 대용량 컴퓨터(main frame)의 축소판이다. PC는 싼 값에 널리 보급하기 위해서 만든 컴퓨터인데, 이제는 대용량 컴퓨터를 밀어내고 컴퓨터 업체들의 주력상품이 됐다.


### '짠돌이 기술을 찬양하며'

기능, 품질, 고객서비스, 가격 등은 상품을 특징짓는 기본요소다. 현대의 마케팅에서 품질은 낮출 수 있는 것이 아니라 쳐도 기능과 고객서비스는 간소화할 수 있다.

기층민 시장에서는 저렴한 가격이 경쟁우위를 얻는 사실상의 유일한 수단이다. 단순화 내지 간소화는 어느 기업이나 생각할 수 있는 비용감축의 방안이고, 이것은 가격인하로 이어질 수 있다. 그리고 '상품의 단순화' 가 주류 시장을 위한 효과적인 차별화 전략이 될 수도 있다.

1990년대에 상용화된 휴대전화기의 역사는 새로운 기능의 점진적 추가로 특징지을 수 있다. 전화기 본래의 목적은 송수신이지만, 기능추가 경쟁 때문에 그 기능이 엄청나게 복잡해지고 있다. 그리고 시장에는 점점더 다루기 어려워지는 휴대전화기 제품에 대해 염증을 내는 소비자도 많다(Econ, 2010b). 이런 상황에서는 남과 다른 간소화와 저렴화가 시장점유율 증대에 오히려 도움이 될지도 모른다.

마이크로소프트는 전통적으로 소프트웨어의 기능을 점점 복잡하게 만드는 상품전략을 써 왔다. 애플은 정반대로 사용자 편의성을 최대의 무기로 삼고 상품의 단순화에 승부를 걸었다. 이런 전략이 훌륭하게 통한 덕분에 애플은 시가총액 면에서 마이크로소프트를 추월할 수 있었다(2010년). 이 사례는 상품의 기능을 고급화하고 고객서비스를 다양하게 하는 것만이 능사가 아니라는 사실에 하나의 증빙이 된다.

기층민을 위해 가격을 저렴하게 하기 위해 제조원가를 낮추고 소비자의 부담으로 돌아가는 유지비가 적게 들도록 하는 '짠돌이 기술'은 자연환경 보전에 크게 도움이 된다. 상품이 작고 단순해지면 그만큼 생산과 사용의 과정을 통틀어 에너지 절약과 온실가스 배출 감축에 기여하게 된다. 인도 타타자동차가 기층민과 중산층을 염두에 두고 개발한 2500달러짜리 자동차 '나노(Nano)'는 시민의 환경의식이 강하게 작용하는 유럽시장에서도 판매 잠재력이 있는 것으로 평가받고 있다. 10장에서 소개한 빈민층을 위한 초저가격의 휴대용 컴퓨터도 점점더 일반화되고 있다.

선진국의 의료 서비스는 기술적으로는 점점더 발달하고 있지만 저소득층에게는 여전히 그림의 떡이다. 누군가가 빈민층을 위하여 실비의 의료 서비스를 개발해 제공한다면 인류사회에 더없이 훌륭한 봉사를 하는 셈이 될 것이다. 현실에서 의료와 교육이라는 기초복지가 어느 나라에서든 비용만 증가하고 질은 후퇴하고 있다. 크리스텐슨 교수는 인류사회가 공통적으로 필요로 하는 건강관리와 교육을 개선하고 더 나아가 빈곤 문제를 해결하는 길은 제품과 서비스의 '시장교란적 단순화'에서 찾을 수 있다고 강조한다.

이렇게 보면 단순화, 간소화, 효율화를 추구하는 '짠돌이 기술'은 기업이 사회적 책임을 두루 완수하는 비결이 될 수 있다.


## 2. 신사업의 시험무대

사회공헌의 대상으로 지목되는 빈민가나 기층민 시장은 공간적으로나 개념적으로나 주류 시장과 분리된다. 지역적으로 분산된 경우도 많아서 시혜성 사업에서든 애초부터 수익을 목적으로 한 사업에서든 소규모로 접촉이 시작되는 것이 보통이다. 이런 까닭에 빈민가나 기층민 시장은 주류 시장을 혼란에 빠뜨리지 않고 새로운 상품을 시험해 보기가 용이하다. 소외된 시장에 진출하기 위해서는 어차피 신제품이나 새로운 사업모델이 필요하다는 점에서 보면 자연스럽게 시험의 기회를 얻게 된다는 장점도 있다. 사회공헌이 바로 혁신을 위한 시험무대가 된다는 말이다.

앞에서 소개한 바 있는 IBM, 매리어트 호텔, 보스턴 은행도 이와 같은 시험무대를 활용해 효과를 얻었다. 벨 애틀랜틱(Bell Atlantic)의 경우는 빈민가의 각급 학교에 통신시설을 지원하면서 지능형 네트워크를 시험적으로 적용해 볼 수 있었다. 이런 실험을 통하여 상당한 노하우를 얻은 벨 애틀랜틱은 같은 모델의 지능형 네트워크를 다른 지역의 학교에 상업적으로 판매할 수 있게 되면서 많은 수익을 올렸다. 버클리 대학(UC Berkeley)은 휴대전화를 이용한 시골 주민 교육 프로그램을 시험적으로 운영하고 있다.

신흥 경제대국 시장에서 신상품을 시험해 보는 다국적기업도 많이 있다. 이는 선진국의 주류 고객을 자극하지 않으면서 저렴한 비용으로 새로운 사업모델을 찾는 데는 장점이 있는 방법이다. 신흥국 자체가 거대한 잠재력을 가진 시장이기도 하지만, 거기서 성공한 모델이라면 선진국의 주류 시장에도 적용할 수 있기 때문이다.

10장에서 소개한 방글라데시의 그라민 은행 모델은 인도, 남미, 아프리카는 물론이고 미국에까지 전파됐다. 인도의 재벌 타타(Tata)는 〈사례 12-3〉에 소개된 휴대전화 활용사업을 다양한 업종에 적용하여 농어촌에 진출하는 교두보를 확보한다는 계획을 가지고 있다. 타타는 이런 방법으로 개발한 사업모델을 전 세계에 동일하게 적용할 수 있을 것으로 믿고 있다.

다국적 통신업체인 로이터(Reuters)는 인도의 농촌지역을 선정하여 휴대전화로 현지의 농민과 주요 곡물시장을 통신망으로 연결하는 사업을 시험했다. 현지의 농민으로 하여금 가격이 유리한 시장을 고를 수 있게 하기 위한 것이었다. 이것은 일정한 시험기간을 거친 뒤에 마하라슈트라(Maharashtra) 주 전체를 대상으로 하는 유료 서비스로 정착됐다. 로이터가 이 사업모델을 그 다음 단계로 적용할 대상시장은 당연히 인도의 전역과 다른 신흥 경제대국이다.

## 3. 상생경영과 산업집적지

9장에서 개별 기업이 지역사회에 기여하는 방법에 대해 살펴보았다. 개별 기업이

**사례 12-3  휴대전화를 이용한 농업지도 사업**

인도의 타타그룹은 세계적인 경쟁력을 갖춘 경영자문회사인 타타 컨설턴시(TTS, Tata Consultancy Services)를 계열사로 거느리고 있다. TTS는 2007년에 인도의 농민을 대상으로 새로운 자문사업을 개시했다. 시작단계에서 50명의 지역 농민에게 특별히 제작된 휴대전화를 나누어주었다. 지시어를 모두 상징표지(icon)로 바꾸어 문맹자도 휴대전화를 사용할 수 있게 하고, 카메라를 장착하여 농민이 직접 휴대전화로 작황을 수시로 전송할 수 있게 했다. 또한 시험작동 기간에 드러난 문제점을 고치고 성능을 개선했다. 그 사이에 가입자는 수천 명 수준으로 늘어났다.

　TTS의 프로그램에 가입한 인도의 농민은 휴대전화를 통하여 TTS 본사의 자료은행에 언제나 접속하여 씨 뿌리기, 약제와 성장촉진제 투여하기, 물 대기 등과 관련된 기술적 정보와 시장상황에 관한 정보를 입수할 수 있다. 또한 각자 자신의 형편에 맞는 정보를 컨설턴트를 통해서 얻을 수 있는데, 휴대전화로 전송되는 영상으로 컨설턴트가 현지의 작물상태를 직접 확인할 수 있기 때문에 컨설턴트가 제공하는 정보와 조안이 정확하고 확실한 맞춤형이 된다. TTS가 지역별로 설치한 기지는 현지의 기후와 토양의 상태 등을 실시간으로 점검하는 데 이용된다. 이것 역시 TTS 프로그램이 제공하는 서비스의 질을 더욱 높이는 효과를 내고 있다.

　타타는 한국의 재벌에 버금갈 정도로 다각화된 그룹이다. '나노(Nano)'라는 저가 자동차 제품으로 이름이 널리 알려진 타타자동차 외에 철강, 통신, 금융 등의 분야에도 계열사를 두고 있다. 타타그룹은 TTS의 휴대전화를 활용한 농어촌 지역 서비스 모델을 다른 다양한 사업에도 활용할 계획이다. (WSJ, 2008f)

주민을 교육하고, 공급업체를 지원하고, 사회간접자본을 확충하는 일에 나설 수 있다. 이런 사회공헌은 외부효과(externality)를 창출한다. 지역사회의 모든 당사자가 대가를 지불하지 않고도 두루 그 혜택을 받기 때문이다. 그런데 외부효과의 일부는 해당 기업에도 돌아온다.

외부효과가 기대되는 일은 지역기업체가 공동으로 추진하는 것이 훨씬 큰 영향을 미친다. 공동노력으로 외부효과가 극대화되면, 그것은 개개 기업의 경쟁입지가 크게 개선된다는 말에 다름 아니다. 입지가 개선되면 새로운 기업, 협력업체, 유관단체가 속속 입주할 것을 기대해 볼 수도 있다. 그렇게 되면 상호보완적인 각종 기능과 활동이 증가하는 선순환이 일어나서 특정 산업의 집적지가 형성된다. 산업집적지(industrial cluster)란 보완기능의 공존에 따르는 외부효과의 결정체이며 입주기업 모두의 경쟁력을 크게 강화시킨다(Porter, 1998). 각국이 산업집적지 육성에 나서고 있는 것은 집적지의 시너지 효과를 얻고자 함이다.

산업집적지의 대표적 사례로 미국의 실리콘 밸리가 꼽힌다. 그곳에는 정보기술과 관련된 온갖 기구, 단체, 기업이 공존한다. 공급업체, 고객업체, 기업서비스 업체, 창업투자자, 각종 금융기관, 대학, 연구소, 공공기관 등 정보기술과 관련된 모든 요소가 모여 서로 배우고 자극하여 상승작용과 선순환을 일으킨다. 일자리가 많으니 인재가 모이고, 직원채용과 자금조달 용이하니 기업의 설립도 쉽다. 다수의 기업이 있으니 기업별 흥망성쇠가 엇갈려서 지역경제가 언제나 안정을 유지한다. 개별 기업의 입장에서는 시너지 효과를 통한 수확체증의 법칙을 얻으니 경쟁력이 저절로 갖추어진다.

산업집적지는 혁신집적지라고 불리기도 한다. 집체적 혁신능력이 돋보이고 그것이 지역의 경쟁우위 요인으로 작용하기 때문이다.

개별 기업이 지역사회의 각종 이해당사자를 배려하는 상생경영은 산업집적지 조성에 기여한다. 산업집적지가 조성되면 해당 기업의 혁신이 촉진된다. 물론 산업집적지에서 발생하는 시너지 효과가 지역의 경쟁자를 돕기도 한다. 설사 그렇다고 해도 세계화 시대에는 개별 기업이 '더 큰 적과 싸우기 위하여 가까운 적과의 동침이 필요하다'는 진리를 잊지 말아야 할 것이다.


## 12.3 환경적 책임과 사업기회

지구온난화에 대해서 인류사회가 그런대로 합의를 이룬 것은 2007년 무렵이라고 볼 수 있다. 그러나 그것은 시작일 뿐이며 문제의 해결은 지금부터다. 과제의 성격으로 보아 이 문제의 해결은 수없이 많은 기업의 엄청난 상상력을 필요로 하고, 사실상 한도가 없는 투자를 요구한다. '녹색기술', '생태혁신' 등으로 불리는 이 분야의 기업혁신과 신사업의 기회는 말 그대로 무한하다.

이제 비로소 시작된 녹색기술이 무엇인지를 구체적으로 설명하기는 어렵다. 분야와 방향이 아직 정립되지 않았고, 하루가 다르게 새로운 방안이 출현하기 때문이다. 제시되는 아이디어와 기술의 변화를 보면 인간의 상상력만이 한계인 것처럼 여겨질 정도로 다양하고 빠르다.

### 1. 대혁신의 필요성

롬보리의 지적이 아니라도 교토의정서는 미봉책이다. 그대로 시행되어도 효과는 지극히 미미하다. 발상의 전환이 이루어지고 획기적인 대책이 마련되지 않으면 2050년에 온실가스 배출량이 목표대로 50% 감축되기는커녕 오히려 최대 70% 늘어날 것이다(OECD, 2009b). 따라서 범세계적으로 발상의 전환과 대혁신이 필요하다. 그와 같은 대혁신을 이루어낼 실제적인 주체는 기업뿐이다.

흔히 혁신을 '점진적 개선(kaizen)'과 '대혁신(breakthrough)'으로 구분한다. 기존 방식을 전제로 에너지 효율을 높이고 온실가스를 줄이는 것은 개선에 해당하

| 도표12-2 지속가능성과 관련된 사업기회 | | |
|---|---|---|
| | 2050년 세계 시장규모(조 달러, 2008년 불변가격) | GDP 점유율(%) |
| 에너지 | 2.0 | 1.0 |
| 숲 | 0.2 | 0.1 |
| 농작물 및 식품 | 1.2 | 0.6 |
| 물 | 0.2 | 0.1 |
| 금속 | 0.5 | 0.2 |
| 건강 및 교육 | 2.1 | 1.0 |
| **합계** | 6.2 | 3.0 |

*자료: WBCSD 2010*

며, 이에 대해서는 7장에서 이미 다루었다. 대혁신이란 완전히 새로운 물질, 완전히 새로운 접근방식 등을 찾아내는 것이다. 대혁신만이 기후변화에 대한 근본대책이 될 수 있다. 혁신적인 해답을 창출하는 기업은 자연스럽게 경쟁우위를 확보하고 유망한 사업기회를 확보할 것이다. 그런 기업은 세계의 어느 곳에서든 시장과 고객을 발견할 수 있을 것이다.

UN 등의 국제기구는 2020년까지 환경보전과 관련된 제품과 서비스의 시장규모가 3조 달러에 이를 것으로 추정한다. 2050년에는 6조 달러가 될 것이라는 추산도 있다(〈도표 12-2〉). 혁신의 방향이 불확실하기 때문에 이런 추정 자체가 크게 의미 있는 것은 아니지만, 시장규모가 세계 GDP의 3%에 이를 정도로 막대하게 커질 것임은 확실하다. 녹색기술의 영향력이 정보기술(IT)에 버금갈 것이라는 의견이 우세하다. 한 창업투자 전문가(J. Doerr)는 이렇게 말한다. "기후변화가 요구하는 혁신은 모든 시장의 어머니가 될 것이다." (Lash, 2007)

녹색기술에 대한 투자는 환경적 책임을 수행하는 길임과 동시에 혁신의 기폭제가 되고 무한한 사업기회를 가져다 줄 수 있다. 그러므로 '대혁신에 근거한 친환경경영'이 전략적 CSR의 모범적 형태가 되는 것이다. 〈도표 12-1〉의 분류를 기준으로 말하면 재설계, 대체품 개발, 창작품 발굴이 이에 해당된다.

## 2. 지구온난화 방지기술

기후변화에 대처하는 기술적 방안은 온실가스 배출 감축, 온실가스 흡수, 태양열 차단 등으로 구분될 수 있다. 현재까지의 국제적 노력은 배출 감축에 집중되어 왔지만, 근본적인 문제해결을 위해서는 종합적인 접근이 필요하다. 문제해결의 열쇠는 관련된 기술의 개발에 있다고 볼 수 있다.

성층권의 오존층 파괴를 방지하자는 몬트리올 의정서는 1989년에 발효됐다. 대표적인 기피물질인 CFC는 그때까지 냉매(冷媒)로 광범위하게 쓰였고, 그 배출을 감축하는 방안에 대해 기업계가 크게 반발했다. 그렇지만 불과 수 년 사이에 대체물질이 개발되어 CFC는 사실상 퇴출됐다. 지구온난화를 방지하는 기술도 생각보다 일찍 개발될 가능성을 배제할 수 없다.

인류와 동식물이 생존해야 한다면 온실가스 농축을 완전히 막을 수 있는 방법은 없다. 생활에 지장을 주지 않고 온실가스의 농도를 줄일 수 있다면 그것이 최선일 것이다. 이런 목적으로 물리학, 화학, 생물학의 다방면에서 연구가 활발히 이루어지고 있다. 〈도표 12-3〉는 미국의 동력부(DOE)가 작성한 보고서의 내용인데, 각국에서 진행되는 이런 기술개발의 방향을 예시하고 있다.

### 초목의 온실가스 흡수

식물은 호흡을 통해 이산화탄소를 배출하기도 하지만, 광합성으로 더 많은 양의 이산화탄소를 흡수한다. 얼추 말하면 수풀은 나대지보다 2배 이상의 이산화탄소를 함유할 수 있다. 나무를 심고 숲을 조성하는 것은 초보적이고 누구나 할 수 온실가스 감축방안으로 꼽힌다. 그래서 교토의정서도 삼림조성을 대체이행(CDM 혹은 JI)으로 인정해 준다.

현실에서는 삼림을 조성하는 일보다 기존 삼림의 파괴를 막는 일이 더 중요하다. 특히 브라질과 인도네시아 등에 있는 열대우림의 상황을 보면, 경제활동 전체

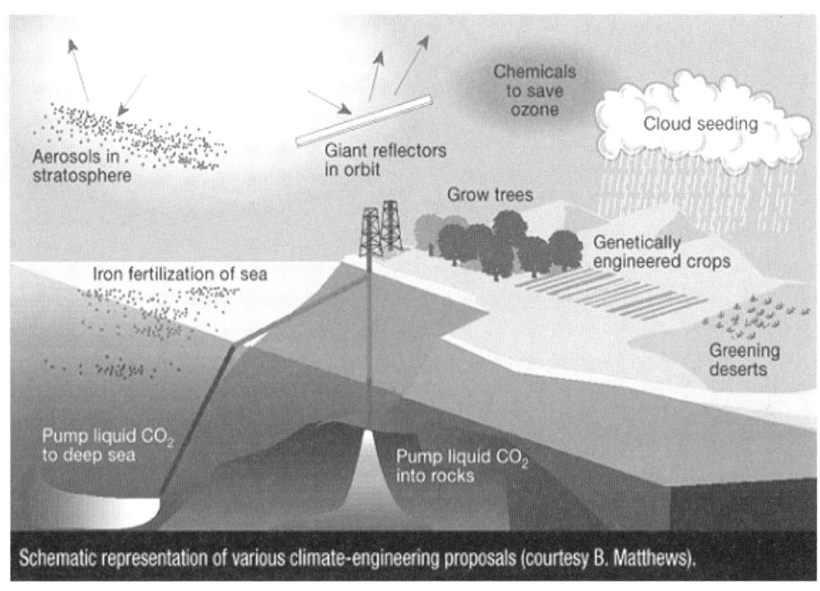


지료: *Diagram by Kathleen Smith/LLNL (미국 동력부 핵안전국 산하의 기구).*
*(www.llnl.gov/news/newsreleases/2008/NR-08-05-04.html)*

가 온실가스를 배출하는 것보다 삼림벌채의 악영향이 훨씬 더 크다. 브라질과 인도네시아 두 나라는 적절한 보상만 받을 수 있다면 산림 벌채량을 70%까지 줄이겠다고 약속한 바 있다. 실제로 UN이 주관하는 REDD와 같은 '벌채하지 않은 삼림에 대한 보상 프로그램'이 마련되고 있다. 2009년에는 코펜하겐에서 미국, 노르웨이 등 6개국 대표가 모여 45억 달러의 자금이 그런 목적의 기금으로 활용되도록 하겠다고 약속하기도 했다.

남극 주변의 바다에 철분을 살포하면 해조류가 기하급수적으로 늘어나서 온실가스를 흡수할 것이라는 연구결과 보고도 있다. 습지를 많이 조성하여 수상(水上) 식물을 번식시켜도 같은 효과를 얻을 수 있다. 사실 각 대륙에서 일어나고 있는 사막화를 방지하는 것만 해도 온실가스 감축에 큰 역할을 할 수 있다.

## 이산화탄소 잡아가두기

온실가스 배출을 줄이기가 어려운 것은 그것이 산업활동의 부산물이기 때문이다. 만약에 배출된 온실가스를 도로 붙잡아 들이는 기술이 있다면 배출 감축에 따르는 경제의 위축을 막을 수 있을 것이다. 실제로 각국에서 이산화탄소를 도로 붙잡아 들이는 연구를 여러 갈래도 진행하고 있다. 지구온난화 방지에 열성적인 EU는 자체 회의에서 이산화탄소를 포집하는 기술을 집중적으로 개발하고 육성할 것을 결의한 바 있다(2008년).

이산화탄소를 붙잡아 들이는 방법은 크게 두 가지로 개발되고 있다. 그 가운데 하나는 마치 공장굴뚝의 집진장치처럼 배출 현장에서 이산화탄소를 포집하는 방법(CCS)이며, 일부 기업이 이미 이 방법을 시범적으로 시행하고 있다. 아직은 기술 개발의 초기여서 경제성이 없지만, 머지않은 장래에 상용화될 가능성도 있다. 다른 하나는 대기 중에서 이산화탄소를 흡수하는 방법으로, 기술적으로 가능하지만 아직은 아이디어 차원에 있고 상용화까지는 상당한 시간이 걸릴 것이다(〈도표 12-4〉).[46]

붙잡아 들인 이산화탄소를 처분하는 방법에는 두 가지가 있다. 그 가운데 하나는 핵폐기물의 경우처럼 안전한 장소에 깊숙이 저장하는 것이다. 저장을 위해 이산화탄소를 액화하거나 고화하는 방법도 연구되고 있다. 다른 하나는 이산화탄소를 각종 산업용도에 활용하는 것이다. 유정에서 기름을 채취한 곳에 생겨나는 빈 공간에 이산화탄소를 채워 넣으면 채유작업이 쉬워지게 되므로 이산화탄소를 이

........................

46 이산화탄소가 배출되는 현장에서 그것을 붙잡아 들여 별도로 저장하는 방법을 CCS(carbon capture and sequestration 혹은 carbon capture and storage)라고 하고, 대기 중에서 이산화탄소를 채집하는 방법을 'air capture'라고 한다.

*그림의 기술은 2011년 현재 미국의 특정 신설기업이 상용화 작업 중에 있다. www.grtaircapture.com.*
*자료: Econ, 2009b*

런 용도로 석유업계에 유료로 판매할 수도 있다. 온실식물의 광합성을 촉진하거나 소화(消火)기구를 제작하는 데도 이산화탄소가 필요하다. 이산화탄소와 수소가 반응하면 각종 탄화수소(carbon hydrate)가 생성되는데, 이것은 연료로 활용될 수 있다. 이론적으로는 지구의 자기장을 이용하여 남극과 북극에서 이산화탄소를 우주공간으로 배출해 버리는 방법도 가능하다.

전력회사인 AEP(American Electric Power)는 미국에서 온실가스를 가장 많이 배출하는 기업으로 꼽히고 있기에 온실가스 배출 감축에 지대한 관심을 쏟고 있다. 이 회사는 이산화탄소를 배출하는 가축의 분뇨를 채집할 뿐만 아니라 석탄을 기화하는 방법과 CCS 기술에도 집중적으로 투자한다. 붙잡은 이산화탄소를 깊은 땅속에 수천 년간 묻어두거나 석유회사에 판매할 계획도 가지고 있다. 이 회사는 2025년 무렵에는 석탄을 때는 화력발전소에서도 온실가스가 전혀 배출되지 않게 할 수 있을 것으로 전망한다. 직접적으로 이해관계가 걸려 있는 석유회사들도 CCS 기술의 실용화를 위해 엄청난 액수의 자금을 앞 다투어 투자한다.

한국화학연구원은 이산화탄소를 탄화수소의 하나인 메탄올(methanol)로 바꾸는 기술을 개발하고 있다.


## 햇볕 차단 방안

지구가 흡수한 태양에너지의 일부는 생명체가 활용하고, 일부는 우주공간으로 다시 내보내진다. 지구온난화는 이렇게 다시 내보내지는 에너지의 양이 지나치게 적어서 초래되는 문제다. 우주로 다시 내보내지는 에너지의 양을 온실가스 감축을 통해서 늘리는 대신에 흡수되는 태양에너지의 양을 그만큼 줄일 수 있다면 문제가 저절로 해결된다. 지구공학(geo-engineering)은 바로 이와 같은 기술도 연구하는 분야다.

장난 같은 이야기로 들릴지 모르지만, 거대한 반사체를 위성의 궤도에 올려놓는 방법과 대량의 먼지를 성층권에 뿌리는 방법이 실제로 연구되고 있다. 예컨대 황산염 입자 등의 연무(aerosol)를 성층권에 뿌려 놓으면 그것이 태양열을 반사하기 때문에 지구온난화를 방지하는 효과를 내준다는 것이다. 연구자에 따라서는 성층권에 연무를 살포하는 것이 온실가스 배출을 감축하는 것보다 비용의 측면에서 저렴한 방법이라고 주장한다. 그런데도 온실가스 배출을 감축하는 방안이 이념적으로 추진되다보니 그런 저렴한 방법에 대한 투자가 이루어지지 않는다는 주장도 있다.

바다를 휘저으면 소금기가 많은 수증기가 증발되고, 그런 수증기로 형성된 구름은 태양열 반사에 특히 효과적이다. 이것은 비용 문제만 없다면 언제라도 적용할 수 있는 방법이다. 한국이 해마다 겪는 황사도 태양열 반사에는 효과가 크지만 그로 인해 치러야 하는 대가가 더 크기 때문에 황사를 그런 용도로 사용하자고 나서서 주장할 바는 아니다.

노벨 물리학상을 받았고 미국 동력부 장관을 역임한 추(S. Chu)는 지구상의 모든 인조물을 옅은 색으로 칠하자고 제안하여 세상 사람들의 이목을 끈 적이 있다(2009년). 건물의 지붕과 외벽을 흰색으로, 도로를 시멘트와 같은 색깔로 칠하면 태양열을 반사하는 효과를 얻을 수 있다는 것이다. 색깔과 관련된 사실을 하나 더 소개하자면, 극지의 빙하와 고산의 만년설이 녹으면 해수면이 상승할 뿐만 아니라 백색의 지역이 청록색으로 바뀌어 햇빛 흡수를 촉진하는 또 다른 문제도 야기된다.

## 3. 신에너지 기술

새로운 에너지의 종류에 대해서는 11장에서 살펴보았다. 신에너지 발굴에는 물리, 화학, 생물 등 모든 과학이 총동원되고, 그 구체적 방법도 매우 다양하다. 하루가 다르게 새로운 제안이 등장한다. 여기서는 기술혁신의 관점에서 신에너지 발굴과 관련이 있는 핵심 사안을 되도록 간략하게 짚어 보기로 한다.

신에너지는 아직 실용화에는 이르지 못한 채 보조금이 지원되는 가운데 연구와 시험생산의 개발단계에 머무르고 있다. 그러나 범세계적 관심과 지원 속에서 수많은 중·소·대기업과 창업기업가가 진력하고 있는 만큼 신에너지의 상용화가 그리 멀지 않았음을 짐작할 수 있다.

### 생물성 연료

곡물을 생물성 연료(bio-fuel)로 전환하는 데는 분명한 한계가 있다. 재배지 확보를 위해 삼림을 파괴해야 하고, 식용 곡물의 가격을 폭등시킬 우려도 있다. 고어가 노벨상을 받은 2007년 당시에는 곡물을 원재료로 하여 생산된 연료에 대한 기대가 컸으나, 그 뒤로 불과 1~2년 사이에 상황이 크게 달라졌다. 이에 따라 곡물과는 다른 원천과 방법을 찾아야 하게 됐다.

에탄올과 관련해서는 생산성이 높은 목초를 찾아내는 연구가 활발하다. 스위치 그라스(switch grass), 야생초 부들과 같은 풀의 활용가능성이 매우 크다. 이론적으로는 어떤 식물이든 발효가 가능하므로 원재료에 맞춰진 효소(enzyme)를 발굴하는 것도 훌륭한 대안이 된다. 옥수수 대궁과 지푸라기는 물론이고 나무토막, 심지어는 각종 생물성 쓰레기도 발효시키면 에탄올이 생성된다. 이렇게 보면 발효를 촉진하는 효소를 찾거나 만드는 것이 관건인지도 모른다. 이는 유전공학이 빛을 발휘하게 될 분야다.

생물성 디젤은 콩이나 유채뿐만 아니라 코코넛, 해바라기, 야자수, 자트로파(jatropha) 등을 포함한 각종 열매에서도 추출할 수 있다. 설탕에서 석유보다 성능이 뛰어난 디젤을 뽑아내는 방법에 관한 연구도 진행되고 있다.

해조류(algae)를 빠르게 증식시켜서 디젤을 추출하는 방법에 관한 연구도 활발하다. 해조류는 자라면서 온실가스를 흡수하는 역할도 한다는 점이 금상첨화가 되고 있다. MIT의 실험결과에 따르면, 폐열 발전소의 배기가스를 해조류 배양관에 통과시키면 거기에 포함된 이산화탄소를 70% 가까이 줄일 수 있다. 해조류는 물고기 양식에 사용되기도 하지만, 거기서 디젤을 짜낸다면 그 뒤에 남는 찌꺼기는 훌륭한 비료가 된다. 환경보전에 소홀하여 시민단체의 단골 공격표적이 됐던 엑손모빌이 이렇게 해조류를 이용하는 기술에 6억 달러를 투자하겠다고 발표한 사실이 큰 뉴스거리가 된 바도 있다(2009년). 이는 해조류의 잠재력을 인정하게 한 상징적 사건이라 할 것이다.


## 태양에너지

국제에너지기구(IEA)의 예측에 따르면, 늦어도 2050년에는 태양광에 의한 전력생산이 전체 전력생산의 25%에 이를 것이다. 중국 정부는 특히 태양에너지 기술에 집중적으로 투자해 왔는데, 2010년 현재 기술 및 관련기기 생산량에서 미국을 앞지른 것으로 평가된다. 삼성과 LG를 비롯한 다수의 한국 기업도 태양에너지 기술에 대규모로 투자한다. 범세계적인 투자에 힘입어 태양에너지의 활용규모가 1년에 50%씩 급격하게 신장되고 있다. 생산비도 빠르게 하락하고 있는데, 특히 태양광 발전의 경우에는 생산비가 10년 사이에 60% 정도 하락했다.

태양에너지 개발의 핵심은 태양광을 이용하여 전기를 발생시키는 태양전지(solar cell)에 있다고 말할 수 있다. 한국의 가옥에서도 흔히 볼 수 있는 집열판(absorber)처럼 태양열을 직접 활용하는 방법은 효율성 제고가 큰 과제가 되고 있다. 볼록렌즈의 원리를 이용하여 태양광을 한 곳으로 집중시키는 집광체(concentrator)도 개발되고 있다. 열을 저장했다가 해가 지고난 뒤에 전기로 바꾸는 기술도 관심의 대상이다. 대기권 밖의 인공위성에서 태양에너지를 채취하는 방법도 가능한데, 이런 방법이 실용화되면 악천후에 따르는 전기공급의 불안정성 문제를 해결할 수 있다.

## 풍력에너지

바람으로 터빈을 돌려서 생성되는 풍력에너지를 상용화하는 데는 크게 세 가지 문제가 있다. 첫째, 발전의 효율성을 높이는 일이다. 터빈의 제작 및 발전시설에 투자되는 비용에 비해 충분히 경제성이 있는 전기량이 생산되어야 한다. 둘째, 적절한 발전기 설치장소를 물색하는 일이다. 풍력발전기(wind mill)를 대량으로 설치할 수 있는 '바람이 많이 부는 넓은 부지'를 확보하기가 만만한 일이 아니다. 셋째, 바람의 세기가 시시각각으로 변하고 그에 따라 발전량에 심한 기복이 있는 문제를 해결하는 일이다. 들쑥날쑥한 전기를 모았다가 필요에 따라 꺼내서 쓸 수 있게 해주는 축전기술의 개발이 중요하다.

아직은 아이디어 차원이지만, 높은 하늘에 기구를 띄워놓고 거기서 풍력발전을 할 수도 있다. 대기의 상층부에서는 바람이 일정하기 때문에 이렇게 전기를 생산하면 안정적인 전력공급이 가능해진다.

GE는 풍력터빈을 에코메지네이션의 핵심 상품 가운데 하나로 꼽고 있다. 지멘스(Siemens)는 새로운 성장동력을 재생가능 에너지에서 찾고 있는데, 2010년에는 풍력발전 부문의 매출액이 48% 성장하여 13억 달러에 이르렀다. 미국 최대의 전력회사인 AEP는 축전시설에 거액의 자금을 투자하고 있다. 중국 정부는 풍력에너지에도 투자를 많이 하여 이 분야의 최대 생산국이 됐다.

## 해양에너지

바닷물의 흐름에서 생기는 운동에너지를 전기로 바꾸는 방법도 있다. 이 방법은 아직 기술의 태동기에 있으며, 온갖 아이디어가 시험되고 있는 상태다. 지구 표면의 70%가 바다이고, 파도가 없는 날이 없으며, 밀물과 썰물이 영원히 계속될 것이기 때문에 이론적으로 따지면 바다는 무한한 에너지 원천이 된다. 개발의 잠재력이 태양이나 풍력에 뒤떨어질 이유가 없다. 실용화에 상당한 세월이 걸리긴 하겠지만, 개발의 초기단계에 해당하는 블루오션이기에 해양에너지 관련 기술개발이 그만큼 유망한 투자기회가 될 수도 있다.

조력(tidal)에너지는 크게 두 가지 방향으로 개발이 진행되고 있다. 대형 관 속에 터빈을 넣어 두고 조력에 의해 그것이 돌아가게 하는 방안도 있고, 강이나 석호의 어귀를 막아서 수력 댐을 설치한 것과 같은 효과를 얻는 방안도 있다. 조수의 움직임은 예측할 수 있으므로 조수를 이용해 만들어낸 전력은 그 공급이 풍력을 이용해 만들어낸 전력에 비해 안정적이다. 파력(wave)발전은 파도에 의해 발생하는 수면의 흐름이나 수심의 흐름을 이용하여 터빈을 돌려서 전기를 생산하는 것이다.

해양에너지를 이용하는 데는 거대한 시설을 바다에 띄우고 유지해야 한다는 점에서 기술적 어려움이 있을 수 있고, 배전시설에도 큰 규모의 투자가 필요하다. 하지만 바다라는 무한히 넓은 자원과 무한대라고 할 수 있는 그 운동에너지를 이용한다는 것은 장점이다.

바닷물은 장소에 따라서, 그리고 수심에 따라서 온도차이가 크다. 이런 온도차이를 이용하여 전기를 발생시키는 연구도 진행되고 있다. 강 하구에서 민물과 짠물이 섞이면 삼투압 현상에 의해 열이 발생한다는 점에 착안하여 전기에너지를 생산하자는 아이디어도 시험되고 있다.

### 에너지 효율성 제고

에너지는 인류의 생활에 불가결하기 때문에 어떤 일이 있어도 인류는 그것을 사용할 수밖에 없다. 새로운 에너지를 찾는 것이 궁극적인 해결책이지만, 당장은 에너지 생산성을 높이는 것도 긴요하다. 현재의 기술에 의한 내연기관의 효율은 10~50%인데, 이를 뒤집어 말하면 활용량의 1~9배에 해당하는 에너지가 낭비되고 있는 것이다. 낭비의 폭을 줄이면 그만큼 온실가스 배출이 감축되고 자원이 보존된다.

각국의 전력 관련 회사가 두루 개발에 애쓰고 있는 지능형 배전시설(smart grid)은 에너지의 생산성 증대에 큰 역할을 할 것으로 기대된다. 매킨지는 에너지 효율성 제고에 대한 범세계적 투자를 대폭 늘려서 온실가스를 감축하자고 제안했다. 2020년까지 1년에 1700억 달러씩을 이 분야에 투자한다면 그 투자수익률이 연 17%에 달할 것이라는 추정도 있다(Farrell, 2008) 이 분야에서 더없이 훌륭한 사업기회가 기다리고 있다는 말이 된다.

## 4. 생물학과 생물소재

물리학이 20세기를 풍미했다면, 21세기에는 생물학이 기린아가 될 것이라는 말이 있다. 전기, 전자, 디지털 관련 기술이 인류의 생활을 바꾸었듯이 앞으로는 생물학적 접근, 특히 유전학(genetics)이 인류의 많은 문제를 해결해 줄 것이라는 말이다. 20세기 후반에 전개된 정보기술의 급격한 발전을 웅변한 '무어의 법칙'과 같은 현상이 생물학 분야에서 일어나지 말라는 법은 없다.

## 유전공학

유전공학은 DNA로 상징되는 유전학 지식을 바탕으로 동식물의 유전자를 조작하여 해당 동식물이 우리가 원하는 형질을 갖도록 하는 기법을 말한다. 현실에서 많은 기업이 유전공학 관련 사업에 종사하고 있는데, 이 분야의 대표적인 기업은 단연 미국의 몬산토(Monsanto)다(〈사례 12-4〉).

유전공학과 기업의 사회적 책임은 기아문제의 해결과 환경보전이라는 두 가지 차원에서 서로 연관된다.

30억 명의 인구가 하루 2달러 미만으로 생활하고 있다. 그들에게는 배고픔의 해결이 무엇보다 긴절하다. 13절에서 다시 다루겠지만, 기업이 만성적 기아라는 범세계적 고민의 해결에 적극 나서야 한다는 주장도 많다. 이런 일도 기업의 사회적 책임에 포함된다고 한다면, 유전공학이 크게 기여할 부분이 있다. 유전자 조작을 통해서 작물의 산출량을 대폭 증대시키는 일이 바로 그것이다.

2010년 현재까지 유전자변형 식품(GMO)의 안정성에 대한 논란이 그치지 않고 있다. 그렇지만 GMO가 범세계적 영양결핍을 해결하는 데 매우 효율적인 수단임은 분명하다.

환경보전과 관련해서도 유전공학은 여러 가지 가능성을 제시한다. 우선 GMO 방식으로 곡물을 재배하는 방법은 재래식 방법에 비해 생산성이 월등히 높다. 개간되는 토지가 그만큼 적어도 되므로 삼림벌채가 줄어들고, 곡물 재배에 투입되는 물자가 적으므로 온실가스 배출이 대폭 감축된다. 2011년 초에 미국 상무부는 스위스 기업(Sygenta)이 개발한 유전자변형 옥수수의 상업화를 승인한 바 있다. 이 옥수수는 스스로 효소를 생산하여 에탄올로 바뀌므로 생산성이 매우 높은 대체연료의 원천이 될 수 있다.

획기적인 온실가스 감축방법의 하나로 유전공학을 통해서 속성으로 자라거나 이산화탄소를 고속으로 흡수하는 식물을 만드는 일이 있다. 저명한 물리학자 다이슨(F. Dyson)은 "유전자 조작을 통해서 이산화탄소 식탐(食貪) 식물을 개발하는 몬산토는 사카린으로 출발한 회사로 1970년대까지는 플라스틱, 합성섬유, DDT, LED 등을 만드는 세계적 규모의 정밀화학 기업이었다. 1980년대 초에 세계 최초로 식물의 유전자를 변형시키는 데 성공했고, 이를 계기로 유전자변형 작물(GMO)을 상업화하는 길로 나섰다. 마침내 1990년대 후반에 최고경영자 샤피로(R. Shapiro)의 지휘 아래 화학사업 부문을 매각처분하고 생물공학 기업으로 탈바꿈했다.

생물공학 기업이 된 뒤 처음에는 여러 가지 애로에 봉착하여 회사가 업존(Upjohn) 그룹에 통합되기도 했지만, 추진한 사업이 궤도에 오르자 다시 독립하여 우량기업이 됐다. 말하자면 쪽박을 찰 위기를 극복하고 엄청난 대박을 터뜨린 것이다. 21세기에 와서는 각국의 종자업체를 인수했는데, 한국의 흥농종묘도 그중 하나다. 그리하여 몬산토는 농산물과 관상식물의 종자에 관한 한 세계의 왕자(王者)가 됐다.

현재 세계 GMO 시장의 90%를 장악하고 있는 몬산토가 생물공학 기업으로 전환한 뒤 초기에 내놓은 상품 가운데 가장 인기를 모은 것은 강력한 제초제 라운드업(Round Up)과 함께 판매한 대량생산 작물의 씨앗이었다. 그 제초제를 뿌리면 대부분의 잡초가 말라죽지만, 몬산토가 판매한 유전자변형 작물은 전혀 해를 입지 않는다. 그 덕분에 농업생산성이 2배 이상으로 높아진다. 몬산토가 씨앗으로 보급하는 유전자변형 작물은 콩, 옥수수, 면화, 사탕무, 알팔파(목초) 등으로 다양하다. 유전자변형의 방향도 추위나 가뭄과 같은 기후상의 역경을 이겨낼 수 있게 하는 것, 소출량이 대폭 늘어나게 하는 것 등으로 다양하다. GMO는 일단 식용보다는 가축사료용이나 공업용에 과녁을 두고 있다. 식용으로 해도 큰 문제는 없다고 몬산토는 주장하지만, 아직은 소비자의 거부감이 문제가 되고 있다.

몬산토의 유전자변형 작물 사업이 순탄하기만 한 것은 물론 아니다. 우선 EU가 GMO의 판매를 사실상 금지하고 있어서 시장 확대에서 심각한 어려움을 겪고 있다. 농약의 과다사용으로 인한 환경오염, 건강상 위해의 가능성 등을 문제 삼는 그린피스를 포함한 시민단체의 공격목표가 되고 있기도 하다. 영세농을 파멸시킨다는 비난도 받는다. 단순한 기업 이미지에 국한되지 않고 수많은 소송에 연루되는 문제도 있다.

그러나 몬산토의 제품에 대한 유럽 등의 반발은 미국과의 힘겨루기라는 성격을 다분히 갖고 있다는 점과 재생가능 에너지의 개발과 범세계적 기아문제의 해결이 시급하다는 점을 고려하면 유전자변형 작물 사업 자체가 앞으로 널리 공인될 가능성이 크다. 해가 갈수록 곡물가격이 급격하게 오르고 있음은 이제 누구의 눈에도 확실해 보인다. 그래서 유럽을 제외한 다른 지역에서는 대부분의 국가가 GMO를 승인하는 추세다. WTO도 GMO를 인정하며, GMO에 대한 EU의 판매제한 조치를 "무역장벽"이라고 해석한다. 2009년 현재 25개국에서 1400만 농가가 GMO 작물을 경작하고 있다.

것"을 가장 효율적이고 가능성이 있는 대안으로 생각하고 있다. '이산화탄소 식탐 식물'이란 일반 식물보다 몇 배 많은 양의 이산화탄소를 흡입하는 식물을 말한다. 그는 향후 20~50년 이내에 그런 기술이 상용화될 것이라고 예언한다.

## 미생물 요법

2010년에 멕시코 만(Gulf of Mexico)에서 석유시추 시설 폭발사고로 인해 야기된 해양오염은 그야말로 환경재앙이었다. 배출된 오염물질에는 메탄가스도 대량 포함되어 있었다. 한 가지 다행스러운 점은 특정 미생물이 메탄을 분해해준 덕분에 해수의 메탄 농도가 몇 개월 만에 정상으로 돌아왔다는 사실이었다. 이와 관련된 연구에 참여했던 과학자들은 미생물의 활동을 이용하면 온실가스 문제를 일부 해결할 수 있을 것으로 기대한다.

미생물은 인간의 눈에 보이지는 않지만, 인간이 상상하기 어려울 정도로 많은 일을 한다. 오염물질을 먹어치우는가 하면 이산화탄소나 메탄가스를 분해하여 다른 물질로 바꾸기도 한다. 그래서 환경의 파수꾼이 될 수도 있다. 늪지가 조성되면 거기에 부유식물이 번성하여 이산화탄소를 흡수하기도 하지만, 그 퇴적물로부터는 메탄가스가 배출된다. 메탄가스는 이산화탄소에 비해 온실효과가 25배나 된다. 메탄가스 배출을 방지하기 위한 화학적 방법 또는 생물학적 방법에 관한 연구도 활발하다.

## 생물소재

일상에서 사용되는 소재 중에서 유화(油化) 플라스틱만큼 저렴하고 편리한 것은 없지만, 이것에는 치명적인 약점이 있다. PVC와 스티로폼은 폐기된 후 분해되는 데 수백 년이 걸린다. 속절없이 환경오염의 주범이 되고 만다. 그래서 이런 것 대신 사용할 소재로 '자연분해가 가능한 플라스틱'을 개발하기 위한 연구가 활발하다. 이것은 옥수수, 고구마, 타피오카, 사탕수수 등에서 채취한 전분이나 설탕을 가지고 만드는 것이 대표적인 종류인데, 흔히 PLA(polylactic acid)라고 불린다.

PLA는 섬유, 포장용기 등으로 용도가 다양하여 기존 플라스틱을 사실상 완전하게 대체할 수 있다. 분해에 1~2년 정도면 충분하므로 환경오염의 걱정이 없고, 생산과정에서 발생되는 온실가스도 기존 플라스틱에 비해 20~50% 수준에 불과하다. 다수의 유화업체는 물론이고 IBM까지 나서서 이 분야에 투자하고 있다. 코카콜라는 2010년부터 각종 플라스틱 용기(PET)를 생물소재가 30% 정도 혼합된 것으로 바꾸고 있다. 이를 통해 적어도 20%의 탄소족적을 감축할 수 있다는 게 이 회사의 추산이다.

주변의 각종 소품이나 건축물의 원재료로 사용할 만한 천연소재도 어렵지 않게 찾을 수 있다. 한국에서 예전에는 죽세공품이 요긴하게 쓰였지만 지금은 플라스틱에 밀려서 거의 사용되지 않는다. 대나무를 새로운 소재로 다양하게 사용하지 못할 이유가 없다. 왕골, 갈대, 모시, 삼(麻) 등도 마찬가지다. 공터에 그와 같은 식물을 길러서 사용한다면 온실가스 흡수의 효과도 추가로 얻을 수 있을 것이다.


## 생물체 모방하기

잠수용 물갈퀴나 선박의 프로펠러는 오리와 펭귄을 흉내 낸 것이다. 자동차와 배의 유선형은 새와 물고기를 본뜬 것이다. 혹등고래에서 발전용 바람개비의 디자인을 얻은 회사가 있고, 홍합의 접착물질 생성과정을 응용하여 강력 접착제를 발명한 기업도 있다 이처럼 생물체를 모방하여 에너지를 절약하는 동시에 환경에 대한 나쁜 영향도 없애는 방안을 찾으려는 노력(bio-mimetics)도 활발하다. 생물체는 분해되지 않는 폐기물은 생산하지 않으므로 생물체를 모방한 기술도 그와 유사한 효과가 있을 것이 분명하다.

칼레라(Calera)라는 기업은 이산화탄소를 바닷물에 통과시켜서 시멘트를 제조하는 기술을 상업화하고 있다. 이 기술은 바닷물에서 석회질을 생산해내는 산호초의 기능을 모방한 것이다. 현재는 다른 기업체가 잡아가두기(CCS)로 확보한 이산화탄소를 인수하여 처리해주고 그 대가로 수수료 수입을 올리고 있다. 이 회사는 중장기적 사업전망이 양호하기에 창투자금을 넉넉히 확보했다.

지구상에서 현재까지 광합성에 성공한 것은 식물뿐이다. 만약 인간이 식물의 광합성을 흉내 내는 기술을 찾아낼 수만 있다면 인류사회의 가장 중요한 문제가 해결될 것이다. 굶주림에서의 해방도 가능하고, 지구온난화의 방지도 가능하다. 광합성 기술을 발견하는 것은 매우 어렵긴 하지만 불가능하다고 잘라 말할 수는 없을 듯하다.

## 5. 친환경 상품의 공급

온실가스 감축방안 및 새로운 에너지원 발굴에 대한 각종 연구가 활발하지만 연구결과가 상업화되기까지는 상당한 시간이 걸릴 것이다. 적어도 당분간은 개별 국가의 화석연료 중독을 치유할 도리가 없다. 중국, 인도는 물론이고 미국이나 EU도 석탄이나 석유에 대한 의존도를 쉽게 낮추지 못한다. 이런 상황을 감안할 때 가장 실제적인 온실가스 감축방안은 현재의 기술을 활용하여 상품소비 시스템을 두루 개선하는 일일 것이다.

일단 에너지나 원자재와 같은 자원의 소모가 적은 상품이어야만 친환경 상품이 될 수 있다. 자원은 곧 비용이므로 자원을 절약하려고 노력하는 것은 애초부터 기업의 고유 업무 가운데 하나다. 지속가능 발전에 대한 관심이 커지면서 자원절약 노력이 한층 더 강하게 요구되고 있다.

7장에서 이미 비용절감에 대해 살펴보았지만, 친환경 상품이 매출증대에 기여할 가능성도 크다. 각종 여론조사에서 확인되는 소비자의 '의견'은 언제나 친환경 상품에 우호적이다. 다만 여론조사에서 확인된 그런 의견이 실제로 소비자의 구매로 이어진다고 장담하기는 어렵다. 그럼에도 친환경성이 해당상품의 매출 증대에 도움이 되는 개별적 사례는 쉽게 발견할 수 있다. 예컨대 유기농산물은 인기가 높고, 그래서 프리미엄 가격이 책정되는 경우가 흔하다.

젊은 소비자는 이념화하는 경향이 있고, 인터넷 문화는 무엇에 관한 것이든 붐의 조성에 기여한다. 이런 이유도 작용해서 환경보전에 대한 젊은층의 관심이 점차 커지고 있다. 미국의 한 정치인(L. Graham)은 "대학 캠퍼스에서 기후변화는 이제 논쟁거리가 아니라 가치관이다"라고 말하기도 했다. 2010년대 이후에는 상품의 친환경성에 대한 프리미엄이 더욱 증폭될 가능성이 높다(BSR 2010).

중국과 인도의 고속 경제성장은 2010년대 이후에도 계속될 것이다. 그 과정에서 이 두 경제대국이 흡수하는 자원과 에너지의 양은 엄청날 것이다. 따라서 각종 기초 원자재에 대한 범세계적 가격파동이 수시로 찾아올 가능성이 크다. 여건이 그러하다면 자원 투입량과 에너지 소비량이 적은 상품은 그런 사실만으로도 크나큰 경쟁력을 확보하게 된다. 그런 상품이라면 비용우위가 저절로 성취되기 때문이다.

## 녹색상품

한국을 포함한 각국에서 녹색상품 개발과 관련된 사례는 무수히 보고되고 있다. 삼성전자, LG전자 등의 지속가능 경영보고서를 일별하면 친환경 제품에 대해 자세한 소개가 실려 있다. 초절전 전자기기는 필수로 소개되고, '옥수수 전분 휴대전화기'와 같은 특수한 제품도 소개된다. 미국의 P&G는 온수세탁이 엄청난 에너지를 소비한다는 사실에 새삼 주목하여 냉수세탁용 세제를 개발하여 보급하면서 가정의 세탁방식 변경을 권장하고 있다. 클로락스(Clorox)는 천연세제를 발굴하여 급속한 매출증가를 즐기고 있다.

미국의 스토니 필드라는 회사는 1980년대부터 유기농 요구르트에 특화해 왔다. 스타벅스의 페어 트레이드 커피도 나름대로 인기가 있다. 한국에서는 우렁이나 오리 등을 활용한 친환경 농법이 각광을 받는다. 국립농산물품질관리원에서는 3단계로 친환경 농산물을 인증하고 있다(〈도표 2-3〉). 이런 인증서가 붙은 상품도 꽤 다양하다.

소비재 분야에서만이 아니라 산업재 분야에서도 녹색상품 개발이 눈부시다. 〈사례 8-2〉에서 소개한 GE의 에코메지네이션은 풍력터빈 등의 친환경 상품을 개발하여 판매하는 것이 그 핵심 사업의 하나다. GE는 수자원 보호 차원에서 정수기 개발에도 힘을 쏟는다. 캐터필러 역시 대체연료 터빈을 개발 중이다.


## 운송수단

온실가스의 23%가 사람과 화물의 수송에서 배출되고, 그 배출 증가율은 다른 어떤 경제활동보다 높다. 그러므로 차량 등의 운송수단의 개선에 대한 관심 역시 어느 분야에 못지 않게 크다.

2010년 현재 전기자동차도 상당한 정도로 실용화되고 있다. 현대자동차도 전기자동차 모델을 여러 차례 선보인 바 있고 도요타, 닛산, 포드, GM 등은 전기자동차의 대량 출시를 목전에 두고 있다. 아직은 기존의 전기보급망을 이용해야 하는 충전식 전기자동차가 보조금에 의존하여 개발되고 있는 단계이지만, 머지않아 상용화될 것이다. 수소전지 차량의 상용화 경쟁도 뜨겁다.

어쨌거나 세계의 자동차회사가 모두 사활을 걸고 친환경 엔진 개발경쟁에 나서고 있다. 타타의 나노(Nano)와 같이 연비가 특별히 높은 차량도 당연히 경쟁력을 가질 수 있다.

한국의 KAIST는 서울대공원의 도로상에서 전기를 공급받을 수 있는 온라인 전기자동차(OLEV) 시스템을 만들어 시험운행에 성공한 바 있다(〈도표 12-5〉). 이는 장기적으로 상업화가 가능한 프로젝트라고 말할 수 있다. 공상과학 소설에 등장하기도 하는 기술이지만, '움직이는 도로' 혹은 '초소형 개인비행기'와 같은 획기적인 이동수단의 개발이 불가능할 이유도 없다.


## 상품소비의 시스템 관리

제품소비와 관련된 환경영향의 크기는 제조는 물론 유통, 사용, 폐기, 재활용의 각

온라인전기자동차는 차량에 장착된 배터리를 통해 전력을 공급받아 운행되는 기존 전기자동차와는 다르게 차량에 장착된 고효율 집전장치를 통해 주행 및 정차 중 **도로에 설치된 급전라인으로부터 전력을 공급받아** 운행하며, 자동차의 배터리는 급전이 불가능한 비상시에만 사용하므로 기존 **전기자동차 배터리 용량의 약 1/5 수준으로 축소된 신개념 전기자동차**이다.

자료: www.olev.co.kr, OLEV: On-line Electric Vehicle

과정에서 이루어지는 에너지 소모와 온실가스 배출에 의해 좌우된다. 사용 단계에서 전력소모가 작더라도 폐기물의 환경오염 효과가 크다면 그런 상품을 생산하거나 소비하는 것은 올바른 선택이 될 수 없다. 그러므로 상품생애의 전 과정을 통틀어 투입자원을 최소화하고 재활용 가치는 최대화해야 한다. 그러기 위해서는 총괄적 관리가 필요하고, 시스템 혁신의 관점에서 접근해야 마땅하다.

앞서가는 기업은 지속가능성을 위하여 가치사슬의 그림을 완전히 다시 그린다. 〈도표 12-6〉에 표현된 것처럼 상품소비의 과정을 하나의 순환 시스템으로 파악한다. 전체적인 환경영향을 최소화할 혁신제품의 개발에 노력하고, 가능하다면 폐기물 배출이 전혀 없는 폐쇄계를 실현하고자 한다. 이론적으로는 사용이 끝나고 남

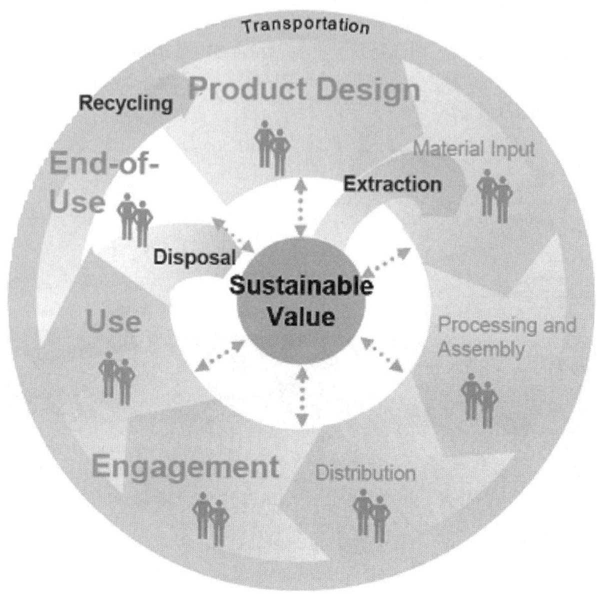


자료: BSR, 2010

는 모든 물질을 재활용할 수 있고, 실제로 그와 같은 재활용을 실현한 사례도 많다. 가정에서 음식을 장만하고 소비하는 과정을 생각해 보면 쓰레기를 거의 없앨 수도 있음을 충분히 짐작할 수 있다. 이런 까닭에 "매립하거나 소각하는 것이 있다면 그 것은 낭비의 상징일 뿐"이라는 주장은 설득력이 있다.

정리하면, 환경영향을 최소화하는 올바른 방법은 개별 상품의 생애 전부는 물론이고 후생(後生)까지도 하나의 시스템으로 보고 관리하는 것이다. 제록스는 1990년대에 이미 '자산재활용 관리(ARM)' 라는 프로그램을 시작하여 이를 통해 시스템 관리를 시도해 왔다. 대량의 부품을 재사용함으로써 연간 수억 달러의 경비 절감 효과를 얻었다. 앞에서 간간히 소개한 바 있지만, 폐기물 전무(zero waste), 용수 중립(water neutral), 온실가스 중립(carbon neutral) 등을 목표로 내거는 기업이 많다. 그런 목표가 실현된다면 환경적 책임 면에서 분명한 선도기업이 될 터이니 시스템 차원의 접근이 필요함은 두말할 필요가 없다.


**친환경 설계**

개별 상품의 소비와 관련된 시스템 전체의 운명은 최대 80%까지는 설계의 단계에서 좌우된다. 그래서 '환경을 생각한 설계(DfE)'라는 개념이 일반화되고 있다. '생산에서 폐기까지'의 상품 생애주기를 미리 염두에 두고 디자인을 한다. 이를 통해 생산비뿐만 아니라 생애주기의 전 과정에 걸쳐 에너지 소비와 폐기물 방출을 최소화하는 것이다.

DfE는 원료조달부터 폐기까지의 전 과정을 고려하는 것이므로 설계과정에 소비자와 환경전문가를 포함한 각종 이해당사자를 두루 참여시킨다. 각각의 이해당사자는 나름대로 정보우위를 가지고 있기 때문에 그들로부터 최상의 의견을 모두 수집하여 종합할 때에만 최적 시스템을 구축할 수 있다. 이렇게 하면 시스템의 각 부분이 상호 연계되므로 개선이나 혁신의 과정이 자연히 개방형이 된다.

《원료에서 원료로》라는 책을 펴낸 바 있는 한 전문가(W. McDonough)는 침대, 소파, 베개 등의 일상용품을 모두 재활용이 가능하도록 디자인해야 마땅하다고 주장한다. 적절한 소재를 이용하고 적절한 설계를 하면 폐기물을 완전히 없앨 수 있다는 것이다. 자연분해가 가능한 소재라면 최악의 경우라도 퇴비는 될 수 있다.

UNEP는 '폐기상품 회수'를 정부정책으로 채택하기를 각국에 권장한다. 이와 같은 압력이 계속되면 언젠가는 시스템 관리, 나아가 DfE가 의무화될 수도 있을 것이다. 앞서가는 기업의 입장에서는 자발적으로 이러한 것을 시행할 유인이 강해지고 있다.

LG전자는 최고기술책임자(CTO)가 에코디자인 위원장을 겸한다. 에코디자인이란 '제품의 개발단계에 관련부서 당사자가 모두 참여하여 설계 · 제조 · 사용 · 폐기의 전 과정에 걸친 환경부하를 최소화하는 일'을 의미한다. 나이키는 가치사슬의 탄소족적을 세밀하게 분석한 결과 제조과정에서 자원의 3분의 1이 낭비된다는 사실을 발견했다. 낭비를 줄이기 위하여 주요 제품의 디자인부터 바꾸었는데, 그 과정에서 기초 원자재 업체를 포함한 공급사슬의 여러 당사자들과 공동으로 디자인 개선에 노력했다.

## 5. 친환경 사업모델

온실가스 감축의 필요성이 부각됨에 따라 국가경제와 산업계의 모습이 빠르게 바뀌고 있다. 그래서 나날이 새로운 사업과 사업모델이 등장한다. 혁신기업에게는 더할 수 없이 좋은 기회가 될 수도 있다.

### 상품에서 해법으로

1990년대 초에 경영위기를 맞았던 IBM은 "우리는 상품이 아니라 해법(solution)을 판다"는 기치를 내걸고 노력하여 재기했다. 사실 소비자가 필요로 하는 것은 '욕구의 충족'이지 상품 그 자체가 아니다. 컴퓨터 구매자라면 기계를 원하는 것이 아니라 컴퓨터의 기능을 원하는 것이다. 이렇게 보면 최고의 컴퓨터를 판매하는 것보다 고객에게 필요한 작업을 필요한 때에 수행해주는 것이 한 차원 높은 고객만족의 방법이다. 경영철학을 바꾼 IBM은 대형 컴퓨터 위주에서 벗어나 서비스 및 소프트웨어 위주의 기업으로 탈바꿈하였고, 그 결과는 대성공이었다. IBM은 서비스 제공 과정에서도 유형의 물질을 최소화하는 대신에 지식 요소를 강화하려고 노력한다.

　IBM의 새로운 사업방식은 보다 합목적적일 뿐만 아니라 경제적이면서 환경 친화적이다. 소비자가 욕구충족을 보장받게 되고, 하드웨어의 생애에 대한 관리는 IBM의 업무가 된다. 모든 물질을 처음부터 끝까지 IBM이 직접 다루기에 자원투입과 환경영향이 각각 최소화된다. 결과적으로 소비자, 기업, 자연환경 모두에 이익이 돌아간다. 바로 이런 이유로 WBCSD가 "상품보다 해법을 제공하라"고 권한 것이다.

개별 기업이 종사하는 사업의 정의를 '상품'에서 '해법'으로 바꾸는 것은 곧 발상의 전환이며, 지구온난화 방지를 위한 대혁신의 출발점이 될 수 있다. 자동차 산업을 생각해보면, 고객인 원하는 것은 자동차 자체가 아니라 이동이다. 자동차의 전통적 형태에 집착하면 에너지 절감에 한계가 있게 마련이다. 사람보다 훨씬 더 무거운 자동차를 움직여야 하기 때문이다. 이동의 욕구를 충족해 주는 해법에 충실하다면 생태효율성이 월등한 새로운 이동방법을 찾아낼 수 있다.

현실에서도 상품 대신 해법을 공급하는 방식이 늘어나는 추세다. 대다수의 컴퓨터 업체들은 폐품을 회수하는 프로그램을 운영하고 있다. 이런 관점에서 본다면 그들은 컴퓨터를 파는 게 아니라 대여(rent)하고 있다고 말할 수도 있다. 기계는 아예 팔지 않고 인터넷을 통해서 컴퓨팅 서비스만 제공하려는 노력도 여러 갈래로 이루어지고 있다. '계량기형 정보서비스(utility computing)' 또는 '네트워크형 정보서비스(cloud computing)'는 2010년 무렵에 이미 실용화에 근접했다.

제록스는 전통적으로 복사기를 대여하고 직접 관리·유지해주는 사업모델을 운영해왔는데, 지금은 소모품 공급과 폐품 회수까지도 책임진다. 고객은 필요한 서류작성 서비스만 얻는 형식의 거래가 된다. 미셸린(Michelin)은 운전거리에 따라 자동적으로 타이어를 정비해주는 서비스를 도입했다. 개별 수요자를 위해서 각종 화공약품의 조달, 관리, 폐기를 통째로 책임지는 회사도 생겨났다.

인터페이스(Interface)라는 업체는 스스로를 카펫 판매회사가 아니라 '마루 덮기 서비스 제공자'라고 정의한다. 소비자에게 카펫을 대여하고 관리까지 맡아줌으로써 폐기되는 자원을 대폭 줄이면서 수익은 크게 늘렸다. 뒤퐁도 인터페이스와 같은 방식으로 카펫 대여 사업을 시작했다.

경제학자들의 분석에 따르면, 세계의 GDP를 무게로 환산하면 100년 전이나 지금이나 거의 같다. GDP 달러당 에너지 소비는 30년 전에 비해 절반으로 줄었다. 일상생활에서 서비스가 차지하는 비중이 높아지고 유형제품의 자원생산성이 증대됐기 때문이다. 같은 원리가 개별 기업의 활동에도 적용될 수 있다. 상품이라는 하드웨어보다 해법이라는 소프트웨어를 중심으로 생각하면 유형제품의 총량을 줄이면서 온실가스 배출도 줄일 수 있다. 이는 '경제의 연화(軟化)'가 가져다주는 혜택이다.

## 생태계 보전사업

11장에서 교토의정서는 기업이 외국에서 하는 친환경 사업을 해당 기업의 온실가스 감축실적으로 인정해 준다는 점을 설명한 바 있다. 각국의 정부, NGO, 시민은 물론이고 심지어는 어린이까지 환경보전에 대해 큰 관심을 가지고 있다. 이런 사실에 착안하면 환경보전과 관련하여 다양한 사업기회를 찾을 수 있다. 각국의 정부가 친환경 사업에 보조금을 지급하고 있다. 이 점도 환경보전 사업의 매력도를 높인다. 친환경 사업을 수행하는 기업의 이미지는 거의 자동적으로 높아진다. 이것은 일종의 보너스다.

생태계를 보전하는 것이 범세계적 과제라는 사실을 뒤집어 보면 그것은 곧 생태자원의 가치가 올라간다는 뜻이다. 목재의 가치, 곡물의 가격이 높아지고 각종 동식물의 존재가치가 높아진다는 의미다. 생태자원에 투자할 동인(incentive)이 커지는 것이다. 농림수산업 전반에 대해 새롭게 관심을 가질 필요가 있다.

규모와 외양을 갖춘 습지나 수풀이 있다면 그 생태가치를 증대시켜서 관광자원으로 활용할 수도 있다. 멸종위기의 동식물을 번식시키는 사업도 생각해 볼 수 있다. 국내외의 각종 친환경 인증 제도를 십분 활용하여 상품의 품격을 한 단계 높이는 것도 고려할 만한 일이다.

## 생활양식의 변화

온실가스 농축은 인간의 활동 때문이므로 인간의 행동양식을 바꾸는 것은 언제나 온실가스 문제에 대한 유효한 해결방안이 된다. 지금까지의 논란은 주로 산업활동에 초점이 맞추어졌지만, 보다 근본적인 접근방법은 생활양식을 포함한 문화적인 변화에 초점을 맞추는 것이다. 현재와 같은 소비생활, 건축물, 하부구조라면 향후 수십 년간 온실가스 배출량에 큰 변화가 없을 것이다. 생활양식에 대한 근본적인 재검토가 필요한 대목이다.

이런 까닭에 인류사회가 진실로 지구온난화를 고민하고 대응한다면 생활양식에 큰 변화가 올 수밖에 없다. 의식주와 여가활동이라는 일상생활의 변화에 대응하는 사업도 고려할 수 있다. 재활용이 일반화된다면 생활쓰레기나 산업폐기물을 관리하는 사업에서도 수익성을 확보할 수 있다. 중고품 활용은 나라에 따라 상당한 차이가 있다. 한국의 소비자는 중고품을 꺼리는 경향이 있지만, 앞으로는 한국에서도 인식의 변화와 함께 중고품 시장이 활성화될 가능성이 없지 않다.

웨이스트 매니지먼트(Waste Management)라는 미국의 대형 회사는 자원재생 사업에 본격적으로 뛰어들었다. 그 1단계로 소니와 제휴하여 전자제품을 재사용·재활용함으로써 새로운 부가가치를 창출하고 있다. 한국에도 같은 사업모델이 적용될 수 있다.

## 친환경 관련 전문 서비스

앞에서 IBM의 패러다임 전환에 대해 소개했지만, 지속가능 발전에 대한 자문 서비스도 IBM의 비중 있는 사업이 됐다. 이것은 에너지, 물 등의 수급을 관리하면서 탄소족적을 측정하고 그것을 감축하는 방안을 제안하는 사업이다. IBM은 '녹색 시그마(Green Sigma)’ 프로그램도 의욕적으로 추진하고 있는데, 이는 궁극적으로 ‘환경영향 제로(no net)’ 를 지향한다는 의사표시다.

　제록스는 종래의 ARM을 ‘효율적 인쇄 서비스(MPS)’ 로 한 단계 격상시켰다. 이를 통해 제록스는 고객기업이 에너지 사용과 인쇄비 지출을 최저화하도록 상시 조언하고 협력한다. 최근에 취임한 최고경영자 번스(U. Burns)는 고객기업과의 상생 정신을 아래와 같이 설명한다(Xerox, 2010).

지난 수삼년 간의 불황기에 금융기관은 경비절감의 한 방책으로 고객기업에 종이 계산서 대신 온라인 계산서를 수용하라고 압박해 왔다. 경우에 따라서는 종이문서에 대해 별도의 수수료를 징구하기도 했다. 종이인쇄의 대부분이 제록스의 사업이었는데, 그와 같은 거래확인용 종이인쇄물은 앞으로는 다시 볼 수 없을 것이다.

　이런 것이 우리에게 타격을 주는 것처럼 보이지만, 사실은 그렇지 않다. 우리의 서비스 사업부는 종이문서에서 디지털문서로 전환하도록 고객기업을 지원하는 데 이골이 나 있다. 디지털로의 전환은 완벽한 삼중 수월성의 사례다. 고객은 경비를 절감하고, 제록스는 돈을 벌며, 인류세계는 더욱 짙은 녹색이 된다.

자연환경 보전과 관련해 교토의정서가 범세계적으로 관심을 끌었지만, 이것은 시작에 불과하다. 대부분의 시민이 기후변화의 정확한 내용을 모르고, 기후변화를 막으려면 행동양식을 어떻게 바꾸어야 하는가에 대한 아이디어가 없다. 지구온난화를 방지하는 일에 전 인류가 동참해야 한다면 교육을 통해서 이 문제에 대한 사람들의 인식을 높이는 수밖에 없다. 정부, 기업, 단체를 막론하고 이 분야의 교육훈련에 대한 수요가 엄청나게 커질 가능성이 높다. 이 역시 새로운 사업기회가 된다. 참고로, 〈도표 12-7〉은 ‘녹색빌딩 디자인’ 에 관한 강좌를 개설했음을 알리는 어느 대학의 인터넷 안내문이다.

Dear ,

Cooper Union Green Building Design Courses are now on-line.

Four of the Green Building Design Courses offered by the Department of Continuing Education are also available on-line beginning in February. The Green Building Design Program, which began in 2007, has enrolled more than 600 professionals for individual courses or for the Certificate in Green Building Design. The Department is moving towards having the complete Certificate (which requires 110 hours of coursework) on-line in the near future.

This term, the following courses are available on-line through the **New York Times Knowledge Network**:

- **Low Carbon Architecture (11 hours)**
- **The Ecological City: Sustainability and Resilience (14 hours)**
- **LEED Green Associate Exam Prep (10 hours)**
- **LEED Building Design and Construction Exam Prep (20 hours)**

The **$25 registration fee is waived for Cooper Union alumni**. For more information about these and other Cooper Union Continuing Education courses, please visit www.cooper.edu/ce or call 212-353-4195.

David Greenstein
Director of Continuing Education

## 6. 한국의 녹색 산업정책

한국은 교토의정서에 따른 온실가스 감축 의무대상국이 아니기 때문에 그동안 상대적으로 여유가 있는 편이었다. 그래서 그런지 몰라도 1990년에 비해 2005년에

**3대 전략, 10대 정책방향**

| 기후변화 적응 및 에너지 자립 | 1. 효율적 온실가스 감축 |
| | 2. 탈석유 · 에너지자립 강화 |
| | 3. 기후변화 적응역량 강화 |
| 신성장 동력 창출 | 4. 녹색기술개발 및 성장동력화 |
| | 5. 산업의 녹색화 및 녹색산업 육성 |
| | 6. 산업구조의 고도화 |
| | 7. 녹색경제 기반 조성 |
| 삶의 질 개선과 국가위상 강화 | 8. 녹색국토 · 교통의 조성 |
| | 9. 생활의 녹색혁명 |
| | 10. 세계적인 녹색성장 모범국가 구현 |

*자료: 녹색성장위원회, 2009*

한국의 온실가스 배출량이 무려 2배에 육박하여 OECD 국가 중에서 온실가스 배출 증가율이 가장 높다. 1인당 온실가스 배출량은 미국에 비하면 절반이지만 일본, 영국과는 비슷한 수준이다. GDP 달러당 배출량은 OECD 평균보다 높다. 절대량이나 변화율의 측면에서 썩 좋은 성적이 아니다.

한국 정부는 2004년에 신재생 에너지 개발에 관한 법률, 2007년에 지속가능 발전에 관한 법률을 각각 제정했다. 2008년 광복절에 대통령이 '저탄소 녹색성장'을 새로운 경제개발 패러다임으로 제시함에 따라 친환경 정책이 대폭 강화됐다. 곧바로 대통령 직속으로 녹색성장위원회가 창설됐고, 이듬해에 '녹색성장 국가전략 및

5개년 계획'이 확정됐다. 2010년에는 '저탄소 녹색성장 기본법'이 시행에 들어갔다.

정부의 5개년 계획은 10개 분야의 과제를 중점적으로 추진하는 것이 핵심이다(〈도표 12-8〉). 2020년까지 온실가스 배출을 예상치 대비 30%, 2005년 대비로는 4% 감축하고, 2050년까지 신·재생 에너지의 사용비율을 2%에서 20%로 높인다는 목표가 제시됐다. 계획기간인 2009~2013년에 관련 분야에 GDP의 2%에 해당하는 107조 원의 재정투자가 이루어진다.

정부의 녹색성장 체제는 녹색 국토관리, 친환경 교통체제 구축, 에너지와 물의 효율적 조달, 폐기물 재활용 등을 중심사업으로 하고 있다. 2012년까지는 온실가스 대량 배출업체에 대해 감축의무가 지워진다. 전반적으로 녹색경영과 녹색생활을 강조하고 친환경의 생활화를 권장한다. OECD는 한국을 포함한 회원국 정부에 탄소세의 도입과 배출권 거래시장의 창설을 권고하고 있다.

속도가 문제일 뿐이지 환경보전과 관련된 한국의 기업여건도 빠르게 바뀔 것이다. 정부의 녹색성장 체제는 중점투자 분야만 명시하고 있는 게 아니고, 금융지원과 보조금 지급의 대상도 밝히고 있다. 전반적으로 규제가 강화되지만, 이것도 앞서가는 기업에게는 위협요인이기보다 기회요인이 될 것이다.

## 13장

# 사회의 개혁

지금까지의 논의는 고유의 사업활동을 하는 기업의 사회책임에 관한 것이었다. 이 장에서는 시각을 바꾸어 사회적 과제를 해결하는 데서 기업이 해야 할 역할에 대해 생각해 본다. 사회개혁이 주제가 되므로 그런 목적으로 새롭게 창설되는 기업에 대해서도 논의한다.

## 13.1 인류사회 공통 현안의 해결

아프리카 등지의 저개발국은 소득수준이 낮아서 갖가지 사회문제를 안고 있다. 물론 미국이나 EU 같은 선진국이라고 해서 사회문제가 없는 것도 아니다. 지역을 가릴 것 없이 해묵은 인류의 숙제가 많지만 쉬 해결되지 않는다. 이런 까닭인지 사회개혁을 위한 노력에 기업의 직접적 동참을 주장하는 의견도 만만치 않다.

# 1. 사회개혁과 기업

프라할라드의 지적이 아니더라도, 지구상에는 여유 있는 사람보다 빈민이 더 많다. 30억 명의 인구가 하루에 2달러 미만의 지출로 살아가고, 7억 5천만 명이 글을 읽지 못하며, 1억 명의 취학적령 아동이 학교 근처에도 가지 못한다. 기층민 사회에서 가난과 질병은 기본이고 자연재해, 전쟁, 내전도 생활의 일부분이다. 종족간의 갈등, 계층간의 차별이 심각한 분쟁을 일으키기도 한다.

집안에서는 아동학대와 가정폭력, 집밖에서는 인명살상과 성폭력이 비일비재하게 저질러진다. 환경이 오염되어 생태계가 파괴되고 있고, 식수도 부족하다. 이런 문제에서 정부의 역할이 제대로 수행되는 모습은 찾아보기 어렵다. 기초적인 교육, 의료, 정보 서비스도 받지 못하는 사람들도 많다. 세계화의 진전과 더불어 점점더 심해지는 소득격차도 큰 골칫거리다.

인류사회가 안고 있는 문제는 분명히 많다. 수많은 학자, 지식인, 전문가가 우려를 표명하고 대책을 제시한다. 각국 정부도 나름대로 노력하고 있고, UN과 세계은행을 비롯한 국제기구는 선진국에 가난한 나라를 원조하기를 강요하다시피 한다. 그럼에도 불구하고 문제가 개선되고 사회개혁이 진척될 기미는 뚜렷하지 않다.

굳이 책임을 따지자면, 사회문제의 해결은 해당 국가 정부의 몫이다. 그러나 재정과 기술의 측면에서 정부의 역할에는 한계가 있다. 세율을 무한정 높일 수도 없고, 정부의 규모를 무턱대고 키울 수도 없다. 정부의 규모를 키우면 경제성장이 둔화되어 정부의 가용재원이 도리어 줄어들 수 있고, 따라서 사회문제가 오히려 악화될 수도 있기 때문이다. 이런 점은 공산주의 체제의 몰락이라는 역사적 사실이 증명한 바 있다.

인류사회에 이렇게 문제가 많은데 정부에만 그 해결의 책임을 지울 수는 없는 노릇이다. 그러기에 이른바 '거시적인 사회현안'에 대한 기업의 역할이 논란의 대상이 된다.

## 현명한 기업

빈곤은 만악의 근원이다. 소득이 높아지면 대부분의 사회적 문제가 저절로 해결된다. 롬보리의 말처럼 소득수준만 높아지면 말라리아가 저절로 사라지게 되고, 해수면이 높아져도 어렵지 않게 대책을 마련할 수 있다. 경제발전이 곧 사회개혁의 출발점이 되는 것이다. 유행을 좇아 표현해 본다면 "문제는 소득수준의 향상이야, 이 바보들아"라고 말할 수 있을 것이다.[47]

어떤 방법으로 기층민의 소득수준을 향상시킬 것인가? 첫 번째 해답은 해당국 정부가 정신을 차려서 공공기율(public governance)을 확립하는 일이다. 그러나 그것은 설교한다고 실현되는 일이 아니다. 현실적으로 미국도, 중국도, UN도 부패한 후진국 정부에 대해서는 어찌하지 못한다. 국가 사이의 공적 개발원조(ODA)도 권장되지만, 이것이 실현되어도 독재자의 주머니만 불리는 경우가 많다. 한 전문가(W. Easterly)의 계산에 따르면, 지난 50년간 아프리카에 2조 달러 이상의 원조자금이 제공됐지만 이것도 빈곤의 해결에는 도움이 되지 않았다.

그렇다면 기층민의 소득수준을 향상시키는 일에서 기업이 할 수 있는 역할은 무엇일까? 프라할라드와 유누스는 우선 피라미드의 기층을 '시장'으로 인식하라고 했다. 기층민을 고객으로 인식하여 그들에게 상품을 팔고, 그들이 사는 현지에 투자하여 그들을 직원으로 고용하고 파트너로 삼아 일자리를 제공하라는 것이다. 이렇게 하면 기층민의 소득수준 향상과 기업의 매출액 증가가 선순환을 일으키고, 종국적으로 대부분의 문제가 해결된다는 것이다. 실제로 그렇게 된다면 기업의 활동이 시혜성의 지원과 달리 시장원리에 근거한 것이므로 누이 좋고 매부 좋은 선

---

47 '어떤 일을 특별히 강조하고자 할 때 클린턴(W. Clinton)이 1992년의 대통령 선거 때 사용한 표어 "문제는 경제야, 이 바보들아(It's the economy, stupid)"를 흉내 낸 표현이 종종 사용된다.

순환이 지속될 것이다. 현명한 기업이라면 당연히 이런 방향에서 할 수 있는 일을 찾아 추진할 것이다.

각종 국제기구의 연구조사 결과에 따르면 기업의 해외직접투자(FDI)는 개발도상국의 경제성장에 크게 기여한다. 국내자본의 축적이 빈약한 개발도상국이 경제성장을 촉진하려면 해외자본에 의존할 수밖에 없다. 통계를 보면 FDI 실적이 국제원조나 해당 개발도상국 국민의 해외소득보다 월등하게 크다. 이런 사실에 근거해, 범세계적 빈곤문제를 해결하는 일에서 다국적기업의 역할을 기대해 볼 수 있다.

기층민에게 일자리를 만들어 주는 것은 단순히 소득의 문제만을 해결하는 일이 아니다. 그들에게 자기 책임성을 길러주는 일이 되기도 한다. 자립할 수 있는 스스로의 능력을 확인한다면 자긍심과 함께 문제해결에 대한 자신감을 갖게 된다. 그러면 사회가 안정되고, 경제성장의 기초가 튼튼해진다. 이런 효과는 정부의 보조금만으로는 결코 얻을 수 없다. 여러 나라 정부가 경제성장률보다 실업률의 높낮이에 더 큰 관심을 갖는 이유는 '일자리'에는 경제적 의의뿐만이 아니라 사회적 의의도 포함되어 있기 때문이다. 일자리를 만들어내는 것은 기업뿐이기에 사회개혁에 기업의 참여가 필요할 수밖에 없다는 결론을 내릴 수 있다.

## 착한 기업시민

프라할라드의 조언은 기업이 사업을 목표로 기층민 시장에 투자하는 '실제적' 접근을 해야 한다는 것이다. 한걸음 더 나아가 착한 기업이라면 의무적으로 기층민 시장에 투자해야만 한다는 '규범적' 주장을 하는 사람도 적지 않다.

매년 초에 세계인의 이목을 집중시키는 세계경제포럼(WEF)은 슈밥(K. Schwab)이라는 독일인 교수가 창립한 회의다. 그는 대기업이 '범세계적 기업시민'이 되어야 한다고 강조한다.[48] 인류사회는 각종 문제를 안고 있는데, 그것은 정부의 힘만으로는 해결되지 않는다. 세계화로 인하여 국경과 관할권의 의미가 퇴색되고 있는 마당에 개별 정부의 힘은 점점 약해질 수밖에 없다. 기업은 세계를 무대로 사업을 전개할 권리가 있는 것과 마찬가지로, 인류사회의 문제를 해결할 의무도 있다.

국제경영 전문가인 하버드대학의 바틀리트(C. Bartlett) 교수는 기업시민으로서의 자세 확립에 초국적기업(TNC)의 미래가 걸려 있다고 주장한다. 자유무역주의자들은 "밀물은 모든 배를 들어 올린다"고 말했지만, 세계화의 혜택을 보는 나라는 선진국과 신흥 경제대국뿐이다. 여전히 절대 다수의 세계인구가 가난과 비위생적인 생활여건에 시달리고 있다. 이에 대해 후진국의 부패하고 무능한 정부는 도움이 되지 않으며, GDP의 0.7%를 저개발국 원조에 사용하겠다는 선진국간의 '몬테레이 합의'는 물거품이 된 지 오래다. 결국 현실적인 해답은 기업의 사회개혁 활동에서 찾을 수밖에 없다.

### 기업, 경제, 그리고 사회

시장경제에서 경기규칙을 준수하는 것을 전제로 한 사익추구는 정당화된다. 개별 기업이 재무성과를 올리기 위해서는 시장이 필요하다. 기업의 성장을 위해서는 시장의 확대가 불가결하다. 세계화 시대의 시장은 소속 국가에 한정되지 않고 선진국, 개발도상국, 저개발국의 순서로 점차 넓어진다. 한편 각국의 경제가 성장하여 전반적 소득수준이 높아지면 기존 소비자의 구매량이 늘어나고, 새로운 고객이 구매를 시작한다. 시장이 깊어지는 것이다.

현대에서 국가경제의 성장은 시장경제에 힘입은 바가 매우 크다. 시장경제가 제대로 작동하기 위해서는 자유로운 선택, 공정거래, 사유재산권, 법치 확립 등의

---

48 '범세계적 기업시민'은 'global corporate citizen'을 옮긴 말이다. 슈밥은 WEF와 연계된 재단(The Schwab Foundation for Social Entrepreneurship)을 창립하고 이를 통해 사회개혁 운동에 동참하고 있다.

기본요소가 필수적이다. 경제성장이 촉진되기 위해서는 거시경제 여건과 사회 전체의 안정이 필요하다. 그런데 앞에서 열거한 각종의 '거시적 현안'을 해결하는 일은 바로 그 '사회안정'을 기도하는 일과 다르지 않다. 빈곤퇴치, 질병예방, 최소한의 문화생활 실현 등은 사회안정의 필요조건이다.

현대인과 현대사회는 대체적으로 시장경제를 받아들인다. 이 점을 전제하면 '사익추구를 위한 방편'으로서 기업에 의한 사회개혁의 필요성을 논리적으로 도출할 수 있다. 즉, 아래와 같은 인과관계의 고리가 확인된다.

**사회개혁 → 사회안정 → 경제안정 → 경제성장 → 시장확대 → 기업이윤 증대**

남아프리카공화국에서 흑백차별 정책(apartheid)이 실시됐을 때 많은 흑인들이 공산주의자가 되어 시장경제에 격렬하게 저항했다. 경제가 침체됐고, 기업활동이 극히 어려워졌다. 개별 기업은 매출액과 순이익을 증가시키기는커녕 현상을 유지하기도 힘들었다. 흑백간에 정치적 합의가 이루어지고 인종차별이 없어지자 남아프리카공화국은 서서히 경제적 힘을 얻게 됐고, 2010년대에는 신흥 경제대국의 대열에 참여하게 됐다. 사회가 안정되면서 새로운 시장이 열렸고, 기업의 성장도 가능해졌다.

호화유람선 타이태닉 호에서 뛰어난 요리사와 연주자는 많은 승객들로부터 인기를 모았다. 아마도 급여와 사례금을 듬뿍 받았으리라. 그렇지만 타이태닉 호의 침몰과 더불어 그 모든 것이 일장춘몽이 되고 말았다. 이와 마찬가지로 사회가 없으면 경제도, 기업도 존재할 수 없는 것이다.

## 2. 사회개혁의 실행

실제적 이유에서든, 규범적 이유에서든, 논리적 이유에서든 개별 기업은 인류사회

공통의 거시적 문제에 관심을 가져야 할 것 같다. 더구나 현실에서 선한 기업이든 악한 기업이든 "사회적 책임을 지라"고 요구하는 외부압력을 기업이 무시할 수도 없다. 정도의 차이일 뿐이지 인류 공동의 현안문제에도 어차피 기업은 관심을 가져야 한다.

21세기에 와서 '사회개혁'이라는 말이 갑자기 유행한다. 이 말은 '보다 인간적이고 안온한 생활을 인류가 누릴 수 있게 하려는 노력'이라는 의미다. 이윤창출을 목표로 하는 전통적 기업의 책임이 강조되는 데서 더 나아가 사회개혁을 전업으로 하는 기업도 설립되고 있다. 이런 기업을 흔히 '사회적 기업'이라고 부른다.

### 사회개혁 파트너십

지금까지 논의한 바와 같이 기업들이 거시적 문제의 해결에 기꺼이 나서는 착한 기업시민이 되려고 할 수밖에 없게 된 것이 작금의 상황이다. '착한 범세계적 기업시민'에 대해서는 2절에서 상론한다.

사회문제의 해결은 본시 정부의 업무다. 개별 기업이 단독으로 사회개혁에 나서는 것은 논리적으로도 맞지 않고 현실성도 없다. 따라서 개별 기업은 게이츠(W. Gates)의 제안대로 공공 및 민간부문의 각종 기구, 단체와 동반자 관계를 형성하여 사회개혁 활동에 나설 수밖에 없다. 이는 슈밥과 바틀리트를 포함한 대부분의 여론주도 인사들이 동의하는 점이기도 하다.

### 사회개혁 사업

위생적 생활여건 조성, 불우청소년 교육 등의 사회적 대의명분을 성취하기 위하여 적극적으로 활동하는 사람을 가리켜 사회개혁가(social entrepreneur)라고 한다. 이 말은 아직 생성단계에 있는 용어이기에 그 정의가 사람마다 약간씩 다르다. 사회개혁가의 현실적 활동범위가 어디까지인지에 대한 의견은 더욱 다양하다. 그러나 여러 논의를 종합해 보면 사회개혁가는 대략 아래와 같이 분류된다.[49] 이들의 사회개혁 활동은 새롭게 조직을 만든다는 측면에서 기존 기업의 사회적 책임과 확연하게 구분된다. 사회개혁가에 대해서는 3절에서 자세히 다룬다.

① 사회사업가: 사회사업가는 영리는 제쳐두고 사회개혁을 위해서만 봉사한다. 거액의 자금을 출연하여 재단을 설립하는 사람들과 대의명분을 내세우고 직접 그 실천에 나서는 사람들의 두 부류로 구분된다. 게이츠는 세계 최대의 사회공헌 재단을 설립했고, 이태석 신부는 온몸을 바쳐서 수단의 어려운 사람들을 도왔다. 이런 사회사업은 이윤창출을 목표로 삼지 않는다.

② 사회적 기업: 독지가가 중심이 되어 사회적 대의명분의 성취를 목적으로 설립된 기업 형태의 조직체를 사회적 기업이라고 한다. 사회적 기업이 제공하는 제품과 서비스는 모두 유료다. 사회적 기업은 이윤창출을 추구한다. 사업을 지속하고 확장하는 데 필요한 자본을 마련하려고 노력한다. 이윤을 창출해야 하지만 어떤 경우에도 목적을 훼손하는 일은 금물이다.

　　그라민 은행은 설립자인 유누스가 말한 사업취지에 따르면 사회적 기업에 가깝다. 이 은행은 미소금융을 제공하고 이자를 받지만 그 수준은 시장에 의해 결정되도록 하지 않고 '적정' 이라는 스스로의 판단에 따라 결정한다. 한국의 법률용어 '사회적 기업' 이 가리키는 것도 이에 해당한다.

③ 사회개혁 영리기업: 이윤을 추구하는 기업가(entrepreneur)가 사회개혁과 연관된 분야에서 설립한 기업체가 사회개혁 영리기업이다. 프라할라드가 추천한 '기층민을 위한 영리사업' 은 바로 이런 형태의 기업이 할 수 있는 일이다.

----

**49** 사회개혁 사업과 관련된 각종 명칭과 그 분류방법은 유동적이다. 사회사업(social work), 사회사업가(philanthropist), 사회적 기업(social enterprise, social venture), 사회적 영리기업(social business) 등의 용어가 혼용되고 있다. 그러나 각자 자기가 선택한 특정의 사회적 대의명분(social cause)을 성취하여 사회개혁(social transformation)에 보탬이 되고자 한다는 데서는 모두 같다.

사회개혁 영리기업은 시장경제의 원리에 바탕을 두고 활동하여 고객에 봉사하면서 이윤을 추구한다. 사회개혁 영리기업가는 사회개혁의 기회를 틈새시장으로 파악한다.

〈사례 10-2〉에서 소개된 SKS와 〈사례 10-5〉에서 소개된 콤파르타모스는 사회개혁 영리기업의 전형적 모델이다. 개인이 출연한 사회공헌 재단 중에서도 사회개혁 영리기업 모델을 추구하는 경우가 많다. 게이츠가 설립한 재단과 오미디어가 설립한 재단도 운영되는 형태를 보면 사회적 기업보다는 사회개혁 영리기업에 가깝다. 시장경제의 원리를 원용하기 때문이다.


## 13.2 범세계적 기업시민

기업이 이윤추구와 상관없이 사회적 대의(social cause)의 실현에 나서야 하느냐는 점에 대해서는 논란이 분분하다. 그러나 기업에 대해 착한 기업시민이 되라고 요구하는 사회적 압력은 거세다. 기업시민이라는 말 자체가 이윤에 기여하는지의 여부를 따지지 말고 사회발전에 참여하라는 의미를 갖고 있다.


### 1. 사회개혁에 대한 기업의 책임

시민단체는 대체로 사회개혁을 추구하는 비영리 조직이다. 사회사업가도 마찬가지다. 기업 혹은 최고경영자의 모임이 국가별로 다양하게 있는데, 이런 모임은 본시 기업의 입장을 대변한다. 그럼에도 때로는 상당히 규범적인 접근방식을 취한다. 개별 기업도 범세계적인 거시적 문제에 관심을 가지고 그런 문제의 해결을 위해 노력해야 마땅하다는 것이다. 예컨대 WBCSD는 '세상과 더불어 기업 하기'를 권장하면서, 다국적기업은 빈민들이 세계화의 과실을 공유하여 '지속가능한 생게'를 유지하는 데 도움이 되도록 사업의 방향을 잡아야 한다고 주장한다(2007b).

순수한 기업가에서 사회개혁가로 변신한 게이츠는 2008년에 열린 WEF 회의에서 '창조적 자본주의(creative capitalism)'를 추구해야 할 당위성을 변신의 변(辯)으로 내세웠다. 인류사회의 번영에 따른 혜택이 그동안에는 일부에게만 주어졌으니 앞으로는 빈민에게도 나누어 줄 방법을 찾아야 한다는 것이다. 그러므로 개별기업이 사회적 문제의 해결에 도움이 되는 방향으로 사업전략을 수립하고 실행하여야 한다는 것이다. 게이츠는 애덤 스미스가 《국부론》에 쓴 내용을 전적으로 신뢰하지만 그가 《도덕적 감성론》에서 "인간은 다른 사람의 행복에서도 낙을 얻는다"고 한 주장에도 일리가 있다고 생각한다.

사회적 압력에 밀려서든 자사의 경영철학에 따라서든 현실에서 거시적 문제의 해결을 내세우는 기업도 더러 있다. 일본의 캐논은 1980년대부터 '공생(kyosei)'을 기치로 내걸고 광범위한 사회책임 활동에 자금은 물론이고 임직원의 시간과 노력도 투입해 왔다(〈사례 13-1〉).

구글(Google)은 '사회적 기업' 형식의 독립사업부(google.org)를 가지고 있다. 경제개발, 전염병 예방과 같은 사회적 과제를 위해 노력하는 영리업체에 투자하고 비영리업체는 재정적으로 지원하는 것이 그 임무다. 구글의 기업공개 당시에 창업자가 약속한 바에 따라 구글로부터 이윤의 1%와 인력을 지원받는다. "재무능력이 있는 대기업이 범세계적 현안문제의 해결에 앞장서야 한다"는 것이 구글의 사회적 활동을 책임진 간부의 설명이다. 다만 시간이 지나도 구글에서 사회적 활동을 하는 사업부가 크게 확장되지는 못했는데, 이는 영리기업인 구글이 사회개혁에 몰입하는 데는 한계가 있기 때문인 듯하다.


## 독립사업부

착한 기업시민의 행동에 해당하는 사업은 이윤을 추구하기 위한 것이 아니므로 일상 경영과는 별개의 것이다. 이런 까닭에 그것은 기업 고유의 사업과는 별도로 추진하는 것이 합리적이다.

6장에서 설명한 대로 크고 작은 많은 기업이 사회공헌을 목적으로 재단을 설립한다. 그리고 기금을 출연한 다음에는 그 재단이 독립적으로 운영되도록 조치한다. 이런 경우에는 사회공헌 활동이 법적으로도 독립된 사회사업의 형태를 띠게 되므로 기업경영 활동과는 자연히 구분된다. 이것은 영리창출의 기회를 엿보기 위



캐논(Cannon)은 일찍부터 사회책임 활동에 관심을 보였다. 특히 1987년부터 10년 동안에는 '공생(kyosei)'이 이 회사의 기업헌장에서 핵심 개념이었고, 연구개발 투자와 더불어 캐논이 추구하는 중점과제의 두 축을 이루었다. 이 기업의 최고경영자인 가쿠(R. Kaku)는 공생을 '협동정신'이라고 정의하며, 이 개념 덕분에 캐논이 세계적으로 선망을 받는 기업이 될 수 있었다고 말한다.

이 회사는 공생을 다음과 같은 5단계로 나누어 시행해 왔다. ① 경제적 존립 ② 종업원과의 협력 ③ 외부 이해당사자와의 협력 ④ 범세계적 활동 ⑤ 정부와의 협조. 이 다섯 가지 단계 중에서 네 번째와 다섯 번째 단계는 매우 거시적인 활동이다. 이는 인류사회의 번영과 평화가 장기적 기업 건전성의 기반이 된다는 최고경영자의 신념을 반영한 것이다.

네 번째의 '범세계적 활동'에서는 세 가지 불균형(imbalance)의 해소가 초점이 된다. 이 단계에서는 첫째, 무역불균형으로 인한 일본과 구미 사이의 알력을 완화하기 위해서 상품제조 공장을 구미 각국에 설립하고 현지 부품을 다량으로 구매한다. 현지 국가의 수입수요를 대폭 줄여주기 위해서다. 둘째, 국가 사이의 소득불균형을 완화하기 위해서 개발도상국에 적극적으로 투자한다. 가능한 한 많은 현지인을 고용하여 개발도상국의 소득증대에 기여하는 것이 그 목적이다. 셋째, 세대 사이의 자원불균형을 해소하기 위해서 폐품을 회수하여 재활용하고, 태양광 에너지 개발에 집중 투자하며, 화학적 오염물질을 초고속으로 분해하는 미생물의 개발에 나선다.

다섯 번째 단계는 범세계적 불균형의 해소와 합리적인 경제사회 질서의 구축을 위해서 각국정부에 문제를 제기하고, 그 해소를 위해 협력하는 일을 한다. 범세계적 문제의 해결을 위해 다른 대기업에도 동참을 적극적으로 권유하지만, 궁극적으로는 정부와의 협조가 필수적이다. 특히 일본 정부는 경제규모에 걸맞지 않게 폐쇄적이어서 이런 노력이 필요하다. 실제로 캐논은 정치인과 관료를 적극적으로 접촉하면서 바람직한 공공기율(public governance)의 방향에 대해서 의견을 개진하고, 아울러 여러 채널을 통하여 그런 방향의 여론을 조성하는 데 노력한다. (Kaku, 1997)

한 것도 아니다.

사회개혁 사업을 본사의 사업부에서 추진하는 경우는 전략과 경영의 측면에서 독립재단으로 추진하는 경우와 완전히 다르다. 사회적 기업이나 사회개혁 영리기업처럼 사회발전과 영리추구를 동시에 노릴 수 있다. 사회공헌과 영리 사이에 걸치는 스펙트럼의 어느 지점에서 자리를 잡고 균형을 취할 것인가는 경영철학에 따라 결정될 것이다. 균형점 선택의 결과에 따라서는 전혀 새로운 사업모델의 발굴도 기대해 볼 수 있다.


## 거시적 경영여건

앞에서 열거한 여러 범세계적 현안문제가 해결되면 개별 기업의 전반적 경영여건이 분명히 호전될 것이다. 이렇게 본다면 착한 기업시민이 되는 것은 기업의 장기적 이익에 부합한다. 다시 말하면, 그러한 방향의 사업이 장기적으로 수익성 높은 투자사업이 될 수 있다. 사실 슈밥이나 바틀리트처럼 규범적 주장을 하는 사람도 그런 자신의 주장이 기업의 장기적 이익에도 부합한다는 점을 빠뜨리지 않고 언급한다. 결국 어느 것이 목적이고 어느 것이 수단이냐는 개념규정의 문제일 뿐이지 '기업이윤의 증대' 라는 결과를 얻게 된다는 점은 동일하다.

WBCSD가 '세상과 더불어 기업 하기' 라는 제안을 내놓은 취지를 살펴보면, 기존 시장이 포화상태에 다다랐기 때문에 개발도상국이나 피라미드의 기층으로 눈을 돌려야 할 필요가 있다는 인식이 그 바탕에 깔려 있다. 인구가 빠르게 증가하면서 경제성장의 잠재력이 큰 곳은 그 두 곳뿐이다. 이런 점에서 세상과 공존하면서 사업을 해야만 기업이 영속하는 것이 가능하다.

기업이 착한 기업시민이 되기 위해 시행하는 '규범적 투자' 가 이윤창출에 기여하는 시기는 5~10년 정도 뒤이므로 그러한 투자는 장기적인 투자다. 게다가 투자와 이윤 사이의 인과관계가 확실하지도 않다. 이런 점을 고려하여 정리하면, 착한 기업시민이 되려는 노력은 전략적 CSR의 범위를 벗어난다고 볼 수 있다. 따라서 주주자본주의의 관점에서 보면 그런 노력은 문제의 소지가 있을 수 있다.

## 2. 시민단체와의 협력

거시적 문제는 사회구성원 모두와 관련된다. 기업만의 힘으로 해결하기는 어렵다. 재정적, 기술적 측면에서 감당하기 어려울 뿐만 아니라, 그 성격상 사회문화를 바꾸는 일이기 때문에 구성원 모두의 동참이 필요하다. 이런 까닭에 슈밥, 바틀리트, 게이츠, WBCSD 등을 포함한 '범세계적 기업시민' 주창자들은 예외 없이 기업과 사회의 파트너십을 추천한다. 즉 사회의 발전을 위한 노력은 기업, 비영리단체, 시민단체, 사회사업가, 정부기구, 국제기구 등이 두루두루 참여해야 확실한 효과를 거둘 수 있다는 것이다. 특정 사업과 관련해서는 해당 분야에 전문성을 가진 시민단체와 협조하는 것이 특히 효과적이다.

### 혼합형 가치사슬

사회개혁은 기업의 본업이 아니므로 기업의 전문분야가 될 수 없다. 반면에 사회개혁을 전문으로 하는 활동가는 자금이 부족하고 조직관리에 서투르다. 이제 기업과 전문활동가가 제휴한다면 양쪽의 장점을 다 살리면서 서로 상대방의 약점을 보완할 수 있으므로 이상적인 팀워크가 형성될 수 있다.

어느 나라에나 사회공헌이나 사회개혁을 고유 업무로 삼은 비영리단체, 시민단체, 사회사업가가 많다. 그들은 많은 수의 빈민을 상대해야 하므로 자원봉사자를 동원하고 각종 네트워크를 활용하여 실속 위주로 서비스를 제공한다. 저렴한 비용으로 필요한 일을 수행하는 데 이골이 나 있다. 사회개혁을 위한 활동이 직업이다 보니 문제의 본질을 누구보다 잘 파악하고 있다. 그렇지만 자금이 부족하고 활동 규모가 작아서 감당해야 할 지역이나 업무기능의 측면에서 뚜렷한 한계가 있다.

반면에 기업은 자금력이 풍부하고, 세계의 어느 지역에도 진출할 수 있다. 재무,

인사, 물자조달, 생산, 유통, 홍보 등을 포함하는 종합적 가치사슬을 관리하는 일은 기업의 일상적인 업무다. 전문적 사회개혁가가 필요로 하는 것을 기업은 모두 갖고 있다. 기업과 전문 활동가의 조합은 그야말로 이상적이다.

남아프리카공화국의 한 건축자재 유통업체(Corona)는 콜롬비아의 시민단체와 협력하여 현지의 사업에서 상당한 성과를 올렸다. 시민단체에 매출액의 일부를 수수료로 건네주면서 지역별 공급을 맡겼다. 시민단체는 가옥 개선의 필요성에 대한 주민교육, 주부 판매원의 모집과 훈련, 그리고 전반적 관리를 맡았다. 기업은 유통비용을 대폭 절감해서 남은 돈으로 관리수수료와 판매수당을 지급할 수 있었다. 기업의 입장에서는 이윤, 시장에 관한 지식, 인력을 두루 확보하게 된 셈이다. 삼성전자는 이집트와 케냐를 포함한 아프리카의 여러 지역에서 청소년의 고용가능성(employability)을 높이는 교육훈련을 돕기 위하여 국제청소년재단(IYF)과 제휴하면서 자금과 현지 직원의 노력봉사를 제공하기로 했다(2008년).

사회적 기업을 지원하는 일을 하는 드레이턴(B. Drayton)은 기업과 전문가가 제휴하는 사회개혁 사업의 형태를 '혼합형 가치사슬(hybrid VC)' 이라고 부르는데, 이것은 적절한 이름이다. 그런 사업은 그 성격상 사회개혁 전문가가 전면에 나서고 기업은 뒤에서 후원하는 방식으로 하는 것이 효율적이다.

## 사회개혁과 기업혁신

앞에서 기층민 시장은 개별 기업의 혁신을 촉진한다고 설명한 바 있다. 사회개혁 사업에서도 혁신의 기회를 노리는 것이 좋다. 어떻게 보면 이 분야에 진출하는 것은 미개척지를 탐험하는 것과 같으므로 전혀 색다른 자원, 사업 파트너, 시장, 사업 모델을 발굴하는 기회가 될 수 있다. 신사업의 기회를 포착한다면 기업이 독자적으로, 혹은 사회개혁 파트너와 제휴하여 그 신사업을 추진할 수 있을 것이다.

실제로 사회개혁 활동에서 혁신의 기회를 많이 만날 수 있다. 앞에서 SKS 등의 기층민 사업을 소개한 바 있지만, 사회개혁 사업모델은 인도에서 가장 활발하게 발굴되고 있다. 그러나 아프리카의 오지는 물론이고 인구가 많은 중국 등의 신흥 경제대국도 빈곤으로 인해 수많은 문제에 시달리고 있다는 데 유의해야 한다(〈사례 13-4〉). 그만큼 그런 곳에도 많은 기회가 잠재해 있다는 말이다. 어느 전문가(M. Ambani)는 다음과 같이 말한다.

> 수많은 사회개혁가가 이미 세계를 바꾸고 있다. 그럼에도 대다수 기업은 그들을 주목하지 않는다. 과거에는 그렇게 무시해도 괜찮았다. 그쪽 분야는 규모도 작고 생산성도 형편없었기 때문이다.
>
> 그러나 이제는 다르다. 그들과 함께 일하면서 배우는 기업은 대규모의 신시장을 개척할 수 있을 것이다. 이 분야에서 앞서가는 기업은 새로운 사업모델 발굴과 시장 선점의 효과 덕분에 경쟁우위를 확보하게 된다.
>
> 이제는 기업과 사회개혁가가 동등하게 혁신적이므로 힘을 합칠 시기가 됐다. 두 부문이 함께한다면 산업혁명에 못지않게 광범위하고 강력한 사회개혁을 이룰 수 있다. (Drayton, 2010)

그의 말처럼 앞으로 20년 뒤에 세계를 지배할 새로운 사업이 실리콘 밸리의 지하 주차장에서가 아니라 인도의 궁벽진 시골마을에서 나타날지도 모른다.


## 13.3 사회개혁 사업

이 절에서는 기존 기업의 사회적 책임에서 눈길을 돌려 사회개혁을 고유의 목적으로 하는 영리사업이나 비영리사업에 대해 살펴본다. 물론 기존 기업도 착한 기업시민이 되기 위하여 전문적 사회개혁가와 제휴할 수 있고, 때에 따라서는 완전히 새로운 개혁사업을 찾아낼 수 있을 것이다.

# 1. 사회사업

기업의 사회적 책임과 관련하여 사회공헌이 주목받게 된 것은 비교적 최근의 일이다. 그러나 사회문제를 해결하려는 민간부문의 자발적 노력은 그 역사가 매우 길다. 근대 세계사를 놓고 보아도 간호사 나이팅게일, 적십자사 창설자 뒤낭 등의 이름을 금세 만나게 된다.

사회사업을 시행하는 주체는 사명감을 가진 개인이 되는 경우가 많다. 개인이 주축이 되어 단체를 만들기도 한다. 그런 사람을 후원하기 위해서 거금을 출연하여 재단을 만드는 기업가나 기업도 많다. 사회사업의 수혜자에게는 대가를 청구하지 않는 것이 원칙이지만 실비(實費)를 받기도 한다. 실비를 징구하는 것은 비용의 일부를 회수하여 사업의 지속성에 보탬이 되게 하거나 공짜이용 손님을 차단하기 위해서다.

사회사업은 수익을 창출하지 않으므로 전문적으로 사회사업 활동을 하는 개인이나 단체로서는 활동비 조달이 큰 숙제다. 자체 모금, 사회공헌 재단의 후원금, 정부나 국제기구의 보조금 등에 의존할 수밖에 없다. 사회사업을 지원하는 공사(公私)의 재단, 기구, 단체가 많기는 하지만, 활동비의 확보가 용이한 것은 아니다.

더구나 사업에 무상의 원칙이 적용되다 보니 도덕해이가 발생할 수 있고, 심한 경우에는 부정부패의 가능성도 끼어든다. 사회사업 활동이란 본시 도덕성에서 출발하는 것이지만 인간이 항상 정직한 것은 아니고 유혹에 약하기도 하기 때문에 문제의 소지는 언제나 있다. 사회사업 활동에 참여하는 사람들 자신의 각별한 주의도 필요하다.

## 개인활동가

슈바이처는 어려움에 빠진 사람들을 돕는 데 일생을 바친 사람이고, 테레사 수녀도 그런 사람이다. 한국인 중에서 아프리카 등의 오지에서 빈민을 위해 봉사하는 삶을

산 사람이 더러 알려지기도 했다. 2010년에 〈울지 마 톤즈〉라는 제목의 기록영화로 제작되어 많은 한국인을 감동시킨 이태석 신부의 활동도 대표적인 사례에 속한다.

그 밖에 개인 자격으로 자원봉사에 나서는 사람은 무수히 많다. 보수가 좋은 일자리를 마다하고 아프리카, 남미, 아시아 등 낯선 곳에 가서 현지인의 인간적 자긍심을 회복시키기 위해 노력하는 사례는 각종 대중매체에 수시로 보도된다(Kristof, 2010). 각종 사회사업 전문 기구나 단체에 자발적으로 참여하여 활동하는 젊은이는 더욱 많다.

유명인사 중에도 범세계적 문제의 해결에 발 벗고 나서는 사람들이 있다. 컬럼비아대학의 삭스(J. Sachs) 교수는 저개발국 빈곤문제의 해결을 필생의 사업으로 삼고 국제기구, 각국 정부 등을 동참시키려고 설득하고 있다. 인기 록그룹 U2의 보노(Bono)는 빈민구호 활동으로도 잘 알려져 있다. 보노는 '레드(Red)'라는 이름의 프로젝트를 통해 아프리카의 에이즈 퇴치와 빈민 구호를 위한 기금을 모으고 있다. 그는 WEF에 초청받아 참가하는가 하면 삭스의 저서 《빈곤의 종결》에 추천사를 쓸 정도로 전 세계 사회지도층과 교분이 두텁다. 그래서 시스코를 포함한 여러 대기업의 후원도 받고 있다.

## 사회활동 비영리단체

사회활동을 하는 비영리단체 가운데 적십자사, 국경 없는 의사회 등은 독지가가 시작한 운동이 전문단체로 발전한 경우다. 이런 단체 중에는 YMCA, YWCA, 구세군과 같이 역사와 전통을 자랑하는 곳도 있다. 미국의 평화봉사단이나 USAID와 같은 국가 단위의 기구도 있고, 국제아동기금(UNISEF)과 같은 국제기구도 있다. 각각의 전문분야 활동은 회비, 모금, 수시 기부금, 정부 보조금, 노력봉사 등과 같은 외부로부터의 도움에 의존해 이루어진다.

어느 나라라고 할 것 없이 사회사업을 목적으로 설립된 비영리단체나 시민단체는 그 종류와 숫자가 매우 많아 집계하기조차 어렵다. 게다가 나날이 더 늘어나고

있다. 이런 단체는 대체로 특정 인물이 중심이 되어 만들어지는데, 그 규모는 천차
만별이다.

## '악덕기업가' 에서 '기부천사' 로

1장에서 소개한 바 있지만, 20세기 초엽에 활동한 기업가의 이름인 록펠러, 카네
기, 포드, 밴더빌트 등은 두 가지 이미지를 전달한다. 하나는 '악덕기업가' 이고, 다
른 하나는 '기부천사' 다. 그들은 '개같이 벌어서 정승같이 쓴다' 는 우리 속담의
미국식 실천을 보여준 셈이고, 미국이 자랑하는 '청교도 정신' 을 실천한 셈이다.
그들의 행동이 만들어낸 전통이 이어져서 오늘날에도 미국의 대표적인 갑부들은
예외 없이 위대한 기부자이기도 하다.

　20세기 말부터 21세기 초까지의 시기에 세계 1, 2위의 부호 자리는 게이츠(W.
Gates)와 버핏(W. Buffett)의 차지였다. 두 사람의 개인재산은 각각 500억~600억
달러 수준이다. 그리고 둘 다 개인재산의 대부분(99%까지)을 사회에 환원하겠다
고 공개적으로 약속한 바 있다.[50] 그들은 2009년에 다른 억만장자들을 대상으로 재
산의 50% 이상을 기부하자는 내용의 '기부약속(giving pledge)' 캠페인을 벌인 바
있는데, 미국에서만이 아니라 세계적으로도 상당한 호응을 얻었다.

　개인재산을 사회발전 기금으로 출연하는 사람은 어느 나라에서나 볼 수 있다.
게이츠와 갑부 순위를 다투는 멕시코의 재벌총수 슬림(C. Slim)도 기부의 측면에서
큰손이다. 아시아의 최고 재산가인 홍콩 장강(長江)그룹의 이가성(李嘉誠) 회장은
자신의 전 재산 중 3분의 1을 사회에 환원하겠다고 서약한 바 있는데, 이를 포함해
그의 사회공헌 규모는 줄잡아 100억 달러에 이를 것으로 추정된다(〈사례 13-2〉).

---

50 게이츠는 3명의 자식에게 각각 1000만 달러 내외의 유산만 물려준다고 여러 차례 언급했다. 그는 그 이
　상의 재산은 자식들에게 아무런 도움이 되지 않는다는 신념을 갖고 있다. 상당히 연로한 버핏은 후계자를
　고르기 위해 노심초사하고 있는데 처음부터 자식들을 그 후보군에서 배제했다. 온갖 탈법적 방법을 동원
　하여 경영권을 세습하는 한국 재벌의 관행과는 천양지차라 할 것이다.

아래는 이가성 재단의 홈페이지에 소개된 내용을 의미전달에 초점을 맞추어 번역한 것이다.

"사회에 기여하고 불우이웃을 도울 능력이 내게 있다는 데서 나는 궁극적인 삶의 의미를 찾는다. 나는 그런 일을 내 필생의 사업으로 기꺼이 받아들인다."(이가성)

인류 개개인은 각종 도전과 경험을 토대로 삶의 의미 및 존재의 이유와 관련이 있는 제반 사물에 우선순위를 매긴다. 이가성 선생의 삶은 '도전과 경험'이라는 그분의 여정 그대로다. 이가성 재단은 그가 배운 삶의 진리가 형상화된 것이다.

그가 어려서 겪은 고초는 우수한 교육과 질 높은 건강관리가 가족과 사회의 번영에 필수요소임을 그에게 가르쳐 주었다. 그 두 가지 과제는 이 선생이 펼치는 자선사업의 핵심 목표였고, 그런 노력이 종국에는 이가성 재단(LKSF)으로 결실을 맺었다. 이 선생은 자신이 하는 사업이 번창하게 됨과 동시에 홍콩과 중국의 각종 교육사업과 의료사업에 대해 전략적 기여를 하기 시작했다. 자선사업의 손길이 널리 미치고 파급효과를 최대화하기를 원한 그는 1980년에 자신의 이름이 들어간 명칭의 봉사재단을 만들었다. 이 선생은 "재단은 나의 셋째 아들"이라고 선언하고, 재산의 3분의 1을 그 재단에 기부하겠다고 약속했다.

이가성 재단은 지원할 필요와 가치가 있는 각종 대의의 사업과 프로젝트를 찾는다. 지원대상을 선정함에 있어서는 아래의 세 가지를 지침으로 삼는다.

1. 기부문화를 조성한다.
2. 교육개혁 운동을 후원하되 그 방향이 장기적 사고와 개방된 자세 함양, 자조·자율성 확립, 창의력 함양, 건설적 참여정신 배양이어야 한다.
3. 의학적 연구와 의료서비스의 진전에 기여한다.

이가성을 본받은 것인지는 모르겠지만, 중국의 사업가 중에서도 사회개혁 사업을 위한 기부의 행렬에 동참하는 이들이 많다.

개인이 큰돈을 기부하면 그것은 그 개인의 이름이 포함된 명칭을 가진 사회사업 재단의 설립기금으로 쓰이는 경우가 많다. 이런 기금이나 재단은 기업이 아닌 개인이 출연한 자금으로 설립된다는 점과 영리추구와는 거리를 둔다는 점에서 CSR과는 궤를 달리한다. 그러나 이런 기금이나 재단도 추구하는 사회사업의 지속성을 중시하기 때문에 어떤 경우에도 기금운영의 효율성을 소홀히 여기지는 않는다. 예컨대 1년에 30억 달러 이상을 각종 사회사업에 투자하는 세계 최대의 사회사업 재단인 게이츠 재단의 경우를 보면 게이츠 자신이 운영하면서 기업경영의 원칙을 그대로 적용한다.


## 사회공헌 기업재단

6장에서 다룬 바 있지만, 한국의 재벌을 포함한 대부분의 대기업은 사회공헌 재단을 별도로 가지고 있다. 사회공헌 재단은 기부자산을 관리하는 것이 주된 임무이고, 개인 활동가나 비영리단체를 지원하는 형식으로 설립취지를 실행하는 것이 보통이다. 재단에 따라서는 사회적 기업을 지원하기도 한다. 예를 들어 미국의 녹색 메아리 재단(Echoing Green Foundation)은 수백 명의 사회개혁 사업가를 지원해 왔는데, 그들 사이에도 네트워크를 만들어 서로 배울 수 있도록 하고 필요에 따라서는 협력하도록 유도한다.


## 수익모델의 필요성

규모가 큰 재단으로부터 후원을 받는 사회사업가는 활동자금 조달에 걱정이 없을 수도 있다. 그러나 그렇지 못한 사회사업가는 늘 자금조달에 애로를 느낀다. 사회사업 단체가 우후죽순처럼 생기고 그들의 의욕이 하늘을 찌르는 것이 작금의 현실이다. 기부자와 사회사업 재단의 수가 아무리 많아져도 사회사업 단체 사이의 경쟁이 워낙 치열하다 보니 개별 사회사업 단체가 기부금을 확보하기가 점점더 어려워지고 있다. 더구나 허울뿐인 사회사업 단체도 많다 보니 '사회활동 염증(social-activity fatigue)'을 느끼는 이들도 있다.

전문기구의 연구결과에 따르면, 1970년 이후 미국에서 설립된 20만 개의 사회사업 비영리단체 가운데 2003년에 연간 예산이 5천만 달러를 넘는 곳은 140여 개에 불과했다. 상당한 규모를 갖춘 단체들만 놓고 봐도 핵심 인물의 영향력에 따라 수입금이 들쭉날쭉하다. 활동실적이 양호한 단체의 공통점은 '사업과 자금을 관리하는 데서 효율성을 매우 중시한다'는 것이다.

후원자를 찾지 못하면 사회사업이 순탄하게 확장되기 어렵다. 사회사업 단체가 자체적으로 비용을 조달하기 위해 수익사업을 찾을 필요성이 생긴다. 사회사업 단체도 기업처럼 경영하여 효율성을 높이는 것이 필수적이다. 요컨대 청빈(淸貧), 즉 '가난하지만 고결함'만으로는 사회사업 단체가 사명을 제대로 달성할 수 없는 법이다. 사회개혁을 추구하면서 사업추진에 필요한 비용을 스스로 조달하려는 시도로 최근 주목을 받는 것이 바로 이어서 설명할 사회적 기업이다.

## 2. 사회적 기업

사회적 기업은 사회개혁과 영리를 동시에 추구하지만 설립목적은 엄연히 사회개혁이다. 영리는 사업의 지속성을 달성하기 위한 수단일 따름이다. 이와 같은 사회성 때문에 사회적 기업은 사회사업 재단이나 전문 단체로부터 자금과 경영자문의 지원을 받게 되는 경우가 많다.

미소금융을 창안한 유누스는 그를 본 따서 '상업적'으로 크게 성공한 인도의 SKS나 멕시코의 콤파르타모스를 용서하지 않는다. 그들이 전당포나 다름없는 고리대금업을 하여 '사명의 일탈(mission drift)'을 저지르고 미소금융의 이름을 더럽힌다고 비난한다. 유누스는 가난한 영세사업자를 돕는다는 사명에 충실하자면 이

자율이 조달비용보다 15% 이상 높아서는 안 된다고 주장한다(NYT, 2011a). 유누스는 분명히 영리가 아닌 사회개혁을 앞세우고 있다.

사회적 기업 모델을 보급하기 위해서 드레이턴(B. Drayton)이 1981년에 설립한 아쇼카(Ashoka)라는 NPO는 국제적으로 상당한 영향력을 발휘한다. 아쇼카는 2010년 현재 70개국에 걸쳐 2천 명 이상의 사회개혁 사업가를 자문해주고 지원하는 활동을 하면서 독자적인 사업도 벌이고 있다. 후원대상 사회적 기업들을 서로 연계시켜서 개방형 혁신을 위한 인터넷 포럼을 마련하고 이를 통해 그들 사이의 교차학습을 유도한다. 독자적인 활동보다는 시민단체와 손을 잡는 것이 기층민 사회의 개선과 발전에 효과적임을 아쇼카는 강조한다.

인도의 한 사회개혁가(D. Green)는 안과병원과 제휴하여 백내장 환자를 위한 특수렌즈를 제작하는 비영리 조직 '오로랩(Aurolab)'을 설립했다. 오로랩은 최신 기술을 활용하여 렌즈 한 쌍의 가격을 300달러에서 10달러로 낮추는 데 성공했다. 게다가 환자의 소득수준에 따라 가격을 차등화했다. 이에 따라 오로랩의 렌즈는 큰 인기를 모았다. 최근의 통계에 따르면 이 렌즈는 109개국에 200만 쌍이 공급되어 시장점유율이 8%에 이른다. 불우한 사람을 돕기 위한 사업이 경제적으로 자리를 잡자 오로랩은 아쇼카 및 도이체방크와 합동으로 1500만 달러의 기금을 조성하여 시력보호와 관련된 활동을 하는 NPO를 지원하는 일에도 나섰다.

'삼중 수월성'이라는 용어를 창안한 엘킹턴은 사회개혁과 영리추구의 이중목적을 가진 사회적 기업에 대해 "유전학에서 말하는 잡종 1세대처럼 강하다"고 장담한다. 예를 들어 미국 서부의 루비콘(Rubicon)이라는 사회적 기업은 처음에는 순수한 사회봉사 단체로 출발하여 불우 청소년을 대상으로 직업교육을 실시했다. 그러다가 재원조달에 한계를 느끼게 되자 루비콘은 청소년을 직접 고용하여 제과점과 조경 분야의 사업에 착수했다. 고용된 청소년의 생산성은 기대 이상이었고, 루비콘의 사업은 큰 성공을 거두었다.

## 복합형 조직

그러나 엘킹턴의 기대와 달리 사회개혁과 영리추구의 이중목적을 가진 조직은 기본적으로 '정체성의 갈등' 을 겪을 소지가 있다는 약점을 안고 있다.

사회개혁 사업은 작게 시작해서 크게 이루자는 취지를 전제로 한다. 사회개혁 사업이 사업확장을 하지 못하면 소수에게 혜택을 줄 수는 있어도 사회에 폭넓은 영향을 미치기 어렵기 때문이다. 그런데 바로 이 점이 사회적 기업에 자체적인 모순을 안겨줄 수 있다. 사회개혁 사업의 창업 취지는 이윤창출이 아니라 그 이름 그대로 사회개혁에 있다. 그래서 사업의 수익률이 높으면 "취지가 퇴색됐다"는 비난을 받는다. 반대로 수익률이 낮으면 사업확장을 위한 자금조달이 불가능하다. 기부금에 의존하는 것은 처음부터 한계가 있고, 수익성이 낮으면 차입도 어렵다. 사회공헌을 앞세우면 확장이 어렵고, 확장을 추구하자면 사회공헌을 희생시켜야 한다.

존재이유와 관련된 혼란을 방지하기 위해 아예 복합조직의 모델을 시도한 사례도 많다. 즉 비영리재단과 영리기업을 지분관계로 연계시키되 각각 별도로 운영하는 것이다. 그러면서 비영리재단의 설립자금은 개인, 사회봉사 재단, 창업투자자 등의 초기 출연금으로 충당하고, 그 확장자금은 영리기업이 창출한 이윤으로 조달한다. 그러나 인간사회에서 복잡한 것은 잘 먹히지 않는 경향이 있다. 현실에서 그 성과가 그리 신통한 것도 아니다. 〈사례 13-3〉에서 보듯이 사회공헌과 이윤창출이라는 두 가지 목표의 상충이 초래하는 혼란은 쉽사리 제어되지 않는다.

사회적 기업이 크게 성공할 수도 있다. 그러나 여러 사정을 감안하면 사회적 기업의 경영은 결코 쉬운 일이 아니다. 사회적 기업은 구조적으로 경영하기가 매우 어렵기 때문에 최고경영자의 탁월한 리더십이 유일한 문제해결의 열쇠가 된다는 결론을 내려야 할지도 모른다. 최고경영자가 빼어난 균형감각과 비상시에 자금을 조달하고 이해당사자를 설득하는 능력을 갖추고 있어야만 꾸준한 사업확대를 기대할 수 있다.

## 3. 사회개혁 영리기업

사회적 기업은 사회개혁이 목적이고 영리가 수단이지만, 사회개혁 영리기업은 이와 정반대다. 사회개혁과 영리가 혼합된 점은 마찬가지이지만 경영철학과 전략, 운영의 원칙은 매우 다르다. 사회적 기업인 그라민 은행의 유누스가 사회개혁 영리기업인 인도의 SKS를 이단아로 취급하는 사실이 그런 사정을 대변한다.

사회개혁 영리기업 창업의 동기와 절차는 여느 신생기업의 경우와 다를 바 없다. 새로운 상품, 남다른 사업모델에 대한 아이디어를 갖고 있는 기업가가 작은 자본으로 소규모 사업을 개시하는데, 그 목표는 이윤창출이다. 일반 사업과 차이가 있다면 그것이 인류사회 공통의 숙제와 관련된 분야에서 사업을 시도한다는 점뿐이다.



사회개혁 사업은 대체로 사명감을 가진 개인에 의해서 시작된다. 창업동기가 부의 창출이 아니기 때문에 사업자금을 조달하기가 어렵다. 대체로 본인의 저축금이나 사회공헌 재단을 설득하여 지원받은 자금에 의존해 창업이 이루어진다. 복합조직의 형태로 사회개혁 사업을 하는 경우에는 자금조달의 명분을 잃지 않기 위해 비영리재단이 영리기업을 소유하는 방식으로 복합조직을 구성하는 경우가 많다. 이런 경우에 사회개혁 활동은 비영리재단이 맡고 사업자금 조달은 영리기업이 맡는 식의 역할분담이 이루어진다.

사회공헌이건 영리사업이건 인간이 하는 일이다. 그러다 보니 이중구조의 조직을 운영하는 과정에서 여러 가지 문제가 발생한다. 경비절감을 위해서 간부직원이 양쪽 조직에 동시에 관여하다 보면 이해상충의 문제가 따른다. 기부자와 세무당국을 비롯한 외부의 이해당사자나 기관으로부터 오해를 받을 소지도 다분하다. 두 조직으로 소속이 갈리는 하위직원들 사이에 다툼이 자주 일어날 수 있다. 영리사업에 여유가 있으면 그나마 다행이지만, 어려운 시기를 맞게 되면 내분이 일어날 가능성이 농후하다.

세계은행에서 퇴직한 한 독지가(D. Whittle)는 자신이 갖고 있는 인터넷 기술을 무기로 사회개혁

## 영리사업의 사회성

예를 들어 기층민 시장이 사회개혁 영리기업의 사업무대가 될 수 있다. 인류사회를 괴롭히는 문제가 대부분 빈곤에서 출발하므로 기층민의 생활여건을 개선하는데 도움이 되는 사업은 어느 것이나 사회성을 가진다고 볼 수 있다.

10장에서 살펴 본 것처럼 다국적기업이 기층민 시장을 공략할 때에는 대체로 기존 상품을 수정하는 절차를 밟는다. 사회개혁 영리기업과 다국적기업의 차이는 사회개혁 영리기업은 완전히 새로운 상품과 사업모델을 동원한다는 점에서 생긴다. 이 분야에서 다국적기업의 사업이 개선에 초점을 맞춘다면, 사회개혁 영리기업의 사업은 이름 그대로 사회개혁에 초점을 맞춘다.

사회개혁 사업은 사회적 측면과 관련이 있고, 생활 및 문화와 직결되는 것이 많

사업에 착수했다. 그는 'GG(GlobalGiving) 재단'이라는 이름의 사회개혁 재단을 설립하여 기부금을 모으고 그것으로 아프리카 오지의 농부를 돕거나 야생동물을 보호하는 사업을 벌였다. 이 재단은 몇 년 동안 3천만 달러의 사회공헌 실적을 올려서 그런대로 성과가 있었다. 자금조달에 한계가 있을 것이라는 점을 처음부터 인식한 그는 'MF(ManyFutures)사'라는 이름의 영리기업을 별도로 창업했다. 이 영리기업은 인터넷 플랫폼 기술을 판매하는 회사였는데, 실적이 그리 좋지 못했다. 급기야 MF사가 GG 재단으로부터 1천만 달러를 차입했다. MF사의 사업이 계속 부진하여 차입자금 상환이 어렵게 되자 그는 MF사에 대한 소유권을 GG 재단으로 이전했다. 결과적으로 보면 GG 재단이 1천만 달러를 들여서 전망이 불투명한 영리기업을 인수한 셈이 됐다. 그렇다고 그가 특별한 혜택을 입은 것도 아니다. 그는 자신이 1400만 달러를 출자해 설립한 회사를 1만 2천 달러에 매각함으로써 사실상 자신의 전 재산을 날렸을 뿐이다.

이와 유사한 사례로 알려진 것이 꽤 많이 있는데, 그 공통적 애로사항은 목표상충과 역할혼선이다. 이런 조직이 장기간 존속하는 경우는 드물고, 종국적으로 영리기업이 제삼자에게 인수되고 사회개혁 사업을 하는 재단은 유명무실해지는 것이 일반적이다. 혼합형 개혁사업에 300만 달러를 투자하고 신통찮은 회사를 인수하는 것으로 끝을 본 한 창업투자자(J. Hussey)는 그런 경험에서 자신이 얻은 교훈을 소개한다. "성격이 애매한 '인간의 조직'을 경영하면 그 성과는 언제나 애매하다."(NYT, 2010g)

다. 그래서 유형의 제품보다는 무형의 서비스인 경우가 흔하다. 자연히 물적자본
보다는 인적자본이 더 많이 투입된다. 그래서 사회개혁 사업은 본질적으로 노동집
약 사업이니 많은 인력을 필요로 한다. 인력고용은 일자리가 창출됨을 뜻한다. 일
자리는 빈민 스스로가 자신들의 문제를 해결하는 열쇠이며, 사회적으로는 빈부격
차 해소의 지름길이기도 하다. 고용이 늘어나면 빈민의 자긍심도 높아지므로 여러
모로 사회안정에 도움이 된다.

## 톰슨-맥밀런 모델

인류사회가 직면한 현안문제는 복잡하고 다양하다. 각각의 문제가 개혁대상이며
사업기회가 될 수도 있다. 핵심은 사업의 수익성을 확보하는 일이다. 사업에서 창
출된 이윤은 사회개혁을 확대 전파하는 데 가장 확실한 밑천이 된다. 그 이윤은 시
장원리를 통해서 얻은 수익이기 때문에 그것을 얻기 위한 사업과정에서 각종 자원
이 효율적으로 배분된다. 사회개혁의 수혜자도 사회의 동정을 받게 되는 것이 아
니라 스스로 가치창조 활동에 참여한 결과를 누린다는 자부심을 갖게 된다.

사회개혁 재단을 창립한 이베이의 창업자 오미디어(P. Omydiar)는 분명하게 말
한다. "범세계적 변화를 위해서는 영리사업을 무시하면 안 된다. 중요한 것은 기
업의 사회책임 프로그램이 아니라 사회개혁을 촉진할 수 있는 영리추구 모델이
다." (Elkington, 2008)

사회개혁이 사업대상이라는 이유만으로 이윤창출이 특별히 어려워야 할 이유
는 없다. 21세기에 와서 사회개혁 영리사업에서 성공한 사례가 많이 알려지고 있
다. 미소금융의 SKS와 콤파르타모스는 '주식시장의 꽃'으로 간주될 정도로 높은
수익을 올린다. 〈사례 13-4〉는 빈국 중의 빈국인 잠비아에도 영리사업의 기회가
있음을 보여준다.

스페인의 한 정신과의사(C. Colon)는 정신질환자도 작업을 할 수 있다는 사실
을 알고 그들을 직원으로 고용하여 낙농제품 회사(La Fageda)를 차렸다. 결과는 대

성공이었고, 연 매출액이 1천만 달러를 넘었다. 소비자는 정신질환자에 대한 동정 때문이 아니라 제품의 품질 때문에 그 회사의 제품을 산다. 직원들은 이제 더 이상 환자가 아니다. 그들은 스스로 자신을 부양하는 독립적인 사회인으로 돌아왔고, 인간으로서의 자긍심을 회복했다.



만성적 기근으로 수많은 잠비아 사람들이 굶주리고 있다. 잠비아에서 영세농민이 닭을 기르는 것은 가족의 영양보충에 도움이 되는 동시에 소득을 올리는 훌륭한 수단이 된다. 이 점에 착안한 어느 여성 사회개혁 기업가가 질 좋은 닭 사료를 값싸게 공급하는 일에 나섰다. 처음에는 헛간에서 6명의 인부가 옥수수를 비롯한 사료성분을 삽으로 배합하는 지극히 소박한 방식으로 시작했다.

이 사회개혁 기업가는 1년에 100만 마리의 닭을 사육하는 데 필요한 사료를 공급하여 12%의 매출액 수익률을 올리는 것을 목표로 삼았다. 사료의 배송은 판매대상 지역에 이미 구축되어 있는 대기업의 네트워크를 활용하기로 했고, 거래는 현금으로 한다는 원칙을 정했다. 주민들이 닭 사육에 대한 자신감을 전혀 갖고 있지 않았기에 처음부터 수요창출이 핵심 과제였다. 그녀는 촌락을 일일이 방문하여 촌로들의 협조를 구하고 주민들을 대상으로 설명회를 열었다. 닭 사육이 굶주림에서 탈출하는 지름길임을 설득하고 사육방법을 자세히 가르쳤다. 이윽고 닭을 사육하는 농가가 늘어나면서 수요가 조금씩 증가하기 시작하였다.

그녀는 사업을 진행하면서 사료 배송의 규모와 주기를 사육농가의 수요와 편의에 맞추어 개선했다. 규모가 커지자 시설을 확장하고 질병치료제까지 공급했다. 사육하는 닭의 개체수가 많이 늘어난 촌락에서는 닭털이 날려서 주민의 불평을 사기도 했지만, 이런 문제에 대해서는 따로 해결책을 강구했다. 닭을 사육하는 사람들이 늘어나면서 그들이 고용하는 인구도 증가했다. 사료공급이 효율화되고 닭 사육이 하나의 산업으로 자리 잡게 되자 병아리 부화장과 닭고기 가공처리 공장이 잇달아 생겨났다. 교회는 특별 프로그램을 만들어 오지의 사람들에게 닭 사육을 통해 기아 탈출의 대열에 동참하라고 신도들을 설득했다. 선순환이 일어나면서 닭고기 산업의 집적지 형태가 나타나게 됐고, 생산된 닭고기가 이웃 나라로 수출되기 시작했다.

이 사회개혁 기업가는 취급하는 닭 사료의 품목을 늘리고 그 판매지역도 넓혀 갔다. 개와 젖소와 같은 다른 가축의 사료도 개발했다. 이제는 대형 축산업자와 소매 체인에도 납품하고 있으며, 앞으로 닭고기 가공 사업에도 나선다는 계획을 가지고 있다. (Thompson and MacMillan, 2010)

사회개혁 영리사업 경영은 새롭게 떠오르는 경영의 한 분야다. 여러 경영대학에서 이에 대한 강좌를 개설하고 있고, 이 분야의 경영을 전문적으로 연구하는 사람도 늘어나고 있다. 사회개혁 영리사업에서 성공하기 위해서는 워튼(Wharton) 경영대학원의 톰슨(J. Thompson) 교수와 맥밀런(I. MacMillan) 교수가 제시한 아래와 같은 지침이 참고가 될 것이다(2010).

① 사업의 범위를 명확하게 정의하라. 유료 서비스가 기본방침이 되어야 한다. 사업형태와 달성목표(고객수, 지역범위, 수익률)를 세밀하게 정하라.

② 이해당사자를 정확하게 파악하라. 현존하거나 잠재해 있는 우군과 적군, 사업 파트너를 빠짐없이 확인하고, 그들의 영향력과 활용가능성도 점검하라.

③ 유동적인 계획을 세우고, 신축성 있게 운영하라. 신천지를 개척하는 일이므로 여건이 어떻게 변하고 사업이 어느 방향으로 전개될지가 확실하지 않다. 상황에 맞추어 계획을 구체화할 필요가 있고, 일단 세운 계획도 언제든지 바꿀 수 있도록 여유를 두어야 한다.

④ 빠져나갈 경우(exit)에 용의주도하게 대비하라. 사업이 각종 이해당사자와 직접 연계될 뿐만 아니라 사회개혁이 사업의 명분이다. 그러므로 사업을 함부로 포기할 수 없으니 만일의 경우도 염두에 두어야 한다. 제삼자에게 사업을 양도하는 경우에는 지속성을 위한 세심한 배려가 필요하다.

## 세계경제의 성장동력

엘킹턴은 사회개혁 영리사업에 대해 "혁신의 원천"이며 "미래시장을 개척하는 일"이라고 주장한다. 사회개혁 사업가의 노력, 넓게 보면 사회개혁 사업 전체가 인류사회의 모든 측면을 바꿀 가능성이 크다고 그는 말한다.

그의 이런 말이 허황된 것으로만 볼 수는 없다. 정보혁명 덕분에 인류사회는 빠르게 바뀌고 있다. 빈곤국가라고 하여 앞으로도 계속 저개발국으로 남아 있지는 않을 것이다. 많은 연구자의 결론에 따르면 아프리카나 중남미의 빈곤국이 빈곤에서 벗어나지 못하는 이유는 '부패한 정부'에 있다. 그런 나라도 사회의 투명성이 높아지고 다국적기업이 더 많은 역할을 하여 공공기율(public governance)이 확립된다면 고성장의 개발도상국으로 변신할 수 있다.

선진국 경제는 정체상태에 있다. 전방위로 치열해지는 경쟁여건에 비추면 현재 개별 기업이 성장을 기대할 수 있는 시장은 저개발 상태의 빈곤국밖에 없다.


## 대형 잠재시장

앞에서 기층민 시장이 블루오션임을 지적한 바 있는데, 그런 점을 감안하면 사회개혁 자체가 새로운 사업모델이 될 수 있다. 사회개혁의 관점에서 보면 혁신의 기회, 대성공의 기회가 그만큼 많다고 볼 수 있다.

신흥 경제대국의 창업기업가에 관한 이야기는 많이 알려져 있다. 21세기에 와서는 중동과 북아프리카(MENA) 지역에도 기업가정신이 싹터서 맹렬한 기세로 자라고 있다. 상당수 신생기업은 연성장률이 50%에 이를 정도로 급성장하고 있다. 이런 사실은 기층민 시장과 관련된 사회개혁 분야에서 수익성 있는 사업모델을 쉽게 찾을 수 있음을 암시한다.

사회개혁 사업의 또 한 가지 장점은 모든 것이 다 부족한 사회를 대상으로 하는 일이기 때문에 인접분야에서 또 다른 사업기회를 찾기가 용이하다는 점이다. 예컨대 사우디아라비아의 한 여성 사업가(A. Natto)는 삶의 질과 관련이 있는 안경을 보급하는 사업을 시작했는데 렌즈를 조달하기가 어려움을 알게 되자 렌즈를 직접 제조하는 사업까지 벌이게 됐다.

본시 창업은 고위험 고수익의 일이며, 이런 일을 즐기는 사람을 기업가(entrepreneur)라고 부른다. 영국의 경영사상가인 핸디(C. Handy)는 '90/10의 원리'를 제시한 바 있다. 크게 성공한 한 사람의 기업가 뒤에는 실패한 아홉 사람이 있다는 의미다. 수많은 사람이 실패하고서야 비로소 한 사람의 게이츠가 등장한다

| 그룹 | 사회적 기업 추진 내역 |
| --- | --- |
| 삼성 | – 사회적 기업 출범 검토, 현재 사회봉사단 총괄 지원<br>– 사회봉사단 4092억 원 예산 집행(소외계층 지원 1095억 원, 의료지원 718억 원) |
| LG | – 5개 공익재단 보유<br>– 연간 450억 원 사업비 지출(보육시설, 소외이웃 지원 등) |
| 현대 · 기아차 | – 2012년까지 사회적 기업 통해 1000명 이상 고용 창출<br>– 연 20억 원 규모 사회적 기업 육성기금 조성 |
| SK | – 2011년까지 500억 원 기금 조성<br>– 그룹 내 비영리법인 형태 사회적 기업 설립<br>– SK 사회적 기업 웹사이트 개설, 투자기회 · 사업아이디어 수집 |
| 포스코 | – 기존 장애인 고용확대 계열사 포스위드 지원<br>– 내년까지 3개의 사회적 기업 추가설립<br>– 철강자재 건축업체 스틸하우스 설립→사회적 일자리, 물자 재활용에 활용 |
| 현대중공업 | – 기존 사회공헌활동 지속 추진(지역 모금활동 등으로 나눔경영, 직원 2000명 헌혈 참여, 사랑의 장기기증 캠페인에 직원의 25%인 6217명 참가)<br>– 무주택서민 대상 사랑의 집짓기 운동, 1사1촌운동 추진 |
| GS | – 별도 공익재단 GS칼텍스재단 설립<br>– 2005년 이후 10년간 1000억 원 규모 공익사업전개(2009년에만 450억 원 사회공헌투자) |
| 금호아시아나 | – 아름다운 기업 선포, 아름다운 기업 7대 실천과제 설정<br>– 2009년 사회공헌 예산 15.8% 증액, 384억 원 지원 |

자료: *매경 2009b*

는 것이다. 90/10의 원리는 모든 산업에 두루 적용되며, 사회개혁 사업의 경우도 기본적으로는 마찬가지일 것이다. 그러나 성공의 확률을 비교해 보면 다른 어떤 사업보다 사회개혁 사업의 경우에 더 높을 수 있다. 사회개혁 사업은 전혀 새로운 사업, 완전히 다른 사업모델의 시험장, 이를테면 '무주공산의 미개척지'이므로 이 분야에서 '대박'이 터질 가능성이 그만큼 더 클지도 모른다.

사회개혁 영리기업에 대한 투자를 전문으로 하는 창업투자자가 속속 등장하고 있다. 이 점도 사회개혁 사업의 성공가능성이 높음을 보여주는 현상이다.

## 4. 한국의 사회적 기업

한국에서는 2007년에 발효된 '사회적 기업 육성법'에 의해 사회개혁 사업이 공식적인 인정을 받았다. 이 법은 고용노동부 장관의 인증을 받은 사회적 기업에 대해 정부가 각종 특혜를 제공하는 것을 골자로 하고 있다. 시설비와 운영비에 대한 보조, 세금감면 등의 재정적 지원이 이루어질 뿐만 아니라 우선구매, 교육훈련, 경영자문과 관련된 혜택도 주어진다.

이 법은 사회적 기업을 '영리'보다는 '부족한 사회서비스와 일자리 공급'에 무게를 실어 정의하고 있다. 또한 '연계기업'에 관한 조항을 두어 재벌그룹에 의한 사회적 기업의 설립을 장려하고 있다.

이 법이 제정되기 전에도 불우청소년이나 장애인을 대상으로 보호, 재활, 직업훈련과 관련된 시설을 운영하는 비영리단체가 많이 있었다. 이런 단체 중에는 부분적으로 영리사업을 영위하는 곳도 적지 않다. 예를 들어 '위캔'이라는 복지재단은 지적장애인을 근로자로 고용하여 과자를 만들어 판매한다. 이 복지재단은 각종 공사 기구·단체로부터 지원을 받기도 하면서 상당한 성과를 올렸다. '우수 중소기업'으로 지정됐고, '우수 사회적 기업'으로 표창을 받았다.

사회적 기업 육성법이 제정된 뒤로 재벌과 대기업의 사회적 사업 참여가 활발해졌다. 포스코는 장애인을 고용하여 자사와 계열사의 작업장 청결유지와 사무지원 등의 업무를 맡아줄 포스위드를 자회사로 설립해 운영하고 있다. SK그룹은 교사자격증을 갖고 있는 미취업 여성을 고용해서 '행복한 학교'라는 프로그램을 운영한다. 행복한 학교는 보충지도가 필요한 학생들을 대상으로 '맞춤형 방과후 과외'를 실시한다. 삼성그룹은 미소금융 분야의 선두주자다. 〈도표 13-1〉은 사회적 기업 지원이 국가적 화두가 되었을 때 재벌그룹이 발표한 사회적 기업에 대한 투자계획을 정리한 것이다. 전통적으로 사회공헌에 관심을 보여 온 SK그룹은 2011년 초에 향후 3년간 500억 원을 지원하여 사회적 기업 30개를 신설하고 4000개의 일자리를 만들겠다고 발표한 바 있다.

2010년 초 현재 350여 개의 사회적 기업이 정부의 인증을 받았다. 한국의 사회적 기업은 아직 역사가 짧아서 그 성과를 따지기는 이르지만, 이윤이 창출되는 경우는 극히 드물다. 거의 전부가 '사회개혁 영리기업'이 아닌 '사회적 기업'이다. 이는 아마도 '취약계층 돕기'에 창업의 초점이 맞춰지다 보니 나타난 자연스런 결과일 것이다.

# 4부

## 이 상 과  현 실

인간은 누구나 이성과 감성의 지배를 동시에 받는다. 세상일이란 모두 인간이 만들어가는 것이고 보면, 그것이 진위나 선악에 대한 판단에 의해서만 좌우된다고 볼 수도 없다. 기업의 경영과 국가경제의 운영도 마찬가지다. 그래서 경영이나 경제의 분야에서 논리적 타당성만을 앞세울 수가 없다.

'기업의 사회적 책임'이 구체적으로 무엇인가에 대해 논리적 합의가 도출된 적은 없고, 앞으로도 없을 것이다. 그것은 기본적으로 사회에 대한 가치관을 바탕에 깔고 있는 쟁점사항이고, 가치관은 사람마다 달라서 의견일치를 기대할 수 없기 때문이다.

그럼에도 21세기에 와서 대다수 국가에서 기업이 사회책임의 이행을 요구받고 있다. 기업경영도 엄연한 현실이므로 개별 기업으로서는 사회책임을 받아들일 수밖에 없다. 남은 문제는 '마지못한 수용'이냐, 아니면 '적극적 포용'이냐의 선택뿐이다. 그렇다면 해답은 의외로 간단하다. 사회적 책임을 적극적으로 포용하여 일상적인 경영과 일체가 되게 하는 것이다.

이 책의 결론에 해당하는 14장은 기업에 사회적 책임을 적극적으로 포용하기를 권장하는 내용으로 되어 있다. 덧붙인 맺음말은 기업의 존재이유를 다시 한 번 짚어보기 위한 것이다.

## 14장

# 피할 수 없다면 포용하라

어떤 일을 추진하여 얻는 성과는 그 일에 바친 정성과 열의에 따라 크게 달라진다. 어차피 해야 할 일이라면 몰입하여 최선을 다하는 것이 올바른 선택이다. 기업의 사회책임 이행이 기업목적에 부합하는지에 대해 의견일치가 이루어지지는 않았지만 현실에서 그것을 피할 방법은 없다. 이왕 실천에 옮기게 될 일이라면 그것을 '나의 일'로 생각하고 적극적으로 수용하는 것이 현명하다.

## 14.1 사회책임의 이상과 현실

인간사회의 일이 합리성에 의해서만 진행되는 것은 아니다. 효율성에 대한 고려보다는 인간적, 사회적, 정치적 배려에 따라 의사결정이 이루어지는 경우가 더 흔한 것이 현실이기도 하다. '현실'이라면 선악(善惡)과 호오(好惡)를 떠나서 받아들일 수밖에 없다.

## 1. 감성에 의한 규칙제정

경제학은 인간이 모두 이성적이고 합리적이라고 가정한다. 매사에서 비용과 편익을 비교하여 분석하고 편익이 극대화되는 대안을 취한다. 오로지 효율성의 기준에 따라서만 의사결정을 한다. 인간행동의 동기에는 차가운 논리만 있을 뿐 감성이나 충동은 없다.

그런데 현실의 인간은 결코 그렇지 않다. 흥분하여 '물불을 가리지 않을' 때를 제외하고 보더라도 경제적 최적을 추구하기보다 정신적 가치를 추구하기도 한다. 시기심, 적개심, 경계심, 불안감으로 인해 '비이성적'인 결정을 내리는 경우도 흔하다. 전통 경제학도 때로는 예외적 인간행동을 상정하기도 한다. 케인스는 인간의 동물적 행동양태(animal spirit) 때문에 주식시장이 붕괴되고 공황이 일어남을 지적한 바 있다. 최근에는 '상실 혐오(loss aversion)'와 같은 비이성적 인간 행위에 주목하는 행위경제학(behavioral economics)이 인기 있는 연구분야로 떠올랐다.

공동생활을 위해서는 공동의 규칙과 질서가 반드시 필요하다. 규칙은 법규와 관행으로 나누어 볼 수 있다. 법규는 정치인이 만들고, 정치인에게는 여론이 무엇보다 중요하다. 여론을 형성하고 결정하는 주체는 경제인(homo economicus)으로서의 인간이 아니라 사회인(homo reciprocans)으로서의 인간이다. 여기서 '사회인'은 경제적 효율성만 중시하는 것이 아니라 정신적 가치, 따뜻한 가슴, 조건반사적 감성도 두루 가진 인간을 말한다. 사회의 구성원 대부분이 당연한 것으로 간주하는 '관행'은 바로 이런 사회인의 작품이다.

가치와 감성은 숫자로 나타낼 수 없기 때문에 수량에 기초한 판단이 개재되는 경제적 계산과 다르다. 이런 점도 사회인이 경제인을 이기게 하는 요인이다. 사회인이 나서서 어떤 것을 우기면 경제인은 아무리 논리를 동원해도 그것을 반박해 물리칠 방법이 없다. 예컨대 사회인이 모두가 더불어 살기 위해서는 빈민을 구제해야 한다고 주장하면 경제인은 논리적으로 반박하기 어렵다.

이런 까닭에 엘킹턴의 말대로 "감성은 합법적이다."(1997) 법규가 제정되고 사회적 요구가 제기되는 실제의 과정을 들여다보면, 이성보다 감성이 더 합법적이라고 해도 그것이 전혀 틀린 말은 아닐 것이다. 간단한 예를 들어보면, 몬산토가 유전자변형 식품을 유럽에 수출하고자 했을 때 EU 정부가 건강상 위해의 '가능성'을 이유로 허락하지 않았다. 회사가 그런 가능성이 없음을 과학적 증거를 들어 설득하려고 했지만 EU 정부는 몬산토의 말을 들어보려고 하지도 않았다. 과학보다는 사회적 반감과 정치적 판단이 합법성 여부를 결정한 셈이었다.

지구온난화에 대한 논란이 과학적으로, 경제적으로 확실한 결론이 난 것은 아니다. 이 논란은 상당히 이념적으로 전개된 탓에 세계가 과도한 관심을 갖게 된 측면도 있다. 물론 온실가스 감축이 환경과 생태의 보전에 도움이 되고 인류평화에 기여함은 의심할 여지가 없다(〈사례 14-1〉). 세계가 이미 환경보전 노력을 기업윤리의 하나쯤으로 인식하고 있는 것도 숨길 수 없는 현실이다.

이성에 의해서든 감성에 의해서든 규칙이 일단 만들어지면 그것을 피할 방법이 없다. 특정 사회에 소속된 개개의 구성원은 그 사회가 정한 규칙과 질서를 지켜야 한다. 그것은 약속이며, 그 약속을 어기면 퇴출당한다. 논리에 어긋나고 마음이 내키지 않아도 따라야 한다. 설사 악법이라고 해도 그것이 법인 이상은 선악을 따지지 말고 그것을 지켜야 마땅한 것이다.

요컨대 경제는 이상이고 사회와 정치는 현실이다. 정의에 따라서 '현실'은 누구도 피해 갈 수 없다. 기업의 사회적 책임 이행은 이미 사회가 요구하는 규칙의 일부가 됐다. 개별 기업에 사회책임은 피할 수 없는 현실이 된 것이다.


## 2. 사회책임의 실천 양상

사회책임 경영이 피할 수 없는 과제가 됐지만, 기업이 그것을 실천하는 양상은 나라별, 기업별로 일정하지 않다. 그것에 관한 측정이나 보고를 위한 국제기준이 확정되지 않았기에 사회책임과 관련된 기업행위를 정확하게 평가하고 비교하기도 어렵다. 이런 까닭에 사회책임 경영은 매우 다양한 모습으로 전개되고 있다.

기업에 사회적 책임의 이행을 요구하는 강도는 나라마다 다르다. 정부 차원에서 기업에 책임성을 요구하고 가장 강한 규제를 적용하는 지역은 유럽이다.



물리학자이면서 경제이론에도 밝은 다이슨(F. Dyson)이 하는 이야기는 경청할 만한 가치가 있다. 그는 기후변화 문제를 다룬 서적을 논평하는 자리에서 다음과 같이 말했다.

'세속적 종교(secular religion)'라는 측면에서 볼 때 환경주의가 사회주의로부터 선두자리를 탈취했다. 그리고 환경주의는 윤리 면에서 근본적으로 건전한 것이다. 자연과학자와 경제학자는 불자나 기독교도와 마찬가지로 '자연의 생물서식지를 함부로 파괴하는 것은 악이요, 새와 나비를 정성스레 보호하는 것은 선이다'라는 사실에 동의해야 할 필요가 있다. 세계의 환경주의자는 대부분 과학자가 아니지만 고매한 도덕기준을 가지고 있으며, 인류사회를 희망이 가득한 미래로 인도하려고 노력한다. 희망과 자연존중의 종교로서의 환경주의는 사라지지 않고 영원히 존속할 것이다. 지구온난화의 유해성 여부를 떠나서 환경주의는 우리 모두가 공유함직한 종교다.

한 가지 안타까운 점은 일부 환경주의자들이 온난화가 지구생태계에 대한 최고, 최대의 위협이라는 믿음을 종교적 신조로 채택한 일이다. 이것이 바로 온난화 논쟁이 살벌하고 감정적으로 전개된 이유다. 대다수 시민들이 온난화의 위험성에 대해 의심하는 사람은 그가 누구든 환경의 적으로 간주한다. 의심쟁이로 몰리는 이들은 '사실은 정반대이며, 다수가 열정적 환경주의자라는 점'을 대중에게 납득시켜야 하는 어려운 과제를 안고 있다. 이들은 온난화에 대한 집착으로 말미암아 훨씬 더 시급하고 중차대한 현안문제에 대한 관심이 희석되고 있는 현실에 경악한다. 핵무기, 환경파괴, 사회적 불의 등이 소홀히 취급되고 있다는 것이다. 온난화를 의심하는 이들의 이런 말은 그것이 옳든 그르든 간에 우리가 귀를 기울일 만한 가치는 충분히 있다. (2008)

미국에서는 정부가 기업에 책임성을 요구하기보다는 기업계가 스스로 책임성을 갖추려고 노력하는 경향을 보이고 있지만, 시민단체나 기업협의회의 압력이 거세기 때문에 이 분야에서 상당한 진전이 있다. 이구동성으로 기업에 사회적 책임의 이행을 요구하는 국제기구의 본부도 미국에 집중되어 있다. 아시아의 경제 우등생인 한국, 일본, 중국은 그동안 기업의 사회책임에 등한하였으나 2000년대 후반부터는 이에 상당히 진지한 관심을 쏟고 있다. 다수의 개발도상국은 국제기구의 눈치를 보지 않을 수 없는 입장이지만, 기업의 사회책임을 진지하게 수용하기에는 아직은 경제적 여유가 없다고 볼 수 있다.

같은 지역 안, 같은 나라 안에서도 사회책임에 대한 기업의 태도는 그 진지한 정도에 큰 차이가 있다. 미국의 경우를 보면, 엑손모빌의 자세와 뒤퐁의 자세는 크게 다르다. 똑같이 사회책임 선도기업으로 꼽히는 GE와 월마트도 실제로 하는 행위를 보면 상당히 다르다. 똑같이 영국 기업인 BP와 M&S의 경우에도 큰 차이가 있다. 사실 기업이 사회와 환경에 미치는 영향은 산업별로 크게 다르기 때문에 사회책임에 대한 요구나 인식의 강도가 산업별로 다를 수밖에 없다.

월마트는 아직도 노동조합을 용납하지 않는다. 그렇지만 환경적 책임에 관한 한 어느 기업보다 진지하다. 이처럼 특정 기업의 행위는 매우 다양한 측면을 갖고 있어서 그것을 통틀어 한마디로 선악으로 구분하기가 어렵다. 자연히 같은 기업을 두고 내려지는 평가가 이해당사자의 성격에 따라 다르게 된다. 같은 기업을 두고 평가가 엇갈리는 정도가 월마트처럼 뚜렷한 기업도 없을 것이다.

한 기업이 비슷한 문제에 대응하는 태도가 엇갈릴 때도 많다. 진출하려는 나라의 인권문제가 여론의 도마에 오를 때에는 기업의 반응이 여느 때와 매우 달라진다. 기업의 입장에서 쿠바, 미얀마, 북한은 쉽게 포기할 수 있어도 중국은 쉽게 포기할 수 없다. '순진하게' 여론에 부응하려고 중국사업을 줄였던 리바이스는 아직도 중국에서 고전하고 있다(〈사례 4-5〉).

사회책임의 이행을 유난히 강조하는 기업 중에는 수익성이 좋은 경우가 많다. 취지에 공감하기도 하겠지만, 이미지관리 차원에서 사회책임을 내세울 여유를 가지고 있다. 그런 기업이 불황기에도 똑같이 행동하리라고 기대하기는 어렵다. 로레알(L'Oreal)에 인수된 보디 숍이 인수되기 전과 그 후에 각각 보여주는 행동이 같을 수는 없다. 최고경영자가 바뀌는 것 하나만으로도 사회책임 우등기업이 열등기업으로 바뀔 수 있다.

대부분의 기업이 하는 말과 행동 사이에는 상당한 격차가 있다. 〈사례 4-1〉에서 보듯이 BP는 "언행이 일치하지 않는다"는 비난을 자주 받았다. 기업의 홍보자료만 본다면 '악한 기업'은 지구상에 존재하지 않을 것이다. 그러나 실상은 홍보자료와 완전히 딴판인 경우가 많다. 기업이 주장하는 것을 측정하고 평가할 방법이 없는 경우에는 홍보자료의 사실 여부를 확인하는 일도 만만치 않다. 이런 까닭에 시민단체나 기업협의회는 기업에 "말과 행동을 일치시키라"는 또 다른 압력을 가한다.

종합해 보면, 아직까지는 사회책임 경영의 실천방안이 정형화되지 않았다. 그럼에도 기업에 사회책임을 이행하라는 공적, 사회적 요구는 점점 더 강해져 왔고, 2010년 무렵에는 기업의 입장에서 피할 수 없는 과제가 됐다. 남은 문제는 개별 기업이 사회책임을 어떤 형태로 수용할 것인가 하는 점뿐이다.

## 2. 수용의 자세

사람이 어떤 일을 함에 있어서 갖는 자세는 소극적 수용과 적극적 활용으로 구분할 수 있다. 예컨대 어떤 이성과 혼인을 하는 경우를 생각해 보면, 그것이 열애(熱愛)의 결과일 수도 있고 억지로 하는 혼인일 수도 있다. 앞의 경우에는 일단은 누구나 결혼생활에 충실할 것이므로 논란의 소지가 없다.

문제는 억지혼인의 경우다. 이 경우에는 부부가 마지못해 부부 시늉만 내면서 살아갈 수도 있고, 찰떡궁합의 부부로 재탄생할 수도 있다. 이 두 가지 가운데 어느 쪽이 현명한 길인지를 물으면 대답을 망설이는 사람이 없을 것이다. 부부로 살아 가는 것이 어차피 피할 수 없는 일이라면 그것을 현실로 인정하고 두 사람이 힘을 합쳐서 자녀양육, 노후대비를 비롯한 제반 측면에서 최상의 성과를 얻도록 노력하 는 것이 두 사람 모두에게 이익이 된다. 이도 아니고 저도 아니게 어정쩡하게 부부 시늉만 내면서 살아간다면 두 사람 모두 손해를 본다. 이런 경우는 거의 틀림없이 게도 구럭도 다 놓친다.

사회책임에 대한 기업의 자세에도 같은 원리를 적용할 수 있다. 보디 숍이나 벤 앤제리처럼 사회책임 이행을 창업의 목적으로 내세운 경우는 재론할 필요가 없다. 문제는 기업이 자사의 가치관과는 상관없이 사회책임을 수용하는 경우의 자세다. 이런 경우에는 "피할 수 없는 일이라면 적극적으로 포용하라"가 정답이다. 사회책 임을 어정쩡하게 수용하면 비용만 증가하고 사회책임 이행에 따른 성과는 없게 된 다. 자칫 '위선'의 기업으로 몰려 이미지만 구길 수도 있다.

결혼 생활이 좋은 결과를 낳기 위해서는 부부가 진정으로 일심동체가 되어야 한다. 사회책임의 수행이 기업목적의 달성에 도움이 되게 하기 위해서는 그 두 가 지 과제가 정말로 일치되게 만들 필요가 있다. 따라서 사회책임을 기업의 가치사 슬에 심어 넣을 필요가 있다. 이런 의미에서 엘킹턴은 다음과 같은 결론을 내린다. "특정 기업이 삼중 수월성을 완벽하게 달성하는 최선의 길은 사회책임과 관련된 각종 요구사항을 기업의 DNA와 목표시장의 구석구석에 심어두는 것이다. 아예 출발할 때부터 그렇게 하는 것이 좋다."(1997) 사회책임을 기업의 DNA에 각인하 는 구체적 절차에 대해서는 앞에서 이미 상론했다.


## 확실히 하든가, 침묵하든가

리더십의 기본은 언행일치다. 리더십의 적은 언행의 불일치다. 고귀한 가치를 스 스로 실행할 준비가 돼 있지 않으면 차라리 가만히 있는 것이 낫다. 혀 짧은 훈장이 학동들에게 "바담 풍!"하면서 발음을 올바르게 하라고 훈계해 보아야 돌아오는 것은 비웃음밖에 없다.

미국의 전 대통령 클린턴(W. Clinton)은 거짓말의 명수였다. 재임 중에 거짓말이 들통 나서 탄핵위기에 몰리기도 했다. 하지만 그는 그런 위기에서 살아남았고, 그의 대중적 인기는 오히려 하늘을 찔렀다. 2000년대 중반에 미국 뉴욕 주의 검찰총장 스피처(E. Spitzer)는 월스트리트의 비리에 대한 수사에서 기업의 도덕성을 강조하여 인기를 모았고, 그 여세를 몰아서 주지사가 되는 데 성공했다. 불행히도 그는 단 한 차례의 성추문으로 인해 여론의 압력을 받아 주지사 직을 사퇴해야 했다. 상습적으로 부도덕한 행위를 한 클린턴은 여론의 사면을 받았지만, 스피처는 단 한 차례도 용서받지 못한 것이다. 기업에 대한 여론도 이와 비슷하다. 도덕성을 내세우는 기업은 더욱 도덕적으로 고결해지려는 노력을 해야만 지켜보는 사람들을 만족시킬 수 있다.

포드(Ford)가 1996년에 800만 대의 차량을 대상으로 무상수리 제안(recall)을 했을 때 여론의 반응은 "그럴 수도 있는 일이려니" 하는 정도였다. 그러나 2010년에 이와 비슷한 규모의 리콜을 발표한 도요타(Toyota)는 치유하기 어려운 상처를 입었다. 품질관리에 관련된 두 회사의 이미지 차이가 그만큼 컸기 때문이다. 도요타라고 하면 완벽한 품질관리가 연상될 정도였기에 도요타의 소홀함을 사람들이 용서하지 않은 것이다.

속언대로 "가만히 있으면 중간은 간다." 그러나 세계적인 기업을 자처하는 회사가 "가만히 있을" 수는 없다. 사회책임을 내세우지 않을 수 없는 것이다. 실제로 2010년을 즈음한 시점에 국내외를 통틀어 사회책임을 내세우지 않은 대기업은 사실상 없다고 해도 과언이 아니다. 남은 과제는 실천인데, 그 양상은 천차만별이다.

일단 사회책임을 실천하는 기업임을 자처했다면 그것을 실천하지 않는 것은 매우 위험하다. 말만 요란하게 하거나 어정쩡하게만 행동으로 옮기면 기업평판에 자칫 결정적 타격을 받을 수도 있다.


## 14.2 스스로 창조하는 결과

인간이 다른 동물과 다른 점은 자신의 운명을 스스로 개척할 능력을 갖고 있다는 것이다. 처음 만났을 때에는 마음에 차지 않은 배우자라도 그와의 결혼생활에 몰입하면 좋은 결과를 얻을 수 있다. 사회책임도 적극적으로 포용하면 기업과 사회가 모두 이기는 결과를 얻을 수 있다.


### 1. 마지막 책임은 수익성

아무리 도덕성이 높은 기업도 이윤을 남기지 못하면 존립할 수 없다. 식구를 부양할 수입을 창출하는 것이 가장의 첫째 의무이듯이 기업의 최우선 의무는 이윤창출이다. 고객만족을 실현하고 사회적 책임을 완수하더라도 연말결산에서 이익이 나지 않으면 다음해를 기약하기 어렵다. 기업에 대한 최종 판단은 언제나 수익성에 의해서 좌우된다.

많은 기업이 사회책임의 이행을 강조하는 것은 기업 이미지를 좋게 하기 위한 것이다. 여러 이해당사자 중에서 특히 소비자와 종업원의 기업평가는 재무성과에 직접적으로 영향을 미친다. '막돼먹은 자본주의'를 비판하는 라이시(R. Reich)는 기업의 사회책임 경영은 소비자와 종업원에게 잘 보이기 위한 가식이라고 말한다. 특정 기업에 대한 최종 판단은 이윤임을 부정할 수 없고, 소비자의 호응과 종업원의 생산성이 이윤의 근원이다. 이렇게 보면 소비자와 종업원에게 영합해 인기를 얻으려는 '사회책임 경영'은 이윤동기를 그럴 듯한 이름으로 포장한 허울인 것이 분명하다.

라이시의 말은 사실과 부합하는 측면이 있다. 그런데 다시 생각해 보면, 개별 기업의 입장에서는 바로 이런 측면에서 해답을 얻을 수 있다. 사회가 기업에 요구하는 책임과 의무를 완수하면서 이윤을 창출할 수 있다면 그렇게 하는 것이 개별 기업으로서는 최상의 선택이다. 명분과 실리가 모두 '내 손 안으로' 들어오기 때문이다.

## 주주의 사회책임 수용

유럽식 이해당사자 자본주의의 관점에서 보면 경영진은 여러 이해당사자의 이해관계를 적절히 조화시킬 의무가 있고, 따라서 사회책임 경영이 자연스럽게 그런 방향으로 가는 길이 된다. 영미식 주주자본주의에서처럼 경영진이 주주의 이익에 우선적으로 봉사해야 한다면 사회책임 경영은 문제의 소지가 있다. 자칫 주주의 반발에 직면할 수 있고, 심한 경우에는 소송을 당할 수도 있다. 이런 까닭에 주주자본주의에서는 주주의 동의가 없으면 기업이 착한 기업시민이 되기 어렵다.

다행히도 '전략적 CSR'은 이해당사자 모두를 만족시킬 수 있다. CSR이 단기적 이익을 희생시킬 수는 있지만 그것이 미래를 위한 투자가 된다면 주주가 기업의 사회책임 이행에 반대할 이유가 없다. 기업의 사회적 책임 이행을 지지하는 사상가나 경영자들이 하는 말을 잘 들어보면 그들이 대체로 '장기적 이익에 대한 기여'를 근거로 내세운다는 것을 알 수 있다. 주주라고 해서 그런 논리적 근거를 모를 리 없기 때문에 GE나 월마트와 같은 사회책임 선도기업의 경영진에 대해서 주주가 반발한 적은 아직까지 없다.

록펠러 집안이나 포드 집안과 같은 전통이 있는 대주주 집안은 지분을 소유하고 있는 기업에 대해 사회책임 이행 노력을 강화하라고 압박하기도 한다. 이밖에 소액주주가 연합하여 사회책임 이행 노력을 강화하라는 주주결의안을 주총에 제출하는 일도 흔해지고 있고, 이런 주주결의안에 대한 찬성률이 높아지는 경향을 보이고 있다.

기업윤리를 유난히 강조하면서 메드트로닉을 최우량 기업으로 키운 조지(W. George)는 아래와 같이 회고한다.

몇 년 전에 어느 잡지가 메드트로닉을 표지기사로 다루면서 "주주의 이익은 우선순위로 세 번째"라는 나의 말을 표제로 달았다. 그 기사는 고객의 욕구를 충족하는 것에 가장 큰 무게를 두면서 직원들로 하여금 그렇게 행동하도록 동기부여하는 우리 회사의 방법을 소개했다. 나는 그 표제로 인해 주주의 반발이 일어날까봐 은근히 걱정했지만 그런 일은 일어나지 않았다. 아마도 주주들이 그 표제의 뒤에 숨어 있는 진실을 이해한 듯하다. 세상에는 두 종류의 회사가 있다. 한 종류는 고객의 이익을 으뜸으로 삼고 종업원들에게 자율적으로 고객에게 봉사할 권한을 위임하는 회사다. 다른 한 종류는 주가상승에만 관심을 집중하고 주주 이외의 다른 이해당사자에게는 말치레만 선사하는 회사다. 결과적으로는 후자의 경우보다 전자의 경우에 주주가치가 훨씬 빨리 신장하게 된다. (2003)

조지에 따르면 사회책임 경영은 우량한 재무성과를 낳는다. CSR이 높은 이윤으로 돌아오면 주주를 포함한 모든 이해당사자가 혜택을 얻는다.

사회책임 경영, 특히 전략적 CSR에 대해서 주주의 반대가 없다면 그것의 실행을 가로막는 장애물은 없는 셈이다. 결론적으로 전략적 CSR은 기업경영에 대한 유럽식 관점과 영미식 관점을 두루 충족시킨다.

## 2. 시작이 반

특정 기업이 사회책임을 포용하기로 결정했다면 나머지 절차는 3부에서 상론한 전략적 CSR의 길을 따라 가면 된다. 일단 시작하는 것이 중요하고, 목표는 의욕적으로 잡는 것이 좋다. 본시 전략경영이란 목적을 분명하게 설정한 다음에 다소 의욕적인 목표를 잡는 데서 출발한다. 효과적 전략을 선택하고 효율적 실행과정을 거치면 대체로 그 목표가 달성된다. "뜻이 있으면 반드시 길이 있다." 전략적 사회책임 경영은 사회에 대한 배려와 환경보전을 위한 노력을 주주가치 창출을 위한 활동과 통합시키고 목표를 의욕적으로 설정함으로써 훌륭한 재무성과를 추구하는 것이다. 그 실천의 절차는 여느 전략경영과 다를 바 없다.

코카콜라와 펩시는 이른바 '물장사'를 하는 기업이지만 '용수 중립(water neutral)'을 목표로 내걸었고, 월마트는 온갖 잡동사니 상품을 다 취급하는 기업이지만 '폐기물 전무(zero waste)'를 목표로 내걸었다. 환경적 책임 이행에 뒤늦게 동참한 P&G는 '100% 재생가능, 100% 폐기물 제거'를 추구한다고 밝혔다. 이런 목표들은 기술적으로 가능한 일이므로 그 기업들의 역량을 고려할 때 언젠가는 달성될 것이 거의 확실하다. 말레이시아의 한 회사(Golden Hope)는 '실격품 제로, 재고 제로, 폐기물 제로, 온실가스 제로'를 목표로 내세우고 있다. 결과는 지켜보아야 하겠지만, 이 회사도 제대로만 노력하면 그 목표에 상당히 근접한 성과를 거둘 수 있을 것이다.

인류문명의 역사를 돌이켜 보면 산업혁명, 정보혁명, 지식혁명 등을 통해서 자원생산성이 10배씩, 100배씩 증대되어 왔음을 알 수 있다. 효율성이 수천 배, 수만 배로 개선된 경우도 많다. 뜻이 있으면 길을 찾을 수 있다.

영국의 잡지 〈이코노미스트〉는 보수성향이 매우 강하여 과도한 정부규제에 대해서는 맹렬하게 비판한다. 이런 까닭에 이 잡지는 2005년까지만 해도 기업의 사회적 책임에 대해서 회의적이었다. 그러나 그로부터 불과 3년 뒤에는 사회책임을 지지하는 쪽으로 방향을 크게 바꾸었다. 이 잡지는 깊이 있는 연구조사를 수행한 다음 2008년에 〈도표 14-1〉과 같은 기업의 사회책임 실천 방안을 제안하기까지 했다. 기업 안팎의 사정을 정확하게 파악한 다음에 사회책임의 이행을 일상적인 경영의 일부로 수용하라는 것이다.

## 3. 위기관리의 기본

기업의 활동은 매우 다양하고, 넓은 지역과 관련되며, 마주치는 이해당사자가 부지기수다. 언제 뜻하지 않은 사고가 발생할지 모른다. 경영자도 인간이기에 완벽할 수 없는 이상 사고의 발생을 완전히 배제할 수는 없다. 이해당사자도 이런 사실을 잘 알고 있다.

사고가 일어나지 않으면 더없이 좋다. 빈번한 사고는 부실경영의 증표가 되므로 어떤 경우에도 배제되어야 한다. 그러나 최선의 관리를 한다고 해도 사고는 발생한다. 자연재해에 따르는 자산의 멸실, 부주의가 초래하는 인명과 재산의 손실과 같은 물리적 사고로 인한 피해가 있는가 하면 상품이나 포장의 하자로 소비자의 불만을 사는 경우도 흔하다. 유통과정에서 오염된 타이레놀 사고처럼 공급기업의 잘못이 아닌 사고도 있다. 나이키에 제품을 공급하는 인도네시아의 수출업체가 아동노동을 고용한 경우처럼 법률적으로는 무관한 일로 비난을 받게 될 수도 있다.

원인이 무엇이고 사정이 어떠하든 개별 기업은 때때로 바람직하지 않은 일로 사회의 주목을 받는다. 뜻하지 않은 사고 때문에 자칫 기업 이미지에 손상을 입을 수 있다. 그런데 이미지에 대한 영향은 사고가 일어났다는 사실보다는 어떻게 처리되느냐에 따라 결정되는 경향이 있다. 여기에서도 이성보다는 감성이 중요하다. 사실을 객관적으로 규명하거나 법원의 판결에 의해서 기업이 이긴다 해도 아무런 도움이 되지 않는다. 사회는 사고 자체보다도 기업의 자세를 지켜보는 경향이 있기 때문이다. 〈사례 2-1〉 및 〈사례 2-2〉의 경우처럼 시민단체가 문제를 제기하는 방식에 다소간 이념적 측면이 있는 것이 사실이고 보면 바람직한 자세를 갖추는 것은 더욱 중요하다.

인텔은 기술에서 최고인 기업이다. 그런 인텔의 최첨단 제품 펜티엄칩에서 아주 미세한 기능상의 흠(bug)이 발견됐다(1994년). 고도로 전문적인 수식의 계산에서 아주 드물게 나타나는 일이기에 영향을 받는 사람은 극소수에 불과했다. 아주 '사소한' 일이었기에 인텔은 소홀히 취급했다. 기술 측면에서 문제될 것이 없다는 태도였다. 그런데 결코 사소한 문제가 아니었다. "잘못을 덮기에만 급급하다"는 비난에 직면했고, 기술적 흠을 인텔이 수개월 전부터 이미 알고 있었음이 드러나자 여론의 십자포화를 맞았다. 사건 발생 2개월 만에 인텔은 백기를 들고 제품을 무료로 교환해주겠다고 선언했다. 이 사건으로 인한 회계상의 손실은 5억 달러 미만이었지만 손상된 이미지는 줄잡아 10년 넘게 인텔을 괴롭혔다.

한국에서도 인텔의 경우와 유사한 제품 하자의 사례가 자주 보도된다. 그리고 처리 방법도 인텔과 비슷하다. N사의 인기 있는 스낵과자에서 쥐머리가 발견된 적이 있다. N사는 1단계로 그 사실을 숨겼고, 2단계로 "중국의 공급업체가 잘못한 것"이라면서 후속조치에 미적거렸으며, 3단계로 여러 이해당사자와 잘잘못을 논리적으로 따졌다. 여론이 걷잡을 수 없이 악화되자 어쩔 수 없이 4단계로 제품의 대량회수에 나섰다. 결과는 재무손실을 조금도 줄이지 못하고 기업 이미지에만 먹칠을 했다(〈사례 14-2〉).

인텔과 N사의 위기대처 방법은 30년 전에 타이레놀 사고에 대해 J&J가 보여준 대처방법과는 정반대다. 앞에서 간간이 언급한 바 있지만, 그때 J&J가 보여준 모습은 불행한 사고가 일어났을 때 현명하게 뒷수습을 한 모범적 사례로 널리 인용되

**사례 14-2 쥐머리 새우깡**

2008년에 대기업인 N사의 스낵과자와 역시 대기업인 T사의 참치 통조림에서 이물질이 발견되는 사건이 일어나 한국 사회를 떠들썩하게 만들었다. 수습하는 과정에서 두 회사 모두 매우 서투른 모습을 보였는데, 특히 N사와 관련된 사건에 대해 언론이 다음과 같이 보도한 바 있다.

N사의 대표제품인 새우깡에서 생쥐 머리로 추정되는 이물질이 나와 파문이 일고 있다. 국민을 더욱 분노케 하는 것은 국민건강은 아랑곳하지 않고 사건의 축소·은폐에 급급한 부도덕한 행태다.

회사가 소비자의 제보를 통해 사건을 인지한 것은 무려 한 달 전이었다. 하지만 N사는 시중에 유통 중인 문제제품을 즉각 회수하지 않았다. 사건을 은폐하려 했다는 의혹을 피할 수 없다. 식의약청이 긴급조사 결과를 발표하자 비로소 대국민 사과와 함께 해당 제품을 리콜할 의사를 밝혔다. 하지만 그 후에도 N사의 행태는 진정한 속죄의 모습으로 보이지 않았다. 리콜 약속만 해도 그렇다. 발표 당시엔 시중에 유통되는 모든 제품을 다 회수할 것처럼 하더니 엊그제는 문제제품과 같은 재료를 사용한 제품만 리콜의 대상에 해당된다고 슬그머니 말을 바꾸었다. (〈중앙일보〉, 2008a)

우연한 실수를 잘못 수습한 덕분에 N사는 게도 구럭도 놓쳤다. 이미지가 훼손된 것은 물론이고 리콜 비용도 물어야 할 만큼 다 물었다.

고 있다(〈사례 14-3〉).

여러 사례의 전말을 종합해서 판단해 보면, 위기관리는 통상적인 방법과는 정반대가 되어야 한다(〈도표 14-2〉). 그러나 많은 기업이 인텔처럼 '상품의 품질이나 기술에서 우리가 최고'라는 자만심으로 인해 적절히 대응하지 못한다. 이성적인 설명에만 치우치면 감성적인 측면을 소홀하게 다루게 된다. 사회적 문제는 과학보다는 양보와 수용이라는 사회성의 원리에 바탕을 두고 풀어야 한다.

## 솔직한 시인

바람직한 위기관리의 첫 단계는 문제가 있음을 솔직히 시인하는 것이다. 사건을 축소하려고 시도하는 것은 금물이며, 이해당사자를 설득하려고 하기보다는 그들의 이야기를 경청하는 자세를 취하는 것이 무엇보다 중요하다. 그래야만 사건의

**사례 14-3 오염된 타이레놀**

1982년에 미국 시카고 지역의 주민 7명이 존슨앤존슨(J&J)의 진통제를 복용한 후에 사망하는 사고가 발생했다. 확인 결과 누군가가 몇몇 슈퍼마켓에 진열된 타이레놀 캡슐에 고의적으로 독극물을 주입한 것으로 드러났다. 시카고 지역에 한정된 사건임이 명백했고, 이에 따라 식품의약품안전청(FDA)이 시카고 일원에 대한 상품 리콜을 J&J에 명령했다.

그런데 J&J는 더 나아가 대중매체에 그 사고의 내용을 크게 광고하여 모두에게 알리는 한편 병원과 의약품 도소매상에 서신을 보내어 타이레놀의 복용과 유통을 일절 중지할 것을 요청했다. 그러고는 일주일도 안 되는 사이에 미국 전역에서 타이레놀을 회수하는 신속한 조치를 취했다. J&J로서는 '모든 이해관계를 떠나서 고객의 안전이 최우선'이라는 자사의 전통적 가치관을 실행에 옮긴 것이었다.

리콜을 실시하는 바람에 J&J는 1억 달러 이상의 손실을 입었고, 타이레놀의 진통제 시장 점유율이 35%에서 8%로 폭락했다. 그러나 신속한 조치를 취한 덕분에 J&J의 기업 이미지가 크게 개선됐고, 몇 년 지나지 않아서 타이레놀은 아스피린을 대신하여 진통제의 주류로 자리 잡았다. 위기를 현명하게 수습한 것이 좋은 평가를 받아 타이레놀이 J&J의 이른바 '효자상품'이 된 것이다.

| 도표14-2 위기관리 요령 | |
|---|---|
| **잘못된 방법** | **바람직한 방법** |
| 사태를 숨기거나 축소한다 | 잘못이 있음을 솔직히 시인한다 |
| 남의 잘못으로 미룬다 | 무조건 사과하고 엄정한 조사를 약속한다 |
| 문제제기 당사자와 사실관계를 다툰다 | 문제제기 당사자와 협력한다 |
| 마지못하여 시정조치를 취한다 | 과잉조치를 선제적으로 취한다 |

본질을 확인할 수 있고, 사태해결의 첫 단추를 제대로 꿸 수 있다. 한 위기관리 전문가(P. Sandman)의 말처럼 "기업에는 말하는 기술 못지않게 듣는 기술도 중요하다." 홍보만 잘해서 되는 것이 아니고 이해당사자의 고충에 진지하게 귀를 기울여야 한다는 말이다.

### 무조건적 사과와 엄정한 조사

사고가 일어나면 그 전말과 일의 선후를 따지기에 앞서 무조건 사과하는 것이 이해당사자에게 좋은 인상을 준다. 엄정한 조사, 투명한 발표, 재발방지를 위한 조치를 분명하게 약속한다.

### 적과의 협조

《손자병법》에 따르면 최상의 승리는 싸우지 않고 이기는 것이다. 위기관리에도 같은 원리를 적용할 수 있다. 문제를 제기한 당사자를 해결의 과정에 참여하게 하는 것이다. 그 당사자에게 모든 것을 투명하게 공개하여 의심의 소지를 없애는 것이 중요하고, 그 과정에서 상호간에 신뢰가 쌓이면 적이 우군이 될 수도 있다.

사회책임성에서 선도기업으로 공인받던 팀버랜드(Timberland)는 2009년에 예상치 못한 방면에서 그린피스의 비난을 듣게 됐고, 그 바람에 6만 5천 개에 달하는 항의 이메일을 받아야 했다. 브라질에서 조달하는 원피가 "열대우림을 벌채한 곳에 조성된 목장에서 생산된 것"이라는 게 비난과 항의의 요지였다. 팀버랜드의 최고경영자(J. Swartz)는 처음부터 정공법을 선택했다. 그린피스는 물론이고 경쟁업체에까지 두루 자문을 구하면서 문제의 근원을 속속들이 파악했고, 대응조치를 발표할 때에는 환경보전에 대한 그린피스의 기여를 치하하기도 했다. 5개월 뒤에는 항의 이메일을 보내온 6만 5천 명의 송신자에게 최고경영자가 서명한 서신을 보냈다. 그린피스로부터 "역시 사회책임성이 강한 기업"이라는 칭송을 들은 것은 물론이다.

**과잉 시정조치**

위기관리가 기업 이미지와 직결된다면 극적인 장면을 연출하는 것도 고려할 만하다. 오염된 타이레놀이 팔린 곳이 극히 일부의 지역임을 누구나 알고 있었지만, J&J는 미국 전역에서 타이레놀을 회수하여 폐기처분했다. 비슷한 사고를 당한 맥주회사 하이네켄(Heineken)은 152개 시장에서 1700만 병의 맥주를 회수하여 폐기한 바 있다. 프리에(Perrier)는 수천 개의 오염된 생수병을 불도저로 깔아뭉개는 장면을 연출했다.

　우연히 일어난 사고에 대해 과잉대응을 하면 비용이 필요 이상으로 발생한다. 그러나 이런 경우의 비용은 기업 이미지 개선을 위한 투자가 될 가능성이 높다. 과잉대응을 잘만 하면 '이윤보다 소비자 보호를 앞세운다' 는 메시지를 강력하게 전달해 주기 때문이다.

# 14.3 함께 가는 길

사회책임 경영을 강조하는 취지는 '더불어 살기 좋은 사회를 함께 만들어 가자' 는 것이라고 할 수 있다. 개별 기업은 마음을 열고 각각의 이해당사자와 대화하면서 모두에게 최선이 되는 길을 찾을 필요가 있다.

## 1. 공동체로서의 사회

기업이 사회의 각종 구성원과 협력하는 것은 여러 가지 장점이 있다. 그렇게 하면 사회책임과 관련하여 필요한 일의 본질을 정확하게 파악할 수 있고, 가장 효율적인 시행방안을 찾아낼 수 있다. 외부 기구 및 인사와의 제휴는 비용과 시간을 줄이는 지름길이다. 제휴를 통해 각각의 이해당사자와 동반자 관계를 구축하면 기업 이미지가 저절로 개선된다.

기업의 사회책임은 대체로 외부효과에 관한 일이다. 그러므로 개별 기업이 단독으로 사회책임을 이행하면 효과가 미미할 뿐만 아니라 그 혜택이 해당 기업으로 돌아오지도 않는다. 따라서 어차피 공동노력이 필요하다.

기업의 사회책임은 기업의 모든 이해당사자와 관련이 있다. 기업은 각각의 이해당사자와 영향을 주고받는다. 이해당사자는 특정 분야의 지식과 정보에서 기업보다 우월한 경우가 많다. 따라서 기업은 이해당사자로부터 사회책임의 완수와 관련이 있는 혁신 아이디어를 얻을 수도 있다.

적극적으로 협력할 상대로는 아무래도 시민단체가 먼저 꼽히겠지만, 협력관계를 다양하게 확대할 수도 있다. 공공기관이나 국제기구와 협조할 필요가 있을 수도 있고, 심지어는 경쟁업체와 제휴해야 하는 경우도 있다.

월마트는 2005년 이전에는 반사회적이고 환경을 파괴하는 기업으로 지목되어 시민단체의 집중적인 공격을 받았다. 이에 대해 월마트는 '근로자에게 봉사하는 월마트'라는 이름의 로비단체까지 운영하면서 '저비용→저가격→저소득층 보호'라는 논리로 자사 사업모델의 정당성을 주장하는 내용의 반격을 핵심으로 하여 대응했다. 그러나 2005년에 극적인 변신을 하여 시민단체, 각종 공공기관, 공급업체,

경쟁업체 등과 제휴하면서 자사와 관련 업체의 사회책임성을 높이려는 노력을 기울이기 시작했다(〈사례 8-3〉).

## 시민단체

무책임한 기업행위에 대한 감시를 고유 업무로 삼은 시민단체가 많이 있다. 〈사례 2-1〉이나 〈사례 2-2〉에서 볼 수 있듯이 사회책임성과 관련해 특정 기업의 문제가 공론화되는 것은 주로 시민단체의 문제제기에서 시작된다. 시민단체는 특정한 분야를 전문적으로 파고들다 보니 각기 특정한 분야에서는 기업보다 정보의 측면에서 우월한 경우가 많다. 시민단체는 시민과 정부에 대한 설득력의 측면에서 기업보다 강하다. 기업의 입장에서 시민단체와 제휴하면 문제의 해결을 위한 효과적인 방안을 찾거나, 여론을 자사에 우호적으로 유도하거나, 정부의 규제를 완화시키는 데서 도움을 받을 수 있다.

대부분의 시민단체는 기업과 협력할 준비가 되어 있다. 더불어 사는 사회를 만드는 것이 목표라고 하면서 기업의 협조 요청을 거부할 수 없다. 그린피스는 일찍부터 다국적기업들의 자문에 응해 왔다(〈사례 14-4〉). 뒤퐁, 맥도널드, 카길 등이 그린피스에 자문을 구하는 대표적인 다국적기업이다. 코카콜라와 펩시는 그린피스와 협력하여 온실가스 배출을 최소화하는 자판기를 개발하고 거기에 '그린피스 보증' 이라는 표지를 붙이기도 한다.

치키타(Chiquita Banana)는 과테말라의 정쟁에 연루되는 바람에 기업 이미지를 버렸으나, 그 뒤로 '열대우림 연합' 과 공조활동을 벌이면서 사회책임성의 선도기업으로 탈바꿈했다. 이 회사는 공급업체와 공동으로 환경친화적인 바나나 재배법을 개발하고, 정기감사를 통하여 공급업체가 그러한 재배법을 시행하는지를 확인한다. 유니레버는 생태계 보전을 위해 활동하는 단체인 WWF와 제휴하여 지속가능한 어획방안을 강구하고 있다. WWF는 IBM, 소니, HP, J&J를 포함한 20여 개 다국적기업과 연합하여 기후변화에 대한 대응방안을 모색하고 필요한 조치를 공동

으로 추진하고 있다. 맥도널드는 환경단체 EDF와 협의하여 매장 폐기물 감축체제
를 확립했다.

## 지역사회

지역주민은 개별 기업과 경제적 이해관계가 밀접하고, 개별 기업의 활동으로 인한
외부효과의 직접적인 당사자다. 그들의 목소리가 커져서 이제는 무시할 수도 없
다. 기업이 지역사회와 협의하는 것은 투명성 확보에 도움이 되고, 자사의 활동에

---

**사례 14-4  새로운 모습의 환경주의**

시민단체라고 하면 대다수가 그린피스(Greenpeace)를 떠올릴 것이고, 그 이미지는 '직업적 잔소리
꾼'일 것이다. 그렇지만 반드시 그런 것은 아니다. 그린피스도 경우에 따라서는 기업과 협조하면서
사회적 대의명분을 세우려고 노력한다. 아래는 1990년대 초반의 일을 정리한 것인데, 시민단체는 기
업과 협조할 자세를 갖고 있음을 짐작하게 한다.

오존층을 파괴하는 CFC라는 냉매를 대체할 물질로 처음 채택된 것은 HFC라는 화합물이었다. 그
린피스의 독일지부는 1992년에 포론(Foron)이라는 중소기업이 프로판과 부탄의 혼합물을 사용하여
만든 냉장고가 훨씬 더 안전함을 알게 됐다. 그동안 특정 상품을 후원한 적이 없는 그린피스가 포론
의 냉장고를 후원하기로 했다. 그린피스는 재정적 어려움을 겪는 포론을 대신하여 광고 캠페인을 벌
였다. 이러한 그린피스의 활동이 대중매체의 조명을 집중적으로 받게 되면서 홍보효과가 발생하여
포론의 냉장고 제품은 판매가 급증했고, 다른 업체들도 같은 기술을 채택하게 됐다.
미국에는 환경방어기금(EDF)이라는 시민단체가 있다. EDF는 1990년에 맥도널드를 도와서 환경보
호에 초점을 맞추어 각종 포장용기를 새롭게 설계했다. GM과는 차량 매연배출 감축방안을, J&J를
비롯한 다수의 기업과는 재생종이 사용의 일상화를 공동으로 추진했다. 미국 정부가 이산화황을 기
업별로 규제하고자 했을 때 재계와 제휴하여 정부로 하여금 그 대신 거래제도 도입으로 방향을 전환
하게 한 것도 EDF다. 온실가스의 경우와 마찬가지로 이산화황의 경우에도 일방적 규제보다는 거래
제도가 기업에 훨씬 유리하다. (Porter and Linde, 1995)

대해 주민의 이해를 구하는 데 필수적이다.

셸은 캐나다에서 역청 개발사업을 벌이기로 계획한 적이 있다. 사업 자체가 생소하여 지역사회와 환경에 미치는 영향에 대해 누구나 불안해했다. 셸은 지역주민과 긴밀히 협조하여 생활양식과 자연환경에 대한 영향을 최소한으로 줄이는 방안을 찾았다. 셸은 주민의 경력을 살펴보고 자사의 사업과 관련이 있는 업체를 주민이 설립하도록 지원함으로써 일자리 창출과 소득 증대의 가능성을 한층 가시화했다. 셸은 이런 노력을 통하여 사업허가에 걸리는 기간을 1년이나 단축할 수 있었다.

마이크로소프트의 사회공헌 활동은 정보기술 훈련에 초점이 맞추어져 있는데, 이는 이른바 고용가능성(employability)을 높이기 위한 것이다. 이 사업을 위해서 이 회사는 102개국에서 1천 개 이상의 지역별 파트너와 제휴하고 있다. 이 사업의 책임자는 다음과 같이 말한다.

우리 회사의 지역사회 투자 프로그램은 기술훈련을 통하여 지역주민들이 정보기술에 쉽게 접근하게 하고, 시민단체의 기술역량을 높임으로써 '만인의 디지털 동참'을 추진한다. 우리는 재정지원, 소프트웨어 무료공급, 교육 프로그램 제공, 임직원 자원봉사 등을 통하여 그 과제를 수행한다.

우리는 소프트웨어 회사에 불과하므로 우리의 자원과 능력만으로는 그런 일을 하는 데 부족하며, 다른 요소도 필요함을 잘 안다. 그래서 우리는 고유의 기술, 재원, 능력을 가진 시민단체 등의 외부조직을 동반자로 삼아서 공동으로 활동하고, 협력을 통해서 가시적 진전을 얻는다. 외부조직과 협력하면 교육훈련의 효과는 참가자 개인에 그치지 않는다. 그들이 속한 가족, 기업체, 지역사회 전체가 경제적 자립도를 높일 기회를 갖게 된다. (Ethical Corp., 2008)

## 연구기관

연구기관과 제휴하는 것은 책임성 있는 업무절차를 설계하는 데 필수적이다. 전문

연구자의 진단은 대중에게 기업의 사회책임 행위에 대한 믿음을 심어주는 효과도 있다.

IBM은 각종 연구기관을 파트너로 선정하여 '세계 지역사회 연결망'을 구축하고, 이를 통해 질병치료와 환경보전에 관한 연구를 후원한다. BP는 인도에서 LPG를 판매하는 일과 관련해 현지 연구기관과 공동으로 생물땔감을 겸용할 수 있는 난로를 개발하여 인기를 모았다. BP는 이 난로의 보급을 위해서 3개 시민단체와 제휴하여 사업모델을 개발하고 판매원을 모집했다. 소득수준이 낮은 가정에는 난방기구와 조리기구를 기증했다. 이런 BP의 노력은 고질적인 호흡기 질환 퇴치에 크게 기여했다.

## 경쟁업체와의 협력

지역사회와 자연환경은 경쟁업체와 공유하는 것이다. 환경보전은 어차피 산업 단위의 노력이 필요한 일이므로 이에는 관련 업체와의 협력이 불가피하다. 그래야만 '공유지의 비극'이라는 현상을 막을 수 있다. 9장에서 상론한 바 있는 경쟁여건의 개선도 업종 단위의 문제이므로 이 일에서도 기업들이 서로 힘을 합하면 더욱 효과적이다. 기업들이 서로 협력하면 공동연구를 통해서 정보를 교환할 수 있고, 추가투자가 필요한 일에 대해서는 비용을 분담할 수도 있다.

온실가스의 감축과 같이 상품생애 전체가 관련되는 문제는 공급사슬상의 모든 기업과 협조해야만 효과적으로 대처할 수 있다. 공급업체와의 협의도 필요하고, 소비자의 참여를 유도하는 것도 필요하다. 유통업체인 월마트는 친환경 상품 공급업체인 세븐스 제너레이션과 제휴한 바 있는데 그 이유에 대해 "최대의 비판자가 가장 쓸모 있는 목소리를 낸다"고 설명한 바 있다(〈사례 8-3〉). '월마트의 흠집 찾기'가 전문이었던 세븐스 제너레이션이 거꾸로 월마트의 가장 전문성 있는 협력업체가 된 것이다.

사업에 따라서는 다른 업종의 기업과 협력할 필요도 있다. 지역사회에 대한 정보기술 교육에서는 하드웨어 업체, 소프트웨어 업체, 교육업체 등이 연합하면 완벽한 교육이 가능할 것이다.

## 공공기구

기업은 자국이나 진출국의 정부와, 더 나아가 국제기구와도 협력할 수 있다. 각국 정부와 국제기구는 나름대로 사회적 활동을 벌이며, 이런 활동에서 기업과 협조할 자세를 갖추고 있다. 기업과 협조하면 효과를 극대화할 수 있기 때문이다.

P&G는 저비용 정수시설을 보급하기 위해서 미국의 정부기구와 협력한다. 보다폰은 유엔 세계식량기구(UNWFP)과 협력하여 저개발 지역의 비상연락 체계를 구축하고 있다. BP는 진출한 개발도상국의 주민을 교육하기 위해서 유엔개발계획(UNDP)과 제휴하고 있다. 통신회사 버라이즌(Verizon)은 정책 입안자를 포함한 이해당사자를 꾸준히 접촉하여 의견을 교환하고 온실가스 감축을 위한 연구개발을 후원하기도 한다. 바람직하고 현실성 높은 정책대안이 발굴되면 모두에게 유리하기 때문이다.

기업이 사회문제의 해결을 위해서 공공기구와 협력하다 보면 정치인이나 정책담당자와 친분을 쌓을 기회가 생긴다. 좋은 평판을 이용해서 관련 법규와 정책의 기업활동에 대한 제약을 최소화할 수도 있다. 또한 사업확장을 위한 인허가 과정에서 시간과 비용이 절감된다.

## 동반자로서의 이미지 구축

마케팅에서 포지셔닝(positioning)은 상품에 대한 소비자의 이미지를 관리하는 것이다. 이미지는 사실보다는 소비자의 생각에 의해 좌우된다. 사회책임 활동에서도 기업에 대한 전반적 이미지가 더 중요할 수 있다. 그래서 에스티(D. Esty)는 "시민단체, 종업원, 고객, 지역사회 등의 이해당사자가 갖는 느낌이 객관적 실상보다 몇 배 더 중요하다. 느낌이 곧 진실이다"라고 강조한다(2006).

이해당사자를 소외시키고는 좋은 이미지를 얻을 수 없다. 그들을 동반자로 생각하여 같이 협의하고 실천하는 동시에 활동의 내용을 투명하게 공개한다면 신뢰를 얻을 수 있고, 그러는 과정에서 기업 이미지는 저절로 빛난다. 특히 위기가 발생했을 경우에 문제제기 당사자의 동참이 절실하다.

### 부작용의 방지

이해당사자와 가까워지면 부작용도 따른다. 시민단체와 협조하면 감시자와 감시 대상자 사이에 유착의 가능성이 생긴다. 경쟁자와 제휴하면 전략적 정보가 누출될 위험이 있다. 경쟁업체와의 협조는 담합이라는 의심을 받을 소지도 있다. 소비자와 협조하면서 필요 이상의 정보를 공개하여 뜻하지 않은 곳에서 문제가 발생할 수도 있다. 부작용이 발생하지 않도록 유의해야 할 것이다.

## 2. 공적규제 대비 기업자율

기업의 사회책임에 대한 논의는 이윤창출에만 관심을 가졌던 산업화 시대의 기업 행위에 대한 반성으로 이루어지고 있는 것이다. 지역사회와 환경에 대한 절제 있는 기업행동이 필요함을 자각한 것이다. 세상에는 무수히 많은 기업이 있는데, 바람직한 사회를 만들고 쾌적한 자연환경을 보전하려면 그 모든 기업의 동참이 필요하다. 모든 기업이 자율적으로 사회책임을 완수한다면 이상적이겠지만 이것은 애초에 불가능한 일이다. 사회책임 이행에는 비용이 따르고, 기업은 생래적으로 비용증가를 혐오하기 때문이다. 사회책임을 이행하지 않게 할 유인이 다분한 것이다. 나아가 경쟁업체나 관련기업의 선량함을 역이용하자는 유혹을 받을 수도 있다. 그러므로 기업의 사회책임도 기업의 자율시행에 맡기는 것은 한계가 있고, 강제규정의 도입이 불가피하다.

자율적인 시행과 강제하는 방법은 각각 장단점을 가진다. 그래서 기업으로 하여금 사회책임을 이행하게 함에 있어서도 자율과 강제 사이의 적절한 조화가 해답이라 할 수 있다. 남은 과제는 '적절함'을 어떻게 정의하느냐는 것인데, 이것은 기업의 자율적 성과가 어느 정도인가에 달렸다고 볼 수 있다. 기업의 입장에서 보면 규제가 적을수록 유리하다. 자율적으로 착한 기업시민이 되는 것이 규제를 최소화할 수 있는 유일한 길이다.

그렇다고 해서 규제를 완전히 없앨 수 있는 것은 물론 아니다. 여러 이유로 규제가 반드시 필요한 분야도 있다. 자율행동은 사회질서 유지에 보완장치는 되지만 공적규제를 완전히 대체할 수는 없다. 과도한 정부규제를 악으로 보았던 프리드먼(M. Friedman)도 정부의 역할을 완전히 부인하지는 않았다.

## 자율시행의 장점

특정 목표를 달성하기 위해서 모든 구성원이 선의의 노력을 기울인다고 가정하면 자율실행이 가장 효율적이다. 규제를 하고자 할 때에는 행위보다는 결과를 규제하는 것이 낫다. 각자가 자신에 맞는 최선의 방법을 찾아낼 수 있도록 하기 때문이다.

이제 지구온난화 방지라는 목표를 생각해 보자. 자율에 맡기면 기업은 온실가스의 감축에만 한정하지 않고 11장에서 소개한 여러 가지 방법 중에서 최선책을 고르게 된다. 기왕에 온실가스 감축을 목표로 정했을 경우에는 구체적 방법은 기업 자율에 맡기는 것이 효율성 확보에 도움이 된다. 각 가치활동 중에서 어디에 초점을 맞추고 어떤 이행방법을 동원할지는 개별 기업 자신이 가장 잘 알기 때문이다. 같은 상품의 제조과정에서 배출되는 온실가스의 양은 기업마다 다르기 때문에 생산공정에 대해 공적 규제를 하는 것은 최악의 방법이라고 볼 수도 있다.

규제는 대체로 희망하는 범위의 하한선에 맞추게 되어 있다. 이런 경우에 개별 기업은 요구조건만 맞추기 때문에 하한선에서 노력을 중지하는 경향이 있다. 기업의 자율에 맡기면 스스로 이행의 강도를 점차 높이고, 아울러 끊임없는 혁신활동을 통해서 보다 효율적 방법을 찾아낸다. 효과와 비용의 측면에서 총체적 성과가 하한선보다 월등하게 높을 수 있다.

규제가 모든 분야를 다 포괄할 수는 없다. 아무리 상세하게 규제해도 허점은 반드시 남는다. 규제는 이행비용뿐만 아니고 집행비용도 요구한다. 정부기구가 아무리 커져도 완벽한 규제를 할 수는 없다. 더구나 사회책임과 관련된 기업행위의 분야는 넓고도 깊다. 정부의 규제로 모든 것을 해결하기는 애초에 불가능하다. 자율 이행이면 그와 같은 규제의 한계를 극복할 수도 있다.

서울시가 고심하고 있는 '내 집 앞 눈 쓸기'를 생각해 보자. 조례로 강제해서 위반자에게 과태료를 부과하면 대부분의 사람들이 눈을 치우겠지만 말 그대로 '자기 집 앞'만 치울 것이다. 그리고 피치 못할 사정이 있는 사람, 질서의식에 둔감한 사람의 집 앞은 눈이 덮인 채로 남아 있게 된다. 과태료를 매긴다고 해도 집행기술상의 문제를 완전히 해결하기는 어렵다. 자율에 맡긴다면 누군가가 나와서 마을 전체의 눈을 다 쓸어낼 수도 있는데, 실제로도 이런 일은 흔히 있다. 인간의 본성에는 착함이 숨어 있기 때문이다.

## 자율과 규제의 선택

기업계의 입장에서 자율과 규제의 둘 중에서 고를 수 있는 재량권을 어느 정도 가지고 있다고 할 수도 있다. 자율의 성과가 크면 규제는 완화되게 마련이기 때문이다. 의식적으로든 무의식적으로든 자율적 조치를 취함으로써 공적 규제를 피하거나 완화시킨 사례도 적지 않다.

1970년대에 미국에서 여러 기업이 부패 스캔들에 휘말렸다. 그때 많은 회사가 자발적으로 사외이사를 선임하자 자연스럽게 그것이 대세가 됐다. 정부는 사외이사 선임을 강제하지 않았다. 21세기가 되자마자 엔론 등의 대형 회계부정 사건이 터졌다. 미국 정부는 법률(Sarbanes Oxely Act)을 제정하여 경영진의 회계감독 의무를 강제했다.

선진국에서 아동비만은 심각한 사회문제가 되고 있다. 식음료 기업이 저열량 식품을 고안해내고 있지만, 그것만으로는 충분하지 않다. 미국 정부는 2010년에 콜라, 초콜릿, 감자튀김, 사탕과자 등을 학교에서 추방하는 법률을 제정하려고 시도한 바 있다. 사회적인 문제가 심각해짐에도 기업이 그것을 완화시키려고 자율적으로 노력하지 않으면 언젠가는 규제가 따른다. 그것은 정부의 고유 역할이기도 하다.

9장에서 따진 바 있지만, 한국 경제에서 재벌과 중소기업의 상생이 큰 과제가 되고 있다. 이와 관련해 심각한 문제 가운데 하나는 '재벌이 중소기업의 영역이라고 생각되는 부분까지 무차별로 사업을 확장하는 일'이다. 정부가 중소기업 고유업종을 지정하여 재벌의 진입을 제한한 적도 있지만, 그런 규제는 전경련의 규제 완화 요청에 따라 2006년에 폐지됐다. 그 뒤로 재벌의 문어발식 확장은 더욱 극성스러워졌다. 자제하지 않으면 거의 틀림없이 언젠가는 '중소기업 고유업종 지정 제도'가 부활할 것이다.

전략경영의 선구자인 앤드루스(K. Andrews)는 오래 전에 이미 사회책임에 대한 기업의 선제적 선택을 추천한 바 있다. "전략적 결정에 사회적 관심사항을 반영시키는 일에는 두 가지 길이 있다. 상당한 재량권을 가지고 자발적으로 시행하는 것이 하나이고, 아무런 재량 없이 주어진 틀에 순종하는 것이 다른 하나이다. 후자의 경우에는 개별 기업 차원에서의 타당성 여부나 추가비용의 정도가 감안되지 않는다."(1971)

## 규제의 불가피성

장기적 편익은 간접적이고 불확실하다. 반면에 사회책임 이행을 위한 비용의 지출은 직접적이고 확실하다. 그래서 비용지출의 정당성을 입증하기가 쉽지 않다. 사회책임의 완수를 이유로 경영진이 큰 금액을 지출하면 자칫 선관의무 위배라는 의심을 받을 수 있다. 그러면 주주가 소송을 제기할 수도 있다. 정부가 법규로써 강제하면 그런 시비는 저절로 소멸된다.

경제학 이론에 따르면 외부효과는 대표적인 시장실패의 사례이고, 이 때문에 정부의 개입이 정당화된다. 기업의 사회책임 중 많은 부분이 외부효과와 관련되므로 이와 관련한 정부의 규제가 경제학 이론의 뒷받침을 받게 된다. 이 경우 정부의 규제는 외부효과의 원인행위자에게 합당한 비용을 부담하게 하는 내용의 개입이 되며, 이런 조치는 이를테면 '외부비용의 내부화'가 된다.

규제는 경쟁지평을 균등하게 만들기 위해 꼭 필요한 요소다. 자율규제에 맡기면 자율이행 기업만 비용을 부담하는 꼴이 된다. 같은 나라 안에서 기업별로도 경쟁여건이 다르고, 국가간에는 경쟁여건의 격차가 더욱 크다. 인권문제로 중국에서 서둘러 철수한 리바이스는 나중에 곤욕을 치렀다(〈사례 4-5〉). 착한 기업만 손해를 보는 불공평이 초래되는 것이다. 경쟁에서의 불공평을 제거하자면 명시적 규제가 필요하다.

앞에서 설명했듯이 현재 거론되고 있는 기업의 사회적 책임은 정의가 불분명하다. 현실에서 문제가 제기되는 양상을 보면, 어떤 시민단체가 그야말로 임의로 특정한 대기업을 골라서 공격하는 것에서 기업의 사회적 책임에 관한 논란이 시작되는 경우가 많다. 이런 경우 시민단체의 주장은 어떻게 보면 자의적 판단에 근거한 것일 뿐이지 특별하거나 분명한 기준에 근거한 것이 아니다. 공적 규제는 이런 경우와 같은 혼선을 막는 데도 크게 도움이 된다.

지구온난화는 매우 거대하고 시급한 문제라서 이에 대해 "자율에만 의존하는 것은 한가한 소리"라는 비판이 있다. 과학적으로 확실한 결론이 난 것은 아니지만, 만일에 대한 대비는 반드시 필요하다. 자율에 맡겨서는 만일에 대한 대비를 기대하기가 어렵다. 규제가 실시되면 사회적 불안감을 크게 줄일 수도 있다.


**규준 제정에 참여**

어떤 형태로든 규제를 도입하는 게 불가피하다면 기업으로서는 개별적으로, 혹은 여러 이해당사자와 더불어 규제가 제정되는 과정에 적극적으로 참여하는 것이 좋다. 정책 입안자에게 실상을 정확하게 알리고 최대한의 효율성이 확보되게끔 규제가 제정되게 하는 데 기여할 수 있다.

GE는 친환경 경영에서 앞서가는 기업인데, 환경 관련 법률의 제정에도 관심이 많다. GE는 듀크에너지, 뒤퐁, 캐터필러 등의 20여 개 대기업과 연합하여 USCAP이라는 로비단체를 만들어 온실가스 감축을 의무화할 필요가 있음을 홍보하고 있다. 가능한 한 합리적인 규제법안이 성안되도록 미국 의회와 긴밀히 협조한다. 지구온난화가 진행 중임이 확인된 이상에는 무슨 조치든 취해야 마땅하고, 조치를 취하는 게 불가피한 일이라면 기업에 유리한 조치가 취해지게 하는 것이 좋다는 계산이 그러한 활동의 바탕에 깔려 있다. 설사 다소간 불리한 법규라도 확정되는 것이 불안정한 상태보다는 낫다는 점도 GE 등의 기업은 인식하고 있다.

공사의 각종 기구가 기업의 사회책임과 관련된 측정 및 보고의 규준을 만들기 위해서 애쓰고 있기도 하다. 기업은 이 방면의 노력에도 적극적으로 참여하여 그 규준이 가급적 기업에 유리하게 되도록 유도하는 활동을 할 수도 있다.

각국 기업이 녹색상품을 두고 치열하게 경쟁한다. 지금으로서는 개별 기업의 주장만 난무할 뿐이고, 정작 친환경 상품에 대한 확실한 정의는 없다. 그래서 녹색상품의 표준을 두고 벌어지는 경쟁이 정말로 중요한 것인지도 모른다. 어쨌거나 머지않아 누군가가 산업별로 녹색표준(green standards)을 만들게 될 것이다. 내가 적극적으로 나서지 않으면 나만 외톨이가 된다. 그래서 어떤 전문가는 충고한다. "당신네 회사가 식탁에 앉지 않으면 식탁 위에 오르게 될 것이다."(Hoffman 2007) 여기서 식탁이란 규준 제정을 위한 공론 장소를 말한다.


## 3. 공공기율의 확립

앞에서 인류사회가 안고 있는 만악의 근원은 빈곤임을 지적했는데, 그런 빈곤에 대한 유일한 해결책은 국가경제 개발이다. 각종 국제기구와 대다수 경제학자가 국가경제 개발을 위해 가장 중요한 것은 제도(institution)라고 말한다. 그렇다면 인류사회의 거시적 문제를 해결하는 데 가장 필요한 요소는 '국가별 제도의 확립'이라고 볼 수 있다. 여기서 '제도'란 기업 사이의 경쟁을 촉진하고 경제활동을 부추기는 효과적 법령체계(rules of game)와 법령이 준수되는 법치(rule of law)를 아우르는 개념으로 사용된 것이다.

제도가 확립되어 공공기율(public governance)이 자리를 잡으면 개별 기업은 안심하고 공정한 경쟁에 나설 수 있다. 공정경쟁은 자원의 최적배분을 보장할 뿐만 아니라 이윤추구 욕구를 자극하고 혁신을 촉진한다. 바로 국가경제 활성화의 원동력으로 작용하는 것이다(〈도표 0-1〉).

반대로 공공기율이 없으면 다른 조건이 아무리 좋아도 국가경제는 퇴보한다. 예를 들어 나이지리아, 앙골라, 짐바브웨를 포함한 아프리카의 여러 국가는 자원부국이고 국가규모도 작지 않지만 경제적으로 최빈국을 면치 못하고 있다. 지정학적 요충에 위치하고 풍부한 석유매장량을 자랑하는 중동의 국가들도 경제발전의 측면에서 내세울 것이 없다. 공공기율이 정립되지 않았기 때문에 그런 것이다. 반면에 한국을 포함한 아시아의 경제우등생 국가들은 자원이 없음에도 나름대로의 기율을 갖춘 까닭에 빠른 경제성장을 이룰 수 있었다.

'제도의 확립'에도 기업이 크게 기여할 수 있다. 기업이 자국 정부나 진출국 정부와, 더 나아가 국제기구와 협력하여 제도의 확립에 기여할 수 있다. 다행히 각국의 정부기구와 국제기구는 기업이 하는 이야기를 귀담아 들을 준비가 돼 있다.


## 공정경쟁이 상생의 지름길

한국도 아직은 성숙한 사회가 아니기 때문에 법령체계가 진화 중에 있다. 법령체계는 일종의 경기규칙이기 때문에 그것이 공정해야만 공정경쟁이 가능하다. 공정경쟁만이 국가경제를 부강하게 만들 수 있다. 당장의 이익을 위해 법령을 왜곡시키면 장기적으로 모두가 손해를 본다. 정해진 법규를 위반하는 동시에 법에 의한 소추를 피하면 단기적 이익을 챙길 수 있을지 모르지만, 길게 보아 법치가 허물어지면 종국적으로는 기업을 포함해 모두가 손해를 본다.

국가가 부유해지면 기업이 공급하는 상품에 대한 구매력이 증대된다. 공공기율이 개선되면 국가사회가 부유해지고, 그에 따라 시장이 커진다. 9장에서 포터의 산업별 경쟁여건 모델을 소개하면서 제도가 가장 주요한 요소 중 하나임을 지적한 바 있다. 결국 국가경제 단위이건 산업 단위이건 제도의 확립에 기업이 기여한다면 그 효과가 기업의 장기적 이익으로 돌아온다.

## 해외 진출국의 공공기율

일찍이 버논(R. Vernon) 교수가 다국적기업이 개발도상국의 약점을 악용하는 행태에 대해 "국가주권 무시하기"라고 지적하며 개선을 촉구한 바 있다(1968). 개발자본과 수출실적에 목마른 개발도상국 정부는 다국적기업이 조세 감면, 환경규제 완화, 노동 및 인권 탄압 묵인, 예외적 인허가 등의 조치를 요구하면 외면하기 어려웠다. 부패한 정권이 있는 나라에서 뇌물제공은 통과의례이고, 그런 관계를 통하여 다국적기업과 현지관료가 공생한다.

근래에는 아일랜드와 중국이 외국인직접투자(FDI)를 유치하여 고속성장을 이룸으로써 세계의 주목을 받았다. 그리하여 외국기업 유치를 위한 국가 사이의 경쟁이 치열해진 것도 사실이다. 이런저런 이유로 나라 사이에서 기업관련 각종 규제를 경쟁적으로 완화하는 이른바 '바닥을 향한 경주(race to the bottom)'가 벌어진다.

다국적기업이 바닥을 향한 경주를 유도하는 것은 특별한 이익을 얻으려고 그러는 것이다. 그런데 그런 일이 오래 계속되면 해당 기업 자신이 바닥으로 내려앉고 만다. 조세감면을 요구하면 그렇잖아도 쪼들리는 개도국 정부는 다른 부문에서 부족한 세수를 메워야 한다. 아니면 최소한의 사회간접자본 시설마저 포기해야 한다. 기업여건이 점차 나빠진다. 개도국 국민을 착취하는 기업이라고 인식되기라도 하면 이미지를 완전히 버린다. 나이지리아에서 현지 정부와 유착하여 인권을 탄압한다는 비난을 받은 셸은 20년 이상 그런 비난이 만들어낸 악몽에서 벗어나지 못했다(〈도표 5-3〉).

버논의 지적대로 20세기 말까지는 다수의 다국적기업이 개발도상국에서 현지 정부의 팔을 비트는 나쁜 기업이었다. 사회책임성이 강한 기업이라면 이제는 더 이상 그럴 수 없다. 보다 능동적으로 현지 정부와 협조하여 공공기율을 확립시키면 공정경쟁의 여건이 마련되어 모두에게 이익이 된다. 이것도 전략적 사회책임경영이 노리는 것 중 하나다.

# 기업의 목적

기업과 사회의 관계를 바르게 정의하려면 기업에 주어진 역할, 그리고 그런 역할의 수행과 관련된 기업의 권리와 의무 등을 두루 따져보아야 한다. 이에 대해서는 3장에서 간략하게 언급한 바 있지만, 워낙 원초적인 질문이기에 이 책의 마무리를 겸해서 종합적으로 다시 살핀다.

## 15.1 기업의 역할과 책임

사회 전체의 물질적 효용을 키우는 일은 어디서나 추구된다. 효용은 상품의 소비에서 나오지만 소비는 누군가가 상품을 생산해야만 가능한 일이다. 상품을 생산하는 당사자가 기업임은 두말할 필요가 없다. 기업은 상품을 공급하는 과정에서 잉여가치, 즉 이윤을 얻는다. 기업이 설립되는 이유는 바로 그 이윤을 얻고자 함이다. 여기까지는 지극히 상식적인 얘기다.

## 사회책임론

기업이 인류사회 안의 개체인 점, 그리고 사회가 보유한 한정된 자원을 활용한다
는 사실은 누구도 부정할 수 없다. 그래서 기업은 사회 전체에 대해서 포괄적인 책
임을 진다고 생각하는 경영사상가 혹은 실무종사자(practitioner)가 적지 않다. 그
들은 구체적으로 "사회가 개별 기업에 영업권을 부여한다"고 여긴다.[51] 즉 특정 기
업이 '사회의 공동자산' 인 자원의 사용권을 취득하는 것은 전체 사회의 후생과 복
지를 증대시킬 의무를 지는 것을 전제로 한 것이라는 얘기다. 이런 논리는 "사회구
성원은 일정한 의무의 완수를 전제조건으로 하여 시민권을 확보한다"는 근세 유럽
의 사회계약설을 기업에 적용한 것으로 볼 수도 있다.

유럽대륙 국가의 '이해당사자 자본주의' 는 바로 그런 논리에 뿌리를 둔 것이
다. 개별 기업은 주주뿐만 아니라 각종 이해당사자를 고루 배려해야 한다는 것이
다. 각종 이해당사자에게는 기업에 대해서 일정한 요구를 제기할 권한
(entitlement)이 있으며, 이런 까닭에 기업의 사회책임 활동은 이윤창출을 위한 수
단이 아닌 독립된 목표로 추구되어야 한다는 것이다. 주주가치를 다른 이해당사자
의 이해관계보다 특별히 앞세울 이유도 없다. 그렇기 때문에 현재의 회사법을 고
쳐서라도 이윤일변도의 경영을 바로잡을 필요가 있다는 것이다.

데이비스(I. Davis)는 사회계약설을 주장한 루소(J. Rousseau)와 비슷하게 사회
와 기업이 묵시적 계약을 체결한다고 말한다. 그래서 기업의 목적을 '사회가 필요
로 하는 재화와 서비스의 공급' 이라고 정의해야 하고, 그래야만 이해당사자의 협
조를 구하기가 용이하다는 것이다. 민츠버그(H. Mintzberg)는 사회가 기업에 영업
권을 줄 수 있을 뿐만 아니라 그것을 회수할 권한도 갖고 있다고 생각한다. 기업은

---

**51** 영업권은 license to operate, franchise from society 등으로 표현된다. 참조: Bonini 2006, Davis
2005, Epstein 2000, Kelly 1997, Mintzberg et al. 2002, Porter and Kramer 2006, Reich
2007.

경제적 조직인 동시에 사회적 조직이기도 하다. 기업에 부여된 영업권의 유지 여부는 사회에 대한 기여도를 감안해서 판단해야 한다. 그러므로 기업은 근시안적 이기심에서 벗어나야 마땅하다는 것이다.

경영실무 종사자 중에서도 사회적 책임을 말하는 사람이 많다. 매킨지의 범세계적 여론조사에 따르면 84%의 고위경영자가 기업과 사회가 계약관계에 있는 것으로 인식하고 있다(Mendonca 2007). 다만 여러 가지 정황을 참작하면 여론조사에 대한 경영자들의 답변과 그들의 실제 행위 사이에는 상당한 거리가 있음이 분명하다.

여러 종류의 사업 중에서 영업권의 취득에 특히 예민한 분야가 있다. 채굴산업은 누가 영업권을 확보하느냐가 관건이다. 채굴산업에서는 영업권을 확보하면 다른 업종에는 없는 지대를 얻을 수 있고, 그래서 그 자체가 특권이다. 게다가 채굴산업은 환경에 나쁜 영향을 크게 미친다. 채굴산업 외에도 정유, 석유화학, 석탄, 발전소, 시멘트 등의 산업은 환경오염으로 인근 주민에게 큰 피해를 준다. 공항이나 철도도 소음이나 불빛으로 주위에 영향을 미친다. 이와 같은 산업들은 그런 피해에 대한 일종의 보상행위로 사회적 배려와 자연보전 노력을 강화하지 않을 수 없다.

## 주주책임론

독일과 같은 예외도 있지만 대다수 시장경제 국가에서는 법으로 "회사는 주주의 소유이므로 대리인인 경영진은 주주의 이익을 우선해야 한다"고 규정한다.[52] 회사가 주주재산이므로 경영진에게는 주주가치를 보호·증식하기 위해서 최선을 다해서 그것을 관리할 의무(fiduciary duty)가 있는 것이다.

---

[52] 예를 들어 한국의 민법은 60조에 "이사는 선량한 관리자의 주의로 그 직무를 행하여야 한다"고 규정하고 있다. 미국 메인 주의 영리회사법은 716조에 다음과 같이 규정하고 있다. "The directors and officers of a corporation shall exercise their powers and discharge their duties with a view to the interests of the corporation and of the shareholders."

이런 논점을 가장 분명하게 밝힌 사람은 아마도 프리드먼(M. Friedman)일 것이다. 군더더기 없기로 유명한 그의 말은 이를테면 이렇다. "기업의 사회적 책임은 돈 벌기다. 두말하면 잔소리다." 진의가 어떻든 그의 이 말은 기업의 사회책임을 주장하는 사람들의 집중공격을 받고 있다.

관념적 사회책임이야 어떻든 간에 실정법이 이윤창출을 주문하면 기업의 경영진이 하는 일은 이윤극대화 노력으로 귀결될 수밖에 없다. 미국의 클린턴 정부에서 노동부 장관을 지낸 라이시(R. Reich)는 성향으로 보아 기업의 사회적 책임을 당연히 강조할 만한 사람이다. 그는 사회책임성이 확실한 기업이 장기적 성과가 빼어나다고 줄곧 설교하고 다녔다. 하지만 그런 생각이 공염불임을 깨달은 그는 생각을 바꾸었다.' "'민주적 시민'의 입지는 사라지고 '경제적 책임'만 살아있는 '막돼먹은 자본주의' 속에서 개별 기업은 '착한 기업시민'이 될 재량권을 상실했다"고 그는 선언한다. 시장경제의 틀이 현재와 같이 유지되는 한 프리드먼의 입장이 맞다. 이윤창출에 도움이 되지 않는 기업의 사회적 지출은 선관의무 위반이 될 뿐이다. 그러므로 '덕성스러운 자본주의' 혹은 '민주적 기업'으로 기업의 모습을 바꾸려면 체제 자체의 개혁이 불가피하게 요구된다는 것이 라이시의 의견이다. 진보주의자인 라이시도 '이윤동기의 기업경영'이라는 어쩔 수 없는 현실을 인정한 것이다.

## 고객책임론

전체 사회나 주주가 아닌 특정의 이해당사자를 위해서 기업이 존재한다는 의견도 적지 않다. 일본 기업은 전통적으로 종업원의 후생을 앞세우는 것으로 유명하다. 한국의 재벌은 총수를 위해서 존재하는 것이 현실이다. 미국의 경영자인 조지(W. George)는 고객과 종업원의 다음이 주주의 차례라고 말한다.

세계의 경영 실무자들은 왕왕 드러커(P. Drucker)에게 길을 묻는다. 드러커는 경영이론을 처음으로 집대성한 저서에서 다음과 같이 말한다.

기업이 무엇인지를 알기 위해서는 기업의 목적부터 살펴보는 것으로 출발해야 한다. 그리고 기업의 목적은 반드시 기업의 외부에 존재해야 한다. 기업은 사회의 한 기구이기 때문에 그 목적을 반드시 사회에서 찾아야만 한다. 이렇게 본다면 유효한 기업의 목적은 단 하나다. 그것은 고객을 창출하는 것이다(to create a customer). (1954)

그러면서 그는 고객만이 시장을 만들어내고 종업원을 고용하게 한다고 설명한다. 사회가 기업에 자원(wealth-producing resources)을 위탁하는 것도 고객에게 상품을 공급하도록 하기 위함이다.

드러커와 같은 대학에 재직하던 엘즈워스(R. Ellsworth)는 주주자본주의는 종업원에게 동기를 부여하지 못한다고 주장한다. 얼굴 없는 주주보다는 '나의 친근한 이웃'인 고객의 이익을 우선해야 기업의 종업원이 업무에 더욱 몰입하게 되는데, 현대의 지식근로자에게서 그런 현상이 더욱 뚜렷하게 나타난다.

방금 인용한 사람들 외에도 "고객이 기업의 존재이유가 되어야 한다"고 주장하는 사람은 많다. 고객의 이익을 주주가치보다 앞세워야 한다는 말이다.

고객책임론은 일단 사회책임 경영과는 구분된다. 그리고 주주자본주의 입장에서 출발해도 '고객가치 우선의 경영'이라는 결론에 도달하기는 마찬가지다. 고객이 없으면 시장이 없고, 시장이 없으면 주주가치의 창출이 처음부터 불가능하다. 역으로 고객만족은 곧 주주만족의 지름길이 된다. 이어서 설명하겠지만, 여러 정황에 비추어 보면 드러커의 말도 '목표를 위한 수단으로서의 고객만족'을 의미한다고 해석할 수 있다.

한 가지 지적해 둘 것은, 드러커는 '기업의 사회적 책임'에 대해서 반대했다는 사실이다. 그 역시 철저한 시장주의자였고, 기업의 사회책임에 대해서는 프리드먼의 입장을 지지했다. 그는 "사회적 책임 이행에 나서는 임원이 있으면 해고하라. 그것도 즉시"라고 말한 바 있다(Bakan, 2004).

## 경영 종사자들의 사회책임론

P&G의 최고경영자로 일하면서 더없이 탁월한 실적을 올린 바 있는 래플리(A.G. Lafley)는 드러커가 말한 '고객만족'을 경영의 금과옥조로 생각한다고 밝힌 바 있다. 그렇지만 그의 이야기는 언제나 "고객만족은 기업의 장기적 건전성을 확보하는 비결"이라는 말로 맺어진다.

그런데 래플리와 비슷하게 뭔가 다른 말로 이야기를 시작하고서도 결국은 "그것은 장기적 이윤창출에 도움이 된다"라고 이야기를 마무리하는 것은 대부분의 사회책임론자들도 마찬가지다(〈사례 15-1〉). 앞에서 언급한 조지나 데이비스도 동일하다. 엘즈워스도 다를 바 없고, 민츠버그는 사회의 안정과 종업원의 열성도 증가에 따른 기업성과의 개선을 들먹인다. 17개국의 520개 기업에 대한 어떤 설문조사의 결과 보고서는 아래와 같은 결론을 내린다.

손익계산서의 끝줄(bottom line)을 최우선에 두는 것은 수익성 향상의 지름길이 아닌 듯하다. 연구결과에 따르면 이해당사자 배려를 최우선하는 최고경영자는 종업원의 열성을 진작하여 경영과정에서 제2선에 밀어둔 수익성을 오히려 높이게 됨을 확인했다. (Washburn 2009)

많은 사람들이 여러 말들을 하지만, 역설적으로 "사회책임 주장의 마지막 줄은 거의 언제나 손익계산서의 끝줄, 즉 수익성에 관한 것이다." 그들 모두는 다름 아닌 '개화된 사익추구' 혹은 '전략적 사회책임 경영'을 말하고 있는 것이다.

## 전략과 위선의 사이

기업의 사회책임성이 결국은 장기이윤 확보를 위한 수단임에 동의한다면 프리드먼의 얘기에 귀를 기울일 필요가 있다.

프리드먼은 일부의 오해와는 달리 미국식 단기실적주의를 비판하고 개화된 사사상가(thought-leader), 연구자(researcher), 경영실무 종사자(practitioner) 등이 기업의 사회적 책임을 바라보는 시각은 매우 다양하다. 아래에 몇 가지 보기를 열거한다.

### 보수주의적 관점

— 프리드먼: 기업의 역할은 돈 버는 일이다. The business of business is business. (M. Friedman, in NYT, 1970)

— 스턴버그: '정당한 기업활동'이란 영리사업을 말하는 것일 뿐이다. Just business means just business. (E. Sternberg, 2000)

— 울프: CSR은 기업의 초점을 흐리므로 위험하다. CSR is not merely undesirable but potentially dangerous because it deflects business from its primary role of profit generation. (M. Wolf as quoted in Vogel 2005)

### 진보주의적 관점

— 데이비스: CSR은 가장 중요한 사회와의 계약이다. The biggest contract with the society. (I. Davis, 2005)

— 스티그선: 쇠퇴하는 사회에서 기업이 번창할 수는 없다. Business cannot succeed in societies that fail. (B. Stigson, 2008)

— 배럿: 기업은 돈벌이 이상이다. The business is bigger than the business. (C. Barrett, as quoted in WSJ, 2009a)

### 전략적 CSR

— 엘즈워스: 얼굴 없는 주주보다는 고객을 위한 봉사가 종업원에게는 더 큰 보람이다. (R. Ellsworth, 2002)

— 조지: 주주는 고객과 종업원 다음의 세 번째 우선순위. Shareholders come third. (W. George, 2003)

— 포터: 경쟁전략으로서의 CSR. Strategic corporate social responsibility. (M. Porter, 2006)

### CSR의 한계

— 스캐핀커: CSR의 지속가능성이 해당 기업의 지속가능성을 넘어설 수는 없다. CSR is only as sustainable as the companies that practice it. (M. Skapinker in FT, 2004)

*주: 영문 표현 중에는 저자가 적절히 재정리한 것도 있음.*

익추구를 주장한 사람이다. 널리 인용되는 〈뉴욕 타임스〉 기고문에서도 그는 기업이 사회책임을 실행하는 것은 장기적 주주가치 증대에 도움이 된다고 분명히 밝히고 있다(NYT, 1970). 이제는 고전이 된 또 다른 저서에서 그는 다음과 같이 말한다(1980).

경제적 성과에 대한 집착은 '사익추구(self-interest)'를 '근시안적 이기주의(myopic selfishness)'로만 좁게 해석하는 결과를 낳는다. 경영진은 즉각적인 물질적 보상에만 관심을 두며, 인간은 금전적 유인에만 반응하는 계산기라고 가정하여 결론을 도출하는 경제학은 비난받아 마땅하다. 그것은 매우 큰 잘못이다. 사익을 추구하는 것은 결코 근시안적 이기주의가 아니다. 사익이란 시장참여자의 관심(interest)과 가치(value)와 목표(goal)를 두루 반영하는 것이다.

프리드먼은 '기업의 사회적 책임' 이라는 말 자체가 위선이라고 꼬집는다. 우선 이윤창출에 도움이 되지 않는 지출을 한다면 그것은 기업 경영진의 선관의무 위반이 되므로 명백한 위법이다.[53] 다음으로 전략적 CSR처럼 장기적 건전성의 확보를 위한 사회책임성 지출이라면 그것은 투자(investment)와 동일한 말이며 경영진의 선관의무에 속하는 일이다. 너무나 당연한 일을 '사회에 대한 공헌, 환경에 대한 배려' 라는 그럴듯할 말로 포장하는 것은 위선이 될 수밖에 없다는 것이 그의 설명이다.

따지고 보면 프리드먼의 말을 반박하기가 어렵다. 사실은 애덤 스미스가 말한 사익추구도 '도덕적 감성(moral sentiments)' 을 바탕에 둔 것이다. 그렇다면 〈도표 0-1〉에서 예시한 것과 같은 시장경제 모델도 일정한 사회책임의 완수를 전제로 한

---



564

것이라고 해석할 수 있다. 그렇다면 '기업의 사회적 책임'이 논란의 소지가 될 이유가 처음부터 없었는지도 모른다.

어쨌거나 미국식 단기실적주의 때문에 시장경제가 '막돼먹은 자본주의'로 변질된 측면이 있는 것이 사실이다. 이렇게 보면 단기주의에 대한 경고로서 '전략적 CSR'의 가치는 여전하다고 할 것이다.


**공동목표와 역할분담**

인류사회의 공동목표는 정신적 가치, 물질적 풍요, 사회의 안녕과 질서 등 여러 가지를 꼽을 수 있다. 그중에서 물질적 풍요가 지선(至善)은 아닐지 몰라도 그것을 소홀히 취급할 수 없음은 분명하다. 평균적 인간에게는 물질적 부가 아마도 인생목표 중 절반 이상의 비중을 차지할 것이다.

기업의 존립근거에 대한 논란을 뒤로 미루고 경제적 측면에 한정하여 생각한다면 사회에 대한 기업의 역할을 더욱 명확하게 정의할 수 있다. 즉 '개별 기업이 꾸준한 이윤창출을 통하여 장기적 재무 건전성을 확보하는 것'이 정답이 될 수밖에 없다. 그것이 바로 '개화된 사익추구' 혹은 '전략적 사회책임 경영'이다.

포터에 따르면 정부나 시민단체가 기업의 사회책임을 지나치게 강조하여 기업의 생산성을 저하시킨다면 그것은 "전투에서는 이기고 전쟁에는 지는 꼴"이 된다 (2006). 기업이 경쟁력을 상실하면 일자리가 줄어들고 임금이 낮아진다. 세수가 감소할 뿐만 아니라 시민단체를 후원하고 사회에 공헌하는 데 사용될 기업의 예산이 점점 적어진다.


## 15.2 마지막 잣대는 이윤


다수의 연구자나 경영 종사자들이 기업의 사회책임에 대한 논의를 수익성에 대한 언급으로 끝맺는 이유는 단순하다. 수익성이 경영성과를 평가하는 잣대로 쓰이기 때문이다.

## "인간은 인센티브에 반응한다"

드러커는 일찍이 "이윤이 경영성과를 평가하는 데 유일한 잣대"라고 말한 바 있다. 그리고 이윤은 사업확장을 위한 자본이 된다고 지적한다.[54]

드러커의 말이 아니라도 경영의 질을 평가할 수 있는 잣대는 수익성뿐이고, 현실이 또한 그러하다. 모름지기 '계량화'가 가능한 것만이 잣대가 될 수 있다. 수치로 나타낸 것이라야만 누구라도 쉽게 알아볼 수 있고, 평가가 객관적일 수 있기 때문이다. '공부 잘하는 학생'이라고 하면 막연하지만, 평균평점(GPA)을 가지고 이야기하면 시비의 여지가 없다. 기업의 경제적 책임에 대한 잣대인 이윤은 숫자로 표시된다.

기업의 사회적 책임이나 환경적 책임에 대한 평가를 나타낼 숫자는 아직 없다. 그렇기 때문에 기업의 사회책임을 따지는 것은 처음부터 한계를 안고 있다. 대체로 말만 무성하다가 흐지부지되고 마는 것이 지금까지의 현실이다. GRI나 WBCSD 등의 기구가 기업의 사회책임에 대한 평가의 표준잣대를 만들기 위해서 노력하는 것도 그런 잣대가 없으면 평가가 어렵기 때문이다.

어떤 이들은 기업을 평가하는 데 이윤을 잣대로 사용한다고 해도 '이윤극대화'보다는 '적절한 이윤'을 목표로 삼아서 그렇게 해야 한다고 주장한다. 그러나 이런 말도 크게 도움이 되지 않기는 마찬가지다. '적절한' 혹은 '합당한' 등과 같

---

54 드러커는 그의 생각을 단선적으로 표현하기 때문에 해석에 주의를 요할 때가 많다. 1954년의 저서에서 그는 다음과 같은 취지로 말한다. "이윤은 동기가 아니라 결과이다. 기업의 첫 번째 임무는 살아남는 것이고, 그러기 위해서는 손실의 발생을 방지해야 한다. 손익계산에 있어서 사업에 고유한 위험에 대한 프리미엄을 감안해야 함은 물론이다. 결론적으로 경영이란 필수수익률(required minimum profit) 이상의 이윤을 목표로 삼아야 할 필요가 있다." 재무관리론의 관점에서 보면 그의 이 말은 "개별 기업은 경제적 부가가치(economic value added) 이상의 이윤을 확보해야 한다"는 의미가 된다.

은 추상적 단어 역시 행동지침으로서는 거의 쓸모가 없기 때문이다. 금융경제학자들은 '위험에 상응하는' 이윤을 주장하겠지만, 이것 역시 실제적 효용성은 전혀 없다. 학자가 아닌 사람들은 그 개념 자체를 이해할 수 없고, 설사 전문가라 해도 '위험에 상응한' 이윤이 구체적으로 얼마인지를 똑 부러지게 말할 수는 없기 때문이다.

결국 수익성을 잣대로 사용하고자 한다면 기업의 목표는 '이윤극대화'가 되고 만다. 여기서 말하는 이윤이란 분기별 순이익이 아니라 '장기적 재무건전성'임은 물론이다.

하버드대학의 맨큐(G. Mankiw) 교수는 젊을 때 세상에 이름을 알린 뛰어난 경제학자로 대학교재인《경제학 원리》를 출간하여 선풍적 인기를 끌었다. 학자가 교재 집필에 신경을 쓰다 보면 연구에 소홀할 수밖에 없는데, 이런 이유로 "맨큐가 노벨 경제학상 수상과 대학교재 집필을 맞바꾸었다"고 평하는 사람도 있다. 그러나 맨큐는 이미 경제학의 발전에 누구 못지않게 크게 공헌했다. 모두 10개의 기본원리를 바탕으로 경제이론을 새롭게, 그리고 알아듣기 쉽게 설명하는 데 성공했기 때문이다. 흡사 유클리드 기하학이 다섯 개의 공리 위에 구축된 것과 같다.

맨큐가 제시한 경제학의 제4원리는 '사람은 인센티브에 반응한다'는 것이다. 이에 따르면, 특정한 방향으로 인간의 행동을 유도하려면 도덕 강의로는 부족하고 정합성 있는 유인(incentive)을 주어야 한다. 기업이 인간에 의해 경영되는 것인 이상 기업에도 같은 말이 적용된다. 수익성이 기업 평가의 유일한 잣대라고 전제한다면 기업의 이윤추구를 말릴 방법이 없다. 본시 평가는 보상을 위한 준비단계인데, 여기서 보상이란 다름 아닌 '인센티브'다.

맨큐의 제4원리가 사실이고 보면, 처음부터 답은 정해져 있었다고 해도 과언이 아니다. 기업을 자극하기 위해서는 '이윤극대화'라는 잣대를 들이대는 것이 불가피하다.

## 복수 잣대의 함정

'삼중 수월성'을 말 그대로 따르자면 세 가지의 평가잣대가 필요하다. 여기에는 함정이 있다. 설사 기업의 세 가지 책임을 각각 계량화할 수 있다고 전제하여도 문제가 생긴다. 비교대상이 되는 기업 사이에서 세 측면의 평가가 서로 엇갈릴 것이 확실하기 때문이다. A기업은 환경보전에서 뛰어나고 B기업은 사회적 배려에서 월등하다면 그 둘의 우열을 가릴 수 없다. 비교 자체가 무의미하다. 삼중 수월성의 잣대로 기업을 비교할 수 없는 것은 마치 두 개의 물건을 두고서 표면적, 부피, 무게의 세 가지를 뭉뚱그려 평가해 비교할 방법이 없는 것과 같다.

개별 기업으로 하여금 삼중 수월성을 책임지게 하는 일은 그 자체로 핑계거리를 만들어 주는 것이라는 맹점도 있다. 재무성과가 나쁜 기업이라면 언제라도 "환경적 지출 혹은 사회적 지출이 지나쳐서 그랬다"고 대답할 빌미를 갖게 된다. 이는 결코 바람직한 일이 아니다. 이런 측면에서 보아도 '이윤극대화'만큼 명쾌하고 확실한 기업평가의 잣대는 없다.

일본만큼 평가가 엇갈리는 사회도 드물다. 강력한 행정지도에 힘입어 '일본의 10년'을 구가한 1980년대와 그 뒤의 이른바 '잃어버린 20년'은 선뜻 이해가 되지 않을 정도로 대비가 선명하다. 드러커는 원래 일본 예찬론자였으나 말년에는 일본 경멸주의자처럼 됐다. 그 이유로 그는 '일본 사회의 지나친 사회 편향성'을 들었다. 일본이 사회안정을 우선시하다 보니 경제적으로 침체하게 됐고, 합리적 의사결정이 불가능하다 보니 방향을 잃고 말았다는 것이다.

드러커는 사회(society)와 공동체(community)를 구분한다. 공식적 관계가 사회를 구성한다면, 비공식 관계를 포괄하는 것은 공동체다. 그리고 공동체를 유지하는 역할을 하는 것은 어디까지나 비영리단체라고 그는 말한다. 물론 그가 기업의 사회적 책임을 전면 부정하는 것은 아니다. 점점 역할이 강해지는 연금기금과 같은 기관투자가는 성격상 '장기간의 안정적 이윤'을 선호하기 때문에 말하자면 '전략적 CSR'을 투자대상 기업에 요구하게 될 것이라고 그는 생각한다. 드러커는 기본적으로 시장경제주의자이며, 시장에 의한 통제(market discipline)가 효과적이라고 믿는다.[55]

## 이윤동기는 자기책임성

각종 비영리단체의 한계는 거의 언제나 평가잣대의 불명확에서 비롯된다. 잣대가 없으면 순간순간의 판단에서 혼선이 일어날 뿐만 아니라 매사가 불투명해진다. 그러면 큰 발전을 기대하기 어렵다. 반면에 이윤동기를 내세우면 성과에 대한 판단과 책임의 소재가 투명하고 확실해진다. 관계당사자 개개인의 자기책임성(accountability)이 따를 수밖에 없게 된다.

인도에는 100만 개가 넘는 사회개혁 단체가 있지만 사실상 영향력이 없다. SKS 하나만도 못할지도 모른다(〈사례 10-2〉). 구글(Google)은 기업공개 당시에 사회개혁에 매진하겠다고 약속했지만 그러한 분야에서 큰 진전은 없었다. 영리기업의 특성상 사회개혁 사업에 무작정 자금을 투자할 수도 없었고, 그것은 수익사업이 아니기에 최고경영진이 관심을 집중하기도 어려웠다. 그 사업이 지지부진하다고 해서 정부나 외부단체가 구글에 항의할 수 있는 것도 아니다.

영국의 프리플레이 에너지(Freeplay Energy)라는 회사는 수동 발전기로 전기를 공급할 수 있는 라디오와 전등을 만들어 기층민에게 공급하는 사회적 기업이다. 이 회사는 자금을 조성하기 위해서 기업공개를 하고 주식을 상장했으나 매출부진으로 주가가 폭락하여 다시 비공개기업이 됐다.

록펠러 재단, 게이츠 재단, 인도 SKS 등의 출연을 받아 설립된 사회개혁 재단인 '어큐먼 펀드(Acumen Fund)'는 영세사업자에게 보조금이 아닌 대출이나 출자의 형식으로 자본을 제공한다. 그렇게 해야만 자원이 효율적으로 활용되어 사업의 지

---

55 드러커는 말년에 펴낸 저서에서 이렇게 말한다. "I am for the free market. Even though it doesn't work too well, nothing else works at all." (2001)

속성이 보장된다고 믿기 때문이다. 어큐먼 펀드의 대표(Novogratz)는 이런 믿음에 대한 자신의 논리를 아래와 같이 설명한다(2009).

> 시장은 사람이 하는 말을 알아듣는 장치다. 내가 당신에게 청색 구두 한 켤레를 공짜로 주면 당신은 "이렇게 훌륭한 선물을 주시다니 정말 고맙습니다"라고 말하고는 그것을 쓰레기통에 처박을 것이다. 그러나 내가 청색 구두의 가격을 말해주고 "사겠어요?"라고 물으면 당신은 "잠깐 기다리세요. 음, 갈색이나 분홍색이면 사겠는데…"라고 대답할 것이다. 이렇게 우리는 대화를 하게 된다. 시장의 진정한 힘은 (상품의 효용성에 관한) 이야기를 들을 수 있다는 점에 있으며, 그리하여 효율성이 달성된다. …
>
> 사업의 지속가능성을 위해서는 일정 규모 이상으로 사업을 확대해야만 하고, 그러기 위해서는 일반 투자자금도 끌어들여야 한다. 처음에 우리는 선량한 이웃으로서 사회적 기업가에게 선심성의 자금을 제공했다. … 우리의 관대함은 결과적으로 사업에 큰 장애가 됐다. 심사숙고한 끝에 우리는 시장 메커니즘이 사회적 기업이 성공하는 데 가장 유리한 선택이라는 결론에 도달했다.

### 이윤은 만악의 해결사

현실에서 기업의 창설과 경영이 이윤동기에서 출발함을 부정할 수는 없다. 아울러 드러커의 말대로 이윤은 사업 확장을 위한 자본이 된다. 이렇게 보면 이윤이란 기업이 영속성을 갖기 위한 필요조건이자 충분조건인 셈이다.

이윤이 늘어나면 개별 기업의 경제적 이해당사자가 고루 혜택을 입을 뿐만 아니라 국가경제 전체도 활성화된다. 생각해 보면 인류사회가 봉착한 문제 가운데 많은 것을 경제 활성화로 해결할 수 있다. 빈곤퇴치의 지름길은 일자리의 창출이다. 에이즈와 말라리아를 박멸하는 데 가장 효과적인 치료약은 소득수준의 상승이다. 경제가 발전하면 교육격차와 정보격차도 저절로 해소된다. 지구온난화 대응방안에 대한 범세계적 합의도 쉽게 도출될 수 있다.

　이윤이 목표냐 수단이냐 하는 논쟁은 의미가 없는지도 모른다. '꿩 잡는 게 매'이듯이 이윤이 사회의 만악을 해결한다. 많은 연구자와 경영자가 확인한 바 있지만, 개별 기업의 사회책임성은 수익성과 상당한 상관관계(correlation)가 있다. 그런데 그 내용을 확인해 보면, 착한 기업이라서 재무성과가 좋다기보다는 해당 기업의 수익성이 높기 때문에 사회와 환경의 개선에 공헌할 여유가 생긴 것이다. 이윤이 기업의 사회책임성을 높이는 자본이 된다는 말이다.

　게이츠는 기금이 600억 달러에 이르는 세계 최대의 사회공헌 재단을 설립해 운영하면서 가난, 질병, 절망과 같은 거시적 문제의 해결에 진력한다. 그는 2007년에 1만 5천 명이 참석한 하버드대학의 졸업식장에서 '인류사회의 형평성'을 주제로 연설하는 영예를 얻었다. 2008년 다보스 포럼에서는 그가 '창조적 자본주의'라는 개념을 내세우면서 기업의 사회적 책임 이행을 강조했다. 따져보면 그가 그런 일을 할 수 있게 된 것은 기업인으로서 막대한 이윤을 창출했기 때문이다. 그런 만큼 기업의 사회적 역할에서 선후관계는 분명하다고 말할 수 있다.


## 15.3 필요해서 착하게 되다

앞에서 거명한 영향력 있는 여러 인사의 구체적 의견은 제각각이지만, 그들에게 한 가지 공통점이 있다. 1980~90년대를 풍미한 미국식 단기실적주의는 해답이 아니라고 생각한다는 점이다. 그들은 기업이 장기적 관점에서 개화된 사익을 추구해야 한다고 말한다. 주주만이 아니라 각종 이해당사자를 두루두루 보살피는 것이 '장기적 주주가치 극대화'의 지름길이다.

　이해당사자를 두루 배려하는 것이 바로 사회책임 경영이다. 장기적 이윤을 위해서는 단기수익성을 포기할 필요가 있다. 세계적인 제약회사인 파이저(Pfizer)는 지역사회의 환경개선, 의약품의 무상공급과 같은 활동을 하여 사회책임성 면에서 호평을 받아 왔다. 이 회사의 최고경영자는 기업의 지속성이 최우선의 사명이며 사회책임 활동은 이윤창출에 도움이 된다는 생각을 숨기지 않는다. 이른바 '착함으로써 돈 벌기(doing well by doing good)'를 추구한다는 것이다.

## '지자이인'

공자가 내세를 믿지 않았기 때문에 유교는 종교가 아니다. 공자는 매우 현실적인 분이었고, 그의 말씀이 기록된 《논어》는 경영 리더십에 관한 지혜로도 해석될 수 있는 문구로 가득 차 있다. 그중에 "어진 사람은 인(仁)을 편하게 생각하고 지혜로운 사람은 인을 활용한다"라는 구절이 있다.[56] 공자가 말하는 '인'을 기업에 적용하면 '기업의 사회적 책임'에 해당한다. 본성이 착한 기업시민은 '어진 사람(仁者)'에, 전략적 CSR을 추진하는 기업은 '지혜로운 사람(智者)'에 각각 대응시켜 볼 수 있다. 이렇게 하고 보면 공자의 말씀은 "지혜로운 경영자라면 재무성과의 제고에 도움이 되게끔 사회책임의 이행을 추구할 것"이라는 의미가 된다.

공자는 "효도가 인을 실천하는 출발점이다"라고 지적하기도 했다. 두 말씀을 연결하면 "본성이 착한 사람은 자신의 가치관에 따라서 부모에게 효도하고, 지혜로운 사람은 자신을 위해서 효도한다"는 의미라고 할 수 있다. '자신의 가치관에 따라서 효도하는 것'은 효(孝)를 선험적인 의무로 여기는 것이고, '자신을 위해서 효도하는 것'은 실사구시의 태도로 효를 실천하는 것이다. 지혜로운 사람은 효를 실행하면 집안에 평화가 찾아오고 자신의 마음이 안정되어 매사가 순조로워질 것임을 잘 안다. 선험적 가치의 유무를 떠나 효가 그것을 행하는 사람의 이익에 부합

---

**56** 인자안인 지자이인(仁者安仁 智者利仁). 이는 어진 사람은 인을 편하게 느끼고, 지혜로운 사람은 인을 활용한다는 뜻이다. 다음 단락에 축약해 인용한 문장의 원문은 '효제 인지시야(孝悌 仁之始也)'다. 이 말은 부모에 대한 효도와 형제간의 우애는 인의 시작이라는 뜻이다.

하는 것이다.

스미스(A. Smith)의 시장경제 이론은 실리추구에서 출발된다. 바람직한 경제활동 참여자는 공자의 말씀에 기대어 말하면 인자(仁者)보다 지자(智者)에 가까운 모습이며, 맹자의 말씀에 기대어 말하면 의(義)보다 이(利)를 추구하는 모습이다. 사회주의자가 그린 그림은 스미스가 그린 그림과 정반대였다.

인간주의의 측면에서 따진다면 누구나 인자, 의, 사회주의를 좇을 것이다. 문제는 실제성에 있다. 개개 인간이 완벽한 본성과 완전한 지혜를 갖추지 않았다는 사실을 전제하면 도덕성에 의존해서 복잡한 사회를 엮어 가기는 불가능하다. 이 점은 역사가 이미 증명했다.

선험적 가치와 실사구시의 효용성, 이 두 가지 중에서 어느 것이 평균적 시민으로 하여금 실제로 효를 실행하게 만드는 논리가 될지도 쉽게 짐작할 수 있다. 마찬가지로 도덕으로서보다는 전략으로서의 사회책임이 개별 기업에 훨씬 강한 유인이 된다.

인류가 더불어 살아갈 수 있는 사회를 이루는 길이 무엇이냐는 물음에 대한 가장 실제적인 대답은 "전략적 사회책임 경영"일 것이다.

**BOD** Board of Directors (이사회)

**BOP** Bottom of Pyramid 혹은 Base of Pyramid (피라미드의 기층)

**BP** 원래 British Petroleum(영국석유)의 약어였으나, 지금은 이 약어가 공식적인 회사 이름임.

**BPS** By-Product Synergy Program (부산물 용도 찾기 프로그램)

**BSR** Business for Social Responsibility (사회책임 기업협의회, 단체 이름)

**BW** Bloomberg Businessweek(잡지 이름)

**CCS** Carbon Capture and Sequestration (이산화탄소 잡아 가두기)

**CDM** Clean Development Mechanism (청정개발 체제, 교토의정서)

**CDP** Carbon Disclosure Project (탄소족적 공개 프로젝트, 단체 이름)

**CEO** Chief Executive Officer (최고경영자)

**CM** Contract Manufacturing (장기계약 방식 생산)

**COP** Communication on Progress (UN Global Compacts, 사회책임 진척 보고서)

**CRM** Customer Relationship Management (고객관계 관리, 소프트웨어)

**CSO** Chief Sustainability Officer (최고 지속가능성 책임자)

**CSR** Corporate Social Responsibility (사회책임 경영, 기업의 사회적 책임)

**CTO** Chief Technology Officer (최고 기술책임자)

**DDA** Doha Development Agenda (WTO, 도하 개발의제)

**DfE** Design for Environment (친환경 설계)

**DJIA** Dow Jones Industrial Average (다우 산업지수)

**DRAM** Direct Random Access Memory (디램, 반도체 칩의 한 종류)

**EDF** Environmental Defense Fund (환경방어 기금, 단체 이름)

**EIU** Economist Intelligence Unit (The Economist 부설 연구기관)

**EEOC** Equal Employment Opportunity Committee (고용-기회 평등위원회, 미국)

**EMAS** Eco-Management and Audit Scheme (생태관리 및 감사 체제)

**EPA** Environment Protection Agency (환경청, 미국)

**ERP** Enterprise Resource Planning (전사적 자원계획, 소프트웨어)

**EU** European Union (유럽연합)

**EU ETS** EU Emissions Trading System (EU 배출권 거래제도)

**FDI** Foreign Direct Investment (해외직접투자 혹은 외국인직접투자)

**FTC** Federal Trade Commission (연방거래위원회, 미국)

**FT** Financial Times (경제일간지 이름, 영국)

**FTSE** (FT와 런던 증권거래소가 공동으로 발표하는 주가지수)

**GAAP** Generally Accepted Accounting Principles (공인 회계원칙)

**GATT** General Agreement on Tariffs and Trade (관세와 교역에 관한 일반협정)

**GDP** Gross Domestic Product (국내총생산)

**GE** General Electric (회사 이름)

**G8** Group Eight (주요 8개국 회의: 미국, 일본, 영국, 캐나다, 독일, 프랑스, 이탈리아, 러시아)

**GHG** Greenhouse Gas (온실가스)

**GM** General Motors (회사 이름)

**GMO** Genetically Modified Organism (유전자 변형 식품)

**GRI** Global Reporting Initiative (범세계 보고기준 협회, 단체 이름)

**G20** Group Twenty (20개국 회의, 한국도 회원국임)

**HDI** Human Development Index (인적발전지수)

**HP** Hewlett Packard (회사이름)

**HRM** Human Resources Management (인적자원관리)

**IBM** International Business Machines Corporation (회사 이름)

**IBRD** International Bank for Reconstruction and Development (국제부흥개발은행), World Bank (세계은행)라고도 함.

**IEA** International Energy Agency (국제에너지기구)

**IFC** International Finance Corporation (국제금융공사, IBRD의 자매기관)

**IMF** International Monetary Fund (국제통화기금)

**ISO** International Organization for Standardization (세계표준기구)

**J&J** Johnson and Johnson (회사 이름)

**JIT** Just in Time (최소재고 유지)

**KBCSD** Korea Business Council for Sustainable Development (지속가능발전 한국 기업협의회)

**KDI** Korea Development Institute (한국개발연구원)

**KIEP** Korea Institute for International Economic Policy (대외정책연구원, 한국)

**KIET** Korea Institute for Industrial Economics and Trade (산업연구원, 한국)

**KIKO** Knock-in Knock-out (파생금융상품 이름)

**KRX** Korea Exchange (한국거래소)

**LEED** Leadership in Energy and Environmental Design (에너지절감 및 환경친화 디자인)

**M&A** Merger and Acquisition (인수합병)

**M&S** Marks and Spencer (회사 이름)

**MEF** 16 Major Economies Forum on Energy and Climate (주요 16 경제국 포럼, 한국도 회원국임)

**MENA** Middle Ease and North Africa (중동 및 북아프리카)

**MNC** Multinational Corporation (다국적기업)

**NGO** Non-Government Organization (비정부기구, 시민단체)

**NPO** Non-profit Organization (비영리단체)

**NYSE** New York Stock Exchange (뉴욕 증권거래소)

**NYT** The New York Times(일간지 이름, 미국)

**ODA** Official Development Aid (공적 개발원조)

**ODM** Original Design Manufacturer (자기 디자인 제조업체)

**OECD** Organization for Economic Cooperation and Development (경제협력개발기구)

**P&G** Proctor and Gamble (회사 이름)

**PF** Project Financing (대형사업 금융)

**REDD** Reducing Emissions from Deforestation and forest Degradation (삼림보존 보상 프로그램)

**SCM** Supply Chain Management (가치사슬 관리, 소프트웨어)

**SOC** Social Overhead Capital (사회간접자본)

**SPI** Sustainability Product Index (지속가능성 상품지수)

**SRI** Socially Responsible Investment (사회책임투자)

**TNC** Transnational Corporation (초국적기업)

**TPS** Toyota Production System (도요타 생산방식)

**UN** United Nations (국제연합)

**UNDP** United Nations Development Program (유엔 개발계획)

**UNEP** United Nations Environment Program (유엔 환경계획)

**UN FCCC** UN Framework Convention on Climate Change (유엔 기후변화협약)

**UN IPCC** UN Intergovernmental Panel on Climate Change (유엔 정부간 기후변화협의회)

**UFWFP** UN World Food Program (유엔 세계식량계획)

**USGBC** US Green Building Council (미국 녹색빌딩 평의회)

**USBCSD** US Business Council for Sustainable Development (지속가능발전 미국 기업협의회)

**WBCSD** World Business Council for Sustainable Development (지속가능발전 세계 기업협의회)

**WEF** World Economic Forum (세계경제포럼)

**WEEE** Waste Electrical and Electronic Equipment (전기전자 폐품 규정)

**WRI** World Resources Institute (세계자원연구소)

**WSJ** The Wall Street Journal (경제일간지 이름, 미국)

**WTO** World Trade Organization  (세계무역기구)

**WWF** World Wide Fund for Nature (세계 자연보호기금)

# 참고문헌

*열거된 각 문헌의 말미에 〈 〉로 표시된 것은 본문의 관련 부분(章)을 가리킴.*

기업은행(조사부),《한국의 중소기업 (1996)》, 1996, 〈9장〉.

녹색성장위원회. '녹색성장 국가전략 및 5개년 계획', 2009.7., 〈11, 12장〉.

대한상공회의소(상의), '글로벌 기업의 윤리경영 현황과 경영성과 연구', 연구보고서 2004.2., 〈5장〉.

——, '투명윤리경영에 대한 기업의 인식과 과제 조사', 보도자료 2005.6.3., 〈5장〉.

——, '중소기업 윤리경영 추진실태 설문조사', 보도자료 2006a, 6.22.. 〈5장〉.

——, '국내기업의 사회공헌 실태와 과제 설문조사', 보도자료 2006b, 8.17., 〈6장〉.

——, '기업관련 처벌제도의 문제점과 개선과제 조사', 보도자료 2007a, 6.22., 〈5장〉.

——, '기업의 사회공헌 활동 선진화를 위한 5대 실천과제', 연구보고서 2007b, 8., 〈4, 5, 6장〉.

——, '기업윤리의 딜레마: 사례와 해법', 보고서 2007c, 10., 〈5장〉.

——, '국내기업의 사회공헌 활동에 대한 국민인식 설문조사', 보도자료 2007d, 10.18., 〈4, 6장〉.

——,《윤리경영 100문 100답》, 2007e, 〈5장〉.

매일경제신문, (심시보), '이마트, 겉으론 윤리경영 뒤로는 '쥐어짜기'', 2007.10.23., 〈9장〉.

——, (임상균), '미래에셋, 탄소배출권 투자파생상품 국내최초 선보여', 2009.2.10., 〈11장〉.

——, (김경도), '재계 사회적 기업 육성 나섰다', 2009b, 8.25., 〈13장〉.

——, (김규식), '빛 보는 권영수 사장 상생경영', 2010a, 5.6., 〈9장〉.

——, (김대영, 황시영), '삼성그룹 그린 에너지 전방위 투자', 2010.8.12b, 〈11, 12장〉.

——, (노현 등), '중기 58% '상생 달라진 게 없다' , 2010c.12.6., 〈9장〉.

박기봉 역주,《교양으로 읽는 논어》, 비봉출판사, 2000. 〈맺음말〉.

——,《교양으로 읽는 맹자》, 비봉출판사, 2001. 〈1, 2, 6장, 맺음말〉.

삼성경제연구소, '윤리경영의 선진사례와 도입방안', CEO Information, 2002, 〈1, 2, 5장〉.

——, '도요타의 환경중시 경영과 시사점', Issue Paper, 2003.12.24., 〈7, 8, 11, 12장〉.

——, '지속성장 기업의 조건: CSR', CEO Information, 2007, 〈1, 5, 6장〉.

——, '기술혁신을 통한 녹색경영', SERI 경영노트, 2010.5.6., 〈7, 12장〉.

삼성전자, 〈2008~2009 지속가능성 보고서〉. 〈2, 5, 7, 11, 12장〉.

안영도,《국가경쟁력 향상의 길》, 비봉출판사, 1999. 〈3, 5장〉.

——, ·박덕제,《기업경제학》(제2판), 한국방송통신대학교 출판부, 2008, 〈4, 8장〉.

LG전자, 〈2008 지속가능경영보고서〉, 〈2, 5, 7, 11, 12장〉

전국경제인연합회(전경련), '윤리경영 현황 및 CSR 추진실태 조사결과', Issue Paper, 2009a.10.30.,
〈5장〉.

——, '기업 윤리경영에 대한 국민인식 설문조사 결과', 보도자료 2009b.11.10., 〈5장〉.

──, '보다 즐겁고 행복한 미래를 어떻게 하면 누릴 수 있을 것인가?, 〈월간 전경련〉, 2010.1., 〈6장〉.

정혜원, 《대한민국 희망 보고서: 유한 킴벌리》, 거름, 2004, 〈6장〉.

중앙일보, (사설), '생쥐머리 새우깡 소비자가 응징해야', 2008a.3.20., 〈5, 14장〉.

──, (사설), '빈곤층 자립 도울 한국판 그라민 뱅크', 2008b.8.26., 〈10장〉.

──, (김창규), '뉴스분석: 죄수의 딜레마…금가는 LPG 업체', 2009.12.5., 〈5장〉.

──, (서형식), '최종현 회장 뜻 받든 세종시 '은하수 공원' 내일 개장', 2010a.1.11., 〈6장〉.

──, (표제용), '한국에서 경력 쌓은 뒤 대부분 외국행', 2010b.1.26., 중앙선데이, 〈10장〉.

──, (사설), '물건 사고 기부하고… '착' 한 소비자가 세상 바꾼다', 2010c.1.29., 〈6장〉.

──, (김선하), '중국판 장학퀴즈 10년…SK 딩하오', 2010.1.24.; '중국서 사업하려면 SK 같은 '성심' 보여야', 2010d.2.11., 〈6장〉.

──, (이상재, 김기환), '대기업 상생, 할 말 많습니다…아직 멀었어요', 2010e.9.2., 〈9장〉.

──, (성호철, 손진석), '16세 오너 아들 대주주 만들려고 편법상속', 2010f.10.14., 〈9장〉.

──, (최준호, 이현택), '땅 활용도 10배, 날씨 영향 '0'…공업으로 진화하는 농업', 2011.3.6., 〈12장〉.

조선일보, (이성훈), '임플란트 몇 개 더 팔기보다 치과의사에 시술교육 먼저', 2008a.2.21., 〈9장〉.

──, (김덕한, 김진명), ''쥐머리 새우깡', '칼날 참치 캔', 잇단 식품사고, 식품사고 '어물쩍 대응'…이물질 키운다', 2008b.3.22., 〈5, 14장〉

──, (특집), '환경경영: Green Management', 2008c.6.24., 〈7, 12장〉.

──, (Weekly BIZ), '최신 형광등을 공짜로? 영리해진 온실가스 감축사업', 2009a.1.17., 〈6, 12장〉

──, (이영완), '이산화탄소 잡고, 에너지 만들고…습지의 재발견', 2009b.5.7., 〈12장〉.

──, (송희영), '빈곤층에 결코 다가설 수 없는 재벌들', 2010a.1.1., 〈10장〉.

──, (이성훈), '굴뚝서 뿜어 나오는 수증기? 이산화탄소…돈 되는 효자', 2010b.6.28., 〈7장〉.

──, (조중식), ''동북아 허브' 커가는 인천공항 발목 잡는다', 2010c.10.20., 〈9장〉.

──, (김홍수), '부도덕한 기업 혼내주기 유럽 시민운동으로 확산', 2011.2.21., 〈4장〉.

한국경제연구원, 《경영 투명성과 기업가치》, 연구보고서, 2002.12.18., 〈4, 5장〉.

한국은행, '기업의 사회적 책임(CSR): 주요국 사례와 시사점', 한은조사연구 2007-22, 〈1, 2, 3, 6장〉

──, '신재생 에너지 산업현황 및 발전방향', 2008.8., 〈11, 12장〉.

──, '온난화 주범 CO2에서 청정원료 메탄올 뽑아낸다', 2010.1.13., 〈12장〉.

한국정부 관계부처 합동, '대중소기업 동반성장 추진대책', 회의자료, 2010.9.29., 〈9장〉.

환경부, '물산업 육성 5개년 세부추진계획', 2007.7.16., 〈11, 12장〉.


Akula, V., 'Business Basics at the Base of Pyramid', *Harvard Business Review*, June 2008, 〈10장〉.

Andrews, K., *The Concept of Corporate Strategy*, Homewood, Il: Dowjones-Irwin, 1971 (1987), 〈1, 4, 5, 8, 9, 14장, 맺음말〉.

Associated Press, the (AP), 'British Airways and Korean Air Lines Fined in Fuel Collaboration', Aug. 2, 2007, 〈5장〉.

Bakan J., *The Corporation: The Pathological Pursuit of Profit and Power*, New York: Free Press, 2004, 〈1, 2, 3, 6, 9, 14장〉.

Bartlett, C. et al., *Transnational Management* (5th edition), New York: McGraw-Hill, 2008, 〈1, 13장, 맺음말〉.

Baum, M. and D. Yug, 'The Case for a 'Green' Supply Chain: Turning Mandate into Opportunity', *www.diamondconsultants.com*, 2008, 〈7, 8, 9장〉.

Berle, A and G. Means, *The Modern Corporation and Private Property*, New Brunswick, NJ: Transactions Publishers, 1991 (1932), 〈3장〉.

Bhattacharya. et al., 'Using Corporate Social Responsibility to Win the War for Talent', *MIT Sloan Management Review*, Winter 2008, 〈4, 8장〉.

Blair, M.E. et al., 'The UN's role in Corporate Social Responsibility', *McKinsey Quarterly*, 2004 Number 4, 〈2장〉.

Blair, M.M., *Ownership and Control: Rethinking Corporate Governance for the Twenty-first Century*, Washington DC: Brookings Institution, 1995, 〈3장〉.

*Business Week* (*BW*: 2010년부터는 *Bloomberg Businessweek*), (J. Byrne), 'Jack: A Close-up Look at How America's #1 Manager Runs GE', June 8, 1998, 〈5장〉.

——, (H. Wee), 'Corporate Ethics: Right Makes Might', April 11, 2002, 〈5장〉.

——, (S. Baker), 'Tech Stops Uo to Back Bono', June 15, 2005, 〈13장〉.

——, (K. Epstein and G. Smith), 'The Ugly Side of Microlending' ; 'Compartamos: From Nonprofit to Profit' ; 'Online Extra: Yunus Blasts Compartamos', Dec. 17, 2007, 〈10장〉.

——, (K. Capell and N. Lakshman), 'Philips: Philanthropy by Design', Sept. 11, 2008a, 〈12장〉.

——, (S. Hamm), 'Social Entrepreneurs Turn Business Sense to Good', Nov. 25, 2008b, 〈10, 13장, 맺음말〉.

——, (L. Gerdes), 'The Best Places to Launch a Career', Sept. 14, 2009, 〈4장〉.

——, (M. Porter), 'How Big Business Can Help Itself by Helping Its Neighbors', May 31, 2010a, 〈9, 10, 13장〉.

——, (E. Pooley), 'The Smooth-Talking King of Coal and Climate Change', June 7, 2010b, 〈14장〉.

——, (C. Prahalad and J. Brugmann), 'Creating Business's New Social Contract', Sept. 13, 2010c, 〈10, 14장〉.

——, (P. O'Connell), 'Accenture's Smart Global Philanthropy', Sept. 14, 2010d, 〈9장〉.

Boccaletti, G. et al., 'The business opportunity in water conservation', *McKinsey Quarterly*, 2010 Number 1, 〈11장〉.

Bonini. S. et al., 'When social issues become strategic', *McKinsey Quarterly*, 2006 Number 2, 〈8, 12, 13, 14장〉.

——, 'Valuing social responsibility programs', *McKinsey Quarterly*, 2009 number 4, 〈7, 8, 9장〉.

Business for Social Responsibility (BSR), 'Aligned for Sustainable Design', May 2008, 〈12장〉.

——, 'The New Frontier in Sustainablity: The Business Opportunity in Tackling Sustainable Consumerism', July 2010, 〈7, 11, 12장〉.

Cadbury, A., *Corporate Governance and Chairmanship*, Oxford University Press, 2002, 〈3장〉.

Caux Round Table (CRT), 'Principles for Responsible Business', 2009, 〈4장〉.

Chaia, A, et al., 'A new idea in banking for the poor', *McKinsey Quarterly*, November 2010, 〈10장〉.

Ceres, 'The 21st Century Corporation: The Ceres Roadmap for Sustainability', 2010, 〈8, 10, 14장〉.

Christensen, C., *The Innovator's Dilemma: When New Technologies Cause Great Firms to Fail*, Harvard Business School Press, 1997, 〈12장〉.

——, at al., 'Disruptive Innovation for Social Change', *Harvard Business Review*, Dec. 2006, 〈10, 12, 13장〉.

Cone, A. et al., 'Causes and Effects', *Harvard Business Review*, July 2003, 〈6장〉.

Chew D. ed., *Studies in International Corporate Finance and Governance Systems: A Comparison of the US, Japan & Europe*, Oxford University Press, 1997, 〈3장, 맺음말〉.

Chang, H., *The Myth of Free Trade and the Secret of History of Capitalism*, New York: Bloomsbury, 2008, 〈1장〉.

ClimateWire, 'Buildings offer emission-cutting projects that pay for themselves', September 24, 2009. 〈7장〉

Cogman, D. and J. Oppenheim, 'Controversy Incorporated', *McKinsey Quarterly*, 2002 Number 2, 〈4장〉.

Collins, J. *Good to Great: Why Some Companies Make the Leap, and Others Don't*, New York: HarperCollins, 2001, 〈4장〉.

——, and J. Porras, *Built to Last: Successful Habits of Visionary Companies*, New York: HarperCollins, 1994, 〈4장〉.

D'Aveni, R., Hypercompetition: Managing the Dynamics of Strategic Maneuvering, New York: Free Press, 1994, 〈1장〉.

Das, G., 'Local Memoirs of a Global Manager', *Harvard Business Review*, March-April 1993, 〈10장〉.

Davis, I., 'What is the business of business?', *McKinsey Quarterly*, 2005 number 3, 〈3, 4, 13장, 맺음말〉

Deutch, J., 'The Good New About Gas: The Natural Gas Revolution and Its Consequences', *Foreign Affairs*, Jan.-Feb. 2011, 〈12장〉.

Deutsche Bank Research, 'Microfinance: An opportunity', *Current Issues*, December 2007, 〈10장〉.

Drayton, B. and V. Budinich, 'A New Alliance for Global Change', *Harvard Business Review*, Sept. 2010, 〈13장〉.

Drucker, P.F., *The Practice of Management*, New York: Harper and Row, 1954(1986). 〈풀이말, 3, 8장, 맺음말〉.

——, *Managing in the Next Society*, New York: St. Martin's Press, 2001, 〈맺음말〉.

Dyson, F. 'The Questions of Global Warming', *The NY Review of Books*, June 2008, 〈3, 12장〉.

*Economist, the (Econ)*, 'Lots of it about', Dec. 12, 2002, 〈1, 2, 3장, 맺음말〉.

—, 'The world according to CSR', Jan. 20, 2005a, 〈1, 2장〉.

—, 'The ethics of business', Jan. 20, 2005b, 〈3, 5장, 맺음말〉

—, 'The union of concerned executives', Jan 20, 2005c, 〈6장, 맺음말〉.

—, 'The hidden wealth of the poor', Nov. 3, 2005d, 〈10장〉.

—, 'In praise of usury', Aug. 2, 2007a, 〈10장〉.

—, 'In search of the good company', Sept. 6, 2007b, 〈맺음말〉.

—, 'The Nobel Peace Prize: Peace man', October 12, 2007c, 〈11장〉.

—, 'Just good business', Jan. 17, 2008a, 〈2, 4, 6, 8장〉.

—, 'Google's guru of giving', Jan. 17, 2008b, 〈13장〉.

—, 'Melting Asia', Jan, 25, 2008c, 〈1, 3장〉.

—, (EIU), 'Doing Good: Business and the Sustainability Challenge', A special report, Feb. 2008d, 〈2, 4, 7, 14장〉.

—, 'The next green revolution', Feb. 21, 2008e, 〈12장〉.

—, 'Doing good by doing very nicely indeed', June 26, 2008f, 〈10장〉.

—, 'Global warming: A changing climate of opinion?', Sept. 4, 2008g, 〈11, 12장〉.

—, 'The curse of carbon', Dec. 30, 2008h, 〈11장〉.

—, 'Talking rubbish', Special reports on trash management, Feb. 26, 2009a, 〈12장〉.

—, 'Carbon capture: Scrubbing the skies', Mar. 5, 2009b, 〈11, 12장〉.

—, 'A partial marvel', July 16, 2009c, 〈10장〉.

—, 'The science of climate change: The clouds of unknowing', Mar. 18, 2010a, 〈1, 11장〉.

—, 'In praise of techno-austerity', June 10, 2010b, 〈12장〉.

—, 'Climate controversies: Flawed Scientists' ; 'Science behind closed doors', July 8, 2010c, 〈11장〉.

—, 'Geoengineering: Lift-off', Nov. 4, 2010d, 〈12장〉.

—, 'A sort of progress: The Cacun climate-change conference', Dec. 16, 2010e, 〈11장〉.

Economy, E., 'The Great Leap Backward?', *Foreign Affairs*, Sept.-Oct. 2007, 〈1장〉.

Elkington, J., *Cannibals with Forks: The Triple Bottom Line of 21st Century Business*, Oxford, UK: Capstone Publishing, 1997, 〈풀이말, 1, 2, 3, 6, 7, 11, 12, 14장, 맺음말〉.

—, and P. Hartigan, *The Power of Unreasonable People: How Social Entrepreneurs Create Markets That Change the World*, Harvard Business Press 2008, 〈13장〉.

Ellsworth, R., *Leading with Purpose*, Stanford University Press, 2002, 〈3장, 맺음말〉.

Enkvist, P. et al., 'Business strategies for climate change', *McKinsey Quarterly*, 2008 Number 2, 〈11장〉.

Epstein, M. and B. Birchard, *Counting What Counts: Turning Corporate Accountability to Competitive Advantage*, Cambridge, Mass: Persus Books, 2000, 〈2, 3, 5, 6, 7장, 맺음말〉.

Esty, D., 'What Stakeholders Demand', *Harvard Business Review*, October 2007, 〈2, 11장〉.

—, and A.S. Winston, *Green to Gold: How smart companies use environmental strategy to innovate, create value, and build competitive advantage*, New Haven: Yale University Press, 2006, 〈2, 4, 7, 8, 14장〉.

Ethical Corporation, 'The Value of Giving: Engaging employees and communities', Special report: community investment, Sept. 2008, 〈4, 6, 8, 9, 14장〉.

Farrell, D. and J. Remes, 'How the world should invest in energy efficiency', *McKinsey Quarterly*, July 2008, 〈7, 12장〉.

*Financial Times*, the (FT), (M. Skapinker), 'Why corporate laggards should not win ethics awards', July 8, 2004, 〈3, 8장, 맺음말〉.

—, (M. Wolf), 'Why the climate change wolf is so half to kill off', Dec. 4, 2007a, 〈11장〉.

—, (D. Brewester), 'Sustainablity report seeks the facts', Dec. 9, 2007b, 〈2장〉.

—, (M. Skapinker), 'Virtue's reward?', April 28, 2008a, 〈2, 8, 10장〉.

—, (T. Harford), 'The battle for the soul of microfinance', December 6, 2008b, Weekend Reportage, 〈10장〉.

—, (A. Jack), 'Profitable philanthropy', Jan. 13, 2009a, 〈2, 10, 13장〉.

—, (S. Stern), 'The deadliest greenhouse gas? The hot air of CSR', Feb. 3, 2009b, 〈맺음말〉.

Foster, W. and G. Fine, 'How Nonprofits Get Really Big', *Stanford Social Innovation Review*, Spring 2007, 〈13장〉.

Friedman, M. and R., *Free to Choose: A Personal Statement*, New York: Harcourt Brace, 1980, 〈풀이말, 1, 3, 14장, 맺음말〉.

Friedman, T., *The World is Flat*, New York: Farrar, Straus, and Giroux, 2005, 〈1장〉.

GE, 'Taking on Big Challenges', *2005 ecomagination report*, 〈4, 8장〉.

—, 'Delivering on ecomagination', *2006 ecomagination report*, 〈4, 8장〉.

—, 'Doubling Out Impact', *ecomagination 2009 annual report*, 〈4, 8장〉.

Gellerman, S., 'Why 'good' Managers Make Bad Ethical Choices', *Harvard Business Review*, July-August 1986, 〈5장〉.

George, W. (Bill), *Authentic Leadership*, San Francisco: Jossey-Bass, 2003, 〈3, 5, 14장, 맺음말〉.

Guenster, N. et al., 'The Economic Value of Corporate Eco-Efficiency', A conference paper 2005, European Financial Management, March 2010 online, 〈4, 8, 11장〉.

*GreenBiz (www.greenbiz.com)*, (R. Schuchard), 'The Difference Between Product and Supply Chain Footprinting', June 28, 2008, 〈4장〉.

—, (D. Bent), 'Investigating the Business Case for Sustainability: Seven Steps That Could Make You Millions', Jan 27, 2010a, 〈7장〉.

—, (Staff), 'Making the Shift to Paperless Treasury Management', Feb. 18, 2010b, 〈7장〉.

—, (Staff), 'Tesco, Nestle Among UK Firms Planning Big Packaging Cuts', March 4, 2010c, 〈7장〉.

—, (C. Girrbach), 'How Cisco's Packaging Diet Saves $20 Million a Year', March 10, 2010d, 〈7장〉.

—, (T. Herrara), 'The Water Risks Companies Face, and How to Address Them', March 22, 2010e, 〈7장〉.

—, (M. Gunther), 'Social Funds and BP: How Embarrassing!', July 13, 2010f, 〈4장〉.

—, (J. Hollender), 'Why I'm Doing Business with Walmart', July 29, 2010g, 〈8, 14장〉.

—, (A. Dominguez), 'Why Walmart Is Doing Business with Seventh Generation', Aug. 6, 2010h, 〈8, 14장〉.

—, (M. Wheeland), 'Walmart Sows Major Sustainable Ag Commitment', Oct. 14, 2010i, 〈8장〉.

—, (J. Makower), 'Is TerraChoice a Greenwashing?', Oct. 28, 2010j, 〈6장〉.

—, (E. Lowitt), 'Three Rules for Crowdsourcing Your Sustainability Projects', Dec. 20, 2010k, 〈12장〉.

Gupta, K. and H. Wang, *Getting China and India Right*, San Francisco: Jossey-Bass, 2009, 〈10장〉.

Habiby, A. and D. Coyle, Jr., 'The High-Intensity Entrepreneur', *Harvard Business Review*, Sept. 2010, 〈13장〉.

Handy, C., *The Age of Unreason*. Boston, Mass: Harvard Business School Press, 1990, 〈12, 13장〉.

Hart, S., 'Beyond Greening: Strategies for a Sustainable World', *Harvard Business Review*, Jan.-Feb. 1997, 〈7, 9, 11, 12장〉.

—, *Capitalism at the Crossroads*, Wharton School Publishing, 2007, 〈1, 4, 8, 12장〉.

Harvard Business School Case 700-047, 'Hitting the Wall: Nike and International Labor Practices', 2000, 〈1, 2장〉.

Hawken, P., *The Ecology of Commerce: A Declaration of Sustainability*, New York: HaperCollins, 1993, 〈1, 2, 3, 7, 14장〉.

—, and A. & H. Lovins, *Natural Capitalism: Creating the Next Industrial Revolution*, New York: Little and Brown, 1999, 〈7장〉.

Hayek, F., *The Road to Serfdom*, The University of Chicago Press, 1944 (1992), 〈1장〉.

Heineman Jr. B., *High Performance with High Integrity*, Boston: Harvard Business Press, 2008, 〈5장〉.

Hoffman, A., 'Climate Change Strategy: the Business Logic behind Voluntary Greenhouse Gas Reductions', *California Management Review*, May 2005, 〈11, 12장〉.

—, 'If you're Not at the Table, You're on the Menu', *Harvard Business Review*, October 2007, 〈14장〉.

Hoffman, N. and J. Twining, 'Profiting from low-carbon economy', *McKinsey on Corporate and Investment Banking*, June 2009, 〈11장〉.

Holliday, C. Jr. and et al., *Walking the Talk: The Business Case for Sustainable Development*, San Francisco: Berrett-Koehler Publishing, 2002, 〈3, 8장〉.

Houser, T., 'Energy Efficiency in Buildings: A Global Economic Perspective', Peterson Institute for International Economics, Policy Brief, PB 09-8, 〈7장〉.

Huston, L. and N. Sakkab, 'Connect and Develop: Inside P&G's New Model for Innovation', *Harvard Business Review*, March 2006, 〈12장〉.

IBM (Institute for Business Value), '2007 IBM Energy and Utilities Global Residential/Small Business Consumer Survey Selected Results', 2007, 〈4장〉.

——, (Global Business Services), 'Attaining sustainable growth through corporate social responsibility', 2008, 〈4, 7, 10, 12장〉.

Immelt, J. et al., 'How GE is Disrupting Itself', *Harvard Business Review*, Oct. 2009, 〈8, 10, 12장〉.

IMF, *World Economic Outlook: Spillovers and Cycles in the Global Economy*, April 2007, 〈풀이말, 1장〉.

Inkpen, A. and K. Ramaswamy, *Global Strategy: Creating and Sustaining Advantage Across Borders*, New York: Oxford Univ. Press, 2006, 〈9장〉.

International Energy Agency (IEA), *2010 Key World Energy Statistics*, 2010, 〈11장〉.

——, *Energy Technology Perspectives 2010*, July 2010, 〈12장〉.

Jacque, L., *Management and Control of Foreign Exchange Risk*, Boston: Kluwer Academic, 1996, 〈5장〉.

Kaku, R., 'The Path of Kyosei', *Harvard Business Review*, July-Aug. 1997. 〈1, 4, 6, 8, 9, 13장〉.

Kanter, R.M., 'From Spare Change to Real Change: The Social Sector as Beta Site For Business Innovation', *Harvard Business Review*, May-June 1999, 〈9, 10, 12장〉.

——, 'What Would Peter Say', *Harvard Business Review*, November 2009, 〈5장〉.

Kelly, G. and D. and A. Gamble eds., *Stakeholder Capitalism*. London: MacMillan Press, 1997, 〈풀이말, 3장, 맺음말〉.

Keys, T. et al., 'Making the most of corporate social responsibility', *McKinsey Quarterly online*, December 2009, 〈8, 9, 14장〉.

Khanna, T., *Billions of Entrepreneur: How China and India Are Reshaping Their Futures and Yours*, Harvard Business School Press, 2007, 〈10, 12, 13장〉.

Khurana, R. and N. Nohria, 'It's Time to Make Management as a True Profession', *Harvard Business Review*, October 2008, 〈5장〉.

Kotler, P., *Marketing Management: Analysis, Planning, and Control* (5th edition), Englewood Cliffs, NJ, 1984 (1972), 〈6장〉.

——, and N. Lee, *Corporate Social Responsibility: Doing the Most Good for Your Company and Your Cause*, Hoboken, NJ: John Wiley and Sons, 2005, 〈4, 6장〉.

——, and K. Keller, *Marketing Management* (13th edition), Upper Saddle River, NJ: Pearson, 2009 (1997), 〈2, 6, 12, 14장〉.

Kristof, N., 'D.I.Y. Foreign-Aid Revolution', *The New York Times*, Oct. 20, 2010, 〈13장〉.

Krugman, P., *The Conscience of a Liberal*, New York: W. W. Norton, 2007, 〈1장〉.

Kurtzman, 'The Low-Carbon Diet', *Foreign Affairs*, Sept.-Oct. 2009, 〈11장〉.

Kuttner, R., *Everything For Sale: The Virtues and Limits of Market*, New York: Alfred A. Knopf, 1996, 〈풀이말〉.

Lafley, A.G., 'The Purpose of a Company is to Create a Customer', 〈맺음말〉.

Lash, J. and F. Wellington, 'Competitive Advantage on a Warming Planet', *Harvard Business Review*, March 2007, 〈8, 11, 12장〉.

Lawrence, A. and J. Weber, *Business and Society: Stakeholders, Ethics, Public Policy* (12th edition), MGraw-Hill, 2008, 〈2, 5장〉.

Levi, M., 'Copenhagen's Inconvenient Truth', *Foreign Affaires*, Sept-Oct 2009, 〈11장〉.

——, 'Beyond Copenhagen', *Foreign Affairs*, Postscript, Feb. 2010, 〈11장〉.

Lomborg, B., *The Skeptical Environmentalist*, Cambridge Univ. Press, 2001, 〈1, 3, 11, 12장〉.

——, *Cool It*, New York: Alfred A. Knopf, 2008, 〈1, 3, 11, 12장〉.

Lorsch, J.W., *Pawns and Potentates: The Reality of America's Corporate Boards*, Boston: Harvard Business School Press, 1989, 〈3장〉.

Lovins, A. & H. and P. Hawken, 'A Road Map for Natural Capitalism', *Harvard Business Review*, May-June 1999, 〈7장〉.

Lubin, D. and D. Esty, 'The Sustainability Imperative', *Harvard Business Review*, May 2010, 〈8장〉.

Magretta, J., 'Growth through Global Sustainability', *Harvard Business Review*, Jan.-Feb. 1997, 〈12 장〉.

Makower, J., *Beyond the Bottom Line*, New York: Simon & Schuster, 1994, 〈1, 2, 3, 4, 6, 7, 9, 10, 14 장〉.

——, 'Ecomagination: Inside GE.'s Power Play', *http://makower.typepad.com*, May 2005, 〈8장〉.

Mankiw, G., *Principles of Economics*, South-Western, 2009 (1998), 〈맺음말〉.

Marks and Spencer (M&S), 'Global Sourcing Principles', August 2005, 〈2, 8장〉.

——, 'How We Do Business Report 2010', 〈2, 5, 8장〉.

McDonough, W. and M. Braungart, *Cradle to Cradle*, New York: Farrar, Straus and Giroux, 2002, 〈7 장, 맺음말〉.

Mendonca, L.T. and M. Miller, 'Exploring business's social contract', *McKinsey Quarterly*, number 2, 2007, 〈3장, 맺음말〉.

Meyer, C. and J. Kirby, 'Leadership in the Age of Transparency', *Harvard Business Review*, April 2010, 〈2, 8장〉.

Mintzberg, H., 'Crafting Strategy', *Harvard Business Review*, June-July1987, 〈8장〉.

——, et al., 'Beyond Selfishness', *MIT Sloan Business Review*, Fall 2002, 〈8장, 맺음말〉.

*MIT Sloan Management Review*, The Business of Sustainablity: Findings and Insights from the First Annual Business of Sustainability Survey and the Global Thought Leaders' Research Project, 2009, 〈2, 4, 7, 8, 12장〉.

Morita, A., *Made in Japan: Akio Morita and Sony*. New York: Penguin Books, 1986, 〈2, 10장〉.

Morse, G., 'Six Sources of Limitless Energy', *Harvard Business Review*, Sept. 2009, 〈12장〉.

Naisbitt, J., *Megatrends: Ten New Directions Transforming Our Lives*, New York: Warner Books, 1982, 〈1, 3, 12, 14장〉.

NEED (National Environmental Education Foundation), 'The Business Case for Environment and Sustainablity Employee Education', February 2010, 〈7장〉.

*New York Times, the (NYT)*, (M. Friedman), 'The Social Responsibility of Business is to Increase its Profits', September 13, 1970, 〈1, 3장, 맺음말〉.

——, (B. Feder), '$34 Million Settles Suit for Women at Auto Plant', June 12, 1998, 〈5장〉.

——, (D. Barstow and D. Henriques), 'Marketing Patriotism, Companies Blur Lines of Charity and Profit', Feb. 2, 2002, 〈6장〉.

——, (S. Storm), 'Gates Aims Billions to Attack Illnesses of World's Neediest', July 13, 2003, 〈6장〉.

——, (L. Flynn), 'Samsung to Pay $300 Million Fine for Price Fixing', October 13, 2005a, 〈5장〉.

——, (M. Warner), 'University of Michigan Becomes 10th College to Join Boycott of Coke', December 31, 2005b, 〈2장〉.

——, (L. Flynn), '3 to Plead Guilty in Samsung Price-Fixing Case', March 23, 2006a, 〈5장〉.

——, (T. O'Brien and S. Saul), 'Buffett to Give Bulk of His Fortune to Gates Charity', June 26, 2006b, 〈6장〉.

——, (S. Storm), 'Gates's Charity Races to Spend Buffett Billions', Aug. 13, 2006c, 〈6장〉.

——, (W. Stevens), 'On the Climate Change Beat, Doubt Gives Way to Certainty, Feb. 6, 2007a, 〈11장〉.

——, (A. Martin), 'Burger King Shifts Policy on Animals', March 28, 2007b, 〈5장〉.

——, (M. Barbaro), 'Bare-Knuckle Enforcement for Wal-Mart's Rules', March 29, 2007c, 〈5장〉.

——, (B. Carter), 'Radio Host is Suspended Over Racial Remarks', April 10, 2007d, 〈5장〉.

——, (A. Revkin), 'Arctic Plants Have Adjusted to Climate Changes', June 14, 2007e, 〈11장〉.

——, (N. Gelinas), 'A Carbon Tax Would Be Cleaner', Aug. 23, 2007f, 〈11장〉.

——, (J. Kahn), 'In China, a Lake's Champion Imperils Himself', Oct. 14, 2007g, 〈1장〉.

——, (A. Martin), 'In Eco-Friendly Factory, Low-Guilt Chips', Nov. 15, 2007h, 〈7장〉.

——, (D. Barboza), 'In Chinese Factories, Lost Fingers and Low Pay', January 5, 2008a, 〈5장〉.

——, (M. Barbaro), 'Wal-Mart Chief Offers a Social Manifesto', Jan 24, 2008b, 〈8장〉.

——, (A. Martin), 'Agriculture Dept. Vows to Improve Animal Welfare', February 29, 2008c, 〈5장〉.

——, (E. Dash), 'Citi Pays $1.66 Billion to Settle Enron Claim', March 26, 2008d, 〈5장〉.

——, (E. Malkin), 'Microfinance's Success Sets Off a Debate in Mexico', April 5, 2008e, 〈10장〉.

——, (S. Corbett), 'Can the Cellphone Help End Global Poverty', April 13, 2008f, 〈10, 12, 13장〉.

——, (C. Krauss), 'Rockefellers Seek Change at Exxon', May 28, 2008g, 〈2장〉.

——, (R. Reich), 'How about a Cap-and-Trade Dividend?', June 4, 2008h, 〈11장〉.

——, (S. Schubert et al.), 'At Siemens, Bribery Was Just a Line Item', Dec. 21, 2008i, 〈5장〉.

—, (B. Meier), 'Medtronic Gets Subpoena Regarding Disputed Study', June 24, 2009a, 〈5장〉.

—, (A. Vance), 'Google and Mountain View Recast Company-Town Model', Feb. 19, 2009b, 〈9장〉.

—, (B. Barnes), 'Making a Case for the Environment and the Bottom Line', June 8, 2009c, 〈7장〉.

—, (G. Mankiw), 'A Missed Opportunity on Climate Change', Aug. 9, 2009d, 〈11장〉.

—, (J. Diamond), 'Will Big Business Save the Earth?', Dec. 6, 2009e, 〈7장〉.

—, (L. Kaufman), 'Emissions Disclosure as a Business Virtue', Dec. 29, 2009f, 〈2장〉.

—, (L. Browning), 'Swiss Back Away from Deal to Give Names of Rich UBS Clients to US', January 28, 2010a, 〈2장〉.

—, (W. Yardley), 'In Portland, Going Green and Growing Vertical in a Bid for Energy Savings', Jan. 30, 2010b, 〈7장〉.

—, (D. Segal), 'Oh, What a Feeling: Watching Toyota Flunk for Once', February 5, 2010c, 〈6장〉.

—, (G. Harris), 'A Federal Effort to Push Junk Food out of Schools', February 8, 2010d, 〈6장〉.

—, (A. Gore), 'We Can't Wish Away Climate Change', Feb. 28, 2010e, 〈11장〉.

—, (V, Bajaj), 'Sun Co-Founder Uses Capitalism to Help Poor', October 5, 2010f, 〈10장〉.

—, (S. Storm), 'Hybrid Model for Nonprofits Hits Snags', Oct. 25, 2010g, 〈13장, 맺음말〉.

—, (J. Gillis), 'A Scientist, His Work and a Climate Reckoning', Dec. 21, 2010h, 〈11장〉.

—, (M. Yunus), 'Sacrificing Microcredit for Magaprofits', Jan. 14, 2011a, 〈10, 13장〉.

—, (S. Storm and M. Helft), 'Google Finds It Hard to Reinvent Philanthropy', Jan. 29, 2011b, 〈13장, 맺음말〉.

Nike, Inc., *Corporate Responsibility Report FY 2007~08*, 〈4, 6, 7, 8, 12, 13장〉.

Nordhouse, W., *A Question of Balance: Weighing the Options on Global Warming Policies*, Yale Univ. Press, 2008, 〈3, 11장〉.

Novogratz, J., 'The state of philanthropy: A conversation with Acumen Fund's CEO', *McKinsey Quarterly*, March 2009, 〈10, 13장, 맺음말〉.

OECD Reports (OECD), *Society at a Glance 2001: OECD Social Indicators*, 2001, 〈2장〉.

—, 'Globalisation, Jobs and Wages', Policy Brief, June 2007a, 〈1장〉.

—, Climate Change: Meeting the Challenge to 2050, Policy Brief, November 2007b, 〈1, 11장〉.

—, *Environmental Outlook to 2030*, 2008a, 〈1, 12장〉.

—, (R. Duval), 'A Taxonomy of Instruments to Reduce GHG Emissions and their Interactions', Economics Department Working Paper No. 636, 2008b, 〈11장〉.

—, (J,. Burniaux et al.), 'The Economics of Climate Change Mitigation: How to Build the Necessary Global Action in a Cost-Effective Manner', Economics Department Working Paper No. 701, 2009a, 〈11장〉.

—, 'Sustainable Manufacturing and Eco-innovation: Towards a Green Economy', Policy Brief, June 2009b, 〈12장〉.

—, (R. Jones and B. Yoo), 'Korea's Green Growth Strategy: Mitigating Climate Change and Developing New Growth Engines', Economics Department Working Paper #798, July 2010, 〈11, 12장〉.

Olmstead, A. and P Rhode, 'Responding to Climatic Challenges: Lessons from U.S. Agricultural Development', A working paper sponsored by NBER, May 2010, 〈11장〉.

Oppenheim, J., 'Corporations as global cisizens', *McKinsey Quarterly*, 2004 Number 1, 〈14장〉.

Orlitzky, M et al., 'Corporate Social and Financial Performance: A Meta-analysis', *Organization Studies*, March 2003, 〈4장〉.

Pascale, R. and A. Athos, *The Art of Japanese Management*, New York: Warner Books, 1981, 〈풀이말〉.

Porter, M., *Competitive Strategy: Techniques for Analyzing Industries and Competitors*, New York: Free Press, 1980, 〈4장〉.

—, *Competitive Advantage: Creating and Sustaining Superior Performance*, New York: Free Press, 1985, 〈6, 12장〉.

—, *The Competitive Advantage of Nations*, New York: Free Press, 1990, 〈9, 12장〉.

—, 'The Competitive Advantage of the Inner City', *Harvard Business Review*, May-June 1995, 〈9, 10, 12장〉.

—, 'The Clusters and the New Economics of Competition', *Harvard Business Review*, Nov.-Dec. 1998, 〈9, 12장〉.

Porter, M and M. Kramer, 'Philanthropy's New Agenda: Creating Value' , *Harvard Business Review*, Nov.-Dec. 1999, 〈6, 9, 13장〉.

—, 'The Competitive Advantage of Corporate Philanthropy', *Harvard Business Review*, December 2002, 〈3, 4, 6, 8, 9장〉.

—, 'Strategy and Society: The Link between Competitive Advantage and CSR', *Harvard Business Review*, December 2006, 〈3, 4, 7, 8, 9, 10, 12장, 맺음말〉.

Porter, M. and R. Reinhardt, 'A Strategic Approach to Climate', *Harvard Business Review*, October 2007, 〈11장〉.

Porter, M. and C. van def Linde, 'Green and Competitiveness: Ending the Stalemate', *Harvard Business Review*, Sept.-Oct. 1995, 〈7, 8, 12, 14장〉.

Prahalad, C.K., *The Fortune at the Bottom of Pyramid: Eradicating Poverty through Profits*, Wharton School Publishing, 2006, 〈10, 12, 13장〉.

—, and A. Hammond, 'Serving the World's Poor, Profitably', *Harvard Business Review*, September 2002, 〈8, 10장〉.

—, et al., 'Why Sustainablity is Now the Key Driver fo Innovation', *Harvard Business Review*, Sept. 2009, 〈4, 8, 12장〉.

Reich, R., *Supercapitalism: The Transformation of Business, Democracy, and Everyday Life*, New

York: Knopf, 2007. 〈1, 3, 4, 9, 14장, 맺음말〉.

Sachs, J., *The End of Poverty*, New York: Penguin Press, 2005, 〈13장〉.

Sawaya, A.J., 'Financing Latin America's low-income consumers', *McKinsey Quarterly*, special edition 2007, 〈10장〉.

Savitz, A.W., *The Triple Bottom Line: How Today's Best-Run Companies Are Achieving Economic, Social, and Environmental Success and How You Can Too*, San Francisco: Jossey-Bass, 2006, 〈3, 4장〉.

Scheve, K.F. and M.J. Slaughter, A New Deal for Globalization, *Foreign Affairs*, July-August 2007, 〈1장〉.

Schwab, K., 'Global Corporate Citizenship', *Foreign Affairs*, Jan.-Feb. 2008, 〈1, 4, 5, 6, 8, 13장〉.

Schwartz, P., 'Investing in Global Security', *Harvard Business Review*, October 2007, 〈11장〉.

Simon, H., *Hidden Champions: Lessons from 500 of the World's Best Unknown Companies*, Harvard Business School Press, 1996, 〈9장〉.

Slater, R., *The New GE: How Jack Welch Revived an American Institution*, Homewood, Ill: Irwin, Inc., 1993, 〈5장〉.

Smith, A., *The Wealth of Nations*, 1994 Modern Library Edition, New York: Random House, 1776(1994), 〈풀이말, 3장〉.

Smith, C., 'The New Corporate Philanthropy', *Harvard Business Review*, May-June 1994, 〈6, 8, 9장〉.

Steele, R and J. Cleverdon, 'Corporate Social Responsibility: What's the Real Link to Company Performance?', Marakon Associates, 2004, 〈8장〉.

Stern, N., *The Economics of Climate Change: The Stern Review*, Cambridge Univ. Press, 2007, 〈3, 11장〉.

Sternberg, E., *Just Business: Business Ethics in Action* (2nd edition), Oxford University Press, 2000, 〈1, 3, 4장, 맺음말〉.

Stiglitz, J., *Globalization and Its Discontents*, New York: W.W. Norton, 2002, 〈1장〉.

—, *Making Globalization Work*, New York: W.W. Norton, 2006, 〈1장〉.

Stigson, B., 'Beyond The Bottom Line: Measuring Impacts on Society', *The European Business Review*, December 3, 2008, 〈2, 3, 4, 10장, 맺음말〉.

Swartz, J., 'Timberland's CEO on Standing Up to 65,000 Angry Activists', *Harvard Business Review*, Sept. 2010, 〈14장〉.

TerraChoice, 'The Sins of Greenwashing: Home and Family Edition 2010', October 2010, 〈6장〉.

Thompson, J. and I. MacMillan, 'Making Social Ventures Work', *Harvard Business Review*, Sept. 2010, 〈13장〉.

Tichy N. and S. Sherman, *Control Your Destiny or Someone Else Will*, New York: Currency and Doubleday, 1993, 〈5장〉.

Trudel, R. and J. Cotte, 'Does It Pay To Be Good', *MIT Sloan Management Review*, Winter 2009, 〈4

장〉.

UNCTAD, 'Developing Country Interests in Climate Change Action and the Implicatioins for a Post-2010 Climate Change Regime', 2009, 〈11장〉.

UNDP, *Human Development Report 2007/2008*, 2007, 〈11장〉.

UNEP, *Global Environmental Outlook: Environment for development*, 2007, 〈11장〉.

—, 'Green Jobs: Towards decent work in s sustainable, low-carbon world', 2008, 〈7, 9, 12장〉.

UN IPCC, *Fourth Assesment Report: Climate Change 2007*, 2007, 〈11장〉.

Unruh, G. and R. Etternson, 'Winning in the Green Frenzy', *Harvard Business Review*, Nov. 2010, 〈14장〉.

Vernon, R., 'Economic Sovereignty at Bay', *Foreign Affairs*, October 1968, 〈5, 14장〉.

Victor, D. et al., 'The Geoengineering Option', *Foreign Affairs*, March-April 2009, 〈11, 12장〉.

Vogel, D., *The Market for Virtue: The Potential and Limits of Corporate Social Responsibility*, Washington D.C.: The Brookings Institution, 2005, 〈1, 2, 4, 5, 6장, 맺음말〉.

Wallack, F. and V. Ramanathan, 'The Other Climate Changers', *Foreign Affairs*, Sept.-Oct. 2010, 〈11장〉.

Walley, N. and B. Whitehead, 'It's not Easy Being Green', *Harvard Business Review*, May-June 1994, 〈7장〉.

*Wall Street Journal*, The (WSJ), (S. McCartney), 'Carty Steps Down as AMR Chief Amid Fallout over Executive Perks', April 25, 2003, 〈5장〉.

—, (M. Pacelle), 'Citigroup Will Pay $2.66 Billion to Settle WorldComm Investor Suit', May 11, 2004a, 〈5장〉.

—, (M. Pacelle et al.), 'For Citigroup, Scandal in Japan Shows Dangers of Global Sprawl', Dec. 22, 2004b, 〈5장〉.

—, (K. Richardson), 'Buffett Says to Avoid Scandals, Managers Must Not Follow Herd', October 10, 2006, 〈5장〉.

—, (S. Sandberg), 'The Charity Gap', April 4, 2007a, 〈6장〉.

—, (G. Hubbard), 'Capitalism Against Climate Change', May 31, 2007b, 〈11장〉.

—, (J. Ball), 'Cows, Climate Change and Carbon Credits', June 14, 2007c, 〈11장〉.

—, (R. Smith), 'Inside Messy Reality of Cutting $CO_2$ Output', July 12, 2007d, 〈11, 12장〉.

—, (E. Byron), 'P&G' s Global Target: Selves of Tiny Stores', July 16, 2007e, 〈10장〉.

—, (D. Botkin), 'Global Warming Delusions', Oct. 17, 2007f, 〈11장〉.

—, (J. Christy), 'My Nobel Moment', Nov. 1, 2007g, 〈11장〉.

—, (K. Linebaugh and J. Spencer), 'The Revolution of Chairman Li', Nov. 2, 2007h, 〈13장〉.

—, (S. Oster), 'Discontent Flows at Chinese Dam', Nov, 6, 2007i, 〈1, 11장〉.

—, (S. Stecklow and J. Bandler), 'A Little Laptop with Big Ambitions', Nov. 24, 2007j, 〈10장〉.

—, (J. Ball), 'Kyoto's Caps on Emissions Hit Snag in Marketplace', Dec. 3, 2007k, 〈11장〉.

──, (D. Crawford et al.), 'Inside Bribery Probe of Siemens', Dec. 18, 2007l, 〈5장〉.

──, (K. Shwiff), 'Medtronic to Pay $114 Million in Settling Heart-Device Suits', Dec. 21, 2007m, 〈5장〉.

──, (W. Clinton and A. Schwarzenegger), 'Beyond Payday Loans', Jan. 24, 2008a, 〈10장〉.

──, (R. Guth), 'Wealth of Ideas: Bill Gates Issues Call for a Benevolent Capitalism', Jan. 25, 2008b, 〈13장〉.

──, (C. Prystay), 'Doing Well by Doing Good?', Feb. 12, 2008c, 〈10, 12장〉.

──, (D. Kesmodel et al.), 'Meatpacker in Cow-Abuse Scandal May Shut as Congress Turns up Heat', Feb. 25, 2008d, 〈5장〉.

──, (D. Helm), 'Sins of Emission', March 13, 2008e, 〈11장〉.

──, (M. O' Grady), 'Market for the Poor in Mexico', June 30, 2008f, 〈10장〉.

──, (M. Malone), 'From Moore's Law to Barrett's Rules', May 16, 2009a, 〈3, 5장, 맺음말〉.

──, (D. Searcey), 'U.S. Cracks Down on Corporate Bribery', May 26, 2009b, 〈5장〉.

──, (T. Gohale), 'A Global Surge in Tiny Loans Spurs Credit Bubble in a Slum', Aug. 14, 2009c, 〈10장〉.

──, (J. Rockoff et al.), 'Pfizer to Plead Guilty To Improper Marketing', Sept. 3, 2009d, 〈5장〉.

──, (G. Naik et al.), 'Climate-Change Claim Under Fire', Jan. 19, 2010a, 〈2장〉.

──, (E. Bellman), 'India's Microlenders to Share Data', Mar. 10, 2010b, 〈10장〉.

──, (V. Bauerlein), 'PepsiCo Plans Recycling Initiative', April 22, 2010c, 〈7장〉.

──, (R. Guth and S. Banjo), 'Gates, Buffett Goad Peers to Give Billions to Charity', June 16, 2010d, 〈6, 13장〉.

──, (C. Passariello), 'Danone Expands Its Pantry to Woo the World's Poor', June 20, 2010e, 〈10장〉.

──, (R. Hotz), 'Microbes Mopped up after Spill', Jan. 7, 2011a, 〈12장〉.

Wal-mart, 'Twenty First Century Leadership', Presented by Lee Scott, October 24, 2005, 〈2, 8장〉.

──, 'Walmart Announces Sustainable Product Index', July 16, 2009, 〈2, 8장〉.

──, 'Standards for Suppliers Manual', Dec. 2009, 〈2, 8장〉.

──, 'Statement of Ethics', 2010a, 〈2, 5, 8장〉.

──, Global Sustainability Report: 2010 Progress Update, 2010b, 〈2, 8장〉.

Ward, R.D., *21st Century Corporate Board*, New York: John Wiley and Sons, 1997, 〈3, 4장〉.

Washburn, N., 'Why Profit Shouldn' t Be Your Top Goal', *Harvard Business Review*, December 2009, 〈맺음말〉.

Welch, J., *Winning*, New York: HarperCollins, 2005, 〈5장〉.

Winston, A., 'The Top 10 Green Business Stories of 2010', *http://blogs.hbr.org/inston*, Dec. 20, 2010, 〈11, 12장〉.

World Business Council for Sustainable Development (WBCSD), 'Energy Efficiency in Buildings: Business realities and opportunities', A summary report, August 2007a, 〈4, 7, 11, 14장〉.

——, 'Doing Business with the World', Sept. 2007b, 〈11, 12, 13장〉.

——, 'By-Product Synergy Program', A case study, 2008a, 〈7, 12장〉.

——, 'The Sustainable Development Challenge: Creating new opportunities for business', Nov. 21, 2008b, 〈8, 12장〉.

——, 'Managing End-of-Life Tires', December 2008c, 〈7장〉.

——, 'Allianz: Reducing the risks of the poor through microinsurance', Case Study 2009a, 〈10장〉.

——, 'Connecting the Dots: The Nexus Between Business and Ecosystems', Jan. 16, 2009b, 〈11, 12장〉.

——, 'The Eco-Patent Commons', Mar. 2009c, 〈11장〉.

——, 'Ricoh and Taisei Join Eco-Patent Commons, DuPont Contributes Additional Eco-Friendly Patents', Mar. 23, 2009d, 〈11장〉.

——, 'Vision 2050: The new agenda for business', 2010, 〈10, 12장〉.

World Economic Forum (WEF), 'Global Corporate Citizens: The Leadership Challenge for CEOs and Boards', Jan. 2003, 〈13, 14장〉.

——, 'Partnering to Strengthen Public Governance: The Leadership Challenge for CEOs and Boards', Jan. 2008, 〈13, 14장〉.

Woronoff, J., *The Japanese Management Mystique*, Chicago: Probus Publishing, 1992, 〈5장〉.

Yergin, D. and J. Stanisow, *The Commanding Heights: The Battle between Government and the Marketplace That is Remaking the Modern World*, New York: Simon and Schuster, 1998, 〈풀이말〉.

Yunus, M., *Banker to the Poor: Micro-lending and the Battle against World Poverty*, New York: PublicAffairs, 2003 (1999), 〈10장〉.

Xerox, '2010 Report on Global Citizenship', *www.Xerox.com*, 2010, 〈7, 12장〉.

# 사회책임 관련 주요 웹사이트

그린비즈: www.greenbiz.com

글로벌 100: www.global100.org

범세계 지속가능성 보고기준 협회: www.globalreporting.org

사회책임 기업협의회 (Business for Social Responsibility): www.bsr.org

세계자원연구소 (World Resources Institute): www.wri.org

시리즈(Ceres): www.ceres.org

에너지관리공단: www.kemco.or.kr

에코시큐리티즈 (EcoSecurities): www.ecosecurities.com

유엔 개발계획 (UNDP): www.undp.org

유엔 기후변화협약(UNFCCC): www.unfccc.int

유엔 범세계적 서약 (UN Global Compact): www.unglobalcompact.org

유엔 정부간 기후변화협의회 (UN IPCC): www.ipcc.ch

유엔 환경계획 (UNEP): www.unep.org

지속가능발전 세계기업협의회 (World Business Council for Sustainable Development): www.wbcsd.org

지속가능발전 한국기업협의회 (KBCSD): www.kbcsd.or.kr

지속성협회(SustainAbility): www.sustainability.com

GE 에코메지네이션(Ecomagination): www.ecomagination.com

책임성협회(AccountAbility): www.accountability21.net

코 협의회(Caux Round Table): www.cauxroundtable.org

코펜하겐 공감사항 센터 (Copenhagen Consensus Center): www.copenhagenconsensus.com

한국 메세나 협의회: www.mecenat.or.kr

찾아보기

리엔지니어링 280, 284

리카도, D. 42

리코 421

리콜 185, 190, 210, 530, 538


**ㅁ**

마르크스, K. 19

마쓰시타 333

마쓰시타, K. 25

마이크로소프트 72, 169, 188~9, 349~50, 375, 451, 544

마케팅 185, 217

막돼먹은 자본주의 51~2, 143, 146, 531, 560, 565

만국 인권선언 197

만분 클럽 238

매리어트 호텔 337, 448, 453

매킨토시 333, 349

맥도널드 50, 71~2, 249, 542~3

맥밀런, I. 514

맨큐, G. 567

맹자 40

먼델, R. 409

메드트로닉 124, 185, 533

메세나 239

멕시코만 석유유출 사건 145

모리타, A. 73, 370

몬산토 91, 468~9, 525

몬테레이 합의 491

몬트리올 의정서 458

무어의 법칙 467

문화재단 243

문화적 식민지화 44

묻지 마 투자 334

물 사용 중립 433

미국식 단기성과주의 27, 39

미셸린 479

미소(微笑)금융재단 382

미소금융 300, 363, 373, 377~8, 381~93, 507

미소금융 재단 394~5

미소금융(smile credit) 394

미소대출 382

미소보험 388~9

미소여신 382

미쓰비시 자동차 210, 215

민즈, G. 128

민츠버그, H. 305, 558, 562


**ㅂ**

바닥을 향한 경주 554

바틀리트, C. 491, 493, 498~9

박리다매 372

박정희 정부 40

반기업 정서 21~2, 52

반부패 협약 82~3

반세계화 시위 48~9

배출감축 단위(ERU) 412

배출권 거래제도 412, 414, 434~6

배출한도 413~4, 416~7, 419~20

밴더빌트, W. 36, 504

버거킹 199

버논, R. 554

버라이즌 546

버핏, W. 117, 205, 244, 504

번스, U. 482

벌리, A. 128

범세계 보고기준 협회(GRI) 101, 566

범세계적 기업시민 155, 490~1, 499

범용전략 295, 297

법인 176

베스트 바이 289

베어링스 252

베타맥스 333

벤덤, J. 70

벤앤제리 65, 96, 170, 313, 529

벨 애틀랜틱 453

보겔, D. 167

보고 즐기는 프링글스 443

보노 230, 503

보다폰 162, 242, 377

보디 숍 28, 65, 119, 125, 142, 170, 218, 220,
224, 313, 528~9

보수주의 38

보스턴 은행 380, 450

보팔 참사 253

보호무역 45

복식부기 192

본부 전략 294

부가가치 106, 246

부당 내부거래 356

부정쟁이 407~8

분식회계 186, 193

불공정 거래 188

불매운동 76~7

불편한 진실 407

브라운, J. 144

브렌트 스파 76~7

비교우위 이론 42

비용우위 전략 296~7

비자금 82


ㅅ

사농공상 19, 40

사다리 걷어차기 47

사베인스-옥슬리 법 178, 549

사업부 전략 294~5

사업에 종사할 권한 118

사외이사 134~5, 549

사용자창출정보(UCC) 71

사우스 쇼어 은행 380

사우스웨스트 항공 450

사회 마케팅 217~25, 302

사회간접자본 339

사회개혁 493

사회개혁 영리기업 494~5, 510~1, 516, 518

사회개혁가 493~4

사회공헌 24, 31, 40, 62, 65, 117, 232, 233~6,
446, 453

사회마케팅 31

사회사업가 494

사회연대은행 394

사회인 524

사회적 기업 83, 218, 230~2, 493~4, 507~9,
516~8

사회적 기업 육성법 517

사회적 마케팅 218, 230~2

사회적 책임 5, 23, 60~1, 66, 100, 118

사회주의 19~20

사회책임 27~8, 30, 60, 65~6, 69, 78, 100,
103~4, 116, 129, 149~50, 165~6, 218, 303,
528~30

사회책임 경영(CSR) 17, 23~4, 28~30, 60,
66~70, 87~8, 101~4, 124, 143, 145, 149,
161~3, 287, 303~4, 309, 322~3, 346, 440,
526, 531, 561, 563, 571

사회책임 기업협의회(BSR) 24, 85

사회책임 로고 96~7

사회책임 연차보고서 89, 91~2

사회책임 주가지수 168

사회책임성 인증서 89

사회책임투자(SRI) 펀드 24, 96, 100~1, 145,
168

삭스, J. 503

산업경쟁력 다이아몬드 327

초국적기업 491
초저 이산화탄소 제철 공정 278
촘스키, N. 53
최고 지속가능성책임자(CSO) 204, 311
최고경영자 202~3
최종현 245
치키타 224, 542
친환경 경영 457
친환경 농법 473
친환경 로고 96
친환경 상품 276, 472
친환경 설계 276, 477
침잠의 이론 370

ㅋ

카길 542
카네기, A. 36, 504
카드깡 379
칼레라 471
캄프라드, I. 119
캐논 241, 496~7
캐드버리 시웝스 222, 299
캐터필러 552
캔터, R. 340, 447
캠퍼스 134
커민스 엔진 143, 243
컬럼비아 호 폭발사고 91
케인즈 경제학 20, 38
케인즈, J. M. 20
코 협의회 강령 156
코스닥 355
코슬라, V. 386
코카콜라 77, 240, 266, 271, 313, 367, 376, 433,
    471, 534, 542
코틀러, P. 153, 219, 222
코펜하겐 공감사항 408~10

콘아그라 218, 227
콜린스, J. 168
콤파르타모스 387, 391~3, 495, 507, 512
크래프트 250
크로턴빌 344
크루그먼, P. 43
크리스텐슨, C. 451~2
크리스티, J. 408
클린턴, W. 379, 489, 530
키오스크 377
킬링, C. 398, 405
킬링, R. 405

ㅌ

타이레놀 536~8, 540
타이레놀 사건 178, 210~1
타이어 270
타이코 52
타이태닉 호 492
타인자본 141
타타 컨설턴시 454
타타그룹 453~4
타타자동차 452, 474
탄소배출세 422
탄소족적 72, 93~4, 159, 310, 312
탄소족적 공개 프로젝트 97
탄소중립 국가 422
탄화수소 461
탐욕의 화신 26
태양광 에너지 427
태양에너지 427, 462, 464~5
태양열 에너지 427
태양전지 465
테라초이스 223
테레사 수녀 393, 502
테스코 94~5, 229